本书出版获得扬州大学出版基金资助

迁洛元魏皇族与士族社会文化史论

王永平 著

The review of royal family who migrating to Luoyang and socioculture of literati in Northern Wei Dynasty

中国社会科学出版社

图书在版编目（CIP）数据

迁洛元魏皇族与士族社会文化史论/王永平著.—北京：中国社会科学出版社，2017.7
ISBN 978-7-5203-0773-4

Ⅰ.①迁… Ⅱ.①王… Ⅲ.①皇室—社会生活—文化史—研究—中国—北魏 ②知识份子—社会生活—文化史—研究—中国—北魏 Ⅳ.①K239.210.7

中国版本图书馆 CIP 数据核字（2017）第 181432 号

出 版 人	赵剑英
责任编辑	宋燕鹏
责任校对	闫 萃
责任印制	李寡寡
出　　版	中国社会科学出版社
社　　址	北京鼓楼西大街甲 158 号
邮　　编	100720
网　　址	http://www.csspw.cn
发 行 部	010-84083685
门 市 部	010-84029450
经　　销	新华书店及其他书店
印刷装订	北京君升印刷有限公司
版　　次	2017 年 7 月第 1 版
印　　次	2017 年 7 月第 1 次印刷
开　　本	710×1000　1/16
印　　张	31.25
插　　页	2
字　　数	535 千字
定　　价	128.00 元

凡购买中国社会科学出版社图书，如有质量问题请与本社营销中心联系调换
电话：010-84083683
版权所有　侵权必究

目 录

上编　迁洛北魏皇族之雅化与腐化

第一章　北魏孝文帝之文化修养及其表现与影响 ……………… 3
 一　"雅好读书,手不释卷"：孝文帝平生刻苦求学 ……………… 4
 二　"才藻富赡,好为文章"：孝文帝之文学修养及其表现与影响 ……… 7
 三　"钦明稽古，笃好坟典"：孝文帝经史之学术修养及其
  　表现与影响 ……………………………………………………… 14

第二章　北魏孝文帝任用南士及其对南朝文化之汲引 ……………… 25
 一　北魏孝文帝对南士之提携与任用 ……………………………… 26
 二　北魏孝文帝之文化旨趣及其对南朝文化的汲取 ……………… 31

第三章　北魏孝文帝崇佛之表现及其对佛教义学之倡导 ……………… 41
 一　魏孝文帝之兴建佛寺、招集高僧与整饬僧纲 ……………… 41
 二　魏孝文帝之倡导佛教义学及其影响 ……………………… 53

第四章　北魏孝文帝之南征战略及其相关争议 ……………………… 64
 一　冯太后主政时期南征战略的基本确立及其争议 ………… 65
 二　孝文帝的统一愿望、战略规划及其实施 …………………… 67
 三　针对孝文帝南进战略之争议及孝文帝急切征服南朝之原因 ……… 74

第五章 北魏孝文帝太子拓跋恂之死及其原因 …… 83

一 太子拓跋恂之被废黜及其反汉化立场之表现 …… 84

二 孝文帝对太子拓跋恂的教育及其失败 …… 85

三 代北保守势力企图利用太子拓跋恂以抵制汉化 …… 88

四 太子拓跋恂之死与汉族士人的态度 …… 92

五 太子拓跋恂之废与孝文帝后宫之争 …… 94

第六章 迁洛元魏皇族群体之文雅化
——以学术文化水平提升为中心 …… 102

一 迁洛元魏统治者对皇族子弟的训诫与教育 …… 103

二 迁洛元魏皇族人物汉文化修养的普遍提升及其表现 …… 111

附：墓志所见迁洛元魏皇族子弟之早慧及其文雅化 …… 127

第七章 迁洛元魏宗室诸王之"妙简行佐"及其影响
——从一个侧面看迁洛元魏皇族群体之文雅化及其原因 …… 148

一 "盛简门彦"：迁洛诸王选聘藩府僚佐之门第背景 …… 148

二 "妙简才贤"：迁洛鲜卑诸王选取藩府佐吏之才学标准 …… 157

三 迁洛北魏诸王藩府僚属之政治与文化影响 …… 160

第八章 南奔萧梁之元魏皇族人物及其活动与影响 …… 171

一 入梁之元魏皇族人物考 …… 172

二 "位重任隆，击钟鼎食"：入梁元魏皇族人物所受之优遇 …… 180

三 "数为将领，窥觇边服"：梁武帝扶持元魏皇族降人
以经略北方 …… 187

四 侯景之乱中对入梁元魏皇族人物的利用 …… 198

五 "出南入北，转复高迈"：入梁元魏皇族人物与南朝
风尚之北传 …… 201

第九章 北魏后期迁洛鲜卑上层之奢侈化及其原因与危害 …… 204

一 宣武帝、孝明帝时期迁洛鲜卑上层生活奢侈化之主要表现 …… 204

二 迁洛鲜卑王公集团奢侈化风气盛行之原因及其危害 …… 218

第十章　北朝后期元魏皇族群体之遭遇 ………………… 232

　一　北齐对待元魏皇族后代之酷政及其悲惨遭遇 ………… 232

　二　西魏、北周及隋对待元魏宗室之政策及其境遇 ……… 243

中编　北魏士族社会文化风尚之变迁
——以北魏后期士风雅化为中心

第十一章　从"刚明清肃"到"雅好清言"
——十六国北朝北海王氏门风之演变 ………… 263

　一　从"庸劣孤生"到"好门户"：十六国北朝北海
　　　王氏的"士族化" ………………………………………… 263

　二　"明法峻刑"与崇尚事功：王猛之为政作风及其进取门风
　　　的承传 …………………………………………………… 268

　三　"儒缓不断"与"雅好清言"：北朝时期北海王氏门
　　　风之雅化及其表现 ……………………………………… 272

第十二章　崔浩之南朝情结及其与南士之交往 ………… 285

　一　引言：十六国北朝汉族代表人物对东晋南朝的文化认同
　　　及其心态 ………………………………………………… 285

　二　崔浩劝阻北魏统治者对南朝的军事攻击计划 ………… 289

　三　崔浩与流亡北魏之南朝人物之交往及其对江左文化之汲引 …… 297

第十三章　"学宗文府"：北朝后期河间邢氏之家族文化风尚 …… 303

　一　引言：河间邢氏之渊源及魏晋之际其家族门第的奠定 …… 303

　二　北朝河间邢氏代表人物之儒学修养及对其仕宦、门风之影响 … 305

　三　北朝后期河间邢氏代表人物的文学才能及其名士风采 …… 314

第十四章　北朝时期之玄学及其相关文化风尚 ………… 324

　一　北魏之玄学及其相关文化风尚 ………………………… 325

二　东魏—北齐之际的玄学与玄风 ……………………………… 335
　　三　西魏—北周时期之玄学风尚 ………………………………… 341
　　附：十六国时期玄学清谈及其相关文化风尚 …………………… 346

第十五章　北魏后期与东魏、北齐之际上层社会之交游与雅聚
　　　　　——从一个侧面看北朝后期士风玄化与南风北渐 ……… 361
　　一　引言 …………………………………………………………… 361
　　二　北魏后期与东魏、北齐时期上层人士的交际与雅集 ……… 364
　　三　北魏末及东魏、北齐之际上层社会雅集风气流行的
　　　　原因与影响 …………………………………………………… 381

第十六章　北朝士族社会之"女教"与"母教"
　　　　　——从一个侧面看士族社会之文化传承 ………………… 391
　　一　十六国北朝士族社会之女子教育 …………………………… 392
　　二　北朝士族社会之"母教" …………………………………… 399

下编　墓志所见北朝士族社会之妇女风尚

第十七章　墓志所见中古士族社会女性之治家及其"母教"与"女教"
　　　　　——以北朝士族女性相关墓志为中心的考察 …………… 413
　　一　"委政中匮，不失其职"：墓志所载士族主妇治家之典型事例 …… 413
　　二　"慈抚训导，咸得成立"：墓志所载士族社会女性之"母教" …… 421
　　三　"家传旧风之美，素受母师之训"：墓志所见士族
　　　　社会之"女教" ……………………………………………… 430

第十八章　墓志所见北朝士族妇女与佛教信仰 ……………………… 438
　　一　墓志所见北朝士族"女教"之佛学启蒙及其佛教信仰 …… 439
　　二　墓志所见士族社会孀居女性之佛教信仰 …………………… 447

第十九章 墓志所见士族女性操持元魏宗室之"家政"与"家教"
　　——从一个侧面看北魏后期鲜汉上层社会之文化交融 ……… 459

　一 "中馈是宜,内政有序":士族女性主持元魏宗室之家政内务…… 459

　二 "训诲诸子,成兹问望":汉族士族女性对元魏宗室子女
　　之母教 ……………………………………………………… 466

附录 社会史视角观照下中古佛教史研究的一部创新力作
　　——读尚永琪《3—6世纪佛教传播背景下的北方社会
　　群体研究》有感 …………………………………………… 481

　一 "佛教社会史"研究构想的明确提出及其学术史意义 ………… 481

　二 在"佛教社会史"理念指导下,其研究范围及其内容的
　　拓展与深化 ………………………………………………… 486

后记 ……………………………………………………………… 491

上 编

迁洛北魏皇族之雅化与腐化

第一章　北魏孝文帝之文化修养及其表现与影响

　　北魏孝文帝元宏是中国古代历史上一位卓越的少数民族统治者，他所推行的汉化政策，不仅对当时鲜卑族的汉化和胡汉民族融合影响甚巨，而且对整个中国历史发展进程也具有深远的影响，因而历来受到学术界的重视。不过，检讨相关学术史，可见尽管有关北魏孝文帝的研究颇为全面和深入，但对于其学术文化修养及其表现则相对重视不够，孝文帝之所以毕生致力于汉化改革，原因固然很多，但无论如何都不能忽视其自身的汉文化修养。因此，笔者以为很有必要就孝文帝的学术文化修养问题进行专题考察。其实，对于孝文帝的文化修养及其影响，清人赵翼早已表示惊异，他在《廿二史札记》卷一四"魏孝文帝文学"条中说："古今帝王以才学著者，曹魏父子、萧梁父子为最，然皆生自中土，绩学少年。惟魏孝文帝，生本北俗，五岁即登帝位，此岂有师儒之训，执经请业，如经生家所为，乃其聪睿夙成，有不可以常理论者。"他根据史传中所载孝文帝的种种文化活动，指出："可见帝深于文学，才藻天成，有不能自讳者，虽亦才人习气，然聪睿固不可及已。其急于迁洛，欲变国俗，而习华风，盖发于性灵而不自止也。"赵翼又在同书同卷"魏孝文迁洛"条中指出："盖（孝文）帝优于文学，恶本俗之陋，欲以华风变之，故不惮为此举也。"他将孝文帝的文化修养与趣味作为其迁都洛阳的一个潜在的动因，这是很深刻的。

　　关于北魏孝文帝的学术文化修养，《魏书》卷七（下）《高祖纪下》有一段概括性叙述：

　　（孝文帝）雅好读书，手不释卷。《五经》之义，览之便讲，学不师受，探其精奥。史传百家，无不该涉。善谈《庄》《老》，尤精释义。才藻富赡，好为文章，诗赋铭颂，任兴而作。有大文笔，马上口授，及其成也，不改一字。自太和十年已后诏册，皆帝之文也。自余文章，百有余篇。爱奇好士，情如饥渴。待纳朝贤，随才轻重，常寄以布素之意。

悠然玄迈，不以世务婴心。

由此可见，北魏孝文帝具有良好的汉文化修养，既善于属文辞章，又精于儒、玄和"史传百家"，这不仅在历代帝王中可谓罕见，即便比之一般士大夫学者，也确属难得。因此，《魏书》本纪"史臣曰"中有言："若乃钦明稽古，协御天人，帝王制作，朝野轨度，斟酌用舍，焕乎其有文章，海内生民咸受耳目之赐。"作为一个异族统治者，具有如此学术文化水平，确实令人惊异。

一 "雅好读书，手不释卷"：孝文帝平生刻苦求学

孝文帝年仅五岁便已登帝位，如此博学，其学养从何而来？旧史称其"学不师受"，这是赞誉孝文帝的聪睿，上引赵翼也以为其无"师儒之训"，"其聪睿夙成，有不可以常理论者"。当然，作为一个年幼即登帝位的少数民族统治者，他的学习与文化积累当然不能与汉族儒学世家相比，但他一定是接受过师长的训导，并通过长期的刻苦自学积累起来的，绝无可能无师自通或"生而知之"。众所周知，北魏统治者鲜卑拓跋氏尽管文化修养普遍不高，但自道武帝拓跋珪以来，日渐重视汉族文化，与汉族士大夫的交往也日益密切，并收集图书，设置学校，在其上层子弟中推行教育，特别在皇子教育方面，已形成相关制度。① 及至北魏中期，一些统治者的学术修养颇深，如孝文帝之父献文帝便如此。孝文帝虽幼年为帝，但长期未能亲政，当时主政者实际上为冯太后，她具有一定的汉文化修养，《魏书》卷一三《皇后·文成文明

---

① 北魏自道武帝拓跋珪建国后，已注重对皇子，特别是对皇太子的儒家经学教育。对此，张金龙先生曾有考述，《魏书》卷八四《儒林·梁越传》载其"博综诸经，无所不通"，为礼经博士，"太祖以其谨厚，举动可则，拜上大夫，命授诸皇子经书。太宗即祚，以师傅之恩赐祝阿侯"。他又据《魏书》卷四八《高允传》所载恭宗"东宫博士管恬"，指出"北魏东宫有博士一职，当以授皇太子经书为其职掌"。当然，皇太子的教育主要是由中书学教授、学生承担的，"到高宗文成帝为太子时已制度化"。参见张金龙《北魏政治史研究》，甘肃教育出版社1996年版，第101页注释。又，翻阅《魏书》，卷三三《谷浑传》载谷浑孙谷洪"少受学中书。世祖以洪953敏有祖风，令入授高宗经。高宗即位，以旧恩为散骑常侍、南部长"。卷四六《李䜣传》载"初，李灵为高宗博士、谘议"，后世祖赏识李䜣，"除中书助教博士，稍见任用，入授高宗经"。

皇后冯氏传》载其"性聪达，自入宫掖，粗学书计"，她很注重对孝文帝的教育，"太后以高祖富于春秋，乃作《劝戒歌》三百余章，又作《皇诰》十八篇，文多不载"①。又载："太后曾与高祖幸灵泉池，燕群臣及藩国使人、诸方渠帅，各令为其方舞。高祖帅群臣上寿，太后忻然作歌，帝亦和歌，遂命群臣各言其志，于是和歌者九十人。"可见冯太后时期宫廷中洋溢着较为浓郁的文化气息，这对孝文帝的成长影响很大。吕思勉先生指出："高祖之教育，盖全受诸文明太后，与佛狸母虽汉人，教育则全受诸鲜卑者大异，此其所以能去腥膻之乡，践礼教之域，依然独断，大革胡俗欤？"②何兹全先生在《北魏文明太后》一文中也曾指出："孝文帝从襁褓之时就由这位皇太后抚养，这位皇太后是汉人，孝文帝实行汉化政策虽在太皇太后死后，但他的汉化教育都来自这位汉人祖母。"又说："孝文帝是从小在文明太后的教养下成长起来的，他的汉化思想教育主要受之于文明太后。"③据笔者理解，吕思勉、何兹全二位先生所论，主要是就冯太后对孝文帝的汉化意识、政治指导思想等方面的深刻影响而言的。对此，李凭先生的论述更为具体，他指出："文明太后在不再打算废黜孝文帝的皇位以后，就开始重视对他的政治教育了。……文明太后亲自作《劝戒歌》《皇诰》来培养孝文帝，由此可见她对孝文帝政治教育的重视程度。《劝戒歌》是一种告诫性的诗歌，内容是规范封建君臣关系的说教，这对于将要接替文明太后统治天下的孝文帝当然至关重要。"冯太后还曾将年已90岁的儒学名臣高允请到宫中改定《皇诰》，高允又奉冯太后之敕，作《酒训》一篇，献于孝文帝，这实际上也是一篇政训，"以配合文明太后对孝文帝的政治教育"。因此，诚如李凭先生所说："总之，孝文帝作为拓跋皇帝，却热衷于汉化，这不能不承认文明太后的影响和教育在发生作用。"④

在学术文化方面，冯太后也重视对孝文帝的启蒙。这主要表现在冯太后继承、发展北魏对皇族子弟的教育制度，使孝文帝自幼受到良好的汉文化教育。由《魏书》卷六二《李彪传》载李彪上表称孝文帝"幼蒙鞠诲"云云，《魏书》卷八三（上）《外戚·冯熙传》载冯太后侄冯诞"与高祖同岁，幼侍书学，仍蒙亲待"云云，都可说明这一点。《魏书》卷二一（上）《献文六王

---

① 《南齐书》卷五七《魏虏传》载："冯氏有计略，作《皇诰》十八篇，伪左仆射李思冲称史臣注解。"可见冯太后确实很重视对孝文帝的教育与训导。
② 吕思勉：《两晋南北朝史》，上海古籍出版社1983年版，第510页。
③ 何兹全：《读史集》，上海人民出版社1982年版，第235、240页。
④ 李凭：《北魏平城时代》，社会科学文献出版社2000年版，第278—279页。

·咸阳王禧传》载太和九年咸阳王禧受封，文明太后冯氏令曰："自非生知，皆由学诲，皇子皇孙，训教不立，温故求新，盖有阙矣。可于闲静之所，别置学馆，选忠信博闻之士为之师傅，以匠成之。"可见冯太后极为重视对北魏年幼亲王的教育，为他们"别置学馆，选忠信博闻之士为之师傅"。对诸王尚且如此，对孝文帝的教育自当更为严格。当然，必须指出的是，在孝文帝的学术文化教育方面，冯太后主要体现在严格遵循相关制度，加强督促，特别延请一些像高允、李彪、高闾等学识优异的经师、宾友，这方面冯太后本人毕竟限于学识和精力，无法亲自对孝文帝讲经论学，这应当是不难理解的。正是受到了诸多经师的严格训练，孝文帝打下了扎实的学术文化根底。①

必须强调指出的是，在同样的环境与条件下，孝文帝的学术文化水平进步明显，而"与高祖同岁，幼侍书学"的冯诞等外戚人物则少有学识，孝文帝其他兄弟也很难望其项背。这除了孝文帝个人天资过人、异常聪睿等因素外，恐怕主要还在于他自幼学习态度端正，且平生坚持刻苦学习。孝文帝早年处于冯太后的监控之下，政治处境艰难，其全身心投入学习，不仅可以回避现实政治，而且可以获得心灵上的慰藉。此后，孝文帝一生对学术文化都保持着强烈的求知欲望和兴趣。《魏书》卷六〇《韩麒麟传附子韩显宗传》载韩显宗上孝文帝书中陈事之四云："伏惟陛下耳听法音，目玩坟典，口对百辟，心虞万机，昃昊而食，夜分而寝。加以孝思之至，随时而深；文章之业，日成篇卷。虽睿明所用，未足为烦，然非所以啬神养性，颐无疆之祚。庄周有言：形有待而智无涯，以有待之形，役无涯之智，殆矣。此愚臣所不安，伏愿陛下垂拱司契，委下责成，唯冕旒垂纩，而天下治矣。"孝文帝虽军政事务繁忙，然"耳听法音，目玩坟典，口对百辟，心虞万机，昃昊而食，夜分而寝"，"文章之业，日成篇卷"，可谓勤奋之极。

又，《魏书》卷一九（中）《景穆十二王·任城王澄传》载元澄上表世宗，建议重兴学校，其中也涉及孝文帝的自学情况："臣参训先朝，藉规有日，前言旧规，颇亦闻之。又昔在恒代，亲习皇宗，熟秘序疑，庭无阙日。臣每于侍坐，先帝未常不以《书》《典》在怀，《礼经》为事，周旋之则，不辍于时。自凤举中京，方隆礼教，宗室之范，每蒙委及，四门之选，负荷铨量。自先皇升遐，未遑修述，学宫虚荷四门之名，宗人有阙四时之业，青衿之绪，于兹将废。臣每惟其事，窃所伤怀。"由孝文帝"未常不以《书》

---

① 参见前揭张金龙《北魏政治史研究》，甘肃教育出版社1996年，第100—101页。

《典》在怀,《礼经》为事,周旋之则,不辍于时",可见其平日勤奋研修儒家经典的情形。

又,《魏书》卷六九《裴延俊传》载:"时世宗专心释典,不事坟籍,延俊上疏谏曰:'……先帝天纵多能,克文克武,营迁谋伐,手不释卷。良以经史义深,补益处广,虽则劬劳,不可暂辍。斯乃前王之美实,后王之水镜,善足以遵,恶足以诫也。'"

以上称述孝文帝尽管军政事务繁难,但依然"手不释卷"。对此,《魏书》卷五五《刘芳传》载有一则实例:"从驾洛阳,自在路及旋京师,恒侍坐讲读。芳才思深敏,特精经义,博闻强记,兼览《苍》《雅》,尤长音训,辨析无疑。于是礼遇日隆,赏赉丰渥,正除员外散骑常侍。"可见孝文帝在迁洛过程中,还听刘芳讲经论典。这些记载,与孝文帝本纪中所称其"雅好读书,手不释卷",完全一致,可谓绝佳的注解。

由上文考叙,北魏孝文帝之学识渊博,多才多艺,除了其天资方面的主观因素外,至少有两点是可以肯定的,一是他自幼接受了一定的宫廷文化教育;二是他一贯刻苦学习。正因为如此,他才能够成为一个令历代史家惊异的博学的帝王。

二 "才藻富赡,好为文章":孝文帝之文学修养及其表现与影响

孝文帝博学多识,其中最突出的表现在文学方面。首先,孝文帝本人热衷于写作文章。上引本纪所载"才藻富赡,好为文章,诗赋铭颂,任兴而作。有大文笔,马上口授,及其成也,不改一字。自太和十年已后诏册,皆帝之文也。自余文章,百有余篇"云云,正说明了这一点。《南齐书》卷五七《魏虏传》也载魏孝文帝"知谈义,解属文"。这有不少实例可以证明。《魏书》卷二一(上)《献文六王·北海王详传》载高祖曾自洛北巡,北海王元详与彭城王元勰等随侍,"至高宗射铭之所,高祖停驾,诏诸弟及侍臣,皆试射远近,唯详箭不及高宗箭所十余步。高祖嘉之,拊掌欣笑,遂诏勒铭,亲自为制"。又,《魏书·外戚·冯熙传》载:"(冯熙)柩至洛七里涧,高祖服衰往迎,叩灵悲恸而拜焉。葬日,送临墓所,亲作志铭。"又,《南齐书》卷五七《魏虏传》载魏孝文帝率众南征至寿春,"牛车及驴骆驼载军资妓女,三

十许万人。不攻城,登八公山,赋诗而去"。最为典型的事例当是孝文帝所作《吊比干文》,《魏书》卷五五《刘芳传》载:

> 高祖迁洛,路由朝歌,见殷比干墓,怆然悼怀,为文以吊之。芳为注解,表上之。诏曰:"览卿注,殊为富博。但文非屈宋,理惭张贾。既有雅致,便可付之集书。"①

从中不难看出,孝文帝虽然颇为谦虚,以为"文非屈宋,理惭张贾",但实际上对此文则颇为满意。《吊比干文》一篇两章,采用了骚体赋的体裁,全文共666字,体制颇为宏丽,典雅古奥,其行文格式模仿屈原、宋玉和贾谊的文章,赞赏比干的政治操行,感叹忠臣之不遇,吐露了他的求贤愿望。该文尽管在文学艺术风格上具有明显模仿的痕迹,但在北魏帝王文学中则为鸿篇巨制,确属难能可贵。

对于自己的文章,孝文帝甚为重视,他在世时,便已注意整理其文集,并且不断与文臣学者们进行文学交流。《魏书》卷五九《刘昶传》载太和十八年,刘昶出镇彭城,"及发,高祖亲饯之,命百僚赋诗赠昶,又以其《文集》一部赐昶。高祖因以所制文笔示之,谓昶曰:'时契胜残,事钟文业,虽则不学,欲罢不能。脱思一见,故以相示。虽无足味,聊复为笑耳。'其重昶如是"。② 孝文帝自称"事钟文业,虽则不学,欲罢不能",可见他对文学爱好之强烈。又,《魏书》卷五七《崔挺传》载太和十九年,孝文帝驾幸兖州,召见崔挺,"及见,引谕优厚。又问挺治边之略,因及文章。高祖甚悦,谓挺曰:'别卿已来,倏焉二载,吾所缀文,已成一集,今当给卿副本,时可观之。'"孝文帝编辑自己的文章,并不断以此赠送臣属,固然有显示自己文才的心态,但也不排除征寻他们看法的意图。

其次,孝文帝重视文学批评,常评论朝臣之文才。《魏书·韩麒麟传附子韩显宗传》载:

---

① 《魏书》卷七(下)《高祖纪下》载太和十八年十一月孝文帝"经比干之墓,伤其忠而获戾,亲为吊文,树碑而刊之"。可见孝文帝《吊比干文》的核心思想是"伤其忠而获戾",称赞忠臣,激励大臣尽忠于己。

② 作为刘宋皇族北奔之人物,刘昶虽不以学术文化著称,其言行甚至有些粗鄙,但毕竟略通文辞,《魏书》本传载"昶虽学不渊洽,略览子史,前后表启,皆其自制",且其来自南朝,孝文帝将文集赠予他,显然有倡导文学的意图。

高祖曾谓显宗及程灵虬曰："著作之任，国书是司。卿等之文，朕自委悉，中省之品，卿等所闻。若欲取况古人，班马之徒，固自辽阔。若求之当世，文学之能，卿等应推崔孝伯。"又谓显宗曰："见卿所撰《燕志》及在齐诗咏，大胜比来之文。然著述之功，我所不见，当更访之监、令。校卿才能，可居中第。"又谓程灵虬曰："卿比显宗复有差降，可居下上。"显宗对曰："臣才第短浅，猥闻上天，至乃比于崔光，实为隆渥。然臣窃谓陛下贵古而贱今，臣学微才短，诚不敢仰希古人，然遭圣明之世，睹惟新之礼，染翰勒素，实录时事，亦未惭于后人。昔扬雄著《太玄经》，当时不免覆盎之谈，二百年外，则越诸子。今臣之所撰，虽未足光述帝载，稗晖日月，然万祀之后，仰观祖宗巍巍之功，上睹陛下明明之德，亦何谢钦明于《唐典》，慎徽于《虞书》。"高祖曰："假使朕无愧于虞舜，卿复何如于尧臣？"显宗曰："臣闻君不可以独治，故设百官以赞务。陛下齐踪尧舜，公卿宁非二八之俦。"高祖曰："卿为著作，仅名奉职，未是良史也。"显宗曰："臣仰遭明时，直笔而无惧，又不受金，安眠美食，此臣优于迁、固也。"高祖哂之。

可见孝文帝对史家文章，颇为推崇司马迁与班固，当时史家则首推崔光，而对韩显宗和程灵虬则分别评为"中第"和"下上"，韩显宗认为孝文帝的文学观念"贵古贱今"，以为自己著史作文，"亦未惭于后人"，孝文帝颇不以为然。孝文帝在这里主要是谈论史家文笔，但在北魏纯文学并不很发达的时代，史传文学具有特别重要的地位，从中可以看出孝文帝的文学观念。孝文帝评点史臣的文学才能，虽发表并坚持自己的看法，但也允许他们陈述个人的见解，这是很好的文学批评风气。

孝文帝具有良好的文学造诣，对文章的优劣高下具有很高的辨别能力。《魏书》卷六八《高聪传》载"聪涉猎经史，颇有文才"，为高祖知赏。后高聪因事"徙平州为民"，瀛洲刺史王质"获白兔将献，托聪为表。高祖见表，顾谓王肃曰：'在下那得复有此才，而令朕不知也。'肃曰：'比高聪北徙，此文或其所制。'高祖悟曰：'必应然也，何应更有此辈？'"高聪所上表奏，颇具文采，孝文帝感觉非同一般，于是揣度其作者。由此可见孝文帝对文字异常的感知能力，他对朝臣文学水平的评论当然并非凭借帝王的威严，而更多的则依靠其文学感觉，当然具有一定的专业批评方面的见解。

此外，对一些以文才见长的文臣，孝文帝大力表彰。如崔光，字孝伯，

《魏书》卷六七《崔光传》载孝文帝赞之曰:"孝伯之才,浩浩如黄河东注,固今日之文宗也。"其传末"史臣曰"论云:"崔光风素虚远,学业渊长。高祖归其才博,许其大至,明主固知臣也。"上引文已见孝文帝向韩显宗等人说,"文学之能,卿等应推崔孝伯"。《魏书》卷五七《崔挺传》载崔挺子崔孝芬,"早有才识,博学好文章。高祖召见,甚嗟赏之"。《魏书》卷五四《高闾传》载:"闾好为文章,军国书檄诏令碑颂铭赞百有余篇,集为三十卷。……高祖以其文雅之美,每优礼之。"其传末"史臣曰":"高闾发言有章句,下笔富文彩,亦一代之伟人。故能受遇累朝,见重高祖。"

再次,北魏孝文帝不断组织、鼓励朝臣进行诗赋创作,营造出北魏上层社会活跃的文化氛围。孝文帝时期,特别是其迁都洛阳之后,北魏上层社会的生活方式发生了诸多或隐或显的变化,其中一个突出的表现在于他们的聚会方式与内容发生了明显的变化,文化色彩日渐浓郁,孝文帝引导朝臣们进行诗赋唱和一类的活动,逐渐形成了以文学、谈论为中心的所谓"雅集"。早在平城时,孝文帝在一些聚会中已带头赋诗。《魏书·高祖纪下》载太和十三年七月丙寅,孝文帝"幸灵泉池,与群臣御龙舟,赋诗而罢。立孔子庙于京师"。《魏书》卷一九(中)《景穆十二王·任城王澄传》载:

> 时诏延四庙之子,下逮玄孙之胄,申宗宴于皇信堂,不以爵秩为列,悉序昭穆为次,用家人之礼。高祖曰:"行礼已毕,欲令宗室各言其志,可率赋诗。"特令澄为七言连韵,与高祖往复赌赛,遂至极欢,际夜乃罢。

任城王元澄"少而好学",冯太后曾以其"当为宗室领袖",南齐使者赞其"以文义见美"。孝文帝在聚会中鼓励宗室"可率赋诗",与元澄以诗赋"往复赌赛,遂至极欢,际夜乃罢",目的在于营造北魏王公阶层的文化氛围。

以上是孝文帝迁都洛阳之前的事,迁洛之后,这类雅集活动更为频繁,文学色彩更为浓郁。上引《魏书·任城王澄传》载"高祖至北邙,遂幸洪池,命澄侍升龙舟,因赋诗以序怀"。又载元澄"从征至悬瓠,以笃疾还京。驾饯之汝、瀙,赋诗而别。车驾还洛,引见王公侍臣于清徽堂。……即命黄门侍郎崔光、郭祚,通直郎邢峦、崔休等赋诗言志"。《魏书》卷一九(下)《景穆十二王·南安王元桢传》载:

（桢）出为镇北大将军、相州刺史。高祖饯桢于华林都亭。诏曰："从祖南安，既之蕃任，将旷违千里，豫怀悯恋。然今者之集，虽曰分歧，实为曲宴，并可赋诗申意。射者可以观德，不能赋诗者，可听射也。当使武士弯弓，文人下笔。"高祖送桢于阶下，流涕而别。

又，《魏书》卷二一（上）《献文六王·咸阳王元禧传》载"禧将还州，高祖亲饯之，赋诗叙意"。特别是孝文帝与彭城王元勰文学交往最为密切，《魏书》卷二一（下）《献文六王·彭城王勰传》载：

高祖与侍臣升金墉城，顾见堂后梧桐、竹曰："凤皇非梧桐不栖，非竹实不食，今梧桐、竹并茂，讵能降凤乎？"勰对曰："凤皇应德而来，岂竹、梧桐能降？"高祖曰："何以言之？"勰曰："昔在虞舜，凤皇来仪；周之兴也，鸑鷟鸣于岐山。未闻降桐食竹。"高祖笑曰："朕亦未望降之也。"后宴侍臣于清徽堂，日晏，移于流化池芳林之下。高祖曰："向宴之始，君臣肃然，及将末也，觞情始畅，而流景将颓，竟不尽适，恋恋余光，故重引卿等。"因仰观桐叶之茂，曰："'其桐其椅，其实离离，恺悌君子，莫不令仪'，今林下诸贤，足敷歌咏。"遂令黄门侍郎崔光读暮春群臣应诏诗。至勰诗，高祖仍为之改一字，曰："昔祁奚举子，天下谓之至公，今见勰诗，始知中令之举非私也。"勰对曰："臣露此拙，方见圣朝之私，赖蒙神笔赐刊，得有令誉。"高祖曰："虽琢一字，犹是玉之本体。"勰曰："臣闻《诗》三百，一言可蔽。今陛下赐刊一字，足以价等连城。"……后幸代都，次于上党之铜鞮山，路旁有大松树十数根。时高祖进伞，遂行而赋诗，令人示勰曰："吾始作此诗，虽不七步，亦不言远。汝可作之，比至吾所，令就之也。"时勰去帝十余步，遂且行且作，未至帝所而就。诗曰："问松林，松林经几冬？山川何如昔，风云与古同。"高祖大笑曰："汝此诗亦调责吾耳。"诏曰："弟勰所生母潘早龄谢世，显号未加，勰祸与身具，痛随形起，今因其展思，有足悲矜，可赠彭城国太妃，以慰存亡。"

孝文帝一再与彭城王元勰等人赋诗联句，并亲自为其改诗，甚至效仿曹丕、曹植兄弟的即兴作诗，可谓文学史上之佳话。① 在孝文帝的影响下，鲜卑皇族王公人物中开始重视学术文化修养，特别是文学、谈论方面的修养，这是他们游宴聚会中常常需要展示的。②

此外，北魏孝文帝与汉族士大夫社会交往也日益密切，前引《魏书》本纪载其"爱奇好士，情如饥渴。待纳朝贤，随才轻重，常寄以布素之意。悠然玄迈，不以世务婴心。"孝文帝与士大夫交往过程中也间有文学创作的活动。《魏书》卷五六《郑羲传附郑道昭传》载：

> （郑道昭）从征沔汉，高祖飨侍臣于悬瓠方丈竹堂，道昭与兄懿俱侍坐焉。乐作酒酣，高祖乃歌曰："白日光天无不曜，江左一隅独未照。"彭城王勰续歌曰："愿从圣明兮登衡会，万国驰诚混江外。"郑懿歌曰："云雷大振兮天门辟，率土来宾一正历。"邢峦歌曰："舜舞干戚兮天下归，文德远被莫不思。"道昭歌曰："皇风一鼓兮九地匝，戴日依天清六合。"高祖又歌曰："遵彼汝坟兮昔化贞，未若今日道风明。"宋弁歌曰："文王政教兮晖江沼，宁如大化光四表。"高祖谓道昭曰："自比迁务虽猥，与诸才俊不废咏缀，遂命邢峦总集叙记。当尔之年，卿频丁艰祸，每眷文席，常用慨然。"

---

① 孝文帝与其具有较高汉文化修养的兄弟关系甚为密切，颇为和谐。《魏书》卷二一（下）《献文六王·彭城王勰传》载："高祖令勰为露布……高祖曰：'汝岂独亲诏，亦为才达，但可为之。'及就，尤类帝文，有人见者，咸谓御笔。高祖曰：'汝所为者，人谓吾制，非兄则弟，谁能辨之。'勰对曰：'子夏被蚩于先圣，臣又荷责于来今。'"其间亲密关系不言而喻。元勰确实受孝文帝影响极大，"勰凤侍高祖，兼聪达博闻，凡所裁决，时彦归仰。加以美容貌，善风仪，端严若神，折旋合度，出入言笑，观者忘疲"。他曾以"宠受频繁"，当面与孝文帝讨论曹丕、曹植兄弟因妒相害事，勰曰："臣闻兼亲疏而两，并异同而建，此既成文于昔，臣愿诵之于后。陈思求而不允，愚臣不请而得。岂但今古云殊，遇否大异，非独曹植远羡于臣，是亦陛下践魏文而不顾。"对元勰所言，"高祖大笑，执勰手曰：'二曹才名相忌，吾与汝以道德相亲，缘此而言，无惭制烈。汝但克己复礼，更何多及'"。孝文帝鼓励其兄弟展示才情，自己绝不以"才名相忌"。这方面还有其他例证，《魏书》卷二一（上）《献文六王·赵郡王幹传》载："及车驾南伐，以幹为使持节、车骑大将军、都督关右诸军事，给铜虎符十，别赐诗书。高祖笃爱诸弟，以幹总戎别道，诫之曰：'司空穆亮年器可师，散骑常侍卢渊才堪询访，汝其师之。'"

② 孝文帝兄弟一辈人物，其文化修养明显提高，以彭城王元勰为例，《魏书》卷二一（下）《献文六王·彭城王勰传》载其"敏而耽学，不舍昼夜，博综经史，雅好属文"。明人胡应麟在《诗薮·杂编》卷三"遗逸下·三国"部分中曾说："北朝诸王，绝无习文事者，惟彭城王勰，差见翘楚。"胡氏在此虽有称誉元勰的意图，但根本上轻视北魏皇族人物的文学活动。北魏皇族成员个人在文学艺术水平方面固然无大成就，但孝文帝时期诸王多参与文学活动，则显示了其文化风尚的深刻变化，彭城王元勰可谓其中的杰出代表。因此，从北魏社会文化变迁的角度看，其皇族人物开始致力于文学活动则具有不可忽视的历史意义。

可见孝文帝与诸多士大夫聚会,"与诸才俊不废咏缀",并命邢峦将这些唱和歌咏"总集叙记"。这在内容与形式上,都与魏晋以来的名士诗文雅集相似。

由上所述,北魏孝文帝重视文学,不仅表现在自己致力于文章写作和吟唱诗赋,还主要表现在组织雅集交流,提倡文学竞技与批评风气。孝文帝本人的文学作品多已佚失,《隋书·经籍志四》著录有"后魏《孝文帝集》三十九卷",可见他所著文章甚丰。但可以推测其中主要还是一些应用性文字,而非纯粹抒情文学作品。就其个人诗赋成就而言,他热衷辞赋创作,数量也当不少,但也少有传世。以上所引其与郑道昭等人联句中的四句便是孝文帝仅存的诗赋,其诗为楚歌体,表达了他致力汉化的愿望和统辖北中国的"帝王气象"①,但从诗歌艺术的角度看,则显得颇为稚拙。不过,从北朝社会文化,特别是从文学发展的角度看,孝文帝如此重视文学,他有文学创作的热情和能力,并有明确的文学批评标准,可谓文学理论与实践兼具,这在北魏帝王中是一个特例。在他的倡导和影响下,北魏皇族和朝臣无不竞相致力于文学活动,这为北朝后期文学的恢复和发展奠定了基础。一个最突出的表现是,孝文帝诸子多具有较高的文学才能,并形成了以他们为中心的文学群体。《魏书》卷二二《孝文五王·京兆王愉传》载"愉好文章,颇著诗赋。时引才人宋世景、李神俊、祖莹、邢晏、王遵业、张始均等共申宴喜,招四方儒学宾客严怀真等数十人,馆而礼之"。同书《清河王怿传》载怿"幼而敏惠,美姿貌,高祖爱之。……博涉经史,兼综群言,有文才,善谈理,宽仁容裕,喜怒不形于色"。他也是文士群体的领袖人物。这方面的事例甚多,显示出鲜卑上层入洛后进人物普遍文士化的倾向。

这里附带论及,孝武帝重视文学,甚至在内宫中也如此。这有一则典型材料,《魏书》卷九二《列女传》载:"渔阳太守阳尼妻高氏,渤海人。学识有文才,高祖敕令入侍后宫。幽后表启,悉其辞也。"显然,孝文帝不仅利用阳氏为后宫书写表启,更期望通过她提高后宫的文化水准。

文学史家们一致认为孝文帝时期,特别是其迁都洛阳之后,是北朝文学发展史上的一个重要转折点。《魏书》卷八五《文苑传序》曰:"永嘉之后,天下分崩,夷狄交驰,文章殄灭。昭成、太祖之世,南收燕赵,网罗俊乂。逮高祖驭天,锐情文学,盖以頡颃汉彻,掩蹿曹丕,气韵高艳,才藻独构。衣冠仰止,咸慕新风。"所谓"衣冠仰止,咸慕新风",指孝文帝在文学艺术

---

① 参见曹道衡、沈玉成《南北朝文学史》,人民文学出版社1991年版,第375页。

方面主要取法、借鉴南朝的文学风尚。南朝文学延续了魏晋以来的文学发展路线，在艺术上达到了较高的水平，而北朝则长期处于"文章殄灭"的状态中，孝文帝提倡文学，自然首先注意吸取南朝文学艺术的营养，这是很正常的。《周书》卷二二《柳庆传》载："尚书苏绰谓庆曰：'近代以来，文章华靡，逮于江左，弥复轻薄。洛阳后进，祖述不已。'"这里将"江左"与"洛阳"对应，指出北魏后期的才士在文学领域大力取法南朝的情况。日本人遍照金刚在《文镜秘府论·四声论》中也指出，自孝文帝元宏倡导文学，此后北朝"才子比肩，声韵抑扬，文情婉丽，洛阳之下，吟讽成群。及徙宅邺中，辞人间出，风流弘雅，泉涌云奔，动合宫商，韵谐金石者，盖以千数，海内莫之比也。郁哉涣乎，于斯为盛"。此外，唐人苏世良在《王昕及王晞传论》中有言："自晋失纲纪，世道交丧，遗风余烈，扫地将尽，魏文迁宅伊洛，情存典故，衣冠旧族，威仪式序，于是风流名士，往往间出。"① 《隋书》卷七六《文学传序》也说："暨永明、天监之际，太和、天保之间，洛阳、江左，文雅尤盛。"这里虽在地域上存在南北之别，但同时都出现了"文雅尤盛"的局面。从北朝后期的文风和士风变化的角度看，北魏孝文帝的倡导与实践，确实是北朝后期社会文化变革的转折点。

三 "钦明稽古，笃好坟典"：孝文帝经史之学术修养及其表现与影响

魏孝文帝在经史学术等方面也具有很好的修养。前引《魏书》本纪载其"《五经》之义，览之便讲，学不师受，探其精奥。史传百家，无不该涉。善谈《庄》《老》，尤精释义"。这也许不无夸大其词的成分，但以此说明孝文帝好学博通则是没有疑义的。

首先，我们考察孝文帝在经学方面的相关表现。孝文帝雅好读书，手不释卷，其中大部分精力都用于经学典籍，《魏书》卷八四《儒林传序》称"高祖钦明稽古，笃好坟典，坐舆据鞍，不忘讲道"。根据相关记载，孝文帝确实曾亲自讲说儒家经典。《魏书·献文六王·彭城王勰传》载：

---

① 见宋李昉等编《文苑英华》卷七五五，中华书局1966年版，第3954页。

> 高祖亲讲《丧服》于清徽堂，从容谓群臣曰："彦和、季豫等年在蒙稚，早登缨绂，失过庭之训，并未习礼，每欲令我一解《丧服》。自审义解浮疏，抑而不许。顷因酒醉坐，脱尔言从，故屈朝彦，遂亲传说。将临讲坐，惭战交情。"御史中尉李彪对曰："自古及今，未有天子讲礼。陛下圣叡渊明，事超百代，臣得亲承音旨，千载一时。"①

孝文帝亲自为其兄弟讲说《丧服》，意在培养他们的礼法意识。他能够讲经，则说明这方面修养达到了一定的水准。又，《魏书》卷七二《阳尼传》载："时中书监高闾、侍中李冲等以尼硕学博识，举为国子祭酒。高祖尝亲在苑堂讲诸经典，诏尼侍听，赐帛百匹。"由此可见，孝文帝博通众经，并曾公开讲论。

孝文帝对儒家经典极为熟悉，不仅其行政以之为指导原则，而且日常生活中也如此。这有一个具体的事例。《魏书·景穆十二王·任城王澄传》载：

> 车驾还洛，引见王公侍臣于清徽堂。高祖曰："此堂成来，未与王公行宴乐之礼。后东阁庑堂粗复始就，故今与诸贤欲无高而不升，无小而不入。"因之流化渠。高祖曰："此曲水者亦有其义，取乾道曲成，万物无滞。"次之洗烦池。高祖曰："此池中亦有嘉鱼。"澄曰："此所谓'鱼在在藻，有颁其首。'"高祖曰："且取'王在灵沼，于牣鱼跃。'"此之观德殿。高祖曰："射以观德，故遂命之。"次之凝闲堂。高祖曰："名目要有其义，此盖取夫子闲居之义。不可纵奢以忘俭，自安以忘危，故此堂后作茅茨堂。"谓李冲曰："此东曰步元庑，西曰游凯庑。此堂虽无唐尧之君，卿等当无愧于元、凯。"

孝文帝迁都洛阳后，内宫中殿堂园池之取名，孝文帝严格体现儒家化的指导思想，即所谓"名目要有其义"。孝文帝与任城王澄所引典故皆出自儒家经典。据张金龙先生检核，"乾道曲成，万物无滞"，取自《周易·乾》象曰"乾道变化"，《系辞上》"曲成万物而不遗"；"鱼在在藻，有颁其首"，见于《诗经·小雅·鱼藻》；"王在灵沼，于牣鱼跃"，见于《大雅·灵台》；"射以观德"，出自《礼记·射义》之"射者，所以观盛德也"；"茅茨"，出自《春

---

① 《魏书》卷七下《高祖纪下》载太和二十一年七月甲寅，"帝亲为群臣讲丧服于清徽堂"。

秋穀梁传》"文公三年"之"茅茨尽矣";"元、凯"即"八元、八恺",为尧、舜时代的治理能臣,事见《左传》"文公十八年"①。这里不谈孝文帝通过命名来体现其建立一个汉化的大一统帝国的政治意图,仅就其日常生活而言,他对儒家经典确实已达到了相当熟悉的程度。

此外,孝文帝与文臣聚会,不仅时有文学诗赋方面的竞技活动,而且也有儒学经义方面的讨论。《魏书·刘芳传》载:

> 王肃之来奔也,高祖雅相器重,朝野属目。芳未及相见。高祖宴群臣于华林,肃语次云:"古者唯妇人有笄,男子则无。"芳曰:"推经《礼》正文,古者男子妇人俱有笄。"肃曰:"《丧服》称男子免而妇人髽,男子冠而妇人笄。如此,则男子不应有笄。"芳曰:"此专谓凶事也。《礼》:初遭丧,男子免,时则妇人髽;男子冠,时则妇人笄。言俱时变,而男子妇人免髽、冠笄之不同也。又冠尊,故夺其笄称。且互言也,非谓男子无笄。又《礼·内则》称:'子事父母,鸡初鸣,栉縰笄总。'以兹而言,男子有笄明矣。"高祖称善者久之。

可见孝文帝主持士人雅聚,经学探讨也是其中的重要内容。这对当时经学文化氛围的营造具有一定的影响。

孝文帝不仅自己研修儒家经典,而且常与儒学士大夫往来,鼓励他们习诵经典,对卓有成就者多加奖掖。对此,《魏书·儒林传序》便称孝文帝重儒学,"刘芳、李彪诸人以经书进,崔光、邢峦之徒以文史达,其余涉猎典章,关历词翰,莫不縻以好爵,动贻赏眷。于是斯文郁然,比隆周汉"。如刘芳,本为"平齐民",因精通儒学经术而深得孝文帝器重,《魏书·刘芳传》载:"芳沉雅方正,概尚甚高,经传多通,高祖尤器敬之,动相顾访。"孝文帝以"芳经学精洽,超迁国子祭酒"。又如祖莹,《魏书》卷八二《祖莹传》载其"诵《尚书》三篇,不遗一字。……后高祖闻之,召入,令诵五经章句,并陈大义,帝嗟赏之。"孝文帝与卢昶戏曰:"昔流共工于幽州北裔之地,那得忽有此子?"卢昶对曰:"当是才为世生。"孝文帝以祖莹之才名,拜为太学博士。从孝文帝与卢昶的对话,可见他对儒学才士的重视,这对推动北魏儒学

---

① 张金龙:《北魏洛阳里坊制度探微》,原刊《历史研究》1999 年第 6 期,收入所著《北魏政治与制度论稿》,甘肃教育出版社 2003 年版。

的复兴具有不可忽视的作用。① 对此，赵翼在《廿二史札记》卷一五"北朝经学"条指出："孝文帝尤重儒学，尊三老五更，又开皇子之学，刘芳、李彪诸人，皆以经书进用。……在上者既以此取士，士亦争务于此以应上之求，故北朝经学较南朝稍盛，实上之人有以作兴之也。"北朝后期经学的发展，与孝文帝的倡导确实关系密切。

孝文帝对儒家经学的倡导，不仅表现在自己潜心研习和讲论这一纯学术层面上，他更重视儒家礼乐文化及相关制度的建设和完善。史称"是时高祖锐意典礼，兼铨镜九流，又迁都草创，征讨不息，内外规略，号为多事"②。所谓"锐意典礼，兼铨镜九流"云云，正是如此。关于孝文帝制礼，《魏书》卷一○八《礼志序》称："自永嘉扰攘，神州芜秽，礼坏乐崩，人神歼殄。……高祖稽古，率由旧则，斟酌前王，择其令典，朝章国范，焕乎复振。"根据《魏书·礼志》诸篇所载，孝文帝时期在禘祫时祭制度方面进行了广泛而深入的讨论，群臣征引儒家经典，兼采汉魏制度，辨析郑玄、王肃的见解，孝文帝本着简约的原则进行修正，并废除了不少原始神灵祭祀。为树立北魏正统的地位，推动汉化，孝文帝"承晋为水德"，经营明堂，祭祀"五圣"（尧、舜、禹、周文王、孔子）。另在宫殿建筑、冠服朝仪等方面多有变革。③ 根据相关记载，孝文帝不仅参与礼乐制度方面的讨论，而且还曾亲自执笔起草礼仪，《魏书》卷五三《李冲传》载："及议礼仪律令，润饰辞旨，刊定轻重，高祖虽自下笔，无不访决焉。"可见在制定礼仪过程中，孝文帝确实有"自下笔"的情况。又，《魏书·高祖纪下》载太和十五年八月壬辰，"议养老，又议肆类上帝、禋于六宗之礼，帝亲临决。……乙巳，亲定禘祫之礼。丁巳，议律令事，仍省杂祀"。据此，可以说孝文帝在当时制定礼仪过程中确实具有决定性的作用。④

---

① 《魏书》卷九○《逸士·李谧传》载："谧尝诣故太常卿刘芳推问音义，语及中代兴废之由，芳乃叹曰：'君若遇高祖，侍中、太常非仆有也。'"从刘芳所言，可见孝文帝以儒学取士的指导思想。
② 《魏书》卷六四《郭祚传》。
③ 关于孝文帝在礼制方面的变革，参见张金龙先生《北魏孝文帝政治思想散论》一文（收入所著《北魏政治与制度论稿》，甘肃教育出版社2003年版）之五"厘革时弊，稽古复礼"一节的相关论述。
④ 北魏孝文帝太和制律非止一次，其中常景发挥了重要作用。《续高僧传》卷一《译经篇初·元魏南台洛下永宁寺北天竺沙门菩提流支传》载常景"河内人，敏学博通，知名海内。太和十九年，高祖擢为修律博士，有诏令刊定律格，永成通式。景乃商搉今古，条贯科猷，即《魏律》二十篇是也。历官中书舍人、黄门侍郎、秘书监、幽州刺史。居室贫俭，事若农家，唯有经史盈车，所著文集百余篇，给事中封晖伯作序行世"。

还有一点需要指出，孝文帝重视儒学教育。特别在皇族内部，他提倡研习儒学经典。当时鲜卑贵族子弟接受教育的学校称为"皇宗学"，孝文帝曾视察皇宗学，《魏书·高祖纪下》载，太和十六年四月甲寅，"幸皇宗学，亲问博士经义"①。可见他对皇族教育之重视。又，《魏书》卷二一（上）《献文六王·广陵王羽传》载：

> 高祖引陆叡、元赞等于前曰："北人每言北人何用知书，朕闻此，深用忾然。今知书者甚众，岂皆圣人。朕自行礼九年，置官三载，正欲开导兆人，致之礼教。朕为天子，何假中原，欲令卿等子孙，博见多知。若永居恒北，值不好文主，卿等子孙，不免面墙也。"陆叡对曰："实如明诏，金氏若不入仕汉朝，七世知名，亦不可得也。"高祖大悦。

孝文帝"正欲开导兆人，致之礼教"，正是用儒家文化改造鲜卑人。他曾亲赐玺书给北海王元详说："比游神何业也？丘坟六籍，何事非娱，善正风猷，肃是禁旅。"② 明确督促他研读儒家经籍。对于其诸子，孝文帝更是训导极严，如对太子元恂，"其进止仪礼，高祖皆为定"③。又，《魏书》卷八《世宗纪》载："初，高祖欲观诸子志向，乃大陈宝物，任其所取，京兆王愉等皆竞取珍玩，帝唯取骨如意而已。高祖大奇之。"可见孝文帝对其诸子教育之重视。孝文帝诸子多具学养，如宣武帝元恪"雅爱经史"；④ 京兆王元愉、清河王怿等，不仅文才卓著，且"博涉经史，兼综群言"，⑤ 特别是清河王怿经学修养甚高，"亲为《孝经解诂》，命（封）伟伯为《难例》九条，皆发起隐漏"⑥。

---

① 《魏书》卷七（下）《高祖纪下》载太和十七年九月，"幸洛阳，周巡故宫基趾。帝顾谓侍臣曰：'晋德不修，早倾宗祀，荒毁至此，用伤朕怀。'遂咏《黍离》之诗，为之流涕。壬申，观洛桥，幸太学，观《石经》"。所谓《石经》，是汉末、曹魏时将儒家经典等刻于石碑之上。据《洛阳伽蓝记》卷三"城南·报德寺"条载，所谓洛阳《石经》，原本共"二十五碑"，为汉末蔡邕所书，北魏孝文帝视察时，"犹有十八碑，余皆残毁"；另魏文帝曹丕《典论》也立碑，本"六碑"，孝文帝时"犹有存四存"，"高祖题为劝学里"。
② 《魏书》卷二一（上）《献文六王·北海王元详传》。
③ 《魏书》卷二二《孝文五子·废太子恂传》。
④ 《魏书》卷八《世宗纪》。
⑤ 《魏书》卷二二《孝文五子·清河王怿传》。
⑥ 《魏书》卷三二《封懿传附封伟伯传》。

在孝文帝的倡导下，迁都洛阳之后，北魏皇族子弟中不少人物迅速儒士化。①对于那些不遵守礼制的鲜卑贵族人物，孝文帝往往予以处罚，《魏书·任城王澄传》载元澄弟元嵩在安定王元休去世时，"未及卒哭，嵩便游田。高祖闻而大怒，诏曰：'嵩不能克己复礼，企及典宪，大司马薨殂甫尔，便以鹰鹞自娱。有如父之痛，无犹子之情，捐心弃礼，何其太速！便可免官。'"可见孝文帝之重视礼法教育与实践。

其次，孝文帝对史学的重视。北魏孝文帝有相当的史学修养，精于历代史书，前引《魏书》本纪称其"史传百家，无不该涉"。他对国史修撰十分重视，太和十一年，秘书令高祐、秘书丞李彪上奏论国史修撰问题，他们以为北魏史官制度不完善，史书修撰不齐备，建议"自王业始基，庶事草创，皇始以降，光宅中土，宜依（司马）迁、（班）固大体，令事类相从，纪传区别，表志殊贯，如此修缀，事可尽备"。他们以为"著作郎已下，请取有才用者，参造《国书》，如得其人，三年有成"②。《魏书》卷六二《李彪传》亦载："（彪）迁秘书丞，参著作事。自成帝以来至于太和，崔浩、高允著述《国书》，编年序录，为《春秋》之体，遗落时事，三无一存。彪与秘书令高祐始奏从（司马）迁、（班）固之体，创为纪传表志之目焉。"这是要求北魏国史按照纪传体编撰，比之编年体史书，纪传体记事全面，有利于表彰统治者功业。因此，孝文帝"诏秘书丞李彪、著作郎崔光改析国记，依纪传之体"③。

又，据《魏书·高祖纪下》载太和十四年二月，"初诏定起居注制"；第二年正月，"分置左右史官"。这不仅完善了北魏史官制度，而且保证当代史实的记录，为后人进一步修撰北魏国史提供了充实的资料。④

---

① 皮锡瑞在《经学历史》（中华书局 2004 年版）之六《经学分立时代》中谈及北朝经学时指出："案北朝诸君，惟魏孝文、周武帝能一变旧风，尊崇儒术。"（第 127 页）其实，仔细梳理十六国以来入主中原的诸胡人统治者的文化政策，他们普遍重视儒学。之所以如此，在于他们进入中原后，在华夷杂居的背景下，他们欲以华夏正统自居，必须提倡作为汉族文化核心的儒学，其影响所及，导致北朝儒学盛于南朝。对此，日本学者本田成之在《中国经学史》（上海书店 2001 年版）中指出："北朝因兴自夷狄，欲学中国圣人之文化，反而热心研究。"（第 193 页）赵翼在《廿二史札记》卷一五"北朝经学"条中也说过："北朝偏安窃据之国，亦知以经术为重，在上者既以此取士，士亦争务于此应上以求，故北朝经学较南朝稍盛，实上之人有以作兴之也。"魏孝文帝则是其中最突出之代表。

② 《魏书》卷五七《高祐传》。

③ 《魏书》卷七（下）《高祖纪下》。

④ 《魏书》卷三九《李宝传附李伯尚传》载李伯尚弱冠为秘书郎，孝文帝爱其才，"敕撰《太和起居注》"。

孝文帝对史学的重视还表现为要求史官修史应恪守秉笔直书的原则。《魏书·高祖纪》载孝文帝"常从容谓史官曰：'直书时事，无讳国恶。人君威福自己，史复不书，将何所惧。'"又，《魏书·李彪传》载李彪自述："高祖时诏臣曰：'平尔雅志，正尔笔端，书而不法，后世何观。'臣奉以周旋，不敢失坠，与著作等鸠集遗文，并取前记，撰为国书。"孝文帝如此启发史官，并非无的放矢，而是有针对性的。众所周知，太武帝时便因"讳国恶"而造成了崔浩的所谓"国史之狱"，使得史官胆战心惊。孝文帝强调史官直书，不仅为了存真，而且意在发挥史书戒惧君主的功能。需要指出的是，孝文帝强调史官"直书"，并不意味他忽视史书的文采，相反，他非常重视史官的"文才"。《魏书·崔光传》载崔光为著作郎，"与秘书丞李彪参撰国史"，太和末，"彪解著作，专以史事任光"。孝文帝对其文才甚为满意，誉之为"今日之文宗"。据前引《魏书·韩显宗传》，孝文帝曾点评史官韩显宗、程灵虬等人的文学才能，并向他们夸赞崔光的"文学之能"。当然，史书重在纪实，孝文强调史官的"文学之能"，并非要求他们随意描绘夸饰，而是要求史官在表达准确的基础上，尽可能生动、优美地记事和评论，使史书的文字雅致化。对无法达到这一标准的史官，如韩显宗者流，他以为"仅名奉职，未是良史也"。可见，孝文帝对史书编撰十分重视，不仅具有明确的标准，而且严格督促检查其工作。对此，张金龙先生在考述相关史实后有论云："看来孝文帝确实按照考绩法来考评官吏。作为一个专制帝国的皇帝，亲自对地位不高的史官的政绩进行考评，且与之作较多的往复辩论，在历史上不能说绝无仅有，恐怕也是极为罕见的。"[①]

除了经学、史学方面的建树外，在其他学术文化领域，北魏孝文帝也有相当的积累。前引《魏书》本纪称其"善谈《庄》《老》，尤精释义"，这说明他在玄学、佛学方面颇具修养。关于孝文帝之"善谈《庄》《老》"，精于玄学，这与其推崇、汲取南朝文化的影响不无关系。当时，孝文帝倡导文化，无论典章文物制度，还是文风、学风，皆积极取鉴南朝。因此，尽管一般说来，十六国以来，北朝玄学消歇，但在北魏后期则有所复兴，一个重要的机

[①] 《读史札记·孝文帝改革与北魏史学》，收入前揭张金龙《北魏政治与制度论稿》，甘肃教育出版社2003年，第450页。在这篇札记中，张金龙对北魏孝文帝在史学方面的作为有深入的考论，请参见。

缘正在于孝文帝汉化过程中南风北渐进程的加快。①

至于孝文帝"尤精释义",精研佛学,②《魏书》卷一一四《释老志》《高僧传》《续高僧传》《广弘明集》等佛教史文献,多有相关记载。孝文帝信佛,不仅在于捐施功德、兴造佛寺一类,而且与义学高僧交往密切,与他们探究佛学义理。据杨炫之《洛阳伽蓝记·序》所载,孝文帝"迁京之始,宫阙未就,高祖住在金墉城。城西有王南寺,高祖数诣寺沙门论议,故通此门,而未有名,世人谓之新门"③。孝文帝尤喜谈《成实论》。据《魏书·释老志》,太和十九年,孝文帝至徐州白塔寺,鸠摩罗什弟子、《成实论》大师僧嵩在此传业,培养了一批卓有成就的弟子,使此寺成为南北朝时期《成实论》的重镇。孝文帝说:"朕每玩《成实论》,可以释人染情,故至此寺焉。"可见他长期精研此论。又载"时沙门道登,雅有义业,为高祖眷赏,恒侍讲论";"高祖时,沙门道顺、惠觉、僧意、惠纪、僧范、道弁、惠度、智诞、僧显、僧义、僧利,并以义行知重"。可见孝文帝对佛学义理之执着。十六国北朝之际,徐州彭城间属南北,在学术文化上也如此,就其佛教义学而言,具有明显的南朝化特征,因此,魏孝文帝重视彭城佛教义学,自然在一定程度上接受了南朝玄、佛交融学风的影响。④ 对于魏孝文帝重视佛学义理及其影响,汤用彤先生在《汉魏两晋南北朝佛教史》第十四章《佛教之北统》"北朝诸帝与佛法"一节中有论云:"(北朝)确于佛义有研求提倡者,北魏终当推孝文帝";"盖魏之义学如《成实》《涅槃》《毗昙》均导源于孝文帝之世。北方义学沉寂于魏初者,至此经孝文之诱掖,而渐光大也";"《广弘明集》载孝文帝《听诸法师一月三入殿诏》,可见北魏诸帝提倡义学实始于孝文。其文有曰:'先朝之世,经营六合,未遑内范,遂令皇庭阙高邈之容,紫闼简超俗之仪,于钦善之理,福田之资,良为未足。将欲令懿德法师,时来相见,

---

① 关于北朝中后期玄学的发展情况及其与南学北输的关系,拙作《北朝之玄学及其相关文化风尚考述》(待刊稿)已有比较深入细致的考述,敬请参看。
② 《南齐书》卷五七《魏虏传》载北魏孝文帝对佛教"尤精信,粗涉义理,宫殿内立浮图"。
③ 《魏书》卷四五《裴骏传附子宣传》载裴宣"通辩博物,早有声誉","高祖曾集沙门讲佛经,因命宣论难,甚有理诣,高祖称善"。
④ 《高僧传》卷八《义解五·齐伪魏济州释僧渊传》载僧渊传僧嵩之《成实论》《毗昙》等,著名弟子有昙度、慧记、道登等,"并为魏主元宏所重,驰名魏国"。同书《齐伪魏释昙度传》载其江陵人,至徐州从僧渊受《成实论》,独步当时,魏孝文帝遣使征请,至平城,大开讲席,学者千余人。这说明孝文帝迁都前,已重佛学义理。又,同书《齐京师太昌寺释僧宗传》载其"善《大涅槃》及《胜鬘》等,每至讲说,听者将近千余。……魏主元宏遥挹风德,屡致书并请开讲,齐太祖不许外出"。可见孝文帝对南朝佛学义理的渴求。

进可餐禀道味，退可光饰朝廷。其敕殿中听一月三入。'同书又载有《令诸州众僧安居讲说诏》文有曰：'可敕诸州令此夏安居清众，大州三百人，中州二百人，小州一百人，任其数处讲说。皆僧祇粟供备。若粟鲜徒寡，不充此数者，可令昭玄量减还闻。其各钦旌贤匠，良推睿德，勿致滥浊，惰兹后进。'孝文提高僧人学识之热心，于此可知矣。"① 佛教义学的本质在于玄、佛交融。孝文帝倡导佛教义学，必然对北朝学术风尚的变化产生潜在的深刻影响。

最后，谈到孝文帝重视学术文化，还应略叙其重视聚书。文献典籍的保存是学术文化水平高低的一个重要标志。魏孝文帝重视文化事业，自然重视聚书。《魏书·高祖纪下》载孝文帝"诏求天下遗书，秘阁所无、有裨益时用者加以优赏"。《魏书》卷四四《薛野猪传附孙昙宝传》载其"初补散骑。高祖诏昙宝采遗书于天下"。不过，十六国北朝以来，北方屡遭祸乱，图书散失严重，聚书不易，于是孝文帝向南朝借书，《隋书》卷三二《经籍志序》载：

> 其中原则战争相寻，干戈是务，文教之盛，苻、姚而已。宋武入关，收其图籍，府藏所有，才四千卷。赤轴青纸，文字古拙。后魏始都燕、代，南略中原，粗收经史，未能全具。孝文徙都洛邑，借书于齐，秘府之中，稍以充实。

孝文帝通过转抄南朝所藏文献典籍，以充实北魏的图书，提升其文化水准。② 孝文帝从南朝借书，除了传统典籍外，当也有东晋南朝以来产生的"新

---

① 汤用彤：《汉魏两晋南北朝佛教史》，中华书局1983年版，第361—363页。汤用彤先生在该书其他章节论及北朝佛教义学，也有同样的看法："元魏自孝文帝后，佛教义学始渐兴盛。"（第377页）又说："至若义学，在北朝初叶，盖篾如也。北朝义学之兴，约在孝文帝之世。"（第598页）

② 这里据《隋书·经籍志》的记载，魏孝文帝应该曾经从南齐借到了一些图书。不过，《南齐书》卷四七《王融传》载"虏使遣求书，朝议欲不与"，王融上书齐武帝，以为"经典远被，诗史北传"，有助于北朝汉化，请求借书于魏，齐武帝虽说"吾意不异卿。今所启，比相见更委悉"，然"事竟不行"。据此，似乎南齐未借书于北魏。又，赵超《汉魏南北朝墓志汇编》所辑《李璧墓志》载李璧字元和，勃海条县广乐乡吉迁里人，"少好《春秋左氏传》而不存章句，尤爱马、班两史，谈论事意，略无所违，性严毅，简得言，工赏要，善尺牍"，为北魏中书博士，"誉溢一京，声辉二国"，为南北所推崇，"昔晋人失驭，群书南徙。魏国沙乡，文风北缺。高祖孝文皇帝追悦淹中，游心稷下，观书亡落，恨阅不周，与为连和，规借完典。而齐主昏迷，孤违天意。为中书郎王融思狎渊云，韵乘琳瑀，气轹江南，声兰岱北，耸调孤远，鉴赏绝伦，远服君风。启称在朝，宜借副书"。这里称王融以李璧在魏，故建议借书北魏，显然有所夸大，但肯定南齐借副本给北魏，则当不为虚。

书"，这对南朝文化的北传具有相当重要的推动作用。①

综合全文，作为出自鲜卑族的统治者，北魏孝文帝具有较高的汉文化修养，他自幼刻苦学习，"雅爱读书，手不释卷"，坚持不懈。他重视文学艺术，亲自作文，吟诵诗赋，并利用聚会等形式，与王公贵族和文士进行文学交流。不仅如此，他还博涉儒家众经，亲自讲经论典，并重视史学，喜好玄学，提倡佛学义理。对于魏文帝在文化上的成就，当时汉族士大夫有很高的评价。《魏书》卷二四《崔玄伯传附崔僧渊传》载南齐明帝萧鸾曾命崔惠景作书于崔僧渊，"规令改图"，崔僧渊回信称颂孝文帝曰：

> 主上之为人也，无幽不照，无细不存，仁则无远不及，博则无典不究，殚三坟之微，尽九丘之极。至于文章错综，焕然蔚炳，犹夫子之墙矣。遂乃开独悟之明，寻先王之迹，安迁灵荒，兆变帝基，惟新中壤，宅临伊域。三光起重辉之照，庶物蒙再化之始。分氏定族，料甲乙之科；班官命爵，清九流之贯。礼俗之叙，粲然复兴，河洛之间，重隆周道。巷歌邑颂，朝熙门穆，济济之盛，非可备陈矣。加以累叶重光，地兼四岳，士马强富，人神欣仰，道德仁义，民不能名。且大人出，本无所在，况从上圣至天子天孙者乎。圣上诸弟，风度相类，咸阳王已下，莫不英越，枝叶扶疏，遍在天下，所称稍竭，殊为未然。文士竞谋于庙堂，武夫效勇于疆场，若论事势，此为实矣。

崔僧渊此书当为受命而作，意在炫耀敌国，不无夸饰，但其所述孝文帝"博则无典不究，殚三坟之微，尽九丘之极。至于文章错综，焕然蔚炳，犹夫子之墙矣"云云，以及北魏上层之汉化与鲜、汉之间互相融合的情况，与上文所考之事实相验证，基本吻合。可以说，孝文帝之喜好文化及其相关举措，是北魏社会与文化变革的一个重要转折点。

对于北魏孝文帝之汉化，隋代王通再三致言，有高度评价。《中说》卷二《天地篇》载："或问魏孝文，子曰：'可以兴化。'"同书卷四《周公篇》载："子曰：'苻秦之有臣，其王猛之所为乎？元魏之有主，其孝文之所为乎？'中

---

① 确实，魏孝文帝非常崇尚江左之士风与学风。《南齐书》卷五七《魏虏传》载南朝"每使至，(元)宏亲相应接，申以言义。甚重齐人，常谓其臣下曰：'江南多好臣。'"孝文帝如此迷恋江左文化，其引进南朝图书，自然从中汲取思想文化的营养。

国之道不坠，孝文之力也。"同书卷五《问易篇》载："子曰：'太和之政近雅矣，一明中国之有法。'"又载："《元经》其正名乎！皇始之帝，征天以授之也。晋、宋之王，近于正体。于是乎未忘中国，穆公之志也。齐、梁、陈之德，斥之于四夷也，以明中国之有代，太和之力也。"王通在经历由南北分裂转入统一，民族文化、种族纷争而转入融合，其思考华夏文化传承、文化统绪变替，特别重视孝文帝力行汉化之意义，自然有着切身的体会，绝非一般的空泛议论。

此外，特别需要指出，魏孝文帝重视南朝文化，积极模拟和取鉴，无论在文学艺术，还是在经史学术的风格上，都表现出某种南朝化的倾向，进而开启了南学北输的时代文化趋势，影响尤为深远。李源澄先生研究魏末北齐之清谈名理新风，他以为北朝新学风肇始于孝文帝，他说："魏代自孝文而后，其风气日与南朝接近，经学佛学既有改变，文学尤盛，玄学亦渐兴起，而北来之南人尤为北土所慕。"[①] 经过此后数十年之积淀和发展，逐渐形成了汇通南北的新风尚。之所以如此，则是由于当时南北朝之间文化发展的历史背景和发展水平所决定的。

---

① 李源澄：《魏末北齐之清谈名理》，《李源澄学术论著初编》，路明书店1944年版，第137页。

第二章 北魏孝文帝任用南士及其对南朝文化之汲引

近年来,在中古史研究领域,一些学者曾就北朝、隋唐时期的"南朝化"问题展开过讨论。此一问题涉及面宽,又富于理论建构的色彩,本人自感浅陋,实无能置喙。不过,由于一度从事中古时代士人迁移与文化传播的研究,多少涉及相关问题。北朝、隋唐社会之变革,自有其内在原因,但确实不能忽视其对南朝文化的汲取。就北朝、隋唐总体发展过程看,其大规模转输南朝文化,是从北魏孝文帝时期开始的,并在一定程度上影响到北朝后期及隋唐时期文化发展的走向。李源澄先生论北朝后期学风变化曾指出,"元魏自孝文华化,风气丕变","魏代自孝文而后,其风气日与南朝接近,经学、佛学既有改变,文学尤盛,玄学亦渐兴起,而北来之南人尤为北土所慕"。又说:"北魏末年下逮北齐,士大夫之学术与生活态度,皆以模仿南人为事。南朝老庄之学,以影响于人生态度者为巨,造成六朝之风流人物,《魏书》孝文本纪谓孝文善谈老庄尤精美,孝文以后,文雅大盛,学者对于老庄之态度已不如前,故六朝士大夫之风染化于北方,音制风度,清言名理,为世所重。"① 确实,孝文帝转输南朝文化,无疑是南北文化融合过程中的一个关键环节。可以说,孝文帝汉化变革,在诸多方面都表现出对南朝文化的汲取。孝文帝如此,除了时代的客观因素外,与其个人的文化修养、文化旨趣及其与南士之交往密不可分。

---

① 李源澄:《魏末北齐之清谈名理》,《李源澄学术论著初编》,路明书店1944年版,第137—138页。

一　北魏孝文帝对南士之提携与任用

北魏孝文帝在汉化改革过程中，一个重要的措施或手段就是重用汉族士人，这甚至引起了鲜卑勋贵的强烈不满。《魏书》卷四〇《陆俟传附陆凯传》载："初，高祖将议革变旧风，大臣并有难色。又每引刘芳、郭祚等密与规谟，共论时政，而国戚谓遂疏己，怏怏有不平之色。乃令凯私喻之曰：'至尊但欲广知前事，直当问其古式耳，终无亲彼而相疏也。'国戚旧人意乃稍解。"孝文帝所交往之汉族士人中多有南人，《通鉴》卷一四〇齐明帝建武二年八月有一段概括性叙述云："好贤乐善，情如饥渴，所与游接，常寄以布素之意，如李冲、李彪、高闾、王肃、郭祚、宋弁、刘芳、崔光、邢峦之徒，皆以文雅见亲，贵显用事；制礼作乐，郁然可观，有太平之风焉。"以上诸位孝文帝所密切交往者皆为汉族文士，故胡三省于此下有注云："史言魏高祖能以文治。"当然，孝文帝所重视的汉族文士远不止这几位，他们可谓当时汉族文士的杰出代表。对这份名单，按照其地域，李冲属于河西系统；李彪、高闾、宋弁、郭祚、邢峦等属于河北系统；而王肃则来自江左，刘芳、崔光则为"青齐民"系统，由于他们原本也是自南朝入魏的，也可以归入南人的范畴。因此，可以看出在孝文帝汉化改革过程中，南士成为其智囊或顾问集团中的不可忽视的重要力量，应当引起人们足够的重视。王通《中说》卷七《述史篇》载："子曰：'穆公来、王肃至而元魏达矣。'"穆公，为王通先辈，宋、齐之际奔魏，王通家族也是由南入北，他称颂其祖辈在南学北输进程中的作用，自然不无夸大处，但由此论确实可知孝文帝之汉化与入北南士之关系颇为密切。

关于北魏孝文帝之重视南士，《南齐书》卷五七《魏虏传》所载一则史实颇能说明问题："每使至，宏亲相应接，申以言义。甚重齐人，常谓其臣下曰：'江南多好臣。'伪侍臣李元凯对曰：'江南多好臣，岁一易主；江北无好臣，而百年一主。'宏大惭，出元凯为雍州长史，俄召复职。"孝文帝喜好南朝人士之心态可谓情不自禁，溢于言表。正因为如此，孝文帝尽力招引南朝士人，并对入魏之南朝人士多加奖掖，予以重用。

（一）孝文帝对南朝入魏亡人的任用

刘昶，《魏书》卷五九《刘昶传》载其为宋文帝刘义隆子，因刘宋皇族内乱，避祸入魏。刘昶为人"好犬马，爱武事，入国历纪，犹布衣皂冠，同凶素之服。然呵詈童仆，音杂夷夏。虽在公坐，诸王每侮弄之，或庋手啮臂，至于痛伤，笑呼之声，闻于御听。高祖每优假之，不以怪问"。孝文帝曾一再在文宣堂引见刘昶，任为大将军等职，先后尚武邑公主、建兴长公主等，命其参与对萧齐的战争。

刘英武，据《魏书·刘昶传》，其"太和十九年从淮南内附，自云刘裕弟长沙景王道怜之曾孙，赐爵建宁子，司徒外兵参军，稍转步兵校尉、游击将军，卒于河内太守。而昶不以为族亲也"。刘英武是否为刘宋宗室子弟，很难断定，但孝文帝依然给予重视。

沈陵，《魏书》卷六一《沈文秀传附沈陵传》载："文秀族子陵，字道通。太和十八年，高祖南伐，陵携族孙智度归降，引见于行宫。陵姿质妍伟，辞气辩畅，高祖奇之，礼遇亚于王肃，授前军将军。后监南徐州诸军事、中垒将军、南徐州刺史，寻假节、龙骧将军。二十二年秋，进持节、冠军将军。"①

茹皓，《魏书》卷九三《恩倖·茹皓传》载："茹皓，字禽奇，旧吴人也。父让之，本名要，随刘骏巴陵王休若为将，至彭城。是时南土饥乱，遂寓居淮阳上党。……南徐州刺史沈陵见而善之，自随入洛阳，举充高祖白衣左右。"

孟表，《魏书》卷六一《孟表传》载其"仕萧鸾为马头太守。太和十八年，表据郡归诚，除辅国将军、南兖州刺史，赐爵谯县侯，镇涡阳。……高祖嘉其诚绩，封汶阳县开国伯，邑五百户"。

刘藻，《魏书》卷七〇《刘藻传》载其"六世祖遐，从司马叡南渡。父宗之，刘裕庐江太守"，可见刘藻亦为南人后代，孝文帝南征，"以藻为征虏将军，督统军高聪等四军为东道别将。辞于洛水之南，高祖曰：'与卿石头相见。'藻对曰：'臣虽才非古人，庶亦不留贼虏而遗陛下，辄当酾曲阿之酒以待百官。'高祖大笑曰：'今未至曲阿，且以河东数石赐卿'"。

崔延伯，《魏书》卷七三《崔延伯传》载："崔延伯，博陵人也。祖寿，于彭城陷入江南。延伯有气力，少以勇壮闻。仕萧赜，为缘淮游军，带濠口戍主。太和中入国，高祖深嘉之，常为统帅。胆气绝人，兼有谋略，所在征

---

① 《南齐书》卷五七《魏虏传》载："先是伪东徐州刺史沈陵率部曲降。陵，吴兴人，初以失志奔虏，大见任用，（元）宏既死，故南归，频授徐、越二州刺史。"

讨，咸立战功。"

崔休，《魏书》卷六九《崔休传》载其"祖灵和，仕刘义隆为员外散骑侍郎"，"休好学，涉历书史，公事军旅之隙，手不释卷，崇尚先达，爱接后来，常参高祖侍席，礼遇次于宋、郭之辈"。其曾随孝文帝南征，"及车驾还，幸彭城，泛舟泗水，诏在侍筵，观者荣之"。

这类南朝人物中，最得孝文帝赏识的是王肃。《魏书》卷六三《王肃传》载其为琅邪临沂人，出自江东一流侨寓士族，太和十七年，其因"父奂及兄弟并为萧赜所杀，肃自建业来奔"。孝文帝在邺城，"闻肃至，虚襟待之，引见问故。肃辞义敏切，辩而有礼，高祖甚哀恻之。遂语及为国之道，肃陈说治乱，音韵雅畅，深会帝旨。高祖嗟纳之，促席移景，不觉坐之疲淹也。因言萧氏危灭之兆，可乘之机，劝高祖大举。于是图南之规转锐，器重礼遇日有加焉，亲贵旧臣莫能间也。或屏左右相对谈说，至夜分不罢。肃亦尽忠输诚，无所隐避，自谓君臣之际犹玄德之遇孔明也"①。故任其为辅国将军、大将军长史等，尚陈留长公主，一再领兵征讨南朝，成效显著，本传载："肃频在边，悉心抚接，远近归怀，附者若市，以诚绥纳，咸得其心。"孝文帝曾征其入朝，手诏曰："不见君子，中心如醉，一日三岁，我劳如何。饰馆华林，拂席相待，卿欲以何日发汝坟也？故复此敕。"后高祖死，"遗诏以肃为尚书令，与咸阳王禧等同为宰辅，征肃会驾鲁阳"。南朝入魏士人地位至于此，王肃可谓空前。

以上诸位北奔之南士多为武人，孝文帝主要利用他们从事对南朝的战争。众所周知，孝文帝迁洛一个重要原因是力图在军事上征服南朝，以实现统一大业。对此，诚如宋人叶适《习学记言序目》卷三四"《魏书·卢昶传》"条说："孝文迁洛，不止慕古人居中土，盖欲身在近地，经营江左耳，其与卢昶语可见。草创之初，便事南伐，所图不就，躁扰变乱，竟死道途，本希成康，反类昭穆，是德与力两失之也。"又，同书卷三四"《魏书·王肃传》"条也论："江东王氏子弟，如王肃者不为少，而与孝文相遇，任待隆洽如此，盖其年相少长，且中以图南之规故也。"可以说，孝文帝意欲"经营江左"，"图南之规"日盛，北奔之南人获得了备受重用的机缘。

（二）孝文帝对"平齐民"代表人物的提携

除了以上南朝北奔士人之外，孝文帝十分注意提携"平齐民"。所谓"平

---

① 《魏书》卷六八《高聪传》亦载："高祖锐意南讨，专访王肃以军事。"可见王肃对孝文帝南征之军事战略的影响之大。

齐民"，是北魏献文帝皇兴年间征服刘宋青、齐地区迁徙至平城一带的青、齐豪族人士及其部属。自刘裕灭南燕，青、齐地区归于东晋、刘宋几达六十年（410—469），皇兴三年（469）北魏占领这一地区，将许多青齐人户迁到代京，按照其阶级、地位、降拒态度等区别待遇，其中第一等是"客"；其次在代京附近设置了平齐郡，安置一般的豪强，即所谓"民望"；作为"平齐民"最下等的普通士兵与民众则为奴婢，以赏赐给鲜卑勋贵。根据相关文献记载，这些作为战俘的"平齐民"，即便其中的一些上层人士，迁徙之初的生活也是颇为艰难的，有的则被流放边镇，充当镇兵。《魏书》卷二四《崔玄伯传附崔道固传》："是时，频岁不登，郡内饥弊，道固虽在任积年，抚慰未能周尽，是以多有怨叛。"崔道固兄子僧祐便因参与沙门法秀之乱被诛，僧祐弟僧渊则"坐兄弟徙于薄骨律镇，太和初得还"。《魏书》卷四八《高允传》载："显祖平青齐，徙其族望于代。时诸士人流移远至，率皆饥寒。徙人之中，多（高）允姻媾，皆徒步造门。允散财竭产，以相赡赈，慰问周至。无不感其仁厚。"

孝文帝时期，"平齐民"的命运发生了变化。《魏书》卷六一《毕众敬传》载："太和中，高祖宾礼旧老，众敬与咸阳公高允引至方山，虽文武奢俭，好尚不同，然亦与允甚相爱敬，接膝谈款，有若平生。后以笃老，乞还桑梓，朝廷许之。……文明太后、高祖引见于皇信堂，赐以酒馔，车一乘、马三匹、绢二百匹，劳遣之。"孝文帝对"旧老"毕众敬的礼遇具有指标性的意义，他虽为"平齐民"中的一个武将，但年辈高，对其优待显示着针对"平齐民"政策的调整及其地位的提升。唐长孺先生在《北魏的青齐土民》一文中指出，大致在孝文帝迁洛前后，"平齐民"逐步摆脱了带有俘虏性质的徙民身份，恢复或者取得了士族地位并享有相关特权，他们中间大部分逐渐返归青齐，仍然是当地最有势力的豪强。①《魏书》卷四二《刘休宾传附从弟法凤法武传》载："太和中，高祖选尽物望，河南人士，才学之徒，咸见申擢。法凤兄弟无可收用，不蒙选授，后俱奔南。"唐先生据此指出："由此可知，'河南人士'绝大多数为孝文帝所选拔。所云'河南人士'，自然包括兖、豫、徐诸州在内，而主要是青齐士人。这些一度充当平齐民的豪强，在太和时，除了极少数如刘孝标弟兄外，大都还到本乡，并被选拔为官了。"②

---

① 唐长孺：《北魏的青齐土民》，《魏晋南北朝史论拾遗》，中华书局1983年版，第107页。关于北魏"平齐民"的情况，唐先生此文考论颇为翔实，本文多有参考。
② 前揭《北魏的青齐土民》，《魏晋南北朝史论拾遗》，第109页。

"平齐民"中的一些代表人物多为官中央,甚至位至宰臣。大量的青齐人物进入北魏王朝的官僚阶层,成为当时一个重要的地域性士人群体。

由于这些"平齐民"子弟其先辈皆仕于东晋和刘宋,具有南朝背景,孝文帝对他们的任用,显然具有重视南人的意味。《魏书》卷六〇《韩麒麟传》载韩麒麟为齐州刺史,"以新附之人,未阶台宦,士人沉抑",于是上表曰:"齐土自属伪方,历载久远,诸州府僚,动有数百。自皇威开被,并职从省,守宰阙任,不听士人监督。窃惟新人未阶朝宦,州郡局任甚少,沉塞者多,愿言冠冕,轻为去就。愚谓守宰有阙,宜推用豪望,增置吏员,广延贤哲,则华族蒙荣,良才获叙,怀德安土,庶或在兹。"韩麒麟建议扩大"三齐豪望"的入仕道路,以免他们"轻为去就",即投奔南朝。这也表明这一地区的豪强与江左诸王朝不仅在历史上存在着密切的关系,现实上也仍然如此。

与前述南朝入魏士人相似,孝文帝对"平齐民"人物的任用,当然也有直接的对付南朝的军政动机。《魏书》卷六一《薛安都传》载薛安都从祖弟薛真度,为东荆州刺史,"初,迁洛后,真度每献计于高祖,劝先取樊、邓,后攻南阳,故为高祖所赏,赐帛一百匹,又加持节,正号冠军,改封临晋县开国公,食邑三百户"。孝文帝还特下诏称"真度爰自迁京,每在戎役,沔北之计,恒所与闻,知无不言,颇见采纳。及六师南迈,朕欲超据新野,群情皆异,真度独与朕同。抚蛮宁夷,实有勤绩,可增邑二百户"。可见在孝文帝迁洛后南征汉沔,薛真度常有进言,"颇见采纳",甚至有"独与朕同"者,坚定地支持孝文帝的南征战略。其他一些"平齐民"中的文士也积极参与孝文帝的南征活动,希冀建功立业。《魏书》卷六八《高聪传》载:"聪微习弓马,乃以将用自许。高祖锐意南讨,专访王肃以军事。聪托肃愿以偏裨自效,肃言之于高祖,故假聪辅国将军,统兵二千,与刘藻、傅永、成道益、任莫问俱受肃节度,同援涡阳。而聪躁怯少威重,所经淫掠无礼,及与贼交,望风退败。"傅永,《魏书》卷七〇《傅永传》载"王肃之为豫州,以永为建武将军、平南长史",一再击溃南齐军队,高祖每叹曰:"上马能击贼,下马作露布,唯傅修期耳。"在青齐诸将中,傅永深得孝文帝的赏识。此外,孝文帝曾命成淹主持修建运河,以资运输,《魏书》卷七九《成淹传》载"高祖幸徐州,敕淹与闾龙驹等主舟楫,将泛泗入河,泝流还洛",高祖敕淹曰:"朕以恒、代无运漕之路,故京邑民贫。今移都伊洛,欲通运四方,而黄河急浚,人皆难涉。我因有此行,必须乘流,所以开百姓之心。知卿至诚,而今者不得相纳。"成淹受命,"于时宫殿初构,经始务广,兵民运材,日有万计,伊洛流渐，苦于厉涉，淹遂启求，敕都水造浮航。高祖赏纳之，意欲荣淹于众，朔旦受朝，百官在位，乃赐帛百匹，知左右二都水事"。孝文帝以成淹主持修建贯通以伊洛为中心的运河系统，以"通运四方"，除了粮食物资的运输外，与其南征战略关系密切。①

孝文帝对"平齐民"人物的任用，除南征军政事务外，与南朝有直接关系者，还有以其出使南朝，或以主客令身份接待南朝使节。据《魏书》诸人本传所载，蒋少游、高聪等曾出使萧齐，刘芳、成淹等则一再接待南使。与此相关，孝文帝还利用他们熟悉南朝事务的背景，命其考察入魏之南朝士人，如成淹，"王肃归国也，高祖以淹曾官江表，诏观是非。乃造王肃语，还奏言实"②。

由以上所考，可见魏孝文帝对南朝入魏之士人与青齐人士多加提携，予以任用，特别利用他们从事与南朝相关的军政事务，从而在北魏培植了一个具有南朝背景的士人群体。当然，需要指出的是，孝文帝对南士的使用，自然引起一些鲜卑旧人的反对，形成冲突，特别在军事活动中，孝文帝君臣对南人也是有监督措施的，并非一味放任。如王肃为南士代表，极为孝文帝信任，《魏书·傅永传》载："王肃之为豫州，以永为建武将军、平南长史。咸阳王禧虑肃难信，言于高祖。高祖曰：'已选傅修期为其长史，虽威仪不足，而文武有余矣。'"又，《魏书》卷七六《张烈传》载："时顺阳太守王青石世官江南，荆州刺史、广阳王嘉虑其有异，表请代之。高祖诏侍臣各举所知，互有申荐者。"于是高祖以张烈为顺阳太守。可见，在具体军政事务中，南士的处境有时颇为尴尬和微妙。

二 北魏孝文帝之文化旨趣及其对南朝文化的汲取

前引文载北魏孝文帝每每亲自接待南朝使节，"甚重齐人"，对其臣下称"江南多好臣"。之所以如此，在于孝文帝羡慕江左士人的风度气质和文化素养。确实，就个人文化旨趣而言，孝文帝对南朝文化风尚颇为倾心。

---

① 《魏书》卷六六《崔亮传》载崔亮任度支尚书，管理财政，"自迁都之后，经略四方，又营洛邑，费用甚广。亮在度支，别立条格，岁省亿计。又议修汴、蔡二渠，以通边运，公私赖焉"。可见孝文帝修运河以通运输与青齐人士关系密切。
② 《魏书》卷七九《成淹传》，第1753页。

(一) 孝文帝对江左文化风尚的钦羡与效仿

关于北魏孝文帝的学术文化修养，《魏书》卷七（下）《高祖纪下》有一段概括性叙述："雅好读书，手不释卷。《五经》之义，览之便讲，学不师受，探其精奥。史传百家，无不该涉。善谈《庄》《老》，尤精释义。才藻富赡，好为文章，诗赋铭颂，任兴而作。有大文笔，马上口授，及其成也，不改一字。自太和十年已后诏册，皆帝之文也。自余文章，百有余篇。爱奇好士，情如饥渴。待纳朝贤，随才轻重，常寄以布素之意。悠然玄迈，不以世务婴心。"这里且不论孝文帝文化修养之渊博，仅就其学风特征而言，既精于儒、玄、释和"史传百家"，又擅长文学艺术，表现出明显的"才人"气质，特别是他"善谈《庄》《老》"，影响到其处世心态，"悠然玄迈，不以世务婴心"，具有玄化名士的特征。这表明孝文帝对南朝思想文化及其风尚是颇为会心的。《南齐书》卷五七《魏虏传》称"（元）宏知谈义，解属文"，确实指出了孝文帝的文化特征。

孝文帝这种心态是有具体表现的。其中显著事例是他主动向南齐借书。《魏书·高祖纪下》载孝文帝"诏求天下遗书，秘阁所无、有裨益时用者加以优赏"。《魏书》卷四四《薛野䐗传附孙薛昙宝传》载其"初补散骑，高祖诏昙宝采遗书于天下"。不过，十六国北朝以来，北方屡遭祸乱，图书散失严重，聚书不易，于是孝文帝向南朝借书，《隋书》卷三二《经籍志序》载："其中原则战争相寻，干戈是务，文教之盛，苻、姚而已。宋武入关，收其图籍，府藏所有，才四千卷。赤轴青纸，文字古拙。后魏始都燕、代，南略中原，粗收经史，未能全具。孝文徙都洛邑，借书于齐，秘府之中，稍以充实。"孝文帝通过转抄南朝所藏文献典籍，以充实北魏的图书，提升其文化水准。孝文帝从南朝借书，除了传统典籍外，当也有东晋南朝以来产生的"新书"，这对南朝文化的北传具有相当重要的推动作用。当时，南齐对借书问题存在争议，《南齐书》卷四七《王融传》载"虏使遣求书，朝议欲不与"，王融上疏以为这表明北魏向南朝"问礼求乐"，主张借书于魏，"经典远被，诗史北流，冯、李之徒，必欲遵尚"，有助于其汉化。齐武帝虽表示同意，但"事竟不行"。不论此次是否借得典策，北魏孝文帝主动向南齐借书，表现出其内心中钦慕南朝文化的心态。

孝文帝派遣使节，了解、吸收南朝的制度与文化风尚。《南齐书》卷五七《魏虏传》载永明九年，魏孝文帝"遣使李道固、蒋少游报使。少游有机巧，密令观京师宫殿楷式。清河崔元祖启世祖曰：'少游，臣之外甥，特有公输之思。宋世陷虏，处以大匠之官。今为副使，必欲模范宫阙。岂可令毡乡之鄙，取象天宫？臣谓且留少游，令使主反命。'世祖以非和通意，不许"。《南史》卷四七《崔祖思传附崔元祖传》载"少游果图画而归"。孝文帝一再遣派"平齐民"人士出使南朝，正是利用其文化优势，以深入取法南朝制度。

又，《南齐书·王融传》载永明十一年孝文帝以房景高、宋弁出使萧齐，齐武帝萧赜以王融有才辩，以充任主客令。宋弁对王融说："在朝闻主客作《曲水诗序》。"房景高也说："在北闻主客此制，胜于颜延年，实愿一见。"于是王融以此文见示。后宋弁对王融说："昔观相如《封禅》，以知汉武之德；今览王生《诗序》，用见齐王之盛。"王融谦称"皇家盛明，岂直比踪汉武；更惭鄙制，无以远匹相如。"王融此文作于永明九年，其本传载："九年，上幸芳林园禊宴朝臣，使融为《曲水诗序》，文藻富丽，当世称之。"北魏使臣对王融《曲水诗序》极为赞赏，称"在朝""在北"听闻此制，说明孝文帝君臣对南朝文学创作颇为关注，使臣"实愿一见"，绝非满足个人欣赏之愿望，主要目的在于返回后向孝文帝等人介绍其内容。可以说，孝文帝对南朝文学具有强烈的兴趣。不仅如此，孝文帝征战淮汉，颇注意收集南方伎乐，《魏书》卷一〇九《乐志》便载："初，高祖讨淮、汉，世宗定寿春，收其声伎。江左所传中原旧曲，《明君》《圣主》《公莫》《白鸠》之属，及江南吴歌、荆楚四声，总谓《清商》。至于殿庭飨宴兼奏之。"可见自孝文帝以降，北魏汲取南朝礼乐文化的情形。

孝文帝对南朝君臣间浓郁的文化氛围颇为羡慕，并有所效仿。《魏书》卷八二《祖莹传》载："征署司徒、彭城王勰法曹行参军。高祖顾谓勰曰：'萧赜以王元长为子良法曹，今为汝用祖莹，岂非伦匹也。'敕令掌勰书记。"南朝重文学才艺之士，无论皇帝、亲王，还是地方官员，其宫廷、幕府无不招集大量的文士，造成了政治机构与文化中心的统一。孝文帝注重与文士交往，前引文称其"待纳朝贤，随才轻重，常寄以布素之意"云云正是如此。他以北方著名文士祖莹为元勰之法曹参军，明确表示是效仿南齐武帝的做法，可见其对南朝文化制度与环境的仰慕之情。确实，孝文帝在文化上的诸多表现都具有南朝文化风尚的特征，如他亲自讲论儒家经典，《魏书·献文六王·彭城王勰传》载："高祖亲讲《丧服》于清徽堂，从容谓群臣曰：'彦和、季豫等年在蒙稚，早登缨绂，失过庭之训，并未习礼，每欲令我一解《丧服》。自审义解浮疏，抑而不许。顷因酒醉坐，脱尔言从，故屈朝彦，遂亲传说。将临讲坐，惭战交情。'"又，《魏书》卷七二《阳尼传》载："时中书监高闾、侍中李冲等以尼硕学博识，举为国子祭酒。高祖尝亲在苑堂讲诸经典，诏尼侍听，赐帛百匹。"这是讲论经学的聚会。

此外，在文学方面，孝文帝不仅自己热爱创作，而且行军、谋政之余，总是利用各种机会与臣属进行集体性文学活动，形成了诗文雅集的风气，这方面的实例甚多，《魏书》卷五六《郑羲传附郑道昭传》记载孝文帝君臣间诗歌联句之后，孝文帝说："自比迁务虽猥，与诸才俊不废咏缀，遂命邢峦总集叙记。当尔之年，卿频丁艰祸，每眷文席，常用慨然。"可见当时孝文帝"与诸才俊不废咏缀"已成为常事。

孝文帝与臣属间聚集讲论儒家经典和开展诗文创作，造成当时北魏宫廷的雅聚风气，迁洛之后更为突出。其实，这一文化风气是魏晋南朝以来极为普遍的现象，孝文帝如此，从以上其自述为元勰选祖莹为法曹参军一事，可以肯定他是效仿南朝的。在孝文帝的带动下，其兄弟子侄多招集文士入幕，并开展各类学术文化雅聚活动，这对北魏后期的文化发展产生了深刻的影响。

（二）孝文帝钦重南士以汲引南朝典章文物制度

孝文帝既对南朝文化表现出强烈的钦羡之情，以致生活中多有效仿，这必然导致其对南朝文化的汲引和输入，特别是孝文帝迁洛前后进行深入的汉化变革，以接续汉魏传统，这必然需要通过转输南朝的制度而实现。当时南北分裂，处于激烈对抗的战争状态，正常的文化交流渠道并不畅通，这是不难理解的。正因为如此，孝文帝必须大力起用来自南朝的人物。南人在北魏的活动，其影响主要不在军政实务方面，而在于转输南朝之制度与思想文化。

入魏之南朝士人多以边地军镇将领为多，总体学术文化水准似乎不高，其中刘昶有一定的文化修养，《魏书》本传称"昶虽学不渊洽，略览子史，前后表启，皆其自制"。在这方面，出自南朝一流文化士族的王肃要突出一些，《魏书》本传载："肃少而聪辩，涉猎经史，颇有大志。……肃自谓《礼》《易》为长，亦未能通其大义也。"相对之下，"平齐民"中的代表性人物总体文化修养较高，唐长孺先生在《北魏的青齐土民》一文考察了崔亮、崔光、房宣明、高聪、蒋少游、傅永等六人自太和六年（482）以后逐步摆脱卑贱的地位，皆以中书博士起家，并由此上升显位的情况。① 此外，刘芳的情况也大

---

① 前揭《北魏的青齐土民》，《魏晋南北朝史论拾遗》，第112页。关于"平齐民"人物的学术文化修养，王永平《论北魏时期青齐人士的文化贡献》（刊于《中华文史论丛》总第八十辑，上海古籍出版社2005年版）一文有比较全面的考述，敬请参看。

体相似，他也是由主客郎，转而以中书博士而获得升迁的。这表明诸人皆擅长经史学术，对此，孝文帝多有赞誉。《魏书》卷六七《崔光传》载孝文帝称誉崔光曰："以崔光之高才大量，若无意外咎谴，二十年后当作司空。"刘芳学识卓著，《魏书》本传载："芳沉雅方正，概尚甚高，经传多通，高祖尤器敬之，动相顾访。"这表明孝文帝重视"平齐民"精英人物，看重的正是他们的儒术文才，并借之创设新制。从相关记载看，孝文帝在汉化改制过程中，对南人确实颇为倚重。

在朝仪服饰方面，《魏书·刘昶传》载："于时改革朝仪，诏昶与蒋少游专主其事。昶条上旧式，略不遗忘。"又，《魏书》卷九四《阉官·张宗之传》载："始宗之纳南来殷孝祖妻萧氏，刘义隆仪同三司思话弟思度女也，多悉妇人仪饰故事。太和中，初制六宫服章，萧被命在内预见访采，数蒙赐赍。"作为南朝亡人，刘昶等人并非精悉南朝典制者，故孝文帝迁都洛阳前变革礼仪制度多利用"平齐民"人物。在这方面，蒋少游等人贡献很大。据《魏书》卷九一《术艺·蒋少游传》，孝文帝曾"诏尚书李冲与冯诞、游明根、高闾等议定衣冠于禁中，少游巧思，令主其事，亦访于刘昶。二意相乖，时致诤竞，积六载乃成，始班赐百官。冠服之成，少游有效焉"。

在都城兴造方面，蒋少游也发挥了很大的作用，《魏书·术艺·蒋少游传》载："（高祖）后于平城将营太庙、太极殿，遣少游乘传诣洛，量准魏晋基址。后为散骑侍郎，副李彪使江南。高祖修船乘，以其多有思力，除都水使者，迁前将军、兼将作大匠，仍领水池湖泛戏舟楫之具。及华林殿、沼修旧增新，改作金墉门楼，皆所措意，号为妍美。"少游"性机巧，颇能画刻"，"因工艺自达"，许多建筑皆由其设计。《南齐书·魏虏传》称"虏宫室制度，皆从其出"，这虽不无夸大，但蒋少游确实为北魏新、旧都城建设的主要人物之一。在洛阳建都过程中，刘芳也曾参与其事。《洛阳伽蓝记》卷一"城内永宁寺条"载芳与常景"造洛阳宫殿门阁之名，经途里邑之号"。又，崔光从祖弟崔长文"少亦徙代都，聪敏有学识。太和中，除奉朝请。迁洛，拜司空参军事，营构华林园"[①]。

在职官与选举制度方面，崔亮的情况颇为典型。《魏书》卷六六《崔亮传》载李冲荐其"为中书博士。转议郎，寻迁尚书二千石郎。高祖在洛，欲创革旧制，选置百官，谓群臣曰：'与朕举一吏部郎，必使才望兼允者，给卿

---

① 《魏书》卷六七《崔光传附崔长文传》。

三日假。'又一日，高祖曰：'朕已得之，不烦卿辈也。'驰驿征亮兼吏部郎。……亮自参选事，垂将十年，廉慎明决，为尚书郭祚所委，每云：'非崔郎中，选事不办。'"孝文帝亲自挑选崔亮主持吏部"选置百官"的重任，目的主要在于推进汉化。对于崔亮主持选举之意义，唐长孺先生指出："崔亮长期担任铨选之职，直做到尚书右仆射。孝文帝认为他符合于'才望兼允'的条件，故选用他为吏部郎。所谓'望'即指门阀。孝文帝热衷于门阀制度在北方的推行，选置百官和定姓族其实是一件事，因为选授标准主要是姓族高卑。……由崔亮被任为吏部郎一事，便可以知道这回选置百官不但必须由熟悉门阀制度的士族来主持，而且特别需要熟悉'河南人士'的人来主持。这样，身为魏晋旧门而一度为平齐民的崔亮便合乎此选了。"① 对于孝文重视"平齐民"代表人物，陈寅恪先生明确指出："刘芳、崔光皆南朝俘虏，其所以见知于魏孝文帝及其嗣主者，乃以北朝正欲摹仿南朝之典章文物，而二人适值其会，故能拔起俘囚，致身通显也。"②

在孝文帝迁洛后制度建设中，王肃发挥了巨大的作用。《南齐书·魏虏传》载："王肃为虏制官品百司，皆如中国。凡九品，品各有二。"《洛阳伽蓝记》卷三"城南·报德寺"条载"时高祖新营洛邑，多所造制，肃博识旧事，大有裨益，高祖甚重之"。《北史》卷四二《王肃传》载："自晋氏丧乱，礼乐崩亡，孝文虽厘革制度，变更风俗，其间朴略，未能淳也。肃明练旧事，虚心受委，朝仪国典，咸自肃出。"陈寅恪先生指出，王肃北奔是孝文帝汲取南朝制度的一个关键："魏孝文帝之欲用夏变夷久矣，在王肃未北奔之前亦已有所兴革。然当日北朝除其所保存魏晋残余之文物外，尚有文成帝略取青齐时所俘南朝人士如崔光、刘芳、蒋少游等及宋氏逋臣如刘昶之伦，可以略窥自典午南迁以后江左文物制度。然究属依稀恍惚，皆从间接得来，仍无居直接中心及知南朝最近发展之人物与资料可以依据。……魏孝文帝所以优礼王肃固别有政治上之策略，但肃之能供给孝文帝当日所渴盼之需求，要为其最大原因。夫肃在当日南朝虽为膏腴士族，论其才学，不独与江左同时伦辈相较，断非江左第一流，且亦出北朝当日青齐俘虏之下，而卒能将南朝前期发展之文物制度转输于北朝以开太和时代之新文化，为后来隋唐制度不祧之远祖者，盖别有其故也。……是肃必经受其宗贤之流风遗著所薰习，遂能抱持

---

① 唐长孺：《北魏的青齐土民》，前揭《魏晋南北朝史论拾遗》，第109—110页。
② 陈寅恪：《隋唐制度渊源略论稿》，生活·读书·新知三联书店2001年版，第12页。

南朝之利器，遇北主之新知，殆由于此欤？"① 可见王肃凭依其特殊的家世背景和文化优势，直接将"南朝前期发展之文物制度转输于北朝以开太和时代之新文化"，奠定了北朝后期制度的基础。

(三) 孝文帝对南朝学风、文风的效仿与倡导

在经史学术方面，青齐人士多有深厚的学养，《魏书》卷八四《儒学传序》云："高祖钦明稽古，笃好坟典，坐舆据鞍，不忘讲道。刘芳、李彪诸人以经书进，崔光、邢峦之徒以文史达，其余涉猎典章，关历词翰，莫不縻以好爵，动贻赏眷。于是斯文郁然，比隆周汉。"刘芳、崔光二人皆出自青齐集团。崔光，孝文帝曾称其"温良博物，朝之儒秀"②。刘芳，于时有"为世儒宗"之誉。据《魏书》本传，刘芳"聪敏过人，笃志坟典"，其为中书博士，孝文帝诏"芳与（邢）产入授皇太子经"。不仅如此，在经学上，刘芳对孝文帝也有辅导之功。他随孝文帝至洛阳，"自在路及旋京师，恒侍坐讲读。芳才思深敏，特精经义，博闻强记，兼览《苍》《雅》，尤长音训，辨析无疑。于是礼遇日隆，赏赉丰渥，正除员外散骑常侍"。一次聚会，王肃语及"古者唯妇人有笄，男子则无"，刘芳博征文献，以为"男子有笄明矣"，孝文帝、王肃等皆叹其渊博。史称"芳沉雅方正，概尚甚高，经传多通，高祖尤器敬之，动相顾访"。孝文帝死后，咸阳王禧等"奉申遗旨，令芳入授世宗经"。刘芳著作甚多，"撰郑玄所注《周官》《仪礼音》、干宝所注《周官音》、王肃所注《尚书音》、何休所注《公羊音》、范宁所注《谷梁音》、韦昭所注《国语音》、范晔《后汉书音》各一卷，《辨类》三卷，《徐州人地录》四十卷，《急就篇续注音义证》三卷，《毛诗笺音义证》十卷，《礼记义证》十卷，《周官》《仪礼义证》各五卷"。刘芳遍注群经，不愧为"一代硕儒"③。

魏孝文帝重视青齐学者，不仅在于直接提升北魏的经史学术水平，而且主要在于转输南朝之学风。徐兖青齐之地在晋末宋初长达六十多年的时间里隶属于南方政权，晋、宋朝廷派遣州郡官员，实施其统治。这便加强了该地区与南朝文化方面的联系，南方的思想文化风尚在此传播。以经学风尚为例，《北史》卷八一《儒林传序》有言："大抵南北所为章句，好尚互有不同。江左，《周易》则王辅嗣，《尚书》则孔安国，《左传》则杜元凯。河洛，《左

---

① 前揭《隋唐制度渊源略论稿》，第 15—16 页。
② 《魏书》卷六四《郭祚传》。
③ 《魏书》卷一〇九《乐志》。

传》则服子慎,《尚书》《周易》则郑康成。《诗》则并主于毛公,《礼》则同遵于郑氏。南人约简,得其英华;北学深芜,穷其枝叶。"可见南北朝经学风气有异。而青齐地区由于长期隶属于南朝,经学风尚受南朝影响,《魏书》卷八四《儒林传序》载:"晋世杜预注《左氏》,预玄孙坦、坦弟骥于刘义隆世并为青州刺史,传其家业,故齐地多习之。"对青齐地域学风的南朝化特征,清人皮锡瑞在《经学历史·经学分立时代》中指出:"案史言北学极明晰;而北学之折入于南者,亦间见焉。青、齐之间,多讲王辅嗣《易》、杜元凯《左传》;盖青、齐居南北之中,故魏、晋经师之书,先自南传于北。"确实,以刘芳为例,从其注释范宁、干宝、范晔等南人著作看,明显具有南朝学术的特征。① 因此,可以说,自孝文帝开始,北朝经学风尚在一定程度上受到南朝风气的影响,从而出现了一些新变的迹象。②

在文学方面,孝文帝注重文学创作,重视与南士的文学交流。曹道衡先生曾指出,"北朝文学的兴起,与'平齐民'也有很大关系"③。崔光有文才,《魏书》本传载孝文帝曾称"孝伯之才,浩浩如黄河东注,固今日之文宗也";孝文帝曾对向人称:"文学之能,卿等应推崔孝伯。"④ 又,《魏书·刘芳传》载孝文帝曾命其注解《吊比干文》,诏曰:"览卿注,殊为富博。但文非屈宋,理惭张贾。既有雅致,便可付之集书。"孝文帝命刘芳为己文作注,

---

① 对于刘芳的学术特征,焦桂美先生在《南北朝经学史》(上海古籍出版社2009年版)中指出:"可以推断,刘芳所著诸书皆在入魏之后。而干宝、王肃、范宁皆为魏晋人,刘芳平齐民的身份,决定了他熟悉南学,即使入魏,其研经范围亦深受南学影响。刘芳的经学成就为北魏之最,号称'刘石经';孝文帝对其又甚为宠信,故所著南学范围诸书当广泛影响于北朝。"(第68页)在该书有关北朝经学部分,焦氏根据相关佚文,比较具体地论述了刘芳"在治经范围上颇具南学风格"及其"笺音释义往往兼采南北"的特征。

② 在青齐学者中,还有贾思伯、贾思同兄弟,《魏书》卷七二《贾思伯传》载其"齐郡益都人","颇为高祖所知,常从征伐",这表明贾思伯为孝文帝所信重。贾思伯也是一位经学家,《魏书》卷七九《冯元兴传》载:"及太保崔光临薨,荐元兴为侍读。尚书贾思伯为侍讲,授肃宗《杜氏春秋》于式乾殿,元兴常为摘句,儒者荣之。"贾思同在东魏、北齐之际,对北朝学术影响很大,《魏书·贾思伯传附贾思同传》载其"少厉志行,雅好经史。……迁邺后,除黄门侍郎、兼侍中、河南慰劳大使。仍与国子祭酒韩子熙并为侍讲,授静帝《杜氏春秋》。"贾氏兄弟为魏帝侍讲,授《杜氏春秋》,这与青齐学者的学风一致,具有玄化经学的特征。正因为如此,"思同之侍讲也,国子博士辽西卫冀隆为服氏学,上书难《杜氏春秋》六十三事。思同复驳冀隆乖错者十一条。互相是非,积成十卷。诏下国学集诸儒考之,事未竟而思同卒。卒后,魏郡姚文安、乐陵秦道静复述思同意。冀隆亦寻物故,浮阳刘休和又持冀隆说。至今未能裁正焉"。这是青齐学者北输南朝经学风尚及其所引发的南北学风的冲突。

③ 曹道衡:《南朝文学与北朝文学研究》,江苏古籍出版社1999年版,第204页。

④ 《魏书》卷六〇《韩麒麟传附韩显宗传》。

自然有深入的文学交流。孝文帝对青齐人士的文章风格十分熟悉,《魏书·高聪传》载其因事被贬平州,"行届瀛洲,属刺史王质获白兔将献,托聪为表。高祖见表,顾谓王肃曰:'在下那得复有此才,而令朕不知也?'肃曰:'比高聪北徙,此文或其所制。'高祖悟曰:'必应然也,何应更有此辈?'"可见孝文帝之爱重文士。不仅如此,孝文帝还将自己的文集赠予南士,《魏书·刘昶传》载太和十八年,刘昶出镇彭城,"及发,高祖亲饯之,命百僚赋诗赠昶,又以其《文集》一部赐昶。高祖因以所制文笔示之,谓昶曰:'时契胜残,事钟文业,虽则不学,欲罢不能。脱思一见,故以相示。虽无足味,聊复为笑耳。'其重昶如是"①。刘昶只是粗通文墨,孝文帝尚如此重视,对于其他南来文士当更为重视。

特别是王肃,他在文学方面对孝文帝等北朝君臣影响颇大,《洛阳伽蓝记》卷三"城南·报德寺"条载王肃"赡学多通,才辞美茂",他是能作诗文的。《魏书》卷八二《祖莹传》载:

> 尚书令王肃曾于省中咏《悲平城诗》,云:"悲平城,驱马入云中。阴山常晦雪,荒松无罢风。"彭城王勰甚嗟其美,欲使肃更咏,乃失语云:"王公吟咏情性,声律殊佳,可更为诵《悲彭城诗》。"肃因戏勰曰:"何意《悲平城》为《悲彭城》也?"勰有惭色。莹在座,即云:"所有《悲彭城》,王公自未见耳。"肃云:"可为诵之。"莹应声云:"悲彭城,楚歌四面起;尸积石梁亭,血流睢水里。"肃甚嗟赏之。勰亦大悦,退谓莹曰:"卿定是神口。今日若不得卿,几为吴子所屈。"

此处可注意者至少有二:一是元勰以为王肃诗作的风格"吟咏情性,声律殊佳",极为喜好,"甚嗟其美,欲使肃更咏";二是北方文人祖莹虽当即吟出《悲彭城诗》,表面上为元勰争得了面子,但实际上他的这首诗,完全是效仿王肃的《悲平城》。元勰喜好王肃此诗,他本人在创作中也加以模仿,《魏书》卷二一《献文六王·彭城王勰传》载,孝文帝曾命元勰作诗,其十余步而成《问松林诗》:"问松林,松林经几冬?山川何如昔,风云与古同。"这

---

① 《魏书》卷五七《崔挺传》载太和十九年,孝文帝驾幸兖州,召见崔挺,"及见,引谕优厚。又问挺治边之略,因及文章。高祖甚悦,谓挺曰:'别卿已来,倏焉二载,吾所缀文,已成一集,今当给卿副本,时可观之。'"

几首诗皆四句，首句三言，后三句五言，王肃诗最早，祖莹其次，元勰最后。曹道衡先生考察以为，王肃《悲平城》影响很大，"北方文人祖莹作《悲彭城》，全仿此诗的形式"，彭城王元勰的《问松林》"体裁也全仿王肃此诗"。又，《洛阳伽蓝记》卷三"城南·报德寺"条载王肃原妻谢氏北上寻夫，时王肃已尚主，谢氏为五言诗云："本为箔上蚕，今作机上丝；得路逐胜去，颇忆缠绵时？"公主代王肃作诗答云："针是贯线物，目中恒任丝；得帛缝新去，何能纳故时？"曹道衡先生以为北魏公主的答诗"也全仿谢氏的体裁。这两首诗，都酷似南方的《子夜歌》。可见北朝诗歌的兴起，在开始时都以摹仿南朝入手，逐渐形成自己的特色。"①

由于孝文帝的倡导与入魏南人文学活动的影响，不仅直接促进了北朝文学在长期衰敝后获得了新的发展，而且推动了南朝文风的北传。《北史》卷八三《文苑传序》说："永嘉之后，天下分崩，夷狄交驰，文章殄灭。……及太和在运，锐情文学，固以颉颃汉彻，跨躡曹丕，气韵高远，艳藻独构。衣冠仰止，咸慕新风，律调颇殊，曲度遂改。"所谓"衣冠仰止，咸慕新风，律调颇殊，曲度遂改"云云，就是指当时北地人士效仿江左的文风。北周的苏绰曾说："近代以来，文章华靡，逮于江左，弥复轻薄，洛阳后进，祖述不已。"② 北朝后期的文风如此，所谓"洛阳后进，祖述不已"，正是从孝文帝迁都洛阳以后开始的。③

---

① 曹道衡：《南朝文学与北朝文学研究》，第 206 页。另，曹道衡、沈玉成先生：《中古文学史料丛考》（中华书局 2003 年版）"元勰《问松林》与王肃《悲平城》"条也论及于此（第 727 页），请参见。

② 《周书》卷二二《柳庆传》。

③ 参见唐长孺先生《论南朝文学的北传》，《唐长孺社会文化史论丛》，武汉大学出版社 2001 年版。

第三章 北魏孝文帝崇佛之表现及其对佛教义学之倡导

北魏孝文帝元宏是中国古代一位具有重大历史影响与特殊地位的关键性人物。以往论者就其所推动的汉化改革和民族融合等业绩，进行了广泛而深入的讨论，或褒或贬，可谓连篇累牍。不过，孝文帝之影响并非仅仅局限于政治与民族方面，而且涉及北朝社会思想文化诸领域。对此，近年学术界已有所关注。不过，检点相关学术史，对孝文帝之崇信佛教问题尚无专题论述。其实，孝文帝不仅个人笃信佛法，而且以其特殊之地位，制定相关之政策，促进了北朝佛教的传播，特别是其喜好南朝佛教义学，大力汲取，造成当时南朝佛学的北输，在一定程度上推动了南北文化的融合。

一 魏孝文帝之兴建佛寺、招集高僧与整饬僧纲

鲜卑拓跋部起自塞外，接触佛教相对较晚。据《魏书》卷一一四《释老志》，魏晋之际，神元、昭成时期与中原王朝通聘，"乃备究南夏佛法之事"。十六国末，道武帝立国，"经略燕赵，所逕郡国佛寺，见沙门、道士，皆致精敬，禁军旅无有所犯。帝好黄老，颇览佛经。但天下初定，戎车屡动，庶事草创，未建图宇，招延僧众也"。后拓跋珪致书泰山高僧僧朗，在平城建五级佛寺等，以赵郡高僧法果"诫行精至"，"诏以礼征赴京师"，并以之为"道人统"，"绾摄僧徒"。明元帝时，"遵太祖之业，亦好黄老，又崇佛法，京邑四方，建立图像，仍令沙门敷导民俗"。可见北魏初期统治者，虽对佛教有所礼敬，但他们皆"好黄老"，对佛教并无深入了解，很可能当作一种道术来看待，并未给予特别重视。因此，汤用彤先生在《汉魏两晋南北朝佛教史》中

指出:"魏虽进至黄河流域,但其于佛法,亦自未特加提倡。"① 北魏太武帝拓跋焘时期,据《魏书·释老志》所载,其即位之初"亦遵太祖、太宗之业,每引高德沙门,与共谈论。于四月八日,舆诸佛像,行于广衢,帝亲御门楼,临观散花,以致礼敬"。但随着太武帝急剧扩张,特别是统一东北之北燕、河西之北凉及关中诸政权,这些地区原本佛教传播特盛,僧徒在民间具有广泛的影响力,而太武帝"虽归宗佛法,敬重沙门,而未存览经教,深得缘报之意",在极力排斥佛教的天师道领袖寇谦之和崔浩的影响下,以关中沙门卷入盖吴之乱为借口,发动了灭佛运动,"诏诛长安沙门,焚破佛像,敕留台下四方,令一依长安行事"。北魏佛教因此而遭受重创。② 此后,文成帝时期,重视佛教,"天下承风,朝不及夕,往时所毁图寺,仍还修矣。佛像经论,皆复得显"。献文帝则"敦信尤深,览诸经论"。这一时期,北魏佛教处于恢复阶段。不过,献文帝在位时间有限,仅六年便禅位于其子拓跋宏,而且其在位期间因受到冯太后的掣肘,并未能独揽大权,包括其倡佛之事自然未能全力展开。综观北魏一代,佛教得以稳定、持续之发展,应该是在孝文帝时期及其以后诸帝的事。从这个意义上说,孝文帝时期是北魏佛教发展史上一个不可忽视的关键环节。

关于北魏孝文帝之崇信佛教,《南齐书》卷五七《魏虏传》有一概括性记载:

(元)宏尤精信,粗涉义理,宫殿内立浮图。

这一记载虽简略,但明确指出孝文帝对于佛教"尤精信",验之史实,颇为准确。孝文帝何以自幼笃信佛法呢?这与其父献文帝,特别是其祖母冯太后的影响密切相关。我们知道,孝文帝年幼即位,起初,其父献文帝虽禅位为太上皇,但依然一度主政,后来冯太后长期临朝执政,孝文帝处于从属地位,他们皆笃信佛法,这在一定程度上确定了当时的崇佛政策。对于献文帝之佛

---

① 汤用彤:《汉魏两晋南北朝佛教史》,中华书局1983年版,第351页。
② 关于北魏太武帝拓跋焘轻辱佛教,除了他在北方一度灭佛外,他在南征过程中,也有毁灭佛教寺院的表现。《宋书》卷七二《文六王·南平穆王铄传》载元嘉后期北魏南侵河南,围攻汝南悬瓠城,刘宋汝南太守陈宪"保城自固",北魏"多作高楼,施弩以射城内,飞矢雨下,城中负户以汲。又毁佛浮图,取金像以为大钩,施之冲车端,以牵楼堞。城内有一沙门,颇多机思,辄设奇以应之。"拓跋焘"毁佛浮图,取金像"以攻城,虽出于军事攻防需要,但他轻辱佛教的心理暴露无遗。

教信仰，前文已叙，《魏书·释老志》载承明元年八月，"高祖于永宁寺，设太法供，度良家男女为僧尼者百有余人，帝为剃发，施以僧服，令修道戒，资福于显祖"。孝文帝如此"资福"于献文帝，显现出其父子在佛教信仰方面的继承关系。

至于冯氏与佛教之关系，可谓渊源有自，极为密切。冯太后为北燕之后人，北燕为十六国后期北方佛教传播的中心地区之一，其情形似可与河西并称。① 北魏太武帝灭燕，征冯氏之女入宫（即冯太后之姑），后冯太后因事入宫，最终成为文成帝皇后，此后冯太后的二位侄女先后成为孝文帝的皇后。因此，冯氏成为北魏中后期影响最为显赫的外戚势力。具体就佛教信仰与传播而言，冯氏之后妃长期为北魏内宫之主，对宫廷佛教影响显著，诚如汤用彤先生所推测，"北燕冯氏颇于魏朝宫禁信佛有关"，"魏世宫闱佛法之盛，盖必得力于燕之冯氏也"②。关于冯氏崇佛，冯太后兄冯熙的事迹很典型。《魏书》卷八三《外戚上·冯熙传》载：

> 冯熙，字晋昌，长乐信都人，文明太后之兄也。……除车骑大将军、开府、都督、凉州刺史、侍中、太师如故。……熙为政不能仁厚，而信佛法，自出家财，在诸州镇建佛图精舍，合七十二处，写一十六部一切经。延致名德沙门，日与讲论，精勤不倦，所费亦不赀。而在诸州营塔寺多在高山秀阜，伤杀人牛。有沙门劝止之，熙曰："成就后，人唯见佛图，焉知杀人牛也。"其北邙寺碑文，中书侍郎贾元寿之词。高祖频登北邙寺，亲读碑文，称为佳作。③

冯熙信佛如此，这是其家族一贯崇佛传统的具体表现，由此可以推想冯太后之佛教信仰，而她一度作为北魏最高执政人物，其个人信仰必然深刻地影响到国家的佛教政策，其最直接的表现就是孝文帝的倡佛活动。孝文帝之重视

---

① 汤用彤先生在《汉魏两晋南北朝佛教史》第十四章《佛教之北统》设"凉州与黄龙"一目，指出"当时北方佛法稍盛之地，想为西北之凉与东北之燕"。他又从北燕灭亡后，诸多黄龙高僧南游江东的情况推断，"可见当时幽、燕、辽西一带，佛法颇盛"。北燕与江南之东晋、刘宋政权保持密切之关系，故其面临北魏之攻击，"黄龙僧颇多南游"。当然，北魏灭燕后，也有一些僧人迁入平城（第351页）。因此，北燕兴佛，对南北朝都有不可忽视的影响。

② 前揭《汉魏两晋南北朝佛教史》，第351、363页。

③ 冯熙在平城建寺，称皇舅寺。《水经注》卷一三"漯水"载："又南迳皇舅寺西，是太师昌黎王冯晋国所造，有五层浮图，其神图像皆合青石为之，加以金银火齐，众采之上，炜炜有精光。"

佛教，特别在太和十五年之前，其背后起主导作用的是冯太后。孝文帝倡佛，主要表现在如下几个方面。

（一）兴造佛寺，以建功德

孝文帝时期兴造佛寺颇多，在平城时期，可考者主要有鹿野寺、建明寺、思远寺、报德寺等。鹿野寺由献文帝主导，《魏书·释老志》载："高祖践位，显祖移御北苑崇光宫，览习玄籍。建鹿野佛图于苑中之西山，去崇光右十里，岩房禅堂，禅僧居其中焉。"建明、思远、报德三寺则由冯太后主导。建明寺，《魏书·释老志》载承明元年八月，"诏起建明寺"。《魏书》卷七（上）《高祖纪上》载太和三年八月己亥，"幸方山，起思远佛寺"①；太和四年正月，"罢畜鹰鹞之所，以其地为报德佛寺"。至于报德寺，《魏书》卷一三《皇后·文成文明皇后冯氏传》载：

> 承明元年，尊曰太皇太后，复临朝听政。……高祖诏曰："朕以虚寡，幼纂宝历，仰恃慈明，缉宁四海，欲报之德，正觉是凭。诸鸷鸟伤生之类，宜放之山林。其以此之地为太皇太后经始灵塔。"于是罢鹰师曹，以其地为报德佛寺。

很明显，孝文帝兴建此寺，完全是遵从冯太后的主意，向冯太后"报德"。此外，《魏书·冯太后传》又载："立思燕佛图于龙城，皆刊石立碑。"冯氏此举是对北燕龙城佛教的一种纪念。

此后，孝文帝在太和十五年建立崇虚寺，《魏书》卷七（下）《高祖纪下》载：太和十五年八月戊戌，"移道坛于桑乾之阴，改曰崇虚寺"。这在冯太后过世之后，当为孝文帝本人主导。孝文帝还资助高僧立寺。《续高僧传》卷一六《习禅初·魏嵩岳少林寺天竺僧佛陀传》载佛陀禅师，本天竺高僧，"游历诸国，遂至魏北台之恒安焉。时值孝文敬隆诚至，别设禅林，凿石为龛，结徒定念，国家资供，倍架余部，而征应潜著，皆异之，非常人也"。正因为孝文帝的资助，佛陀禅师才可能"别设禅林，凿石为龛"。

孝文帝对平城周围的石窟寺的开凿也十分重视。其中最著名的是平城之西武州山石窟寺，即后世所谓云冈石窟。北朝统治者信佛，特重捐施功德。关于北魏帝王之兴造佛像，《魏书·释老志》载文成帝"兴光元年秋，敕有司

---

① 《魏书》卷一一四《释老志》载："于方山太祖营垒之处，建思远寺。"

于五级大寺内,为太祖已下五帝,铸释迦立像五,各长一丈六尺,都用赤金二十五万斤"。其后多有胡僧携佛像至平城。和平年间,文成帝以昙曜为沙门统,"昙曜白帝,于京城西武州塞,凿山石壁,开窟五所,镌建佛像各一。高者七十尺,次者六十尺,雕饰奇伟,冠于一世"①。此后平城时期之北魏诸帝,无不相继巡视武州塞之石窟,并间有扩建。有学者称武州石窟"为代都近郊第一胜境。魏主崇佛,自乐常游"②,确为事实。《魏书》卷六《显祖本纪》载献文帝于皇兴元年八月丁酉,"行幸武州山石窟寺"。孝文帝时期,则更为频繁地视察石窟寺,《魏书·高祖纪上》载:太和四年八月戊申,"幸武州山石窟寺";太和六年三月辛巳,"幸武州山石窟寺,赐贫老者衣服";太和七年五月寅朔,"幸武州山石窟寺"。又,太和元年五月乙酉,"车驾祈雨于武州山,俄而澍雨大洽"。这里未明载孝文帝巡视石窟寺,严耕望先生以为孝文帝"是必亦在石窟寺"③。孝文帝频繁巡视武州山石窟寺,考察工程建设,这是其倡导佛教的一个重要表现。

此外,平城郊外还有方山,孝文帝也曾在此开山建立石窟寺。方山之地,冯太后在此兴建陵墓,孝文帝本人也在此建陵。在兴建陵墓过程中,孝文帝在方山周围建造佛寺,如前述思远寺便如此,同时也开凿一些石窟寺。由于与冯太后陵墓工程直接相关,孝文帝几乎每年都不止一次地巡视方山,必然要考察有关石窟寺。《魏书》卷九四《阉官·王遇传》载其为冯太后宠信之宦官,"遇性巧,强于部分。北都方山灵泉道俗居宇及文明太后陵庙,洛京东郊马射坛殿,修广文昭太后墓园,太极殿及东西两堂、内外诸门制度,皆遇监作"。同书同卷《孟鸾传》亦载:"文明太后时,王遇有宠,鸾以谨敏为遇左右,往来方山,营诸佛寺。"可见方山建筑过程,应当是修建了一些佛寺。《魏书》孝文帝本纪载其太和八年七月乙未,"行幸方山石窟寺"。这也为孝

---

① 据汤用彤先生所考,昙曜原本为北凉僧人,河西地区早有开凿佛窟之风气,如凉州鸣沙山诸地之大规模开山造像,可谓先例,他在前揭《汉魏两晋南北朝佛教史》中指出:"凉州僧人移于平城,其中当不乏善工艺者。武州造像,必源出凉州,且昙曜亦来自凉土,开窟又为其所建议。凉州佛教影响于北魏者,此又一大事也。"(第359页)
② 严耕望:《魏晋南北朝佛教地理稿》,上海古籍出版社2007年版,第109页。
③ 前揭《魏晋南北朝佛教地理稿》,第109页。

文帝崇佛的重要旁证。①

由于孝文帝等统治者倡导佛教，北魏上层多有参与立寺者，其中有贵族，如冯熙；也有富商，《续高僧传·习禅初·魏嵩岳少林寺天竺僧佛陀传》便载恒安康姓商人"赀财百万，崇重佛法，为佛陀造别院"；甚至有阉人立寺者，《水经注》卷一三载"东郭外，太和中阉人宕昌公钳耳庆时，立祇洹舍于东皋"②。这样，平城及其周围佛教寺院迅速增长，《魏书·释老志》孝文帝太和之初，"京城内寺新旧且百所"，及至孝文帝迁洛前，经历十多年之兴造，其数量当不止于此。《水经注》卷一三云："京邑帝里，佛法丰盛，神图妙塔，桀峙相望，法轮东转，兹为上矣。"这正是当时佛寺众多、佛法兴盛的写照。

太和十七年以后，孝文帝积极经营东南，欲迁都洛阳。在兴建洛阳过程中，孝文帝也注意创建佛寺。其中可考知者，如《洛阳伽蓝记》卷三"城南·报德寺"条载："报德寺，高祖孝文皇帝所立也。（为冯太后追福）③ 在开阳门外三里。高祖题为劝学里。"孝文帝原本在平城已建有报德寺，"为太皇太后经始灵塔"，迁都后重建报德寺，以表示对冯太后的敬仰。同上"崇虚寺"条载："崇虚寺，在城西，即汉之濯龙园也。……（高祖迁京之始，以地给民，憩者多见妖怪，是以人皆去之，遂立寺焉。）"孝文帝在北已建崇虚寺，至洛阳又重建此寺。在洛阳城内，则建有永宁寺等，而平城早已有永宁寺。从孝文帝在洛阳新建佛寺多与平城旧寺同名的情况看，除了考虑历史传承、照顾移民特别是鲜卑上层情绪外，很可能有些平城寺院比较完整地随迁洛阳。从《续高僧传》的相关记载看，平城的著名高僧多随迁伊洛，故严耕望先生说："孝文迁洛，代都僧徒与都俱迁，使洛阳继平城为佛教一大中心。"④

除了洛阳之外，孝文帝还在洛阳周围名山建寺，以安置禅修高僧。如嵩

---

① 关于北魏孝文帝兴造之功德，《续高僧传》卷二〇《习禅五·唐蔚州五台寺释昙韵传》载："昔元魏孝文尝于中台东南下三十里大孚灵鹫置大布寺，帝曾游止，具奉圣仪。"又，《续高僧传》卷二七《感通中·唐代州五台山释明隐传》载："五台山者，斯为神圣之所憩。中台最高，所望诸山并下。山有大泉，名曰太华，傍有二塔，后诸小石塔，动有百千云，是孝文从北恒安至此所立，石山人马大迹，俨然如初。"又，《续高僧传》卷二七《感通下·隋京师仁觉寺释宝岩传》载其幽州人，"仁寿下敕，召送舍利于本州弘业寺，即元魏孝文所造也，旧号光林"。又，《续高僧传》卷三〇《兴福·周鄜大像寺释僧明传》载徐州吴寺太子思惟瑞像，历经东晋南朝，"每有瑞应"，"元魏孝文请入北台，高齐后主遣使者常彪迎还邺下"。以上皆可见孝文帝对佛教之重视。

② 钳耳庆时，即王遇。《魏书》卷九四《阉官·王遇传》载："王遇，字庆时，本名他恶，冯翊李润镇羌也。……自云其先姓王，后改氏钳耳，世宗时复改为王焉。"其爵位为宕昌公。

③ 据杨勇《洛阳伽蓝记校笺》（中华书局2006年版），此为杨衒之自注语，特加括号以示区别。

④ 前揭《魏晋南北朝佛教地理稿》，第139页。

第三章　北魏孝文帝崇佛之表现及其对佛教义学之倡导

山少林寺,《魏书·释老志》载"西域沙门名跋陀,有道业,深为高祖所敬信。诏于少室山阴,立少林寺而居之,公给衣供。"跋陀,就是佛陀,《续高僧传·习禅初·魏嵩岳少林寺天竺僧佛陀传》也载:"后随帝南迁,定都伊洛,复设静院,敕以处之。而性爱幽栖,林谷是托,屡往嵩岳,高谢人世,有敕就少室山为之造寺,今之少林是也。帝用居处,四海息心之俦,闻风响会者,众恒数百,笃课出要,成济极焉。"可见,孝文帝曾在洛阳为佛陀禅师建"静院",即禅僧修道的寺院,后在嵩山创建少林寺。又,《魏书·释老志》载太和二十一年五月,孝文帝下诏曰:"罗什法师可谓神出五才,志入四行者也。今常住寺,犹有遗地,钦悦修踪,情深遐远,可于旧堂所,为建三级浮图。又见逼昏虐,为道殄躯,既暂同俗礼,应有子胤,可推访以闻,当加叙接。"鸠摩罗什为后秦时期关中佛教鼎盛时期之代表,孝文帝迁都后,表彰其传教之功业,于其旧地"为建三级浮图",其意在于倡导佛教,收聚人心。

(二) 延揽、优遇高僧大德

魏孝文帝崇佛,除了兴造佛寺之外,还着力招集高僧。早在平城时期,孝文帝便有意识地邀请、征召一些高僧。《魏书·释老志》载:"高祖时,沙门道顺、惠觉、僧意、惠纪、僧范、道弁、惠度、智诞、僧显、僧义、僧利,并以义行知重。"这些高僧集聚平城,后又随迁洛阳。关于孝文帝援请高僧,有一则事例颇为典型,《高僧传》卷八《义解五·齐京师太昌寺释僧宗传》载僧宗为南齐义学高僧,"善《大涅槃》及《胜鬘》《维摩》等,每至讲说,听者将近千余。妙辩不穷,应变无尽,而任性放荡,亟越仪法。得意便行,不以为碍,守检专节者,咸有是非之论。文惠太子将欲以罪摈徒,遂通梦有感,于是改意归焉。魏主元宏遥挹风德,屡致书并请开讲,齐太祖不许外出。"僧宗一度因行为不端,在南朝处境不顺,孝文帝趁机邀其北上。由此事可见孝文帝对南朝高僧的情况很为关注,了解得颇为细致、准确,目的是企图招揽南方僧人。尽管孝文帝邀请僧宗未成,但当时确有南方僧人北上平城的。①

---

① 《魏书》卷五五《刘芳传》载刘芳为"平齐民"子弟,早年在平城生活艰难,"常为诸僧佣写经论,……由是与德学大僧,多有还往。时有南方沙门惠度以事被责,未几暴亡,芳因缘关知,文明太后召入禁中,鞭之一百。时中官李丰主其始末,知芳笃学有志行,言之于太后,太后微愧于心"。由此可见,当时平城确实有南方沙门,惠度便为一例。严耕望先生在前揭《魏晋南北朝佛教地理稿》中根据相关记载推测"孝文征请南方僧徒入住平城者,颇为不少。"(第139页)

对著名高僧，孝文帝多予优遇。如僧显，本为方山思远寺主，孝文帝以之继昙曜任沙门统；僧义，本为平城皇舅寺主，后孝文帝任之为都维那。① 僧逞，本为徐州高僧，曾应诏入京，孝文帝任为徐州道人统，闻其死讯，孝文帝在《赠徐州僧统并设斋诏》中说："依因既终，致兹异世。近忽知闻，悲怛于怀。今路次兖濮，青泗岂遥，怆然念德，又增厥心。可下徐州施帛三百匹，以供追福。又可为设斋五千人。"② 又，慧纪法师也本为徐州高僧，一度应邀至平城，其去世后，孝文帝在《为慧纪法师亡施帛设斋诏》中说："倏矣死魔，忽歼良器。闻之悲哽，伤恸于怀。可敕徐州施帛三百匹，并设五百人斋。"③ 可见孝文帝对这些高僧之景仰敬重之情。又，《魏故昭玄沙门大统僧令法师墓志铭》载："法师缘姓杜，京兆人也。幼而敏惠，志尚清虚，爱在儿童脱俗归道。学既多闻，善亦兼济，散褰濡翰，怡然自得。若其涉猎群品，富同河汉，讨论徽赜，殆剖秋毫。良以三空靡遗，九典咸达，居室遐应，鸣皋自远。高祖光宅土中，宪章大备，存心释氏，注意法轮。由是闻风钦想，发于寤寐，嘉命萃止，荷锡来游。至若振麈式乾，洞穷幽旨。故以造膝嗟善，徘徊忘倦。武明之世，礼遇弥隆，乃以法师为嵩高闲居寺主。"④ 僧令法师是孝文帝迁洛后所招之关中高僧。

特别是徐州僧人道登，深为孝文帝依重，关系至为密切，《魏书·释老志》：

> 时沙门道登，雅有义业，为高祖眷赏，恒侍讲论。曾于禁内与帝夜谈，同见一鬼。二十年卒，高祖甚悼惜之，诏施帛一千匹。又设一切僧斋，并命京城七日行道。又诏："朕师登法师奄至徂背，痛怛摧恸，不能已已。比药治慎丧，未容即赴，便准师义，哭诸门外。"缁素荣之。

孝文帝以道登为师，对其礼敬若此。根据相关记载，孝文帝与道登关系密切，某些方面似乎已超过佛教领域。由于孝文帝的极端信任，道登实际上参决了军政活动。《魏书》卷一一二（上）《灵征志上》载："太和十六年十一月乙亥，高祖与沙门道登幸侍中省。日入六鼓，见一鬼衣黄褶袴，当户欲入。帝

---

① 关于僧显、僧义的相关情况，见《广弘明集》卷二四《帝以僧显为沙门都统诏》。
② 《广弘明集》卷二四《僧行篇五》之二。
③ 《广弘明集》卷二四《僧制篇五》之二。
④ 赵超：《汉魏南北朝墓志汇编》，天津古籍出版社2008年版，第312页。

以为人，叱之而退。问诸左右，咸言不见，唯帝与道登见之。"孝文帝与道登在宫禁密谈，难免涉及军政事务。又，《南齐书》卷四五《宗室·始安贞王道生传附遥昌传》载延兴二年（495）魏孝文帝南征寿春，"明日引军向城东，遣道登道人进城内施众僧绢五百匹，（崔）庆远、（朱）选之各袴褶络带"。

正因为道登深得孝文帝宠信，干预军政，以致有贪官向其行贿，请其疏通孝文帝，以求开脱。《魏书》卷八九《酷吏·高遵传》载高遵原为孝文帝宠臣，为中书侍郎，常兼太祝令，后出为齐州刺史，然"性不廉清"，贪赃枉法，民怨鼎沸，孝文帝严加斥责，令廷尉严查穷纠，"先是，沙门道登过遵，遵以道登荷宠于高祖，多奉以货，深托仗之。道登屡因言次申启救遵，帝不省纳，遂诏（刘）述赐遵死。时遵子元荣诣洛讼冤，犹恃道登，不时还赴。道登知事决，方乃遣之"。由此可见，道登确实直接干预朝政，且有恃无恐。其实，当时这类祸乱朝政、交通宫禁的僧人非止一例，① 从一个侧面说明孝文帝与僧人关系之密切。

严耕望先生论及北魏平城时代之佛教曾指出："按魏都平城时代，为亚洲盛国，西域诸国，相继来朝，从事朝贡贸易，僧徒亦乐东来弘法。魏之君主，或精诚信向，或为凝聚民心，而大崇佛法，凡所建制，规模宏丽，不但远过前朝，亦为南都建康所未闻。豪家大族，亦从而施舍，北魏高官富室之有家僧盖不始于都洛时代也。下上崇佛如此，故僧徒所聚，定复不少，此观《释老志》列举前期各帝时代著闻僧名，已可征知。"② 孝文帝时期为北魏平城时代之晚期，社会文化诸领域皆盛极一时，就佛寺兴造与招引高僧而言，也达到了前所未有之境地。至于孝文帝迁都洛阳，北魏汉化臻于高潮，佛教发展也进入一个新阶段，成为其推动北魏社会整体汉化的重要组成部分，其兴盛之状况当不减于平城时代。

（三）整饬、完善佛教管理制度

孝文帝在倡导佛教的同时，重视对佛教的严格管理与有效控制，这主要表现在他制定了一系列具有法律效用的僧制。应该说，北魏自来重视对佛教的管理，北魏初建，立"道人统"，文成帝改为"沙门统"，又有都维那；地方州镇也设僧统、维那等僧官，以德高望重的僧人充任。孝文帝时期，则设

---

① 《魏书》卷八九《酷吏·张赦提传》载其"颇纵妻段氏，多有受纳，令僧尼因事通请，贪虐流闻"，孝文帝后"诏赐死于第"。

② 前揭《魏晋南北朝佛教地理稿》，第107页。

置了专门的机构,《魏书·释老志》载:"先是,立监福曹,又改为昭玄,备有官属,以断僧务。"昭玄为北魏管理僧务的专门机构,其官属为沙门统,习称为昭玄统。僧尼既有专官,也有相应的法律规范。

孝文帝时期,制定了管理僧尼的专门法规。以往北魏虽有僧禁,但过于简略,孝文帝与沙门统僧显等依正典,重修僧律。《魏书·释老志》载太和十七年,"诏立《僧制》四十七条"。《广弘明集》卷二四载孝文帝《立僧尼制诏》中说:"先朝之世,尝为僧禁,小有未详,宜其修立。近见沙门统僧显等白云,欲更一刊定。朕聊以浅识,共详至典,事起匆匆,触未详究。且可设法一时,粗救世教。"《僧制》之立,此乃中国佛教制度史上之大事,佛教传入以来,一直与世俗社会与皇权存在着礼仪、法律方面的纠纷与冲突,有时争论颇为激烈,小到具体礼仪及其自身称谓,大到僧尼、寺院组织的管理方式等。孝文帝制定的《僧制》,其具体内容虽已不详,但无疑是一部专门约束僧尼的法律文献,其指导思想是努力将国家的一般世俗法律与佛教内戒律文结合起来,表明了皇权相对强大的北魏国家对佛教的有效控制。以后,北魏统治者对僧制间有补充。当然,由于孝文帝制定《僧制》,原本目的在于将僧尼管理规范化,主要依佛教内典立制,不仅条文相对简略,而且其条文也比国家法律要轻。一般而言,僧尼犯杀人以上罪过,按世俗法律处理,其他过失,则由昭玄部门按照"内律"处分。在北魏后期佛教膨胀、泛滥的背景下,这成为僧人的一种特权,[①] 这是出乎孝文帝意料之外,非其本意。

孝文帝对佛寺兴造也有所限制。《魏书·释老志》载延兴年间孝文帝下诏:"内外之人,兴建福业,造立图寺,高敞显博,亦足以辉隆至教矣。然无知之徒,各相高尚,贫富相竞,费竭财产,务存高广,伤杀昆虫含生之类。苟能精致,累土聚沙,福钟不朽。欲建为福之因,未知伤生之业。朕为民父母,慈养是务。自今一切断之。"可见对民间竞相造寺,以致"费竭财产,务存高广",妨碍正常的生活与生产,必须严加禁止。在洛阳新都之建设过程中,鉴于以往佛寺兴造随意,甚至有肆意滥建的情况,孝文帝在洛阳新都规划《都城制》中,对佛寺布局有具体规定。据《魏书·释老志》所载任城王元澄神龟元年所上明帝、胡太后表:"仰惟高祖,定鼎嵩瀍,卜世悠远。虑括

[①] 孝文帝之后,佛教急剧发展,对不法僧尼的处置,皆依《僧制》,而不受国法的制约。但总体而言,僧制既简单,也宽弛,最重的处罚是开除僧籍。汤用彤先生在前揭《汉魏两晋南北朝佛教史》中曾就此指出:"俗人当因僧法较国法为轻,故愿受僧律处罚,而逃避国家法律也。"(第376页)。

终始，制洽天人，造物开府，垂之万叶。故都城制云，城内唯拟一永宁寺地，郭内唯拟尼寺一所，余悉城郭之外。欲令永遵此制，无敢踰矩。"可见孝文帝对洛阳佛寺之规划十分严格。

孝文帝对僧尼的活动也有严格限制，不允许他们浮游民间。《魏书·高祖纪上》载延兴二年四月，"诏沙门不得去寺浮游民间，行者仰以公文"。《魏书·释老志》详载此诏："比丘不在寺舍，游涉村落，交通奸滑，经历年岁。令民间五五相保，不得容止。无籍之僧，精加隐括，有者送付州镇，其在畿郡，送付本曹。若为三宝巡民教化者，在外赍州镇维那文移，在台者赍都维那等印牒，然后听行。违者加罪。"孝文帝重视僧籍的管理，一再检括、裁汰伪冒。《魏书·释老志》载：

（太和）十年冬，有司又奏："前被敕以勒籍之初，愚民侥幸，假称入道，以避输课，其无籍僧尼罢道还俗。重被旨，所检僧尼，寺主、维那当寺隐审。其有道行精勤者，听仍在道；为行凡粗者，有籍无籍，悉罢归齐民。今依旨简遣，其诸州还俗者，僧尼合一千三百二十七人。"奏可。十六年诏："四月八日、七月十五日，听大州度一百人为僧尼，中州五十人，下州二十人，以为常准，著于令。"

从以上情况看，孝文帝不仅对"假称入道"者责令"罢道还俗"，而且对"为行凡粗者，有籍无籍，悉罢归齐民"，并明确规定以州为单位的地方剃度僧尼人数。以后，孝明帝时元澄建议限制寺院扩张，"求依僧制，案法科制。若僧不满五十者，共相通容，小就大寺，必令充限。其地买还，一如上式。自今外州，若欲造寺，僧满五十已上，先令本州表列，昭玄量审，奏听乃立。若有违犯，悉依前科。州郡已下，容而不禁，罪同违旨"①。这是对孝文帝僧制有关规定的发展。

以上事实表明，孝文帝个人虽对佛教"尤精信"，但作为世俗统治者，他十分重视加强对佛教的管理与控制，制定了一系列相关的法律制度，对佛教传播中的一些弊病严加禁绝。汤用彤先生称"孝文帝励精图治，故于整饬僧纪极为注意"②，确实如此。孝文帝之所以严厉整饬僧纲，与当时民间佛教势

---

① 《魏书》卷一一四《释老志》。
② 前揭《汉魏两晋南北朝佛教史》，第375页。

力膨胀，以致不断制造社会动乱相关。北朝佛教之传播与乡里社会组织关系颇为密切，汤用彤先生指出："寺院幽深，又可以藏奸宄。僧徒猥滥，更可以朋比匪人。故寺院纪纲之败坏者，甚至可以为逋逃之薮。作奸谋乱者且得挟宗教之威力，并以邪说左道蛊惑愚民。因而变祸叠起。此虽由于政治之腐败，经济之崩坏，但亦由于宗教本身原不健全也。"① 孝文帝时期也不断发生以佛教为组织形式的地方变乱，据《魏书》孝文帝本纪所载，延兴三年（473）十二月，沙门慧隐谋反；太和五年二月，沙门法秀谋反；太和十四年，沙门司马惠御谋反。特别是法秀之乱，声势颇大，一些汉族士族人物也裹挟其中，如"平齐民"子弟崔道祐、州秀才平雅等，孝文帝平乱后下诏曰："法秀妖诈乱常，妄说符瑞，兰台御史张求等一百余人，招结奴隶，谋为大逆，有司科以族诛，诚合刑宪。且矜愚重命，犹所弗忍。其五族者，降止同祖；三族，止一门；门诛，止身。"② 孝文帝如此严惩，已是"矜愚重命，犹所弗忍"，据《南齐书·魏房传》，"伪咸阳王复欲尽杀道人，太后冯氏不许"③。可见，孝文帝在冯太后支持下，采取了相对温和的处理方式。对于此事之性质，吕思勉先生曾推测："此役似中国之士大夫谋欲覆魏，事未及发，而魏主归后，又株连颇广也。"④ 孝文帝之后，北方僧人为乱者甚众，成为一个极不安定的社会因素，以致有"魏氏之王天下也，每疑沙门为贼"⑤ 的看法。正是在这一背景下，孝文帝如此重视制定僧制，目的在于加强对僧尼的管理，以维护

---

① 前揭《汉魏两晋南北朝佛教史》，第 373 页。

② 《魏书》卷七（上）《高祖纪上》。此乱牵连甚广，来势凶猛，据《魏书》卷四四《苟颓传》，当时孝文帝出巡，京师留守苟颓"率禁卫以掩毕获，内外晏然"，后冯太后表彰曰："当尔之日，卿若持疑不即收捕，处分失所，则事不测矣。今京畿不扰，宗社获安者，实卿之功也。"可见此乱潜在危害巨大。

③ 《魏书》卷九三（上）《恩幸·王叡传》载王叡为冯太后之宠信，颇具政治影响力。他对法秀之乱的处理也有一定作用："及沙门法秀谋逆，事发，多所牵引。叡曰：'与其沙不辜，宁赦有罪。宜枭斩首恶，余从疑赦，不亦善乎？'高祖从之，得免者千余人。"如果说冯太后阻止了北魏再次灭佛，可谓佛教之"护法"，那王叡则保护了卷入其中而遭疑的汉族士众，避免对汉族士人的大规模屠杀。

④ 《吕思勉读史札记》（上海古籍出版社 2006 年版）丙帙"魏晋南北朝部分"之"僧人为乱"条。在这一条札记中，吕思勉先生对南北朝时期以僧人名义组织的社会叛乱有细致的介绍，他从数量、规模及影响诸方面比较，指出比之南朝，"北方则尤盛"（第 1060 页）。另，汤用彤先生在前揭《汉魏两晋南北朝佛教史》第十四章《佛教之北统》"北朝对僧伽之限制"一目中，对孝文帝及其以后僧人变乱之事实也有具体罗列。

⑤ 《续高僧传》卷二五《感通上·魏荥阳沙门释超达传》。

其统治和社会之稳定。①

二　魏孝文帝之倡导佛教义学及其影响

佛教信徒之行教方式，其表现虽纷繁不一，但中古时代，究其大宗，似不出"习禅"与"义解"二端。一般说来，南北朝时期，南北佛教风尚不同，南朝尚义解，北朝重禅修。对此，唐人已有明确认识。道宣在《续高僧传》之《义解篇》《习禅篇》之"论"中一再论及于此，其他具体人物传中也多有涉及。②神清《北山录》卷四《宗师议篇》云："宋人、魏人，南北两都。宋风尚华，魏风犹淳。淳则寡不据道，华则多游于艺。……北则枝叶生于德教，南则枝叶生辞行。"北宋慧宝注此云："晋宋高僧，艺解光时，弘阐法教，故曰华也。元魏高僧，以禅观行业据道，故曰淳。"所谓淳、华之别，就是说南朝佛学重义解，北朝佛教重禅行。汤用彤先生在《汉魏两晋南北朝佛教史》中对南北佛学之差异有深入细致的考察和精当的概括，以为"南方专精义理，北方偏重行业"③。究其根源，在于自两晋之际以降，北方玄学名士群体相继南迁，江左成为玄学文化之中心地，东晋南朝之思想、学术及社会风尚，无不深受玄风之沾溉与浸润。就佛教而言，南朝高僧与士大夫交往，必具玄化名士之气息，以致出现玄、佛合流之风尚。而北方地区在玄风南被后，论辩风尚衰歇，学风日趋保守。其实，不唯佛学如此，南北朝经学也存在明显差异，《北史》卷八一《儒林传序》有言："大抵南北所为章句，好尚互有不同。江左，《周易》则王辅嗣，《尚书》则孔安国，《左传》则杜元凯。河洛，《左传》则服子慎，《尚书》《周易》则郑康成。《诗》则并主于毛公，

---

①　关于北魏孝文帝倡导佛教之影响，在当时民间也有突出的表现。据景明四年（503）《比丘尼生造像记》载："……法生傥逢孝文皇帝专心于三宝，又遇北海母子崇信于二京，妙演之际，屡叩末筵，一降净心，悉充五戒，思树芥子，庶几须弥。今为孝文及北海母子造像表情，以申接遇。法生□始，王家□终。凤霄□敬，归功帝王。万品众生，一切同福。魏景明四年十二月一日，比丘法生为孝文皇帝并北海王母子造。"参见邵正坤《北朝纪年造像记汇编》，吉林人民出版社2014年版，第36页。法生为孝文帝造像，称颂其"专心于三宝"，从一个侧面体现出孝文帝倡佛影响颇为广泛。

②　《续高僧传》卷一七《习禅篇二·陈南岳衡山释慧思传》说："自江东佛法，弘重义门，至于禅法，盖蔑如也。"同书卷三〇《杂科声德篇·隋西京日严道场释善权传》也说："海内包括，言辩之最，无出江南。"

③　前揭《汉魏两晋南北朝佛教史》，第241页。对南北朝佛教之差异，汤先生在该书中多有精辟之比较。

《礼》则同遵于郑氏。南人约简,得其英华;北学深芜,穷其枝叶。"所谓"南人约简,得其英华;北学深芜,穷其枝叶",其根源便在于南朝经学玄化,而北朝经学则延续汉儒的传统。其他如南北朝文学艺术等各方面,都存在明显的差异,其根本原因莫不在于此。

不过,孝文帝崇信佛教,颇重义学,前引《南齐书·魏虏传》称其"粗涉义理"。南朝人以义理自炫,他们以为孝文帝"粗涉义理",实际上当颇为可观。《魏书》卷七(下)《高祖纪下》称其博学多才,"善谈《庄》《老》,尤精释义"。所谓"善谈《庄》《老》",就是指其有玄理修养;所谓"尤精释义",就是称其精擅佛学义理。北魏君主重视佛教义理者,当首推孝文帝父献文帝,《魏书·释老志》称"显祖即位,敦信尤深,览诸经论,好老、庄。每引沙门及能谈玄之士,与论理要"①。不过,献文帝之重视玄理,主要为个人兴趣,未能形成持续之政策导向和广泛之社会影响。汤用彤先生以为"确于佛义有研求提倡者,北魏终当推孝文帝"②,确为中肯之论断。孝文帝倡导佛教义学,主要表现在如下几个方面。

(一) 孝文帝重视延揽义学僧人

关于孝文帝招集高僧,前文已有叙述,其中特别知名者,尤以义学高僧为多,也特别受重视,上引《魏书·释老志》所载孝文帝时期的著名高僧道登等十余人,"并以义行知重"。

僧渊,《高僧传》卷八《义解五·齐伪魏济州释僧渊传》载僧渊法师"少好读书,进戒之后,专攻佛义",从徐州白塔寺僧嵩受《成实论》《毗昙》,"学未三年,功踰十载,慧解之声,驰于遐迩。……昙度、慧记、道登并从渊受业。慧记通数论,道登善《涅槃》《法华》,并为魏主元宏所重,驰名魏国。渊以伪太和五年卒……即齐建元三年也"。诸人皆应征至平城。

昙度,《高僧传》卷八《义解五·齐伪魏释昙度传》载昙度本为江陵人,"后游学京师,备贯众典,《涅槃》《法华》《维摩》《大品》,并探索微隐,思发言外。因以脚疾西游,乃造徐州,从僧渊法师更受《成实论》,遂精通此部,独步当时。魏主元宏闻风餐挹,遣使征请。既达平城,大开讲席,宏致敬下筵,亲管理味。于是停止魏都,法化相续,学徒自远而至,千有余人。

---

① 关于献文帝之好玄理,《魏书》卷六〇《程骏传》载程骏为河西人士,重视老、庄玄学,"显祖屡引骏与论《易》《老》之义,顾谓群臣曰:'朕与此人言,意甚开畅。'"
② 前揭《汉魏两晋南北朝佛教史》,第361页。

以伪太和十三年卒于魏国,……即齐永明六年也。撰成《成实论大义疏》八卷,盛传北土"。

道登,《续高僧传》卷六《义解二·魏恒州报德寺释道登传》载其姓芮,东莞人,先从徐州高僧药法师,"研综《涅槃》《法华》《胜鬘》。后从僧渊学究《成论》。年造知命,誉动魏都,北土宗之,累信征请。登问同学法度①曰:'此请可乎?'度曰:'此国道学如林,师匠百数,何世无行藏,何时无通塞?十方含灵,皆应度脱,何容尽期南国?相劝行矣!……随方适化,为物津梁,不亦快乎!'登即受请,度亦随行。及到洛阳,君臣僧尼莫不宾礼。魏主邀登昆季,策授荣爵,以其本姓不华,改芮为耐。讲说之盛,四时不辍。末趣恒岳,以息浮竞,学侣追随,相仍山舍,不免谈授,遂终于报德寺焉,春秋八十有五,即魏景明年也"。

僧逞,《广弘明集》卷二四孝文帝《赠徐州僧统并设斋诏》:"徐州道人统僧逞,风识淹通,器尚伦雅,道业明博,理味渊澄,清声懋誉。早彰徐沛,英怀玄致。风流于谯宋,比唱法北京,德芬道俗。应供皇筵,美敷辰宇。仁睿之良,朕所嘉重。"僧逞本为徐州高僧,孝文帝以之为徐州道人统,曾"唱法北京","应供皇筵",深得孝文帝崇敬。

慧纪,《广弘明集》卷二四《帝为慧纪法师亡施帛设斋诏》:"徐州法师慧纪,凝量贞远,道识淳虚,英素之操,超然世外,综涉之功,斯焉罕伦。光法彭方,声懋华裔,研论宋壤,宗德远迹。爰于往辰,唱谛鹿苑,作匠京缁,延赏贤丛。"慧纪为道渊门生,这里说他在平城鹿苑寺等讲论佛义。

道辩,②《续高僧传》卷六《义解二·魏洛阳释道辩传》载其本为范阳人,"天性疏朗,才术高世。虽曰耳聋,及对孝文,不爽帝旨。由是荣观显美,远近钦兹。剖定邪正,开释封滞,是所长也。初住北台,后随南迁,道光河洛。魏国有经号《大法尊王》,八十余卷,盛行于世,辩执读知伪,集而焚之。将欲广注众经,用通释典,笔置厅架,鸟遂衔飞,见此异征,便寝斯作。……注《维摩》《胜鬘》《金刚》《般若》小乘义章六卷、大乘义五十章及《申玄照》等,行世"。

僧达,《续高僧传》卷一六《习禅初·齐林虑山洪谷寺释僧达传》载俗姓李,上谷人,"十五出家,游学北代,听习为业。及受具后,宗轨毗尼,进

---

① 这里的法度,就是昙度,《魏书·释老志》中作惠度。
② 道辩,《魏书·释老志》中作道弁。

止沈审，非先祖习。年登二夏，为魏孝文所重，邀延庙寺，阐弘《四分》。而形器异伦，见者惊奉，虎头长耳，双齿过寸。机论适变，时共高美。与徐州龙达，各题称谓。寻复振锡洛都，……又南会徐部，随通《地论》"。后南游江东，为梁武帝敬重。可见，僧达虽为禅师，但长于义学论说。

道原、僧实，《续高僧传》卷一六《习禅初·周京师大追寺释道实传》载僧实俗姓程，咸阳人，"有道原法师，擅名魏代，实乃归焉。随见孝文，便蒙降礼。太和末从原至洛"①。

惠猛，据《陶斋藏石记》卷九及跋语，惠猛亦为义学高僧，孝文帝与之清谈移日，后为宣武帝知遇。②

以上《高僧传》《续高僧传》等所载诸高僧，他们应孝文帝征召，先抵平城，后多随迁洛阳，皆以精于佛教义理著名。当然，这份名单绝非孝文帝招集义学高僧之全部，肯定有遗漏或未见史籍者。但无论如何，如此众多的义学僧人聚集平城和洛阳，这是北朝佛教上的一个重要现象，体现出孝文帝崇尚佛教义理之倾向喜好。

（二）孝文帝组织义学高僧讲论佛经，阐发佛理

孝文帝喜好佛教义学，主要表现有二：一是鼓励、组织兴办法会，弘扬佛义；二是支持高僧著述，疏解佛理。在佛经义疏之著述方面，由前载昙度之撰《成实论大义疏》八卷，道辩所撰《维摩》《胜鬘》《金刚》和《般若》小乘义章六卷、大乘义五十卷及《申玄照》等注疏，可见当时义学僧人注疏之作的一般情况。这里重点考察孝文帝赞助讲论佛理。

对于义学高僧，孝文帝支持他们阐述佛理，如据上引，昙度"既达平城，大开讲席，宏致敬下筵，亲管理味。于是停止魏都，法化相续，学徒自远而至，千有余人"；道登更是最受孝文帝所喜爱，孝文帝拜之为师，"恒侍讲论"，甚至通宵达旦。后来在洛阳，孝文帝也常与僧人探究佛理，《洛阳伽蓝记·序》载孝文帝"迁京之始，宫阙未就，高祖住在金墉城。城西有王南寺，高祖数诣寺沙门论议，故通此门，而未有名，世人谓之新门"。

不仅如此，孝文帝一再组织法会，朝臣与义学高僧共论佛义。《魏书·释

---

① 对于僧达、僧实、道原三位收入僧史《习禅篇》之高僧，严耕望先生在前揭《魏晋南北朝佛教地理稿》中曾推测：僧达"虽为禅僧，但其早年在代、洛时代，固重义解"。僧实"在代及来洛初期亦非专习禅业者。且知由代迁者又有道原法师，殆亦义解僧。或许当时从迁洛阳者，义解僧徒可能较习禅犹多"（第200页）。

② 前揭《汉魏两晋南北朝佛教史》，第362页。

老志》载：

> （太和元年）三月，又幸永宁寺设会，行道听讲，命中、秘二省与僧徒讨论佛义，施僧衣服、宝器有差。

帝王主办如此规模的法会，这是以往北魏佛教史上所未见之新现象。这方面的史实非止一例，《魏书》卷四五《韦阆传附韦缵传》载："高祖每与名德沙门谈论往复，缵掌缀录，无所遗漏，颇见知赏。"《魏书》卷四五《裴骏传附子裴宣传》亦载裴宣"通辩博物，早有声誉"，"高祖曾集沙门讲佛经，因命宣论难，甚有理诣，高祖称善"。

其实，延请高僧入宫讲论，当时有明确的制度规定，《广弘明集》卷二四《帝听诸法师一月三入殿诏》载：

> 先朝之世，经营六合，未遑内范，遂令皇庭阙高邈之容，紫闼简超俗之仪。于钦善之理、福田之资，良为未足。将欲令懿德法师，时来相见。进可飡禀道味，退可饰光朝廷。其敕殿中听一月三入，人数法讳，别当牒付。

可见，孝文帝将高僧入殿讲论作为提升北魏文化的大事来看。朝臣与高僧论难不已，孝文帝之宫廷成为佛教义学之中心。①

孝文帝倡导佛教义学，其中心虽先在平城，后在洛阳——政治、文化中心之都城，但对地方也有一定的影响力。孝文帝鼓励各地经师讲经，阐扬义理。《广弘明集》卷二四《帝令诸州众僧安居讲说诏》载："可敕诸州，令此夏安居清众，大州三百人，中州二百人，小州一百人，任其数处讲说，皆僧祇粟供备。若粟鲜徒寡，不充此数者，可令昭玄量减还闻。其各钦旌贤匠，良推叡德，勿致滥浊，惰兹后进。"可见孝文帝鼓励地方州镇经师讲论佛理。

（三）孝文帝注重汲引南朝之佛教义学风尚

孝文帝厉行汉化，不仅在社会制度变革中多取鉴南朝，而且对江左文化也情有独钟，颇为神往。这表现在礼乐制度、经史学术、文学艺术等各个方

---

① 汤用彤先生在前揭《汉魏两晋南北朝佛教史》中就此指出："《广弘明集》载孝文帝《听诸法师一月三入殿诏》，可见北魏诸帝提倡义学实始于孝文。"（第363页）

面，通过各种渠道，特别是借重入魏南士，以转输南朝文化，造成了当时南学北传的风气。① 《隋书》卷三二《经籍志序》载"孝文徙都洛邑，借书于齐，秘府之中，稍以充实"，可谓如饥似渴。其倡导佛教义学，也是如此，具体表现为对徐州彭城《成实论》义学的大力提倡及其对南朝佛学的汲引。

首先，我们看孝文帝倡导徐州彭城佛学以转输南朝佛教义学风尚。

我们知道，在晋末宋初长达六十多年的时间里，徐兖青齐之地曾直接隶属于南方政权，晋、宋朝廷派遣州郡官员，实施其统治。这便加强了该地区与南朝方面的联系，南方的思想文化风尚在此传播。以经学风尚为例，《魏书》卷八四《儒林传序》载："晋世杜预注《左氏》，预玄孙坦、坦弟骥于刘义隆世并为青州刺史，传其家业，故齐地多习之。"对青齐地域学风的南朝化特征，清人皮锡瑞在《经学历史·经学分立时代》中指出："案史言北学极明晰，而北学之折入于南者，亦间见焉。青、齐之间，多讲王辅嗣《易》、杜元凯《左传》；盖青、齐居南北之中，故魏、晋经师之书，先自南传于北。"北魏献文帝征服徐兖青齐之地，将这里官员、大族名士等多以战俘的身份迁移塞外，设置"平齐郡"予以安置，统称为"平齐民"。孝文帝时期，"平齐民"中的上层逐步恢复了士族的身份，受到重视，对孝文帝时期的汉化变革与文化建设产生了深刻的影响。② 因此，在经史学术风尚方面，可以说自孝文帝开始，北朝在一定程度上已通过青齐学者感受到南朝风气的影响，出现了一些新气象。在佛学方面，孝文帝对青齐人士也颇为重视，常与他们谈论佛理。据《魏书》卷二四《崔玄伯传附崔僧渊传》，崔僧渊为"平齐民"，曾被流放北镇，太和初得还，"高祖闻其有文学，又问佛经，善谈论，敕以白衣赐襆帻，入听于永乐经武殿"。又，《魏书》卷六七《崔光传》载崔光为"平齐民"中杰出的学者，深得孝文帝赏识，其"崇信佛法，礼拜读诵，老而逾甚，终日怡怡，未曾恚忿。……每为沙门朝贵请讲《维摩》《十地经》，听者常数百人，即为二经义疏三十余卷"。其弟崔敬友，"精心佛道，昼夜诵经"，从祖弟崔长文亦"专读佛经，不关世事"。崔光等人笃信佛法，且长于义学，对孝文帝当有所影响。

---

① 对此，王永平：《北魏孝文帝之重用南士及其对南朝文化的汲引》（刊于《学习与探索》2009年第五期）一文已有专题考论，敬请参看。

② 关于"平齐民"人物的学术文化修养及其在孝文帝时期的文化活动，王永平《论北魏时期青齐人士的文化贡献》（刊于《中华文史论丛》总第八十辑，上海古籍出版社2005年版）一文有比较全面的考述，敬请参看。

第三章　北魏孝文帝崇佛之表现及其对佛教义学之倡导

孝文帝倡导佛教义学，对以徐州白塔寺僧渊为代表的《成实论》义学僧团尤为敬重，招揽诸人入北传学，给予特别的礼遇和优待。道登贵为帝师，对孝文帝影响至深。不仅如此，孝文帝曾亲自到徐州白塔寺，以示礼敬。《魏书·释老志》载："（太和）十九年四月，帝幸徐州白塔寺。顾谓诸王及侍官曰：'此寺近有名僧嵩法师，受《成实论》于罗什，在此流通。后授渊法师，渊法师授登、纪二法师。朕每玩《成实论》，可以释人染情，故至此寺焉。'"孝文帝至白塔寺，实际上是受到僧登等影响，由其所谓"朕每玩《成实论》，可以释人染情，故至此寺焉"，可见其对佛教义学兴趣之强烈。

自十六国后期以来，徐州彭城名僧甚多，为当时一佛教中心。后秦鸠摩罗什僧团解散之后，其弟子僧嵩东游彭城，于白塔寺传教，其精擅《成实论》，闻声南北，致使白塔寺成为佛学史上《成实论》之祖庭。彭城义学高僧与南朝都城建康等地保持着密切的联系，其学生来自南北各地，又四处传法，如昙度便在南朝都城习业成名后再至彭城修学。汤用彤先生以为该地"本为南北交通之枢纽，亦为北方义学之源泉"，"当时徐州实为北魏义学之重地。北方义学之渊泉，孝文帝时，实以徐州为最著"①。严耕望先生也说："彭城佛教本为罗什后徒众东传之一支，诸师多以《成实》擅胜，或兼讲《三论》等经，名动南北两京，为南北朝野所重。……故彭城佛教实较泰山为盛，可视为南北两朝佛教中间联系之重镇，亦大江以北，东方唯一佛教中心，而寿春亚之。"② 僧嵩之弟子南入江东，北弘代、洛，影响巨大。究其学风特点，与前文所论青齐地区的经学为"南学折入于北者"一样，彭城的佛学也正是如此。③ 可以说，魏孝文帝尊崇彭城《成实论》诸法师，其中包含着他借以努力汲取南朝玄佛交融学风之用心。汤用彤先生曾论孝文帝倡导彭城佛学之意义，指出："北朝义学之兴，约在孝文帝之世。其先多来自彭城，其后洛中乃颇讲佛义，而终则在东魏北齐，邺城称为学海焉。"④ 可见，彭城义学不仅

---

① 前揭《汉魏两晋南北朝佛教史》，第378、598页。
② 前揭《魏晋南北朝佛教地理稿》，第126页。严耕望先生在该书第五章《东晋南北朝佛教城市与山林》中，对彭城之佛教中心地位及其特点多有论述，不具引，请参见。
③ 由于彭城长期隶属于刘宋，且文化上与南朝联系紧密，尽管这一地区后来归附北魏，但这里的高僧皆自觉不自觉地以南朝为归属。上文引《续高僧传》卷六《义解二·魏恒州报德寺释道登》载道登问法度是否应邀北上平城，法度之"此国道学如林，师匠百数"云云，这里"此国"就是指南朝，而非他们实际所处之北魏。这种潜在的意识正是他们在文化传统上与南朝的内在一致和关联所造成的。
④ 前揭《汉魏两晋南北朝佛教史》，第598页。

盛于太和时期，而且影响了北朝后期佛学之发展。

其次，孝文帝努力直接吸收南朝佛教义学。

孝文帝钦羡江左文化，其派遣使臣，除了一般的外交事务外，多有考察南朝制度与文化的使命，如有的用心于礼制，有的侧重于文学，也有进行佛学交流的。《高僧传》卷八《义解五·齐京师中兴寺释僧钟传》载僧钟曾从寿春导公学，"妙善《成实》《三论》《涅槃》《十地》等。后南游京邑，止于中兴寺。永明初，魏使李道固来聘，会于寺内。帝以钟有德声，敕令酬对，往复移时，言无失厝。日影小晚，钟不食，固曰：'何以不食。'钟曰：'古佛道法，过中不餐。'固曰：'何为声闻耶。'钟曰：'应以声闻得度者，故先声闻。'时人以为名答"。孝文帝命李彪出使南齐，与义学大师僧钟相见，表明其对南朝佛学义理之兴趣。

当然，孝文帝特别希望能招揽江左一流义学高僧，直接汲取南朝佛学精义。前文已据《高僧传》卷八《义解五·齐京师太昌寺释僧宗传》，介绍太和初年，孝文帝曾对僧宗法师"遥挹风德，屡致书并请开讲"，因萧道成"不许外出"而未成。僧宗为南朝义学僧人的代表，孝文帝企图招其入魏，目的在于汲引南朝义学。直接引进南朝义学高僧不成，北魏则有僧人南来求学交流的，《僧宗传》便载："先是北土法师昙准，闻宗特善《涅槃》，乃南游观听。既南北情异，思不相参。准乃别更讲说，多为北士所重。准后居湘宫寺，与同寺法身、法真并为当时匠者。时有安乐寺慧令、法仙、法最，中兴寺僧敬、道文，天竺寺僧贤，并善数论，振名上国云。"这里的"上国"是指北魏，由于昙准的关系，建康诸法师的学说在北魏有所传播，以致"振名上国"。可见当时建康与平城、洛阳之间存在着佛学交流的渠道。

此外，南朝入魏人士也有精于佛理者，他们对孝文帝也有一定的影响。特别是王肃，为琅邪王氏之人物，其信佛甚笃。《高僧传》卷一〇《神异下·齐京师枳园寺沙弥释法匮传》载法匮"少出家，为京师枳园寺法楷弟子，楷素有学功，特精经史，琅邪王奂、王肃并共师焉"。可见王肃颇有佛学修养。其入魏后依然信佛，《洛阳伽蓝记》卷三"城南·报德寺"条载延贤里内有正觉寺，乃王肃为其前妻谢氏所立。孝文帝对王肃极为信重，交流甚密，难免涉及佛学，这对南朝佛教义学之北输也有一定的促进作用，诚如汤用彤先生所指出："在孝文帝世，朝臣之知佛教义学者，如崔光、王肃等则均系出江南。及至魏齐之际，士大夫为学，颇重谈论，南方之风从同。"①

孝文帝身体力行，倡导佛教义学，推动了北朝佛教风尚的变化。据《续高僧传》卷六《义解二·魏洛下广德寺释法贞传》载其渤海东光人，"住魏洛下之广德寺，为沙门道记弟子。年十一，通诵《法华》，意所不解，随迷造问。记谓曰：'后来揔持者，其在尔乎！'及至年长，喜《成实论》，深得其趣，备讲之业，卓荦标奇。在于伊洛，无所推下。与僧建齐名，时人目建为'文句无前'，目贞为'入微独步'。贞乃与建为义会之友，道俗斯附，听者千人随得俟施，造像千躯，分布供养。魏清河王元怿、汝南王元悦，并折腰顶礼，谘奉戒训"。后以北魏局势混乱，与僧建奔梁，为魏追杀。同传又附载僧建，清河人，"沙弥之时，慧俊出类，及长成人，好谈名理。与慧聪、道寂、法贞等同师道记，少长相携，穷研数论，遂明五聚，解冠一方。常日讲众，恒溢千人，硕学通方，悦其新致，造筵谈赏，以继昼夜。虽乃志诲成人，而入里施化。魏高阳王元邕亟相延请，累宵言散，用袪鄙悋。或清晨嘉会，一无逮者，辄云深恨不同其叙。故闻风倾渴者，遥服法味矣。后南游帝室，达于江阴，住何园寺。（梁）武帝好论义旨，敕集学僧于乐受殿以此立义。每于寺讲，成济后业，有逾于前"。僧建入梁，以其义学颇得梁武帝赏识，可见其义学造诣。对于孝文帝时期北方佛教义学的发展，汤用彤先生在《汉魏两晋南北朝佛教史》中再三致意，云："盖魏之义学如《成实》《涅槃》《毗昙》均导源于孝文帝之世。北方义学沉寂于魏初者，至此经孝文之诱掖，而渐光大也"。又指出："孝文帝以后，北魏义学僧人辈出，朝廷对于译经求法讲论均所奖励"②。吕思勉先生也说："元魏诸主，自孝文而后，多好与沙门讲论。"③ 这都敏锐地感觉到孝文帝倡导佛教义学对北朝学风的影响。

此后宣武帝笃信佛法，义学风尚更为盛行。《魏书》卷八《世宗纪》称其"雅爱经史，尤长释氏之义，每至讲论，连夜忘疲"。永平二年十一月，"帝于式乾殿为诸僧、朝臣讲《维摩诘经》"。《魏书·释老志》亦载："世宗笃好佛理，每年常于禁中，亲讲经论，广集名僧，标明义旨。沙门条录，为

---

① 前揭《汉魏两晋南北朝佛教史》，第378页。
② 前揭《汉魏两晋南北朝佛教史》，第362—363页。汤用彤先生在该书其他章节论及北朝佛教义学，也有同样的看法："元魏自孝文帝后，佛教义学始渐兴盛。"（第377页）又说："至若义学，在北朝初叶，盖篾如也。北朝义学之兴，约在孝文帝之世。"（第598页）
③ 前揭《吕思勉读史札记》丙帙"魏晋南北朝"部分之"沙门与政"条，第1047页。

《内起居》焉。上既崇之，下弥企尚。"① 至于北魏之末，士人与高僧论难佛理，蔚为风气。《洛阳伽蓝记》卷四"城西·永明寺"条载：

> 寺西有宜年里。里内有陈留王景皓、侍中安定公胡元吉等二宅。景皓者，河州刺史陈留庄王祚之子。立性虚豁，少有大度，爱人好士，待物无遗。凤善玄言道家之业，遂舍半宅，安置佛徒。演唱大乘，数部并进，京师大德，超、光、延、荣四法师，三藏胡沙门菩提流支等咸预其席，诸方伎术之士，莫不归赴。时有奉朝请孟仲晖者，武威人也。父宾，金城太守。晖志性聪明，学兼释氏，四谛之义，穷其旨归。恒来造第，与沙门论义，时号为玄宗先生。

可见当时统治集团上层聚集义学僧徒研讨佛学义理，以致"诸方伎术之士，莫不归赴"，特别是一些士大夫参与其间。又，《魏书》卷三六《李顺传附李同轨传》载："永熙二年，出帝幸平等寺，僧徒讲说，敕同轨论难，音韵闲朗，往复可观，出帝善之。"后李同轨出使萧梁，萧衍"深耽释学，遂集名僧于其爱敬、同泰二寺，讲《涅槃大品经》，引同轨预席，衍兼遣其臣并共观听。同轨论难久之，道俗咸以为善"②。李同轨之佛教义学如此，可见北魏之末上层社会士大夫佛教学风之变化。

延及东魏、北齐之际，士大夫为学颇好名理之学。《北齐书》卷二四《杜弼传》载武定六年，魏孝静帝"集名僧于显阳殿讲说佛理，弼与吏部尚书杨愔、中书令邢邵、秘书监魏收等并侍法筵。敕弼升师子座，当众敷演。昭玄都僧达及僧道顺并缁林之英，问难锋至，往复数十番，莫有能屈"。杜弼"性好名理，探味玄宗"，"耽好玄理，老而愈笃"，于《老子》《庄子》《周易》皆有注疏，又精于佛学，孝静帝曾与其探讨佛性、法性问题。李同轨、杜弼这样的人物，在魏末、北齐之际并非个别，名理之学已成风气。③ 当时佛教义学则为这一时代新学风的一个支流，当时天竺禅师菩提达摩初入魏境，"随其

---

① 宣武帝信佛至极，以致臣属屡上谏。《魏书》卷六九《裴延俊传》载："时世宗专心释典，不事坟籍。延俊上疏谏曰：'……伏愿经书玄览，孔释兼存，则内外俱周，真俗斯畅。'"《魏书》卷七二《阳尼传附阳固传》载："初，世宗委任群下，不甚亲览，好桑门之法。"
② 关于李同轨在萧梁讲论佛理事，《魏书》卷八四《儒林·李同轨传》也有载。
③ 对北朝后期之新学风，李源澄先生在《魏末北齐之清谈名理》（收入《李源澄学术论著初编》，路明书店1944年版）已有专题论述，此文虽简略，但揭示出这一风尚的基本状况与特点。

所止，诲以禅教。于时合国盛弘讲授，乍闻定法，多生讥谤"①。北魏素重禅修，此前已有佛陀禅师弘法代北、洛滨，"乍闻定法，多生讥谤"云云，也许过于夸张了，但由此确实可以说明当时北方佛教义学颇为兴盛。正因为如此，北魏后期，出现了南朝僧人入北研习义学的情况。《续高僧传》卷七《义解三·陈钟山耆阇寺释安廪传》载其"年二十五启敕出家，乃游方寻道，北诣魏国，于司州光融寺容公所采习经论。容律训严凝，肃成济器。并听嵩少林寺光公《十地》，一开领解，顿尽言前，深昧名家，并毕中意，又受禅法，悉究玄门。请从之徒，屡申弘益。在魏十有二年，讲《四分律》近二十遍，大乘经论，并得相仍。梁泰清元年，始发彭沛，门人拥从，还届扬都。武帝敬供相接，敕住天安，讲《华严经》，标致宏纲，妙指机会"。在陈朝，安廪也深得诸帝崇重，"有敕住耆阇寺，给讲连续，既会凤心，遂欣久处。世祖文皇帝又请入昭德殿开讲《大集》，乐说不穷，重筵莫拟"。又，《续高僧传》卷七《义解三·陈摄山栖霞寺释慧布传》载其在建康先随建初寺琼法师学《成实论》，后又随摄山止观寺僧铨法师习三论，"时号之'得意布'，或曰'思玄布'"，可见其学业颇精。然其"末游北邺，更涉未闻，于可禅师所暂通名见，便以言悟其意。……乃纵心诸席，备见宗领，周览文义，并具胸襟。又写章疏六驮，负还江表，并遗朗公，令其讲说。因有遗漏，重往齐国，广写所阙，赍还付朗，自无一畜，衣搏而已"。由此可见北朝后期北方佛教义学之水平。汤用彤先生曾指出："盖其时北朝君臣已略具江南之格调矣。《续高僧传》叙魏末佛教有云：'山东、江表，乃称学海。'（《菩提流支传》）盖不但山东义学之盛，有似江表。而二地学风，至南北朝末叶已有相同，因此而可并称也。"② 北朝后期佛教风尚变化若此，究其根源，则在于孝文帝以来融合南北文化为一体，从而逐渐形成了新的文化风尚，北朝之佛教义学则是其中的一个支流。

---

① 《续高僧传》卷一六《习禅初·齐邺下南天竺僧菩提达摩传》。
② 前揭《汉魏两晋南北朝佛教史》，第379页。

第四章　北魏孝文帝之南征战略及其相关争议

自永嘉之乱后，中国分裂，南北之间长期对峙，战争不断。围绕着相关的战略、战术问题，各政权内部都曾出现过激烈的争议，而战争的结果，则影响到诸政权的兴衰。至于这类战争的性质，由于发动战争的民族及其文化的差异，引发了后人有关"征服"与"统一"战争的相关讨论。一般说来，在军事上，北朝胜于南朝。陈寅恪先生曾分析中古时代南北对立之形势，指出"南北比较，经济、武备，北方远胜于南方"；"在军事上，北朝亦胜于南朝。南北军事的分别，为胡汉之别。……北朝军事胜于南朝，可用组织之密、骑术之精、斥候之明三语来概括"。但北朝并不能因其军事上的强大很快统一南北，"主要在于内部民族与文化问题没有解决"[①]。就南北朝时代而言，北魏孝文帝时期则为南北战争局势与性质转化的重要阶段。对于东晋南北朝时期南北战争的演进过程，《南齐书》卷五七《魏虏传》末史论中有一段概括性叙述：

> 建武初运，獯雄南逼，豫、徐强镇，婴高城，蓄士卒，不敢与之校武。胡马蹈藉淮、肥，而常自战其地。梯冲之害，鼓掠所亡，建元以来，未之前有。兼以穹庐华徙，即礼旧都，雍、司北部，亲近许、洛，平途数百，通驿车轨，汉世驰道，直抵章陵，镳案所骛，晨往暮返。虏怀兼弱之威，挟广地之计，强兵大众，亲自凌殄，旃鼓弥年，矢石不息。朝规懦屈，莫能救御，故南阳覆垒，新野颓隍，民户垦田，皆为狄保。虽分遣将卒，俱出淮南，未解沔北之危，已深涡阳之败。征赋内尽，民命外殚，比屋骚然，不聊生矣。夫休否之数，诚有天机，得失之迹，各归人事。岂不由将率相临，贪功昧赏，胜败之急，不相救让？号令不明，固中国之所短也。

[①] 万绳楠整理：《陈寅恪魏晋南北朝史讲演录》，黄山书社1987年版，第226—228页。

由此可见，在南齐永明之后，南北对抗的均势被打破，北魏孝文帝迁都洛阳之后已处于积极进攻的主导地位。其实，往前追溯，自刘宋元嘉年间北魏太武帝拓跋焘南侵、泰始年间北魏攻占青齐，南朝不断遭受巨大的军事压迫。在此基础上，孝文帝继位之后，便不断加强对南朝的军事攻势，而且表现出日益强烈的统一江南的愿望，其决然迁都洛阳等重大举措则是统一战略的一个环节。当然，对于孝文帝之南征及其统一战略，朝臣之中多有分歧，甚至出现激烈的争议。

一　冯太后主政时期南征战略的基本确立及其争议

北魏统治者鲜卑拓跋氏兴自漠北，自道武帝拓跋珪定都平城，以塞外控御中原，与江南悬隔，本无南征之念。太武帝拓跋焘统一北方之后，则不断蚕食河南，与刘宋政权摩擦不断，借宋文帝元嘉二十七年北伐之机，大举南征，一度席卷江淮，挺进江北之瓜步，对刘宋造成巨大之军事威慑。然其时拓跋焘主要出于劫掠之目的，并无持久攻占江南之愿望。刘宋后期，北魏文成帝拓跋濬、献文帝拓跋弘之际，淮北青齐诸地易主，北魏对黄河以南的经营不断加强。对此，诚如陈寅恪先生所指出，"南北朝的对峙，其国势强弱之分界线大约在北朝乘南朝内争之际而攻取青、齐之地一役"①。从此，南北朝之间的战争形势发生了明显的变化。孝文帝继位后，其军政大权长时间为冯太后控制，有关南征战略这样重大的决策自然也由冯太后定夺。检索相关史实，可见当时拓跋氏统治集团中有人明确提出了灭亡南朝政权的战略规划。《魏书》卷三四《陈建传》载陈建为代人，"高祖初，征为尚书右仆射，加侍中"，宋、齐易代之际，其与穆亮、陆叡等密表进言，主张北魏乘机南征，规划全国：

自永嘉之末，封豕横噬，马叡南据，奄有荆楚。及桓、刘跋扈，祸难相继。岱宗隔望秩之敬，青、徐限见德之风。献文皇帝髦龀龙飞，道

---

① 陈寅恪：《论隋末唐初所谓"山东豪杰"》，《金明馆丛稿初编》，生活·读书·新知三联书店 2001 年版，第 260 页。

> 光率土,干戚暂舞,淮海从风,车书既同,华裔将一。昊天不吊,奄背万邦。窃闻刘昱夭亡,权臣杀害,思正之民,翘想罔极。愚谓时不再来,机宜易失,毫分之差,致悔千里。天与不取,反受其咎,所谓见而不作,过在介石者也。宜简雄将,号令八方。义阳王臣(刘)昶,深悟存亡,远同孙氏。苟历运响从,则吴会可定,脱事有难成,则振旅而返。进可以扬义声于四海,退可以通德信于遐裔。宜乘之会,运钟今日,如合圣听,乞速施行。脱忤天心,愿存臣表,徐观后验,赏罚随焉。

对于陈建此奏,"高祖嘉之",迁其为司徒、征西大将军,进爵魏郡王。陈建密奏之时间,从"窃闻刘昱夭亡,权臣杀害"云云,当在刘宋末萧道成谋篡之际。从其内容看,所云"车书既同,华裔将一"和"历运响从,则吴会可定",尽管仍有"脱事有难成,则振旅而返"的打算,但毕竟明确提出了兼并江南、统一全国的主张,这与以往劫掠式的军事行动计划具有根本性的不同,预示着北魏统治集团对南朝军事战略意图的转变。因此,尽管冯太后、孝文帝没有立刻具体落实这一战略规划,但他们对陈建始终给予特殊礼遇,《魏书》本传载:"高祖与文明太后频幸建第,赐建妻宴于后庭。"这不能不说与陈建的相关建议有密切的联系。

在新的南进战略下,北魏利用南朝宋齐易代之机兴兵淮北。对此,一些汉族朝臣提出了批评意见。《魏书》卷五四《高闾传》载"太和三年,出师讨淮北"[①],高闾上表进谏,具体提出四个方面的质疑:

> 臣闻兵者凶器,不得已而用之。今天下开泰,四方无虞,岂宜盛世,干戈妄动。疑一也。淮北之城,凡有五处,难易相兼,皆须攻击。然攻守难图,力悬百倍,反覆思量,未见其利。疑二也。纵使如心,于国无用,发兵远人,费损转多。若不置城,是谓空争。疑三也。脱不如意,当延日月,屯众聚费,于何不有。疑四也。伏愿思此四疑,时速返旆。

高闾是河北士人代表人物之一,针对北魏南征淮北,无论在战略上,还是具体战术上,他实际上都表示反对。对此,冯太后令曰:"六军电发,有若摧

---

① 《南齐书》卷五七《魏虏传》载:"建元元年,伪太和三年也。宏闻太祖受禅,其冬,发众遣丹阳王刘昶为太师,寇司、豫二州。"

朽，何虑四难也。"很明显，这次南进的决策人是冯太后。此外，《魏书》卷六〇《程骏传》载程骏上表谏曰：

> 今庙算天回，七州云动，将水荡鲸鲵，陆扫凶逆。然战贵不陈，兵家所美。宜先遣刘昶招喻淮南。若应声响悦，同心齐举，则长江之险，可朝服而济，道成之首，可崇朝而悬。苟江南之轻薄，背刘氏之恩义，则曲在彼矣，何负神明哉！直义檄江南，振旅回旆，亦足以示救患之大仁，扬义风于四海。且攻难守易，则力悬百倍，不可不深思，不可不熟虑。今天下虽谧，方外犹虞……夫为社稷之计者，莫不先于守本。臣愚以为观兵江浒，振曜皇威，宜特加抚慰。秋毫无犯，则民知德信；民知德信，则襁负而来；襁负而来，则淮北可定；淮北可定，则吴寇异图；寇图异则祸衅出。然后观衅而动，则不晚矣。请停诸州之兵，且待后举。所谓守本者也。伏惟陛下、太皇太后英算神规，弥纶百胜之外；应机体变，独悟方寸之中。臣影颓虞渊，昏耄将及，虽思忧国，终无云补。

程骏是河西入魏士人之代表，其看法与高闾大体一致，也是劝喻冯太后缓征淮北，主张先宣扬国威、传布德信，以待后举。对此，冯太后"不从"。

由上述可见，魏孝文帝即位之初，在冯太后主政时期，北魏已基本确立了征服南朝、规划全国的军事战略，并由此引发了一些汉族士大夫的非议。对汉族士人的相关反对意见，冯太后或不予理会，或表示坚决抵制，从而使得相关讨论难以深入。尽管受制当时的客观条件，北魏还难以发动大规模的针对南朝的军事行动，但其征服南朝的军事战略已基本确定了。

二 孝文帝的统一愿望、战略规划及其实施

魏孝文帝在主政之前，对于征服江南、统一全国，由于受到冯太后的影响，似乎已有成策。其亲政后，进一步明确相关南征战略，并不断亲率大军，发动对南齐的军事攻势，表现出强烈的统一江南的愿望。《魏书》卷四七《卢玄传附卢渊传》载"高祖议伐萧赜"，其与卢渊的对话，可见其不仅已确立了南征战略，而且表示将率师亲征，表现出迫切统一全国的愿望。卢渊上表进言，以为"自魏晋以前，承平之世，未有皇舆亲御六军，决胜行陈之间者。

胜不足为武，弗胜有亏威德，明千钧之弩为鼷鼠发机故也。昔魏武以弊卒一万而袁绍土崩，谢玄以步兵三千而苻坚瓦解。胜负不由众寡，成败在于须臾，若用田丰之谋，则坐制孟德矣。魏既并蜀，迄于晋世，吴介有江水，居其上流，大小势殊，德政理绝。然犹君臣协谋，垂数十载。逮孙皓暴戾，上下携爽，水陆俱进，一举始克。今萧氏以篡杀之烬，政虐役繁，又支属相屠，人神同弃。吴会之民，延踵皇泽，正是齐轨之期，一同之会。若大驾南巡，必左衽革面，闽越倒戈，其犹运山压卵，有征无战。然愚谓万乘亲戎，转漕难继，千里馈粮，士有饥色，大军之后，必有凶年。不若命将简锐，荡涤江右，然后鸣銮巡省，告成东岳，则天下幸甚，率土戴赖"。在这里，卢渊以历史上的官渡之战、淝水之战及晋灭吴之战的成败得失劝喻孝文帝，以为统一南方的条件与时机尚未成熟。对此，孝文帝一一予以回应，明确表示："且曹操胜袁，盖由德义内举；苻坚瓦解，当缘立政未至。定非弊卒之力强，十万之众寡也。今则驱驰先天之术，驾用仁义之师，审观成败，庶免斯咎。长江之阻，未足可惮；蹢纪之略，何必可师。洞庭、彭蠡，竟非殷固，奋臂一呼，或成汉业。经略之义，当付之临机；足食之筹，望寄之萧相。将希混一，岂好轻动，利见之事，何得委人也！"孝文帝以为决定对外战争成败的关键在于内政，即所谓"曹操胜袁，盖由德义内举；苻坚瓦解，当缘立政未至"，而当时北魏政治足以保障统一战争的胜利，故"将希混一，岂好轻动，利见之事，何得委人"，自己必须承担起统一大业。关于孝文帝统一天下的愿望，《魏书·卢玄传附卢昶传》又载：

> 太和初，为太子中舍人、兼员外散骑常侍，使于萧昭业。高祖诏昶曰："卿便至彼，勿存彼我。密迩江扬，不早当晚，全是朕物。卿等欲言，便无相疑难。"又敕副使王清石曰："卿莫以本是南人，言语致虑。若彼先有所知所识，欲见便见，须论即论。卢昶正是宽柔君子，无多文才，或主客命卿作诗，可率卿所知，莫以昶不作，便即罢也。凡使人之体，以和为贵，勿递相矜夸，见于色貌，失将命之体。卿等各率所知，以相规诲。"

卢昶出使南齐，其时在太和十八年（494），从孝文帝对使者所言"卿便至彼，勿存彼我。密迩江扬，不早当晚，会是朕物"云云，这再清楚不过地表达了其统一南朝的强烈愿望。

正是在这一愿望的驱使下,孝文帝亲政后不断谋划对南朝的战争,并决意将都城迁移至洛阳。孝文帝迁都洛阳,不仅是孝文帝时期影响重大的事件,而且在整个北魏发展史上,也是一个具有划时代意义的举措,历来受到人们的重视。孝文帝迁都,其过程颇富戏剧性。太和十七年八月,孝文帝率军数十万从平城出征南伐,到达洛阳后遇秋季霖雨,孝文帝依然命令军队南征,受到随军群臣劝阻,经过反复辩论,孝文帝谓群臣曰:"若不南銮,即当移都于此,光宅中土,机亦时矣,王公等以为何如?议之所决,不得旋踵,欲迁者左,不欲者右。"① 其实,孝文帝南迁都城,可谓蓄谋已久,《魏书》卷一九(中)《景穆十二王·任城王澄传》明言"高祖外示南讨,意在谋迁",除任城王元澄等少数亲信外,群臣多不得知。《魏书》卷五三《李冲传》亦载:"高祖初谋南迁,恐众心恋旧,乃示为大举,因以胁定群情,外名南伐,其实迁也。旧人怀土,多所不愿,内惮南征,无敢言者,于是定都洛阳。"可见孝文帝在少数鲜、汉人物的支持下,以"外名南伐"的名义,"胁定群情",迁都洛阳。

孝文帝为何在亲政之后,以如此之手段,违抗众议,决意迁都呢?对此,以往论者甚多,涉及孝文帝汉化之主客观背景的方方面面,实难一一复述。不过,仔细考察,我们认为促使孝文帝迁都洛阳最直接和具体的原因,在于其日益明确的南征战略和日益强烈的统一愿望,而迁都洛阳则是其统一南朝的一个必不可少的环节。对此,历代史家多有发微之论。宋人叶适:《习学记言序目》卷三四"《魏书·卢昶传》"条有言:"孝文迁洛,不止慕古人居中土,盖欲身在近地,经营江左耳,其与卢昶语可见。"② 陈寅恪先生认为"魏孝文帝迁洛之原因,除汉化及南侵二大计画外,经济政策亦为其一"③。他是肯定孝文帝迁洛与其南侵战略相关的。钱穆先生也认为,孝文帝迁都,与北魏南征密切相关,"北方统一以后,若图吞并江南,则必先将首都南移",孝文帝太和十七年南伐,"是年即议迁都,并起宫廷于邺。是后连年南伐,直到

---

① 《魏书》卷五三《李冲传》。
② 叶适:《习学记言序目》卷三四"《魏书·卢昶传》"条有言:"(孝文帝)草创之初,便事南伐,所图不就,躁扰变乱,竟死道途,本希成康,反类昭穆,是德与力两失之也。且晋武、隋文未尝亲戎,驱使将相而南北自一统;孝文、苻坚皆欲以马上取之卒不遂,孝文之仅存者,幸耳。盖后世与古人不同,所以兼并真自有算,非浪战所能也。"同书中,叶适对于孝文帝迁都及南征批评甚多,以为迁都导致北魏民族根本动摇,批评孝文帝"好名慕古",这是他个人的看法,这里不作讨论。
③ 陈寅恪:《隋唐制度渊源略论稿》,生活·读书·新知三联书店2001年版,第75页。

孝文之卒。可知孝文迁都，实抱有侵略江南之野心"①。周一良先生在《魏晋南北朝史札记》"魏宣武帝元恪"条也说："孝文帝之迁洛，目的在于经营江南，统一全国，故谓卢昶有'密迩江扬，不早当晚，全是朕物'之语。然因身死过早，未能实现其企图。"② 周先生在《读〈邺中记〉》一文中也有论云："实际上孝文帝之选中洛阳，因为西边关中在北魏统治之下，东边他也无须再经营燕赵，东西都可放心。他的目的，一是汉化，二是南伐。要吸收汉文化，所以数百年政治文化中心的汉晋旧都成为理想的都城。当南北军事力量相等时，洛阳接近南境，就是不利条件；但当北方势力强于南方时，洛阳便于南向扩张的地理位置，又成为孝文帝迁洛的主要依据之一了。"③ 张金龙先生曾综述各家所论，明确指出："陈寅恪、周一良先生的观点则触及孝文帝迁都的根本原因，即向南进攻以期实现统一全国的目的。向南进攻以实现全国一统是孝文帝迁都的首要原因。"④ 由诸家所论，可见魏孝文帝之急切南徙并最终择都洛阳，确实与其征服南朝、混一天下的总体战略相关。北魏既已取得对南朝的军事优势，孝文帝确立了征服南朝的战略，他必然要将军事战略的重点转移到江淮地区。对于这一地区的军队部署、军事供给、军事指挥等，作为最高统治者孝文帝如身处塞外遥控，不能直接驾驭，其后果自然不堪设想，这是孝文帝所不能容忍的。

孝文帝迁都既为其南征战略的一个环节，其定都洛阳之后，直接面对南朝的统治区域，于是他迅速开始部署对南齐的军事攻势。对此，宋元之际的史家胡三省便曾指出："魏既都洛，逼近淮、汉，故急于南伐以攘斥境土。"⑤ 陈寅恪先生曾指出，"魏孝文帝自平城迁都洛阳，其政治武力之重心既已南移，距南朝边境颇近，而离北边之镇戍甚远，遂移调中原即北魏当时用以防卫南朝之戍兵，以守御朔垂也"⑥。北魏之军事布局发生了巨大调整与变化。

---

① 钱穆：《国史大纲》，商务印书馆1996年版，第283页。
② 周一良先生在《魏晋南北朝史札记》"中山邺信都三城"条中也论及于此："南北朝时，北方少数民族统治者，即使未必有意于吞并江南，亦力求进入中原地区。……魏孝文帝之迁洛，则更有其雄心。其顾命宰辅之词称，'迁都嵩极，定鼎河瀍，庶南荡瓯吴，复礼万国。以仰光七庙，俯济苍生'。足见其消灭南朝一统中国之愿望。然孝文帝年仅三十三岁而死于南征途中，故言'困穷早灭，不永乃志'。北方灭南朝而统一之事业，终待百年以后由隋朝完成矣。"
③ 周一良：《魏晋南北朝史论集》，北京大学出版社1997年版，第480页。
④ 张金龙：《北魏政治史研究》，甘肃教育出版社1996年版，第200—201页。
⑤ 《资治通鉴》卷一四〇《齐纪》六，明帝建武三年胡三省注。
⑥ 前揭陈寅恪《论隋末唐初所谓"山东豪杰"》，《金明馆丛稿初编》，第261页。

第四章 北魏孝文帝之南征战略及其相关争议

吕思勉先生概述南齐与北魏争战形势曰:"南北之兵争,至宋末而形势一变。宋初,中国尚全有河南,魏太武之南伐,中国虽创巨痛深,然虏亦仅事剽掠,得地而不能守也。及明帝篡立,四境叛乱,淮北沦陷,魏人始有占据河南之心,至孝文帝南迁,而虏立国之性质亦一变;于是所争者西在宛、邓,中在义阳,东在淮上矣。"① 关于当时孝文帝急切南征的心态,有一则材料颇能说明。《魏书》卷六三《王肃传》载:

> 高祖幸邺,闻肃至,虚襟待之,引见问故。肃辞义敏切,辩而有礼,高祖甚哀恻之。遂语及为国之道,肃陈说治乱,音韵雅畅,深会帝旨。高祖嗟纳之,促席移景,不觉坐之疲淹也。因言萧氏危灭之兆,可乘之机,劝高祖大举。于是图南之规转锐,器重礼遇日有加焉,亲贵旧臣莫能间也。或屏左右相对谈说,至夜分不罢。肃亦尽忠输诚,无所隐避,自谓君臣之际犹玄德之遇孔明也。

王肃为琅邪王氏子弟,因其家祸而由南齐北奔,孝文帝"器重礼遇日有加焉",固然有利用他转输南朝之典章文物制度,以促进北魏汉化之目的,但由上引文,可见其"因言萧氏危灭之兆,可乘之机,劝高祖大举",以致孝文帝"图南之规转锐"。可以说,王肃直接打动孝文帝者,主要在于他"劝高祖大举",这正与孝文帝既定的南征战略相吻合。

正由于孝文帝"图南之规转锐",当时齐魏交界之淮河南北沿线战争极为频繁,孝文帝本人便曾先后三次亲率大军南征。太和十八年,孝文帝命薛真度出襄阳,刘昶出义阳,元衍出钟离,刘藻出南郑,并自率师南征,至悬瓠。太和十九年,孝文帝渡淮南伐,攻钟离、寿春等重镇,并命刘昶、王肃围攻义阳,命元英攻南郑。太和二十一年,孝文帝大举南征,经赭阳、南阳,自率师围攻新野,第二年初攻占新野,并一度挺进至樊城、襄阳。太和二十三年,孝文帝再次率师南伐,进军马圈,并最终于前线因病而亡。根据文献记载,孝文帝迁洛后,连年兴师南征,每次出征,不仅在战略上西、中、东三路相互呼应,而且皆亲自督师征战。从其战绩看,不仅进一步巩固了北魏对淮北的控制,而且不断向南推进,攻占了一些军事重镇,对南齐造成了巨大的军事压力。

---

① 吕思勉:《两晋南北朝史》,上海古籍出版社1983年版,第522页。

就孝文帝个人心态而言，在南征过程中，他一再表达希望尽快实现统一全国的强烈愿望。据《魏书·李冲传》，孝文帝曾引见众臣于清徽堂议南征事，明确表示：

> 圣人之大宝，惟位与功，是以功成作乐，治定制礼。今徙极中天，创居嵩洛，虽大构未成，要自条纪略举。但南有未宾之竖，兼凶蛮密迩，朕夙夜怅惋，良在于兹。取南之计决矣，朕行之谋必矣。

孝文帝虽表示"此既家国大事，宜共君臣各尽所见，不得以朕先言，便致依违，退有同异"，但实际上他"取南之计决矣，朕行之谋必矣"。类似的统一规划与愿望，在其他场合他也一再强调。《魏书》卷二一（上）《献文六王·北海王详传》载孝文帝南征，以北海王元详留守洛阳，后详朝见孝文帝于行宫，庆贺孝文帝平沔北，孝文帝诏曰："江、吴窃命，于今十纪，朕必欲荡涤南海，然后言归。今夏停此，故与汝相见，善守京邑，副我所怀。"《魏书》卷七〇《刘藻传》载："后车驾南伐，以藻为征虏将军，督统军高聪等四军为东道别将。辞于洛水之南，高祖曰：'与卿石头相见。'藻对曰：'臣虽才非古人，庶亦不留贼虏而遗陛下，辄当酾曲阿之酒以待百官。'高祖大笑曰：'今未至曲阿，且以河东数百石赐卿。'"又，《魏书》卷四三《房法寿传附房伯玉传》载孝文帝督师围攻宛城，命舍人公孙延景作书诏于南齐守将房伯玉曰："天无二日，土无两王，是以躬总六师，荡一四海"①。后房伯玉归降，孝文帝诏曰："朕承天驭宇，方欲清一寰域，卿蕞尔小戍，敢拒六师，卿之愆罪，理不在赦。"孝文帝也利用各种机会宣传其主张，《魏书》卷五六《郑羲传附郑道昭传》载：

> 从征沔汉，高祖飨侍臣于悬瓠方丈竹堂，道昭与兄懿俱侍坐焉。乐作酒酣，高祖乃歌曰："白日光天无不曜，江左一隅独未照。"彭城王勰续歌曰："愿从圣明兮登衡会，万国驰诚混江外。"郑懿歌曰："云雷大振

---

① 《南齐书》卷五七《魏虏传》载魏孝文帝遣中书舍人公孙云谓房伯玉曰："我今荡一六合，与先行异。先行冬去春还，不为停久；今誓不有所剋，终不还北，停此或三五年。卿此城是我六龙之首，无容不先攻取。远一年，中不过百日，近不过一月，非为难殄。若不改迷，当斩卿首，枭之军门。阖城无贰，幸可改祸为福。……听卿三思，勿令阖城受苦。"所谓"我今荡一六合，与先行异"，这向南人明确表达了其统一全国的愿望。

兮天门辟,率土来宾一正历。"邢峦歌曰:"舜舞干戚兮天下归,文德远被莫不思。"道昭歌曰:"皇风一鼓兮九地匝,戴日依天清六合。"高祖又歌曰:"遵彼汝坟兮昔化贞,未若今日道风明。"宋弁歌曰:"文王政教兮晖江沼,宁如大化光四表。"高祖谓道昭曰:"自比迁务虽猥,与诸才俊不废咏缀,遂命邢峦总集叙记。"

正由于孝文帝如此宣扬,一些臣属对孝文帝的南征愿望了解深切,《魏书》卷四五《韦阆传附韦珍传》载韦珍曾参与西线南征战事,虽一度受挫免职,但信心犹存,谓卢渊曰:"主上圣明,志吞吴会,用兵机要,在于上流。若有事荆楚,恐老夫复不得停耳。"确实,当时诸多曾在局部遭受军事失败的人物很快都得到任用,这是孝文帝不断兴师,急于用人所致。

孝文帝死前遗言诸位辅政大臣,其中有言:"迁都嵩极,定鼎河瀍,庶南荡瓯吴,复礼万国,以仰光七庙,俯济苍生。困穷早灭,不永乃志。公卿其善毗继子,隆我魏室,不亦善欤?可不勉之!"① 孝文帝死时年仅三十三岁,壮志未酬,希望后继者承其遗志,实现南北统一之大业。孝文帝子宣武帝元恪时期,对南朝齐、梁的军事攻势未减,周一良先生在《魏晋南北朝史札记》"魏宣武帝元恪"条中曾指出:"宣武帝在位之十五年(500—515),在某种程度上,视为继承孝文帝迁都洛阳以积极准备统一南方之事业,亦无不可。故魏孝武帝曾言,'高祖定鼎河洛,为永永之基,经营制度,至世宗乃毕'也(《北齐书》卷二《神武纪》)。"张金龙先生也认为"宣武帝即位后,继续派大军南伐,在西南、东南等地与南朝展开激战,并取得了辉煌战绩。这一时期的南伐战争,是南北朝后期南北统一战争的前奏;北魏方面取得的胜利为日后南北最终统一奠定了一定的基础。从南北战略格局的演变来看,孝文帝晚年的政治中心即是为了谋求统一而进行的南伐。"② 这都从南北统一趋势的角度,指出了孝文帝南伐之意义。

---

① 《魏书》卷七(下)《高祖纪下》。
② 前揭张金龙《北魏政治史研究》,第204—205页。

三 针对孝文帝南进战略之争议及孝文帝急切征服南朝之原因

北魏孝文帝对于南征与统一，其个人虽早有打算，但少与臣属作深入讨论，包括其迁都及其南征之军事行动，其实施过程中都出现了争议，有时还颇为激烈。关于孝文帝迁都洛阳，由于涉及北魏鲜卑勋贵汉化与反汉化问题，甚至还引发了北部州镇的军事反抗，对此，以往论之者已众，这里不多涉及，仅就有关南征战略的争议略予论述。对于孝文帝迁洛后执意南征，鲜卑勋贵多有反对者，陆叡是其中代表之一，《魏书》卷四〇《陆俟传附陆叡传》载太和十九年，陆叡上表曰：

> 臣闻先天有弗违之略，后天有顺时之规。今萧鸾盗有名目，窃据江左，恶盈罪稔，天人弃之。取乱攻昧，诚在兹日。愚以长江浩荡，彼之巨防，可以德招，难以力屈。又南土昏雾，暑气郁蒸，师人经夏，必多疾病。而鼎迁草创，庶事甫尔，台省无论政之馆，府寺靡听治之所，百僚居止，事等行路，沉雨炎阳，自成疠疫。且兵徭并举，圣王所难。今介胄之士，外攻仇寇；羸弱之夫，内动土木；运给之费，日损千金。驱罢弊之兵，讨坚城之虏，将何以取胜乎？陛下往冬之举，政欲曜武江汉，示威衡湘，自春几夏，理宜释甲。愿旌卷旆，为持久之方；崇成帝居，深重本之固。圣怀无内念之虞，兆庶休斤板之役，修礼华区，讽风洛浦。然简英略之将，任猛毅之雄，南取荆湘，据其要府，则梁秦以西睹机自服；抚附振威，回麾东指，则义阳以左驰声可制。然后布仁化以绥近，播恩施以怀远，凡在有情，孰不思奋！还遣慕德之人效其余力，乘流而下，势胜万倍，蕞尔闽瓯，敢不稽颡！岂必兹年，竞斯寸尺。惟愿顾存近敕，纳降而旋，不纡銮舆，久临炎暑。

对于孝文帝迁洛之后急于大规模南征，陆叡表示反对。其理由大致有四：一是迁洛之初，一切草创，应以经营洛阳为重，"崇成帝居，深重本之固"；二是南齐政局尚稳，而北魏则士众劳顿，"驱罢弊之兵，讨坚城之虏，将何以取胜"；三是南朝既有长江等自然险阻难以逾越，北人对南方气候水土等也难适应，"师人经夏，必多疾病"，强行出征，难免失败；四是建议采取稳妥的军事战略，循序渐进，附之以仁德感召。陆叡是鲜卑勋贵中保守势力的骨干分子，他是坚决反对孝文帝迁都洛阳的，后来因参与组织接引孝文帝太子元恂返平城等叛乱，被孝文帝赐死。因此，他劝阻孝文帝南征，与其一贯反对汉化的立场是密切相关的。当时鲜卑贵族中，对孝文帝迁都持反对态度者，基本上占到一半，这些人勉强随迁洛阳，自然多不愿意随征南朝，因此，陆叡的表奏反映出鲜卑勋贵中反汉化保守势力的普遍心态。不过，就其具体建议而言，就战略、战术言，则确实指出了孝文帝急于南征的一些问题，有一定的合理性。

又，代人楼毅也曾明确反对孝文帝南征。《魏书》卷三〇《楼伏连传附楼毅传》载：

> 车驾南伐，毅表谏曰："伏承六军云动，问罪荆扬，吊民淮表，一同瓯越。但臣愚见，私窃未安。何者？京邑新迁，百姓易业，公私草创，生途索然。兼往岁弗稔，民多饥馑，二三之际，嗟愌易兴。天道悠长，宜遵养时晦，愿抑赫斯，以待后日。"诏曰："时不自来，因人则合。今年人事，殊非昔岁。守株之唱，便可停也。阳九利涉，岂卿所知也。"

楼毅劝阻孝文帝急于南征，遭到严厉的拒绝。

对孝文帝之南征，汉族士大夫集团中也有不同意见。其中河北、河西士人两个群体中的代表人物皆有劝阻其缓征者。有关河北士人的态度，前引卢渊之言，当在孝文帝迁洛前夕，他从历史上相关统一战争的得失，劝阻孝文帝不要轻易南征，并说："愚谓万乘亲戎，转漕难继，千里馈粮，士有饥色，大军之后，必有凶年。不若命将简锐，荡涤江右，然后鸣銮巡省，告成东岳，则天下幸甚，率土戴赖。"又如高闾，前述在太和三年，便对南伐之战略战术问题，提出四条质疑，为冯太后所斥。据《魏书·高闾传》，孝文帝迁洛前，"闾上疏陈伐吴之策，高祖纳之。迁都洛阳，闾表谏，言迁有十损，必不获已，请迁于邺。高祖颇嫌之。"作为河北士人代表，高闾主张迁都邺城，客观上助长了反对迁都、抵制汉化势力的气焰，因而受到孝文帝的斥责。后南齐雍州刺史曹虎诈降，孝文帝"诏刘昶、薛真度等四道南伐，车驾亲幸悬瓠"，高闾上表劝阻，"高祖不纳"。后高祖攻钟离未克，"将于淮南修故城而置镇戍，以抚新附之民"，命高闾参议，高闾上表，以为出兵本为招降，所率士卒不众，淮南重镇皆在敌手，"寿阳、盱眙、淮阴，淮南之源本也。三镇不克其一,而留兵守郡,不可自全明矣"。以为留兵小戍,难以应敌;重兵留守,则供给困难。他进一步指出:"今以向热,水雨方降,兵刃既交,难以恩恤。降附之民及诸守令,亦可徙置淮北。如其不然,进兵临淮,速渡士卒,班师还京。踵太武之成规,营皇居于伊洛。奋力以待敌衅,布德以怀远人,使中国清穆,化被遐裔。淮南之镇,自效可期;天安之捷,指辰不远。"孝文帝返师后,谓高闾曰:"朕往年之意,不欲决征,但兵士已集,恐为幽王之失,不容中止。发洛之日,正欲至于悬瓠,以观形势。然机不可失,遂至淮南。而彼诸将,并列州镇,至无所获,定由晚一月日故也。"由于这一次南征无获,孝文帝向高闾解释以开脱。高闾再向孝文帝进言:"臣愿陛下从容伊瀍,优游京洛,使德被四海,中国缉宁,然后向化之徒,自然乐附。"他建议据有中州,足可行封禅大礼,不必以江左为怀。孝文帝说:"由此桓公屈于管仲。荆扬未一,岂得如卿言也。"高闾说:"汉之名臣,皆不以江南为中国。且三代之境,亦不能远。"高祖曰:"淮海惟扬州,荆及衡阳惟荆州,此非近中国乎?"后孝文帝出师征汉阳,"闾上表谏求回师,高祖不纳"。可见高闾在南征战略上,与孝文帝存在明显的分歧,可以说他极力反对孝文帝急于兴师南征。作为河北士人代表,高闾具有强烈的本土观念,他主张迁都邺城便表现出这一心态。他这样做,就其主观而言,也许觉得统一江南的时机尚未成熟,也许以为南征之军事消耗加重河北地区的负担。但他具体指出孝文帝急于在淮南置小戍以抗敌难有成效等,从战术上看是有道理的,故孝文帝曾向其解释,但他一再反对南征,甚至以为"汉之名臣,皆不以江南为中国。且三代之境,亦不能远",对统一战略提出质疑,这是孝文帝绝对无法接受的。①

河西士人的主要代表人物为李冲。据《魏书·李冲传》,李冲积极支持冯太后和孝文帝所推行的汉化改革,"于是天下翕然,乃殊方听望,咸宗奇之。高祖亦深相杖信,亲敬弥甚,君臣之间,情义莫二"。孝文帝迁洛后"车驾渡淮,别诏安南大将军元英、平南将军刘藻讨汉中,召雍、泾、岐三州兵六千人拟戍南郑,克城则遣"。李冲上表谏曰:"秦州险陋,地接羌夷,自西师出后,饷援连续,加氐胡叛逆,所在奔命,运粮擐甲,迄兹未已。今复豫差戍卒,悬拟山外,虽加优复,恐犹惊骇,脱终攻不克,徒动民情,连胡结夷,事或难测。辄依旨密下刺史,待军克郑城,然后差遣,如臣愚见,犹谓未足。

---

① 关于河北士人对孝文帝南征之谏言,《魏书》卷五五《游明根传》载其为广平任人,其子游肇,"车驾南伐,肇上表谏止,高祖不纳"。

第四章　北魏孝文帝之南征战略及其相关争议

何者？西道险陋，单径千里，今欲深戍绝界之外，孤据群贼之中，敌攻不可卒援，食尽不可运粮。古人有言，'虽鞭之长，不及马腹'，南郑于国，实为马腹也。且昔人攻伐，或城降而不取；仁君用师，或抚民而遗地。且王者之举，情在拯民；夷寇所守，意在惜地。校之二义，德有浅深。惠声已远，何遽于一城哉？且魏境所掩，九州过八，民人所臣，十分而九。所未民者，惟漠北之与江外耳。羁之近在，岂急急于今日也？宜待大开疆宇，广拔城聚，多积资粮，食足支敌，然后置邦树将，为吞并之举。今钟离、寿阳，密迩未拔；赭城、新野，跬步弗降。所克者舍之而不取，所降者抚之而旋戮。东道既未可以近力守，西蕃宁可以远兵固？若果欲置者，臣恐终以资敌也。又今建都土中，地接寇壤，方须大收死士，平荡江会。轻遣单寡，弃令陷没，恐后举之日，众以留守致惧，求其死效，未易可获。推此而论，不戍为上。"这是李冲对孝文帝西线征讨战略所提出的反对意见，以为当时不宜在汉中地区驻守，以免军事损耗，建议集中兵力"平荡江会"。后孝文帝再议南征，李冲议曰："夫征战之法，先之人事，然后卜筮，今卜筮虽吉，犹恐人事未备。今年秋稔，有损常实，又京师始迁，众业未定，加之征战，以为未可。宜至来秋。"孝文帝颇不以为然，说："如仆射之言，便终无征理。朕若秋行无克捷，三君子并付司寇。不可不人尽其心。"孝文帝显然对李冲的建议颇为不满。作为孝文帝汉化改革的坚定支持者，李冲对孝文帝的统一大略并无异议，其反对意见主要表现在对南征路线、南征时间等具体安排上，以为急于南征和全线铺开，南征难以取得成功，因而主张缓征。这与卢渊、高闾等人的看法基本一致，希望孝文帝在新迁洛阳后，首先注意经营中州，积蓄力量，以德招远，再行南征之举。可以说，有关南伐问题的这种态度，在当时汉族士大夫中是比较普遍的，显得比较理性。①

前文已述，孝文帝统一愿望极为强烈，迁洛之后必将南征战略付诸实施。因此，对于各种反对意见，即便一些不无合理性的建议，他在情感上非但难以接受，甚至产生抵触情绪，其对李冲所议之态度便如此。最为典型的是孝文帝之斥成淹，《魏书》卷七九《成淹传》载：

车驾济淮，淹于路左请见，高祖竚驾而进之。淹曰："萧鸾悖虐，幽

---

① 对北魏孝文帝南征，李彦任李彦与李冲的态度基本一致。《魏书》卷三九《李宝传》载："高祖南伐，彦以蕞江闽，不足亲劳銮驾，颇有表谏。虽不从纳，然亦嘉其至诚。"

明同弃，陛下俯应人神，按剑江涘，然敌不可小，蜂虿有毒，而况国乎？深愿圣明保万全之策。"诏曰："此前车之辙，得不慎乎！"淹曰："伏闻发洛已来，诸有谏者，解官夺职，恐非圣明纳下之义。"高祖曰："此是我命耳，卿不得为干斧钺。"淹曰："昔文王询于刍荛，晋文听舆人之诵，臣虽卑贱，敢同匹夫。"高祖优而容之，诏赐绢百匹。

从中可见，孝文帝对有关南征之谏，极为反感，以致"诸有谏者，解官夺职"，不少人因此受到严厉的处分。

在孝文帝南征过程中，态度积极，甚至推波助澜者，当然也多有其人，其中表现最为突出的当属南朝入魏之流亡人士。这类人物有的为南朝上层王公，因南朝更迭或政治斗争而遭受打击，他们对南朝政权怀有仇恨，欲借助北魏南征复仇；有的为南朝投魏或被俘的边防降将，孝文帝任之为南征之先锋，利用其身份招抚南朝士众。这些南人在北魏并无社会与权力基础，只有通过对南朝的战争巩固和提升其地位。这方面最典型的是王肃，他在孝文帝迁洛之际北奔入魏，前文已引孝文帝与之一见如故，其"深会帝旨"，"因言萧氏危灭之兆，可乘之机，劝高祖大举。于是图南之规转锐，器重礼遇日有加焉，亲贵旧臣莫能间也"。《魏书》卷六八《高聪传》载："高祖锐意南讨，专访王肃以军事"。可见王肃对孝文帝的南征战略的实施影响甚著。孝文帝一再命王肃率军出征，委以较大的权限，孝文帝死前竟遗诏以王肃为尚书令，位列顾命辅政大臣。对于王肃得孝文帝重用，宋人叶适在《习学记言序目》卷三四"《魏书·王肃传》"条中有论云："江东王氏子弟，如王肃者不为少，而与孝文相遇，任待隆洽如此，盖其年相少长，且中以图南之规故也。"他以为王肃以附会孝文帝南进战略而得宠，这是颇为深刻的看法。

其他南人，如刘昶，据《魏书》卷五九《刘昶传》载其为宋文帝刘义隆子，因刘宋皇族内乱，避祸入魏，孝文帝一再在文宣堂引见刘昶，任为大将军等职，先后尚武邑公主、建兴长公主等。太和十七年，孝文帝议南伐，"语及刘、萧篡夺事，昶每悲泣不已"，于是奏言南征，"高祖亦为之流涕，礼之弥崇"，命其领兵南征义阳，至彭城招抚义故，孝文帝甚至亲至彭城慰劳。刘英武，据《魏书·刘昶传》，其"太和十九年从淮南内附，自云刘裕弟长沙景王道怜之曾孙，赐爵建宁子，司徒外兵参军，稍转步兵校尉、游击将军，卒于河内太守。而昶不以为族亲也"。沈陵，《魏书》卷六一《沈文秀传附沈陵传》载："文秀族子陵，字道通。太和十八年，高祖南伐，陵携族孙智度归降，引见于行宫。陵姿质妍伟，辞气辩畅，高祖奇之，礼遇亚于王肃，授前军将军。后监南徐州诸军事、中垒将军、南徐州刺史，寻假节、龙骧将军。二十二年秋，进持节、冠军将军。"① 孟表，《魏书》卷六一《孟表传》载其"仕萧鸾为马头太守。太和十八年，表据郡归诚，……高祖嘉其诚绩，封汶阳县开国伯，邑五百户"。刘藻，《魏书》卷七〇《刘藻传》载其"六世祖遐，从司马叡南渡。父宗之，刘裕庐江太守"，可见刘藻亦为南人后代，孝文帝南征，"以藻为征虏将军，督统军高聪等四军为东道别将"。崔延伯，《魏书》卷七三《崔延伯传》载："崔延伯，博陵人也。祖寿，于彭城陷入江南。延伯有气力，少以勇壮闻。仕萧赜，为缘淮游军，带濠口戍主。太和中入国，高祖深嘉之，常为统帅。胆气绝人，兼有谋略，所在征讨，咸立战功。"崔休，《魏书》卷六九《崔休传》载其"祖灵和，仕刘义隆为员外散骑侍郎"，"休好学，涉历书史，公事军旅之隙，手不释卷，崇尚先达，爱接后来，常参高祖侍席，礼遇次于宋、郭之辈"，曾随孝文帝南征，"及车驾还，幸彭城，泛舟泗水，诏在侍筵，观者荣之"。可以说，孝文帝意欲"经营江左"，"图南之规"日盛，北奔之南人获得了备受重用的机缘。

此外，一些"平齐民"子弟也企图借助推动和参与孝文帝南征以提升地位。所谓"平齐民"，是献文帝皇兴年间征服青齐地区后，将地方大族名门和参与抗魏的军事将领等迁移至平城附近，特设郡县以安置，称为"平齐民"。青齐地区长期隶属刘宋，与南朝存在联系。孝文帝时期，不少"平齐民"人物得到重用，参与汉化改革，其中也有不少人积极支持南征，希冀立功受奖。《魏书》卷六一《薛安都传》载薛安都从祖弟薛真度，为东荆州刺史，"初，迁洛后，真度每献计于高祖，劝先取樊、邓，后攻南阳，故为高祖所赏，赐帛一百匹，又加持节，正号冠军，改封临晋县开国公，食邑三百户"。孝文帝还特下诏称"真度爰自迁京，每在戎役，汙北之计，恒所与闻，知无不言，颇见采纳。及六师南迈，朕欲超据新野，群情异异，真度独与朕同。抚蛮宁夷，实有勤绩，可增邑二百户"。可见孝文帝迁洛后，其南征汉沔，薛真度常有进言，且"颇见采纳"，甚至有"独与朕同"者，坚定地支持孝文帝的南征战略。其他一些"平齐民"中的文士也积极参与孝文帝的南征活动，希冀建功立业。《魏书·高聪传》载："聪微习弓马，乃以将用自许。高祖锐意南

---

① 《南齐书》卷五七《魏虏传》载："先是伪东徐州刺史沈陵率部曲降。陵，吴兴人，初以失志奔虏，大见任用，（元）宏既死，故南归，频授徐、越二州刺史。"

讨,专访王肃以军事。聪托肃愿以偏裨自效,肃言之于高祖,故假聪辅国将军,统兵二千,与刘藻、傅永、成道益、任莫问俱受肃节度,同援涡阳。而聪躁怯少威重,所经淫掠无礼,及与贼交,望风退败。"高聪并不擅长军旅,但他积极从军,目的在于争创勋业。傅永,《魏书》卷七〇《傅永传》载"王肃之为豫州,以永为建武将军、平南长史",一再击溃南齐军队,高祖每叹曰:"上马能击贼,下马作露布,唯傅修期耳。"在青齐诸将中,傅永深得孝文帝的赏识。又,张烈,《魏书》卷七六《张烈传》载其曾祖也由河北随慕容德南迁,居齐郡之临淄,张烈颇得孝文帝信任,当时选顺阳太守,"高祖诏侍臣各举所知,互有申荐者。高祖曰:'此郡今当必争之地,须得堪济之才,何容泛举也。太子步兵张烈每论军国之事,时有会人意处,朕欲用之,何如?'彭城王勰称赞之,遂敕除陵江将军、顺阳太守。"张烈到郡后,"抚厉将士,甚得军人之和",孝文帝南征,亲自慰劳张烈,说:"卿定可,遂能不负所寄。"

  以上都是一些直接参与军事活动的"平齐民"人物,那些参与南征决策谋划之青齐人物,这里尚未涉及,仅由此已可说明他们在总体上对孝文帝南征之态度,这与河北、河西士人群体存在明显的差别。可以说,孝文帝迁洛之后,围绕其南进战略出现了激烈的争议,其中南朝入魏之流亡人士和"平齐民"子弟,是这一战略最积极的支持者。之所以如此,与其社会背景和心态密切相关。①

  尽管朝臣对南进战略存在分歧,但决策者则为魏孝文帝,其南征之急切、坚定及其对反对意见之排斥,前文考之已详。那孝文帝为何具有如此强烈的消灭南朝政权以统一全国的愿望?其根本原因何在?田余庆先生曾总结中国历史上南北分合之大势,指出"在中国古代历史上,统一了北方的人迟早都要发动南进战争,这主要是统一的历史传统对人们所起的强制作用";"直到二十世纪初年为止的中国皇朝历史上,在分裂时期,不管局势中是否掺杂民族因素,也不管民族矛盾是否严重,重新统一的任务总是由北方当局完成。即令南方经济力量与北方趋于平衡甚或超过北方,这一事实也不曾改变"。因此,他得出结论指出:"历史的经验是,北方终归要统一南方,关键在于条件成熟与否。等到北方民族关系一旦发生根本变化,质言之,等到北方民族融

---

① 关于孝文帝之重视南人与"平齐民"子弟,王永平:《北魏孝文帝之重用南士及其对南朝文化之汲引》(刊于《学习与探索》2009年第5期)已有所考论,敬请参看。

合发展到相当水平，北方又积蓄了统一南方的力量，统一战争自然会减少或消失民族征服性质而得以完成，正朔也自然会随之改变，南方正朔就被北朝的隋取代了。"① 从田先生所论，可见统一了北方的少数民族统治者最终必然要发动针对南朝的战争，其目的是统一全国，以成为华夏之"正朔"。

所谓"正朔"，是三代以来形成且不断强化的中国传统政治文化观念，十六国北朝时期，一些汉化程度较深的异族统治者受到这一观念的影响，在统一北方后，急于取代东晋南朝以成为正统，从而与历史上的先圣并肩。比如前秦的苻坚，其个人汉化水平甚高，急于争取正统，坚决抵制各方面的反对建议，发动大规模的南征，以致淝水战败而举国崩溃。对此，《朱子语类》卷一三六《历代三》所载朱熹与弟子的一段对话已明确指出了这一点：

> 问："苻坚立国之势亦坚牢，治平许多年，百姓爱戴。何故一败涂地，更不可救？"曰："他是扫地而来，所以一败更救不得。"又问："他若欲灭晋，遣一良将提数万之兵以临之，有何不可？何必扫境而来？"曰："他是急要做正统，恐后世以其非正统，故急欲亡晋。"

以为苻坚"急要做正统，恐后世以其非正统，故急欲亡晋"，于是发动大规模的南伐战争，这是非常深刻的。至于北魏孝文帝，不仅其国势和民族融合之状况要优于前秦之苻坚，而且其个人之汉化水平与修养也有过之而无不及，清人赵翼在《廿二史札记》卷一四"魏孝文帝文学"条中综述孝文帝在学术文化诸方面的卓越表现，指出："可见帝深于文学，才藻天成，有不能自讳者，虽亦才人习气，然聪睿固不可及已。其急于迁洛，欲变国俗，而习华风，盖发于性灵而不自止也。"② 他以为孝文帝迁洛之举与其个人的文化品格密切相关，这也深刻地揭示出孝文帝推动汉化运动的个人主观"性灵"方面的因素。确实，由于孝文帝受到汉文化传统的熏陶，并且有非同一般的文化积累和表现，自然迫切内迁都城，并急于统一南朝，以企进入正统的行列。但他年仅三十三岁便因疾而亡，死前哀叹"困穷早灭，不永乃志"。对于孝文帝以征服南朝和内迁都城而争取正统之名，陈寅恪先生曾有论云：

---

① 田余庆：《陈郡谢氏与淝水之战》，《东晋门阀政治》，北京大学出版社2000年版，第239—240页。

② 关于魏孝文帝的学术文化方面的造诣及其表现，王永平《略论北魏孝文帝之文化修养及其表现与影响》（《史学集刊》2009年第三期）已有深入的专题考述，敬请参看。

在我国历史上，统一不能从血统着手而要看文化高低。文化低的服从文化高的，次等文化服从高等文化。而文化最高的是汉人中的士族。要统一汉人和各种不同的胡人，就要推崇汉化，要汉化就要推崇汉人，而推崇汉人莫过于推崇士族。当时中原衣冠多随东晋渡江，汉人正统似在南方。如果不攻取东晋南朝，就不能自居于汉人正统的地位，只有攻取东晋，推行汉化，方可统一胡汉。苻坚所以坚持南伐，原因在此。……北魏孝文帝迁都洛阳，推行汉化，在与南朝争取文化正统地位上，做得相当成功。……洛阳为东汉、魏、晋故都，北朝汉人有认庙不认神的观念，谁能定鼎嵩洛，谁便是文化正统的所在。正统论中也有这样一种说法，谁能得到中原的地方，谁便是正统。如果想被人们认为是文化正统的代表，假定不能并吞南朝，也要定鼎嵩洛。当然，单是定鼎嵩洛，不搞汉化也不行。孝文帝迁都洛阳，厉行汉化，其目的正在统一胡汉，确保北魏统治。①

陈先生以为孝文帝之迁都洛阳及其南征，都是其努力汉化，在南北分裂背景下，以争取实现正统愿望的表现。由上文所论，可见北魏孝文帝迁都之前已基本明确了南进的战略，迁洛后全力南伐，急于征服南朝，以统一南北为己任，其内在驱动力正来自寻求正统的愿望。

---

① 前揭陈寅恪《魏晋南北朝史讲演录》，第230—234页。

第五章　北魏孝文帝太子拓跋恂之死及其原因

北魏孝文帝迁都洛阳，是一个改变北魏历史走向的重大事件，对其影响与意义，以往史家论之甚多，实难置喙。不过，孝文帝迁都，也加剧了其家庭内部的矛盾，引发了激烈的冲突，其最突出的事件莫过于孝文帝大义灭亲，处死了反对迁都的太子拓跋恂。宋人叶适在《习学记言序目》卷三四"《魏书·废太子恂传》"条中曾评论说：

  太子恂事甚可伤。孝文急于有为，不计阶序，不本土俗，不量难易；其臣好富贵者李彪、王肃之流，以轻薄刻急承迎取快，于革治兴道，未有分寸之益，而使孩孺之儿，愚骏之妇，幽囚并命，损天性，害人伦。《礼》所谓教世子，《诗》所谓刑寡妻，固若是耶？

叶适对孝文帝迁都洛阳多有讥评，这里从孝文帝家庭变故的角度，指出了迁都所引发的相关政治冲突，因此他认为"太子恂事甚可伤"。叶适对孝文帝之急于迁都及其汉化政策的评论，出于其个人看法，是否妥当，见仁见智，但他将孝文帝家庭生活的变故与迁都事件联系起来论述，则可谓独具慧眼，颇为深刻。当代又有逯耀东先生论述这一问题，他在《北魏孝文帝迁都与其家庭悲剧》一文中特列"迁都的牺牲者——拓跋恂"一节，考论相关之史实。[①]确实，正如先贤所论，太子拓跋恂事件牵涉到孝文帝迁都等政治斗争，成为"牺牲者"，"甚可伤"。但具体而言，也与孝文帝后宫生活密切相关，叶适所论"孩孺之儿，愚骏之妇，幽囚并命，损天性，害人伦"云云，启发我们探究孝文帝后宫生活的状况，并进一步深入揭示太子恂之死的相关原因。

---

① 该文收入逯耀东《从平城到洛阳——拓跋魏文化转变的历程》，中华书局2006年版。

一　太子拓跋恂之被废黜及其反汉化立场之表现

《魏书》卷七（下）《孝文帝纪下》载太和二十年十二月丙寅，"废皇太子恂为庶人"。废立继承人，关乎皇权政治的运作，是一件大事。孝文帝何以在迁洛之初、百业待举的重大关头，行如此之举呢？其具体情形与过程，《魏书》卷二二《孝文五王·废太子恂传》载：

> 恂不好书学，体貌肥大，深忌河洛暑热，意每追乐北方。中庶子高道悦数苦言致谏，恂甚衔之。高祖幸嵩岳，恂留守金墉，于西掖门内与左右谋，欲召牧马轻骑奔代，手刃道悦于禁中。领军元俨勒门防遏，夜得宁静。厥明，尚书陆琇驰启高祖于南，高祖闻之骇惋，外寝其事，仍至汴口而还。引恂数罪，与咸阳王禧等亲杖恂，又令禧等更代，百余下，扶曳出外，不起者月余。拘于城西别馆。引见群臣于清徽堂，议废之。司空、太子太傅穆亮，尚书仆射、少保李冲，并免冠稽首而谢。高祖曰："卿所谢者私也，我所议者国也。古人有言，大义灭亲。今恂欲违父背尊，跨据恒朔。天下未有无父国，何其包藏，心与身俱。此小儿今日不灭，乃是国家之大祸，脱待我无后，恐有永嘉之乱。"乃废为庶人，置之河阳，以兵守之，服食所供，粗免饥寒而已。

这里将拓跋恂废黜之原因，归之为其违背孝文帝之迁都及全面汉化之政策，企图逃归平城旧都，而孝文帝为确保其迁都及汉化大业之延续，于是下决心"大义灭亲"，断然废黜太子恂。孝文帝明确表示："此小儿今日不灭，乃是国家之大祸，脱待我无后，恐有永嘉之乱。"迁都洛阳与推动北魏鲜卑上层之全面汉化，是孝文帝确定的北魏社会变革的基本方针大略，他绝不希望其后继者的态度与其相左，这是不难理解的。

废太子拓跋恂之生活方式、政治态度等与乃父孝文帝有异，这集中表现在他对迁都与汉化有强烈的抵触。上引文载其"不好书学，体貌肥大，深忌河洛暑热，意每追乐北方"，于是利用孝文帝出巡之机，"于西掖门内与左右谋，欲召牧马轻骑奔代"。这表面上看是拓跋恂不适应洛阳的气候，本质上则是出于对孝文帝汉化的反抗。对此，《南齐书》卷五七《魏虏传》的一段记载清楚地说明了这一点：

> （拓跋）宏初徙都，询意不乐，思归桑乾。宏制衣冠与之，询窃毁裂，解发为编服左衽。①

《通鉴》卷一四〇《齐纪六》明帝建武三年载此亦云：

> 魏太子询不好学，体素肥大，苦河南地热，常思北归。魏主赐之衣冠，询常私著胡服。

孝文帝迁都之后，大力实施全面汉化政策，而改易服饰则为其中一项基本内容，其督促太子拓跋询易服，这是很自然的事。然拓跋询对孝文帝所赐之衣冠，"窃毁裂，解发为编服左衽"，显然对孝文帝的汉化改革不满。由此可见，拓跋询之有意北奔旧都，绝不仅仅在于其对洛阳气候与生活的不适应，而主要与其对孝文帝的汉化政策存在强烈的抵触情绪密切相关，具有思想观念上的深层因素。对于太子询这些有违孝文帝汉化大业的举止，中庶子高道悦等人曾一再谏阻，以致太子询怀恨在心，上引文称"中庶子高道悦数苦言致谏，询甚衔之"，最终将其杀死。② 可以说，在孝文帝全面汉化过程中，太子询是一个顽固的反对者。

二　孝文帝对太子拓跋询的教育及其失败

其实，对于太子拓跋询，孝文帝一贯重视对其进行以儒家礼仪为核心的汉文化教育。《魏书·孝文五王·废太子询传》载：

---

① 《南齐书》卷五七《魏虏传》所载之北魏史事，有补于相关北朝正史如《魏书》《北史》的有关记载。对此，高敏先生在《〈南齐书·魏虏传〉书后》一文中（收入高敏《魏晋南北朝史发微》，中华书局2005年版）指出："研究北朝历史，往往可以从有关南朝的史籍中找到重要史料，以补北朝史书记载之缺漏和不足，《南齐书·魏虏传》所载，即其例证之一。"相较而言，南朝史书所载北朝事，无所隐讳，往往更能道出真相。在此文中的第六小节"《南齐书·魏虏传》关于元询反对迁都之事和孝文帝两冯后等记载，均可补《魏书》《北史》之缺"中，具体论述了《南齐书》相关记载的史料价值。本文所论，受高先生的启发，故多采《南齐书·魏虏传》的记载以为论据。

② 《魏书》卷六二《高道悦传》载："太和二十年秋，车驾幸中岳，诏太子询入居金墉，而询潜谋还代，忿道悦前后规谏，遂于禁中杀之。"

> 废太子庶人恂，字元道。生而母死，文明太后抚视之，常置左右。年四岁，太皇太后亲为立名恂，字元道，于是大赦。太和十七年七月癸丑，立恂为皇太子。及冠恂于庙，高祖临光极东堂，引恂入见，诫以冠义曰："夫冠礼表之百代，所以正容体，齐颜色，顺辞令。容体正，颜色齐，辞令顺，故能正君臣，亲父子，和长幼。然母见必拜，兄弟必敬，责以成人之礼。字汝元道，所寄不轻。汝当寻名求义，以顺吾旨。"二十年，改字宣道。

可知，拓跋恂出生后，起先主要为冯太后抚养。太和十七年，拓跋恂被立为太子时，孝文帝以儒家基本礼法训示，先以其字为"元道"，后改其字为"宣道"，都有督促其遵循儒家规范的内涵，提醒其"当寻名求义，以顺吾旨"，并希望他能继承汉化大业，确实"所寄不轻"。太和十九年，拓跋恂曾受命往平城参加太师冯熙的葬礼，"其进止仪礼，高祖皆为定"，并命其"在途，当温读经籍"，可见孝文帝对太子恂教育督促之严。

汉族士人早已关注对太子恂的教育问题。李彪曾上表孝文帝，以为国之兴亡，与继承人之善恶关系至密，而继承者之善恶，则在于教谕之得失，他回顾了历史上的相关经验教训，以为"亡之与兴，其道在于师傅，师傅之损益，可得而言"。因此，他建议孝文帝为继承者择选师傅，"恢崇儒术以训世嫡"。《魏书》卷六二《李彪传》载其言曰：

> 高宗文成皇帝慨少时师不勤教，尝谓群臣曰："朕始学之日，年尚幼冲，情未能专，既临万机，不遑温习，今而思之，岂唯予咎，抑亦师傅之不勤。"尚书李䜣免冠而谢，此则近日之可鉴也。伏惟太皇太后翼赞高宗，训成显祖，使巍巍之功邈乎前王。陛下幼蒙鞠诲，圣敬之跻，及储官诞育，复亲抚诰，日省月课，实劳神虑。今诚宜准古立师傅以训导太子，训导正则太子正，太子正则皇家庆，皇家庆则人幸甚矣。

李彪这一建议主要出于儒学士大夫一贯重视对皇位继承人的教育理念。就当时而言，则与推动北魏之汉化的政治倾向有关。根据相关记载，孝文帝确实采纳了李彪的建议，挑选了一些汉族士族名士教育太子恂，《魏书》卷五五《刘芳传》载其"后与崔光、宋弁、邢产等俱为中书侍郎，俄而诏芳与产入授皇太子经，迁太子庶子、兼员外散骑常侍"。诸人或博通经史，或长于文学，皆为一流之学者。据逯耀东先生所考，"除此之外，陇西李韶、广平游肇、顿丘李平以及高道悦等，都先后教授过拓跋恂，他们这些人都是名重一时的学者"①。此外，孝文帝还为太子恂挑选了汉族名士充任宾友。②

不仅如此，在日常生活方面，对太子恂的教育，孝文帝也尊重汉族士人的建议。《魏书·孝文五子·废太子恂传》载，"初，高祖将为恂娶司徒冯诞长女，以女幼，待年长。先为娉彭城刘长文、荥阳郑懿女为左右孺子，时恂年十三四。高祖泛舟天渊池，谓郭祚、崔光、宋弁曰：'人生须自放，不可终朝读书。我欲使恂旦出省经传，食后还内，晡时复出，日夕而罢。卿等以为何如？'光曰：'……太子以幼年涉学之日，不宜于正昼之时，舍书御内，又非所以安柔弱之体，固永年之命。'高祖以光言为然，乃不令恂昼入内"③。显然，孝文帝是希望通过以儒家思想为中心的汉文化教育，不断提升太子恂的文化修养，改变其气质，期望其成为大力推行汉化事业的接班人。

不过，令人遗憾的是，孝文帝君臣对太子恂的汉化教育收效甚微，相反还引发了太子恂强烈的抵触情绪。正因为如此，后来孝文帝谈到太子恂教育问题时，孝文帝表现出无可奈何的感叹。《魏书》卷五三《李冲传》载孝文帝立世宗为太子，在清徽堂宴请朝臣，孝文帝说："天地之道，一盈一虚，岂有常泰。天道犹尔，况人事乎？故有升有黜，自古而然。悼往欣今，良用深叹。"李冲表示"臣前忝师傅，弗能弼谐，仰惭天日，慈造宽含，得预此宴，庆愧交深"。孝文帝则曰："朕尚弗能革其昏，师傅何劳愧谢也。"由所谓"朕尚弗能革其昏"，可见孝文帝对太子恂教育失败的无奈心情。确实，从以上孝文帝亲自督责其"温读经籍"，为其规范"进止仪礼"，又为其援请如此众多的著名经史学者、文人传道授业，且以德高望重的李冲等人履行师傅之职，但终究无法改变太子恂的习性，这不能不令人失望。如何解释这一问题

---

① 前揭逯耀东《北魏孝文帝迁都与其家庭悲剧》，《从平城到洛阳——拓跋魏文化转变的历程》，第152页。关于孝文帝以汉族士人教育太子恂问题，逯耀东先生已有较深入的论述，本文有所取鉴。

② 《魏书》卷六九《裴延儁传》载其河东闻喜人，为著名士族之后，"延儁少偏孤，事后母以孝闻。涉猎坟史，颇有才笔。举秀才，射策高第，除著作佐郎。迁尚书仪曹郎，转殿中郎、太子洗马，又领本邑中正及太子友，太子恂废，以宫官例免"。可见，孝文帝为太子恂配备了一些汉族名士充任宾友，目的显然是影响和提升太子恂之汉化修养。

③ 孝文帝本有意为太子聘刘芳女为孺子，《魏书》卷五五《刘芳传》载："芳沉雅方正，概尚甚高，经传多通。高祖尤器敬之，动相顾访。太子恂之在东宫，高祖欲以纳芳女，芳辞以年貌非宜。高祖叹其谦慎，更敕芳举其宗女，芳乃称其族子长文之女。高祖乃为恂娉之，与郑懿女对为左右孺子焉。"孝文帝为太子恂娉汉族士族女子为孺子，特别是刘芳为"当时儒宗"，显然也有利用汉族士族礼法以影响拓跋恂的动机。

呢?《通鉴》卷一三六也载李彪建议加强对太子恂教育之表疏,系之于齐武帝永明六年(488)十二月,胡三省有注云:"盖此时恂之失德已著,故彪有是言。"太子恂生于太和七年,① 至李彪上表时,拓跋恂年仅五岁,以"此时恂之失德已著",似乎言之过早、夸大其词,但李彪当时出此建议肯定有其原因。我们知道,太子恂生母为林氏,《魏书》卷一三《皇后·孝文贞皇后林氏传》载其"容色美丽,得幸于高祖,生皇子恂。以恂将为储贰,太和七年后依旧制薨。高祖仁恕,不欲袭前事,而禀文明太后意,故不果行"。所谓"依旧制薨",就是北魏自太祖道武帝以来实行的"子贵母死"制度。这样,太子恂"生而母死,文明太后抚视之,常置左右"②,其自幼由冯太后亲自"抚视",冯太后至太和十四年才去世,如果《通鉴》系年无误,李彪上表时,冯太后还在世,也许汉族儒学士大夫感觉到冯太后对太子恂的教育不力,故有此议。由此可以推测,太子恂自幼受冯太后及外戚集团控制,较多地受到鲜卑旧俗的影响,这深刻地影响着其性格特征,及至冯太后过世之后,特别是迁洛之后,孝文帝对其加强儒家文化教育,不仅难以迅速扭转其习性,而且还与其旧习相抵触,导致其产生逆反心理,从而在感情上很容易与保守势力取得共鸣。

三 代北保守势力企图利用太子拓跋恂以抵制汉化

当然,必须指出,太子拓跋恂之谋划北奔,绝非仅仅出于其个人生活习惯和思想保守,而且还与当时北魏鲜卑贵族守旧势力反对迁都与汉化的活动相关,诚如吕思勉先生所指出:"案恂死时年十五,废时年仅十四,安知跨据恒、朔?则其事必别有主谋可知。"③ 众所周知,孝文帝之迁都洛阳,不仅起事颇为仓促,而且以南征相胁迫。孝文帝如此,固然有诸多客观因素,符合北魏汉化之大趋势,但孝文帝行事如此急迫,显然与其个人深厚的汉文化修养密切相关。孝文帝希望通过迁都中土,尽快统一南北,以追踪儒家经籍中所宣扬的之先圣,诚如赵翼在《廿二史札记》卷一四"魏孝文迁洛"条中所

---

① 《魏书》卷七(上)《高祖纪上》载:太和七年"闰(四)月癸丑,皇子生"。
② 《魏书》卷二二《孝文五王·废太子恂传》。
③ 吕思勉:《两晋南北朝史》,上海古籍出版社1983年版,第515页。

说："盖帝优于文学，恶本俗之陋，欲以华风变之，故不惮为此举也。"在同书同卷"魏孝文帝文学"条中，赵翼在详述孝文帝学术文化修养后，指出其影响说："可见帝深于文学，才藻天成，有不能自讳者，虽亦才人习气，然聪睿固不可及已。其急于迁洛，欲变国俗，而习华风，盖发于性灵而不自止也。"与孝文帝深厚的汉文化修养相比，就总体而言，鲜卑贵族集团中绝大多数人不仅难以企及，而且根本无法理解。

有鉴于此，孝文帝之谋划迁都，不仅对一般的鲜卑保守势力的代表人物保密，而且连深得其信重的任城王拓跋澄和李冲也一无所知，参与谋划的主要是汉族士族代表人物，《魏书》卷三九《李宝传附李韶传》称"高祖将创迁都之计，诏引侍臣访以古事"。这些侍臣主要以河北、河西士族新锐名士为主，逯耀东先生曾指出，孝文帝迁都"这幕戏剧性的演出，很可能是由他们在幕后制作的"①。其具体计谋，大体如《魏书·李冲传》所载："高祖初谋南迁，恐众心恋旧，乃示为大举，因以胁定群情，外名南伐，实其迁也。旧人怀土，多所不愿，内惮南征，无敢言者，于是定都洛阳。"孝文帝此后派任城王拓跋澄回平城进行迁都动员，"既至代都，众闻迁诏，莫不惊骇"②。可见平城旧都保守势力对孝文帝迁都的态度。《魏书》卷二一（上）《献文六王·广陵王羽传》载："迁都议定，诏羽兼太尉，告于庙社。迁京之后，北蕃人夷多有未悟。羽抚镇代京，内外肃然，高祖嘉之。"其实，当时鲜卑反对者甚众，《魏书》卷三一《于栗磾传附于烈传》载："及迁洛阳，人情恋本，多有异议，高祖问烈曰：'卿意云何？'烈曰：'陛下圣略渊远，非愚管所测。若隐心而言，乐迁之与恋旧，唯中半耳。'高祖曰：'卿既不唱异，即是同，深感不言之益。宜且还旧都，以镇代邑。'敕留台庶政，一相参委。"由所谓

---

① 前揭逯耀东《北魏孝文帝迁都与其家庭悲剧》，《从平城到洛阳——拓跋魏文化转变的历程》，第135页。参与孝文帝迁都密谋的河北人士有张彝、郭祚、崔光等，《魏书》卷六四《张彝传》载其"以参定迁都之勋，进爵为侯"；同卷《郭祚传》载其"以赞迁洛之规，赐爵东光子"；卷六七《崔光传》载其"以参赞迁都之谋，赐爵朝阳子"。至于河西人士，《魏书》卷三九《李宝传附李韶传》载应孝文帝之问曰："洛阳九鼎旧所，七百攸基，地则土中，实均朝贡，惟王建国，莫尚于此。"孝文帝称善。可见李韶是明确主张迁都洛阳的。以上记载，前三则，逯耀东先生在上揭文中已在注释中引用，可供推论，而李韶事最为明确，为本人所增。此外，需要指出的是，孝文帝之谋议迁都及其汉化，主要智囊人物皆为中原士族人物，这引起了鲜卑保守势力的不安和敌视，《魏书》卷四〇《陆俟传附陆凯传》载："初，高祖将议革变旧风，大臣并有难色。又每引刘芳、郭祚等密与规模，共论时政，而国戚谓遂疏己，怏怏有不平之色。乃令凯私喻之曰：'至尊但欲广知前事，直当问其古式耳，终无亲彼而相疏也。'国戚旧人意乃稍解。"

② 《魏书》卷一九《景穆十二王·任城王澄传》。

"乐迁之与恋旧,唯中半耳",可见当时鲜卑旧人反对迁都与汉化者之众。为缓和矛盾与冲突,孝文帝迁都洛阳时,对于那些不愿南迁的鲜卑守旧势力,则允许他们留滞于以平城为中心的代北恒、朔地区。这样一来,在北魏出现了两个社会文化区域,一个是以洛阳为中心的鲜卑与汉人联合的汉化区域,一个是以平城为中心的鲜卑保守势力的聚集区域,双方之间的矛盾、冲突与对抗迟早要公开化。

代北保守势力的代表人物主要以拓跋丕及其诸子隆、超、业,以及穆泰、陆叡等人为代表,其中拓跋丕最为典型,以其年辈、资历等,可谓保守势力的精神象征。据《魏书》卷一四《神元平文诸帝子孙·东阳王丕传》,孝文帝定议迁都,曾召集拓跋丕等"如有所怀,各陈其志",拓跋丕与幽州刺史穆罴、前怀州刺史青龙、前秦州刺史吕受恩等"仍守愚固",反对迁都。在生活习惯上,对于汉化风俗,他一贯拒绝:"丕雅爱本风,不达新式,至于变俗迁洛,改官制服,禁绝旧言,皆所不愿。"这些保守势力聚集在代北,对于洛阳的汉化改革心存不满,于是企图发动武装反抗,即便不能恢复北魏旧局,至少实现在代北的割据分治。为达到这一目的,他们需要在皇族中寻找代理人,而太子拓跋恂正是他们合适的人选。在孝文帝迁都之初,保守势力便曾谋划挟持太子恂,在代北武装割据。《魏书·东阳王丕传》载:

丕父子大意不乐迁洛。高祖之发平城,太子恂留于旧京,及将还洛,隆与超等密谋留恂,因举兵断关,规据陉北。时丕以老居并州,虽不预其始计,而隆、超咸以告丕。丕外虑不成,口虽致难,心颇然之。

此事的具体情节虽在后来才充分暴露出来,但说明保守势力早就有利用太子恂的打算,也说明太子恂与他们关系密切,后来一系列事变皆肇始于此。确实,北魏早有太子监国旧制,又有禅代的先例,保守势力一旦在代北扶持太子恂行监国之事,便与洛阳政权形成对抗之势。

太和十九年,太师冯熙去世,拓跋丕、陆叡等上表求孝文帝返代京主持丧事,孝文帝虽断然拒绝,但不得不派太子恂回平城。《魏书·孝文五子·废太子恂传》载:"及恂入辞,高祖曰:'今汝不应向代,但太师薨于恒壤,朕既居皇极之重,不容轻赴舅氏之丧,欲使汝展哀舅氏,拜汝母墓,一写为子之情。汝至彼,太师事毕后日,宜一拜山陵。拜讫,汝族祖南安可一就问讯。在途,当温读经籍。今日亲见吾也。'"孝文帝不愿意回平城,显然出于对鲜卑保守势力的担心，而以太子恂回平城，也惧怕被其利用，故告诫太子恂"今汝不应向代"，提醒他不要与保守势力接触。但是，由于保守派早与太子恂有联系，加上太子恂本人反对汉化，孝文帝的告诫自然成了耳边风。毫无疑问，尽管其中细节难以知晓，但这次北归给保守势力进一步拉拢太子恂提供了机会，他们看到孝文帝迁都后，在洛阳大行汉化之举，阻止汉化已不可能，于是他们加快了武装反抗的步伐，同时策反太子恂，以致太子恂从平城归洛后，不久即寻机"欲召牧马轻骑奔代"。

太子恂北奔之谋泄，代北鲜卑保守势力代表人物穆泰、陆叡等公然举兵反抗。《魏书》卷二七《穆崇传附穆泰传》载穆泰求为恒州刺史，孝文帝转原恒州刺史陆叡为定州刺史，"泰不愿迁都，叡未及发而泰已至，遂潜相扇诱，图为叛。乃与叡及安乐侯元隆，抚冥镇将、鲁郡侯元业，骁骑将军元超，阳平侯贺头，射声校尉元乐平，前彭城镇将元拔，代郡太守元珍，镇北将军、乐陵王思誉等谋推朔州刺史阳平王颐为主"。由于阳平王元颐告发，孝文帝出兵北征，才平息了叛乱。叛乱初起，代北旧族应之甚众，《魏书·于栗磾传附于烈传》载："是逆也，代乡旧族，同恶者多，唯烈一宗，无所染预。高祖嘉其忠操，益器重之。"据《魏书》卷四〇《陆俟传附陆叡传》，孝文帝亲至平城审理此案，将"同谋构逆"的主要叛乱代表人物穆泰、陆叡及拓跋丕诸子皆处死，拓跋丕"连坐应死，特恕为民"。经过审理，孝文帝弄清了代北保守集团利用太子恂谋划武装割据的企图，他在与李冲、于烈的诏书中指出，穆泰等人"以朕迁洛，内怀不可，拟举诸王，议引子恂，若斯之论，前后非一"。可见太子拓跋恂与代北保守势力早已结成了利益联盟。

其实，仔细分析，即便随孝文帝南迁洛阳的鲜卑贵族中，也有不少人态度并不坚定。孝文帝为了减缓他们对迁都和汉化的激烈反抗，曾作出过一些让步。《魏书》卷一五《昭成子孙·元晖传》载：

初，高祖迁洛，而在位旧贵皆难于移徙，时欲和合众情，遂许冬则居南，夏便居北。世宗颇惑左右之言，外人遂有还北之问，至乃牓卖田宅，不安其居。晖乃请间言事。世宗曰："先皇迁都之日，本期冬南夏北，朕欲聿遵成诏，故有外人之论。"晖曰："先皇移都，为百姓恋土，故发冬夏二居之诏，权宁物意耳。乃是当时之言，实非先皇深意。且北来迁人，安居岁久，公私计立，无复还情。陛下终高祖定鼎之业，勿信邪臣不然之说。"世宗从之。

由于孝文帝迁都时,"欲和合众情,遂许冬则居南,夏便居北"①,他们依然与代北的鲜卑保守势力保持密切的联系,以致在孝文帝过世后,一些人在洛阳"遂有还北之问,至乃榜卖田宅,不安其居",企图返归代北。在定都洛阳多年之后,他们依然有"还北之问",说明在孝文帝迁都之初,他们的抵触情绪是颇为强烈的。因此,可以说,当初随孝文帝南迁者,其中不少人并非心甘情愿,他们的思想处于摇摆状态,随着形势的变化,一些人很容易转而与代北保存势力合作,成为反汉化力量。代北保守势力既然敢于串通太子恂,自然也会与洛阳的反汉化人物联络,太子恂也难免与他们存在联系,前引文称太子恂曾"于西掖门内与左右谋",这些太子左右,正是其中的代表。对此,吕思勉先生曾推测孝文帝派太子恂往平城吊祭冯熙,"意在消弭衅端,不意恂亦为叛党所惑,还洛之后,犹欲轻骑奔代也。然此必非恂所能为,洛京中人,必又有与叛党通声气者矣,亦可见其牵连之广也。恂既废,叛党与高祖调停之望遂绝,乃谋推阳平,亦所谓相激使然者邪?"② 不难想象,当时洛阳城内反汉化势力与代北叛党之交通及其与太子恂之关联。

四　太子拓跋恂之死与汉族士人的态度

迁都洛阳和全面汉化,这是孝文帝确定的基本方针政策。太子恂个人不乐意汉化,且为代北保守势力所利用,一度造成了孝文帝汉化改革的严重危机。显然,若以太子恂为继承人,其汉化大业自然难以延续。因此,孝文帝不惜以"大义灭亲"为理由,坚决将其废黜。太子恂被废后,处于被囚禁状态,一时难有具体活动。不过,太和二十一年四月,孝文帝在确立了新太子后,却断然将拓跋恂处死。《魏书·孝文五王·废太子恂传》载:"恂在困踬,颇知咎悔,恒读佛经,礼拜归心于善。"《通鉴》卷一四一则明言:"魏太子恂既废,颇自悔过。"对这样一位被囚禁的废太子,孝文帝为何突然决定将其处死呢?《魏书》太子恂本传载:"高祖幸代,遂如长安。中尉李彪承间密表,

---

①《魏书》卷七四《尔朱荣传》便载其家世尔朱川,其父太和中为酋长,"高祖嘉之,除右将军、光禄大夫。及迁洛后,特听冬朝京师,夏还部落"。这一风气此后依然延续,《北齐书》卷一五《库狄干传》载:"魏正光初,除扫逆党,授将军,宿卫于内。以家在寒乡,不宜毒暑,冬得入京师,夏归乡里。"这些冬南夏北的鲜卑与诸胡,时称"雁臣"。

② 前揭吕思勉《两晋南北朝史》,第517页。

告恂复与左右谋逆。高祖在长安,使中书侍郎邢峦与咸阳王禧,奉诏赍椒酒诣河阳,赐恂死,时年十五。殓以粗棺常服,瘗于河阳城。"据此,太子恂被废后,似乎依然有谋反之举,故为孝文帝处死。处于囚禁状态的废太子恂既"颇自悔过",李彪密表通报其"复与左右谋逆",根据何在呢?史无明书。其中细节隐晦,不能不使人生疑。《魏书》太子恂本传又载此后有人揭发李彪等人有陷害废太子恂事曰:

> 二十二年冬,御史台令史龙文观坐法当死,告廷尉,称恂前被摄左右之日,有手书自理不知状,而中尉李彪、侍御史贾尚寝不为闻。贾坐系廷尉。时彪免归,高祖在邺,尚书表收彪赴洛,会赦,遂不穷其本末。贾尚出系,暴病数日死。

这里记载废太子恂曾"手书自理不知状",为自己申辩,但李彪等人压制其自诉状,并向孝文帝诬告其"谋逆"①。如果这一说法属实,则废太子恂之死似乎有冤情。又,《魏书·李宝传附李韶传》载:

> 高祖自邺还洛,韶朝于路,言及庶人恂事。高祖曰:"卿若不出东宫,或未至此。"

李韶曾任太子右詹事,由孝文帝谓李韶"卿若不出东宫,或未至此",表明对拓跋恂辅佐的安排是有悔意的。太子谋划北奔前,其东宫辅佐是高道悦,在《魏书》中,高道悦与李彪同传,史称其性格颇为倔强刚烈,其对太子恂"前后规谏","数苦言致谏",他教导太子恂,也许过于严厉,以致刺激了少学无识的拓跋恂的反抗心理。至于李彪等人何以在太子恂被废后还要扣留其自白书,并陷害其"谋逆",究其原因,主要在于作为中原汉族士人代表,他们出于维护孝文帝的迁都及其汉化政策,从根本上断绝代北及洛阳的鲜卑保守势力利用废太子恂以生变的图谋。对此,诚如逯耀东先生所分析指出,废太子

---

① 逯耀东先生在《北魏孝文帝迁都与其家庭悲剧》一文中分析此事以为,废太子恂当时根本无法与外界联系,李彪所告发的所谓谋逆之事,"可能是代郡事变事发生后,李彪奉命调查拓跋恂与此次乱事的关系,所以才有拓跋恂'有手书自理不知状'的记载,可是李彪却将这份自白书从中扣留,这也表示中原士族对于迁都与华化的意见"(前揭《从平城到洛阳——拓跋魏文化转变的历程》,第156页)。

恂既有悔过的表现，又有自白书申述其与代郡叛乱并没有直接关联，也许孝文帝即使"无意恢复他太子的地位，但赦免他的罪，并不是不可能的。一旦拓跋恂被赦免之后，再有北方保守集团残余势力的支持，重登皇位并非不可能，那么，整个的局面就完全改观"①。这尽管为推测之言，但大体符合李彪等中原人士从根本上消除保守势力利用太子恂隐患的心态。

  当然，必须指出，出于个人感情，对于处死拓跋恂，在某些场合孝文帝也许难免会流露出些许悔意，这是很正常的，这种家庭生活政治化的悲剧，毕竟是令人伤感的。不过，毫无疑问，在迁都与汉化问题上，孝文帝是绝对不会让步的。因此，他一发现太子恂与代北保守势力有联系，便断然"大义灭亲"，说"此小儿今日不灭，乃是国家之大祸"，可见其迟早要消灭废太子恂。正因为如此，孝文帝在所谓李彪陷害废太子恂事被揭露后，李彪早已因事被黜，但孝文帝并未过分追究李彪的责任。《魏书》卷六二《李彪传》载：

    高祖纳宋弁言，将复采用，会留台表言彪与御史贾尚往穷庶人恂事，理有诬抑，奏请收彪。彪自言事枉，高祖明彪无此，遣左右慰勉之，听以牛车散载，送之洛阳。会赦得免。

对诬抑废太子恂事，李彪"自言事枉"，孝文帝也"明彪无此，遣左右慰勉之"，给这一事件作出了结论。这虽然不能绝对证明李彪无陷害废太子恂事，但至少表明孝文帝无意追查。之所以如此，主要在于废太子拓跋恂之生死完全掌握在孝文帝手中，尽管中原汉族人士可能有所活动，但最终是由孝文帝作出处死拓跋恂的决定的。

五　太子拓跋恂之废与孝文帝后宫之争

  太子拓跋恂之废及其被处死，除了以上分析的其为代北保守势力所利用，从而违抗孝文帝的迁都与汉化政策等因素外，还与孝文帝内宫的后妃之争存

---

  ① 前揭逯耀东《北魏孝文帝迁都与其家庭悲剧》，《从平城到洛阳——拓跋魏文化转变的历程》，第158页。逯耀东先生在该文中还推测，李彪陷害废太子恂，可能有为高道悦复仇的意味："虽然，高道悦和李彪之间的关系不明，但他们两个同传，可能有不平凡的友谊存在。也许李彪扣留拓跋恂的自白书，就私人的感情而论，有为高道悦复仇的意味在内。"

在一定的牵连。对此,以往论之者甚少,这里略作考析。《南齐书·魏虏传》载其事云:

> 大冯有宠,日夜谗恂。宏出邺城马射,恂因是欲叛北归,密选宫中御马三千匹置河阴渚。皇后闻之,召执恂,驰使告宏,宏徙恂无鼻城,在河桥北二里,寻杀之,以庶人礼葬。立大冯为皇后,便立伪太子恪,是岁伪太和二十年也。

对于《南齐书》的这段记载,高敏先生以为核之《魏书》《北史》等,除了个别文字如太子恂误为"询",立太子恪为太和二十一年,而误为"二十年"等外,其他皆合史实,并非传闻,且为北朝史书所无,特别是关于孝文帝宫中冯氏姊妹的斗争,"大冯有宠,日夜谗恂"云云,明确看出太子恂受到"大冯"的陷害,致使其谋划北奔。高敏先生指出:"因为有《南齐书·魏虏传》对二冯之间矛盾状况和孝文幽皇后同元恂之间矛盾的记述,也使得冯氏二女互相争宠而彼此陷害的丑状得以大白于世。"①

其实,最早重视这一材料的是吕思勉先生,他曾指出:"废太子有无叛逆之意,不可知,然在河阳,则必无能为,高祖非好杀者,其废恂既待自归,杀恂何如是之果?然恂之死,殆亦由于幽后之谗构邪?"所谓"大冯""小冯",《南齐书·魏虏传》载:"初,伪太后冯氏兄昌黎王冯莎二女,大冯美而有疾,为尼,小冯为宏皇后,生伪太子询。后大冯疾差,宏纳为昭仪。"冯氏姊妹在后宫发生激烈斗争,这里将太子恂说成是"小冯"皇后所生,无法印证,吕思勉以为"依此说,则实无所谓贞皇后其人者,不知信否。然魏世皇后略无事迹者,其有无实皆有可疑,正不独贞后一人"②。宫廷密闱,固难确证,但孝文帝二后相争并牵涉太子恂,则确属实。

孝文帝自幼受制于其祖母冯太后。冯太后之所以能够长期操控北魏皇权,一个很重要的原因在于其掌握了年幼的孝文帝。为延续其个人地位,她又断

---

① 高敏:《〈南齐书·魏虏传〉书后》,前揭《魏晋南北朝史发微》,第287—288页。
② 前揭《两晋南北朝史》,第544页。吕思勉先生在该书中曾质疑太子恂身世云:"案恂之立,在太和十七年六月,其死以二十一年,传云年十五,则即生于太和七年,使其甫生即有建为储贰之意,何以迟至十七年始立?若云建储之计,决于十七年前后,何以甫生即杀其母?其事殊为可疑。"(第543页)

然利用北魏"子贵母死"旧制，太和七年将拓跋恂生母林氏处死，[①]从而一度亲自抚养孝文帝子拓跋恂。此后，出于强化其家族势力的需要，冯太后将其诸侄女引入宫廷。《魏书》卷八三（上）《外戚上·冯熙传》载冯熙为冯太后之兄，尚恭宗女博陵长公主，"高祖纳其女为后……高祖前后纳熙三女，二为后，一为左昭仪。由是冯氏宠贵益隆，赏赐累巨万。高祖每诏熙上书不臣，入朝不拜"。冯熙诸子冯诞等，也位列重臣，极尽荣华。冯氏二后，即所谓"废皇后"（小冯）和"幽皇后"（大冯）。幽后年长，先入宫，《魏书》卷一三《皇后·孝文幽皇后传》载：

> 孝文幽皇后，亦冯熙女。母曰常氏，本微贱，得幸于熙，熙元妃公主薨后，遂主家事。……文明太皇太后欲家世贵宠，乃简熙二女俱入掖庭，时年十四。其一早卒。后有姿媚，偏见爱幸。未几疾病，文明太后乃遣还家为尼，高祖犹留念焉。岁余而太后崩。高祖服终，颇存访之，又闻后素疹痊除，遣阉官双三念玺书劳问，遂迎赴洛阳。及至，宠爱过初，专寝当夕，宫人稀复进见。拜为左昭仪，后立为皇后。

可见冯太后安排先入宫的冯熙二女，即幽后与左昭仪，一因病"还家为尼"，一早卒。[②]

废皇后虽后入宫，却先立为皇后。《魏书·皇后·孝文废皇后冯氏传》载：

> 孝文废皇后冯氏，太师熙之女也。太和十七年，高祖既终丧，太尉元丕等表以长秋未建，六宫无主，请正内位。高祖从之，立后为皇后。高祖每遵典礼，后及夫、嫔以下接御皆以次进。车驾南伐，后留京师。高祖又南征，后率六宫迁洛阳。及后父熙、兄诞薨，高祖为书慰以叙哀

[①] 《魏书》卷一三《皇后·孝文贞皇后林氏传》载："后容色美丽，得幸于高祖，生皇子恂。以恂将为储贰，太和七年后依旧制薨。高祖仁恕，不欲袭前事，而禀文明太后意，故不果行。"由于北魏行"子贵母死"制度，以致不断出现抚养皇位继承人的保姆、乳母得势的情况，如太武帝保姆窦氏、文成帝乳母常氏等。冯太后也是利用了这一点。

[②] 赵超《汉魏南北朝墓志汇编》（天津古籍出版社2008年版）所辑《魏故乐安王妃冯氏墓志铭》载乐安王妃冯氏为冯熙女，其"长姊南平王妃。第二、第三姊并为孝文皇帝后。第四、第五姊并为孝文皇帝昭仪。第六姊安丰王妃。第七姊任城王妃"。可见冯太后先后安排冯熙四个女儿入孝文帝后宫，其他则为北魏诸王妃，目的是加强冯氏与皇族的关系。

情。及车驾还洛,恩遇甚厚。高祖后重引后姊昭仪至洛,稍有宠,后礼爱渐衰。昭仪自以年长,且前入宫掖,素见待念,轻后而不率妾礼。后虽性不妒忌,时有愧恨之色。昭仪规为内主,谮构百端。寻废后为庶人。后贞谨有德操,遂为练行尼。后终于瑶光佛寺。

由废皇后之立,可见其是在鲜卑元老保守集团的主持下进行的,且在孝文帝南伐与迁都过程中,她长时间在平城主持后宫事务,可以推测,她与代北保守势力的关系颇为密切。就废皇后与太子恂的关系而言,即便《南齐书·魏虏传》所言二人母子关系难以确认,但小冯被立皇后之后,依当时后宫制度,太子恂当由其抚养,二人便如同母子,关系至为密切。

此外,当时冯氏家族对太子恂也力图加以控制,《魏书·外戚上·冯熙传附冯诞传》载其"寻加车骑大将军、太子太师。十八年,高祖谓其无师傅奖导风,诞深自悔责"。冯诞兄弟"年才十余岁,文明太后俱引入禁中,申以教诫,然不能习读经史,故兄弟并无学术,徒整饰容貌,宽雅恭谨而已"。这也可以部分说明太子不喜读书的原因。正因为如此,在小冯被立为后的过程中,汉族士人曾有异议。《魏书》卷四七《卢玄传附卢渊传》载:

> 是时,高祖将立冯后,方集朝臣议之。高祖先谓渊曰:"卿意以为何如?"对曰:"此自古所慎,如臣愚意,宜更简卜。"高祖曰:"以先后之侄,朕意已定。"渊曰:"虽奉敕如此,然于臣心实有未尽。"及朝臣集议,执意如前。冯诞有盛宠,深以为恨。渊不以介怀。

卢渊对孝文帝立小冯为皇后存有异议,显然与鲜卑保守势力的意见相左,反映出孝文帝立后过程中潜在的鲜、汉冲突。① 关于废皇后与代北集团之关系,还有一条材料可资说明,《魏书·外戚·冯熙传》载太和十九年冯熙死后,

---

① 当然,卢渊进此言,也有迎合孝文帝力图摆脱冯氏家族政治影响的意图。冯太后为专断朝权,一再有废黜孝文帝的打算,因元老重臣的劝阻而未成。对于冯氏家族势力的膨胀,孝文帝自然有不满情绪。据《魏书》卷八三(上)《外戚·冯熙传》,冯熙子冯修在宫内胡作非为,孝文帝"严责之,至于楚棰",后又"挞之百余,黜为平城百姓"。废皇后同母弟冯夙,"幼养于宫,文明太后特加爱念",但"高祖亲政后,恩宠稍衰,降爵为侯"。这表明了孝文帝对冯氏的态度。因此,汉族士人代表崔光便谓废后同母兄冯聿曰:"君家富贵太盛,终必衰败。"聿曰:"我家何复四海,乃咒我也。"光曰:"以古推之,不可不慎。"崔光自然主要出于"以古推之"而得出相关的看法,但也不能否认他们看出了孝文帝的心理。

"皇后诣代都赴哭,太子恂亦赴代哭吊"。太子恂在代北与保守势力有所接触,废后或亦卷入其中。①

由于废皇后与代北保守势力关系密切,这与孝文帝的汉化政策不合,孝文帝疏离她,这是很自然的。但在当时,孝文帝还无法完全摆脱冯氏及鲜卑保守势力的影响,于是他再引冯熙大女入宫,使其"宠爱过初,专寝当夕","规为内主,谮构百端"。毫无疑问,冯氏姊妹之间的内宫之争,完全是孝文帝一手导演的。小冯之母养太子恂,是其重要的政治资本,大冯为固位,必然"日夜谗诉",同时大冯开始谋划母养孝文帝次子恪。《魏书·皇后·孝文昭皇后高氏传》载:

> 及冯昭仪宠盛,密有母养世宗之意,后自代如洛阳,暴薨于汲郡之共县,或云昭仪遣人贼后也。世宗之立为皇太子,三日一朝幽后,后拊念慈爱有加。高祖出征,世宗入朝,必久留后宫,亲视栉沐,母道隆备。②

幽皇后"密有母养世宗之意",并谋害世宗亲母高氏,这不得到孝文帝的支持或默许,是绝无可能的。③ 因此,可以说,废皇后之被废黜,主要在于孝文帝嫌弃其与代北保守势力关系密切,而有意以幽皇后代之,④ 而二后之更易,必

---

① 《魏书》卷九四《阉官·王质传》载:"高祖颇念其忠勤宿旧,每行留大故,冯司徒亡,废冯后,陆叡、穆泰等事,皆赐质玺书,手笔莫不委至,同之戚贵。质皆宝掌以为荣。"孝文帝将这一系列迁洛之后发生的重大事件向王质等人通报,因诸书皆与代北集团关系密切,诸书之间也存在内在联系。

② 《北史》卷一三《孝文昭皇后高氏传》载此,称世宗"二日一朝幽后"。关于高皇后之死的具体时间,罗新、叶炜《新出魏晋南北朝墓志疏证》(中华书局2005年版)所辑《文昭皇后高照容墓志》载:"皇太后高氏,讳照容,冀州勃海蓚人。高祖孝□皇帝之贵人,世宗宣武皇帝之母也。……以太和廿年□四更时,薨于洛宫。"可见高氏死于太和二十年(496),这里记其死地为洛阳皇宫,也与本传有异。

③ 胡三省在《通鉴》卷一四一《齐纪》七,明帝建武四年所载此事下有注云:"冯昭仪既谮废其妹,又潜杀太子之母,其心盖枭獍也。以魏主之明,而使之正位椒房,他日不死于其手者幸耳。"这里,胡三省仅以幽后性格与野心论事,而不知无孝文帝参与其事,幽后根本无能为力。

④ 对于孝文帝之废"小冯",胡三省有所不解。《通鉴》卷一四二《齐纪》八东昏侯永元元年述及此事,胡三省有注云:"二后,废后及幽后也。昭仪早卒。瑶光寺之练行尼,魏主忍为之,废后非得罪于宗庙也;幽后所为彰灼如此,乃不能正其罪;废后独非文明家女邪!"他对孝文帝以幽后取代废后表示不理解。其实,由本文所考,主要原因在于废后为冯太后及代北保守势力确定,孝文帝有所不满。

然导致孝文帝太子之变替。确实，孝文帝有易储之念，盖非一时兴起。《魏书》卷八《世宗纪》载：

> 帝幼有大度，喜怒不形于色。雅性俭素。初，高祖欲观诸子志尚，乃大陈宝物，任其所取，京兆王愉等皆竞取珍玩，帝唯取骨如意而已。高祖大奇之。庶人恂失德，高祖谓彭城王勰曰："吾固疑此儿有非常志相，今果然矣。"乃立为储贰。雅爱经史，尤长释氏之义，每至讲论，连夜忘疲。

世宗元恪"雅爱经史"，汉化修养颇高，与废太子恂之厌恶读书，形成鲜明的对比，由孝文帝所言"吾固疑此儿有非常志相，今果然矣"，可见其似乎早有易储之心。①

此外，孝文帝时期的皇后更迭，还可能牵涉到冯太后及其家族内部的斗争。孝文帝之立幽皇后，表面上以一冯氏女易另一冯氏女，而幽后则为二进宫。其实，幽后之前曾被废逐出宫，并非全因其有疾，其中恐有隐情。《魏书》卷九四《阉官·王遇传》载：

> 幽后之前废也，遇颇言其过。及后进幸，高祖对李冲等申后无咎，而称遇谤议之罪。冲言："果尔，遇合死也。"高祖曰："遇旧人，未忍尽之，当止黜废耳。"遂遣御史驰驿免遇官，夺其爵，收衣冠，以民还私第。

王遇为冯太后宠信之阉宦，他对幽后"颇言其过"，致使幽后被废，显然是得到冯太后的支持。其过为何呢？《魏书·皇后·孝文幽皇后传》称"始以疾归，颇有失德之闻"，很可能是作风不检点。因此，可以推测，是冯太后将幽后逐出皇宫而以废后取之。后孝文帝再引幽后入宫，并对李冲等"申后无

---

① 孝文帝之立幽皇后以取代废皇后，有可能借助了汉族人士的支持。《魏书》卷六四《郭祚传》载："祚与黄门宋弁参谋帏幄，随其才用，各有委寄。祚承禀注疏，特成勤剧。尝以立冯昭仪，百官夕饮清徽后园，高祖举觞赐祚及崔光曰：'郭祚忧劳庶事，独不欺我；崔光温良博物，朝之儒秀。不勖此两人，当勖谁也？'其见知若此。"立冯昭仪而宴汉族士人，其中透露了二后更替过程中鲜、汉斗争的信息。又，《魏书》卷九二《列女·渔阳太守阳尼妻高氏传》载："渔阳太守阳尼妻高氏，勃海人。学识有文才，高祖敕令入侍后宫。幽后表启，悉其辞也。"可见孝文帝力图以汉人影响幽后。

咎",称王遇诽谤。这透露出冯太后对孝文帝后宫的安排及其后宫的一系列潜在的斗争。①

不过,作为冯氏女,尽管幽后不为其姑母冯太后喜爱,但就其性格特征而言,她与冯太后颇为相似。一是其独占欲极强。其再次入宫后,恃爱专宠,前引本传载其"宠爱过初,专寝当夕,宫人稀复进见",以致孝文帝本人也颇厌烦。《魏书·皇后·宣武皇后高氏传》载:"初,高祖幽后之宠也,欲专其爱,后宫接御,多见阻遏。高祖时言于近臣,称妇人妒防,虽王者亦不能免,况士庶乎?"幽后独占欲如此之盛。二是,幽后习性放荡。冯太后一生淫乱不止,早年因此与献文帝发生冲突,并终将献文帝害死,孝文帝时期,太后注逸放任。幽后早年入宫已"颇有失德之闻",其再次入宫,"高祖频岁南征,后遂与中官高菩萨私乱。及高祖在汝南不豫,后便公然丑恣,中常侍双蒙等为其心腹"②。三是其权力欲旺盛,意欲效仿冯太后临朝执政,长期专权。据《魏书》本传载,幽后曾与其母常氏请女巫"祷厌无所不至,愿高祖疾不起,一旦得如文明太后辅少主称命者,赏报不赀"。她豢养了一批宦官佞小,串通内外。对此,胡三省曾有论云:"文明太后,后之姑也;其包藏祸心若此,岂非姑之教邪!"③胡氏此言,流于表面,可谓皮相之论。幽后如此,固然与其门风教养有关,但更主要在于时代风尚的影响。幽后失德之事暴露,孝文帝将其幽于内宫,"高祖寻南伐,后留京师,虽以罪失宠,而夫人嫔妾奉之如法,惟令世宗在东宫,无朝谒之事"。太和二十三年三月,孝文帝病危,遗言将幽后处死。至此,孝文帝后期围绕冯氏姊妹的皇后地位及太子更迭的斗争告一段落,同时对北魏政局影响极大的冯氏家族政治势力也由此消失了。

由上考论,对于北魏孝文帝太子拓跋恂死及其原因与性质,我们大致可以作如下简单的归纳:拓跋恂自幼主要为其曾祖母冯太后所抚养,与外戚冯氏关系颇为密切,并受到代北鲜卑旧俗的影响,与鲜卑势力关系密切。冯太后死后,孝文帝在汉族士人的建议下,力图加强对太子的教育,但严厉的教育却激化了太子恂对汉文化的抵触情绪。在孝文帝断然迁都与厉行汉化的过

---

① 王遇是冯太后黜"大冯"而进"小冯"的具体执行人,他对孝文帝之废皇后一直怀有感情。《魏书》卷九四《阉官·王遇传》载:"废后冯氏之为尼也,公私罕相供恤。遇自以常更奉接,往来祗谒,不替旧敬,衣食杂物,每有荐奉。后皆受而不让。又至其馆,遇夫妻迎送谒伏,侍立执臣妾之礼。"可见他们之间的关系。

② 《魏书》卷一三《皇后·孝文幽皇后冯氏传》。

③ 《通鉴》卷一四二《齐纪八》东昏侯永元元年胡三省注。

程中，鲜卑保守势力企图以拥立太子恂的名义，在代北进行武装叛乱，制造割据和分裂。在此过程中，他们与太子恂有所勾结。太子恂北奔谋泄，孝文帝"大义灭亲"，将太子恂废黜，并更立太子，诚如钱穆先生所言，"为自己一种高远的政治理想，而引起家庭父子惨剧者，前有王莽，后有魏孝文"①。孝文帝是为了汉化理想之大业而断然处决太子恂的。一些汉族士人为确保迁都与汉化事业的持续发展，以太子恂依然"谋逆"为名，促使孝文帝将其处死。其实，孝文帝对愚顽的太子恂早有不满，这又牵涉到其更替皇后及内宫之争。孝文帝先后所立之二皇后皆为冯太后侄女。孝文帝一度利用、指使"幽后"攻击"废后"与太子恂"母子"，并默许"大冯"害死孝文帝第二子元恪生母高氏，从而与太子恪形成新的母养关系。孝文帝废黜"小冯"皇后，其所抚养之太子恂必然受到攻击，这恐怕也是促使太子恂谋划北奔的原因之一。孝文帝利用"幽后"之争宠与争权之野心，实现了对太子的更换，清除了危害汉化的隐患。这一后宫中冯氏姊妹围绕皇后地位的争夺与更替，无疑都是由孝文帝指使和掌控的。孝文帝如此，个人感情因素显然是次要的，主要在于"废后"之立与鲜卑保守势力的作用及其双方关系的密切，这也在一定程度上影响甚至决定着太子恂的态度。因此，冯氏二后之争，虽为宫闱秘事，但如上分析，可见其不仅关乎孝文帝个人生活，更关乎孝文帝之汉化大略。从一个侧面折射出当时的政治主题，具有深刻的时代内涵。

---

① 钱穆：《国史大纲》，商务印书馆1996年版，第283页。

第六章　迁洛元魏皇族群体之文雅化
——以学术文化水平提升为中心

　　北魏孝文帝迁都洛阳，其根本目的在于加快鲜卑上层的汉化进程，这不仅表现在孝文帝改革职官、服饰、姓氏、籍贯、婚姻等制度，而且还体现在孝文帝加强对鲜卑上层的文化教育，以促使鲜卑王公集团全面接受汉族文化，从而真正实现与汉族士族社会的融合。《魏书》卷一九（中）《景穆十二王中·任城王云传附澄传》载孝文帝迁洛前，曾对任城王澄说："今日之行，诚知不易。但国家兴自北土，徙居平城，虽富有四海，文轨未一，此间用武之地，非可文治，移风易俗，信为甚难。崤函帝宅，河洛王里，因兹大举，光宅中原，任城意以为何如?"可见孝文帝迁都洛阳，其目的在于汉化。《魏书》卷二一（上）《献文六王·广陵王羽传》载："高祖引陆叡、元赞等于前曰：'北人每言北人何用知书，朕闻此，深用忾然。今知书者甚众，岂皆圣人。朕自行礼九年，置官三载，正欲开导兆人，致之礼教，朕为天子，何假中原，欲令卿等子孙，博见多知。若永居恒北，值不好文主，卿等子孙，不免面墙也。'"在这里，孝文帝很明确地表示，其迁都洛阳，目的在于促使鲜卑上层接受汉族文化。从相关情况看，迁洛之后，由宣武帝而至孝明帝，二三十年间鲜卑上层汉化趋势尤为迅速。《魏书》卷八五《文学传序》云"肃宗历位，文雅大盛，学者如牛毛，成者如麟角"；《北齐书》卷三六《邢卲传》也称"自孝明之后，文雅大盛"云云，这固然是指北魏后期文学风尚的兴盛，但其中也透露北魏鲜卑上层文雅化的普遍提升，进而推动整个社会文化风尚的转变。

一 迁洛元魏统治者对皇族子弟的训诫与教育

（一）孝文帝迁洛后官学之兴废及其局限

自北魏建国以来，随着其势力日益拓展，征服中原，大量汉族士人进入北魏政权，其统治者汉文化修养日趋上升。太祖拓跋珪曾问汉人李先"天下何书最善，可以益人神智"，李先说"唯有经书"，"太祖于是班制天下，经籍稍集"①，"集博士儒生，比众经文字"②。太宗拓跋嗣"礼爱儒生，好览儒传"③。太武帝拓跋焘颇注重王公子弟的教育，曾诏令"自王公已下至于卿士，其子息皆诣太学"④。关于学官与学校设置，《魏书》卷八四《儒林传序》载太祖"以经术为先，立太学，置五经博士"，又设国子学，太宗时改国子为中书学，"立教授博士"。在这一文化政策的影响下，鲜卑上层汉化日渐提升，逐渐形成了崇尚儒雅的风气。⑤冯太后主政后，特别重视对鲜卑王公子弟的教育，《魏书·儒林传序》载太和中"改中书学为国子学"，"又开皇子之学"，专门教授鲜卑皇族子弟。《魏书》卷二一（上）《献文六王·咸阳王禧传》载太和九年咸阳王禧受封，文明太后冯氏令曰："自非生知，皆由学诲，皇子皇孙，训教不立，温故求新，盖有阙矣。可于闲静之所，别置学馆，选忠信博闻之士为之师傅，以匠成之。"当时设置了"皇宗学"，专门教育鲜卑王公子弟，《魏书·景穆十二王·任城王澄传》载元澄后来回忆说："昔在恒代，亲习皇宗，熟秘序疑，庭无阙日。"孝文帝就是在这一教育环境中成长起来的。⑥

孝文帝亲政后，特别是其迁洛之后，他极为重视对鲜卑上层子弟的教育。其迁洛前，将中书学改为国子学，迁洛后，即在金墉城立国子学、太学和四门小学等，此后宣武、孝明帝等不断完善相关学校制度。《魏书·儒林传序》

---

① 《魏书》卷三三《李先传》。
② 《魏书》卷二《太祖纪》。
③ 《魏书》卷三《太宗纪》。
④ 《魏书》卷四《世祖纪》。
⑤ 参见刘驰《北朝胡人士族形成的原因及其影响》，收入所著《六朝士族探析》，中国广播电视大学出版社2000年版，第114页。
⑥ 关于孝文帝的汉文化修养及其表现，王永平所著《略论北魏孝文帝的文化修养及其表现与影响》（刊于《史学集刊》2009年第三期）已有比较深入的考述，敬请参看。

记载洛阳学校兴废曰:"及迁都洛邑,诏立国子太学、四门小学。高祖钦明稽古,笃好坟典,坐舆据鞍,不忘讲道。刘芳、李彪诸人以经书进,崔光、邢峦之徒以文史达,其余涉猎典章,关历词翰,莫不縻以好爵,动贻赏眷。于是斯文郁然,比隆周汉。世宗时,复诏营国学,树小学于四门,大选儒生,以为小学博士,员四十人。虽黉宇未立,而经术弥显。时天下承平,学业大盛。故燕齐赵魏之间,横经著录,不可胜数。大者千余人,小者犹数百。州举茂异,郡贡孝廉,对扬王庭,每年逾众。神龟中,将立国学,诏以三品已上及五品清官之子以充生选。未及简置,仍复停寝。正光二年,乃释奠于国子学,命祭酒崔光讲《孝经》,始置国子生三十六人。暨孝昌之后,海内淆乱,四方校学所存无几。永熙中,复释奠于国学;又于显阳殿诏祭酒刘廞讲《孝经》,黄门李郁说《礼记》,中书舍人卢景宣讲《大戴礼·夏小正篇》;复置生七十二人。"这段记载虽是就迁洛后孝文帝等北魏统治者兴学重教的总体情形而言,但其中也透露出当时北魏皇族子孙接受儒学教育的相关信息,这是有具体史实可以说明的。

不过,必须指出,对各级官办学校的作用不可过分夸大,由上述材料可知,孝文帝虽下令设学,但并未完备,宣武帝"复诏营国学,树小学于四门",但"黉宇未立",孝明帝又"将立国学",但"未及简置,仍复停寝",以致"孝昌之后,海内淆乱,四方校学所存无几",可见当时国家官学长存续不绝,但其实间有停废,并不正常。《魏书·景穆十二王中·任城王澄传》载元澄曾上表世宗云:"自先皇升遐,未遑修述,学宫虚荷四门之名,宗人有阙四时之业,青衿之绪,于兹将废。"世宗下诏曰:"胄子崇业,自古盛典,国均之训,无应久废,尚书更可量宜修立。"又,《魏书》卷五五《郑羲传附郑道昭传》载郑道昭为国子祭酒,其上疏称国子、太学皆因"军国多事,未遑营立。自尔迄今,垂将一纪,学官凋落,四术寝废。遂使硕儒耆德,卷经而不谈,俗学后生,遗本而逐末"。但其"频请学令,并置生员,前后累上,未蒙一报"。可见孝文帝之后一度出现"学宫虚荷四门之名,宗人有阙四时之业"的情况。孝明帝时,《魏书》卷六六《李崇传》载其上表灵太后,建议复兴儒学教育,指出孝文虽倡儒重教,但"经始事殷,戎轩屡驾,未遑多就,弓剑弗追";宣武帝"永平之中,大兴板筑,续以水旱,戎马生郊,虽逮为山,还停一篑"。其又说:"窃惟皇迁中县,垂二十祀。而明堂礼乐之本,乃郁荆棘之林;胶序德义之基,空盈牧竖之迹。……今国子虽有学官之名,而无教授之实,何异兔丝燕麦,南箕北斗哉!"及至北魏末,学官传授更是难以振作,

《魏书》卷七七《羊深传》载其于废帝时以"胶序废替,名教陵迟",指出"自兵乱以来,垂将十载,干戈日陈,俎豆斯阙。四海荒凉,民物凋敝,名教顿亏,风流殆尽,可为叹息"。于是他建议"重修国学,广延胄子","天下州郡,兴立儒教",但这是根本做不到的。由此可见,孝文帝及其后继者虽在南迁之后主观上确实有重视官学教育的愿望,也间有复兴、完善学官制度的举措,并在鲜卑上层汉化过程中发挥了一定的作用,但鉴于上述,则不可一味夸大,仅仅以官学谈论当时儒学兴盛及其对于鲜卑上层子孙文雅化的影响,显然过于简单化了。总体而言,自孝文帝迁洛之后,北魏后期统治者之兴学重教,营造出了浓郁的汉化环境和氛围,这是不容忽视的,但具体就鲜卑王公子弟的汉文化修养的提升而言,其途径恐怕主要不在于学校,而在于其宗族内的教育。

(二)孝文帝等统治者重视宗室子孙的礼法、学业的教育

孝文帝之后,北魏后期诸统治人物,其个人多具良好的儒学修养。《魏书·世宗纪》称其"雅爱经史,尤长释氏之义,每至讲论,连夜忘疲"。这与其自幼所受之汉文化教育相关。《魏书》卷八四《儒林·孙惠蔚传》载其家族自六世祖孙道恭以来,"世以儒学相传",太和二十二年,孙惠蔚"侍读东宫",帮助宣武帝学习儒家经典。又载:"世宗即位之后,仍在左右敷训经典。……魏初已来,儒生寒宦,惠蔚最为显达。先单名蔚,正始中,侍讲禁内,夜论佛经,有惬帝旨,诏使加'惠',号惠蔚法师焉。"《魏书》卷五五《刘芳传》载其为"一代儒宗","咸阳王禧等奉申遗旨,令芳入授世宗经"。又,《魏书》卷九一《术艺传》载:"先是太和中,兖州人沈法会能隶书,世宗之在东宫,敕法会侍书。"可见孝文帝对后继者教育之重视。孝明帝受过良好的儒学教育,当时名儒崔光等为其师傅,《魏书》卷八三(下)《外戚下·胡国珍传》载:"国珍少好学,雅尚清俭。……后与侍中崔光俱授帝经,侍直禁中。"孝明帝时期,重视儒学教育,《魏书》卷九《肃宗纪》载正光元年正月乙酉明帝下诏"豫缮国学,图饰圣贤",正光二年二月癸亥,"车驾幸国子学,讲《孝经》。三月庚午,帝幸国子学祠孔子,以颜渊配"。《魏书》卷八二《常景传》载正光初,"时肃宗行讲学之礼于国子寺,司徒崔光执经,敕景与董绍、张彻、冯元兴、王延业、郑伯猷等俱为录义。事毕,又行释奠之礼,并诏百官作释奠诗,时以景作为美"。孝明帝时期,胡太后长期实际执政,《魏书》卷一三《宣武灵皇后胡氏传》载其"性聪悟,多才艺……亲览万机,手笔断决"。胡太后曾"与肃宗幸华林园,宴群臣于都亭曲水,令王公已下各

赋七言诗。太后诗曰：'化光造物含气贞。'帝诗曰：'恭己无为赖慈英。'王公已下赐帛各有差"。可见胡太后与明帝皆能诗文。胡太后也重视后宫教育，《魏书》卷三一《于粟䃽传附于忠传》载："忠后妻中山王尼须女，微解《诗》《书》，灵太后临朝，引为女侍中，赐号范阳郡君。"其在宫中当有传授文化的活动。北魏之末诸帝，在政治上虽无甚可言，但皆具文化修养。《魏书》卷一〇《孝庄帝纪》载其乃彭城王元勰子，"幼侍肃宗书于禁内。及长，风神秀慧，姿貌甚美"。《魏书》卷一一《废出三帝纪》载前废帝广陵王，乃广陵王羽子，"少端谨，有志度。长而好学，事祖母、嫡母以孝闻"。其在位时，曾"幸华林都亭燕射，班锡有差。太乐奏伎有倡优为愚痴者，帝以非雅戏，诏罢之"。后为高欢所废，"帝既失位，乃赋诗曰：'朱门久可患，紫极非情玩。颠覆立可待，一年三易换。时运正如此，唯有修真观'"。关于前废帝之学养，《魏书》卷四三《房法寿传》载房景先"作《五经疑问》百余篇，其言该典，今行于时。……符玺郎王神贵答之，名曰《辩疑》，合成十卷，亦有可观。前废帝时奏上之。帝亲自执卷，与神贵往复，嘉其用心，特除神贵子鸿彦为奉朝请"。可见其具有很好的经学修养。《魏书·废出三帝纪》又载后废帝安定王，其为章武王子，"少称明哲"。出帝元修，也曾聘请当时士族名儒讲论经典。[①] 由以上所述，可见北魏后期诸帝无不具有良好的汉文化修养，并重视儒学教育，体现出北魏鲜卑统治集团上层雅化的状况。

不仅对少数皇位继承人如此，孝文帝等统治者对整个鲜卑宗族的礼法与学业教育也极为重视。具体就教育方式而言，实际上受到汉族士族"家教"方式的影响。汉魏以降，汉族文化的传承主要有赖于士族之家学，陈寅恪先生曾一再指出"盖自汉代学校制度废弛，博士传授之风气止息以后，学术中心移于家族，而家族复限于地域，故魏、晋、南北朝之学术、宗教皆与家族、地域两点不可分离"[②]。钱穆先生曾论述士族文化传承，以为"今所谓门第中人者，亦只是上有父兄，下有子弟，为此门第之所赖以维系而久在者，则必在上有贤父兄，在下有贤子弟。若此二者俱无，政治上之权势，经济上之丰盈，岂可支持此门第几百年而不弊不败？"[③] 孝文帝汉化，固然涉及其民族整

[①] 见《魏书·儒林传序》《魏书》卷三六《李顺传附李同轨传》《魏书》卷五三《李孝伯传附李郁传》《魏书》卷五五《刘芳传附刘廞传》《魏书》卷八五《文苑·邢昕传》等记载。

[②] 陈寅恪：《隋唐制度渊源略论稿·礼仪篇》，生活·读书·新知三联书店2001年版，第20页。

[③] 钱穆：《略论魏晋南北朝学术文化与当时门第之关系》，《中国学术思想史论丛》第三卷，安徽教育出版社2004年版，第144页。

体接受汉族生产方式与生活方式等民族融合问题，但究其核心而言，是推动其宗族上层与汉族士族阶层的结合，即促使鲜卑上层汉士族化，而士族的核心则在于其具有文化特征。因此，孝文帝等北魏统治者对其宗族子弟之提升文化修养表现出高度的重视，其具体之教育方法则是模仿汉族士族的"家教"形式。士族家教的具体做法，除了其宗族权威代表对门风之训导规范、父子兄弟之"家业"亲传等形式外，也包括家族延师授学，甚至一些具有宗族性的地方"乡校"等。从这个意义上说，自冯太后以来，孝文帝诸人重视设置"皇宗学"，对鲜卑诸王进行集中教育，实际上是效仿汉族士族家族教育的手段。这方面孝文帝之礼仪训导与学业传授最为突出。

孝文帝很重视对其子弟的礼法教育。这方面实例甚多，早在迁洛前，孝文帝已重视以礼法训诫宗室。《魏书·景穆十二王·任城王澄传》载："时诏延四庙之子，下逮玄孙之胄，申宗宴于皇信堂，不以爵秩为列，悉序昭穆为次，用家人之礼。高祖曰：'行礼已毕，欲令宗室各言其志，可率赋诗。'特令澄为七言连韵，与高祖往复赌赛，遂至极欢，际夜乃罢。"迁洛之后，孝文帝很注重宗室的和谐，他曾"引见王公侍臣于清徽堂"，至晚，"烛至，公卿辞还"，孝文帝说："烛至辞退，庶姓之礼；在夜载考，宗族之义。卿等且退，朕与诸王宗室，欲成此夜饮。"后元澄上表世宗有言："自凤举中京，方隆礼教，宗室之范，每蒙委及，四门之选，负荷铨量。"对有违礼法的宗室子弟，孝文帝则严加惩处。《魏书》卷一五《昭成子孙·常山王遵传》载元昭，小字阿倪，"尚书张彝引兼殿中郎。高祖将为齐郡王简举哀，而昭乃作宫悬。高祖大怒，诏曰：'阿倪愚騃。谁引为郎！'于是黜彝白衣守尚书，昭遂停废"。《魏书·景穆十二王·任城王澄传附弟嵩传》载元嵩"高祖时，自中大夫迁员外常侍，转步兵校尉。大司马、安定王休薨，未及卒哭，嵩便游田。高祖闻而大怒，诏曰：'嵩不能克己复礼，企心典宪，大司马薨殂甫尔，便以鹰鹞自娱。有如父之痛，无犹子之情，捐心弃礼，何其太远！便可免官'"。又，《魏书》卷二一（上）《献文六王·赵王幹传》载其子谧"在母丧，听音声饮食，为御史中尉李平所弹"①。为整顿皇族的礼仪秩序，孝文帝曾有意立"宗师"，委以训导之责。《魏书·献文六王下·彭城王勰传》载："及至豫州，高祖为

---

① 《魏书》卷一九（上）《景穆十二王上·广平王洛侯传》载元匡"性耿介，有气节。高祖器之，谓曰：'叔父必能仪形社稷，匡辅朕躬，今可改名为匡，以成克终之美'"。这也有希望元匡匡辅教帝之文治，进而整肃宗室秩序之用意。

家人书于勰曰：'教风密微，礼政严严，若不深心日劝，何以敬诸。每欲立一宗师，肃我元族。汝亲则宸极，位乃中监，风标才器，实足师范。屡有口敕，仍执冲逊，难违清挹，荏苒至今。宗制之重，舍汝谁寄？便委以宗仪，责成汝弼，有不遵教典，随事以闻，吾别肃治之。若宗室有愆，隐而不举，钟罚汝躬。纲维相厉，庶有劝改。吾朝闻夕逝，不为恨也。'"这是孝文帝临终之言，他想以"风标才器，实足师范"的彭城王元勰为"宗师"，目的是整肃鲜卑皇族的礼法。

孝文帝重视鲜卑皇族子弟学术文化的培养。《魏书·高祖纪下》载太和十六年四月"甲寅，幸皇宗学，亲问博士经义"。孝文帝设学，意在训导鲜卑上层子弟，《魏书》卷二七《穆崇传》载穆弼，"有风格，善自位置。涉猎经史，与长孙稚、陆希道等齐名于世，矜己陵物，颇以自损。高祖初定氏族，欲以弼为国子助教。……高祖曰：'朕欲敦厉胄子，故屈卿光之。白玉投泥，岂能相污？'弼曰：'既遇明时，耻沉泥滓'"。为"敦厉胄子"，迁都洛阳之后，孝文帝甚至亲自讲解儒家典籍，太和二十一年七月"甲寅，帝亲为群臣讲《丧服》于清徽堂"。《魏书》卷二一（下）《献文六王下·彭城王勰传》详载此事曰："高祖亲讲《丧服》于清徽堂，从容谓群臣曰：'彦和、季豫等年在蒙稚，早登缨绂，失过庭之训，并未习礼，每欲令我一解《丧服》。自审义解浮疏，抑而不许。顷因酒醉坐，脱尔言从，故屈朝彦，遂亲传说。将临讲坐，惭战交情。'御史中尉李彪对曰：'自古及今，未有天子讲礼。陛下圣睿渊明，事超百代，臣得亲承音旨，千载一时。'"孝文帝亲自为其兄弟讲说《丧服》，意在培养他们的礼法意识。孝文帝曾命人将儒家经典《孝经》译成鲜卑语，《隋书》卷三二《经籍志一》末著录"《国语孝经》一卷"，"《孝经》类小序"载："又云魏氏迁洛，未达华语，孝文帝命侯伏侯可悉陵，以夷言译《孝经》之旨，教于国人，谓之《国语孝经》。今取以附此篇之末。"但将汉族文化典籍译为鲜卑"国语"，毕竟是少数，为了促使鲜卑上层学习汉族文化，孝文帝断然决定放弃本民族语言，以汉语为"正音"。孝文帝还重视后宫的文化教育，《魏书》卷九二《列女传》载："渔阳太守阳尼妻高氏，勃海人。学识有文才，高祖敕令入侍后宫。幽后表启，悉其辞也。"孝文帝在后宫中兴学传道，对鲜卑皇族的雅化影响深远。

孝文帝之后，北魏后期其他统治者也多重视对鲜卑王公子弟的汉文化教育。世宗即位后，重视对其皇族子弟的儒学教育，《魏书》本纪载正始三年十一月甲子，"帝为京兆王愉、清河王怿、广平王怀、汝南王悦讲《孝经》于式乾殿"。《魏书》卷八四《儒林·董徵传》载董徵为"大义精练"的经师，"太和末，为四门小学博士。后世宗诏徵入璇华宫，令孙惠蔚问以《六经》，仍诏徵教授京兆、清河、广平、汝南四王，后特除员外散骑侍郎"。《魏书》卷二二《孝文五王·广平王怀传》亦载："有魏诸王。召入华林别馆，禁其出入，令四门博士董徵，授以经传。世宗崩，乃得归。"① 宣武帝为诸弟在宫内设学馆，是一种典型的"皇宗学"。他亦重视后宫教育，《魏书·李彪传》载："彪有女，幼而聪令，彪每奇之，教之书学，读诵经传。……彪亡后，世宗闻其名，召为婕妤，以礼迎引。婕妤在宫，常教帝妹书，诵授经史。……及彪之后，婕妤果入掖庭，后宫咸师宗之。"世宗以李彪女有才学，"召为婕妤，以礼迎引"，其"常教帝妹书，诵授经史"，"后宫咸师宗之"，可见当时后宫文化氛围颇为浓郁。

由上述可见孝文帝迁洛后诸帝皆重视在儒家礼法、经史学术、文学艺术等方面引导、教育其宗族子弟。这种教育方式，在一定程度上可以说是受到当时汉族士族社会"家教"影响的结果。

（三）迁洛鲜卑王公之设置私学与重视"家教"

迁洛之后，随着鲜卑皇族汉化程度不断提升，其代表人物日益"士族化"，形成了"胡人士族"群体，② 为了确保其子孙在士族社会中的地位，鲜卑上层各家族内部普遍重视教育。对此，何德章先生已有论述，指出："鲜卑贵族采用汉族世家大族的方式教育子弟，也是鲜卑贵族世族大族化的一项重要内容，是鲜卑族上层文士化的基础。"③《魏书》卷一九（上）《景穆十二王上·阳平王新成传附元钦传》载元钦汉文化颇高，"曾托青州人高僧寿为子求师，师至，未几逃去。钦以让僧寿。僧寿性滑稽，反谓钦曰：'凡人绝粒，七日乃死，始经五朝，便尔逃遁，去食就信，实有所阙。'钦乃大惭，于是待客稍厚"。元钦虽待客刻薄，但其为子延师则为事实。《北史》卷一七《景穆十二王·阳平王新城传》载元钦子元子孝"性又宽慈，敦穆亲族。乃置学馆于私第，集群从子弟，昼夜讲读。并给衣食，与诸子同"。又，《魏书·儒林·

---

① 《魏书·广平王怀传》全缺，此"有魏诸王"数十字云云，显然非指元怀个人，中华书局本校勘记已指出"疑为后人所补"。

② 关于"胡人士族"问题，前揭刘驰《北朝胡人士族的形成及其原因》一文已有深入的专题论述，请参见。

③ 对迁洛鲜卑贵族设馆立学、延师教授，何德章在《北魏迁洛后鲜卑贵族的文士化——读北朝碑志札记之三》（《魏晋南北朝隋唐史资料》第20辑，武汉大学文科学报编辑部2003年版）已有论述，本文有所参考。

刘兰传》载刘兰为当时"儒者所宗"的大儒,"特为中山王英所重。英引在馆,令授其子熙、诱、略等"。《魏书》卷五五《刘芳传附刘懋传》载其"聪敏好学,博综经史,善草隶书,多识奇字。……太傅、清河王怿爱其风雅,……怿为宰相积年,礼懋尤重,令诸子师之"。《魏书·儒林·徐遵明传》载其为当时"海内莫不宗仰"之经师,"后广平王怀闻而征焉。至而寻退,不好京辇"。广平王怀征聘徐遵明当与其求学问教相关。《魏书》卷五三《李孝伯传附李郁传》载其"好学沉静,博通经史。自著作郎为广平王怀友,怀深相礼遇。时学士徐遵明教授山东,生徒甚盛,怀征遵明在馆,令郁问其《五经》义例十余条,遵明所答数条而已"。《魏书》卷一九(中)《景穆十二王中·任城云王传附元澄传》载元澄注重对子弟的文化教育,其子元顺"九岁师事乐安陈丰,初书王羲之《小学篇》数千言,昼夜诵之,旬有五日,皆通彻。丰奇之,白澄曰:'丰十五从师,迄于白首,耳目所经,未见此比,江夏黄童,不得无双也。'澄笑曰:'蓝田生玉,何容不尔。'十六,通《杜氏春秋》,恒集门生,讨论同异"。元顺九岁从师受教,学业大进,显然是元澄为子聘师授业。一些地位较低的鲜卑人物也从师受学,《魏书》卷八一《山伟传》载:"其先代人。……父雅之,营陵令。伟随父之县,遂师事县人王惠,涉猎文史。"又,《魏书》卷八五《文苑·温子升传》载其"博览百家,文章清丽。为广阳王渊贱客,在马坊叫诸奴子书。作《侯山祠堂碑文》,常景见而善之,故诣渊而谢之。景曰:'顷见温生。'渊怪而问之,景曰:'温生是大才士。'渊由是稍知之"。广阳王元渊在马坊设学教"诸奴子书",可以想见鲜卑王公对私学之重视,当时各鲜卑王公多于家族内设置学馆、延师授教已成风气。①

由上文考叙,可见自孝文帝迁都洛阳以后,大力倡导汉化,其中一个重要方面便在于加强对鲜卑皇族子弟的汉文化教育。北魏后期的统治人物,其本人无不受到良好的儒学熏陶,具有较为丰富的儒学文化修养及其相关的知识储备。当时不仅北魏国家兴学重教,通过创建"皇宗学""国子学"等机构,完善学官制度,对鲜卑王公子弟进行儒学教育,而且一些"士族化"的

---

① 迁洛鲜卑王公如此设馆教授,影响到了后来南徙的六镇统治者,如高欢,《魏书》卷八四《儒林·卢景裕传》载:"河间邢摩纳与景裕从兄仲礼据乡作逆,逼其同反,以应元宝炬。齐献武王命都督贺拔仁讨平之。闻景裕经明行著,驿马特征,既而舍之,使教诸子。在馆十日一归家,随以鼎食。"同书同卷《李同轨传》也载:"卢景裕卒,齐献武王引同轨在馆教诸公子,甚加礼之。每日人授,日暮始归。"

鲜卑上层人物也在家族内设立学馆，延聘经师，进行文化启蒙与普及教育。其目的在于提升鲜卑皇族子孙的文化素养，使其在文化上融入汉族士族社会，从而在根本上推进鲜卑上层社会"门阀化"与"士族化"的进程，确保其利益与地位。众所周知，汉族士族社会是特权阶层，其特权的基础与来源固然非止一端，但门第的核心则在于其具有文化上的传统。孝文帝汉化改制过程中，虽赋予了鲜卑皇族特殊的政治与社会地位，但要稳固和延续其社会地位，使其子孙避免"不免面墙"的命运，就必须加强对其进行以儒学为基本内容的汉族文化的教育。从以上所述宣武帝、孝明帝及魏末诸位鲜卑帝王的情况看，他们在经史学术、文学艺术等方面，多具有卓异的才能，这自然显现出迁洛鲜卑统治集团汉化的成效，至于其他鲜卑宗室子弟的雅化状况，下文对各皇族支系的相关情况进行论述。

二 迁洛元魏皇族人物汉文化修养的普遍提升及其表现

从相关文献记载看，在孝文帝迁洛之后，鲜卑族的汉化达于高潮。在日益严格、规范的教育与训导下，鲜卑皇族宗室子弟在经史学术与文学艺术等方面的积累日益丰厚，出现了一些以学识见长的鲜卑人物，其中不少鲜卑王公子孙以其政治地位、经济优势，大量招集士人，特别在"妙选行佐"和"盛选宾僚"的制度下，鲜卑诸王幕中往往人才济济，他们不断举行聚会，形成了北魏后期洛阳雅集的新风气。这类所谓雅集，大多都关涉学术文化的内容。可以说，当时的一些鲜卑王公的府邸园苑往往具有学术文化中心或文化集团的特征，而鲜卑诸王公则具有集团或群体的组织、资助者的身份，这既是其自身雅化的表现，也进一步促进了鲜卑上层社会的文化进步。就鲜卑宗室子弟文化积累的状况而言，皇族嫡宗，即孝文帝诸弟，特别是其诸子及其后代，表现得最为突出。

（一）孝文帝诸弟及其后人之学术文化——以彭城王元勰为代表

《魏书》卷二四《崔玄伯传附崔僧渊传》载崔僧渊族兄在萧齐，萧鸾命其致信崔僧渊，"说以入国之屈，规令改图"，崔僧渊复书称述魏孝文帝为人"无幽不照，无细不存，仁则无远不及，博则无典不究，殚三坟之微，尽九丘之极。至于文章错综，焕然蔚炳，犹夫子之墙矣"。又称"圣上诸弟，风度相类，咸阳王已下，莫不英越，枝叶扶疏，遍在天下"云云。崔僧渊所复书，事关北魏声誉，自然难免夸饰，但称述孝文帝个人才学及其诸弟之风雅，"莫不英越"，则并非一味吹嘘。

孝文帝有六弟，迁洛之后，他们不仅在生活作风上日益雅化，而且在学识上也有所提升。《魏书》卷二一（上）《献文六王·咸阳王禧传》载其自幼受到较好的文化教育，① 迁洛后，出为冀州刺史，"禧将还州，高祖亲饯之，赋诗叙意"。元禧诸子颇具学养，后元禧为世宗诛，其子元翼等皆南奔萧梁避祸，"翼容貌魁壮，风制可观，（萧）衍甚重之，封为咸阳王"；元树"美姿貌，善吐纳，兼有将略，衍尤器之"。同上《赵王幹传》载孝文帝南迁后，以元幹都督关右诸军事，"别赐诗书"，希望其学习儒家典籍。《高阳王雍传》载元雍虽"识怀短浅，又无学业"，但其生活颇雅化，其诸子更甚之，如元泰"颇有时誉"，元叡"轻忽荣利，爱玩琴书"，元诞"少聪惠，有风仪"。《北海王元详传》载孝文帝曾赐其玺书曰："比游神何业也？丘坟六籍，何事非娱，善正风猷，肃是禁旅。"这是希望他用心典籍。孝文帝诸弟中，就汉文化水平而言，当以彭城王元勰最为突出。《魏书》卷二一（下）《献文六王·彭城王勰传》载其"少而岐嶷，姿性不群。……敏而耽学，不舍昼夜，博综经史，雅好属文"。他一再与孝文帝诗文唱和，本传载：

> 高祖与侍臣升金墉城，顾见堂后梧桐、竹曰："凤皇非梧桐不栖，非竹实不食，今梧桐、竹并茂，讵能降凤乎？"勰对曰："凤皇应德而来，岂竹、梧桐能降？"高祖曰："何以言之？"勰曰："昔在虞舜，凤皇来仪；周之兴也，鸑鷟鸣于岐山。未闻降桐食竹。"高祖笑曰："朕亦未望降之也。"后宴侍臣于清徽堂，日晏，移于流化池芳林之下。高祖曰："向宴之始，君臣肃然，及将末也，觞情始畅，而流景将颓，竟不尽适，恋恋余光，故重引卿等。"因仰观桐叶之茂，曰："'其桐其椅，其实离离，恺悌君子，莫不令仪'，今林下诸贤，足敷歌咏。"遂令黄门侍郎崔光读暮春群臣应诏诗。至勰诗，高祖仍为之改一字，曰："昔祁奚举子，天下谓之至公，今见勰诗，始知中令之举非私也。"勰对曰："臣露此拙，方见圣朝之私，赖蒙神笔赐刊，得有令誉。"高祖曰："虽琢一字，犹是

---

① 《魏书》卷五三《李冲传》载李冲曾为"咸阳王师。东宫既建，拜太子少傅"。李冲是当时汉族士大夫的代表，其学识与干能俱佳，以其为咸阳王元禧师傅，显然是要加强对其引导。

玉之本体。"勰曰:"臣闻《诗》三百,一言可蔽。今陛下赐刊一字,足以价等连城。"……后幸代都,次于上党之铜鞮山。路旁有大松树十数根。时高祖进伞,遂行而赋诗,令人示勰曰:"吾始作此诗,虽不七步,亦不言远。汝可作之,比至吾所,令就之也。"时勰去帝十余步,遂且行且作,未至帝所而就。诗曰:"问松林,松林经几冬? 山川何如昔,风云与古门。"高祖大笑曰:"汝此诗亦调责吾耳。"

孝文帝为元勰改诗,又命其仿效即兴"七步成诗",可见其颇有文才。孝文帝南征,命元勰作"露布",孝文帝鼓励说,"汝岂独亲诏,亦为才达,但可为之",其文写就,"尤类帝文,有人见者,咸谓御笔",孝文帝又说:"汝所为者,人谓吾制,非兄则弟,谁能辨之。"世宗时,元勰受到政治攻击,"勰因是作《蝇赋》以谕怀,恶谗构也"。不仅如此,元勰精悉典制,具有较高的学术文化修养,其本传载:"议定律令,勰与高阳王雍、八座、朝士有才学者五日一集,参论轨制应否之宜。而勰夙侍高祖,兼聪达博闻,凡所裁决,时彦归仰。加以美容貌,善风仪,端严若神,折旋合度,出入言笑,观者忘疲。又加侍中。勰敦尚文史,物务之暇,披览不辍。撰自古帝王贤达至于魏世子孙,三十卷,名曰《要略》。小心谨慎,初无过失,虽闲居宴处,亦无慢色惰容。爱敬儒彦,倾心礼待。"元勰"敦尚文史,物务之暇,披览不辍",并有著作;其"爱敬儒彦,倾心礼待",以其身份与地位,其幕府自然文化氛围浓郁。这有一个实例,《魏书·祖莹传》又载元勰所参与的一则典型的文学竞先事例:

尚书令王肃曾于省中咏《悲平城诗》,云:"悲平城,驱马入云中。阴山常晦雪,荒松无罢风。"彭城王勰甚嗟其美,欲使肃更咏,乃失语云:"王公吟咏情性,声律殊佳,可更为诵《悲彭城诗》。"肃因戏勰云:"何意《悲平城》为《悲彭城》也?"勰有惭色。莹在座,即云:"所有《悲彭城》,王公自未见耳。"肃云:"可为诵之。"莹应声云:"悲彭城,楚歌四面起;尸积石梁亭,血流睢水里。"肃甚嗟赏之。勰亦大悦,退谓莹曰:"即定是神口。今日若不得卿,几为吴子所屈。"

这是在元勰主政的尚书省中出现的文学交流活动,可见元勰具有良好的文学欣赏水平,他称王肃之诗"吟咏情性,声律殊佳",王肃来自江南,其诗风清新别致，元勰颇受触动。元勰与孝文帝关系至为密切，深受孝文帝的影响，其汉文化修养最为突出。孝文帝曾以曹丕、曹植兄弟以文名相忌，表示自己与兄弟文才相赏，鼓励元勰充分展示文学才能。可以说，元勰最好地体现了乃兄孝文帝教育皇族子弟、不断汉化的成就。

彭城王元勰后人也有以文化显名者。前述孝庄帝乃勰之子，《北齐书》卷二八《元韶传》载其"孝庄之侄。避尔朱荣之难，匿于嵩山。性好学，美容仪"。其在北齐，元魏宗室颇受残害，元韶极遭羞辱，然"好儒学，礼致才彦，爱林泉，修第宅，华而不侈"。

（二）孝文帝诸子之学术文化积累与表现——以京兆王元愉、清河王元怿为代表

前文已叙及孝文帝重视对诸子的教育，其文化积累与水平上升颇为显著。宣武帝的文化表现，前文已述，其他如京兆王元愉，《魏书》卷二二《孝文五王·京兆王愉传》载："愉好文章，颇著诗赋。时引才人宋世景、李神俊、祖莹、邢晏、王遵业、张始均等共申宴喜，招四方儒学宾客严怀真等数十人，馆而礼之。所得谷帛，率多散施。又崇信佛道，用度常至不接。"元愉具有文学才能，他招引了不少当时著名的文士和儒士，"共申宴喜"、"馆而礼之"，形成了一个以其为中心的学术文化集团。

清河王元怿，在孝文帝诸子中其文化水平最为卓异。《魏书·孝文五王·清河王元怿传》载其"幼而敏惠，美姿貌，高祖爱之。彭城王勰甚器异之，并曰：'此儿风神外伟，黄中内润，若天假之年，比《二南》矣。'博涉经史，兼综群言，有文才，善谈理，宽仁容裕，喜怒不形于色"。可见其"有文才""善谈理"，文化修养甚高。孝明帝时期，他一度执掌朝政，地位显赫，常组织学术文化活动。《洛阳伽蓝记》卷四"城西·冲觉寺"条下载：

> 怿亲王之中，最有名行，世宗爱之，特隆诸弟。延昌四年，世宗崩，怿与高阳王雍、广平王怀并受遗诏，辅翼孝明。时帝始年六岁，太后代总万机，以怿名德茂亲，体道居正，事无大小，多咨询之。是以熙平、神龟之际，势倾人主，第宅丰大，逾于高阳。西北有楼，出凌云台，俯临朝市，目极京师，古诗所谓"西北有高楼，上与浮云齐"者也。楼下有儒林馆，延宾堂，形制并如清暑殿，土山钓台，冠于当世。斜峰入牖，曲沼环堂。树响飞嘤，阶丛花药。怿爱宾客，重文藻，海内才子，莫不辐凑。府僚臣佐，并选隽民。至于清晨明景，骋望南台，珍馐具设，琴

笙并奏，芳醴盈罍，佳宾满席，使梁王愧兔园之游，陈思惭雀台之燕。

可见元怿招揽了不少"海内才子"，所谓"使梁王愧兔园之游，陈思惭雀台之燕"，说明其府邸文学之士聚集相当频繁，是一个活跃的文学中心。当然，其"博涉经史，兼综群言"，府邸设"儒林馆"等，说明具有很高的经史修养，精于典制，且重视儒学之士。《魏书》本传载："肃宗初，迁太尉，侍中如故。诏怿裁门下之事。又典经义注。……怿以忠而获谤，乃鸠集昔忠烈之士，为《显忠录》二十卷，以见意焉。"① 元怿还著有《孝经解诂》，《魏书》卷三二《封懿传附封轨传》载封轨长子封伟伯，"博学有才思，弱冠除太学博士，每朝廷大议，伟伯皆预焉。……太尉、清河王怿辟参军事，怿亲为《孝经解诂》，命伟伯为《难例》九条，皆发起隐漏"。可见元怿解说儒家经典，并与诸儒讨论。清河王元怿还重视对其子弟的教育，《魏书·刘芳传》载刘芳从子刘懋"聪敏好学，博综经史，善草隶书，多识奇字。……太傅、清河王怿爱其风雅，常目而送之曰：'刘生堂堂，搢绅领袖，若天假之年，必为魏朝宰辅。'诏懋与诸才学之士，撰成仪令。怿为宰相积年，礼懋尤重，令诸子师之。迁太尉司马。熙平二年冬，暴病卒。……太傅怿及当时才俊莫不痛惜之"。

清河王元怿一支后人多有以文化显名者。如东魏孝静帝，《魏书》卷一二《孝静帝纪》载其乃清河王元亶子，"帝好文学，美容仪。力能挟石师子以逾墙，射无不中。嘉辰宴会，多命群臣赋诗，从容沉雅，有孝文风"。其曾受高澄欺辱，咏谢灵运诗云："韩亡子房奋，秦帝鲁连耻。本自江海人，忠义动君子。"② 后为高洋所废，"帝乃下御座，步就东廊，口咏范蔚宗《后汉书赞》云：'献生不辰，身播国屯。终我四百，永作虞宾。'……嫔赵国李氏诵陈思王诗云：'王其爱玉体，俱享黄发期。'"可见其文学修养。孝静帝还颇具经学修养，《魏书》卷七二《贾思伯传附贾思同传》载贾思同"少厉志行，雅好经史"，东魏时，"与国子祭酒韩子熙并为侍讲，授静帝《杜氏春秋》"③。当

---

① 关于元怿所撰《显忠录》，《魏书》卷六〇《韩麒麟传》载其子韩子熙曾为清河王元怿常侍，后元怿被害，韩子熙上书称其"忠诚款笃，节义纯贞，非但蕴藏胸襟，实乃形于文翰，搜括史传，撰《显忠录》，区目十篇，分卷二十"。

② 孝静帝与臣属聚会赋诗，这是有实例的，《魏书》卷一〇四《自序篇》载"静帝曾季秋大射，普令赋诗"。

③ 《魏书》卷六〇《韩麒麟传》载其子韩子熙有才学，"兴和中，孝静欲行释奠，敕子熙为侍讲"。

时辽西儒者卫冀隆传《服氏春秋》，相互驳难，静帝"诏下国学集诸儒考之，事未竟而思同卒"①。又，《北齐书》卷二四《杜弼传》载孝静帝曾与杜弼谈论佛性与法性异同，这涉及玄理之学，表明其对佛学、庄老义理的兴趣。杜弼表奏老子《道德经注》二卷，孝静帝诏曰："卿才思优洽，业尚通远，息栖儒门，驰骋玄肆，既启专家之学，且畅释老之言。户列门张，途通径达，理事兼申，能用俱表，彼贤所未悟，遗老所未闻，旨极精微，言穷深妙。朕有味二《经》，倦于旧说，历览新注，所得已多，嘉尚之来，良非一绪。已敕杀青编，藏之延阁。"孝静帝与杜弼就道、佛思想有深入之交流。

广平王元怀，《魏书》本传全缺。②据前文所述，广平王元怀征聘儒学名士讨论经学，可见其学术修养。又，《魏书》卷六九《崔休传》载："休爱才好士，多所拔擢。广平王怀数引谈宴，世宗责其与诸王交游，免官。"又，《魏书》卷六五《邢峦传》载其弟邢晏，"美风仪，博涉经史，善谈释老，雅好文咏。……世宗初，为与广平王怀游宴，左迁鄄县令，未之官"。元怀常召集文士"谈宴"，自然涉及文化活动。

汝南王元悦，《魏书·孝文五王·汝南王元悦传》载其"好读佛经，览书史"，具有一定的学术文化修养。但元悦"为性不伦，俶傥难测"，似乎有些精神失常，他后来沉迷左道，"合服仙药"等，颇为另类。

从北魏皇族宗室各支系的文化积累情况看，孝文帝力行汉化，重视对"皇宗"的教育，受影响最大的显然是其嫡宗之兄弟子侄。就孝文帝诸弟而言，出现了彭城王元勰这样的人物，其诸子中，则有清河王元怿、京兆王元愉等，他们皆博通经史，学兼文艺，且皆为一时文化活动之倡导与组织者。就其个人气质与文化修养而言，他们与汉族士人几无分别。

（三）昭成一支子孙学术文化修养之提升及其表现

迁洛之后，在孝文帝重视教育、倡导文化风尚的影响下，其他鲜卑拓跋皇族宗室子弟也多有崇尚儒学、致力文艺的杰出人物，其生活方式明显雅化，《洛阳伽蓝记》卷四"城西·宝光寺"条载："当时园地平衍，果菜葱青，莫不叹息焉。园中有一海，号'咸池'，葭菼被岸，菱荷覆水，青松翠竹，罗生

---

① 又，《北齐书》卷二九《李深传附弟绘传》载："魏静帝于显阳殿讲《孝经》《礼记》，绘与从弟骞、裴伯茂、魏收、卢元明等俱入录议。素长笔札，尤能传受，缉缀词议，简举可观。"可见孝静帝自幼受到良好的经学教育，并自己讲说经典，发动相关讨论。又，《隋书》卷四二《李德林传》载："魏孝静帝时，命当世通人正定文籍，以为内校书，别在直阁省。"

② 赵超《汉魏南北朝墓志汇编》所录《广平王怀墓志》载其生平大略，可补正史之缺。

其旁。京邑士子，至于良辰美日，休沐告归，征友命朋，来游此寺。雷车接轸，羽盖成荫。或置酒林泉，题诗花囿，折藕浮瓜，以为兴适。"又，《洛阳伽蓝记》卷五"城北·凝圆寺"条下载："地形高显，下临城阙。房庑精丽，竹柏成林，实是净行息心之所也。王公卿士，来游观为五言者，不可胜数。"这反映出当时北魏上层人物雅集的情况。一些鲜卑王公子弟成为文化雅集交游的组织者，是实际的文化领袖。下文以拓跋宗室各房支为线索，对其代表人物文化修养之提升及其相关表现略作介绍。

昭成一支后人在北朝后期，多有以文化显名者。元寿兴，《魏书》卷一五《昭成子孙·常山王遵传》载元寿兴，"少聪慧好学"，世宗时其受陷害而死，命笔自作《墓志铭》曰："洛阳男子，姓元名景，有道无时，其年不永。"其能作文，固无可疑。①

元晖，《魏书》卷一五《昭成子孙·常山王遵传》载其"少沉敏，颇涉文史。……晖颇爱文学，招集儒士崔鸿等撰录百家要事，以类相从，名为《科录》，凡二百七十卷，上起伏羲，迄于晋、宋，凡十四代。晖疾笃，表上之"。元晖在世宗、肃宗时期，历任侍中、吏部尚书、尚书左仆射等显职，是当时皇宗之重要代表，其个人"颇涉文史""颇爱文学"，又招集儒士编撰《科录》。

元文遥，《北齐书》卷三八《元文遥传》载："元文遥，字德远，河南洛阳人，魏昭成皇帝六世孙也。五世祖常山王遵。……文遥敏慧夙成，济阴王晖业每云：'此子王佐才也。'晖业尝大会宾客，有人将《何逊集》初入洛，诸贤皆赞赏之。河间邢邵试命文遥，诵之几遍可得？文遥一览便诵，时年十余岁。济阴王曰：'我家千里驹，今定如何？'邢云：'此殆古来未有。'"其子元行恭，"美姿貌，有父风，兼俊才，位中书舍人，待诏文林馆。……行恭少颇骄恣，文遥令与范阳卢思道交游。文遥尝谓思道云：'小儿比日微有所知，是大弟之力，然白掷剧饮，甚得师风。'思道答云：'郎辞情俊迈，自是克荷堂构，而白掷剧饮，亦天性所得。'"元行恭入文林馆，可见其文才颇著，且其言行已名士化。元行恭弟行如，"亦聪慧早成，武平末，任著作佐郎"②。

《北齐书》卷四一《元景安传》载其为"魏昭成五世孙也。高祖虔，魏

---

① 魏烈帝之后也有人物雅化者，如元志，《魏书》卷一四《神元平文诸子孙·河间公齐传》载烈帝之后元志，"少清辩强干，历览书传，颇有文才"，其历刺扬、雍诸州，"晚年耽好声伎，在扬州日，侍侧将百人，器服珍丽，冠绝一时。及在雍州，逾尚华侈，聚敛无极，声名遂损"。

② 中华书局《北齐书》校勘记引张森楷云，遵为昭成孙，故元文遥当为昭成七世孙。

陈留王。父永，少为奉朝请。……景安沉敏有干局，少工骑射，善于事人"，东魏、北齐之际，"于时江南款附，朝贡相寻，景安妙闲驰骋，雅有容则，每梁使至，恒令与斛律光、皮景和等对客骑射，见者称善"。可见元景安颇有风雅。又有元景皓，父元祚，景皓于北齐天保年间为高洋所杀，其在北魏末，言行颇雅化。《洛阳伽蓝记》卷四"城西·永明寺"条下载："景皓者，河州刺史陈留王虔之子。立性虚豁，少有大度，爱人好士，待物无遗。"元景皓尤重佛学，"夙善玄言道家之业，遂舍半宅，安置佛徒。演唱大乘，数部并进，京师大德，超、光、荣四法师，三藏胡沙门菩提流支等咸预其席。诸方伎术之士，莫不归赴"。

又，《周书》卷三八《元伟传》载："元伟字猷道，河南洛阳人也。魏昭成之后。……伟少好学，有文雅。"西魏、北周时，"以魏宗室，进爵南安郡王，邑五百户。……及尉迟迥伐蜀，以伟为司录。书檄文记，皆伟之所为。……世宗初，拜师氏中大夫。受诏于麟趾殿刊正经籍。……伟性温柔，好虚静。居家不治生业。笃好爱文，政事之暇，未尝弃书。谨慎小心，与物无忤。时人以此称之"。他曾出使北齐，"初自邺还也，庾信赠其诗曰：'虢亡垂棘反，齐平宝鼎归。'其为辞人所重如此"。

（四）道武帝、太武帝子孙之学术文化修养及其表现——以临淮王元彧为代表

道武后代，北朝后期以文化卓著者，主要有元罗父子。元罗，《魏书》卷一六《道武七王·京兆王黎传附元罗传》载元罗父继、兄叉在世宗、肃宗时颇有权势，"虽父兄贵盛，而虚己谦退，恂恂接物。迁平东将军、青州刺史。又当朝专政，罗望倾四海，于时才名之士王元景、邢子才、李奖等咸为其宾客，从游青土"。显然，元罗成为北魏末年名士群体交游的中心人物。又，《隋书》卷七五《儒林·元善传》："元善，河南洛阳人也。祖叉，魏侍中。父罗，初为梁州刺史，及叉被诛，奔于梁，官至征北将军，青、冀二州刺史。善少随父至江南，性好学，遂通涉五经，尤明《左氏传》。及侯景之乱，善归于周。武帝甚礼之，以为太子宫尹，赐爵江阳县公。每执经以授太子。"入隋后，隋文帝称之为"人伦仪表"，其"凡有敷奏，词气抑扬，观者属目"，任国子祭酒，"上尝亲临释奠，命善讲《孝经》。于是敷陈义理，兼之讽谏。上大悦曰：'闻江阳之说，更起朕心。'"可见元罗后曾流落江南，其子元善则成为北周、隋代的著名儒学经师。①

太武帝后人在北魏后期出现了颇具有影响的文化人物,尤以元彧最为卓著。《魏书》卷一八《太武五王·临淮王谭传》载元昌,"好文学,居父母丧,哀号孺慕,悲感行人",其子元彧"少有才学,时誉甚美。侍中崔光见彧,退而谓人曰:'黑头三公,当此人也。'"其以才学,深得汉族名士的称赏。本传载其"少与从兄安丰王延明、中山王熙并以宗室博古文学齐名,时人莫能定其优劣。尚书郎范阳卢道将谓吏部清河崔休曰:'三人才学虽无优劣,然安丰少于造次,中山皂白太多,未若济南风流沉雅。'时人为之语曰:'三王楚琳琅,未若济南备圆方。'彧姿制闲裕,吐发流靡,琅邪王诵有名人也,见之未尝不心醉忘疲"。又载:"彧美风韵,善进止,衣冠之下,雅有容则。博览群书,不为章句。所著文藻虽多亡失,犹有传于世者。"可见元彧与元延明、元熙为宗室诸王中最具风流的人物,其学识与风度皆已名士化。尔朱荣乱洛阳,元彧曾南奔萧梁,梁武帝遣舍人陈建孙迎接,并"观彧为人",陈建孙还报,"称彧风神闲俊。衍亦先闻名,深相器待,见彧于乐游园,因设宴乐"。元彧与文士交往密切,《洛阳伽蓝记》卷四"城西·法云寺"条下载:

> 彧博通典籍,辨慧清悟,风仪详审,容止可观。至三元肇庆,万国齐珍,金蝉曜首,宝玉鸣腰,负荷执笏,逶迤复道。观者忘疲,莫不叹服。彧性爱林泉,又重宾客。至于春风扇扬,花树如锦,晨食南馆,夜游后园。僚寀成群,俊民满席,丝桐发响,羽觞流行,诗赋并陈,清言乍起。莫不饮其玄奥,忘其褊郄焉。是以入彧室者,谓登仙也。荆州秀才张裴常为五言,有清拔之句云:"异林花共色,别树鸟同声。"彧以蛟龙锦赐之。亦有得绯䌷绯绫者。唯河东裴子明为诗不工,罚酒一石。子明八斗而醉眠,时人譬之山涛。

元彧府邸"僚采成群,俊民满席","诗赋并陈,清言乍起",成为一个文学艺术的中心。②

---

① 这里记载元罗与元叉为父子关系,据《魏书》则为兄弟,中华书局《隋书》校勘记已有考。
② 元彧还参与了乐曲的创制,《魏书》卷一〇九《乐志》载:"初,侍中崔光、临淮王彧并为郊庙歌词而迄不施用,乐人传习旧曲,加以讹失,了无章句。"

又，元昌弟元孚，《魏书·太武五王·临淮王谭传》载其"少有令誉，侍中游肇、并州刺史高聪、司徒崔光等见孚，咸曰：'此子当准的人物，恨吾徒衰暮，不及见耳。'累迁兼尚书右丞。灵太后临朝，宦者干政，孚乃总括古今名妃贤后，凡为四卷，奏之"。可见元孚习史颇精。其又精擅礼乐，永安末，"乐器残缺，庄帝命孚监仪注"，其整理乐器，"量钟磬之数，各以十二架为定"，"于时搢绅之士，咸往观听，靡不咨嗟叹服而返。太傅、录尚书长孙承业妙解声律，特复称善"。元孚依据《周礼》等整理乐制，体现出其良好的儒学修养。

（五）景穆、文成帝子孙之文雅化及其表现——以元澄、元熙、元略、元延明为代表

景穆后人支系庞大，在北魏后期以才学显名者也较多。《魏书》卷一九（上）《景穆十二王上·阳平王传》载元钦、元子孝皆早慧，"钦少好学，早有令誉，时人语曰：'皇宗略略，寿安、思若。'"元子孝"早有令誉，年八岁，司徒崔光见而异之曰：'后生之领袖，必此人也。'"《北史·景穆十二王·阳平王新城传》亦载"子孝美容仪，善笑谑，好酒爱士，缙绅归之，宾客常满，终日无倦。性又宽慈，敦穆宗族。乃置学馆手私第，集群从子弟，昼夜讲读。并给衣食，与诸子同。"元钦父子皆早慧，这说明其家族已形成了幼教的传统。[1]

《魏书》卷一九（上）《景穆十二王上·济阴王传》载元晖业"少险薄，多与寇盗交通。长乃变节，涉子史，亦颇属文，而慷慨有志节。……齐文襄尝问之曰：'比何所披览？'对曰：'数寻伊霍之传，不读曹马之书。'……又尝赋诗云：'昔居王道泰，济济富群英。今逢世路阻，狐兔郁纵横。'……晖业之在晋阳也，无所交通，居常闲暇，乃撰魏藩王家世，号为《辨宗室录》，四十卷，行于世"。其弟元昭业，"颇有学尚，位谏议大夫"[2]。

又有元显和，"少有节操，历司徒记室参军。司徒崔光每见之曰：'元参军风流清秀，容止闲雅，乃宰相之器'"。

《魏书》卷一九（上）《景穆十二王上·汝阴王天赐传》载元修义，"字寿安，涉猎书传，颇有文才，为高祖所知"。修义子孙也以文显名，《隋书》

---

[1] 《魏书》卷一九（上）《景穆十二王上·京兆王子推传》载元恒"粗涉书史"。
[2] 《北齐书》卷二八《元晖业传》所载与《魏书》大体相同，而以《辨宗室录》为《辨宗录》，以昭业"颇有学尚"为"颇有学问"。又检《隋书》卷三三《经籍志二》载："《后魏辨宗录》二卷。"

卷五〇《元孝矩传》载元孝矩乃河南洛阳人，祖修义，其弟元褒"最知名，……宽仁大度，涉猎书史"，仕于周、隋。

《魏书》卷一九（上）《景穆十二王上·广平王洛侯传》载元匡用心典制，世宗时"与太常刘芳议争权重"，引起激烈争议，由于当时执政从刘芳之说，"匡更表列，据己十是，云芳十非"。元匡出刺兖州，世宗召见，"匡犹以尺度金石之事，国之大经，前虽为南台所弹，然犹许更议，若议之日，愿听臣暂赴"，表示他坚持己见。明帝时，"匡屡请更权衡不已"，受到执政人物的抵制，"匡刚隘，内遂不平"。权重之制，事关大局，并非简单的学术问题。又，据《魏书》卷一〇九《乐志》，与"权重"之争相关，元匡还与刘芳"竞论钟律"，以致"各树朋党，争竞纷纭，竟无底定"。不过，无论元匡所论是否尽合学理，但他与"学高一时，深明典故"的大儒刘芳相竞，说明他对儒家文物制度具有相当的了解。

《魏书》卷一九（中）《景穆十二王中·任城王云传》载元澄"少而好学"，冯太后曾对中书令李冲称之曰："此儿风神吐发，德音闲婉，当为宗室领袖。"南齐使者庾荜至魏，"见澄音韵遒雅，风仪秀逸，谓主客郎张彝曰：'往魏任城以武著称，今魏任城乃以文见美也'"。可见元澄早已雅化，故其一心辅助孝文帝迁洛。孝文帝好文学，在宗室人物中，除了与彭城王元勰多有唱和外，与元澄的唱和也颇频繁，本传载："高祖至北邙，遂幸洪池，命澄侍升龙舟，因赋诗以序怀。"又载："后从征至悬瓠，以笃疾还京。驾饯之汝濆，赋诗而别。"明帝时，"澄表上《皇诰宗制》并《训诂》各一卷，意欲皇太后览之，思劝戒之益"。可见元澄是鲜卑王公中汉化水平颇为突出的一位代表性人物。本传"史臣曰"称其"贞固俊远，郁为宗杰，身因累朝，宁济夷险，既社稷是任，其栋梁之望也"。确实，元澄经历孝文帝迁都及洛阳诸朝，既是拓跋之"宗杰"，也是推进鲜卑汉化的重要人物。

元澄注重对子弟的文化教育，其子元顺自幼师事乐安陈丰，通《杜氏春秋》，"于时四方无事，国富民康，豪贵子弟，率以朋游为乐，而顺下帷读书，笃意爱古。性謇谔，淡于荣利，好饮酒，解鼓琴，能长吟永叹，咤咏虚室。世宗时，上《魏颂》，文多不载"①。明帝时，元顺因受政敌攻讦，作《蝇赋》。尔朱荣之乱，元顺遇害，"家徒四壁，无物敛尸，止有书数千卷而已。门下通事令史王才达裂裳覆之"。可见元顺通经史，善属文，多藏书，史载

---

① 中华书局本校勘记指出：《北史》卷一八载《魏颂》为《魏道颂》。

"顺撰《帝录》二十卷，诗赋表颂数十篇，今多亡失"，是一个才学之士。至于元澄一支其他人物，也多有才学，如元澄第五子元彝，"颇有父风"；元顺子元朗，"涉历书记"。

南安王元桢子孙也有颇具汉化修养者。《魏书》卷一九（下）《景穆十二王·南安王桢传》载其子元英"性识聪敏，博闻强记，便弓马，解吹笛，微晓医术"，其在世宗时任吏部尚书，上书建议地方铨选以儒术为重，以鼓励州郡乡校兴学。可见其重儒之文化倾向。元英诸子皆具学术文化修养，尤以元熙、元略最为著名。

关于元熙，《魏书》本传称其"好学，俊爽有文才，声著于世，然轻躁浮动"，为清河王元怿所重，出为相州刺史，元怿被元叉所害，其于相州起事，受诛前为五言诗，示其僚属云："义实动君子，主辱死忠臣。何以明是节，将解七尺身。"又与诸友别曰："平生方寸心，殷勤属知己。从今一销化，悲伤无极已。"可见其能诗文。不仅如此，元熙在鲜卑宗室中，与元延明、元彧皆以个人风雅及招集名士而齐名，其藩府形成了一个文化中心，本传又载：

> 熙既蕃王之贵，加有文学，好奇爱异，交结伟俊，风气甚高，名美当世，先达后进，多造其门。始熙之镇邺也，知友才学之士袁翻、李琰、李神俊、王诵兄弟、裴敬宪等咸饯于河梁，赋诗告别。及熙将死，复与知故书曰："吾与弟并蒙皇太后知遇，兄据大州，弟则入侍，殷勤言色，恩同慈母。今皇太后见废北宫，太傅清河王横受屠酷，主上幼年，独在前殿。君亲如此，无以自安，故率兵民建大义于天下。但智力浅短，旋见囚执，上惭朝廷，下愧相知。本以名义干心，不得不尔，流肠碎首，复何言哉！昔李斯忆上蔡黄犬，陆机想华亭鹤唳，岂不以恍惚无际，一去不还者乎？今欲对秋月，临春风，藉芳草，荫花树，广召名胜，赋诗洛滨，其可得乎？凡百君子，各敬尔宜，为国为身，善勖名节，立功立事，为身而已，吾何言哉！"时人怜之。

可见元熙藩邸才学名士之盛，他常与诸名士聚集，"赋诗洛滨"。

至于元略，《洛阳伽蓝记》卷四"城西·追先寺"条下载其事云："略生而岐嶷，幼而老成，博洽群书，好道不倦。神龟中为黄门侍郎。元叉专政，虐加宰辅。……略兄弟四人，并罹涂炭，唯略一身，逃命江左。萧衍素闻略名，见其器度宽雅，文学优赡，甚敬重之。谓曰：'洛中如王者几人？'略对曰：'臣在本朝之日，承乏摄官，至于宗庙之美，百官之富，鸳鸯接翼，杞梓成荫，如臣之比，赵咨所云车载斗量，不可数尽.'……孝昌元年，明帝宥吴人江革，请略归国。……衍哀而遣之。……亲帅百官送于江上，作五言诗赠者百余人。凡见礼敬如此。……略从容闲雅，本自天资，出南入北，转复高迈，言论动止，朝野师模。"元略"博洽群书，好道不倦"，"文学优赡"，其应对萧衍所问而随时引据孙吴赵咨之言，可见其平时阅读广泛。其后由梁返北，"转复高迈，言论动止，朝野师模"，完全是个名士化的人物。特别值得注意的是，梁武帝器重元略，固然有其政治目的，但与其才学与气度并非毫无关系，因此，素以文化自炫的南朝统治者于是询问"洛中如王者几人"。可以说，北魏后期，鲜卑皇族的整体雅化，已引起了南朝统治者的重视。

　　景穆后人雅化者，还有城阳王徽，《魏书》卷一九（下）《景穆十二王下·城阳王长寿传》载元徽"粗涉书史，颇有吏才"。

　　文成帝子孙迁洛后也有以文显名者，其中尤以安丰王元延明最为卓著。《魏书》卷二〇《文成五王·安丰王猛传附延明传》载："世宗时，授太中大夫。延昌初，岁大饥，延明乃减家财，以拯宾客数十人，并赡其家。"所谓"宾客"，正是其所养士人。本传又载："延明既博极群书，兼有文藻，鸠集图籍万有余卷。性清俭，不营产业。与中山王熙及弟临淮王彧等，并以才学令望有名于世。虽风流造次不及熙、彧，而稽古淳笃过之。寻迁侍中，诏与侍中崔光撰定服制。后兼尚书右仆射。以延明博识多闻，敕监金石事。……所著诗赋赞颂铭诔三百篇，又撰《五经宗略》《诗礼别义》，注《帝王世纪》及《列仙传》。又以河间人信都芳工算术，引之在馆。其撰《古今乐事》，《九章》十二图，又集《器准》九篇，芳别为之注，皆行于世。"元延明与元熙、元彧"并以才学令望有名于世"，他虽亦善属文，但其学术倾向更重视"稽古"，多有经史著述，其所招揽之宾客自然多有这方面的人物，其中尤以信都芳为著名。① 关于元延明参预制乐，《魏书》卷一〇九《乐志》载"正光中，侍中、安丰王延明受诏监修金石，博探古今乐事，令其门生河间信都芳算之。属天下多难，终无制造。芳后乃撰延明所集《乐说》并《诸器物准图》二十余事而注之，不得在乐署考正声律也"。元延明还参与修定服章，《魏书》卷

---

① 《魏书》卷九一《术艺传》载："时有河间信都芳，字王琳，好学善天文算数，甚为安丰王延明所知。延明家有群书，欲抄集《五经》算事为《五经宗》及古今乐事为《乐书》；又聚浑天、欹器、地动、铜乌漏刻、候风诸巧事，并图画为《器准》。并令芳算之。会延明南奔，芳乃自撰注。"

三八《王慧龙传》载王遵业"与崔光、安丰王延明等参定服章",《魏书》卷八二《常景传》也载"侍中崔光、安丰王延明受诏议定服章,敕景参修其事"。特别需要指出的是,元延明素来对南朝文化心存钦慕之情,《梁书》卷三六《江革传》载江革是南朝齐梁间著名的文士,曾出镇彭城,为北魏所俘,"魏徐州刺史元延明闻革才名,厚加接待,革称患脚不拜,延明将加害焉,见革辞色严正,更相敬重。时祖暅同被拘执,延明使暅作《欹器》《漏刻铭》,革骂暅曰:'卿荷国厚恩,已无报答,今乃为虏立铭,孤负朝廷。'延明闻之,乃令革作丈八寺碑并祭彭祖文,革辞以囚执既久,无复心思。延明逼之逾苦,将加捶扑。革厉色而言曰:'江革行年六十,不能杀身报之,今日得死为幸,誓不为人执笔。'延明知不为屈,乃止"。元延明恩威并施,意在笼络江革等南士,希望他们作文,这表现出其自身之文士化及其对江左文化风尚的仰慕之情。

此外,《隋书》卷四六《元晖传》载其河南洛阳人也,祖琛,父翌,"晖须眉如画,进止可观,颇好学,涉猎书记。少得美名于京下,周太祖见而礼之,命与诸子游处,每同席共砚,情契甚厚"。可见元晖早有美名,后历周、隋间。其祖琛,《魏书》卷二〇《文成五王·河间王若传》有记载,故元晖为文成帝之后人。

以上景穆、文成二支子孙在北魏后期以学术文化显名者不仅数量多,而且总体水平高,出现了元澄、元熙、元延明、元略等代表人物,其文雅化表现,在北魏皇族各支中最为突出,甚至不逊色于孝文帝之兄弟、诸子等嫡系。之所以如此,主要在于他们是皇族中血缘关系优越的房支,其迁洛后社会与政治地位较高,能够与中原士族名士密切交往,加之其代表人物及其家庭多崇尚汉文化,因而其总体上汉化明显,其代表人物更是成为一时风流。

由上文所考,可见迁洛鲜卑拓跋皇族宗室子弟,在洛阳汉文化占据主导地位的环境下,孝文帝全面实施汉化政策,加强对迁洛鲜卑上层王公子弟的文化教育,其汉化普遍有所提高,一些精英分子还成为学识渊博、文才卓著的人物,他们不仅以其鲜卑皇族的血统而具有政治与社会特权,而且以其才学而逐渐"士大夫化"了,从而与汉族士族社会日趋合流。当时鲜卑上层王公执政人物必须具有一定的文化水平,否则便要受到嘲讽与讥议,这是士族社会重才学的舆论所决定的。《魏书》卷二一(上)《献文六王·高阳王雍传》载元雍为孝文帝弟,孝明帝时一度为灵太后所重,执掌中枢,然"识怀短浅,又无学术,虽位居朝首,不为时情所推"。元雍虽有血亲之贵、权势之显,但因"无学术"而"不为时情所推"。又,同书同卷《赵郡王幹传》载幹子谌,庄帝时位至太保、太尉公、太师,录尚书事,孝静帝初为大司马,然"谌无他才能,历位虽重,时人忽之"。可以说迁洛之后中原士族社会的文化环境促使着鲜卑上层加快其"士大夫"的进程。不仅如此,随着他们所受教育的提高和自身积累的丰富,一些鲜卑王公人物出于对中原汉族文化的钦羡与喜好,自觉地承担起传承与弘扬华夏文化的历史重责,他们或建议创建学校,以儒术选举,或招集文士,相互交游,论学作文,形成了一些以鲜卑宗室人物为中心的士人文化群体,有的偏重经史学术,有的偏于义理论辩,有的则以诗文唱和为主。特别需要指出的是,一些鲜卑王公人物如元勰、元澄父子、元怿、元延明、元彧、元熙与元略兄弟,皆有丰富的学养和文学艺术才能,其言行举止皆尚风雅,与汉族名士无异。从这个意义上说,孝文帝迁都,意在推动鲜卑族之全面汉化,经二三十年之转变,这一目标是基本实现了。

拓跋皇族子弟如此,其他随迁之鲜卑贵族子孙,在文化上也当有明显进步。《魏书》卷二五《长孙道生传》载其为代人,素为显贵,其孙长孙冀归,"高祖以其幼承家业,赐名稚,字承业。稚聪敏有才艺,虚心爱士"。《周书》卷二六《长孙绍远传》载其父长孙稚为魏太师、录尚书、上党王,"绍远性宽容,有大度,望之俨然,朋侪莫敢亵狎。雅好坟籍,聪慧过人。时稚作牧寿春,绍远幼,年甫十三。稚管记王硕闻绍远强记,心以为不然。遂白稚曰:'伏承世子聪慧之姿,发于天性,目所一见,诵之于口。此既历世罕有,窃愿验之。'于是命绍远试焉。读《月令》数纸,才一通,诵之若流。自是硕乃叹服"。西魏时,其为太常,颇精礼乐制度。绍远弟澄,自少为李琰赏识;绍远子兕"性机辩,强记博闻,雅重宾游,尤善谈论"。可见长孙氏迁洛人物之雅化。《魏书》卷二七《穆崇传》载穆崇及其后人皆为鲜卑贵族代表,穆亮子穆绍,"高祖以其贵臣世胄,顾念之。九岁除员外郎,侍学东宫,转太子舍人"。穆子弼,"有风格,善自位置。涉猎经史,与长孙稚、陆希道等齐名于世,矜己陵物,颇以损焉"。又,《魏书》卷四〇《陆俟传》载其为鲜卑旧贵,其曾孙陆昕,"与弟恭之并有时誉。洛阳令贾祯见其兄弟,叹曰:'仆以年老,更睹双璧。'又尝兄弟共侯黄门郎孙惠蔚,惠蔚谓诸宾客曰:'不意二陆复在座隅,吾德谢张公,无以延誉。'……昕拟《急就篇》为《悟蒙章》,及《七诱》《十醉》、章表数十篇"。陆恭之"所著文章诗赋凡千余篇"。陆昕、陆恭之兄弟著述如此,且以才学颇得汉族士人称誉,其风雅当非同一般。其他南迁代人后裔也多有以才艺显著者。又有陆旭,《周书》卷二八《陆腾传》载其为陆俟之后,陆旭"性雅澹,好《老》《易》纬候之学,撰《五星要诀》及《两仪真图》,颇得其指要"。《周书》卷二六《斛律征传》载其河南洛阳人,父椿,为太傅、尚书令,"征幼聪颖,五岁诵《孝经》《周易》,识者异之。及长,博涉群书,尤精《三礼》,兼解音律"。其随孝武西迁,"雅乐废缺,征博采遗逸,稽诸典故,创新改旧,方始备焉",其博识多通,为北周著名经师,直到隋代仍受诏撰乐书,终成《乐典》十卷。

不唯鲜卑上层如此,其实,在洛阳鲜卑社会日益浓郁的汉化氛围中,迁洛鲜卑民族之中下层,也受到一定程度的影响,出现了一些在学术文化领域有所积累的人物。《魏书》卷八一《山伟传》载其"涉猎文史",元叉专权时,其"访侍中安丰王延明、黄门郎元顺,顺等因是称荐之。叉令仆射元钦引伟兼尚书二千石郎,后正名士郎。修起居注。……爱尚文史,老而弥笃"①。又,《魏书》卷八一《刘仁之传》载:"刘仁之,字山静,河南洛阳人。其先代人,徙于洛。……仁之少有操尚,粗涉书史,真草书迹,颇号工便。御史中尉元昭引为御史。……出帝初,为著作郎,兼中书令,既非其才,在史未尝执笔。……性好文字,吏书失体,便加鞭挞,言韵微讹,亦见搥楚,吏民苦之。而爱好文史,敬重人流。"又,《魏书》卷八一《宇文忠之传》载:"宇文忠之,河南洛阳人也。其先南单于之远属,世据东部,后入居代都。……忠之猎涉文史,颇有笔札,释褐太学博士。天平初,除中书侍郎。裴伯茂与之同省,常侮忽之,以忠之色黑,呼为'黑宇'。后敕修国史。"②以上刘仁之、宇文忠之、山伟等,皆为南迁洛阳之胡人中下层之代表,在当时汉化背景下,致力学术文化,并有所进步,尽管其水平相对较低,但其汉化之表现,有助于说明当时迁洛鲜卑社会文化变迁的状况。

当然,以上所述迁洛皇族代表人物之学术文化之积累及其表现,这只是部分鲜卑精英的文化转变,而非其民族之整体,即便从当时拓跋宗室集团看,

---

① 不过,山伟一度主持起居注与国史编修,毕竟学识有限,《魏书》卷八一《山伟传》载:"国史自邓渊、崔琛、崔浩、高允、李彪、崔光以还,诸人相继撰录,綦俊及伟等诣说上党王天穆及尔朱世隆,以为国书正应代人修缉,不宜委之余人,是以俊、伟等更主大籍。守旧而已,初无述著。故自崔鸿死后,迄终伟身,二十许载,时事荡然,万不记一,后人执笔,无所凭据,史之遗阙,伟之由也。"由山伟父为县令,其家世当为迁洛之中层,其虽"涉猎文史",与鲜卑皇族卓著者相比,水平有限,难以承担国史大任。

② 宇文忠之,由"其先南单于之远属"的记载,就族源而言,当为匈奴后裔,但长期隶属于鲜卑之下。

其中也仍有相当一部分人处于蒙昧的状态，并无多少学识。不过，经史与文艺是汉民族文化的最高形式，迁洛未久，在二三十年间，鲜卑上层的一部分精英已完全士大夫化，积累起丰富的经史学养，展示出卓异的文艺才能，这预示着其迅速与中原汉族士族阶层融合的趋势。确实，他们一旦进入中原地区，鲜卑民族的汉化速度明显加快，其汉化程度则进一步深化。可以说，迁洛后的一二十年，鲜卑汉化进程超越了其在塞外近百年的历程，这是符合异质文化与民族交融的基本规律的。

附：

墓志所见迁洛元魏皇族子弟之早慧及其文雅化

北魏孝文帝迁都洛阳之后，全面推动鲜卑上层之汉化，在职官、服饰、姓氏、籍贯、婚姻等制度方面进行了一系列改革，并加强对鲜卑皇族子弟的文化教育，以加快实现鲜卑王公群体与汉族士族一体化的进程。从实际情况看，迁洛之后，元魏上层的社会文化与生活环境、生活方式发生了深刻的变化，与汉族士族的关系日益密切，他们大量招揽士族名士为僚属，以致其府邸往往成为才士聚集的人际交往与文化交流的中心，从而在客观上造成元魏皇族群体言行的文雅化。对此，《魏书》《北史》《洛阳伽蓝记》等相关文献颇多记载。对此，笔者已著文论述。① 近来检索赵超有关北魏后期迁洛元魏皇族人物墓志，其中文字固然不无阿谀虚饰、过度溢美之弊病，但其中详述志主之品德、学识，也许就某一具体人物未必完全准确，但就迁洛元魏皇族后进群体而言，则显现出其日趋文雅化的风貌。从这一角度说，以北魏后期鲜卑皇族群体学术文化积累之普遍提升而言，相关墓志或与文献资料相印证，或可补充文献之不足，进而深化对北魏后期鲜卑皇族汉化等重大问题的理解

---

① 王永平：《北魏后期迁洛鲜卑皇族集团之雅化——以其学术文化积累的提升为中心》，《河北学刊》2012年第6期。与此相关，王永平《北魏后期与东魏、北齐之际上层社会之交游与雅聚——从一个侧面看北朝后期士风的玄化与南风之北输》，河北师范大学文学院《燕赵学术》，2010年春之卷，四川辞书出版社2010年版，也涉及此问题，敬请参看。

与认识。①

（一）由墓志看孝文帝等重视宗室教育与元魏皇族整体性早慧现象

孝文帝重视对鲜卑上层子弟的教育，固然涉及相关学校、学官制度的建立与完善等，甚至亲自为"皇宗""国子"诸生讲解经典，《魏书》卷七《高祖纪下》便载太和十六年四月"甲寅，幸皇宗学，亲问博士经义"。迁洛之后，宣武帝、孝明帝等都继承孝文帝重文倡教的指导思想和相关政策，这造成了鲜卑上层崇儒尚教风气的兴盛。在这方面，出土墓志提供了一些具体材料。由相关墓志，可见孝文、宣武诸帝对鲜卑上层后进之拔擢，一个重要的标准是其文化修养，从而形成了一种政策导向，不仅有益于强化国子学的地位，而且促使鲜卑皇族子弟积极入学受教，推动了鲜卑上层文雅风气的发展。

1. 墓志所见孝文诸帝重视宗室教育

孝文帝赏爱、表彰宗室中的才学之士。《元谭墓志》："公讳谭，字延思，河南洛阳人也。献文皇帝之孙，……赵郡灵王之第三子。……高祖既神且圣，望云就日。公尝以王子入见，年在纨绮，占谢光润，呼容温华，出言而可雕虫，下笔而成雾縠。高祖玉色金声，留属忘倦，诸侄众中，特加爱重。"②

《元钦墓志》载："君讳钦，字思若，河南洛阳人也。恭宗景穆皇帝之孙，阳平哀王之季子也。……三坟五典之秘，卯岁已通；九流七略之文，绮年尽学。齿在僮稚，雅为献文所矜；未及弱冠，偏蒙高祖流爱。出入之际，与众不同，宴会之日，每见优礼。"③

《元遥墓志》载其景穆帝之孙、京兆康王第二子，"俊貌奇挺，宽雅凤蕴。虽足翩之挈未成，而鹄马之心在远。是以士伦擢友，入御追朋。年十三，为高祖所器，特被优引朝会，令与诸王同宪章"④。

《元寿安墓志》载其景穆帝之孙，汝阴灵王第五子，"弱而好学，师佚功倍，雅善斯文，率由绮发。自是藉甚之声，遐迩属望；瑚琏之器，朝野归心。

---

① 利用墓志论述北魏后期鲜卑上层文化变化问题，何德章《北魏迁洛后鲜卑贵族的文士化——读北朝碑志札记之三》（《魏晋南北朝隋唐史资料》第20辑，武汉大学文科学报编辑部2003年版），其主要论述迁洛鲜卑上层之崇尚文学之风气，并从南北文化交流角度解释其变化原因，在相关课题研究方面，具有开拓之功。
② 赵超：《汉魏南北朝墓志汇编》，天津古籍出版社2008年版，第229页。
③ 前揭《汉魏南北朝墓志汇编》，第249页。
④ 前揭《汉魏南北朝墓志汇编》，第93页。

年十七,以宗室起家,除散骑侍郎,在通直。优游文房,卓然无辈。"①

《元融墓志》载其景穆帝曾孙,"弱而好学,师佚功倍。由是珊瑚之器,遐迩属心,桢干之才,具瞻无爽。年十二,以宗室令望拜秘书郎"②。

以上诸宗室人物皆年幼好学,"偏蒙高祖流爱","每见优礼"。孝文帝如此,实际上就是鼓励鲜卑皇族子弟潜心向学。此后,宣武帝、孝明帝也有类似举措。《元略墓志》载:"君讳略,字俊兴,司州河南洛阳都乡照文里人也。大魏景穆皇帝之曾孙,南安惠王之孙,司徒公中山献武王之第四子。……君高朗幼标,令问夙远。……游志儒林,宅心仁苑,礼穷训则,义周物轨,信等脱剑,惠深赠绹,器博江琰,笔茂子云。汪汪焉,量溢万顷;济济焉,实怀多士。世宗宣武皇帝识重宗哲,特蒙钟爱,以貂珰之授,非懿不居。"③

又,《元端墓志》载其献文帝孙、高阳王元雍之长子,"风机萌于夙心,发自儿童之时,故以麟止其仪,而殊于公族者也。及五典六经之籍,国策子集之书,一览则执其归,再闻则悟其致。所以远迩服其风流,朝野钦其意气。至如孝踰江夏,信重黄金,白练不销,九言克顺,固自幼老成,形于岐嶷矣。宣武皇帝访举皇枝,以华凤阁,召君为散骑侍郎。孝明皇帝初祚万国,推贤闲彦,擢君为通直散骑常侍鸿胪少卿"④。宣武帝之"识重宗哲,特蒙钟爱"与"访举皇枝,以华凤阁",孝明帝"推贤闲彦",皆以其文化修养为重要标准。

孝文帝以来,尤重太子的培养,对东宫属官的配置,即便是宗室子弟,也以文化素养优先,并非仅据血缘关系。《元诱墓志》载:"公讳诱,字惠兴,河南洛阳人也。世载配天之功,家载从祠之业,……初以王子知名,召为散骑侍郎,在通直。朝拜青琐,暮践丹墀,事等丝纶,理兼献替。公文辞内美,雄姿外烈。天子见必动容,特留眷赏。俄而春坊高辟,妙选官僚,自非崇盛一时,无以对扬三善。乃除太子中舍人,仍迁中庶子,又转卫尉少卿,从班例也。"⑤ 宣武帝为其子孝明帝选择皇宗人物充任僚佐,"春坊高辟,妙选官僚,自非崇盛一时,无以对扬三善",元诱以"文辞内美,雄姿外烈。天子见

---

① 前揭《汉魏南北朝墓志汇编》,第190页。这里所载元寿安字修义,查《魏书》卷一九(上)《景穆十二王上·汝阴王天赐传》则载为元修义字寿安,"涉猎书传,颇有文才,为高祖所知"。
② 前揭《汉魏南北朝墓志汇编》,第204页。
③ 前揭《汉魏南北朝墓志汇编》,第237页。
④ 前揭《汉魏南北朝墓志汇编》,第233页。
⑤ 前揭《汉魏南北朝墓志汇编》,第171页。

必动容，特留眷赏"，故被任为太子中舍人、中庶子等职。

宣武帝一再选拔学识卓著的宗室子弟充任侍读。《元彝墓志》载其景穆皇帝之曾孙、任城康王之孙、任城文宣王之世子，"自天攸纵，器并生知，学年标乎令问，冠岁备以成德。熙平之始，王犹在佩觿之辰，孝明皇帝春秋富冲，敦上庠之学，广延宗英，搜扬俊乂。王以文宣世子，幼缉美誉，参兹妙简，入为侍书。升降详雅，蕴藉可观，每从容辇陛，君臣留瞩，由是声实两盛，朝野希风。至神龟二年，除羽林监，非其好也。性乐闲静，不趣荣利，爱黄老之术，尚恬素之志，清思参玄，高谈自远，宾延雅胜，交远游杂"①。

又，《元顼墓志》载其献文帝孙、北海王子，"初以王子来朝，留爱主上。……明帝春秋方富，敦悦坟典，命为侍学。王执经禁内，起予金华"②。由此可见孝明帝早年所受教育的情况，而元顼为明帝侍学，自然亦深受学术文化之熏习。

为鼓励皇族子孙入学受教，孝文帝从国子生员中直接提拔官员，进而提升了国子学的地位。《元晖墓志》载："公讳晖，字景袭，河南洛阳人。昭成皇帝之六世孙。……幼涉经史，长爱儒术，该镜博览，而无所成名。太和中始自国子生辟司徒参军事，转尚书郎太子洗马。"③元晖是宣武帝、孝明帝时期的皇族重臣，其在孝文帝时期"自国子生辟司徒参军事"。

孝文帝特别重视对宗族子弟的礼法训导，挑选德高望重的宗族人物出任宗正卿，负责训诲宗族子弟，宣武帝等也延续了这一做法。这不仅在文献上多有记载，墓志中也有反映。《元瞻墓志》载其为景穆帝孙，任城康王第三子，任城宣王元澄之弟，其为宗正少卿，"辨厘族食，而帝宗隐赈。皇胤获蔬，华萼相资，骄敖难理，公训之以家风，示之以律虑。令王子兴振振之风，人怀骍角之咏"④。元瞻负责宗族事务，"训之以家风，示之以律虑"，对皇族之礼法影响很大。

在这一系列相关政策的引导下，北魏后期迁洛鲜卑皇族子弟多主动进入国子诸学接受教育。《元悛墓志》载："君讳悛，字士愉，河南洛阳人也。昭成皇帝之七世孙。年七岁召为国子学生，即引入侍书。"⑤

---

① 前揭《汉魏南北朝墓志汇编》，第225页。
② 前揭《汉魏南北朝墓志汇编》，第290页。
③ 前揭《汉魏南北朝墓志汇编》，第110页。
④ 前揭《汉魏南北朝墓志汇编》，第227页。
⑤ 前揭《汉魏南北朝墓志汇编》，第231页。

第六章 迁洛元魏皇族群体之文雅化

《元孟辉墓志》载其"高祖平文皇帝、高凉王七世孙。……幼而聪惠,生则孝悌。永平之季,解巾给事中,时始八岁矣。有诏入学,听不朝。直年七岁丧亲,哀毁过礼。十三疘罚,几致毁性。兄弟少孤,善相鞠育,友于之显,遐迩所闻。一员东省,十有余年。朝廷以肄业不转,君以乐道不迁,左琴右书,逍遥自得。"① 元孟辉八岁便"有诏入学,听不朝",表明当时朝廷对宗室幼教的重视,并有具体年龄的规定,并严格执行。元孟辉因家道变故,未能顺利完成学业,以致"十有余年。朝廷以肄业不转"。

一些墓志材料还体现出鲜卑皇族子弟在国学受教后学业精进、声名远播,如《元维墓志》载:"君讳维,字景范,河南雒阳崇让里人也。烈祖道武皇帝之玄孙。镇南将军兖州刺史之第五子。……及其受教二庠,声高两观,缙绅慕其风流,刍荛仰其声藻,故游梁敖楚之客,接袂而同归。曳裾蹑矫之宾,连袖而共至。"② 元维入学受教而声名鹊起,"缙绅慕其风流,刍荛仰其声藻",深得士大夫社会敬慕。可以说,当时朝廷"敦上庠之学,广延宗英,搜扬俊乂"之方针,确实在一定程度上得到了落实,在元魏皇族子弟培养方面成效显著。③

当然,孝文帝等帝王之倡导,主要在于强化了北魏宫廷与社会的文教氛围,促使鲜卑上层社会子弟潜心向学。《元子永墓志》载其"生而母没,养自王宫。……风仪闲敏,才华颖秀,容止有规,喜愠无色。学洞经史,辞兼博丽,门信荣家,朝称宝国"④。在这一风气熏染下,元魏皇族普遍重视子弟的启蒙教育,或聘请师傅以施教,或寻师访友以交流。《元晔墓志》载其景穆帝曾孙,"幼怀易直,长而弥谅。好儒宗,敬师友,蕴尚典谟,博涉史籍"⑤。《元举墓志》载其景穆帝玄孙,"君天表瑰奇,神采殊异。从师功倍,受学先难。若夫三隅必复,五行俱下。……自途匪蓁,志学探幽,家庭致早成嫌,物议贻搏风之美"⑥。《元信墓志》载其昭成皇帝七世孙,"君令质挺生,雅怀严净,幼入书堂,无竹马之欢;长寻坟诰,有月旦之异。行义以会仁,专信

---

① 前揭《汉魏南北朝墓志汇编》,第 116 页。
② 前揭《汉魏南北朝墓志汇编》,第 256 页。
③ 根据相关文献记载,北魏迁洛之后,由于时局影响,国子学等官学教育时有兴废,并未完全正常,鲜卑皇族子孙的教育主要有赖于其家族学馆等私学。对此,前揭何德章《北魏迁洛后鲜卑贵族的文士化——读北朝碑志札记之三》已有考论,请参见。
④ 前揭《汉魏南北朝墓志汇编》,第 252 页。
⑤ 韩理洲等辑校:《全北魏东魏西魏文补遗》,三秦出版社 2010 年版,第 250 页。
⑥ 前揭《全北魏东魏西魏文补遗》,第 261 页。

以集友。爱敬发于天然，将慎由于性理。所谓魏国之白驹，元族之千里"①。《元怿墓志》载其景穆帝玄孙，"裁离裁襁，便游庠塾，月习礼仪之事，体安仁义之风。幼以宗室入随朝觐，容止闲华，风神通敏，折旋合度，笑语中规，众共异之，咸以远大相许"②。以上诸人自幼所受之启蒙教育，体现了元魏宗室普遍重视子弟教育的一般状况。

2. 墓志所见北魏后期鲜卑皇族子弟之普遍早慧

迁都洛阳后，北魏朝廷与鲜卑上层王公既普遍重视子弟之文化教育，诸多宗室子弟自幼便进入国子学和家族私塾学馆受教，涌现出诸多文质彬彬的少年才俊，成为北魏后期鲜卑皇族文化变异过程中一个突出的新气象。仅就教育而言，普遍的幼教风尚必然导致受教者之早慧。有关元魏皇族人物之墓志对此有丰富的记载。

《元悦墓志》载其太宗明元帝之玄孙，"风诞英奇，神爽魁岸，风颖连霄，聪秀独远。六藉五戎，不待匠如自晓，弦簧音律，弗假习如生知。妙解惊群，清赏绝俗，玉振金韵，声流帝听。年十三，辟员外郎，历尚书郎中，迁太尉"③。可见元悦自幼便精于声律音乐之学。

《元显俊墓志》："君讳显俊，河南洛阳人也。……景穆皇帝之曾孙，……城阳怀王之季子也。君资性凤灵，神仪卓尔，少玩之奇，琴书逸影。……年成岁秀，若腾曦洁草。松邻竹侣，孰不仰叹矣。是则慕学之徒，无不欲轨其操，既成之儒，无不欲会其文，以为三益之良朋也。若乃载笑载言，则玄谈雅质。出入翱翔，金声璀灿。昔苍舒早善，叔度奇声，亦何以加焉。"④ 元显俊早慧，具有"玄谈雅质"。

《元秀墓志》载其太武帝玄孙，齐州刺史临淮康王第二子，"早树声徽，幼播令誉，好读书，爱文义，学该图纬，博观简牒，既精《书》《易》，尤善礼传，栖迟道艺之囿，游息儒术之薮；虽伯业不倦，宣光纵横，无以尚也。及垂缨延阁，握兰礼闱，科篆载辉，奏记彪炳。元瑜谢其翩翩，广微惭其多识"⑤。

《元灵曜墓志》载其景穆帝之曾孙，"君天资秀逸之美，收芳于弱年，岐

---

① 前揭《汉魏南北朝墓志汇编》，第230页。
② 前揭《汉魏南北朝墓志汇编》，第368页。
③ 前揭《汉魏南北朝墓志汇编》，第63页。
④ 前揭《汉魏南北朝墓志汇编》，第68页。
⑤ 前揭《汉魏南北朝墓志汇编》，第131页。

嶷珪璋之性，播彩于少龄。容韵优裕，早负出群之才；风则韶绮，幼挺不羁之质。少倾乾荫，孤苦自立，童艹之中，灼然楚异。爰甫就学，师逸功倍，该镜众经，深穷隐滞。内朗外和，神谟邃远，风德宽明，志局恢雅衿袍绰绰，累刃未高；胸怀汪汪，万顷非拟。孝友之誉，夙彰于闺门；贞白之操，备闻于乡国。宗党钦其仁，缙绅慕其慨。弱冠起家，为秘书郎"①。

《元璨墓志》载景穆帝曾孙，"幼挺出群，怀不羁之誉，……虽甘生早秀，终童少颖，方之于君，无能嘉尚。麟帏妙选，振古攸难，渠阁铨才，魏诰弥重"②。

《元崇业墓志》载其景穆帝曾孙，自幼"秀若高桐，峻似孤岳，藻韵清遥，谈论机发，士流挹其万顷，帝室叹其千里。弱冠誉高，……君风量秀整，英拔异流，参侍轩陛，仪形独俊，加以文彩丰艳，草丽雕华，凝词逸韵，昭灼篇牍"③。

《元信墓志》载其昭成皇帝七世孙，"君令质挺生，雅怀严净，幼入书堂，无竹马之欢；长寻坟诰，有月旦之异。行义以会仁，专信以集友。爱敬发于天然，将慎由于性理。所谓魏国之白驹，元族之千里"④。其卒时年仅十五。

《元毓墓志》载其献文帝之曾孙，"弱冠之誉，流慕于京甸。四德靡违，六行斯具。虽曹氏之英僮，颜生之秀迈，弗或加也。年十六，袭爵赵郡王。十有九，释巾通直散骑常侍。垂帘百帙，方丈千经。萧散而居，弗窥华薄之观；韵致渊凝，性以儒素为高。斯乃异世之神伟，殊俗之英才"⑤。

《元子永墓志》载其祖父为齐郡顺王，其父患疾，生而母死，其叔父河间王"养君为子，抚爱特隆。……风仪闲敏，才华颖秀，容止有规，喜愠无色。学洞经史，辞兼博丽，门信荣家，朝称宝国"⑥。

《元维墓志》载："君称奇襦子，擅美圣僮，利等楚金，美称稽箭。然其多闻博识，睹奥穷源，辩析秋毫，论光朝日，碎金为文，连芝成韵，器怀恬雅，志度清立，疾风未亏其节，迅雷不扰其心。……风格素高，崖岸清举，振衣独立，步杂尘埃，道秀人间，才标当世。"元维早慧如此，显然受教于私

---

① 前揭《汉魏南北朝墓志汇编》，第137页。
② 前揭《汉魏南北朝墓志汇编》，第152页。
③ 前揭《汉魏南北朝墓志汇编》，第154页。
④ 前揭《汉魏南北朝墓志汇编》，第230页。
⑤ 前揭《汉魏南北朝墓志汇编》，第244页。
⑥ 前揭《汉魏南北朝墓志汇编》，第252页。

学，后入国子学，声名更著，即前引所谓"及其受教二庠，声高两观，缙绅慕其风流，刍荛仰其声藻，故游梁敖楚之客；曳裾蹑矫之宾，连袖而共至"①。

《元诲墓志》载其为孝文帝孙，广平王之子，"理识淹长，气韵通雅，在纨绮之中，灼然秀出。少忼慨，有大节，常以功名自许。含咏雕篆，涉猎油素，同北宫之爱士，齐东苑之好贤。故已德高雅俗，声畅遐迩。年十二，为散骑侍郎，转城门校尉。……王禀性和理，率由闲素，尤好文典，雅善事功，而方年夭秀，闻见伤感"。②

《元弼墓志》载其明元帝玄孙，治书侍御史元静子，"鹓毛鸿羽，标于龆龀之年；韶资雅亮，著于童冠之日。逍遥澄浑之际，比万顷而难量；优游德义之间，同千里而自得。孝兼香臣，业并坟素，藻丽春华，节劲秋松，神章绮发，若此金兰，霜心月照，如波水镜。年廿有五，解褐司空府行参军。直后于时，妙算国英，实充邦彦之举，风韵当时，缙绅所推。转羽林监直寝，从容闱闺，琴书自闲"。③

《元举墓志》载："君讳举，字景升，河南洛阳人也。恭宗景穆皇帝之玄孙，……南安惠王之曾孙，……章武烈王之孙，……宁远将军青州刺史之元子也。……孝悌生知，即心为友。言不苟合，朋故讶其信；恭长慈幼，远近叹其奇。龀而小学，师心功倍，冥讥迅捷，卓尔殊侎，坟经于是乎宝轴，百家由此兮金箱。洞兼释氏，备练五明，六书八体，画妙超群，章句小术，研精出俗，山水其性，左右琴诗。故潜颖衡门，声播霄岳，弱齿时知，为青州骑兵参军事。伯父章武王俄顷还都，转员外侍郎。履朝独步，伦华非匹。"④元举年幼丧亲，然好学如此，聪颖早慧，学识广博，且具文艺才情，颇具名士化气质。

《元昕墓志》载其为道武帝六世孙，"孝情天至，友爱特深，悦善好名，宽仁容众，学涉坟史，雅好诗文，草隶之工，迈于钟、索"⑤。元昕在书艺方面尤显才能。

《元悌墓志》载其字孝睦，孝文帝之孙、广平王怀子，"博览文史，学冠书林，妙善音艺，尤好八体。器寓淹凝，风韵闲远，丽藻云浮，高谈响应。

---

① 前揭《汉魏南北朝墓志汇编》，第256页。
② 前揭《汉魏南北朝墓志汇编》，第273页。
③ 前揭《汉魏南北朝墓志汇编》，第279页。
④ 前揭《汉魏南北朝墓志汇编》，第215页。
⑤ 前揭《汉魏南北朝墓志汇编》，第216页。

……故能殊异公族,独出群辈者矣。年十四,袭王爵,除散骑常侍"①。可见其年少博学,尤善音乐、书艺。

《元文墓志》载献文帝曾孙,彭城王勰孙、陈留王第三子,"生而奇骨无双,孩而日新月就。五岁诵《论》《孝》,声韵清辩,以为有祖之风焉。孝庄皇帝特加宠爱。……九岁,薨于第"②。元文九岁便夭折了,其聪明若此,可谓天才。之所以如此,正在于其幼教。

《元道隆墓志》载景穆皇帝之曾孙,"生如秀异,体革常童。长如明悟,风神独绝。未及弱冠,学穷秘典,行满乡朋,誉倾州里"③。

《元尵墓志》载其景穆帝玄孙,"文义早著,经通行修,远迩倾瞩。虽年稚弱,高齿莫先。司空杨公雅称其才,征为参军事,年尚童幼,如仪神远畅,凡厥府僚,莫不叹服"④。其死时年仅十七,聪颖早慧。

《元良墓志》载其"魏太武皇帝之玄孙,太傅、司徒公、录尚书祐之子。……少持子政之能,幼著文休之美,清猷远□,器度难量。……君才高端莘,风标峻举,贞淳独朽,节概过人。智略之雄,追子郎而继踵;叹咏之美,望谢弈以连衡"⑤。

《元锺墓志》载其"先洛阳人。后魏昭成皇帝一十一世孙也",其起家于齐,后入周、隋,"君幼而爽悟,早有令名,书观大略,志遗小巧。坐不上席,行不履前,与物不争,君之性也。堂客不空,桂樽恒满,关门落辖,变曲挥金,君之好也"⑥。

以上列举诸墓志所载元魏后期迁洛鲜卑皇族子弟之早慧人物,仅仅是其中的部分代表,一些颇负盛名的才学之士,如孝文帝子清河王元怿、京兆王元愉及临淮王元彧、安丰王元延明、中山王元熙、东平王元略等,都是更为著名的早慧型学术文化代表,其相关事迹在下节中详论。但仅就上引诸例,无疑可以说早慧已成为北魏后期迁洛元魏皇族人才成长的一个令人瞩目的现象。特别需要说明的是,就元魏皇族各房支而言,早慧人物虽诸房多有,但有的房支则世代早慧,其中尤以孝文帝子孙最为突出。这显然与其文化崇尚

---

① 前揭《汉魏南北朝墓志汇编》,第 219 页。
② 前揭《汉魏南北朝墓志汇编》,第 296 页。
③ 韩理洲等辑校:《全北魏东魏西魏文补遗》,第 290 页。
④ 前揭《汉魏南北朝墓志汇编》,第 301 页。
⑤ 韩理洲等辑校编年:《全北齐北周文补遗》,三秦出版社 2008 年版,第 61 页。
⑥ 韩理洲辑校编年:《全隋文补遗》,三秦出版社 2004 年版,第 264 页。

及其教育密不可分。

论及元魏皇族子弟早慧之原因，幼教自是其中重要的催生因素。不过，要全面理解这一现象，仅仅从教育的角度观察肯定有所局限，应当拓宽视野，结合迁洛鲜卑汉化进程中文化风尚变化进行考察。元魏皇族子弟之幼教，主要接受儒家经典之启蒙，但早慧才士则多以仪表气度、诗文才艺显名，这就涉及迁洛元魏皇族整体文雅化问题。何德章先生曾就指出："儒学重在经典，文学讲求博通；儒学重传承，而文学贵创造。北魏洛阳时代文学兴起，从学业精进上讲，下帷苦读，博览多闻，友朋切磋，远比学校师授更为重要。"①

（二）墓志所见北魏后期皇族子弟之普遍文雅化与名士化

孝文帝迁洛之后，随迁之鲜卑上层特别是其皇族群体文化生态、生活方式等发生了深刻的变化。孝文帝之汉化实际上就是着力推进鲜卑上层特别是其皇族之士族化。在此过程中，元魏皇族群体在生活方式与文化崇尚上迅速与汉族士族社会趋同。随着他们与汉族士人日益频繁的交往和不断深入的融合，在言行作派方面模仿士族名士。迁洛元魏皇族诸王及其后代利用他们特殊的地位和优裕的条件，竞相招引、聚集士族僚属，以致各藩王府邸往往名士云集，成为一个个文化交流、学术活动的中心。在这样的文化与生活环境中，元魏皇族人物受到潜移默化的影响，其文化趣味、气质等逐渐文雅化，其行为举止、言谈方式则表现出名士化的倾向。洛阳是魏晋之故都，作为洛阳的新主，元魏皇族在文化心理上表现出追踪西晋的倾向。《洛阳伽蓝记》卷四"城西·开善寺"条载孝明帝熙平、神龟年间，元魏皇族生活优裕，竞相夸奢比富，"而河间王（元）琛最为豪首。常与高阳（王）争衡，……诸王服其豪富。琛常语人云：'晋室石崇，乃是庶姓，犹能雉头狐腋，画卵雕薪，况我大魏天王，不为华侈。'……琛忽谓章武王（元）融曰：'不恨我不见石崇，恨石崇不见我！'"这里元琛所言，固然是表现其在财富与奢华方面的骄傲心理，但他将西晋豪富代表石崇作为对象，则暗示着他们对西晋贵族阶层生活的追慕与羡叹之情。石崇及其同时代的竞奢逐利之士，他们种种任诞行为包含着西晋时代的玄学风尚与风流雅韵，东晋南朝之江左文化风尚正肇始于此。元琛粗鄙寡陋，也许并无这种深层次文化意识，但对那些文雅化程度较高的元魏皇族人物而言，追慕与仿效西晋名士风流则是一种强烈而自觉的文化冲动。士族名士之风流雅致，就其精神气韵而言，可意会而难言传，但

---

① 前揭何德章《北魏迁洛后鲜卑贵族的文士化——读北朝碑志札记之三》。

毕竟有其具体的表现方式，其中包括名士雅集、山水游历、自然旨趣、诗文艺术、辩明析理、任性率真、仪表气度等。凡此种种之所谓魏晋风度，从元魏皇族人物墓志中，多有或明或暗、程度不同的相关记载。

首先，我们看几位文雅化程度较高的鲜卑汉化精英人物之事迹。由《魏书》《洛阳伽蓝记》等文献所载，可见京兆王元愉、清河王元怿、中山王元熙、东平王元略、临淮王元彧、安丰王元延明等皆具名士化特征，可谓元魏宗室文雅化之精英。而已出土墓志所见比较典型的是元怿、元熙、元略、元飏、元钦等人，其府邸不仅名士云集，而且学术文化活动频繁，形成了府邸雅集风气。

《元怿墓志》载："王讳怿，字宣仁，河南洛阳人也。太祖道武皇帝之七世孙。高祖孝文皇帝之第四子。生而雅有奇表，文皇特所钟爱。幼而聪悟，慧性自然。内明外朗之美，生知徇齐之妙，固以拟叡高阳，同徽子晋。年方龆龀，便学通诸经。强识博闻，一见不忘。百氏无遗，群言必览。文华绮赡，下笔成章。升高睹物，在兴而作。虽食时之敏，七步之精，未之过也。……世宗之在东宫，特加友异，每与王谈玄剖义，日晏忘疲。王仪容美丽，端严若神，风流之盛，独绝当时。温恭淑慎，动合规矩。言为世则，行成师表。澹然以天地为心，喜怒不形于色。"① 元怿之所以"年方龆龀，便学通诸经"，如此早慧，固然与其父孝文帝的"特所钟爱"和其兄宣武帝的"特加友异"密切相关，更与当时浓郁的汉化氛围的影响不无关系。其实，与《魏书》《洛阳伽蓝记》等文献相参照，清河王元怿不仅个人文化修养非同一般，而且其交游广泛，其府邸才学名士云集，无疑为一时之文化领袖。元怿之聪颖早慧、文才卓著、"仪容美丽"，无一不体现出名士化的气质，所谓"风流之盛，独绝当时"，正是对其玄化的概括。②

清河王元怿一支门风清雅，其子孙也大多如此。《元祀墓志》载其魏元怿第二子，"文情婉丽，琴性虚闲。……惟王孝乎天纵，忠实化远，闺庭睦睦，无可间之言；朝廷侃侃，有匪朽之誉。赋山咏水，辞暧三春之光；诔丧褒注，文凄九秋之色。至于西园命友，东阁延宾，怀道盈阶，专经满席。临风释卷，步月弦琴，日曜五行，指穷三调。布素之怀必尽，风流之貌悠然"③。又，

---

① 前揭《汉魏南北朝墓志汇编》，第 172 页。
② 《洛阳伽蓝记》卷四"城西·冲觉寺"条载元怿"爱宾客，重文藻，海内才士，莫不辐辏，府僚臣佐，并选隽民"。其府邸自然是一个文学名士的交流中心。
③ 前揭《汉魏南北朝墓志汇编》，第 221 页。

《元宝建墓志》载其清河王元怿孙,"幼而明察,弱不好弄,出言必践,立志无违。仁义之道,因心被物;孝友之行,自己形人。同齐献之竺学,等梁王之爱士,内无声色之好,野绝犬马之娱。于是德润生民,誉满邦国"①。又,《元宝月墓志》载其孝文帝之孙、元愉之子,"七龄丧考,八岁妣薨,率由毁瘠,哀过乎礼。……王抚慈群弟,有人长之颜焉。年有十四,为清河文献王所摄养。文献王深爱异之。……性和雅,有度量,……敦诗悦乐,博闻强记,……而摛文爽丽,风调闲远……谦恭以接下,损挹以推贤。故可以方驾四豪,齐名八士者也。……王有容仪,善谈谑,怀美尚,蓄奇心"②。元宝月聪颖早慧,其"风调闲远",当主要受到其叔父元怿的引导与熏染。

《元熙墓志》载其字真兴,景穆帝曾孙、南安惠王孙、司徒献武王世子,"幼而岐嶷,操尚不群,好学博通,善言理义,文藻富赡,雅有俊才。丞相清河王居宗作宰,水镜当时,特所留心,以为宗之子政。年未志学,拜秘书郎中,文艺之美,领袖东观。迁给事中。王性不偶时,凝贞独秀,得其人,重之如山;非其意也,忽之如草。是以门无杂宾,冰清玉洁,有若月皎云间,松茂孤岭。见者羡其高风,望者人怀景慕。于是美誉彰于民听,休声播于远迩"。元熙后因在相州刺史任上起兵对抗执政元叉而被害,"王临刑陶然,神色不变,援翰赋诗,与友朋告别,词义慷慨,酸动旁人"③。可见中山王元熙是一个典型的名士化的人物,其"好学博通,善言理义,文藻富赡,雅有俊才","文艺之美,领袖东观",广泛交结文士,为孝明帝时期宗室文化精英之代表,其诸弟元略、元诱、元纂皆以才学与风流著名。④ 特别是元略,其一度流落江南,深得梁武帝及其朝臣的赞誉,并受江左风尚熏习,返北后"转复高迈"⑤。元熙子元晫,自少玄化,《元晫墓志》载其魏元熙世子,"雅爱琴书,孝友之至,率由而极。风情峻迈,姿质闲远,翠若寒松,爽同秋月,固已藉甚洛中,纷纶许下"⑥。可见其气质完全名士化。其年十八,随父出镇邺

---

① 前揭《汉魏南北朝墓志汇编》,第340页。
② 前揭《汉魏南北朝墓志汇编》,第176页。
③ 前揭《汉魏南北朝墓志汇编》,第169页。
④ 《元略墓志》已见前引,《元诱墓志》《元纂墓志》分别见前揭赵超《汉魏南北朝墓志汇编》,第171、175页,有关其文雅化情况不具引。可见元熙兄弟子侄皆早慧、风雅。
⑤ 《洛阳伽蓝记》卷四"城西·追先寺"条载元略逃命江左,"萧衍素闻略名,见其气度宽雅,文学优赡,甚敬重之。……江东朝贵,侈于矜尚,见略入朝,莫不惮其进止。……略从容闲雅,本自天资,出南入北,转复高迈,朝野师模"。
⑥ 前揭《汉魏南北朝墓志汇编》,第175页。

城，因起事遇诛。

《元飏墓志》载："君讳飏，字遗兴，司州河南郡洛阳县敷义里人，世宗景穆皇帝之孙，侍中内都、大达官夏州刺史阳平王之第六子也。生而恢岸，幼则奇伟。恭孝之心，睦睦于龆年；忠亮之操，蹇蹇于弱岁。韵宇神宁，雅度清简，倾衿慕道，殷勤引德。俊士游于高门，英彦翔于云馆。若夫优游典谟之中，纵容史籍之表，才逸自天，制每惊绝，弱冠有声，拜奉车都尉。俄如高祖鸾驾临戎，振旅荆宛，以君亲贤见擢，作常股肱。又龙辇北巡，仍扈行殿，暨于凯旆，除羽林监，又为步兵校尉，并非其所好。君高枕华轩之下，安情琴书之室，命贤友，赋篇章，引渌酒，奏清弦，追嵇阮以为俦，望异代而同侣，古由今也，何以别诸。……故常求闲任，安第养素。喜怒之色，弗形于视听；毁誉之端，未见于枢机。穷达晏如，臧否若一，志散丘园，心游濠水。"① 元飏之为人、仕宦志态度及其文化修养，所谓"追嵇阮以为俦，望异代而同侣"，正体现出其钦慕、追求魏晋玄化风尚的心理。

《元飏墓志》由其弟元钦所作，元钦如此记述其兄元飏之事迹，也体现出本人的玄化趣味。《元钦墓志》载其"至于秋台引月，春帐来风，琴吐新声，觞流芳味，高谈天人之初，情言万物之际，虽林下七子，不足称奇；岩里四公，曷云能上"②。元钦子元诞业也颇为玄化，《元诞业墓志》载其交游士众，"折旋吐纳，清言动席"③。这自然与其家族文化风尚相关。

就墓志所载，元飏、元钦兄弟可谓迁洛元魏皇族玄化之典范。对此，韩理洲先生通过汇集北魏皇族人物墓志，以为其中之内容体现出鲜卑人物普遍汉化，"在墓志中，对墓主人道德取向以及行为举止的描述，也体现出中原儒学的影响。一方面是对孝行的称颂……另一方面是对于墓主人儒雅作风的描述。……墓志的记载难免有失实夸饰的成分，但从中仍可以看出当时的社会道德趋向。除了传统儒学的影响之外，在一些鲜卑皇族身上还看到'魏晋风度'的浸染：北魏延昌三年（514）《元飏墓志》……生动形象地描绘了墓主人崇尚老庄，钦慕魏晋名士嵇康、阮籍的志趣。……而墓志的作者元钦也是另一个北魏宗室，在对墓主人生平行事的记述中，也表露了自己对魏晋风度的追慕之情。此文作于北魏延昌三年（514），上距孝文帝迁洛不足二十年，

---

① 前揭《汉魏南北朝墓志汇编》，第75页。
② 前揭《汉魏南北朝墓志汇编》，第249页
③ 前揭韩理洲等辑校：《全北魏东魏西魏文补遗》，第289页。

可见北魏上层汉化之程度"①。由此，可以说元飏、元钦兄弟之玄化正体现了当时元魏皇族文雅化群体的一般特征。

以上依据墓志记载，集中叙述了几位风雅化程度较高、社会影响较大的元魏皇族代表人物的相关情况。不过，检点其他元魏皇族子弟墓志，其实类似的记载甚多，与传世文献相参照，可以说文雅化是北魏后期迁洛鲜卑上层的普遍现象。以下撮取诸方墓志要点，略加引述。

《元平墓志》载其昭成之后，"年廿，弱冠魏奉朝请。优游华僚，逍遥自得，风韵超奇，声随日举"②。

《元弼墓志》载其为昭成之后，"临风致咏，藻思情流，郁若相如之美上林，子云之赋云阳也。然凝神玮貌，廉正自居，淹辞雅韵，顾盼生规"③。

《元祐墓志》载元祐"河南洛阳都乡照乐里人也。高宗文成皇帝之孙，太保齐郡顺王之世子。……又锐志儒门，游心文苑，访道忘食，徙义遗忧。虽甄城之好士，平台之爱贤，无以过也。……正始二年，王以属近宗亲，才高时彦，除龙骧将军通直散骑常侍。秉笔霄墀，徽述之理惟清；珥貂霞阁，毗赞之功已显"④。

《元子直墓志》载其献文帝孙、彭城武宣王子，"公从容博爱，雅好人流，接席分庭，谈赏无倦"⑤。

《元焕墓志》载其献文帝之曾孙，"又爱诗悦礼，不舍斯须；好文玩武，无废朝夕。味道入玄，精若垂帷，置觞出馆，欢同林下。故皎皎之韵，高迈群王，斌斌之称，远闻圣上"。其铭文中有辞称其"悦文出俗，爱古入微，仪形梁孝，景行陈思"⑥。可见元焕是一个名士化的人物，其好谈论，善文辞，其府邸交往自然多为文学之士。

《元斌墓志》载景穆帝曾孙，"君器识闲雅，风韵高奇，澹尔自深，攸然独远。……虽名拘朝员，而心栖事外，恒角巾私囿，偃卧林潮，望秋月而赋篇，临春风而举酌，流连谈赏，左右琴书。性简贵，慎交从，门寮杂游，庭

---

① 前揭韩理洲等辑校：《全北魏东魏西魏文补遗》之《前言》，第3—4页。元飏妻王夫人出自琅邪王氏，应当是入魏的王肃之支系，《王夫人墓志》已出土（见前揭赵超《汉魏两晋南北朝墓志汇编》，第72页）。元飏作风如此，可能与其妻之影响不无关系。
② 前揭《汉魏南北朝墓志汇编》，第143页。
③ 前揭《汉魏南北朝墓志汇编》，第37页。
④ 前揭赵超《汉魏南北朝墓志汇编》，第107页。
⑤ 前揭《汉魏南北朝墓志汇编》，第150页。
⑥ 前揭《汉魏南北朝墓志汇编》，第168页。

盈卉木，虽山阳之相知少，颖阴之莫逆希，以斯准古，千载共情也"①。元斌之生活情趣及其交游"流连谈赏"，颇具名士风度。

《元湛墓志》："君讳湛，字珍兴，河南洛阳宽仁里人也。恭宗景穆皇帝之曾孙，……南惠安王之孙，……章武王之第四子，……章武庄王之令弟。……美姿貌，好洁净，望之俨然，状若仙客。爱山水，玩园池，奇花异果，莫不集之。嘉辰节庆，光风冏月，必延王孙，命公子，曲宴竹林，赋诗畅志。性笃学，尤好文藻，善笔迹，偏长诗咏。祖孝武，爱谢庄，博读经史，朋旧名之书海。永平四年，旨征拜秘书著作佐郎。追扬雄之踪，义赏名贤，文贬凶党。司空公任城王圣朝东阿，爱君文华，启除骑兵参军，寻补尚书左士郎中。握笔禁省，名振朝廷，迁左军将军。后以才丽，旨除中书侍郎。诏荣优文，下笔两流，……貂珰紫殿，鸣玉云阁，优游秘苑，仍赏文艺。"② 元湛性好山水，造园林，组织文士聚集，本人又有文学艺术之才，喜好南朝谢庄的诗风，是一个典型的名士化人物。

《元子正墓志》载其献文帝之孙，彭城王元勰子，孝庄帝之同母弟，"自始服青衿，爱启绨帙，好问不休，思经无怠。遂能搜今阅古，博览群书，穷玄尽微，义该众妙，谅以迈迹中山，超踪北海者矣。加以雅好文章，尤爱宾客，属辞摛藻，怡情无倦，礼贤接士，终宴忘疲。致雏马之徒，怀东阁而并至；徐陈之党，慕西园以来游。于是声高海内，誉驰天下，当年绝侣，望古希俦"③。元子正身边聚集了不少同好，形成了一个文学、谈论交游的雅集群体。

《元显墓志》载其"爱始志学，游心坟典，耽道知名，淫书结誉，三冬足用，五行俱下，彼自称奇，我无惭德。于是郭生愿谒，许子请交，而千丈徒知，万顷不测，于焉远近，翕尔留心。……然工名理，好清言，善草隶，爱篇什。及春日停郊，秋月临庸，庭吟蟋蟀，援响绵蛮，籍兹赏会，良朋萃止，式敦谦醑，载言行乐，江南既唱，豫北且行，诗赋去来，高谈往复，萧然自得，忘情彼我"④。元显府邸自是雅集之中心。

《元悰墓志》载其景穆帝玄孙，"裁离褓袴，便游庠塾，月习礼仪之事，体安仁义之风。幼以宗室入随朝觐，容止闲华，风神通敏，折旋合度，笑语

---

① 前揭《汉魏南北朝墓志汇编》，第140页。
② 前揭《汉魏南北朝墓志汇编》，第239页。
③ 前揭《汉魏南北朝墓志汇编》，第245页。
④ 前揭《汉魏南北朝墓志汇编》，第359页。

中规,众共异之,咸以远大相许。……爰以弱冠,膺受多福,既谒承明,仍居青琐,博观旧史,泛爱通儒,礼过申穆之宾,流连枚马之客。良辰美景,满坐盈樽,神王一时,自得千载"①。

《元恭墓志》载其为景穆帝曾孙,城阳王怀第二子,"文洞九流,义贯百氏。游仁者雾集,慕义者云从。是以名实载隆,风流藉甚"②。

《元谳远墓志》载其景穆帝玄孙,祖父济阴康王"神情俊拔,道冠古今",父济阴文王"才藻富丽,一代文宗"。其"生五岁,遭文王忧,唯兄及弟,亦并童幼,太妃鞠育劬劳,教以义方。夙兴省规,孝情斯极,性开达,好施与,不事产业,道素自居,虚己待贤,倾身下士。宾客辐辏,冠盖成阴,绸缪赏会,留连琴酒。风韵恢爽,与青松等峻;逸气高奇,共白云俱远。不持小节,有倜傥之才,虽鸿翼未舒,固以远大许之。年渐成立,志闲丘壑,遂负帙入白公台山,下帷潜读,学贯儒林,博窥文苑。九流百氏之书,莫不该揽;登高夹池之赋,下笔成章。风流闲起,谈论锋出,时观鱼鸟以咏怀,望山川而卒岁。属明皇在运,寤寐求贤,贲束帛之礼,委玫车之聘。乃辟为员外散骑侍郎。自秉笔龙渊,来仪青琐,容止可观,进退可度"③。元谳远早慧异常,其为人气度与治学格局,无不具有名士气质,特别是"风流闲起,谈论锋出",显示出典型的玄化特征。

《元朗墓志》载:"公幼而岐嶷,不群夙异。业维世载,学乃家风。……然仕而学,汲汲不已,乃怀书。自公抱诗退食,静室专经,博通六籍。雅颂既详,事副返鲁。方阅百氏,遍揽千家。明记等于三箧,聪目并于五行。能诗巧赋,九者俱善。篇什新奇,为世近范。明辨如神机,人莫等信。"其墓志铭中有赞曰:"才声謇謇,文誉俄俄。独步□时,永世作歌。"④ 元朗乃任城王元澄之孙,其房支普遍儒雅化,元朗则具有玄化名士之气质。

《元袭墓志》载其景穆皇帝曾孙,"错综古今,贯穿百氏,究群言之秘要,洞六艺之精微。纂思绮古,摛文锦烂,信足方驾应徐,连横潘左。又工名理,善占谢,机转若流,酬应如响,虽郭象之辨悬河,彦国之言如璧玉,在君见之"⑤。可见当时元魏皇族子弟多"工名理,好清言",具有一定的玄思论辩

---

① 前揭《汉魏南北朝墓志汇编》,第 368 页。
② 前揭《汉魏南北朝墓志汇编》,第 297 页。
③ 前揭《汉魏南北朝墓志汇编》,第 308 页。
④ 王连龙:《新见北朝墓志集释》,中国书籍出版社 2013 年版,第 91 页。
⑤ 前揭《汉魏南北朝墓志汇编》,第 295 页

水平。

《元湛墓志》载其广阳王元渊子,"母琅琊王氏,父肃,尚书令、司空文宣简公"。志称其"器宇清明,风神秀整,音韵恬雅,仪表闲华,天资孝友,自然忠信,率礼而动,非法不言。既夙有成德,弱不好弄,致赏高明,实标清识,故能采菽中原,求珠赤水,心游河汉,志在丘山。……惟公风猷峻远,器量清高,望俨即温,外明内润,虽名重一时,位高四累,务在谦光,情无矜尚。是以虚衿待物,折节从人,当沐而休,据馈以起。至乃北游碣石,南陟平台,风飘飞阁,草蔓中渚,宾僚率止,亲友具来,置酒陈辞,调琴寤语,思溢河水,言高太山,绣采成文,金石起韵,耻一物之不知,总四科而备举,积珪璋于胸怀,散云雨衿袖"①。元湛风雅如此,除了当时普遍的风气影响外,当与其来自琅邪王氏的母亲的教诲不无关系。

《元怿墓志》载其昭成皇帝七世孙,"君风神清举,气韵高畅,孝友天至,学艺通敏。……风流名誉,擅美一时"②。

《元诞墓志》载其献文帝孙,高阳王元雍第四子,"公以童孺之年,飘然独立,居丧殆灭,仅而获全。……加以学不章句,涉猎经史;笔非潭思,吟咏成文。……时吐清谈,恒盈座客。体行藏而舒卷,得神王于一时。信可以准的人物,仪形邦国"③。

《元惊墓志》载其"体局沉凝,风度闲远,……乃袭旧爵,为西河王。设醴待贤,拥彗趋士,雅有明德,实著高义,河间之好礼不群,东平之为善最乐,彼各壹时,岂足多善"④。元惊为元魏皇族疏宗,其好聚士,可见当时交游风气之影响。

《元子邃墓志铭》载其高祖文成皇帝,祖安丰王元匡,"卓尔不群,巍然挺出,朝野所以钦风,缙绅于是属意。旌贤乐善,味道求书,博极古今,洞观坟籍。既有公才,非无公望,声驰远近,誉满宫阙"⑤。

由以上所引诸墓志,可见北魏后期鲜卑诸王公子弟普遍追踪魏晋,效仿玄化之名士风流。然而西晋灭亡之后,中原地区历经十六国北朝民族之纷争,魏晋风尚在北地已近乎灭绝。两晋之际,京洛士族名士群体纷纷南渡,玄学

---

① 前揭《汉魏南北朝墓志汇编》,第356页。
② 前揭《汉魏南北朝墓志汇编》,第232页。
③ 前揭韩理洲等辑校《全北魏东魏西魏文补遗》,第350页。
④ 前揭《汉魏南北朝墓志汇编》,第352页。
⑤ 前揭《汉魏南北朝墓志汇编》,第399页。

风尚不仅随之流布江南，而且有所变异与更新。北魏孝文帝迁洛后之力行汉化，一个重要渠道便是取法南朝，从而造成了一度颇为强劲的南风北渐、南学北传之势。此外，从地缘角度看，洛阳与江南相近，各种方式的南北人员往来与文化交流日益频繁。从当时士风变化的角度看，随着南北文化交流的不断深入，中原士族名士和鲜卑皇族子弟主动取资江左，南朝士族社会种种玄化的生活方式与思想文化，如宴饮雅聚、山水游娱、清言论辩、诗文唱和等，都成为文雅化的元魏皇族人物的效仿对象。北魏后期士风与文风的变化，皆与此相关。墓志中所见皇族子弟中多有名士化人物，形成了鲜卑皇族雅化的才俊群体。因此，元魏上层之追踪魏晋，实际上是通过直接取法南朝实现的。对此，李磊先生曾指出："孝文帝以后的北方社会出现了新的文化面貌，主要表现为文学趣尚的转变与玄学风度的出现。这些表现与十六国北魏前期大相径庭，很显然，北方文化出现了断裂性跳跃，转而与江南趋同。"论及北朝后期崇尚"风流"士风之影响，他以为"这种影响力在鲜卑贵族身上也体现得至为明显"，汉族士族名士与元魏皇族人物互相以风流气度相赏誉，《魏书》卷一八《太武五王·临淮王谭传》载元彧"姿制闲裕，吐发流靡，琅邪王诵有名人也，见之未尝不心醉忘疲"[1]。王诵出自江左一流高门琅邪王氏，他激赏元彧之风流，可见其风采。《元彧墓志》已出土，但其中主要介绍其事功业绩，而对其学术文化与名士风采则略有涉及，据《魏书》本传，"彧美风韵，善进止，衣冠之下，雅有容则"。元彧曾一度避难江南，梁武帝萧衍特遣人"观彧为人"，"称彧风神闲俊。衍亦先闻名，深相器待，见彧于乐游园，因设宴乐"[2]。元彧、元略之风流气度得到梁武帝君臣和南来名士王诵的赞誉，说明元魏皇族精英风雅化水平确实达到了相当高的水准。

此外，特别需要指出的是，在鲜卑皇族子弟日益雅化过程中，一些精英分子在经史学术上积累渐丰，又招引汉族学者入府研修，著书立说，出现了一些学有专精的代表人物。这在墓志中也有所体现。上引《元赞远墓志》称

---

[1] 李磊《江南文化北传与北魏中华意识的形成》，收入牟发松、陈江主编《历史时期江南的经济、文化与信仰》，华东师范大学出版社2014年版，第261—264页。此外，刘军先生《试述元魏宗室墓志中的江南元素》（《江苏社会科学》2015年第2期）依据元魏皇族人物墓志，专题考察江南士族社会文化风尚对元魏皇族人物的影响，指出元魏皇族在贵族化过程中取法江南文化风尚，包括玄谈、文学、宴饮、务虚、义理及书法等内容。在贵族化浪潮席卷下，元魏宗室的气质风貌日益趋向江南化。该文还具体分析了元魏宗室吸纳江南元素的原因与途径等。

[2] 关于元彧之风流雅致，《洛阳伽蓝记》卷四"城西·法云寺"条下有翔实而生动的记载，此不具引。

其"学贯儒林,博窥文苑。九流百氏之书,莫不该揽"云云,《元湛墓志》称其"博读经史,朋旧名之书海",《元恭墓志》称其"文洞九流,义贯百氏",《元熙墓志》称其"好学博通,善言理义,文藻富赡,雅有俊才",《元恩墓志》载其"自少及长,典籍是务。……至于载笑载言,琴书逸响"①,都体现了这一学术文化风尚。

关于鲜卑王公子弟之经史学术,就墓志所见,当以元延明最为突出。《元延明墓志》载其为文成帝之孙、献文帝季弟安丰王长子,"自有大志,少耽文雅,肆情驰骋,锐思贯穿,强于记录,抑亦天启,必诵全碑,终识半面。故河间所不窥,陈农所未采,莫不祛疑辩惑,极奥穷微。雕虫小艺,譬诸绮縠,颇曾留意,入室升堂。实使季长谢其诗书,伯谐归其文籍,声播几重,于焉历试。……领国子祭酒。……公博见多闻,朝所取访,金石之乐,受诏增损,乃详今考古,铸钟磨磬,已蔑吾陵之韵,信鄙昆庭之响。属受事征罚,遂中寝成功。……又监校御书。时明皇则天,留心古学,以台阁文字,讹伪尚繁,民间遗逸,第录未谨。公以向、歆之博物,固雠校之所归,杀青自理,简漆斯正。……公神衿峻独,道鉴虚凝,少时高祖垂叹,以为终能致远,遂翻为国师,郁成朝栋。既业冠一时,道高百辟,授经侍讲,琢磨圣躬,明堂辟雍,皆所制定,朝仪国典,质而后行。加以崖岸重深,风流旷远,如彼龙门,迢然罕入。惟与故任城王澄、中山王熙、东平王略,竹林为志,艺尚相欢。故太傅崔光、太常刘芳,虽春秋异时,亦雅相推揖。其诗赋铭诔,咸颂书奏,凡三百余篇,著《五经宗略》《诗礼别义》,注《帝皇世纪》及《列仙传》,合一百卷,大行于世。殆五百之期运,傥一贤之斯在"②。元延明博学如此,确非一般汉族世族人物可比。

随着鲜卑上层文化水准的不断提升,出现了一些"博古文学"之士和聚书风气,《魏书》卷一八《太武五王·临淮王谭传》载元彧"少与从兄安丰王延明、中山王熙并以宗室博古文学齐名,时人莫能定其优劣"。在热衷经史学术风气的推动下,对书籍的需求便日益强烈起来,形成了聚书风气。孝文帝重视收集图书,但自十六国以来,北朝图书散失严重,于是他向南朝借书,《隋书》卷三二《经籍志序》载:"后魏始都燕、代,南略中原,粗收经史,未能全具。孝文徙都洛邑,借书于齐,秘府之中,稍以充实。"对此,墓志也

---

① 前揭《汉魏南北朝墓志汇编》,第266页。
② 前揭《汉魏南北朝墓志汇编》,第286页。

有记载,《李璧墓志》载李璧字元和,勃海条县广乐乡吉迁里人,"少好《春秋左氏传》而不存章句,尤爱马、班两史,谈论事意,略无所违,性严毅,简得言,工赏要,善尺牍",为北魏中书博士,"誉溢一京,声辉二国",为南北所推崇,"昔晋人失驭,群书南徙。魏国沙乡,文风北缺。高祖孝文皇帝追悦淹中,游心稷下,观书亡落,恨阅不周,与为连和,规借完典。而齐主昏迷,孤违天意。为中书郎王融思狎渊云,韵乘琳瑀,气轹江南,声兰岱北,耸调孤远,鉴赏绝伦,远服君风。启称在朝,宜借副书"。这里称王融以李璧在魏,故建议借书北魏,可能有所夸大,查《南齐书》卷四七《王融传》,其中载"虏使遣求书,朝议欲不与",王融上书齐武帝,以为"经典远被,诗史北传",有助于北朝汉化,请求借书于魏,齐武帝虽说"吾意不异卿。今所启,比相见更委悉",然"事竟不行"。无论孝文帝是否自南齐借得图书,但其重视聚书,显示了鲜卑汉化的趋向则为事实。此后,一些鲜卑上层子弟开始聚书,《魏书》卷二〇《文成五王·安丰王猛传附延明传》载"延明既博极群书,兼有文藻,鸠集图籍万有余卷。性清俭,不营产业"。元延明如此,与之齐名的中山王元熙、弟临淮王元彧等,甚至鲜卑才学之士也当如此,无不以热衷于聚书为风雅。这在墓志中也有反映,《元顺墓志》载其任城王元澄子,"清才雅誉,挺自黄中,……处贵毋贪,崇俭上朴。身甘枯槁,妻子衣食不充,尝无担石之储,唯有书数千卷。虽复孙弘居相,王修处官,曷以过也"①。任城王元澄一支文雅化水平甚高,元顺聚书,正是其热衷学术之表现。又,《元茂墓志》载其景穆帝曾孙,"少秀玉山之姿,早澹金泉之量。……君性好素俭,□□□平,出入黔宇,去来疏苑,颇复琴诗拘意,未尝荣禄□心。或门谒八俊,日洞千数,又家无一帛,书有万箧。……此官之来,简在帝心,非君所好,逡遁乞归。直以玉帛频集,纷然从事,君庶毗蕃牧,风宪兼举,

---

① 前揭《汉魏南北朝墓志汇编》,第223页。元顺在经史学术、文学辞章皆具修养,且其作风雅化,《魏书》卷一九(中)《景穆十二王中·任城云王传附元澄传》载元澄注重对子弟的文化教育,其子元顺"九岁师事乐安陈丰,初书王羲之《小学篇》数千言,昼夜诵之,旬有五日,皆通彻。丰奇之,白澄曰:'丰十五从师,迄于白首,耳目所经,未见此比,江夏黄童,不得无双也。'澄笑曰:'蓝田生玉,何容不尔。'十六,通《杜氏春秋》,恒集门生,讨论同异。于时四方无事,国富民康,豪贵子弟,率以朋游为乐,而顺下帷读书,笃志爱古。性谨谔,淡于荣利,好饮酒,解鼓琴,每长吟咏叹,吒咏虚室。世宗时,上《魏颂》"。李磊在《江南文化北传与北魏中华意识的形成》中据此以为"王羲之魏东晋人,《杜氏春秋》亦为魏晋新学,可见元顺所学为江南之学。其好读书作文等做派,皆接近南朝名士。"前揭牟发松、陈江主编《历史时期江南的经济、文化与信仰》,第262页。

涉猎情理，导头明尾。于时同僚，实役务烦，君犹叹无事，空丧良辰"①。元茂臧书"万箧"，体现其致力学术积累。

此外，一些元魏皇族子弟随着学术水平的提高，重视文献典籍的整理与保护，《元飏墓志》载其"年十八为侍书，拜通直散骑侍郎。……乃除通直散骑常侍，……又广内纷诡，流略残讹，子政之务有归，子骏之任斯在。乃以本职兼内典书，折简无遗，绝编咸举，陈农之功未逮，河间之业重还"②。又，《元璨墓志》载其"君以帝胄美名，凤招令问，特被优诏，擢秘书佐郎。时寻有敕，专综东观，坟经大序，部裘载章，所进遗漏，缉增史绩"③。又，《元崇业墓志》载其"拜秘书郎中，秉牍麟阁，厘校坟艺，洋洋之美，典素载清"④。前引《元延明墓志》载其"又监校御书。时明皇则天，留心古学，以台阁文字，讹伪尚繁，民间遗逸，第录未谨。公以向、歆之博物，固雠校之所归，杀青自理，简漆斯正"。可见北魏后期多位宗室才学之士负责朝廷文献典籍校理，编辑目录、"厘校坟艺"、"监校御书"、征集"民间遗逸"，成为中华文化传承之功臣。

综上所述，通过对北魏皇族人物墓志的梳理，勾稽其中有关北魏后期迁洛鲜卑皇族子孙的雅化，特别是其在学术文化方面的修养不断提升的资料，可见孝文帝等统治者重视对迁洛鲜卑皇族子孙的教育，着力设置、完善国子学等学校教育制度，并在一定程度上得到了实施。墓志表明诸多鲜卑皇族子孙年幼入学接受启蒙教育，出现了不少才情横溢的早慧之士。不仅如此，迁洛元魏皇族诸王在文化习尚、生活方式上追慕魏晋、取法南朝，竞相招集士族名士，形成了一些藩王府邸学术文化中心。通过与汉族士大夫的密切接触和深入交流，元魏皇族子弟普遍崇尚风雅，其仪容气度、学识涵养都发生了深刻的变化，普遍地表现文雅化的风貌，一些代表人物在文学艺术、经史学术等方面达到相当高的水准，颇为汉族士族名士所称誉。

---

① 前揭《汉魏南北朝墓志汇编》，第163页。
② 前揭《汉魏南北朝墓志汇编》，第221页。
③ 前揭《汉魏南北朝墓志汇编》，第152页。
④ 前揭《汉魏南北朝墓志汇编》，第154页。

第七章　迁洛元魏宗室诸王之"妙简行佐"及其影响

——从一个侧面看迁洛元魏皇族群体之文雅化及其原因

北魏孝文帝迁都洛阳，其主要目的之一是促进鲜、汉上层的一体化，推动北魏的全面汉化。为此，孝文帝进行了一系列的社会变革，诸如孝文帝参照汉族士族的门阀制度，在鲜卑上层中实行姓族制度和鲜、汉上层通婚等，这都为增进双方的联系与交往提供了制度保障。对此，以往论之者已众。不过，就迁洛鲜卑上层汉化与雅化而言，鲜卑皇族诸王僚属具有不可忽视的作用。孝文帝等统治者特别重视诸王僚属的配置与选聘，以辅助其临民执政，《魏书》卷五七《高祐传》载勃海高谅"少好学，多识强记，居丧以孝闻。太和末，京兆王愉开府辟召，高祖妙简行佐，谅与陇西李仲尚、赵郡李凤起等同时应选"。这些僚属不仅在政务上辅助诸王，而且在生活、文化诸方面也必然有潜移默化的影响。孝文帝为诸子弟"开府辟召"，"妙简行佐"，这一制度为北魏后期其他统治者所遵循。那么，当时元魏诸王如何"妙简行佐"？士族名士充任藩府属官对元魏诸王有何影响？这里略作专题考论。

一　"盛简门彦"：迁洛诸王选聘藩府僚佐之门第背景

孝文帝迁洛之际，其以"诸弟典三都"。然诸弟皆年少，缺乏临民施政的经验与能力，如何督导其出藩诸弟呢？孝文帝除了一再下诏训诫元禧等人外，

第七章　迁洛元魏宗室诸王之"妙简行佐"及其影响 / 149

还以德高望重的大臣充任其师傅,如以李冲为元禧师。① 不过,孝文帝的训诫多为一般原则要求,而诸王师傅多为朝廷重臣,居于中枢高位,并不随诸王出藩,对诸王之军政与生活的实际影响有限。孝文帝迁洛之后,诸弟之外,诸皇子及其他宗室诸王也多相继开府。对王国藩府的管理与控制,事关国家社会之稳定。对此,孝文帝采取的主要的措施是强化诸王藩府属吏选聘与配置。王国藩府僚属历代皆设,本无新奇,但比之以往,孝文帝为诸弟、诸子选聘僚佐的标准及其意义则有所不同。

《司马悦墓志》②载司马悦出自河内司马氏,其先人皆以庶姓为王,孝文帝以之为元禧佐吏:"年十四,以道训之冑,入侍禁㙩。太和中,司牧初开,纲铨望首。……帝弟咸阳王,以亲贤之寄,光莅司牧,博选英彦。自非人地佥允,莫居纲任。以君少播休誉,令名茂实,除宁朔将军司州别驾。翼佐徽猷,风光治轨。"孝文帝为诸子弟挑选僚佐,其标准是"博选英彦",所谓"自非人地佥允,莫居纲任",明确要求从中原士族中选聘。《李遵墓志》说得更直接:"君讳遵,字仲敬,陇西狄道人也。……高阳王,帝之季弟,作镇邺都,傍督邻壤。望府纲僚,皆尽英冑。君首充其选,为行参军署法曹。"可见,高阳王元雍出镇,"望府纲僚,皆尽英冑"。《崔猷墓志》载其出自清河崔氏,太和十七年,"高祖鸾驾南辕,创迁河洛,于时三府妙选,务尽门贤",孝文帝任之为诸王府僚。由于孝文帝如此重视对诸王藩府僚属的选聘,鲜卑贵族得预其列,《穆循墓志》载:"君姓穆,讳循,字如意,河南洛阳人也。……高祖孝文皇帝沙汰人物,铨衡四海,太尉咸阳王,天子之元弟也,崇开府选,妙简名德,以君人华国望,器光朝野,征拜太尉外兵参军。"③《穆纂墓志》亦载:"君讳纂,字绍业,洛阳人也。……皇子高阳王之为太尉公,盛简门彦,以备行参军。"穆循、穆纂以鲜卑高门出任诸王府佐,倍感荣光,故墓志中特予表彰。因此,所谓"博选英彦""妙简名德""盛简门彦"云云,主要是指从汉族士族名门子弟中选聘诸王藩府僚属。鉴于此,下文逐一考察相关士族人物出任诸王僚属的情况。

---

① 孝文帝其他诸弟也皆有良师,《魏书·献文六王·赵郡王干传》亦载:"高祖笃爱诸弟,以干总戎别道,诫之曰:'司空穆亮年器可师,散骑常侍卢渊才堪询访,汝其师之。'"又,《魏书》卷五四《高闾传》载其"领广陵王师"。
② 此墓志见赵超《汉魏南北朝墓志汇编》所辑,天津古籍出版社2008年版,以下所引诸墓志未注明出处者,皆见此书。
③ 此墓志见罗新、叶炜《新出魏晋南北朝墓志疏证》所辑,中华书局2005年版。

清河崔氏。《魏书》卷二四《崔玄伯传》载崔朏"好学，有文才。历治书侍御史、京兆王愉录事参军"；崔景徽，"出为青州广陵王羽征东府司马"；崔僧渊"为征东大将军、广陵王羽谘议参军"，崔僧渊子崔伯骥"为京兆王愉法曹参军"。《魏书》卷六六《崔亮传》载崔和孝友谦让，"高祖善之，遂以和为广陵王国常侍"。《魏书》卷六七《崔光传》载其子崔励"器学才行最有父风。举秀才，中军彭城王参军、秘书郎中，以父光为著作，固辞不拜"。崔光侄崔鸿，"少好读书，博综经史。太和二十年，拜彭城王国左常侍"；延昌四年，"迁中散大夫、高阳王友"。《崔鸿墓志》载其"释褐彭城王左常侍……转员外散骑侍郎，寻除尚书三公郎中。大小以情，片言无爽。五流三就，各尽其宜。……任城文宪王得一居宗……乃请君为右长史。从容上度，出言有章，虽文饶之弘益五品，渊源之燮谐九德，不能珽也。除散骑常侍黄门侍郎。献替辇扆，造次以之，切问近对，复同指掌"。又，《魏书》卷六九《崔休传》载："休好学，涉历书史，公事军旅之隙，手不释卷，崇尚先达，爱接后来，常参高祖侍席，礼遇次于宋、郭之辈。"孝文帝南征，以北海王元详为尚书仆射，"统留台事，以休为尚书左丞……转长史，兼给事黄门侍郎"。《崔猷墓志》载崔猷在孝文帝迁洛后，"除君司徒行参军，寻转大将军主簿，又补安南府司马，除太尉骑兵参军本国中正，除本州别驾，又除大将军府中兵参军事。……历赞府僚，所在流称，剖符作守，治有能名"。

博陵崔氏。《魏书》卷四九《崔鉴传》载崔秉"少有志气"，曾随彭城王元勰南征寿春，"后为司空主簿，转掾、城门校尉、长兼司空司马。迁长史，加辅国将军"。崔秉弟崔习，"有世誉。历司徒主簿、彭城王勰开府属"。崔秉从弟崔广，"有议干。初为中书学生。……后任城王澄为扬州，引广为镇南府长史"。崔广弟崔文业，曾为中书博士，"城阳王鸾为定州刺史，引为治中"。又，《魏书》卷五六《崔辩传》载崔楷为"广平王怀文学，……久之，京兆王继为大将军西讨，引楷为司马"。博陵安平崔氏出仕藩府尤以崔挺一支为盛。《魏书》卷五七《崔挺传》载其"幼居丧尽礼。少敦学业，多所览究，推人爱士，州闾亲附焉。……北海王详为司徒、录尚书事，以挺为司马，挺固辞不免。世人皆叹其屈，而挺处之夷然"。崔挺诸子皆有应召为诸王属吏的经历，长子崔孝芬，"早有才识，博学有文章。高祖召见，甚嗟赏之。……司徒、彭城王勰板为行参军，后除著作郎，袭父爵"。关于其才学，又载："孝芬博文口辩，善谈论，爱好后进，终日忻然，商榷古今，间以嘲谑，听者忘疲。所著文章数十篇。"崔孝芬弟崔孝暐，"少宽雅，早著长者之风。彭城王

第七章　迁洛元魏宗室诸王之"妙简行佐"及其影响 / 151

魏之临定州，辟为主簿"。崔孝直，"汝南王开府掾，领直寝"，其为汝南王悦属吏。崔孝政，"操尚贞立，博洽经史，雅好辞赋。丧纪之礼，特所留情，衣服制度，手能执造。太尉、汝南王悦辟行参军"。崔挺弟崔振为咸阳王禧骠骑府司马。崔挺从父弟崔元珍"迁司徒主簿、赵郡王幹开府属"。崔振，"少有学行，居家孝友，为宗族所称。自中书学生为秘书中散，在内谨敕，为高祖所知。出为冀州、咸阳王禧骠骑府司马，在任久之"。崔振素"为高祖所知"，其辅佐元禧显然出自孝文帝的安排。崔挺从父弟崔瑜之，"少孤，有学业。太和中，释褐奉朝请，广陵王羽常侍，累历藩佐"。崔挺从祖弟崔敬邕，"性长者，有干用"，后中山王英南征，"引为都督府长史"。

范阳卢氏。《魏书》卷四七《卢玄传》载卢昶弟卢尚之，"亦以儒素见重。太和中，拜议郎，转赵郡王征东谘议参军"。卢元明，"涉历群书，兼有文义，风彩闲润，进退可观。永安初，长兼尚书令。临淮王彧钦爱之，及彧开府，引为兼属，仍领部曲"。卢溥玄孙卢洪，"太和中，历中书博士，稍迁高阳王雍镇北谘议参军、幽州中正、乐陵、阳平二郡太守"。卢洪子卢仲义，"知名于世，高阳王雍司空参军"。又有卢同，《魏书》卷七六《卢同传》载卢同为卢玄族孙，"同身长八尺，容貌魁伟，善于处世。太和中，起家北海王详国常侍"。

陇西李氏。以李冲为代表的陇西逊道李氏家族人物众多，在北魏中后期具有特殊的地位与作用，其中也有一些出任诸王师傅及藩府僚佐者。李冲曾为咸阳王元禧师。据《魏书》卷三九《李宝传》，李韶精于典章文物制度，曾为太子元恂詹事。李韶子李瑾"美容貌，颇有才学，特为韶所钟爱。清河王怿知赏之，怿为司徒，辟参军。……稍迁通直散骑侍郎，与给事黄门侍郎，与给事黄门侍郎王遵业、尚书郎卢观典领仪注。临淮王彧谓瑾等曰：'卿等三俊，共掌帝仪，可谓舅甥之国。'王、卢即瑾之外兄也。"李韶弟李彦，"颇有学业。……时朝仪典章咸未固备，彦留心考定，号为称职。……征为广陵王羽长史，……冀州赵郡王幹长史。转青州广陵王羽长史"。李昞，"起家高阳王雍常侍，员外散骑侍郎、太尉录事参军"。李仲尚，"仪貌甚美。少以文学知名。二十著《前汉功臣序赞》及季父《司空冲诔》，时兼侍中高聪、尚书邢峦见而叹曰：'后生可畏，非虚言也。'起家京兆王愉行参军"。李仲遵，"有业尚，彭城王勰为定州，请为开府参军"。李思穆，"有度量，善谈论，工草隶，为当时所称。……彭城王勰为定州，请为司马，带钜鹿太守。勰徙镇扬州，仍请为司马"。又，《魏书》卷八二《李琰之传》载其为李韶族弟，

"早有盛名，时人号曰神童"，为从父司空李冲所赏，"恒资给所须，爱同己子"，后以学著名，"彭城王勰辟为行台参军"。又，《李遵墓志》载其为咸阳王元禧属吏，"君首充其选，为行参军署法曹。处烦绵载，匪弼唯明，滞理斯通，吏无停业。……除员外散骑侍郎，文谈自娱"。

勃海封氏。《魏书》卷三二《封懿传》载封伯伟"博学有才思"，"太尉、清河王怿辟参军事"。《魏书》卷八五《文苑·封肃传》载其"早有文思，博涉经史，太傅崔光见而赏焉。……正光中，京兆王西征，引为大行台郎中，委以书记"。《北齐书》卷二一《封隆之传》载"汝南王悦开府，为中兵参军"。

昌黎谷氏。《魏书》卷三三《谷浑传》载谷颖为"青州、征东大将军、广陵王羽田曹参军"。

武威姑臧贾氏。《魏书》卷三三《贾彝传》载贾祯"学涉经史，居丧以孝闻"，后"征为京兆王愉郎中令"。贾景俊"亦以学识知名，奉朝请。迁京兆王愉府外兵参军"。

清河房氏。《魏书》卷四三《房法寿传》载房宣明"亦文学著称，雅有父风。高祖擢为中书博士。……正始中，京兆王愉出除征东、冀州，以宣明为记室参军"。房士达，"少有才气。其族兄景先，有鉴识，每曰：'此儿俶傥，终当大其门户。'……时京兆王继为大将军，出镇关右，闻其名，征补骑兵参军，领帐内统军"。又，《魏书》卷七二《房亮传》载房亮弟房悦"解褐广平王怀国常侍"。

陇西逊道辛氏。《魏书》卷四五《辛绍先传》载其子辛凤达"耽道乐古，有长者之名。卒于京兆王子推国常侍"，可见辛氏迁洛前已为王国属吏。辛凤达子辛少雍"少聪颖，有孝行，……性仁厚，有礼仪，门内之法，为时所重。释褐奉朝请，太学博士、员外散骑侍郎。司空、高阳王雍引为田曹参军"。又，《魏书》卷七七《辛雄传》载其"有孝性，颇涉书史，好刑名，廉谨雅素，不妄交友，喜怒不形于色。……清河王怿为司空，辟户曹参军，摄田曹事。怿迁司徒，仍随授户曹参军。……怿迁太尉，又为记室参军"。另，辛雄从父兄辛纂，"学涉文史，温良雅正"，为太尉骑兵参军，"每为府主清河王怿所赏，及欲定考，怿曰：'辛骑兵有学有才，宜为上第'，转越骑校尉"。后为临淮王彧长史和广阳王渊长史。

勃海高氏。《魏书》卷四八《高允传》载高市宾曾为"冀州京兆王愉城局参军"。勃海高氏还有高祐一支，前引《魏书·高祐传附高谅传》载孝文帝为其子京兆王元愉"妙简行佐"，高谅应选。又有高聪，《魏书》卷六八《高聪传》载其为高允族孙，为"青齐民"之后，"聪涉猎经史，颇有文才，允嘉之，数称其美"，因高允举荐为中书博士，"积十年，转侍郎，以本官为高阳王雍友，稍为高祖所知赏"。

赵郡李氏。《魏书》卷四九《李灵传》载李瑾"转司徒、广阳王嘉集曹参军，太尉、高阳王雍长流参军，太尉、清河王怿记室参军"。李遵，"京兆王愉以征东将军为冀州刺史，遵为愉府司马"。《魏书》卷五三《李孝伯传》载李玚"涉历史传，颇有文才，气尚豪俊，公强当世。延昌末，司徒行参军，迁司徒长兼主簿。太师、高阳王雍荐玚为其友，正主簿"。李玚弟李郁"自著作佐郎为广平王怀友"。《北齐书》卷二二《李元忠传》载其赵郡柏人，"少有志操"，魏清河王怿为司空，"辟为士曹参军；迁太尉，复启为长流参军。怿后为太傅，寻被诏为营构明堂大都督，又引为主簿。元忠粗览史书及阴阳数术，解鼓筝，兼好射弹，有巧思。……相州刺史、安乐王鉴请为府司马，元忠以艰忧，固辞不就"。

广平游氏。《魏书》卷五五《游明根传》载游肇"幼为中书学生，博通经史及《苍》《雅》《林》说。……肇谦素敦重，文雅见任。以父老，求解官扶侍。高祖欲令遂禄养，乃出为本州南安王桢镇北府长史，带魏郡太守。王薨，复为高阳王雍镇北府长史，太守如故"。游肇品学兼优，"耽好经传，手不释书。治《周易》《毛诗》，尤精《三礼》"，著述甚丰。

荥阳郑氏。《魏书》卷五六《郑羲传》载郑道昭"少而好学，综览群言"，与其兄郑懿皆以文学才能颇得孝文帝器重，"北海王详为司徒，以道昭与琅邪王秉为谘议参军"，又"广平王怀为司州牧，以道昭与宗正卿元匡为州都"。郑伯猷，"博学有文才，早知名。……与当时名胜，咸申游款。肃宗释奠，诏伯猷录义。安丰王延明之征徐州也，引为行台郎中"。

弘农杨氏。《魏书》卷五八《杨播传》载其"自云恒农华阴人"，杨氏与冯太后、孝文帝关系颇为密切，杨侃"颇爱琴书，尤好计画"，"释褐太尉、汝南王悦骑兵参军"。杨昱"起家广平王怀左常侍"。

昌黎韩氏。《魏书》卷六〇《韩麒麟传》载其昌黎棘城人，子韩子熙，"少自修整，颇有学识。弱冠，未能自通，侍中崔光举子熙为清河王怿常侍，迁郎中令"。

琅邪王氏。《魏书》卷六三《王肃传》载王诵为"肃兄融之子。学涉有文才，神气清俊，风流甚美。自员外郎、司徒主簿，转司徒属、司空谘议、通直常侍、汝南王友"。王诵由南入北，颇具南士风采。

广平宋氏。《魏书》卷六三《宋弁传》载其广平列人，其族人宋燮"广平王怀郎中令、员外常侍"。又有宋翻，《魏书》卷七七《宋翻传》载其为宋弁族弟，"少有操尚，世人以刚断许之。世宗出，起家奉朝请，本州治中、广平王郎中令"。宋翻弟宋道玙，曾为"冀州京兆王愉法曹参军"。《魏书》卷八八《良吏·宋世景传》载其"少自修立，事亲以孝闻。与弟道玙下帷诵读，博览群言，尤精经义。族兄弁甚重之。举秀才，对策上第，拜国子助教，迁彭城王勰开府法曹行参军。勰爱其才学，雅相器敬。高祖亦嘉之"。《北齐书》卷四七《酷吏·宋游道传》载其广平人，"其先自敦煌徙焉。父季硕，为渤海太守。……魏广阳王深北伐，请为铠曹，及为定州刺史，又以为府佐"。

河间邢氏。《魏书》卷六五《邢峦传》载其河间人，其弟邢晏"美风仪，博涉经史，善谈释老，雅好文咏。……除给事中，迁司空主簿，本州中正、汝南王文学。……征为太中大夫、兼丞相高阳王右长史"。邢晏子邢亢，"颇有文学。释褐司空行参军。迁广平王开府从事中郎"。《北齐书》卷三六《邢邵传》载其为元罗青州府司马。

顿丘李氏。《魏书》卷六五《李平传》载其顿丘人，其子李谐"风流闲润，博学有文辩，当时才俊，咸相钦赏。受父前爵彭城侯。自太尉参军，历尚书郎、徐州北海王颢抚军府司马，入为长兼中书侍郎"。东魏时出使萧梁，"江南称其才辩"。李谐弟李邕，"幼而俊爽，有逸才。著作佐郎、高阳王雍友。凡所交游皆倍年，俊秀才藻之美，为时所称"。

河东裴氏。《魏书》卷六九《裴延俊传》载其从祖弟裴仲规"少好经史，颇有志节。……咸阳王禧为司州牧，辟为主簿，仍表行建兴郡事"。裴延俊侄裴景颜，"颇有学尚。起家为汝南王开府行参军"。裴延俊族人裴瑗，曾为"汝南王悦郎中令。……悦迁太尉，请为从事中郎，转骁骑将军"。《魏书·文苑·裴伯茂传》载"大将军、京兆王继西讨，引为铠曹参军"，后又为出帝侄文学。《魏书》卷八八《良吏·裴佗传》载其"少治《春秋杜氏》《毛诗》《周易》，并举其宗致。举秀才，以高第除中书博士，转司徒参军、司空记室、扬州任城王澄开府仓曹参军"。

陈郡袁氏。《魏书》卷八五《文苑·袁跃传》载其"博学俊才，性不矫俗，笃于交友。……后迁车骑将军、太傅、清河王怿文学，雅为怿所赏爱。怿之文表多出于跃"。

赵郡李氏。《北齐书》卷二二《李元忠传》载其赵郡人，"魏清河王怿为

第七章 迁洛元魏宗室诸王之"妙简行佐"及其影响

司空,辟为士曹参军;迁太尉,复启为长流参军。怿后为太傅,寻被诏为营构明堂大都督,又引为主簿。元忠粗览史书及阴阳数术,解鼓筝,兼好射弹,有巧思"。

北海王氏。《北齐书》卷三一《王昕传》载其为北魏末士林代表,"少笃学读书,太尉汝南王悦辟骑兵参军"。

河东薛氏。《北齐书》卷二〇《薛修义传》载其河东汾阴人,"曾祖绍,魏七兵尚书、太子太保。祖寿仁,河东、河北二郡守、秦州刺史、汾阴公。父宝集,定阳太守。修义少而奸侠,轻财重气,招召豪猾,时有急难相奔投者,多能容匿之。魏咸阳王为司州牧,用为法曹从事"。

河东柳氏。《周书》卷二二《柳庆传》载其河东解人,柳庆兄柳"好学,善属文。魏临淮王记室参军"。

一些中小家族也多有人物出仕诸王僚佐。如北平阳氏。《魏书》卷七二《阳尼传》阳固"性俶傥,不拘小节,少任侠,好剑客,弗事生产。年二十六,始折节好学,遂博览篇籍,有文才"。孝明帝时,"清河王怿举固,除步兵校尉,领汝南王悦郎中令。寻加宁远将军。……神龟末,清河王怿领太尉,辟固从事中郎。……悦辟固为从事中郎,不就。正光二年,京兆王继为司徒,高选官僚,辟固从事中郎,加镇远将军"。

齐郡益都贾氏。《魏书》卷七二《贾思伯传》载贾思伯兄弟皆为北魏后期著名经学家,相继为帝师,其中贾思同"少厉志行,雅好经史。释褐彭城王国侍郎"。

勃海李氏。《魏书》卷七二《李叔虎传》载其"好学博闻,有识度,为乡闾所称",与清河崔光、河间邢峦等名士并相亲友,"寻除显武将军、太尉高阳王雍谘议参军事,雍以其器操重之"。

阳平路氏。《魏书》卷七二《路恃庆传》载其阳平清渊人,"恃庆有干用,与广平宋翻俱知名,为乡闾所称,相州刺史李安世并表荐之。……出为华州安定王征虏府长史。……仍转定州河间王琛长史"。路恃庆弟路仲信"亦好学",曾任章武王融都督府长史。其另一弟路思略,"初为广阳王司空参军"。路恃庆从叔路雄曾得孝文帝称赞,"转太尉咸阳王录事参军"。

乐陵朱氏。朱元旭,《魏书》卷七二本传载其本乐陵人,其祖投依刘宋,居青州,"元旭颇涉子史,开解几案。起家清河王国常侍"。

清河张氏。张烈,《魏书》卷七六本传载其本清河东武城人,曾祖时南徙齐郡临淄,"烈少孤贫,涉猎经史,有气概","迁洛,除尚书仪曹郎、彭城王功曹史、太子步兵校尉"。

天水杨氏。《魏书》卷七七《杨机传》载其天水冀人,"机少有志节,为士流所称。河南尹李平、元晖并召署功曹,晖尤委以郡事。或谓晖曰:'弗躬弗亲,庶人弗信,何得委事于机,高卧而已。'晖曰:'吾闻君子劳于求士,逸于任贤。故前代有坐啸之人,主诺之守。吾既委得其才,何为不可?'由是声名更著。解褐为奉朝请。于时皇子国官,多非其人,诏选清直之士,机见举为京兆王愉国中尉,愉甚敬惮之"。

范阳祖氏。《魏书》卷八二《祖莹传》载其范阳遒人,孝文帝特"征署司徒、彭城王勰法曹参军"。又,《北齐书》卷四五《文苑·祖鸿勋传》载其以文学之才深得临淮王元彧等赏识,城阳王元徽"奏鸿勋为司徒法曹参军"。

勃海刁氏。《魏书》卷八四《儒林·刁冲传》载"京兆王继为司空也,并以高选频辟为记室参军"。刁氏是由南入北之家族。

高平高氏。《北齐书》卷一八《高隆之传》载其自云"出自高平金乡。父幹,魏白水郡守,为故婿高氏所养,因从其姓。……隆之身长八尺,美须髯,深沉有志气。魏汝南王悦为司州牧,以为户曹从事"。

钜鹿魏氏。《北齐书》卷二三《魏兰根传》载其钜鹿下曲阳人,"父伯成,魏太山太守。兰根身长八尺,仪貌奇伟,泛览群书,诵《左氏传》《周易》,机警有识悟。起家北海王国侍郎,历定州长流参军"。

章武周氏。《周书》卷二二《周惠达传》载其章武文安人,"惠达幼有志操,好读书,美容貌,进退可观,见者莫不重之。……孝昌初,魏临淮王彧北讨,以惠达为府长流参军"①。又附载河间冯景,"汝阳王元叔昭为陇右大行台,启景为行台郎中"。

高阳檀氏。《周书》卷三八《李昶传附檀翥传》载其高平人,"好读书,善属文,能鼓瑟。早为琅邪王诵所知。年十九,为魏孝明帝挽郎。其后司州牧、城阳王元徽以翥为从事,非其好也。寻谢病,客游三辅"。

另有河西入魏人士后裔为北魏后期诸王僚属者。《魏书》卷五二《宋繇传》载宋稚"师事安邑李绍伯,受诸经传。……转并州城阳王鸾城局参军"。又,《魏书》卷五二《阴仲达传》载阴遵和,"初为高祖挽郎,拜奉朝请,后广平王怀取为国常侍。……又为汝南王悦郎中令"。

---

① 《周书》卷二二《周惠达传附冯景传》载其河间人,"汝阳王元叔昭为陇右大行台,启景为行台郎中"。

以上主要依《魏书》所考孝文帝迁洛后各主要士族出仕北魏鲜卑诸王藩府、王国僚属之名单，可以明显看出，孝文帝等统治者为诸王选聘藩府僚属及诸王自身辟召佐吏，无不重视从以崔、卢、李、郑为代表的北方世家大族中挑选，这与孝文帝为诸弟选择汉族大族女子为嫔妃等措施一样，目的是加强与汉族士族的联系，是促进鲜卑上层汉化的一个重要手段。

二 "妙简才贤"：迁洛鲜卑诸王选取藩府佐吏之才学标准

当然，除了强调"自非人地佥允，莫居纲任"的门第标准外，孝文帝及其后继者为诸王选聘僚属也极为重视品德、干能与才学。所谓"妙简行佐"，强调其才干、德行与门第的统一，即在门第中选取才学优异者。一般说来，士族名门子弟皆具儒家礼法的训诫，门第与道德可谓一体化，而"妙简行佐"，其重点实际上主要强调的是才学与干能。确实，根据以上所列诸王藩府士族人物的相关记载，几乎无一不具有经史学术的基本修养，皆可谓才学之士，对此，上文已略有涉及。可以说，才学是孝文帝等统治者为诸王选聘僚属的标准之一。这方面有一则典型的事例。《魏书》卷八二《祖莹传》载：

> 莹年八岁，能诵《诗》《书》，十二，为中书学生。好学耽书，以昼继夜，……中书监高允每叹曰："此子才器，非诸生所及，终当远至。"……后高祖闻之，召入，令诵五经章句，并陈大义，帝嗟赏之。莹出后，高祖戏卢昶曰："昔流共工于幽州北裔之地，那得忽有此子？"昶对曰："当是才为世生。"以才名拜太学博士。征署司徒、彭城王勰法曹行参军。高祖顾谓勰曰："萧赜以王元长为子良法曹，今为汝用祖莹，岂非伦匹也。"敕令掌勰书记。莹与陈郡袁翻齐名秀出，时人为之语曰："京师楚楚，袁与祖；洛中翩翩，祖与袁。"再迁尚书三公郎。

诸弟之中，彭城王元勰最得孝文帝宠爱，于是他效仿南齐武帝萧赜为其弟萧子良选聘僚佐的办法，也选聘北人中颇具经史学术修养，尤以文学才能显名的祖莹为其属吏。孝文帝优遇元勰，重其属吏配置，对其他子弟也多如此。

孝文帝的这种以士族文士为僚属的做法，为其后继者所继承。孝明帝时，清河王元怿一度执政，十分重视选取才学、品格俱佳者为属吏。《李璧墓志》载其"少好《春秋左氏传》而不存章句，尤爱马、班两史，谈论事意，略无所违。性严毅，简得言，工赏要，善尺牍。……太傅清河王外膺上台，内荷遗辅，权宠攸归，势倾京野，妙简才贤，用华朝望，召君太尉府谘议参军事。献替槐庭，风辉天阁，虽希逸之佐广陵，无以过也。"所谓"妙简才贤，用华朝望"，就是将门第与才贤结合起来，这与孝文帝一脉相承，符合士族社会的愿望。诸王开府，自己也辟召文人学士，《崔鸿墓志》载"任城文宪王得一居宗，风猷峻邈，纳揆司会，论道执蕃。方导德齐礼，还淳改薄，纲纪之选，妙尽一时"。任城王元澄是当时汉化水平较高的鲜卑宗室人物，其主持政务，"纲纪之选，妙尽一时"，崔鸿以其才学而受聘。

当时鲜卑王公"盛选宾僚"，重视学识，尤重文学之士，出现了"博召辞人"的情形。之所以如此，主要在于诸王藩府具有大量的文秘事务，文章之士具有实用功能。据上文所述，《魏书·文苑·袁跃传》载其"迁车骑将军、太傅、清河王怿文学，雅为怿所赏爱。怿之文表多出于跃"。京兆王元继也召文士入幕，《魏书·文苑·封肃传》载"正光中，京兆王西征，引为大行台郎中，委以书记"。《魏书》卷八五《文苑·裴伯茂传》载其"少有风望，学涉群书，文藻富赡。释褐奉朝请。……永熙中，出帝兄子广平王赞盛选宾僚，以伯茂为文学，后加中军大将军"。类似事例甚多，可见诸王藩府"博召辞人"，原本出于处理实际的文秘事务的考虑。

在这一背景下，鲜卑诸王逐渐形成了重视文学才能的价值导向与用人取仕的标准，并影响到社会风气，以致一些门第寒微者努力以文才求进。北魏后期诸王藩府确实有出身寒微的文士。如温子升，其先人由南入北，家世零落，其本人以才学先后为广阳王元渊和东平王元匡召为属吏。《魏书·文苑·温子升传》载其"初受学于崔灵恩、刘兰，精勤，以夜继昼，昼夜不倦。长乃博览百家，文章清婉。为广阳王渊贱客，在马坊教诸奴子书"，因常景赞赏其文章，称"温生是大才士"，而得元渊重视。熙平初，"中尉、东平王匡博召辞人，以充御史，同时射策者八百余人，子升与卢仲宣、孙搴等二十四人为高第。于时预选者争相引决，匡使子升当之，皆受屈而去。……时年二十二。台中文笔皆子升为之"。正光末，广阳王元渊为东北道行台，"召为郎中，军国文翰皆出其手。于是才名转盛。黄门郎徐纥受四方表启，答之敏速，于渊独沉思曰：'彼有温郎中，才藻可畏。'"东平王元匡"博召辞人，以充御史"，一次竞争者多达八百人，这不仅表明当时诸王藩府对文人才士之重视，

第七章　迁洛元魏宗室诸王之"妙简行佐"及其影响 / 159

而且其中当多为寒门文士,可以说文才已成为寒士进身的重要途径。又,《魏书》卷九三《恩幸·徐纥传》载其为乐安博昌人,"家世寒微。纥少好学,有名理,颇以文辞见称。察孝廉,对策上第,高祖拔为主书。世宗初,除中书舍人。……太傅、清河王怿又以文翰待之"。其后一度依附元叉,"叉父继西镇潼关,以纥为从事中郎"。又,《北齐书·文苑·李广传》载其为范阳人,"博涉群书,有才思文议之美,少与赵郡李骞齐名,为邢、魏之亚。而讷于言,敏于行。魏安丰王延明镇徐州,署广长流参军"。《北齐书》卷三七《魏收传》载"节闵帝立,妙简近侍",魏收以文才应选,这也体现出当时重视文学之士的社会风尚。

当然,诸王开府,镇抚地方,必然涉及兴学传教等问题,随着北魏诸王文化修养的不断提升,他们也着力招引经师儒生等为僚属。《魏书》卷八四《儒林·董征传》载其"好古,学尚雅素",世宗征其为京兆、清河、广平、汝南诸王师,后"清河王怿之为司空、司徒,引征为长流参军。怿迁太尉,征为仓曹参军"。后汝南王执政,也重用董征。董征教育其后人,以为自己地位提升,皆因勤学"稽古"之力。当然,董征"出州入卿,匪唯学业所致,亦由汝南王悦以其师资之义,为之启请焉",但清河王元怿、汝南王元悦等一再以经师董征为僚属,不能说与"妙简才贤"的用人态度无关。上文所考各士族子弟为诸王僚佐者,多具有经史学术方面的修养,有的还是颇有成就的经学家。

不仅如此,一些门望不高的寒士也凭借其经史学术才能,应召入诸王藩府。《魏书》卷七八《张普惠传》载其父为齐州中水县令,"随父之县,受业齐土,专心坟典,克励不息。及还乡里,就程玄讲习,精于《三礼》,兼善《春秋》,百家之说,多所窥览,诸儒称之"。后侍值朝廷,为孝文帝所知。任城王元澄"重其学业,为其声价,仆射李冲曾至澄处,见普惠言论,亦善之。……澄为安西将军、雍州刺史,启普惠为府录事参军,寻行冯翊太守。……澄转扬州,启普惠以羽林监领镇南大将军开府主簿,寻加威远将军。普惠既为澄所知,历佐二藩,甚有声誉"。元澄为司空,"表议书记,多出普惠",后普惠转谏议大夫,元澄谓之曰:"不喜君得谏议,唯喜谏议得君。"元澄对张普惠才学、干能极为嘉赏,故死前上书灵太后建议以其为尚书右丞,然"尚书诸郎以普惠地寒,不应便居管辖",终未显拔。又,东魏郡肥乡冯元兴,《魏书》卷七九《冯元兴传》载其父冯僧集为清河、西平原二郡太守,"元兴少有操尚,随僧集在平原,因就中山张吾贵、常山房虬学,通《礼》

传，颇有文才。年二十三，还乡教授，常数百人"。冯元兴是当时著名儒者，著述颇丰，"文集百余篇"。其曾为孝明帝师，"江阳王继为司徒，元兴为记室参军，遂为元叉所知。叉秉朝政，引元兴为尚书殿中郎，领中书舍人，仍御史。元兴居其腹心，预闻时事，卑身克己，人无恨焉"。后"丞相、高阳王雍召为兼属。……仆射元罗为东道大使，以元兴为本郡太守"。冯元兴门望不显，因得元继、元叉、元罗父子重用而显，本传载："元兴世寒，因元叉之势，托其交道，相用为州主簿，论者以为非伦。"《北齐书》卷二三《魏兰根传》载其"泛览群书，诵《左氏传》《周易》，机警有识悟。起家北海王国侍郎"。《北齐书》卷二四《杜弼传》载其家世本为关中旧门，但移民洛阳，实为寒庶，自幼好学，为甄琛、任城王元澄称赏，"许以王佐之才"，后元澄还洛，"称之于朝，丞相高阳王等多相招命。……孝昌初，除太学博士，带广阳王骠骑府法曹行参军，行台度支郎中"。可见当时鲜卑王公代表人物多重视才学之士，颇以提携学者为乐事。在这一风气下，以上诸位出自寒门的经史学者，皆凭借其学养进入诸王藩府。

由上所论，可见迁洛之后，鲜卑皇族诸王"崇开府选"，在重视其僚佐门第背景的前提下，特别强调其才学修养，以做到德才兼备。在当时士族阶层居于文化垄断地位的社会背景下，才学之士必然主要出自士族门第之中，因此，迁洛北魏诸王之僚属大多为以崔、卢、李、郑等为代表的中原士族子弟。但不可否认，由于诸王僚属之选聘强调才学，也使得一些寒门文士凭借其文化修养，得以进入诸王府邸。

三 迁洛北魏诸王藩府僚属之政治与文化影响

（一）诸王藩府僚属履行其辅助军政的职能

《魏书·献文六王·赵郡王幹传》载孝文帝以其弟元幹都督冀、定、瀛三州诸军事、征东将军、冀州刺史，孝文帝诏诫之，曰："夫刑狱之理，先哲所难，然既有邦国，得不自励也"，于是以"李凭为长史，唐茂为司马，卢尚之为谘议参军以匡弼之"。孝文帝为其弟赵郡王幹聘用佐吏，目的在于"以匡弼之"，也就是说，选配僚属主要帮助诸王施政。迁洛之后，诸王相继开府，统领地方军政，而诸王或年少无知，或缺乏直接管理地方的能力，必须配备汉族大族子弟充任僚佐，以具体行使管理权力。因此，从这个意义上说，孝文

第七章　迁洛元魏宗室诸王之"妙简行佐"及其影响 / 161

帝等北魏统治者为诸王选聘僚属，首先是在当时汉化背景下，以汉族士族为主体的诸王僚属参与地方管理。又，《魏书·崔休传》载崔休为北海王元详长史，孝文帝诏之曰："北海年少，未闲政绩，百揆之务，便以相委"。由此可见，当时一些北魏王公藩府的军政事务主要由充任僚属的汉族大族人物直接处理。

从相关材料看，出自汉族大族的僚属群体，对诸王施政确实有不小的影响。《魏书·孝文五王·京兆王愉传》载其"太和二十一年封。拜都督、徐州刺史，以彭城王中军府长史卢阳乌兼长史，州事巨细，委之阳乌"①。所谓"州事巨细，委之阳乌"，这显然出于孝文帝的安排。确实，不少汉族大族子弟辅佐诸王施政，发挥了重要作用。《魏书·游明根传》载游肇历任南安王桢镇北府长史、高阳王雍镇北府长史，兼魏郡太守，"为政清简，加以匡赞，历佐二王，甚有声迹"。《魏书》卷四五《辛绍先传》载辛少雍为司空、高阳王雍田曹参军，"少雍性清正，不惮强御，积年久讼，造次决之，请托路绝，时称贤明。正始中，诏百官各举所知，高阳王雍及吏部郎中李宪俱以少雍为举首"。又，《魏书》卷七七《辛雄传》载"清河王怿为司空，辟户曹参军，摄田曹事。怿迁司徒，仍随授户曹参军。并当烦剧，诤讼填委。雄用心平直，加以闲明政事，经其断割，莫不悦服。怿重之，每谓人曰：'必也无讼乎，辛雄其有焉。'由是名显。怿迁太尉，又为记室参军"。又，《魏书·良吏·宋世景传》载其为彭城王元勰法曹行参军，"世景明刑理，著律令，裁决疑狱，剖判如流。……彭城王勰每称之曰：'宋世景精识，尚书仆射才也。'"宋世景为一代良吏，其辅助彭城王元勰，其颇尽心力，深得赞誉。

汉族士族人士辅佐鲜卑诸王施政，多有谏诤和劝诫，以行匡弼之责。《魏书·阳尼传》载孝明帝时，清河王元怿举其除步兵校尉，领汝南王悦郎中令，"时悦年少，行多不法，屑近小人。固上疏切谏，并面陈往代诸王贤愚之分，以感动悦，悦甚敬惮之。怿大悦，以为举得其人。……神龟末，清河王怿领太尉，辟固从事中郎。……及汝南王悦为太尉，选举多非其人，又轻肆挝挞，固以前为元卿，虽离国，犹上疏切谏。事在《悦传》"。元怿推举阳固为汝南王元悦郎中令，不仅监督其行政，而且负有教导职责，故元怿以阳固恪守监

---

① 《北史》卷一六《道武七王·河南王曜传》载其曾孙元鉴事云："先是，京兆王愉为徐州，王既年少，长史卢阳乌宽以驭下，郡县多不奉法。鉴表梁郡人程灵虬虐政残人，盗贼并起。诏免灵虬，于是徐境肃然。"这里所说卢阳乌"宽以驭下"云云，涉及其为政作风。

督、教导之责而"大悦"。又,《魏书·路恃庆传》载其为定州河间王元琛长史,"琛贪暴肆意,恃庆每进苦言"。又,《魏书》卷七九《鹿悆传》载其:"初为真定公元子直国中尉,恒劝以忠廉之节。尝赋五言诗曰:'峄山万丈树,雕镂作琵琶。由此材高远,弦响蔼中华。'又曰:'援琴起何调?《幽兰》与《白雪》。丝管韵未成,莫使弦响绝。'子直少有令问,悆欲其善终,故以讽焉。……子直出镇梁州,悆随之州。州有兵粮和籴,和籴者靡不润屋,悆独不取,子直强之,终不受命。"鹿悆不仅以诗文劝诫元子直,而且以自身廉洁行为感染他,目的是"欲其善终"。又,《北齐书·王昕传》载王昕为汝南王元悦骑兵参军,"旧事,王出射,武服持刀陪从,昕未尝依行列。悦好逸游,或骋骑信宿,昕辄弃还。悦乃令骑马在前,手为驱策。昕舍辔高拱,任马所之。左右言其诞慢。悦曰:'府望唯在此贤,不可责也。'悦数散钱于地,令诸佐争拾之,昕独不拾。悦又散银钱以目昕,昕乃取其一。悦与府僚饮酒,起自移床,人争进手,昕独执版却立。悦于是作色曰:'我帝孙帝子帝弟帝叔,今为宴适,亲起舆床。卿是何人,独为偃蹇!'对曰:'元景位望微劣,不足使殿下式瞻仪形,安敢以亲王僚寀,从厮养之役。'悦谢焉。坐上皆引满酣畅,昕先起,卧闲堂,频召不至。悦乃自诣呼之曰:'怀其才而忽府主,可谓仁乎?'昕曰:'商辛沉湎,其亡也忽诸,府主自忽,微僚敢任其咎。'悦大笑而去。"王昕是当时士族社会的名士,其言行虽颇为疏诞,但这里所载诸事,都是对汝南王元悦的放纵生活的讥讽和抵制,不可谓不严厉。

北魏后期,宗室诸王出刺地方,往往利用地方豪族名门子弟为僚属,以利于地方的统治。《周书》卷三六《令狐整传》载其敦煌人,"世为西土冠冕。……整幼聪敏,沉深有识量。学艺骑射,并为河右所推。刺史魏东阳王元荣辟整为主簿,加荡寇将军。整进趋详雅,对扬辩畅,谒见之际,州府倾目。荣器整德望,尝谓僚属曰:'令狐延保西州令望,方城重器,岂州郡之职所可絷维。但一日千里,必基武步,寡人当委以庶务,书诺而已。'"

一些诸王藩府僚属在军事事务方面也影响突出,辅佐诸王领兵出征。《魏书》卷四九《崔鉴传》载崔秉"少有志气""豪率",彭城王元勰"征寿春,秉从行,招致壮侠,以为部卒。勰目之,谓左右曰:'吾当寄胆气于此人。'后为司空主簿,转掾、城门校尉、长兼司空司马。迁长史,加辅国将军"。《魏书·辛雄传》载辛雄从父兄辛纂,"稍转太尉骑兵参军,每为府主清河王怿所赏。及欲定考,怿曰:'辛骑兵有学有才,宜为上第。'转越骑校尉。尚书令李崇北伐蠕蠕,引为录事参军。临淮王彧北征,以纂随崇有称,启为长史。及广阳王渊北伐，又引为长史。寻拜谏议大夫。雅为彧所称叹，屡在朝廷荐举之"。辛纂屡随诸王出征，主要在于其有军事指挥才能。《周书》卷一五《于谨传》载其北魏怀荒镇将之后，"谨性沉深，有识量，略窥经史，尤好《孙子兵书》"，太宰元穆称其"王佐材也"。及破六汗拔陵为乱边镇，"引茹茹为援，大行台仆射元纂率众讨之。宿闻谨名，辟为铠曹参军事，从军北伐"。正光四年，"行台广阳王元深治兵北伐，引谨为长流参军，特相接待。所有谋议，皆与谨参之。乃使其子佛陁拜焉，其见待如此。遂与广阳王破贼主斛律野谷禄等"。孝昌元年，"又随广阳王征鲜于修礼"。于谨以其卓越的军事才干，辅助北魏诸王征战。

不仅如此，一些僚属还照顾诸王的日常生活。《魏书·裴延俊传》载裴瑗为汝南王郎中令，"悦散费无常，每国俸初入，一日之中分赐极意。瑗每随例，恒辞多受少，伺悦虚竭，还来奉贡。悦虽性理不恒，然亦相赏爱"。裴瑗此事固然颇为奇特，但照管诸王的日常生活确实是其藩府僚属基本职能之一。

对于诸王藩府僚属的履职情况，当时有严格的考核与奖惩制度。《魏书》卷七七《杨机传》载："于时皇子国官，多非其人，诏选清直之士，机见举为京兆王愉国中尉，愉甚敬惮之。"可见当时选择诸王僚属，"清直"是一个基本标准，否则难免受到惩处。《魏书·崔辩传》载崔楷"美风望，性刚梗，有当世干具。释褐奉朝请，员外散骑侍郎、广平王怀文学。正始中，以王国官非其人，多被刑戮，惟楷与杨昱以数谏获免"。《魏书·杨播传》载杨昱"起家广平王怀左常侍，怀好武事，数出游猎，昱每规谏。正始中，以京兆、广平二王国臣，多有纵恣，公行属请，于是诏御史中尉崔亮穷治之，伏法于都市者三十余人，其不死者悉除名为民。唯昱与博陵崔楷以忠谏得免"。又，《魏书》卷六六《崔亮传》载："侍中、广平王怀以母弟之亲，左右不遵宪法，敕亮推治。世宗禁怀不通宾客者久之。后因宴集，怀恃亲使忿，欲陵突亮。亮乃正色责之，即起于世宗前，脱冠请罪，遂拜辞欲出。世宗曰：'广平粗疏，向来又醉，卿之所悉，何乃如此也？'遂诏亮复坐，令怀谢焉。"由宣武帝"以王国官非其人，多被刑戮"，可见当时对诸王藩邸官属要求之严厉。宣武帝时为强化君权，一度重用外戚，对居于王位的诸叔、诸弟等多加控制，引起了皇族内部的严重纷争，以致牵连到王国官属，"多被刑戮"。但无论如何，北魏统治者对诸王藩府僚属的职责是有考核制度的，崔楷与杨昱"以数谏获免"，正在于他们忠实地履行了其基本职能。

确实，当时诸王藩府存在着"王国官非其人"的情况，间有佞小混迹其中。如《魏书》卷五二《阴仲达传》载阴遵和为广平王元怀常侍，"遵和便辟善事人，深为怀所亲爱"，后为汝南王元悦郎中令，"复被爱信"，阴遵和"便辟善事人"，一味阿谀奉承，可谓小人。又，《魏书·孝文五王·汝南王悦传》载其"为性不伦，俶傥难测。……有崔延夏者，以左道与悦游，合服仙药松术之属。时轻与出采芝，宿于城外小人之所。遂断酒肉粟稻，唯食麦饭。又绝房中而更好男色"。汝南王元悦神智昏乱，其藩府中一再出现以"便辟善事人"者，但其他诸王藩府也不可能绝无此事。因此，加强对诸王藩府属吏的监督与管理是很有必要的。

孝文帝迁洛之后，其皇族诸王多出镇州郡，掌控地方军政，有的负责朝廷中枢运作，但实际上这些鲜卑皇族子弟的观念与素质等未必达到全面汉化的要求。因此，孝文帝对其出藩诸弟、诸子等多有训诫之言，可谓耳提面命。从根本上说，孝文帝精选汉族大族名士充任诸王藩府僚佐，是其汉化政策的一个组成部分。具体而言，从诸王藩府僚属的配备及其履职情况看，上述诸人或协助、代理诸王施政，或训导、督促诸王，严厉谏诤，有效地履行了其基本职能。

（二）诸王藩府僚属与迁洛鲜卑上层之雅化

就个人修养与气质而言，北魏孝文帝颇具文士风采。① 之所以如此，除了其所接受的教育与勤奋苦学外，其主动与汉族士族名士交往也是一个重要的方面。《魏书》卷七《高祖纪下》载："爱奇好士，情如饥渴。待纳朝贤，随才轻重，常寄以布素之意。"孝文帝个人如此，其迁都洛阳，其中一个重要的方面便是力图以此推进鲜卑上层社会的文雅化。《魏书·献文六王·广陵王羽传》载："高祖引陆叡、元赞等于前曰：'北人每言北人何用知书，朕闻此，深用忾然。今知书者甚众，岂皆圣人。朕自行礼九年，置官三载，正欲开导兆人，致之礼教。朕为天子，何假中原，欲令卿等子孙，博见多知。若永居恒北，值不好文主，卿等子孙，不免面墙也。'"可见孝文帝率众南徙，意在促使鲜卑上层子孙"博见多知"，以免无知而"面墙"。为达到这一目的，孝文帝及其后继者重视文教，采取了不少措施，如不断完善学校制度，通过国子学、太学等机构培养鲜卑子弟。不过，必须指出，对于鲜卑王公子弟文雅

---

① 对于孝文帝的汉文化修养，清人赵翼在《廿二史札记》卷一四"魏孝文帝文学"条、"魏文迁洛"条中已有概述，叹其为"天人"。王永平在《略论北魏孝文帝之文化修养及其表现与影响》（《史学集刊》2009年第3期）有比较全面的论述，敬请参阅。

第七章　迁洛元魏宗室诸王之"妙简行佐"及其影响

化而言，学校教育固然不可忽视，但未必是最有效的方式和途径。迁洛之后，鲜卑上层不仅在生活环境、生活方式方面发生了巨大变化，而且与中原士族社会的联系更加紧密、交往更加频繁了，这是其深入汉化、雅化的前提条件。①

在此过程中，迁洛之后鲜卑诸王藩府僚属制度是鲜、汉上层文化交融的一个重要途径。孝文帝及其后继者注重从士族名门中"博选英彦""妙简贤才"，鲜卑皇族诸王与汉族士族名士密切交往，其言行不断受到潜移默化的感染，这对于鲜卑皇族子弟的雅化具有无可替代的促进作用。由上述可知，诸王藩邸中多有文士学者，其日常工作是帮助诸王处理奏疏、信函等事务，但也间有学术文化活动，或经史论难，或诗赋唱和。《魏书》卷五三《李孝伯传》载李郁，"好学沉静，博通经史。自著作佐郎为广平王怀友，怀深相礼遇。时学士徐遵明教授山东，生徒甚盛，怀征遵明在馆，令郁问其《五经》义例十余条，遵明所答数条而已"。这是广平王元怀以其藩邸学士李郁与大儒徐遵明进行经学研讨。又，《魏书·祖莹传》载：

> 尚书令王肃曾于省中咏《悲平城诗》，云："悲平城，驱马入云中。阴山常晦雪，荒松无罢风。"彭城王勰甚嗟其美，欲使肃更咏，乃失语云："王公吟咏情性，声律殊佳，可更为诵《悲彭城诗》。"肃因戏勰云："何意《悲平城》为《悲彭城》也？"勰有惭色。莹在座，即云："所有《悲彭城》，王公自未见耳。"肃云："可为诵之。"莹应声云："悲彭城，楚歌四面起；尸积石梁亭，血流睢水里。"肃甚嗟赏之。勰亦大悦，退谓莹曰："即定是神口。今日若不得卿，几为吴子所屈。"

祖莹为当时学识、文才俱佳之才俊，而元勰则为孝文帝诸弟中最具文士气质的人物，孝文帝以祖莹为彭城王元勰之僚属，显然有增强元勰藩府文化气氛的用意。这则故事说明祖莹对元勰文学活动方面的影响。就总体而言，北魏后期迁洛鲜卑上层普遍日趋文雅化，这不能说与汉族僚属的影响没有关系。

特别需要指出，随着鲜卑迁洛皇族人物雅化水平的不断提升，诸王之间

---

① 对此，王永平《北魏后期与东魏、北齐之际上层社会之交游与雅集——从一个侧面看北朝后期士风的玄化与南风之北输》（河北师范大学文学院编：《燕赵学术》2010 年春之卷，四川辞书出版社 2010 年版，第 50—63 页）考察迁洛鲜卑上层子弟与汉族士族名士的交游及其风尚的变化。

竞相招贤纳士，以致诸王府邸才学之士云集。僚佐之外，崇尚风雅的鲜卑诸王在士族名士的影响下，又广交宾客，甚至设馆待友，这些宾客也主要以学者文士为主，这在当时已渐成风气。孝文帝诸弟皆如此。当时高阳王元雍因不善交士，或说之曰："诸王皆待士以营声誉，王何以独否？"元雍应曰："吾天子之子，位为诸王，用声名何为？"① 孝文帝诸弟中，元雍颇为平庸，其不善待士，自有其缘由，但由此可见，迁洛之际"诸王皆待士以营声誉"已成为风气。此后，鲜卑王公多如此，《魏书》卷一八《太武五王·广阳王建传附元嘉传》载元嘉曾受命与咸阳王元禧等辅政，"嘉好立功名，有益公私，多所敷奏，帝雅委付之。爱敬人物，后来才俊未为时知者，侍坐之次，转加谈引，时人以此称之"。可见其"爱敬人物"，"转加谈引"，与士族名士交往密切。不可否认，宣武帝时出于压制皇族亲王的政治目的，一度限制诸王交通宾客。② 但及至孝明帝时期，北魏上层社会游宴之风甚盛，《魏书·景穆十二王·任城王元澄传附子顺传》载："于时四方无事，国富民康，豪贵子弟，率以朋游为乐，而顺下帷读书，笃志爱古。"所谓"豪贵子弟，率以朋游为乐"，自然包括鲜卑诸王，他们往往是"朋游"的发起与组织者，而参与其中的宾客则主要是文人学士，形成了诸王藩府之文化中心。

彭城王元勰为孝文帝诸弟中学识最著者。《魏书》本传载其"敦尚文史，物务之暇，披览不辍。撰自古帝王贤达至于魏世子孙，三十卷，名曰《要略》"。元勰有文才，孝文帝为其挑选祖莹等以文学见长的僚属。元勰有著述，除了其个人"披览不辍"、勤奋好学外，也与其僚属的影响相关。本传载其"爱敬儒彦，倾心礼待"，前文已见其器重颇具才学的僚属宋世景，《魏书·李

---

① 《魏书》卷二一（上）《献文六王上·高阳王雍传》。
② 前引《魏书·崔休传》载其与广平王游而为宣武帝免官。宣武帝对曾经辅政的诸叔严加打压，而对诸弟则施以宫禁，《魏书·孝文五王·京兆王愉传》载："世宗留爱诸弟，愉等常入出宫掖，晨昏寝处，若家人焉。世宗每日华林戏射，衣衫骑从，往来无间。……与弟广平王怀颇相奇尚，竞慕奢丽，贪纵不法。于是世宗摄愉禁中推案，杖愉五十，出为冀州刺史。"这种所谓"留爱诸弟"，实际上就是"宫禁"，限制他们的自由，《魏书》卷二一（下）《献文六王下·彭城王勰传》载："及京兆、广平暴虐不法，诏宿卫队主率羽林虎贲，幽守诸王于其第。勰上表切谏，世宗不纳。"《广平王怀传》便载："有魏诸王。召入华林别馆，禁其出入，令四门博士董徵，授以经传。世宗崩，乃得归。"《魏书·儒林·董徵传》也涉及其教授诸王的情况。至于宣武帝一度以"王国官非其人"的名义严厉惩处诸王藩府僚属，上文已论及，此不赘述。又，世宗可能还利用佞幸打压诸王，《北史》卷一五《魏诸宗室传》载常山王遵之后元绍曾受命检赵修狱，"令其致死"，广平王怀拜辞，贺曰："阿翁乃皇家正直，虽朱云、汲黯何以仰过？"绍曰："但恨戮之稍晚，以为愧耳。"可以推测世宗曾利用赵修等佞小压制宗室诸王。

第七章 迁洛元魏宗室诸王之"妙简行佐"及其影响 / 167

琰之传》亦载"彭城王勰辟为行台参军,苦相敦引",李琰"经史百家无所不览",元勰"苦相敦引",其幕府僚属才学之士颇多。此外,元勰还设馆待客,《魏书·鹿悆传》载"悆好兵书、阴阳、释氏之学。太师、彭城王勰召为馆客"。又,《崔鸿墓志》载其崔鸿"多识博闻,并驱刘孔;艳藻鸿笔,埒名张蔡",彭城王元勰召为左常侍,"虽位从委质,而礼均纳友",与元勰交往颇深。元勰之文士化自然得益于诸僚属、宾客的影响,其藩府文士甚众,俨然成为一个文化中心。

孝文帝诸子之中,京兆王元愉、广平王元怀和清河王元怿的府邸学术文化活动更为活跃。元愉积极招士,其府邸文人学士甚众,《魏书》本传载:"愉好文章,颇著诗赋。时引才人宋世景、李神俊、祖莹、邢晏、王遵业、张始均等共申宴喜,招四方儒学宾客严怀真等数十人,馆而礼之。所得谷帛,率多散施。又崇信佛道,用度常至不接。"所谓"才人",主要是文学之士,"儒学宾客",主要是经史学者。元愉具有文才与学识,他招引了不少当时著名的文士和儒士,"共申宴喜","馆而礼之",形成了一个文士云集的文化中心。

广平王元怀,《魏书》卷六五《邢峦传》载邢晏"美风仪,博涉经史,善谈释老,雅好文咏。起家太学博士、司徒东阁祭酒。世宗初,为与广平王怀游宴,左迁鄚县令,未之官"。邢晏子邢亢,"颇有文学。释褐司空行参军。迁广平王开府从事中郎"。前引《魏书·崔休传》载"广平王怀数引谈宴"。前文已见李郁为"广平王怀友,怀深相礼遇",元怀设馆征山东大儒徐遵明,"令郁问其《五经》义例十余条,遵明所答数条而已"。相关零散资料表明元怀府邸幕僚、宾客中"学士"甚多,无疑已形成一个学术文化中心。

清河王元怿,《魏书》本传载其"幼而敏惠,美姿貌,高祖爱之。彭城王勰甚器异之,并曰:'此儿风神外伟,黄中内润,若天假之年,比《二南》矣。'博涉经史,兼综群言,有文才,善谈理,宽仁容裕,喜怒不形于色"。其"有文才""善谈理",文化修养甚高。不仅如此,他在孝明帝时期,一度执掌朝政,地位显赫,常组织学术文化活动。《洛阳伽蓝记》卷四"城西·冲觉寺"条下载:"怿亲王之中,最有名行,世宗爱之,特隆诸弟。延昌四年,世宗崩,怿与高阳王雍、广平王怀并受遗诏,辅翼孝明。时帝始年六岁,太后代总万机,以怿名德茂亲,体道居正,事无大小,多咨询之。是以熙平、神龟之际,势倾人主,第宅丰大,逾于高阳。西北有楼,出凌云台,俯临朝市,目极京师……楼下有儒林馆,退宾堂,形制并如清暑殿,土山钓台,冠于当世。斜峰入牖,曲沼环堂。树响飞嘤,阶丛花药。怿爱宾客,重文藻,海内才子,莫不辐辏。府僚臣佐,并选隽俊。至于清晨明景,骋望南台,珍馐具设,琴笙并奏,芳醴盈罍,佳宾满席,使梁王愧兔园之游,陈思惭雀台之燕。"确实,清河王元怿之文化活动与汉族僚属、宾友关系密切,前引《魏书·文苑·袁跃传》载袁跃以"博学俊才"为元怿文学僚属,"怿之文表多出于跃"。《魏书·封懿传附封伟伯传》载其为元怿僚属,"怿亲为《孝经解诂》,命伟伯为《难例》九条,皆发起隐漏。伟伯又讨论《礼》《传》《诗》《易》疑事数十条,儒者咸称之"。可见其与儒士之学术交往。又,《魏书》卷五五《刘芳传附刘懋传》载刘懋"博综经史,善草隶书,多识奇字",且"风流甚美,时论高之",元怿"爱其风雅,常目而送之曰:'刘生堂堂,搢绅领袖,若天假之年,必为魏朝宰辅。'诏懋与诸才学之士,撰成仪令。怿为宰相积年,礼懋尤重,令诸子师之。迁太尉司马"。确实,元怿府邸招揽了不少"海内才子",是一个活跃的学术文化中心。

　　北魏后期,其他宗室诸王也普遍文士化,其中个人才学最著者当以临淮王元彧、安丰王元延明、中山王元熙等为代表。《魏书》卷一八《太武五王·临淮王谭传附元彧传》载其"少有才学,时誉甚美。侍中崔光见彧,退而谓人曰:'黑头三公,当此人也。'少与从兄安丰王延明、中山王熙并以宗室博古文学齐名,时人莫能定其优劣。尚书郎范阳卢道将谓吏部清河崔休曰:'三人才学虽无优劣,然安丰少于造次,中山皂白太多,未若济南风流沉雅。'时人为之语曰:'三王楚琳琅,未若济南备圆方。'"《魏书》本传载与士族名士交往颇深,"姿制闲裕,吐发流靡,琅邪王诵有名人也,见之未尝不心醉忘疲。……奏郊庙歌辞,时称其美",又载"彧美风韵,善进止,衣冠之下,雅有容则","博览群书,不为章句。所著文藻虽多亡失,犹有传于世者",以致后来其一度南奔萧梁,南人"称彧风神闲俊",萧衍"亦先闻名,深相器待",可谓文士化的典型。《洛阳伽蓝记》卷四"城西·法云寺"条下载:"彧博通典籍,辨慧清悟,风仪详审,容止可观。……彧性爱林泉,又重宾客。至于春风扇扬,花树如锦,晨食南馆,夜游后园。僚寀成群,俊民满席,丝桐发响,羽觞流行,诗赋并陈,清言乍起。莫不饮其玄奥,忘其褊郄焉。是以入彧室者,谓登仙也。荆州秀才张裴常为五言,有清拔之句云:'异林花共色,别树鸟同声。'彧以蛟龙锦赐之。亦有得绯绅绯绫者。唯河东裴子明为诗不工,罚酒一石。子明八斗而醉眠,时人譬之山涛。"元彧府邸"僚寀成群,俊民满席,丝桐发响,羽觞流行,诗赋并陈,清言乍起",元彧府邸已成

第七章　迁洛元魏宗室诸王之"妙简行佐"及其影响

为一个文学艺术的中心。①

安丰王元延明，《魏书》卷二〇本传载"延明既博极群书，兼有文藻，鸠集图籍万有余卷。性清俭，不营产业。与中山王熙及弟临淮王彧等，并以才学令望有名于世。虽风流造次不及熙、彧，而稽古淳笃过之。寻迁侍中，诏与侍中崔光撰定服制。后兼尚书右仆射。以延明博识多闻，敕监金石事"。他"著诗赋赞颂铭诔三百余篇，又撰《五经宗略》《诗礼别义》，注《帝王世纪》及《列仙传》"。元延明不仅能文，更以学术见长，精擅典制与经史，著述颇丰。元延明如此，固然与其个人才学相关，也与其所招之僚属、宾客等密切相关。《魏书》本传载元延明喜好交结士众，"延昌初，岁大饥，延明乃减家财，以拯宾客数十人，并赡其家"。其设学馆待客，"又以河间人信都芳工算术，引之在馆。其撰古今乐事，《九章》十二图，又集《器准》九篇，芳别为之注，皆行于世"。可见元延明之撰述，多得其馆客信都芳帮助。② 又，《魏书·李琰之传》载其学识渊博，"经史百家无所不览，朝廷疑事多所访质。……安丰王延明，博闻多识，每有疑滞，恒就琰之辨析，自以为不及也"。前引《北齐书·文苑·李广传》也载其"广博涉群书，有才思文议之美"，为元延明召为佐吏。元延明府邸僚属与宾客甚多，形成了一个文学与"稽古"并重的学术文化中心。

中山王元熙，《魏书·景穆十二王·南安王桢传附熙传》载："熙既蕃王之贵，加有文学，好奇爱异，交结伟俊，风气甚高，名美当世，先达后进，多造其门。始熙之镇邺也，知友才学之士袁翻、李琰、李神俊、王诵兄弟、裴敬宪等咸饯于河梁，赋诗告别。"③ 元熙颇具文士气质，其"交结伟俊"，几乎囊括了当时所有的"才学之士"。可以说，元熙藩府僚属与宾客众多，已成为一个影响很大的文学中心。

---

① 临淮王元彧僚属中多有经史学者，《魏书》卷八四《儒林·李业兴传》载其"博涉百家，图纬、风角、天文、占候无不详练，尤长算历，……临淮王彧征蛮，引为骑兵参军"。
② 《魏书》卷九一《术艺传》载："时有河间信都芳，字王琳，好学善天文算数，甚为安丰王延明所知。延明家有群书，欲抄集《五经》算事为《五经宗》及古今乐事为《乐书》；又聚浑天、欹器、地动、铜乌漏刻、候风诸巧事，并图画为《器准》。府令芳算之。会延明南奔，芳乃自撰注。"又，《魏书》卷一〇九《乐志》载："正光中，侍中、安丰王延明受诏监修金石，博探古今乐事，令其门生河间信都芳考算之。属天下多难，终无制造。芳后乃撰延明所集《乐说》并《诸器物准图》二十余事而注之，不得在乐署考正声律也。"
③ 《魏书》卷八五《文苑·裴敬宪传》载其"少有志行，学博才清，抚训诸弟，专以读诵为业。……工隶草，解音律，五言之作，独擅于时。名声甚重，后进共宗慕之。中山王将之郡，朝贤送于河梁，赋诗言别，皆以敬宪为最。其文不能赡逸，而有清丽之美"。

以上集中介绍了几位北魏诸王文雅化代表人物的事迹，其他诸王也多有类似之表现，可见迁洛之后元魏宗室整体上在文化方面的迅速进步。元魏皇族诸王之雅化有一个共同特点，就是广泛招纳士族名士，其中包括其藩府僚属和私馆宾客，通过其属吏与宾友的社会网络，诸王得以广泛参与士族名士社会的交流，且利用其政治地位和物质条件，成为"朋游""宴游"的座主，而这类聚会往往与文学、谈论密切相关，一些藩王还组织其宾客著述，这使得诸王府邸成为当时的文人雅集的中心和学术文化中心。可以说，以士族人物为主体的北魏诸王僚佐群体对于北魏皇族集团的文雅化及其社会变革具有重要的作用。

由上考述，可见北魏孝文帝迁都洛阳以后，为其宗室子弟精心选聘王国属官和藩府佐吏，即所谓"高选官僚""妙简行佐"。孝文帝迁都洛阳，其目的之一是促使鲜卑上层全面接受汉族文化。在这一过程中，鲜卑宗室诸王出藩临民，需要依靠僚属，于是诸王"开府辟召"。对此，孝文帝及其后继者极为重视，无不"崇开府选"。其核心原则之一是从中原士族子弟中挑选，即所谓"博选英彦""妙简名德""盛简门彦"，以致出现了"自非人地佥允，莫居纲任"的情况。在坚持门第原则的同时，王国属官僚佐的选聘特重其才学与干能，所谓"妙简行佐"，实际上就是门第与才学的统一，也就是当时人所言"务尽门贤"。由于重视才学的标准，使得一些寒门才学之士获得了仕进的机会，得以厕身诸王僚属之列。诸王僚属的本职是辅助诸王施政，故北魏统治者一再"诏选清直之士"，表彰那些敢于谏诤的人物，这对于鲜卑诸王施政能力的提升有一定的作用。不仅如此，众多的汉族士族人物聚集在鲜卑诸王藩府之中，与诸王的日常联系极为密切，有助于其生活与气质的日益文雅化。通过这些士族僚属，鲜卑诸王凭借其政治地位与物质条件，不断招揽才学之士，有的成为其馆客和宾友。这样，鲜卑诸王府邸往往成为文士聚集与交游的中心，间有经史谈论、诗赋唱和等雅集活动，有的还组织著作编撰，一些诸王府邸成了当时的学术文化中心。这从一个侧面显示了迁洛鲜卑上层深入汉化的进程。在此过程中，以汉族士族子弟为主体的鲜卑诸王僚属群体具有不可忽视的作用。因此，从这个意义上说，孝文帝迁洛后为诸王"崇开府选"，是其汉化变革的一项重要措施，应当给予指当的关注。

第八章　南奔萧梁之元魏皇族人物及其活动与影响

自北魏孝文帝迁都洛阳以来，南北朝之间各方面的交往日渐密切。其中南北流亡人员在这一交往过程中发挥了不可忽视的重要作用。如由南齐北奔入魏的琅邪王氏代表人物王肃，深得孝文帝的信重，借之以转输江左典制，推动了北魏汉化改革。因此，以往人们对南北朝后期由南而北之流亡人士及其相关活动颇为重视。不过，当时由北而南的流亡人士也不少。《梁书》卷二一《王份传附王锡传》载："普通初，魏始连和，使刘善明来聘，敕使中书舍人朱异接之，预宴者皆归化北人。"这些所谓"归化北人"，皆为由魏入梁且具有一定地位者。梁武帝统治时期，一度国势强盛，文教发达，南趋入梁之北人颇众，其中既有经学之士[①]和旧族士人，[②] 也有武力豪强。[③] 此外，还有

[①] 关于萧梁时由北而来之经史学人，考《梁书》《陈书》诸书所载，主要有崔灵恩、宋怀方、孙详、蒋显、卢广等人，他们在学术思想与方法、音辞风采等方面与南朝玄化之经学存在着一定差异，因而自然存在着南北学术之融通与辩驳。赵翼《廿二史札记》卷一五"南朝经学"条论及北来经师之著述与讲学，说："是可见梁武之世，不特江左诸儒崇习经学，而北人之深于经者亦闻风而来，此南朝经学之极盛也。"《北齐书》卷二四《杜弼传》载杜弼向高欢进言，"以文武在位，罕有廉洁"，希望其整肃吏治，高欢喻之，以为宇文泰在关中招诱武士，"人情去留未定"，"江东复有一吴儿老翁萧衍者，专事衣冠礼乐，中原士大夫望之以为正朔所在。我若急作法纲，不相饶借，恐督将尽投黑獭，士子悉奔萧衍，则人物流散，何以为国？尔宜少待，吾不忘之"。可见梁武帝萧衍重视经学、倡导礼法，"中原士大夫望之以为正朔所在"，颇具感召力。

[②] 这类人物当有不少，如《魏书》卷二四《邓渊传》载其后人邓献"肃宗末，除冠军将军、颍州刺史。建义初，闻尔朱荣入洛，朝士见害，遂奔萧衍"；又载邓跻魏末"稍迁前将军、太中大夫、梁州开府长史。与刺史元罗同陷萧衍，卒于江南"。又，《周书》卷三八《李昶传》载："李昶，顿丘临黄人也，小名那。祖彪，名重魏朝，为御史中尉。父游，亦有才行，为当世所称。游兄志，为南荆州刺史，游随从至州。属尔朱之乱，与志俱奔江左。"

[③] 关于南附入梁的北方汉族尚武豪强，除了那些淮河南北沿边地域从属不定者外，出于民族和文化观念南奔之尚武之士，主要有太原祁人王神念、王僧辨父子，泰山梁甫人羊侃、羊鹍父子，太山钜平人羊鸦仁，武都仇池人杨华等，据《梁书》卷三九所载，除杨华因"容貌雄伟"而逃避魏明帝母胡太后之逼南奔外，其他诸武将皆为北方豪族之士，其南奔具有文化倾向。如王神念"少好儒术，尤明内典"；羊侃为青齐民之后，"雅爱文史，博涉书记，尤好《左氏春秋》及《孙吴兵法》"，其归梁后，

一个特殊的北人群体,即北魏皇族宗室流亡人物,《魏书》卷二一(上)《献文六王上·咸阳王禧传》载北魏宣武帝赐元禧死,"其宫人歌曰:'可怜咸阳王,奈何作事误。金床玉几不能眠,夜蹋霜与露。洛水湛湛弥岸长,行人那得渡。'其歌遂流至江表,北人在南者,虽富贵,弦管奏之,莫不洒泣"。咸阳王元禧死,"北人在南者"心存悲戚,伤感之情难抑,他们自然与北魏宫廷关系密切,其中当多有元魏皇族成员。由于当时入梁之元魏皇族人数颇众、影响突出,《梁书》卷三九特为其代表设传以彰显其事迹。这里细究南北朝相关史籍,对入梁之北魏宗室人物及其活动加以考察,从一个侧面透视南北朝后期之军事、政治冲突与文化交流。

一　入梁之元魏皇族人物考

北魏宣武帝、孝明帝时期,其统治集团上层内部权力争夺不断加剧,后又发生北部边镇暴乱,得势的尔朱荣一度残酷屠戮迁洛鲜卑上层。在这一系列残酷的政治斗争中,一些遭遇迫害和失势的元魏皇族人物间有南奔入梁者。根据史籍所载,对其可考之具体代表人物,略叙述于下。

元翼、元昌、元晔、元显和、元树兄弟。《梁书》卷二《武帝纪中》载天监五年(506)三月"癸未,魏宣武帝从弟翼率其诸弟来降"。诸人皆是北魏孝文帝长弟咸阳王元禧之子。孝文帝死后,元禧因受命参与辅政而卷入朝

每预宴,不仅武艺高超,而且能即兴赋诗应敕,梁武帝赞之曰:"吾闻仁者有勇,今见勇者有仁,可谓邹、鲁遗风,英贤不绝",又"善音律,自造《采莲》《棹歌》两首,甚有新致"。其人梁,与其家族教育相关,其父"每有南归之志,常谓诸子曰:'人生安可久淹异域,汝等可归奉东朝。'"诸人皆携宗族部伍南奔,《梁书》卷三九《羊鸦仁传》载其"普通中,率兄弟自魏归国",入梁后历仕武职,在萧梁中后期内外军政方面作用显著。此外,北来尚武之士,著名者还有胡僧祐,《梁书》卷四六《胡僧祐传》载:"胡僧祐字愿果,南阳冠军人。少勇决,有武干。仕魏至银青光禄大夫,以大通二年归国,频上封事,高祖器之,拜假节、超武将军、文德主帅,使戍项城。城陷,复没于魏。中大通元年,陈庆之送魏北海王元颢入洛阳,僧祐又得还国,除南天水、天门二郡太守,有善政。性好读书,不解缉缀,然每在公宴,必强赋诗,文辞鄙俚,多被嘲谑,僧祐怡然自若,谓己实工,矜伐愈甚。"又,《梁书》卷九《王茂传》载王茂子贞秀,"以居丧无礼,为有司奏,徙越州,后有诏留广州,乃潜结仁威府中兵参军杜景,欲袭州城,刺史萧昂讨之。景,魏降人,与贞秀同戮。"可见杜景也是"魏降人"。

第八章　南奔萧梁之元魏皇族人物及其活动与影响 / 173

廷内争，终以谋反之罪被其侄宣武帝赐死，其诸子也受牵连。①《魏书·献文六王上·咸阳王禧传》载元禧共有八子，其中长子元通死，次子元翼"后会赦，诣阙上书，求葬其父。频年泣请，世宗不许。翼乃与弟昌、晔奔于萧衍。翼与昌，申屠氏出。晔，李妃所生也。翼容貌魁壮，风制可观，衍甚重之，封为咸阳王。翼让其嫡弟晔，衍不许。……昌为衍直阁将军"。可见北魏孝文帝弟元禧诸子元翼、元昌、元晔等同时南奔入梁，其中元翼与元昌同母，皆"申屠氏出"，梁武帝以其年长，且"容貌魁壮，风制可观，……甚重之，封为咸阳王"。

《魏书·献文六王上·咸阳王禧传》又载元晔为元禧之嫡子，这当是孝文帝迁洛后，为推进鲜卑上层汉化，责其与汉族士族通婚，并以所生子为嫡。②元晔字世茂，其母出自汉族名门陇西李氏，"李妃所生"，故其随同父兄元翼等入梁后，元翼欲让咸阳王位给元晔，梁武帝封之"为桑乾王，拜散骑常侍。卒于秣陵"。

《魏书·献文六王上·咸阳王禧传》又载："翼弟显和，昌弟树，后亦奔于衍。显和卒于江南。"元显和、元树当为元翼同母弟，稍晚亦追随其兄南奔入梁。其中元树在梁颇得重用，影响较大。《梁书》卷三九《元树传》载："元树字君立，亦魏之近属也。祖献文帝。父僖，咸阳王。树仕魏为宗正卿，属尔朱荣乱，以天监八年归国，封为邺王，邑二千户，拜散骑常侍。"《梁书》所载元树之字及其南奔时间等与《魏书》不同，关于其字，《梁书》载为"君立"，《魏书》载为"秀和"，两字或可并存，《北史》卷一九《魏献文六王·咸阳王禧传》便载元树"字秀和，一字君立"；至于其入梁前在魏之官职及南奔原委，《梁书》载其在魏为宗正卿及以尔朱荣乱而南奔云云，显为讹传。③此外，元树有子元贞，亦长期在梁朝。

---

① 《魏书》卷二一（上）《献文六王上·咸阳王禧传》载："初，正光中诏曰：'……颎者，咸阳、京兆王自贻祸败，事由间惑，犹有可矜。两门诸子，并可听附属籍。'后复禧王爵，葬以王礼。"可见，直到魏明帝正光中才在一定程度上为元禧平反，其诸子"可听附属籍"。这表明元禧事发后，其子弟受到严酷的压制。

② 《魏书》卷二一（上）《献文六王上·咸阳王禧传》载孝文帝诏令诸弟皆聘士族女为妃，"前者所纳，可为妾媵"，其中"长弟咸阳王禧可娉颍川太守陇西李辅女"。李辅，出自北朝名族陇西李氏，据《魏书》卷三九《李宝传》，李辅乃李宝子、李冲兄。

③ 中华书局本《梁书》校勘记于此条下引张森楷《梁书校勘记》云："案（元）禧以反诛，诸子安得为宗正卿？尔朱荣起兵在孝昌末、武泰初，于梁当大同元、二年，去天监八年近二十年。树以天监八年降，安得云属尔朱荣乱？此传闻之误。"所论甚是。元树南奔之由绝无缘于尔朱荣之乱，完全是因乃父被害后，其兄弟受压而所导致。

由上述可见,北魏宣武帝亲政后,着力清除辅政之诸叔,咸阳王元禧首当其冲,其子弟在受到迫害后相继南奔,八子中五人入梁,其后人则长期生活在江南。①

元略。《魏书》卷一九(下)《景穆十二王下·南安王桢传附元略传》载元略字俊兴,与其兄元熙皆具文雅化之气质,"才气劣于熙,而有和邃之誉。自员外郎稍迁羽林监、通直散骑常侍、冠军将军、给事黄门侍郎"。在政治上,魏孝明帝时,胡太后临朝,宠信孝文帝子清河王元怿,元略与兄元熙皆为元怿所重,后元叉与宦官刘腾合谋一度幽禁胡太后,矫诏杀元怿,并惩处其党羽,元熙在相州起兵反元叉而被斩,元略被逼潜逃经年,南奔入梁:"清河王怿死后,叉黜略为怀朔镇副将。未及赴任,会熙起兵,与略书来去。寻值熙败,略遂潜行,自托旧识河内司马始宾。始宾便为获筏,夜与略俱渡盟津,诣上党屯留县栗法光。法光素敦信义,忻而纳之。略旧识刁双时为西河太守,略复归之。停止经年,双乃令从子昌送略潜遁江左。"②《洛阳伽蓝记》卷四"城西·追先寺"条亦载元略"神龟中为黄门侍郎。元乂专政,虐加宰辅,略密与其兄相州刺史中山王熙欲起义兵,问罪君侧。雄规不就,衅起同谋,略兄弟四人,并罹涂炭,唯略一身,逃命江左"。元略于梁武帝普通元年(520)入梁,普通七年(526),胡太后复政后返归洛阳。

---

① 《北史》卷一九《魏献文六王·咸阳王禧传附元坦传》(《北齐书》卷二八《元坦传》所载相同)载元坦为元禧第七子,"禧诛后,坦兄翼、树等五人相继南奔,故坦得承袭。改封敷城王。永安初,复本封咸阳郡王"。

② 关于元略流亡江左之经过,《魏书》卷三八《刁雍传附刁双传》载:"正光初,中山王熙之诛也,熙弟略投命于双,双护之周年。时购略甚切。略乃谓双曰:'我兄弟屠灭已尽,唯我一身漏刃相托。卿虽厚恩,久见容蔽,但事留变生,终恐难保。脱万一发觉,我死分也,无事相累卿。若送吾出境,便是再生之惠,如其不尔,辄欲自裁。'双曰:'人生会有一死,死所难遇耳。今遭知己,视死如归,愿不以为虑。'略后苦求南转,双乃遣从子昌送达江左。灵太后返政,知略因双获免,征拜光禄大夫。时略妹饶安公主,刁宣妻也,频诉灵太后,乞征略还朝廷。乃以徐州所获俘江革、祖暅二人易之。以双与略有旧,乃令至境迎接略。"又载:"双少好学,兼涉文史,雅为中山王英所知赏。拜西河太守。"《魏书》卷三八《刁雍传附刁整传》载:"相州刺史、中山王熙在邺起兵,将诛元叉等,事败,传首京师,熙之亲故莫敢视。整弟妇即熙姊,遂收其尸藏之,后乃还熙所亲。叉闻而致憾,因以熙弟略南走萧衍,诬熙将叛,送整与弟宣及子恭等幽系之。……灵太后反政,除安南将军、光禄大夫。元略曾与整坐泣谓黄门王诵、尚书袁翻曰:'刁公收敛我家,卿等宜知。'"元略危难之时"投命于双",而刁双则冒险救护,送其入梁;刁整则收元熙之尸,受到元叉报复。可见两个家族之间通婚,素有渊源,交往密切。

第八章　南奔萧梁之元魏皇族人物及其活动与影响 / 175

元法僧。《梁书》卷三九《元法僧传》载其事云："元法僧，魏氏之支属也。其始祖道武帝。父钟葵，江阳王。法僧仕魏，历光禄大夫，后为使持节、都督徐州诸军事、徐州刺史，镇彭城。普通五年，魏室大乱，法僧遂据镇称帝，诛锄异己，立诸子为王，部署将帅，欲议匡复。既而魏乱稍定，将讨法僧，法僧惧，乃遣使归款，请为附庸，高祖许焉，授侍中、司空，封始安郡公，邑五千户。及魏军既逼，法僧请还朝，高祖遣中书舍人朱异迎之。"元法僧于梁武帝大同二年（536）死，年八十三，其二子景隆、景仲，"普通中随法僧入朝"。这里所载元法僧家世及其南奔缘由较为笼统，《魏书》卷一六《道武七王·阳平王熙传》载元法僧曾为北魏益州刺史，"素无治干，加以贪虐，杀戮自任，威怒无恒。……转安东将军、徐州刺史。孝昌元年，法僧杀行台高谅，反于彭城，自称尊号，号年天启。大军致讨，法僧携诸子，拥掠城内及文武，南奔萧衍"。元法僧刺徐州，地邻萧梁，"自称尊号"而受到围攻，无奈叛魏入梁。这里所载其南奔之由，也不够具体，《北史》一六《魏道武七王·阳平王熙传附元法僧传》则详述其叛魏原委及经过曰："后拜徐州刺史。法僧本附元叉，以骄恣，恐祸及己，将谋为逆。时领主书兼舍人张文伯奉使徐州，法僧谓曰：'我欲与卿去危就安，能从我否？'文伯曰：'安能弃孝义而从叛逆也！'法僧将杀之，文伯骂曰：'仆宁死见文陵松柏，不能生作背国之虏！'法僧杀之。孝昌元年，法僧杀行台高谅，反于彭城，自称尊号，改元天启。大军致讨，法僧奔梁，其武官三千余人戍彭城者，法僧皆印额为奴，逼将南度。梁武帝授法僧司空，封始安郡王，寻改封宋王……征为太尉。卒于梁，谥曰襄厉王。子景隆、景仲。"元法僧本为元叉党与，元叉专权，引起北魏朝廷内外，特别是元氏宗族内激烈的权力斗争，故元法僧"恐祸及己，将谋为逆"，本图谋"自称尊号"，割据一方，后魏廷剿之而南叛。元法僧入梁，除携带诸子外，举镇南叛，"其武官三千余人戍彭城者，法僧皆印额为奴，逼将南度"，影响很大。①

关于元法僧子元景隆、元景仲，《北史》卷一六《魏道武七王·阳平王熙传附元法僧传》载："景隆初封丹杨公，位广州刺史，徙徐州，改封彭城王。丁父忧，袭封宋王，又为广州刺史。卒。"②又载"梁复以景仲为广州刺史，封枝江县公"云云。③

元庆和。《梁书》卷三《武帝纪下》载大通元年（527）冬十月庚戌，"魏东豫州刺史元庆和以涡阳内属"。《魏书》卷一九（上）《景穆十二王上·汝阴王天赐传》载元天赐孙元庆和为魏东豫州刺史，"为萧衍将所攻，举城降之。衍以为北道总督、魏王"。《魏书》卷九《肃宗纪》载孝昌三年九月辛卯，"东豫州刺史元庆和以城南叛"。

元舒、元善父子。《北史》卷一六《魏道武七王·京兆王黎传附元叉传》载："叉子舒，秘书郎。叉死后，亡奔梁，官至征北大将军、青冀二州刺史。"可见元舒在乃父元叉被赐死后，处境不佳，于是逃亡入梁。其子元善，又名

---

① 元法僧举镇降梁，其僚属亦多随之至江左。据隋《惠云法师墓志》载，"法师俗姓贾氏，河南洛阳人。祖怀德，本州主簿。父成，梁司空元法僧咨议参军、衡阳令。法僧在魏，作镇彭城，成亦随府翻入梁国"（参见韩理洲辑校编年《全隋文补遗》，三秦出版社2004年版，第27—28页）。可见惠云法师父亲贾成原本是元法僧咨议参军，随之入梁。对于元法僧南奔之影响，张金龙先生曾指出："元法僧是北魏末年边境反叛大规模爆发以来第一位打起反叛旗号并叛逃南朝政权的边境行政长官，他的反叛不仅使徐州失守，而且使北魏在淮河以北的领土受到侵蚀，献文帝、孝文帝、宣武帝三代南伐的成就正在被剥夺。同时又使北魏政府平定北镇和关陇民众反叛的力量受到进一步牵制，产生了很大的消极影响。战争对边境的破坏也是巨大的。元法僧的反叛使北魏丧失了河淮之间的军事重镇徐州，而南朝却不费吹灰之力得到了这一失去多年的宝地，在南北战争史上具有重大的转折意义。尽管后来徐州得以收复，但破坏已相当严重，北魏政府在当地统治的稳定程度也无法与以前相比。可以认为这是北魏于献文帝时期占领徐兖诸州，形成北强南弱局面以来的一个大变局。南朝重新将其疆界扩展到淮北区，改变了自北魏孝文帝南伐以来的被动挨打局面。南朝政权在其后得以生存较长一段时期，与此关系极大。"参见张金龙氏《北魏政治史》第十一卷《孝明帝时代》，甘肃教育出版社2008年版，第九册，第204—205页。

② 元法僧在南奔过程中，对不附己者尽加杀戮，《魏书》卷一九（上）《景穆十二王上·济阴王小新成传》载元显和，"少有节操，除徐州安东府长史，"刺史元法僧叛，显和与战被擒，执手命与连坐。显和曰：'显和与阿翁同源别派，皆是盘石之宗，一朝以地外叛，若遇董狐，能无惭德。'遂不肯坐。法僧犹欲慰喻，显和曰：'乃可死作恶鬼，不能坐为叛臣。'及将杀之，神色自若"。元显和与张文伯一样因拒绝从叛而为元法僧所害。

③ 关于元法僧父子南奔，《魏书》卷九《肃宗纪》也有概括记载："孝昌元年春正月庚申，徐州刺史元法僧据城反，害行台高谅，自称宋王，号年天启，遣其子景仲归于萧衍。衍遣其将胡龙牙、成景隽、元略等率众赴彭城。诏秘书监、安东王鉴回师讨之，鉴于彭城南击元略，大破之，尽俘其众，既而不备，为法僧所败。衍遣其豫章王综入守彭城，法僧拥其僚属、令守、兵戍及郭邑士女万余口南入。"

第八章 南奔萧梁之元魏皇族人物及其活动与影响

善住,"少随父至江南"①。

六镇之乱过程中,尔朱荣入洛,攫取统治大权,制造河阴之变,对迁洛鲜卑上层,特别是元魏皇族大加杀戮,一些元魏皇族人物入梁避祸。《魏书》卷一〇《孝庄帝纪》武泰元年四月条载:"是月,汝南王悦、北海王颢、临淮王彧前后奔萧衍,郢州刺史元愿达据城南叛。"《梁书》卷二《武帝纪中》亦载:"时魏大乱,其北海王元颢、临淮王元彧、汝南王元悦来奔;其北青州刺史元世儁、南荆州刺史李志亦以地降。"可见尔朱荣发动河阴之变后,元魏皇族子弟相继南奔,入梁者甚众。

元悦、元颖父子。《魏书》卷二二《孝文五王·汝南王悦传》载:"及尔朱荣举兵向洛。既忆人间。俄而闻荣肆毒于河阴,遂南奔萧衍。衍立为魏主,号年更兴。衍遣其将军王辩送置境上,以觊侵逼。及齐献武王既诛荣,以悦高祖子,宜承大业,乃令人示意。悦既至,清狂如故,动为罪失,不可扶持,乃止。"《北史》卷一九《魏孝文六王·汝南王悦传》亦载:"及尔朱荣举兵向洛,悦遂奔梁。梁武厚相资待。庄帝暴崩,遂立为魏主,号年更兴。"又载其"子颖,与父俱奔梁,遂卒于江左"。可见,河阴之变后,元悦父子南奔入梁,尔朱氏害孝庄帝后,梁武帝立之为魏主以返北,他在江南为时不长,据《梁书》卷三《武帝纪下》,其入梁在大通二年(528)四月之后,中大通元年(529)正月甲子,"魏汝南王元悦求还本国,许之",中大通二年六月丁巳,"遣魏太保汝南王元悦还北为魏主。庚申,以魏尚书仆左射范遵为安北将军、司州牧,随元悦北讨",同年"秋八月庚戌,舆驾幸德阳堂,设丝竹会,祖送魏主元悦";又载中大通四年(532)正月,"太子右卫率薛法护为平北将军、司州牧,卫送元悦入洛"。元悦在江南前后数年,其间屡有返北之议,但其子元颖则留滞江南。

元颢、元冠受父子。《魏书》卷二一(上)《献文六王上·北海王详传附元颢传》载北海王元详子元颢,字子明,"少慷慨,有壮气",六镇乱起,元颢出刺相州,"颢至汲郡,属尔朱荣入洛,推奉庄帝,诏授颢太傅、开府、侍中、刺史、王并如故。颢以葛荣南侵,尔朱纵害,遂盘桓顾望,图自安之策。……颢以事意不谐,遂与子冠受率左右奔于萧衍"。《元颢墓志》载:

---

① 《隋书》卷七五《儒林·元善传》则载:"元善,河南洛阳人也。祖叉,魏侍中。父罗,初为梁州刺史,及叉被诛,奔于梁……善少随父至江南。"这里以元罗为元叉子,显然有误,且元罗本为元叉弟,其为梁州刺史及其举州入梁当在其后。故有关元善之家世,当从《北史》。

"属明皇暴崩,中外惟骇,尔朱荣因籍际会,窥兵河洛,始称废立,仍怀觊觎。群公卿士,磬于锋镝,衣冠礼乐,殆将俱尽,行李异同,莫辩逆顺。公未知鸿雁之庆,独轸麦秀之悲,而北抗强竖,南邻大敌,事在不测,言思后图,遂远适吴越,观变而动。孝庄统历,遥授师傅,磐石之寄,于焉在斯。"①元颢在梁未久便受命北伐。

元彧。《魏书》卷一八《太武诸王·临淮王谭传附彧传》载其字文若,河阴之变后一度南奔入梁:"是时,萧衍遣将围逼温汤,进彧以本官为东道行台。会尔朱荣入洛,杀害元氏。彧抚膺恸哭,遂奔萧衍。"《梁书》卷三《武帝纪下》载大通二年(528)六月丁亥,"魏临淮王元彧求还本国,许之",次月便抵洛阳,《魏书》卷一〇《孝庄帝纪》载武泰元年七月条亦载:"是月,临淮王彧自江南还朝。"可知元彧在梁前后只有两三个月。

此外,随着北魏乱局加剧,梁朝对北部沿边地带的攻势有所加强,致使一些北魏州镇人物入梁,其中主要有如下代表。

元罗。《魏书》卷一六《道武七王·京兆王黎传》载元叉弟元罗,字仲纲,其父兄在孝明帝时一度执掌北魏中枢军政大权,其本人则"以俭素著称",曾为青州刺史,出帝时,为梁州刺史,"罗既懦怯,孝静初,萧衍遣将围逼,罗以州降"。《北史》卷一六《魏道武七王·京兆王黎传》载元罗罢青州刺史,"入为宗正卿。叉死后,罗通叉妻,时人秽之,或云其救命之计也。孝武时,位尚书令、开府仪同三司、梁州刺史。孝静初,梁遣将围逼,罗以州降,封南郡王。及侯景自立,以罗为开府仪同三司、尚书令,改封江阳王。梁元帝灭景,周文帝求罗,遂得还。除开府仪同三司、侍中、少师,袭爵江阳王。舒子善住,在后从南入关,罗乃以爵还善住,改封罗为固道郡公"。

元愿达。《梁书》卷三《武帝纪下》载大通二年(528)夏四月辛丑,"魏郢州刺史元愿达以义阳内附,置北司州"。《梁书》卷三九《元愿达传》载其"亦魏之支庶也。祖明元帝。父乐平王。愿达仕魏为中书令、郢州刺史。普通中,大军北伐,攻义阳,愿达举州献款,诏封乐平公,邑千户,赐甲第女乐。仍出为使持节、散骑常侍、都督湘州诸军事、平南将军、湘州刺史。中大通二年,征侍中、太中大夫、翊左将军。大同三年,卒。时年五十七"②。

---

① 赵超:《汉魏南北朝墓志汇编》,天津古籍出版社2008年版,第292页。
② 《梁书》卷三九《元愿达传》载其梁武帝普通中入梁,与《梁书》卷三《武帝纪下》所载大通二年入梁不同,中华书局本校勘记以本纪所载为准,传中"普通"当作"大通"。

第八章　南奔萧梁之元魏皇族人物及其活动与影响

元延明。《魏书》卷二〇《文成五王·安丰王猛传附元延明传》载元延明为学术素养最高的元魏皇族人物之一，"延明既博极群书，兼有文藻，鸠集图籍万有余卷。性清俭，不营产业。与中山王熙及弟临淮王彧等，并以才学令望有名于世。虽风流造次不及熙、彧，而稽古淳笃过之。……所著诗赋赞颂铭诔三百余篇，又撰《五经宗略》《诗》《礼》别义，注《帝王世纪》及《列仙传》。又以河间人信都芳工算术，引之在馆。其撰古今乐事，《九章》十二图，又集《器准》九篇，芳别为之注，皆行于世"。尔朱荣立庄帝，元延明兼尚书令、大司马，"及元颢入洛，延明受颢委寄，率众守河桥。颢败，遂将妻子奔萧衍，死于江南。庄帝末，丧还。出帝初，赠太保，王如故，谥曰文宣"。《元延明墓志》载其入梁及其学术文化素养曰："方借力善邻，讨兹君侧。而江南卑湿，地非养贤，随贾未归，忽焉反葬。以梁中大通二年三月十日薨于建康，春秋卅七。公神衿峻独，道鉴虚凝，少时高祖垂叹，以为终能致远，遂翻为国师，郁成朝栋。既业冠一时，道高百辟，授经侍讲，琢磨圣躬，明堂辟雍，皆所定制，朝仪国典，质而后行。加以崖岸重深，风流旷远，如彼龙门，迢然罕入。惟与故任城王澄、中山王熙、东平王略，竹林为志，艺尚相欢。故太傅崔光、太常刘芳，虽春秋异时，亦雅相推揖。"① 梁武帝中大通元年（529）元颢失败后，元延明偕妻子南奔入梁，次年病故于江南。

元斌之。《魏书》卷二〇《文成五王·安乐王长乐传》载安乐王元长乐子元鉴弟元斌之，"字子爽。性险无行，及与鉴反，败，遂奔葛荣。荣灭，得还。出帝时，封颍川郡王，委以腹心之任。帝入关，斌之奔萧衍，后还长安"。元斌之在东西魏分立之际一度入梁，后又北归关中，其在梁时间甚短。

由上文考稽，可见北魏后期多有元氏皇族人物南奔入梁，成为当时流落江南北人中的一个特殊群体。这些北魏宗室子弟何以南奔？根据上述之情形，大体可以归纳为以下几种类型：一是因参与北魏皇族内部权力斗争失败而流亡江左，其中咸阳王元禧诸子元翼、元树及东平王元略等人便是如此，元法僧之举镇叛魏并最终入梁，也可归入这一类型。二是在北魏发生内乱，特别是北部六镇暴乱之后，尔朱荣攫取政权，残害迁洛元魏雅化上层，导致诸多元魏宗室人物入梁避祸，其中汝南王元悦、临淮王元彧、安丰王元延明、北海王元颢等，皆属此类，当时也是元魏皇族人物流亡萧梁的高潮期。三是北

---

① 前揭《汉魏南北朝墓志汇编》，第289页。

魏之末期，梁武帝乘乱攻击沿边之北魏镇戍，有的遭遇威逼后而归梁，上述魏梁州刺史元罗、郢州刺史元愿达、东豫州刺史元庆和等举镇南附，当皆属此类。当然，当时流寓萧梁之元魏宗室人物绝非仅止于此，以上仅是能确考之代表性人物，他们往往或合家南奔，或举镇南附，也有一些是个人潜逃江左避祸，至于其他未见诸史籍者，一定多有，这里便无法详述了。

　　需要进一步说明的是，以上入梁之元魏皇族人物，由于南奔原因不同，他们在梁朝并未形成一个关系紧密的流亡群体，相反，不同支系之间还存在隔阂与矛盾。如元略便轻视元法僧，《魏书》卷一九（下）《景穆十二王下·南安王桢传附元略传》载其"又恶法僧为人，与法僧言，未尝一笑"。元略何以"恶法僧为人"，具体情况不明，根据相关史实分析，主要在于元略与元法僧原本在魏便分属不同的政治集团，元法僧本是元叉之亲信，而元略兄弟等为与之对立的清河王元怿集团，自然势如水火，相互敌视，加上元法僧先在北称帝，后叛魏入梁，而元略则因政治迫害潜逃入梁，且仍心系魏室，与元法僧之附梁不同，故心存轻视与敌意。又，《北史》卷一六《道武七王·京兆王黎传附元叉传》载："初，咸阳王禧以逆见诛，其子树奔梁，梁封为邺王。及（元）法僧反叛后，树遗公卿百僚书，暴叉过恶，言'叉本名夜叉，弟罗实名罗刹，夜叉、罗刹，此鬼食人，非遇黑风，事同飘堕。呜呼魏境，离此二灾。恶木盗泉，不息不饮，胜名枭称，不入不为，况昆季此名，表能噬物，日露久矣，始信斯言。'叉为远近所恶如此。"元树在元法僧反叛后，致书北魏公卿百僚，以诋毁元叉。如上所言，元法僧本为元叉之党羽，故元树所斥元叉，实际上也暗含着他对元法僧的蔑视之意。因此，可以说入梁之元魏皇族流亡人物之间存在着复杂的内部矛盾，难以成为一个整体与集团。

二　"位重任隆，击钟鼎食"：入梁元魏皇族人物所受之优遇

　　流亡萧梁之元魏皇族代表人物既如上考，那么，他们在萧梁之境遇如何？一般说来，南北朝长期处于对立状态，对来自敌方的奔亡之士往往多加优宠，以示笼络，争取人心。可以说，这是东晋与十六国、南北朝的一项基本政策。以北魏为例，刘裕代晋过程中，不少司马氏宗室与士族人物北奔入魏，此后类似情形甚多，北魏对其中的代表性人物皆加拔擢，其任用一个突出特点是

第八章 南奔萧梁之元魏皇族人物及其活动与影响 / 181

委以与南朝沿边地域之军政事务,其他还辅之与北魏上层联姻等笼络手段等。对此,周一良先生《魏晋南北朝史札记》"北魏用人兼容并包"条则有深入论述,他指出"北魏建国之始,用人即采取兼容并包之方针","历道武、明元、太武诸帝之世,用人除以拓跋氏宗室及鲜卑贵族为骨干外,对于征服地区之汉族地主阶级以至各族人物,皆注意吸收使用。举凡石氏苻氏旧臣之后裔,姚氏慕容氏赫连氏沮渠氏之旧臣,以及从南朝北投诸人,无不兼容并包"。又进一步指出:"对于南朝北投者,拓跋氏尤能注意拔擢。"《魏书》卷三八《王慧龙传》载其自称出自太原王氏,因逃避刘裕之迫害而入魏,临终说:"吾羁旅南人,恩非旧结,蒙圣朝殊特之慈,得在疆场效命。"周一良先生据此指出,王慧龙之言"盖足以代表南朝来投者以至各外族来投者之共同思想"①。南朝政权屡有更迭,政治斗争残酷,诸皇族宗室与大族朝臣流亡北朝的情况不断发生,北朝优遇与安抚政策也发挥了不可忽视的作用。与之相应,从北魏南奔江左之皇族子弟主要集中在萧梁时期,梁武帝也多加优待。

关于梁武帝优遇北魏皇族亡人,《梁书》卷三九"史臣曰"论云:

> 高祖革命受终,光期宝运,咸德所渐,莫不怀来,其皆殉难投身,前后相属。元法僧之徒入国,并降恩遇,位重任隆,击钟鼎食,美矣!

这一评论基本上概括了梁武帝对待元魏皇族流亡人物的政策。前述入梁元魏皇族人物事迹,已涉及梁武帝相关优遇举措,如《魏书·献文六王上·咸阳王禧传》载元翼"容貌魁壮,风制可观,衍甚重之,封为咸阳王"。

具体而言,从梁武帝与入梁元魏皇族人物的交往情况看,其中文雅化程度较高者,尤受钦重。如元略,《魏书·景穆十二王下·南安王桢传附元略传》载其潜逃入梁后,"萧衍甚礼敬之,封略为中山王,邑一千户",历任宣城太守、衡州刺史等。元略"虽在江南,自以家祸,晨夜哭泣,身若居丧",后梁武帝子萧综叛梁入魏,"综长史江革、司马祖暅、将士五千人悉见擒虏。肃宗敕有司悉遣革等还南,因以征略。衍乃备礼遣之"。可见元略虽不诚心归梁,然梁武帝甚重之,"略之将还也,衍为置酒饯别,赐金银百斤,衍之百

---

① 周一良:《魏晋南北朝史札记》"北魏用人兼容并包"条,中华书局1985年版,第351—353页。清人周嘉猷《南北史世系表》卷一有言:东晋司马氏"自宋受晋禅,宗室凌夷,其北归者,位较荣显"。这也客观上说明了入魏之司马氏人物所受之待遇。

官,悉送别江上,遣其右卫徐确率百余人送之京师"。元略是北魏胡太后之亲党,其返魏后受封东平王,领国子祭酒,迁大将军、尚书令,"灵太后甚宠任之,其见委信,殆与元徽相埒"。梁武帝如此礼遇元略,当然主要出于感化北人之意,但也与元略之文化素养不无关系。《元略墓志》载其风雅及南渡后所受礼遇云:

> 游志儒林,宅心仁苑,礼穷训则,义周物轨,信等脱剑,惠深赠贮,器博公琰,笔茂子云。汪汪焉量溢万顷,济济焉实怀多士。……正光之初,元昆作蕃,投杼横集,滥尘安忍,在原之痛,事切当时,遂潜影去洛,避刃越江,买卖同价,宁此过也。伪主萧氏,雅相器尚,等秩亲枝,齐赏密席。而庄写之念,虽荣愿本;渭阳之念,偏楚心目。以孝昌元年,旋轴象魏。①

对此,《洛阳伽蓝记》卷四"城西·追先寺"条亦载:

> 略生而岐嶷,幼则老成,博洽群书,好道不倦。……萧衍素闻略名,见其器度宽雅,文学优赡,甚敬重之。谓曰:"洛中如王者几人?"略对曰:"臣在本朝之日,承乏摄官;至于宗庙之美,百官之富,鸳鸾接翼,杞梓成阴;如臣之比,赵咨所云车载斗量,不可数尽。"衍大笑,乃封略为中山王,食邑千户,仪比王子。……孝昌元年,明帝宥吴人江革,请略归国。江革者,萧衍之大将也,萧衍谓曰:"朕宁失江革,不得无王。"略曰:"臣遭家祸难,白骨未收,乞还本朝,叙录存没。"因即悲泣。衍哀而遣之。乃赐钱五百万,金二百金,银五百斤,锦绣宝玩之物不可称数。亲帅百官送于江上,作五言诗赠者百余人。凡见礼敬如此。

元略是北魏宗室人物中文雅之士的杰出代表,梁武帝及其朝士当与其在文化趣味与情感诸方面心有灵犀,交流深入。

与元略相似的是元彧,《魏书》卷一八《太武诸王·临淮王谭传附彧传》载元彧"少有才学,时誉甚美",是迁洛元魏皇族文雅化最突出的代表人物之一,"美风韵,善进止,衣冠之下,雅有容则。博览群书,不为章句。所著文

---

① 赵超:《汉魏南北朝墓志汇编》,天津古籍出版社2008年版,第237页。

第八章　南奔萧梁之元魏皇族人物及其活动与影响

藻虽多亡失，犹有传于世者"，深得汉族士大夫的赞誉。梁武帝甚为礼敬，《魏书》本传载：

> 衍遣其舍人陈建孙迎接，并观彧为人。建孙还报，称彧风神闲俊。衍亦先闻名，深相器待，见彧于乐游园，因设宴乐。彧闻乐声，歔欷，涕泪交下，悲感傍人，衍为之不乐。自前奔叛，皆希旨称魏为伪，唯彧上表启，常云魏临淮王。衍体彧雅性，不以为责。及知庄帝践阼，彧以母老请还，辞旨恳切。衍惜其人才，又难违其意，遣其仆射徐勉私劝彧曰："昔王陵在汉，姜维相蜀，在所成名，何必本土。"彧曰："死犹愿北，况于生也。"衍乃以礼遣。彧性至孝，事父母尽礼，自经违离，不进酒肉，容貌憔悴，见者伤之。

萧衍对元彧如此"深相器待"，不仅与其在魏室中之地位相关，更重要在于其雅化之风采。特别是元彧与其他入梁之元魏皇族人物"皆称魏为伪"不同，其所上表启，"常云魏临淮王"，这作为降附之人，显然不合礼制，然梁武帝"体彧雅性，不以为责"，以显示优待。

当然，入梁之元魏皇族人物成分复杂，风雅之士外，对其他入梁之元氏人物，梁武帝也多加封赏优待。如元悦，前引《梁书》卷三《武帝纪下》载中大通二年秋八月庚戌，"舆驾幸德阳堂，设丝竹会，祖送魏主元悦"。元悦在孝文帝诸子中，不仅品行、才学极差，且神志不清，时有错乱之举，《魏书》本传称其"为性不伦，俶傥难测"，梁武帝之所以如此礼敬，主要在于通过优遇元魏嫡宗以达到感召其他北人之目的。

至于具有一定实力的元魏宗室人物，梁武帝则委寄尤重。如元法僧父子举镇入梁，深受器重，《梁书》卷三九《元法僧传》载：

> ……既至，甚加优宠。时方事招携，抚悦降附，赐法僧甲第女乐及金帛，前后不可胜数。法僧以在魏之日，久处疆场之任，每因寇掠，杀戮甚多，求兵自卫，诏给甲仗百人，出入禁闼。大通二年，加冠军将军。中大通元年，转车骑将军。四年，进太尉，领金紫光禄。其年，立为东魏主，不行，仍授使持节、散骑常侍、骠骑大将军、开府同三司之仪、

郢州刺史。大同二年，征为侍中、太尉，领军将军。①

可见元法僧入梁后，"甚加优宠"，除赏赐"甲第女乐及金帛，前后不可胜数"外，还封以尊贵的爵位与军政职位。其子元景隆、元景仲也受优遇，《梁书·元法僧传》载：

> 景隆封沌阳县公，邑千户，出为持节、都督广越交桂等十三州诸军事、平南将军、平越中郎将、广州刺史。中大通三年，征侍中、安右将军。四年，为征北将军、徐州刺史，封彭城王，不行，俄除侍中、度支尚书。太清初，又为使持节、都督广越交桂等十三州诸军事、征南将军、平越中郎将、广州刺史，行至雷首，遇疾卒，时年五十八。

同书又载：

> 景仲封枝江县公，邑千户，拜侍中、右卫将军。大通三年，② 增封，并前为二千户，仍赐女乐一部。出为持节、都督广越等十三州诸军事、宣惠将军、平越中郎将、广州刺史。大同中，征侍中、左卫将军。兄景隆后为广州刺史。③

又，《梁书》卷四一《王规传》载：

> （普通六年）高祖于文德殿饯广州刺史元景隆，诏群臣赋诗，同用五十韵，规援笔立奏，其文又美。高祖嘉焉，即日诏为侍中。

元法僧父子甚为粗鄙，但元景隆赴广州刺史任，梁武帝召集群臣于文德殿聚

---

① 《梁书》卷三《武帝纪下》也逐年记载元法僧父子所受封赏、任命情况，普通六年正月庚申，魏镇东将军元法僧以彭城内附，"甲戌，以魏镇东将军、徐州刺史元法僧为司空"；同年三月己巳，"以魏假平东将军元景隆为衡州刺史，魏征虏将军元景仲为广州刺史"；大通二年正月庚申，"司空元法僧以本官领中军将军"；中大通元年十一月丙戌，"司空、中军将军元法僧进号车骑将军"；中大通三年二月乙丑，"以广州刺史元景隆为安右将军"；中大通四年正月丙寅朔，"司空元法僧进位太尉"。

② 这里"大通三年"，《梁书》卷三《武帝纪下》载为中大通三年，当从本纪为正。

③ 这里记载元景隆、元景仲在萧梁的仕历等情形，比之《魏书》《北史》更为充实，其中"兄景隆后为广州刺史"，中华书局本校勘记以为"兄"上疑夺一"继"字，当指元景隆于太清初出刺广州而于途中病死，元景仲继其兄后为广州刺史。

会祖饯，以示宠重。与元法僧类似的是元愿达，前引《梁书》卷三九本传载其入梁后，"诏封乐平公，邑千户，赐甲第女乐。仍出为使持节、散骑常侍、都督湘州诸军事、平南将军、湘州刺史。中大通二年，征侍中、太中大夫、翊左将军"。梁武帝之所以如此，主要目的在于通过安抚归附之元魏宗室人物，以扩大影响，招引更多的归降之人，所谓"时方事招携，抚悦降附"，说的正是这个意思。因此，在梁武帝这一优待政策下，入梁之元魏皇族人物普遍获得了优越的生活保障及相应的封爵与军政职位，即便那些暂南入梁避祸而决意北归者，梁武帝也多加包容，待遇优厚。

不过，必须指出，就江左士族社会及萧梁朝臣之心理而言，他们对元氏流亡人士，特别是其中的一些粗鄙武人，依然抱有微妙的种属与文化的歧视。《梁书》卷三九《羊侃传》载：

> 中大通四年，诏为使持节、都督瑕丘诸军事、安北将军、兖州刺史，随太尉元法僧北讨。法僧先启云："与侃有旧，愿得同行。"高祖乃召侃问方略，侃具陈进取之计。高祖因曰："知卿愿与太尉同行。"侃曰："臣拔迹还朝，常思效命，然实未曾愿与法僧同行。北人虽谓臣为吴，南人已呼臣为虏，今与法僧同行，还是群类相逐，非止有乖素心，亦使匈奴轻汉。"高祖曰："朝廷今者要须卿行。"乃诏以为大军司马。高祖谓侃曰："军司马废来已久，此段为卿置之。"①

南北朝长期分裂，相互歧视，在南朝士众看来，北朝为胡人统治，其民众自为胡虏，归入异类。自东晋以来，便对晚渡北方士族加以歧视，羊侃在萧梁时南来，自然感受强烈，故言"北人虽谓臣为吴，南人已呼臣为虏"。江左士族既以晚渡北方士族人物为"虏"，他们对鲜卑族的元魏皇族人物自然心存歧视。因此，羊侃受诏辅助元法僧北伐，表示委屈，甚至说"今与法僧同行，还是群类相逐，非止有乖素心，亦使匈奴轻汉"。羊侃作为晚渡汉族士族豪帅，其颇觉南人之歧视，而他本人又轻视元法僧，从中可见出当时南人对元魏皇族流亡人士的普遍心态。

---

① 《梁书》卷三《武帝纪下》载中大通四年二月壬寅，"新除太尉元法僧还北，为东魏主。以安右将军元景隆为征北将军、徐州刺史，云麾将军羊侃为安北将军、兖州刺史，散骑常侍元树为镇北将军"。

当然，随着一些元魏皇族人物长期留滞江左，与萧梁上层交往日益密切，相互理解亦不断加深，其中有人逐渐融入萧梁上层社会。在这方面，元树、元贞父子之表现颇为典型，《北史·魏献文六王·咸阳王禧传》载：

> 树年十五奔南，未及富贵。每见嵩山云向南，未尝不引领歔欷。初发梁，睹其爱姝玉儿，以金指环与别，树常著之。寄以还梁，表必还之意。朝廷知之，俄而赐死。

《梁书》卷三九《元树传》载其北征谯城，"城陷被执，发愤卒于魏，时年四十八"。这是说元树北征被俘后因决意还梁而致死。此说未必尽是，① 但就元树的江南观念而言，他年少入梁，在南方成长，前后长达三十余年，故其有较为浓郁的南方情结自不足为怪。又，《魏书》卷八〇《樊子鹄传》载元树在谯城为樊子鹄围困，"树既无外援，计无所出，子鹄又令人说之，树遂请率众归南，以地还国。子鹄等许之，共结盟约"。可见元树北伐失利后，其首选方案是"请率众归南"。《通鉴》卷一五五"梁武帝中大通四年九月"条载："树至洛阳，久之，复欲南奔，魏人杀之。"

元树子元贞，当出生于萧梁，《北史·魏献文六王·咸阳王禧传》载元树死后，"其子贞自建业求随聘使崔长谦赴邺葬树，梁武许之。……贞既葬，还江南，位太子舍人"②。元贞对萧梁颇为忠贞，太清元年（547），梁武帝以元贞为魏主，送其入北以助侯景北征，但他发现侯景之异常，于是逃归建康揭发其阴谋。侯景攻建康，元贞还受命抵抗，《通鉴》卷一六一"梁武帝太清二年十月"条载"轻车长史谢禧、始兴太守元贞守白下"，战败而弃城。正因为

---

① 《魏书》卷一一《出帝纪》载太昌元年四月魏以樊子鹄为东南道大行台，督徐州刺史杜德讨元树，九月庚子，"帝幸华林都亭，引见元树及公卿为僚蕃使督将等，宴射，班赉各有差"。这表明魏廷本有延揽元树之意。但元树终被赐死，除了他有心返南而不愿降外，与其弟元坦之陷害也不无关系。《北史》卷一九《魏献文六王·咸阳王禧传》（《北齐书》卷二八《元坦传》所载基本相同）载元树弟坦，一名穆，字延和，元禧第六子，"禧诛后，坦兄翼、树等五人相继南奔，故坦得承袭。改封敷城王。永安初，复本封咸阳郡王。……孝武初，其兄树见禽。坦见树既长且贤，虑其代己，密劝朝廷以法除之。树知之，泣谓坦曰：'我往因家难，不能死亡，寄食江湖，受其爵命。今者之来，非由义至，求活而已，岂望荣华？汝何肆其猜忌，忘在原之义！腰背虽伟，善无可称。'坦作色而去。树死，竟不临哭。"

② 《魏书》卷二一（上）《献文六王上·咸阳王禧传》载元树死后，"孝静时，其子贞，自建业赴邺，启求葬树，许之。……贞既葬，还于江南"。《梁书》卷三九《元树传》亦载："子贞，大同中，求随魏使崔长谦至邺葬父，还拜太子舍人。"

第八章　南奔萧梁之元魏皇族人物及其活动与影响 / 187

如此，有萧梁宗室人物委后事于元贞，《梁书》卷二九《高祖三王·南康简王萧绩传附萧乂理传》载萧乂理决意反抗侯景，并托后事于元贞：

> 至京师，以魏降人元贞立节忠正，可以托孤，乃以玉柄扇赠之。贞怪其故，不受。乂理曰："后当见忆，幸勿推辞。"会祖皓起兵，乂理奔长芦，收军得千余人。其左右有应贼者，因间劫乂理，其众遂骇散，为景所害，时年二十一。元贞始悟其前言，往收葬焉。

萧乂理以为元贞"立节忠正，可以托孤"，这在一定程度上表明元贞虽为元魏皇族之后，但与萧梁上层社会已融为一体。

三　"数为将领，窥觎边服"：梁武帝扶持元魏皇族降人以经略北方

梁武帝招揽元魏皇族流人，不仅仅给予种种生活与职位之优遇，以示装点，而且在南北军事对抗与规划中原方面，一再扶持其中代表人物为"魏王""魏主"，进而遣师助其北返。那么，诸元魏降人在南北朝相关军政活动方面发挥了怎样的作用呢？

梁武帝在位时间长，且一度励精图治，内政稳定，国力不断增强，而与此同时，北魏则政局动荡，特别在六镇乱起、河阴生变后，纷争加剧，日趋崩溃。南北分裂，冲突与争夺自属常态，梁武帝天监年间，其出师北征，主要在针对淮河南北地域之争夺；普通以后，萧梁势力则一度拓展至徐州一带。随着北魏乱局加剧，梁武帝甚至图谋用兵中原，有规划北方之构想。在此过程中，梁武帝对北魏鲜汉上层人物不仅采取了"方事招携，抚悦降附"的怀柔政策，而且多委以军旅重任。具体就入梁之元魏皇族人物而言，他们多受命出征。如元翼、元树兄弟，《魏书·献文六王上·咸阳王禧传》载元翼"后以为信武将军、青冀二州刺史，镇郁州。翼谋举州入国，为衍所移"。《北史》卷一九《魏献文六王·咸阳王禧传》载元翼出镇郁州，"翼谋举州入国，为梁武所杀"。梁武帝以元翼镇郁州，主要负责梁、魏东部沿边地带的对抗，但察其有谋叛之意，故以迁移之名将其处死。

元树，尤为梁武帝信重，参与了一系列军事征伐活动。《魏书·献文六王

上·咸阳王禧传》载元树事云:

> 美姿貌,善吐纳,兼有将略。衍尤器之,封为魏郡王,后改封邺王,数为将领,窥觎边服。时扬州降衍,兵武既众,衍将湛僧珍,虑其翻异,尽欲杀之。树以家国,遂皆听还。衍以树为镇西将军、郢州刺史。尔朱荣之害百官也,树闻之,乃请衍讨荣。衍乃资其士马,侵扰境上。前废帝时,窃据谯城。出帝时,诏御史中尉樊子鹄为行台,率徐州刺史、大都督杜德以讨之。树城守不下,子鹄使金紫光禄大夫张安期往说之,树乃请委城还南,子鹄许之。树恃誓约,不为战备,杜德袭击之,擒树送京师,禁于永宁佛寺,未几赐死。

元树"有将略","数为将领,窥觎边服",参与了诸多对北战争,无疑是入梁元魏皇族在相关军事活动中表现最为活跃者。考稽相关记载,元树参与对魏争战甚多。《梁书》卷三《武帝纪下》载普通五年六月庚子,"以员外散骑常侍元树为平北将军、北青兖二州刺史,率众北伐";冬十月戊寅,"裴邃、元树攻魏建陵城,破之。辛巳,由破曲木"。《梁书》卷三九《元树传》又载其"普通六年,应接元法僧还朝"。又,《梁书》卷二八《夏侯亶传》载梁武帝普通六年北伐,寿阳之战颇为关键,普通七年夏,"淮堰水盛,寿阳城将没,高祖复遣北道军元树帅彭宝孙、陈庆之等稍进",与夏侯亶等联合进攻,"两军既合,所向皆降下。凡降城五十二,获男女口七万五千人,米二十万石"。又,《梁书》卷三《武帝纪下》载普通七年十一月辛巳,"夏侯亶、胡龙牙、元树、曹世宗等众军克寿阳城。……平西将军、郢州刺史元树进号安西将军"①。当然,元树之军旅活动,其中当以中大通四年北伐之声势最为壮

---

① 《魏书》卷九《肃宗纪》载孝昌二年十一月,"(萧)衍遣将元树逼寿春,扬州刺史李宪力屈,以城降之"。寿阳之得失,对南北朝双方影响很大。张金龙先生指出元树攻占寿阳,这是自北魏宣武帝以来此地第一次回归南朝,"寿阳的失守,使得北魏自孝文帝、宣武帝以来南伐的成果大半丧失,不仅北魏对梁朝的军事优势不复存在,同时也标志着南北均势局面也已被打破,在南北战争中梁朝已经完全占据了主动,南朝对北朝的优势已然确立"。张金龙:《北魏政治史》第十一卷《孝明帝时代》,甘肃教育出版社 2008 年版,第九册,第 344 页。

第八章　南奔萧梁之元魏皇族人物及其活动与影响 / 189

大，是当时梁武帝对北总体战略的一个组成部分，元树终因此丧师被俘而死。①

其他参与对北军事活动之人物，如元略，《魏书·景穆十二王下·南安王桢传附元略传》载其入梁后，"俄而徐州刺史元法僧据城南叛，州内士庶皆为法僧拥戴。衍乃以略为大都督，令诣彭城，接诱初附。略至，屯于河南，为安东王鉴所破，略唯数十骑入城。衍寻遣其豫章王综镇徐州，征略与法僧同还"。又如元庆和、元罗等，《梁书》卷三《武帝纪下》载中大通六年十月丁卯，"以信武将军元庆和为镇北将军，率众北伐"；大同二年五月己巳，"以魏前梁州刺史元罗为征北大将军、青冀二州刺史"。这类以元魏皇族人物经略北方的记载甚多，不一一列举。

特别需要重点论述的是，自大通以后，梁武帝一再扶持元魏皇族降人为魏主，出师北伐，以图收复北方。②《梁书》卷三《武帝纪下》载大通二年（528）冬十月丁亥，"以魏北海王元颢为魏主，遣东宫直阁将军陈庆之卫送还北"。又载中大通二年（530）六月丁巳，"遣魏太保汝南王元悦还北为魏主。庚申，以魏尚书左仆射范遵为安北将军、司州牧，随元悦北讨"。元悦此次北还未就，《通鉴》卷一五四"梁武帝中大通二年十二月"条载："魏王悦改元更兴，闻尔朱兆已入洛，自知不及事，遂南还。"《梁书》卷三《武帝纪下》载中大通四年（532）正月戊辰，以"太子右卫率薛法护为平北将军、司州牧，卫送元悦入洛"。又载中大通四年二月壬寅，"新除太尉元法僧还北，为东魏主。以安东将军元景隆为征北将军、徐州刺史，云麾将军羊侃为安北将

---

① 关于元树北征及其与樊子鹄谯城之战，《魏书》卷八〇《樊子鹄传》有较详细的记载，可参见。《北史》卷一九《魏献文六王·咸阳王禧传》载元树兵败被俘送至洛阳，囚禁于景明寺，与《魏书》所载囚永宁寺不同。对此次元树北征，《梁书》卷三九《元树传》载其北征时间为梁武帝中大通四年，然具体情节则较简略："为使持节、镇北将军、都督北讨诸军事，加鼓吹一部。以伐魏，攻魏谯城，拔之。会魏将独孤如愿来援，遂围树，城陷被执，发愤卒于魏，时年四十八。"又，《梁书》卷二八《夏侯亶传附夏侯夔传》载中大通四年，"时魏南兖州刺史刘明以谯城入附，诏遣镇北将军元树帅军应接，起夔为云麾将军，随机北讨，寻授使持节、督南豫州诸军事、南豫州刺史"。查考《梁书》卷三《武帝纪下》《魏书》卷一一《后废帝纪》等所载，此次元树北进是当时梁武帝总体北伐的一个组成部分。《梁书》卷三《武帝纪下》载中大通四年正月癸未，"魏南兖州刺史刘世明以城降，改魏南兖州为谯州，以世明为刺史"；二月，梁武帝以元法僧还北，为东魏主，以元景隆为徐州刺史，以羊侃为兖州刺史，"散骑常侍元树为镇北将军"。

② 王鸣盛：《十七史商榷》卷五五"尔朱荣复据洛阳"条曾指出："梁武一意取魏，奄有南北，当天监中尚未锐志于此，及后魏事日衰，而帝心愈侈，一改普通，二改大通，三改中大通，四改大同，五改中大同，观其号，其心可见。无奈魏衰而齐周并兴，梁不能取，陈庆之丧师，单骑逃回，复加封赏，如此用人，岂能成功？"从中可见梁武帝当时有规划北方之念。

军、兖州刺史，散骑常侍元树为镇北将军"①。梁武帝同时扶持元悦、元法僧入北。又载太清元年（547）冬十二月戊辰，"遣太子舍人元贞还北为魏主"。此外，《魏书》卷一九（上）《景穆十二王上·汝阴王天赐传》载元庆和入梁后，梁武帝"以为北道总督、魏王。至项城，朝廷出师讨之，望风退走。衍责之曰：'言同百舌，胆若鼷鼠。'遂徙合浦"。《魏书》卷一二《孝静帝纪》载天平元年闰十一月，"萧衍以元庆和为镇北将军、魏王，入据平濑乡"；天平二年正月，"乙亥，兼尚书右仆射、东南道行台元晏讨元庆和，破走之"；天平二年六月，"元庆和寇南豫州，刺史尧雄大破之"。可见元庆和也受封"魏王"之名而北伐。

在诸次扶持入梁元魏皇族为"魏主"的北伐战争中，尤以元颢北伐声势最著、影响最大。关于元颢北伐，《魏书》卷二一（上）《献文六王上·北海王详传附元颢传》载：

> 颢见衍，泣涕自陈，言辞壮烈，衍奇之。遂以颢为魏主，假之兵将，令其北入。永安二年四月，于梁国城南登坛燔燎，号孝基元年。庄帝诏济阴王晖业为都督，于考城拒之，为颢所擒。又克行台杨昱于荥阳。尔朱世隆自虎牢走退，庄帝北幸。颢遂入洛阳，改称建武元年。颢以数千之众，转战辄克，据有都邑，号令自己，天下人情，想其风政。而自谓天之所授，颇怀骄怠。宿昔宾客近习之徒咸见宠待，干扰政事，又日夜纵酒，不恤军国。所统南兵，凌窃市里。朝野莫不失望。时又酷敛，公私不安。庄帝与尔朱荣还师讨颢。自于河梁拒战，王师渡于马渚，冠受战败被擒，因相继而败。颢率帐下数百骑及南兵勇健者，自轘辕而出。至临颖，颢部骑分散，为临颖县卒所斩。

由以上所叙可见元颢北征过程之概略，其一度入洛称帝。元颢北还，梁武帝以陈庆之相佐，《梁书》卷三二《陈庆之传》载：

> 大通初，魏北海王元颢以本朝大乱，自拔来降，求立为魏主。高祖纳之，以庆之为假节、飚勇将军，送元颢还北。颢于涣水即魏帝号，授

---

① 《通鉴》卷一五五梁武帝中大通四年也载元悦、元法僧还北事，胡三省有注云："上既以元悦为魏王，使自西道入；又以元法僧从东道入，故谓之东魏王。"

庆之使持节、镇北将军、护军、前军大都督。

自大通二年（528）十月至中大通元年（529）六月，陈庆之转战中原，以少胜众，最终进入洛阳。有关其主要战役，《梁书》卷三《武帝纪下》载中大通元年四月癸巳，"陈庆之攻魏梁城，拔之；进屠考城，擒魏济阴王元晖业"；五月戊辰"克大梁。癸酉，克虎牢城。魏主元子攸弃洛阳，走河北。己亥，元颢入洛阳"；闰六月乙卯，"魏尔朱荣攻杀元颢，复据洛阳"。陈庆之所领仅数千南兵，① 诸次激战，遭遇尔朱荣与孝庄帝部属之围阻截与攻击，皆能克敌制胜，《梁书·陈庆之传》详载其事，其中说：

> 庆之麾下悉著白袍，所向披靡。先是洛阳童谣曰："名师大将莫自牢，千兵万马避白袍。"自发铚县至于洛阳十四旬，平三十二城，四十七战，所向无前。

可见元颢还洛，主要有赖于陈庆之利用当时北方之乱局，采取了乘虚而入的快速运动战方式，奋勇攻坚，屠城略地。②

不过，众所周知，这一颇具声势的北伐还是以失败告终了，随着尔朱荣的反击，元颢战败被杀，陈庆之则孤身逃回江南。何以如此？根据相关记载，首先在于元颢之军政举措失策，上引文称其"自谓天之所授，颇怀骄怠"云云，可见元颢及其主要辅助者元彧、元延明等人之荒乱，自难有成。其次，元颢称帝后，与陈庆之及南军将校之间各存异心，《梁书》三二《陈庆之传》载：

---

① 关于陈庆之所领南兵之人数，《梁书》卷三二《陈庆之传》载荥阳之战前，陈庆之自称"我等才有七千，虏众三十余万"。又载其入洛后，元延明对元颢说"陈庆之兵不出数千，已自难制"。而《洛阳伽蓝记》卷一"城内·永宁寺"条、卷二"城东·平等寺"条皆载陈庆之"所率江淮子弟五千人"。可见陈庆之北伐所率南兵最多时达七千，战争过程中有所减少，以致洛阳被围时仅有五千人。

② 元颢、陈庆之北进之所以如此神速推进，与当时尔朱荣及北魏之军事主力主要在青州一带镇压邢杲领导的河北流民变乱有关。《魏书》卷一四《神元平文诸帝子孙·元天穆传》载避难之河北流民"居青州北海界"，"所在流人先为土人凌忽，闻杲起逆，率来从之，旬朔之间，众逾十万。……杲东掠光州，尽海而还。又破都督李叔仁军。诏（元）天穆与齐献武王讨大破之。杲乃请降，传送京师，斩之。增天穆邑万户。时元颢乘虚陷荥阳，天穆闻庄帝北巡，自毕公垒北渡，会车驾于河内。尔朱荣以天时炎热，欲还师，天穆苦执不可，荣乃从之。庄帝还宫，加太宰、羽葆、鼓吹；增邑，通前七万户"。可见当时元天穆率北魏军主力在青州等地平定邢杲变乱，而河南一带比较空虚，从而给元颢、陈庆之快速攻占荥阳、洛阳提供了机遇。

初，元子攸止单骑奔走，宫卫嫔侍无改于常，颢既得志，荒于酒色，乃日夜宴乐，不复视事，与安丰、临淮共立奸计，将背朝恩，绝宾贡之礼；直以时事未安，且资庆之之力用，外同内异，言多忌刻。庆之心知之，亦密为其计。

具体而言，陈庆之以为南兵少，建议元颢"宜启天子，更请精兵；并勒诸州，有南人没此者，悉须部送"，而元颢听信元延明所言，以为"陈庆之兵不出数千，已自难制，今增其众，宁肯复为用乎？权柄一去，动转听人，魏之宗社，于斯而灭"，元颢"由是致疑，稍成疏贰"；又"虑庆之密启"，上表梁武帝，以为"今州郡新服，正须绥抚，不宜更复加兵，动摇百姓"，梁武帝于是"遂诏众军皆停界首"。当时"洛下南人不出一万，羌夷十倍"，陈庆之军副马佛念进言陈忧，建议说："功高不赏，震主身危，二事既有，将军岂得无虑？……今将军威震中原，声动河塞，屠颢据洛，则千载一时也。"① 元颢曾有意以陈庆之为徐州刺史，陈庆之亦深惧洛阳危局，"因固求之镇。颢心惮之，遂不遣"。可见元颢入洛之后，其内部之元魏宗室亲信与陈庆之等南人间互不信任，不仅无法同舟共济，而且相互敌视，时刻有发生内讧之可能。《通鉴》卷一五三"梁武帝中大通元年闰六月"条则明载："魏北海王颢既得志，密与临淮王彧、安丰王延明谋叛梁。"吕思勉先生对此有论曰：

> 案颢固非能有为之人，然其猜忌陈庆之，则势所必至，无足为怪。当时情势，遣兵太少，非不足以定颢，则亦颢位既定之后，必反为所戕，其事至显，而梁当日，一遣庆之，遂无后继，此其举措，所以为荒谬绝伦也。②

这是批评梁武帝轻率用兵，具体表现为遣兵太少，后继无援，从而无以镇服所扶持之元魏宗族傀儡及北人。

其实，对元颢、陈庆之北伐，当时南北人士皆有必败之议论。关于萧梁朝臣士众之异议，《梁书》卷四一《王规传》载：

---

① 《梁书》三二《陈庆之传》。
② 吕思勉：《两晋南北朝史》，上海古籍出版社1983年版，第593页。

第八章　南奔萧梁之元魏皇族人物及其活动与影响 / 193

　　普通初，陈庆之北伐，剋复洛阳，百僚称贺。规退曰："道家有云，非为功难，成功难也。羯寇游魂，为日已久，桓温得而复失，宋武竟无成功。我孤军无援，深入寇境，威势不接，馈运难继，将是役也，为祸阶矣。"俄而王师覆没，其识达事机多如此类。①

这一对陈庆之北伐结局的预言，主要从军事方面着眼。吕思勉先生据此以为"此固人人之所知，而梁武漫不加省，举朝亦莫以为言，怠荒至此，何以为国？况求克敌乎？"② 至于北人之预言，《北史》卷一九《魏献文六王·北海王详传附元颢传》载：

　　初，颢入洛，其日暴风，欲入阊阖门，马大惊不进，令人执辔乃入。有恒农杨昱华告人曰："颢必无成，假服衮冕，不过六十日。"又谏议大夫元昭业曰："昔更始自洛阳而西，初发，马惊奔，触北宫铁柱，三马皆死，而更始卒不成帝位。以古譬今，其兆一也。"至七月果败。

这一预示元颢入洛必亡之谶言，表达了诸多北方人士之心态。确实，对元颢称帝以取代孝庄帝元子攸，当时北方士族公然反对者甚众。《魏书》卷六六《崔亮传附崔光韶传》载：

　　及元颢入洛，自河以南，莫不风靡。而刺史、广陵王欣集文武以议所从。欣曰："北海、长乐俱是同堂兄弟，今宗祧不移，我欲收赦，诸君意各何如？"在坐知人之人莫不失色，光韶独抗言曰："元颢受制梁国，称兵本朝，拔本塞源，以资仇敌，贼臣乱子，旷代少俦，何但大王家事所宜切齿，等荷朝眷，未敢仰从。"长史崔景茂、前瀛州刺史张烈、前郢

---

① 这里所载"普通初"，显然有误，当为中大通初。
② 前揭吕思勉《两晋南北朝史》，第594页。

州刺史房叔祖、征士张僧皓咸曰："军司议是。"欣乃斩颢使。①

崔光韶出自清河崔氏，为北方最显赫之门第，他直斥元颢"贼臣乱子"，体现了士族社会的普遍心态。②

当然，北方士族之抵拒陈庆之，除了他们在民族融合进程中形成的新的正统观念外，也与陈庆之军队残酷杀戮不无关系。陈庆之以数千之众北伐，为确保快速推进，减少损耗，对坚守拒降者，一律采取屠杀手段以相威慑。《梁书·陈庆之传》载其攻荥阳前，面对"士卒皆恐"之情形，陈庆之说：

> 吾至此以来，屠城略地，实为不少；君等杀人父兄，略人子女，又为无算。……吾以虏骑不可争力平原，及未尽至前，须平其城垒，诸君无假狐疑，自贻屠脍。

这不仅体现了陈庆之"屠城略地"的进攻战术，更说明其军队"杀人父兄，略人子女"之残酷作风。最典型的是屠戮荥阳守将，《魏书》卷五八《杨播传附杨昱传》载元颢、陈庆之进攻大梁一带，所向披靡，杨昱守荥阳而拒降，后为元颢所俘，陈庆之要求戮之以逞"快意"：

> 明旦，颢将陈庆之、胡光等三百余人伏颢帐前，请曰："陛下渡江三

---

① 崔光韶出自一流大族清河崔氏，其反对元欣附逆元颢之议，代表了北方世族社会的普遍看法，因而附议者众。对此，除以上所列之人物，当时据州镇反抗元颢的北方士人甚众，《通鉴》卷一五三"梁武帝中大通元年五月"条载："颢既入洛，自河以南州郡多附之。齐州刺史沛郡王欣集文武议所从，曰：'北海、长乐，俱帝室近亲，今宗祐不移，我欲受敕，诸君意何如？'在座莫不失色。军司崔光韶独抗言曰：'元颢受制于梁，引寇仇之兵以覆宗国，此魏之乱臣贼子也；岂唯大王家事所宜切齿，下官等皆受朝眷，未敢仰从！'长史崔景茂等皆曰：'军司议是。'欣乃斩颢使。光韶，亮之从父弟也。于是襄州刺史贾思同、广州刺史郑先护、南兖州刺史元遐亦不受颢命。思同，思伯之弟也。"这当是综合正史诸人传记概括而言之。查《魏书》卷七二《贾思伯传附贾思同传》《魏书》卷五六《郑羲传附郑先护传》，皆载诸人据州郡以对抗元颢。此外，又，《魏书》卷五六《郑羲传附郑辑之传》《魏书》卷六五《李平传附李奖传》《魏书》卷六七《崔光传附崔庠传》等也载诸人拒附元颢事。对此，黄467《试论元颢、陈庆之之北上及其失败的原因》(《长春师范学院学报》2010年第3期)一文已就相关史料记载进行罗列，并有所叙述。

② 薛海波在《论元颢、陈庆之北伐与南朝在中国统一进程中的地位》(《江海学刊》2015年第5期)一文中指出："元颢、陈庆之北伐之所以失败，很大程度是因为没有得到大部分北方世家大族的政治支持。世家大族不支持元颢称帝的根源在于孝文帝汉化改革后，他们在心理上已认同北魏为正统。"这是颇为深刻的看法。

千里，无遗镞之费，昨日一朝杀伤五百余人，求乞杨昱以快意。"颢曰："我在江东，尝闻梁主言，初下都日，袁昂为吴郡不降，称其忠节。奈何杀杨昱？自此之外，任卿等所请。"于是斩昱下统帅三十七人，皆令蜀兵刳腹取心食之，颢既入洛，除昱名为民。

陈庆之以荥阳之战受阻，被"杀伤五百余人"，坚决要求诛戮抵抗之守将杨昱，以致"斩昱下统帅三十七人，皆令蜀兵刳腹取心食之"，可谓残酷之极。陈庆之所以如此，目的在于威慑北人，以减少抵抗。陈庆之入洛，军纪极坏，《魏书·献文六王·北海王元详传附元颢传》载其"所统南兵，凌窃市里，朝野莫不失望"云云，既说明当时南兵军纪极差，也体现出他们与北人之间心存隔阂。对此，吕思勉先生有论云："则南兵骄横残暴，亦自实情。实非吊民伐罪之师。遣此等兵，虽善战，亦不能定国也。"① 陈庆之及其所领南兵将士如此残暴，这也当是其难得北人之心而致北伐失败的一个具体因素。宋人叶适《习学记言序目》卷三三"《梁书·陈庆之传》"条评论陈庆之北伐云："梁武谓陈庆之'本非将种，又非豪家，觖望风云，以至于此。'然庆之将少入深，奋前不顾，无项羽之暴而有其勇，盖天得也。惜乎时主无经远之略，不使尽其用；不然，信、布之功，何足道哉！"叶适称赞陈庆之"无项羽之暴而有其勇"，当未见及上引史实，可谓赞誉失当。

梁武帝招诱元魏皇族，扶助其中具有一定声望之代表性人士，封以魏主之名号，或助其部伍以北伐，或遣其北归，目的在于利用其特殊身份与声望，趁北方乱局以谋利，但结果无不事与愿违，皆以失败告终。这不能不说，梁武帝对于北伐，并无总体的统一战略规划，扶持元魏降人以北伐，实际上是一种军事投机行为。② 对此，吕思勉先生曾指出，"南北兵争，论者皆谓北强南弱，其实不然。当时兵事，南方唯宋元嘉二十七年一役，受创最巨，然魏

---

① 前揭《两晋南北朝史》，第 594 页。
② 对于梁武帝以元魏降人北伐，薛海波先生在前揭《论元颢、陈庆之北伐与南朝在中国统一进程中的地位》中一再指出，面对尔朱荣专权后的北魏乱局，"对手中握有多位北魏宗王的梁武帝而言，没有理由不借北魏混乱政局的难得机遇，参照尔朱荣的夺权模式，派少量军队护送某位宗室北返，攻击洛阳，控制北魏朝廷，从而减轻与北魏军事拉锯所面临的巨大压力，实现军事和政治利益的最大化"。相较而言，元颢的个人身份、地位及其主动寻求梁武帝支持的愿望，都比其他元魏宗王更具优势，于是获得梁武帝的军事扶持。他又进一步指出，元颢、陈庆之北伐，是梁武帝面对内部经济与社会危机，"悄然策划的一次军事政治投机"，故梁武帝虽发动了这一北伐，但并没有投入太多力量支持。这对梁武帝心态的分析是比较深刻的。

亦无所得。此后宋明帝之失淮北，齐东昏之失寿春，皆内乱为之，非魏之力征经营也。梁武得国，魏政日衰，继以内乱。自此至东西分裂，凡三十三年；至高欢死，侯景叛魏，则四十六年。此数十年，实为南方极好之机会。生聚教训，整军经武；恢复国土，攘除奸凶；在此时矣。乃不徒不能发愤为雄，并政刑亦甚废弛，致有可乘之机会而不能乘，而反以招祸，此则可为痛哭流涕者也"①。吕先生所论南北朝之间兵事强弱问题，虽未必尽是，但以梁、魏时期盛衰形势而言，梁武帝确实一度坐失良机。究其根本，固然在于其缺乏雄才大略，以致"不能发愤为雄"、"整军经武"和"政刑亦甚废弛"②，但具体而言，梁武帝之屡次遣师奉元魏皇族亡人为主以北伐，则不能不说是一个严重的失策。对此，吕思勉先生指出：

> 魏至明帝之朝，政事紊乱，干戈四起，势已不能与梁竞。为梁人计者，实宜厚其力，为一举廓清之计，而不宜轻用其锋。以北朝是时之衰乱，梁苟能出全力以乘之，河北、河东，纵难全复；河南、关中，必可全而有也。河南、关中既下，秣马厉兵，再接再厉，而六合之澄清有望矣。然梁武本非能用兵之人，亦未尝实有恢复之志。疆场无事，偷安岁久，兵力之不振，实更甚于其有国之初。故北方虽有机可乘，而梁人用兵，仍不越乎淮上。若言大举，则始终思藉降人之力。独不思降人若本无能为，辅之安能有济？若有雄略，又安肯为我不侵不叛之臣？辅而立之，岂非自树一敌邪？③

吕先生所论南北形势及其强弱转化等，固然未必尽是，但他指出梁武帝始终想利用元魏降人之名义、"思藉（元魏）降人之力"以规划中原，实难有成，则是切中要害，颇为深刻的看法。其实，王夫之《读通鉴论》卷一七"梁武帝"之一九条已指出：

> 张骏伤中原之不复，而曰："先老消谢，后生不识，慕恋之心，日远日忘。"呜呼！岂徒士民之生长于夷狄之世者不知有中国之君哉？江左君

---

① 前揭《两晋南北朝史》，第577—578页。
② 叶适《习学记言序目》卷三三"《梁书·良吏传》"条有论云："梁武只为治边无具，枉丧民命，至其国亡，亦皆以此，悲哉！"这里涉及梁武帝军事战略及其才具问题，颇为深刻。
③ 前揭《两晋南北朝史》，第587—588页。

第八章 南奔萧梁之元魏皇族人物及其活动与影响 / 197

臣自忘之，自习而自安之，固不知中原为谁氏之土，而画河山以不相及之量矣！拓跋氏封刘昶为宋王、萧赞为齐王，以为宋齐之主，使自争也，梁亦以元颢为魏王而使之争。拓跋氏遣将出兵，助刘昶、萧宝寅以南侵，梁亦使陈庆之奉元颢而北伐。相袭也，相报也，以洛阳为拓跋氏固有之洛阳，唯其子孙应受之，而我不能有也。呜呼！梁之丧心失志一至此哉！……六镇乱，冀、并、雍皆为贼薮，胡后弑主，尔朱荣沈其幼君，分崩离析，可乘而取也，梁之时也。下广陵，克涡阳，郢、青、南荆南向而归己，元悦、元彧、羊侃相率而来奔，梁之势也。时可乘，势可振，即未能尽复中原，而洛阳为中国之故都，桓温、刘裕两经收复，曾莫之念，而委诸元颢，听其自王，授高欢以纳叛之词，忘晋室沦没之恨，恬然为之，漫不知耻。浸令颢之终有中原也，非梁假之羽翼以授之神州也哉？洛阳已拔，子攸已走，马佛念劝庆之杀颢以据洛，而庆之犹不能从，则其髡发以逃，固丧心失志者之所必致也。君忘其中国之君，臣忘其为中国之臣，割弃山河，恬奉非类，又何怪乎士民之视衣冠之主如寇贼，而戴殊族为君父乎？至于此，而江左之不足自立决矣。

王夫之批评梁武帝之遣师奉元魏降人为主以经略中原，不仅涉及具体用人方略之得失，而且关乎其民族大义之存亡。王夫之固然出于正统的卫道观念，言辞难免激烈，有所偏颇，但确实深刻地揭示出当时南北民族融合之形势与梁武帝北伐战略失败之根源，促人深思。

此外，论及入梁之元魏皇族人物之军政活动，除了以之为魏主而北伐外，一些人对萧梁内地军政也有所影响。如据《梁书·元树传》，其为郢州刺史时，曾参与征讨辖区内蛮人变乱，"讨南蛮贼，平之，加散骑常侍、安西将军，又增邑五百户"。其他如元愿达出刺湘州，元景隆、元景仲出刺广州等，也为民族杂居之地，也当有类似平定土著蛮人变乱之事。《通鉴》卷一五五梁武帝中大通三年十月条载："乐山侯（萧）正则，先有罪徙郁林，招诱亡命，欲攻番禺，广州刺史元仲景讨斩之。正则，正德之弟也。"可见元景仲在广州平定萧梁宗室萧正则之乱。又，《洛阳伽蓝记》卷四"城西·追先寺"条载元略在梁，"又除宣城太守，给鼓吹一部，剑卒千人。略为政清肃，甚有治声；江东朝贵，侈于矜尚，见略入朝，莫不惮其进止。累迁信武将军，衡州刺史"。可见相较萧梁玄化浮虚之士风，元略作风务实，"为政清肃，甚有治声"，体现出入梁之元魏皇族人物出刺地方之军政活动。

四 侯景之乱中对入梁元魏皇族人物的利用

侯景乃六镇武人,高欢部将。高欢掌控东魏,委以河南军政之重任。后高欢子高澄执政,侯景与之相争失利而附梁,渡江乱梁,称帝建康。侯景乱梁过程中,一再利用入梁之元魏皇族人物,以作为其争夺江南统治地位的工具。

其实,早在为慕容绍宗所败退守悬瓠时,侯景已有利用元氏人物的想法,《梁书》卷五六《侯景传》载:

> 遣其行台左丞王伟、左民郎中王则诣阙献策,求诸元子弟立为魏主,辅以北伐,许之。诏遣太子舍人元贞为咸阳王,须渡江,许即伪位,乘舆副御以资给之。

《通鉴》卷一六〇"梁武帝太清元年十一月"条载之甚详:

> 壬申,遣其行台左丞王伟等诣建康说上曰:"邺中文武合谋,召臣共讨高澄,事泄,澄幽元善见于金墉,杀诸元六十余人。河北物情,俱念其主,请立元氏一人以从人望,如此,则陛下有继绝之名,臣景有立功之效,河之南北,为圣朝之邦、莒,国之男女,为大梁之臣妾。"上以为然。乙亥,下诏以太子舍人元贞为咸阳王,资以兵力,使还北主魏,须渡江,许即位,仪卫以乘舆副给之。贞,树之子也。

侯景以"河北物情,俱念旧主"为由,请梁武帝立一元氏皇族人物"以从人望",以助其北伐。当时侯景未必决意南向,他与高澄争夺中原,既借重梁朝之力,又假托元氏之名,这与梁武帝一贯的助魏亡人以恢复北土的想法一致。然元贞至其幕府,洞悉侯景之异谋而逃归建康,《通鉴》卷一六一"梁武帝太清二年七月"条载"上既不用景言,与东魏和亲,是后景表疏稍稍悖慢;又闻徐陵等使魏,反谋益甚。元贞知景有异志,累启还朝。景谓曰:'河北事虽不果,江南何虑失之,何不小忍!'贞惧,逃归建康,具以事闻;上以贞为始兴内史,亦不问景"。可见侯景在扶持元氏之人争夺北方无望后,便转而动员元贞附己以偷袭萧梁。

侯景渡江，其士众甚少，原本难以支撑诸多军事攻击与征战，且因其民族与文化之差异，江南士族社会对其怀有强烈的抵制和排斥。为立足江南，他采取了一些新的极端举措，如解放奴婢、罪犯及其他下层社会，以扩大其势力，造成了巨大的反梁声势。在此过程中，入梁之元魏皇族人物则因其特殊的身份背景，颇为侯景所重视，成为其拉拢、利用的对象。《梁书》卷五六《侯景传》载其在梁武帝太清三年控制局势后，"至是，景杀萧正德于永福省。封元罗为西秦王、元景龙为陈留王，诸元子弟封王者十余人"，其中最突出的是元罗，"以王伟、元罗并为仪同三司"①；梁简文帝大宝二年（551）正月，"景以王克为太师，宋子仙为太保，元罗为太傅"。《通鉴》卷一六四"梁简文帝大宝二年正月"条载："侯景以王克为太师，宋子仙为太保，元罗为太傅，郭元建为太尉，张化仁为司徒，任约为司空，王伟为尚书左仆射，索超世为右仆射。景置三公官，动以十数，仪同尤多。"侯景所委诸人，其亲信或"为佐命功臣"，或"为谋主""主击断""为爪牙"，"自余王克、元罗及侍中殷不害、太常周弘正等，景从人望，加以尊位，非腹心之任也"。可见侯景对待元魏皇族代表人物与江左士族名士一样，委以所谓三公之位，是"从人望"而"加以尊位"，目的在于争取人心与舆论，并非视作心腹，授以实权。

当然，除利用入梁之元魏皇族代表人物以争取舆论外，侯景对那些出刺地方有一定实力的元氏人物也加以利诱或策反。《梁书》卷四《简文帝纪》载太清三年秋七月甲寅，"广州刺史元景仲谋应侯景，西江督护陈霸先起兵攻之，景仲自杀，霸先迎定州刺史萧勃为刺史"。《梁书》卷三九《元法僧传》载：

> 侯景作乱，以景仲元氏之族，遣信诱之，许奉为主。景仲乃举兵，将下应景。会西江督护陈霸先与成州刺史王怀明等起兵攻之，霸先徇其众曰："朝廷以元景仲与贼连从，谋危社稷，今使曲江公（萧）勃为刺史，镇抚此州。"众闻之，皆弃甲而散，景仲乃自缢而死。

《陈书》卷一《高祖纪上》亦载："（太清）二年冬，侯景寇京师，高祖将率

---

① 前引《北史》卷一六《魏道武七王·京兆王黎传附元罗传》载："及侯景自立，以罗为开府仪同三司、尚书令，改封江阳王。"

兵赴援，广州刺史元景仲阴有异志，将图高祖。高祖知其计，与成州刺史王怀明、行台选郎殷外臣等密议戒严。三年七月，集义兵于南海，驰檄以讨景仲。景仲穷蹙，缢于阁下，高祖迎萧勃镇广州。"① 对此，《通鉴》卷一六二"梁武帝太清三年"条所载最详：

> 西江都护陈霸先欲起兵讨侯景，景使人诱广州刺史元景仲，许奉以为主。景仲由是附景，阴图霸先。霸先知之，与成州刺史王怀明等集兵南海，驰檄以讨景仲曰："元景仲与贼合纵，朝廷遣曲阳侯勃为刺史，军已屯朝亭。"景仲所部闻之，皆弃景仲而散。秋七月，甲寅，景仲缢于阁下。霸先迎定州刺史萧勃镇广州。②

可见对广州刺史元景仲，侯景以"许奉以为主"相诱，企图利用他控制岭南，并消灭地方的反抗势力。

此外，从相关记载中可见侯景所任将领中有一些元氏人物，《梁书》卷五六《侯景传》载梁简文帝大宝元年（550）四月，"景以元思虔为东道行台，镇钱塘"；又载大宝二年十月，"是月，景司空东道行台刘神茂、仪同尹思合、刘归义、王晔、云麾将军桑乾王元頵等据东阳归顺，仍遣元頵及别将李占、赵惠朗下据建德江口。尹思合收景新安太守元义，夺其兵"。又载十二月，"谢答仁、李庆等至建德，攻元頵、李占栅，大破之，执頵、占送景。景截其手足徇之，经日乃死"。元思虔、元頵、元义诸人具体情况虽不明，元頵、元义在侯景与萧梁之间还有反复，以致被侯景酷杀，但他们确实曾附逆侯景，被委以军旅之任。

由上文考叙可知，侯景乱梁过程中，为了聚集反梁势力，其利用入梁皇族降人的特殊身份，加以任用或利诱，对其名望显著者，皆封为王，其中最突出的当是元罗，他与南朝士族名士一起授以三公之位；对其中的尚武之人则任为将领，助其攻战；对出刺地方如元景仲，则加以利诱，以对抗拥梁之

---

① 陈霸先发迹岭南，后来领兵北上，成为平定侯景之乱的重要军事力量，并最终建立陈朝。究其势力之发展与壮大，其消灭附逆之元景仲势力，是其崛起之关键。《陈书》卷八《杜僧明传》载："高祖征交阯及讨元景仲，僧明、（周）文育并有功。"陈霸先出自寒庶，本无独立之势力，正是在征交阯及讨元景仲过程中聚集成为一股军事势力，其重要部将杜僧明、周文育等也由此获得了功名。

② 《北史》卷一六《魏道武七王·阳平王熙传附元法僧传》载梁以元景仲为广州刺史，"侯景作乱，遣诱召之，许奉为主。景仲将应之，为西江督护陈霸先所攻，乃缢而死"。

反对势力。从元氏人物而言，其具体情况及其心态也颇为复杂，但作为流亡人士，他们在江南缺乏根底，像元贞这样抵拒侯景的南化人物毕竟是少数，他们大多选择与侯景合作，像元罗这样的名士化人物，实际上只是侯景的一个摆设而已。至于元景仲等粗鄙武人，他们则企图依附侯景，以乱中取利。总之，在侯景乱梁过程中，入梁之元魏皇族人物以其特殊的身份扮演了一种特殊的角色，产生了一定的影响。①

五 "出南入北，转复高迈"：入梁元魏皇族人物与南朝风尚之北传

众所周知，在长期分裂状态下，南北朝社会风尚与文化存在诸多差异。自南北朝后期至隋唐时期，随着北方民族融合与南北统一进程的不断推进，南北文化交流也渐趋深入和广泛。在此过程中，就军事征服与政治统一而言，当以北方为主导，而就文化风尚而言，则以南风北渐为突出。北朝统治者通过各种方式吸收南朝文化，其中士人迁移与流徙是文化传播的重要载体和途径。就入梁之元魏皇族群体而言，其南奔正处于南北朝社会渐趋统一、文化交融日益深入的关键时段，一些元魏皇族人物具有良好的雅化背景，他们一度流寓江南，思想观念、文化气质等方面深受南朝风尚的影响，其中有人返回北方，成为南学北传的使者。如元略，《洛阳伽蓝记》卷四"城西·追先寺"条载：

略生而岐嶷，幼则老成，博洽群书，好道不倦。……萧衍素闻略名，见其器度宽雅，文学优赡，甚敬重之。……略从容闲雅，本自天资，出南入北，转复高迈，言论动止，朝野师模。

元略是北魏孝文帝迁洛之雅化皇族子弟的杰出代表，其南奔之前已具有相当

---

① 关于侯景利诱北来亡人子弟以助其乱梁，除元魏皇族人物外，他对当时在梁之北来豪族将门子弟也加利用。《梁书》卷三九《杨华传》载：杨华为南奔将领，入梁后"累征战，有战功，历官太仆卿，太子左卫率，封益阳县侯"。侯景威逼为己用，"太清中，侯景乱，华欲立志节，妻子为贼所擒，遂降之"。又，《梁书》卷三九《羊侃传》载其子羊鹍，侯景围攻建康，"随侃在台内，城陷，窜于阳平，侯景呼还，待之甚厚"。可见侯景对北来名将子弟的重视。

高的文化水准，以致梁武帝"素闻略名"。然其以往之效仿江左风雅，毕竟经由转手，未曾亲历与体验。其一度入梁，身临其境，得与梁武帝君臣朝夕相处，其作风自然也深受影响，不知不觉中发生了深刻变化。其后返回洛阳，言行举止与精神风貌非同寻常，在当时北方普遍钦慕南朝风尚的时代背景下，元略成为引人注目和竞相仿效的风流人物，所谓"出南入北，转复高迈，言论劝止，朝野师模"，绝非虚言。

与元略相似，元罗入梁前也具有较高的文雅化素养，《魏书·道武七王·京兆王黎传》载其事云：

> 虽父兄贵盛，而虚己谦退，恂恂接物。迁平东将军、青州刺史。叉当朝专权，罗望倾四海，于时才名之士王元景、邢子才、李奖等咸为其宾客，从游青土。

元罗在梁时间较长，与萧梁上层交往密切，自然深受江左玄学风尚之熏染。其返北入周后，当在气质风韵上有所表现，从而在一定程度上助推南风北传。

相较而言，元略流寓江左历时未久，其所受南朝文化风尚之浸润主要表现在"言论劝止"之士风层面，而一些年少入梁且长期生活于此的元魏皇族人物，其南化程度自然更为全面、深入，其中有的在吸收南朝经史学术方面颇有成就。如元善，《隋书》卷七五《儒林·元善传》载：

> 性好学，遂通涉《五经》，尤明《左氏传》。及侯景之乱，善归于周。武帝甚礼之，以为太子官尹，赐爵江阳县公。每执经以授太子。开皇初，拜内史侍郎，上每望之曰："人伦仪表也。"凡有敷奏，词气抑扬，观者属目。陈使袁雅来聘，上令善就馆受书，雅出门不拜。善论旧事有拜之仪，雅不能对，遂拜，成礼而去。后迁国子祭酒。上尝亲临释奠，命善讲《孝经》。于是敷陈义理，兼之以讽谏。上大悦曰："闻江阳之说，更起朕心。"赍绢百匹，衣一袭。善之博通，在何妥之下，然以风流酝藉，俯仰可观，音韵清朗，听者忘倦，由是为后进所归。妥每怀不平，心欲屈善。因善讲《春秋》，初发题，诸儒毕集。善私谓妥曰："名望已定，幸无相苦。"妥然之。及就讲肆，妥遂引古今滞义以难，善多不能对。善深衔之，二人由是有隙。

元善年少入梁，其学术启蒙与研修自然肇自江南，故其后来归周入隋，以经学著名，治经讲学及其言行举止之风格颇为玄化，由所谓"凡有敷奏，词气抑扬，观者属目"，"风流酝藉，俯仰可观，音韵清朗，听者忘倦，由是为后进所归"云云，显现出江左名士之流风遗韵。可见元善由南返北，仕历周、隋，不仅颇得统治者钦重，而且以其特殊的文化气质与学术修养，成为"观者属目""听者忘倦""后进所归"的名士化经师，在当时南北文化交流过程中，发挥了一定的作用。

第九章 北魏后期迁洛鲜卑上层之奢侈化及其原因与危害

《魏书》卷八《世宗纪》载延昌二年九月丙辰，宣武帝"以贵族豪门崇习奢侈，诏尚书严立限级，节其流宕"。这说明当时统治集团上层生活之奢侈化已相当严重，并试图通过"严立限级"加以抑制，但实际效果有限，至孝明帝时期奢靡风尚日益恶化。《周书》卷四五《儒林·乐逊传》载北周儒者乐逊曾上书陈事，其中有言："顷者魏都洛阳，一时殷盛，贵势之家，各营第宅，车服器玩，皆尚奢靡。世逐浮竞，人习浇薄，终使祸乱交兴，天下丧败。"乐逊指出北魏后期"贵势之家"生活普遍奢侈化，以致"终使祸乱交兴，天下丧败"。乐逊去魏未远，目睹其亡，以此为教训，劝诫北周统治者去奢返朴。那么，迁洛北魏鲜卑王公集团的生活奢侈化有何表现，其原因和影响何在呢？这里就此作一专题考论，并试图从一个侧面揭示北魏衰亡的内在原因。

一 宣武帝、孝明帝时期迁洛鲜卑上层生活奢侈化之主要表现

鲜卑拓跋部建立北魏，长期定都塞外之平城，不仅保持其尚武刚劲的民族传统，而且也延续着相对朴素的生活作风。之所以如此，既与定居塞北相对封闭的社会环境和征战形势有关，也与当地相对贫乏的物质条件密不可分。《南齐书》卷五七《魏虏传》载北魏立国后宫殿建筑等情形云：

> 什翼珪始都平城，犹逐水草，无城郭，木末始土著居处。佛狸破梁州、黄龙，徙其居民，大筑郭邑。截平城西为宫城，四角起楼，女墙，门不施屋，城又无堑。南门外立二土门，内立庙，开四门，各随方色，

凡五庙,一世一间,瓦屋。其西立太社。佛狸所居云母等三殿,又立重屋,居其上。饮食厨名"阿真厨",在西,皇后可孙恒出此厨求食。……殿西铠仗库屋四十余间,殿北丝绵布绢库土屋一十余间,伪太子宫在城东,亦开四门,瓦屋,四角起楼。妃妾住皆土屋。婢使千余人,织绫锦贩卖,酤酒,养猪羊,牧牛马,种菜逐利。……其袍衣,使宫内婢为之。伪太子别有仓库。

其郭城绕宫城南,悉筑为坊,坊开巷。坊大者容四五百家,小者六七十家。每南坊搜检,以备奸巧。城西南去白登山七里,于山边别立父祖庙。城西有祠天坛,立四十九木人,长丈许,白帻、练裙、马尾被,立坛上,常以四月四日杀牛马祭祀,盛陈卤簿,边坛奔驰奏伎为乐。

由此可见,北魏平城宫室颇为简陋,太武帝以后"世增雕饰","宫门稍覆以屋,犹不知为重楼"。帝王、后妃之仪卫器物等,也颇为简易。不过,随着北魏统治的日益稳定和财富积累的增长,鲜卑上层逐渐追求居室建筑之奢华。

有鉴于此,在孝文帝迁都洛阳过程中,即有汉族士人上书孝文帝,建议利用建设新都的机会,倡导节俭,强化礼制,限制王公集团的奢华风尚。《魏书》卷六〇《韩麒麟传附韩显宗传》载韩显宗上书孝文帝曰:"自古圣帝必以俭约为美,乱主必以奢侈贻患。……今洛阳基址,魏明帝所营,取讥前代。伏愿陛下损之又损。顷来北都富室,竞以第宅相尚,今因迁徙,宜申禁约,令贵贱有检,无得踰制。端广衢路,通利沟渠,使寺署有别,四民异居,永垂百世不刊之范,则天下幸甚矣。"显然,在平城后期,鲜卑上层"竞以第宅相尚",汉族士人担心南迁后这一风气进一步恶化。但从实际情况看,孝文帝时期并未能采取有效措施予以遏制,以致宣武帝、孝明帝时期迁洛之北魏鲜卑上层集团生活普遍奢侈化。对此,《洛阳伽蓝记》卷四"城西·法云寺"条下有一段概述云:"于是帝族王侯,外戚公主,擅山海之富,居川林之饶,争修园宅,互相竞夸。"由此可见,迁洛之北魏鲜卑上层的生活状态与平城时代形成了鲜明的对比,其基本特点是极端奢侈化,体现在日常生活的方方面面。概而言之,主要有如下诸端。

(一)争修园宅,互相夸竞

迁洛鲜卑王侯多居于城西,《洛阳伽蓝记》卷四"城西·法云寺"条载:"自延酤以西,张方沟以东,南临洛水,北达芒山,其间东西二里,南北十五里,并名为寿丘里,皇宗所居也,民间号为王子坊。"集中居住在这里的鲜卑王公"争修园宅，互相夸竞"，极力追求豪华、壮丽，呈现出"崇门丰室，洞户连房，飞馆生风，重楼起雾；高台芳榭，家家而筑，花林曲池，园园而有；莫不桃李夏绿，竹柏冬青"的景象。其中河间王元琛"最为豪首，常与高阳（王）争衡"，其"造文柏堂，形如徽音殿。置玉井金罐，以五色缋为绳"。元琛居宅之奢华，极重细节之装饰，其"造迎风馆于后园，窗户之上，列钱青琐，玉凤衔铃，金龙吐佩，素奈朱李，枝条入檐，伎女楼上，坐而摘食"。元琛常语人云："晋室石崇，乃是庶姓，犹能雉头狐腋，画卵雕薪，况我大魏天王，不为华侈！"河阴之变后，"诸元歼尽，王侯第宅，多题为寺"①，以致"寿丘里间，列刹相望，祇洹郁起，宝塔高凌。四月初八日，京师士女，多至河间寺。观其廊庑绮丽，无不叹息，以为蓬莱仙室，亦不是过。入其后园，见沟渎蹇产，石磴嶕峣，朱荷出池，绿萍浮水，飞梁跨阁，高树出云，咸皆啧啧，虽梁王兔苑，想之不如也。"河间寺为元琛旧居，其精美有如"蓬莱仙室"，其园林亦令人叹为观止，成为后人乐往的观光胜地。

河间王元琛固然"最为豪奢"，其他元魏宗室人物也多不相让。高阳王元雍，《洛阳伽蓝记》卷三"城南·高阳王寺"条载"高阳王寺，高阳王雍之宅"，"雍为尔朱荣所害也，舍宅以为寺。正光中，雍为丞相，给羽葆鼓吹，虎贲班剑百人。贵极人臣，富兼山海，居止第宅，匹于帝宫。白殿丹槛，窈窕连亘，飞檐反宇，**镂槛**周通。……自汉晋以来，诸王豪侈，未之有也。……其竹林鱼池，侔于禁苑，芳草如积，珍木连荫"。由高阳王元雍"居止第宅，匹于帝宫"的情况，可见其豪奢之状。

清河王元怿，《洛阳伽蓝记》卷四"城西·冲觉寺"条载"冲觉寺，太傅清河王怿舍宅所立也"，元怿为宣武帝弟，"亲王之中，最有名行"，后受诏辅助孝明帝，又为胡太后宠信，"是以熙平、神龟之际，势倾人主，第宅丰大，逾于高阳。西北有楼，出凌云台，俯临朝市，目极京师，古诗所谓'西北有高楼，上与浮云齐'者也。楼下有儒林馆、延宾堂，形制并如清暑殿。土山钓台，冠于当时。斜峰入牖，曲沼环堂。树响非嘤，阶丛花药。怿爱宾客，重文藻，海内才子，莫不辐辏，府僚臣佐，并选俊民。至于清晨明景，骋望南台，珍馐具设，琴笙并奏，芳醴盈罍，嘉宾满席，使梁王愧兔园之游，陈思惭雀台之燕"。与元琛、元雍一样，元怿所建之居宅及园林，不仅极尽豪

---

① 《魏书》卷一一四《释老志》亦载："河阴之酷，朝士死者，其家多舍居宅以施僧尼。京师第舍，略为寺矣。"因此，从这些寺庙的建筑情况，可以看出当年鲜卑王侯居宅之豪奢。

华，而且形制上有如宫殿，多有僭越。

北海王元详，《魏书》卷二一《献文六王·北海王详传》载其"建饰第宇，开起山池，所费巨万矣。又于东掖门外，大路之南，驱逼细人，规占第宅"。元详第宅、园林耗费如此。

宣武、孝明时期，统治者重用佞幸与阉宦，这些得势的"小人"，其生活也极奢侈，大肆营造居宅园林。宦官方面，以孝明帝时期的权阉刘腾最具代表性，《洛阳伽蓝记》卷一"城内·建中寺"条载建中寺，"本是阉官司空刘腾宅。屋宇奢侈，梁栋逾制，一里之间，廊庑充盈。堂比宣光殿，门匹乾明门，博敞弘丽，诸王莫及也。……朱门黄阁，所谓仙居也。以前厅为佛殿，后堂为讲室。金花宝盖，遍满其中。有一凉风堂，本腾避暑之处，凄凉常冷，经夏无蝇，有万年千岁之树也。"权阉刘腾居宅如此规模，"诸王莫及"，其他得势的宦官人物不少，其生活豪奢大体如此。

至于佞幸，如赵修，《魏书》卷九三《恩幸·赵修传》载其为宣武帝所宠信，曾"为修广增宅舍，多所并兼，洞门高堂，房庑周博，崇丽拟于诸王。其四面邻居，赂入其地者侯天盛兄弟，越次出补长史、大郡"①。当时像赵修这样"起自贱伍，暴致富贵"的佞幸数量颇多，其生活大多"奢傲无礼"。又如茹皓，《魏书·恩幸·茹皓传》载其"潜自经营，阴有纳受，货产盈积。起宅宫西，朝贵弗之及也。"有的佞幸以居宅豪奢相夸，《魏书》卷七二《阳尼传附阳固传》载："世宗末，中尉王显起宅既成，集僚属飨宴。酒酣问固曰：'此宅何如？'固对曰：'……此盖同传舍耳，唯有德能卒。愿公勉之。'显默然。"王显向儒者阳固炫耀自己的豪华新宅，正反映出当时佞幸集团的骄狂心理。

其实，当时的最高统治者也大兴土木。宣武帝时，大规模扩建洛阳宫殿、园囿，他曾征调五万余人建筑洛阳三百二十坊，还不断扩建西游园、华林园等皇家园林。《魏书·恩幸·茹皓传》载茹皓"迁骠骑将军，领华林诸作。皓性微工巧，多所兴立。为山于天渊池西，采掘北邙及南山佳石。徙竹汝、颍，罗莳其间；经构楼馆，列于上下。树草栽木，颇有野致。世宗心悦之，以时

---

① 关于赵修经营宅第，《魏书》卷九四《阉官·王遇传》载"遇性巧，强于部分"，为冯太后、孝文帝所重，"北都方山灵泉道俗居宇及文明太后陵庙，洛京东郊马射坛殿，修广文昭太后墓园，太极殿及东西两堂、内外诸门制度，皆遇监作。……赵修之宠也，遇往还宗承，受敕为之监作第宅，增于本旨，笞击作人，莫不嗟怨"。可见王遇主持了北魏皇家一系列重大土木工程，世宗时，其因依附赵修，受命"监作第宅"，且扩大建筑规模。由此可见赵修第宅之宏大。

临幸"。茹皓之得宠，与其为宣武帝"多所兴立"不无关系。关于华林园，《洛阳伽蓝记》卷一"城内·建春门"条载之更详："华林园中大海，即魏天渊池，池中犹有（曹魏）文帝九华台。高祖于台上造清凉殿，世宗在海内作蓬莱山，山上有仙人馆，台上有钓台殿。并作虹霓阁，乘虚来往。至于三月禊日，季秋巳辰，皇帝驾龙舟鹢首游于其上。海西有藏冰室，六月出冰，以给百官。海西南有景阳山。山东有羲和岭，岭上有温风室。山西有姮娥峰，峰上有寒露馆，并飞阁相通，凌山跨谷。山北有玄武池。山南有清暑殿。殿东有临涧亭，殿西有临危台。景阳山南有百果园，果别作林，林各有堂。"华林园为曹魏名胜，有山有水，北魏孝文帝有所建设，宣武帝在此基础上对相关景点进行了大规模扩建，挖掘人工湖，堆土成山，"凡此诸海，皆有石窦流于地下，西通谷水，东连阳渠，亦与翟泉相连。若汗魃为害，谷水注之不竭，离毕滂润，阳渠泄之不盈。至于鳞甲异品，羽毛殊类，濯波浮浪，如似自然"。可见这一园林的工程量是相当大的。

　　当时鲜卑统治者之大兴土木，除宫殿园囿外，最突出的表现便在于大力兴建佛寺。北魏孝文帝对佛寺兴造曾有所限制。《魏书》卷一一四《释老志》载延兴年间孝文帝下诏："内外之人，兴建福业，造立图寺，高敞显博，亦足以辉隆至教矣。然无知之徒，各相高尚，贫富相竞，费竭财产，务存高广，伤杀昆虫含生之类。苟能精致，累土聚沙，福锺不朽。欲建为福之因，未知伤生之业。朕为民父母，慈养是务。自今一切断之。"特别在洛阳新都建设过程中，鉴于以往佛寺兴造随意，甚至有肆意滥建的情况，孝文帝在新都规划《都城制》中，对佛寺布局有具体规定，《魏书·释老志》所载任城王元澄神龟元年所上明帝、胡太后表曰："仰惟高祖，定鼎嵩瀍，卜世悠远。虑括终始，制洽天人，造物开府，垂之万叶。故都城制云，城内唯拟一永宁寺地，郭内唯拟尼寺一所，余悉城郭之外。欲令永遵此制，无敢逾矩。"但宣武帝与胡太后笃信佛教，热衷于建寺，且极壮丽，以求佛教功德。其中宣武帝所建诸寺，据《洛阳伽蓝记》卷一"城内·瑶光寺"条载，"瑶光寺，世宗宣武皇帝所立，……有五层浮图一所，去地五十丈。仙掌凌虚，铎垂云表，作工之妙，埒美永宁。讲殿尼房，五百余间，绮疏连亘，户牖相通，珍木香草，不可胜言。牛筋狗骨之木，鸡头鸭脚之草，亦悉备焉。"由此可见瑶光寺建筑之美和园林之胜。《洛阳伽蓝记》卷三"城南·景明寺"载："景明寺，宣武皇帝所立也。……其寺东西南北方五百步。前望嵩山、少室，却负帝城，青林垂影，绿水为文，形胜之地，爽垲独美。山悬堂观，一千余间。复殿重房，

第九章　北魏后期迁洛鲜卑上层之奢侈化及其原因与危害 / 209

交疏对溜，青台紫阁，浮道相通。虽外有四时，而内无寒暑。后檐之外，皆是山池，竹松兰芷，垂列阶墀，含风团露，流香吐馥。"《洛阳伽蓝记》卷四"城西·永明寺"条载："永明寺，宣武皇帝所立也。……房庑连亘，一千余间。庭列修竹，檐拂高松，奇花异草，骈阗阶砌。"这些佛寺，不仅规模巨大，而且极其壮丽，其庭院无不园林化。

胡太后所建佛寺，据《洛阳伽蓝记》卷一"城内·永宁寺"条，"永宁寺，熙平元年灵太后胡氏所立也。……中有九层浮图一所，架木为之，举高九十丈。有刹复高十丈，合去地一千尺，去京师百里，已遥见之"。此佛塔"营造过度"，上有巨大金宝瓶，其他装饰极为奢侈，"殚土木之功，穷造形之巧，佛事精妙，不可思议，绣柱金铺，骇人心目"。佛塔北有佛殿，"形如太极殿"，其中佛像皆为金、玉所制，"作功奇巧，冠于当世"。又有僧房楼观千余间，"雕梁粉壁，青琐绮疏，难得而言。栝柏松椿，扶疏檐霤，丛竹香草，布护阶墀"。寺院围墙"若今宫墙"，四面有门，极为宏大，"四门外树以青槐，亘以绿水，京邑行人，多庇其下"。有波斯国胡人见之，自称"历涉诸国，靡不周遍，而此寺精丽，阎浮所无也。极佛境界，亦未有此"①。又，《洛阳伽蓝记》卷二"城东·秦太上君寺"条载："秦太上君寺，胡太后所立也。……中有五层浮图一所，修刹入云，高门向街，佛事庄饰，等于永宁。诵室禅堂，周流重叠，花林芳草，遍满阶墀。"这些佛寺皆具园林特征，如瑶光寺为皇家尼寺，永林寺佛刹高大，当时严禁一般人随便进入，实为皇家园林。又，《资治通鉴》卷一四九概述云："太后好佛，营建诸寺，无复穷已，令诸州各建五级浮图，民力疲弊。诸王、贵人、宦官、羽林各建寺于洛阳，相高以壮丽。太后数设斋会，施僧物动以万计，赏赐左右无节，所费不赀，而未尝施惠及民。"又载："魏景明之初，世宗命宦者白整为高祖及文昭高后凿二佛龛于龙门山，皆高百尺。永平中，刘腾复为世宗凿一龛，至是二十四年，凡用十八万二千余工而未成。"可见宣武帝、胡太后不仅在佛教建筑方面耗费甚巨，而且造成了风气，影响极大。

由于宣武帝和胡太后如此营造佛寺，其他王公贵族、阉宦等极力捐资造寺，且多宏大壮丽。由《洛阳伽蓝记》的相关记载，可见鲜卑王公高阳王元

---

① 永宁寺的修建及其"营造过度"，都是在胡太后亲自主持下进行的，《魏书》卷七九《张熠传》载："永宁寺塔大兴，经营务广，灵太后曾幸作所，凡有顾问，熠敷陈指画，无所遗阙，太后善之。"

雍与清河王元怿立景乐寺等、彭城王元勰立明悬尼寺、城阳王元徽立宣忠寺、广平王元怀立平等寺和大觉寺、东平王元略立追先寺、广平王立龙华寺①、北海王立追圣寺②，其中有的王侯立寺非止一所。阉宦代表刘腾立长秋寺等、李坚立魏昌尼寺、王桃汤立王典御寺、贾粲建凝玄寺，众阉官又共立昭仪尼寺。其具体情形，这里难以尽述。《洛阳伽蓝记》卷五之末载当时洛阳佛教最盛时，"寺有一千三百六十七所。天平元年，迁都邺城，洛阳余寺四百二十一所"。在短短的二十余年内，鲜卑统治集团大规模建造佛寺，且"营造过度"，极力追求奢华，其耗费之巨，实难想见。

在鲜卑贵族大肆兴造之风的影响下，一些汉族官僚也极尽奢侈之能事，兴建居宅与园林。《洛阳伽蓝记》卷一"城内·修梵寺"条载："寺北有永和里，……里中有太傅录尚书长孙稚、尚书右仆射郭祚、吏部尚书邢峦、廷尉卿元洪超、卫尉卿许伯桃、凉州刺史尉成兴等六宅，皆高门华屋，斋馆敞丽，楸槐荫途，桐杨夹植，当世名为贵里。"《洛阳伽蓝记》卷二"城东·秦太上君寺"载晖文里内"有太保崔光、太傅李延实、冀州刺史李韶、秘书监郑道昭等四宅，并丰堂崛起，高门洞开"。《洛阳伽蓝记》卷二"城东·正始寺"条载昭德里内"有尚书仆射游肇、御史中尉李彪、七兵尚书崔休、幽州刺史常景、司农张伦等五宅"，其中李彪、常景二人"出自儒生，居室俭素"，而张伦"最为豪侈，斋宇光丽，服玩精奇，车马出入，逾于邦君。园林山池之美，诸王莫及。伦造景阳山，有若自然。其中重岩复岭，欹釜相属，深蹊洞壑，逦迤连接。高林巨树，足使日月蔽亏，悬葛垂萝，能令风烟出入。崎岖石路，似壅而通，峥嵘涧道，盘纡复直。是以山情野兴之士，游以忘归。天水人姜质，志性疏诞，麻衣葛巾，有逸民之操，见偏爱之如不能已，遂造《庭山赋》行传于世"。由张伦所建园林，可见当时汉族显贵的豪奢之状。杨勇先生在《洛阳伽蓝记校笺》此条下校笺中有论云："此篇载张伦造景阳山，喻当时王侯豪侈之实，可与卷三高阳王寺、卷四法云寺并读，即知其概。"

在上层社会的影响下，当时洛阳工商业者中的一些豪富也大肆兴造。《洛阳伽蓝记》卷四"城西·法云寺"条载洛阳城西为工商业的聚集区，其中通商、达货、调音、乐律、延酤、治觞、慈孝、奉终、阜财、金肆等十里，"多

---

① 这里的广陵王，杨勇先生在《洛阳伽蓝记校笺》卷三"龙华寺"条下校笺中以为是指元羽，为孝文帝之弟。

② 这里的北海王，杨勇先生在《洛阳伽蓝记校笺》卷三"龙华寺"条下校笺中以为是指元详，为孝文帝之弟。

诸工商货殖之民，千金比屋，层楼对出，重门启扇，阁道交通，迭相临望"。

（二）游娱宴集，夸奢竞富

宣武帝与孝明帝时期，迁洛鲜卑王公集团喜好游娱宴集，与此相关，其日常生活极度奢靡。首先，当时最高统治者喜好公私游娱宴集。如宣武帝，《魏书》卷二一《献文六王》载北海王元详"常别住华林园之西隅，与都亭、宫馆密迩相接，亦通后门。世宗每潜幸其所，肆饮终日，其宠如此。又详拜受，因其私庆，启请世宗。世宗频幸南第，御其后堂，与高太妃相见，呼为阿母，伏而上酒，礼若家人。临出，高每拜送，举觞祝言：'愿官家千万岁寿，岁岁一至妾母子舍也。'"宣武帝一度信任元详，"每潜幸其所，肆饮终日"。宣武帝一再领众王侯至佞幸宅第聚会。《魏书》卷九三《恩幸·王仲兴传》载其为宣武帝亲信，"自拜武卫及受封之日，车驾每临飨其宅。世宗游幸，仲兴常侍从，不离左右，外事得径以闻，百僚亦耸体而承望焉。"《魏书·恩幸·赵修传》也载："世宗亲政，旬月之间，频有转授。……每受除设宴，世宗亲幸其宅，诸王公卿士百僚悉从，世宗亲见其母。修能剧饮，至于逼劝觞爵，虽北海王详、广阳王嘉等皆亦不免，必致困乱。"

胡太后的游宴聚会更为频繁，《魏书》卷八三（下）《外戚下·胡国珍传》载胡国珍为胡太后父，"灵太后、肃宗率百僚幸其第，宴会极欢"。《魏书》卷一六《道武七王·京兆王传》载元继子元叉为太后妹婿，"数与肃宗幸继宅，置酒高会，班赐有加。徙封京兆王。继疾患积年，枕养于家，每至太后与肃宗游幸于外，时令扶入，居守禁内。及节庆宴飨，皆力疾参焉。"元继也置办宴会，迎请灵太后，《魏书》卷三六《李顺传附李肃传》载："肃为性酒狂，熙平初从灵太后幸江阳王继第，肃时侍饮，颇醉，言辞不逊，抗辱太傅、清河王怿，为有司弹劾。"《魏书》卷六七《崔光传》载熙平元年秋，"灵太后频幸王公第宅"，崔光上表谏云："昨轩驾频出，幸冯翊君、任城王第，虽渐中秋，余热尚蒸，衡盖往还，圣躬烦倦。丰厨嘉醴，罄竭时羞，上寿弗限一觞，方丈甘踰百品，且及日斜，接对不憩，非谓顺时而游，奉养有度。纵云辇崇凉，御筵安畅。左右仆侍，众过千百，扶卫跋涉，袍钾在身，蒙曝尘日，浃汗流离，致时饥渴，餐饭不赡，赁马假乘，交费钱帛。昔人称陛下甚乐，臣等至苦，或其事也。"神龟二年八月，胡太后幸永宁寺，九月，"灵太后幸嵩高"，崔光又上表谏其"步骑万余，来去经践，驾辇杂遝，竟骛交驰，纵加禁护，犹有侵耗，士女老幼，微是伤心"①。可见胡太后极度喜好游娱，既有大规模的出游，也频繁出入王侯宅舍。不仅如此，胡太后时常在宫闱中主持宴集，②以赌射游戏助兴。

当时的鲜卑王侯无不喜好宴集。《魏书》卷一二中《景穆十二王中·任城王澄传附顺传》载："于时四方无事，国富民康，豪贵子弟，率以朋游为乐。"《魏书》卷一八《太武五王·广阳王嘉传》载："嘉好饮酒，或沉醉，在世宗前言笑自得，无所顾忌。帝以其属尊年老，常优容之。与彭城、北海、高阳诸王每入宴集，极欢弥夜，数加赏赐。帝亦时幸其第。性好仪饰，车服鲜华，既居仪同，又任端首，出入容卫，道路荣之。"元魏诸王宴集，"极欢弥夜"，并颇得宣武帝赏赐。他们既频繁主办、参加各种宴会聚集，必然注重仪容与车服，讲究华丽，各种节目力求别出心裁，形成了严重的夸奢比富之风。不可否认，当时迁洛鲜卑王公汉化水平有明显提高，一些人效仿汉族名士的雅集风气，其聚集往往有游览自然山水、谈论玄理与文学诗赋的内容，③但其主流仍多为粗鄙的奢侈化游宴。《魏书》卷二二《孝文五王·京兆王愉传》载其"与弟广平王怀颇相夸尚，竞慕奢丽，贪纵不法"。对此，《洛阳伽蓝记》卷四"城西·法云寺"条所载河间王元琛与章武元融竞奢之事最为典型：

> 河间王琛最为豪首，常与高阳争衡。……琛为秦州刺史，……琛在秦州，多无政绩，遣使向西域求名马，远至波斯国，得千里马，号曰"追风赤骥"；次有七百里者十余匹，皆有名字。以银为槽，金为锁环，诸王服其豪富。……琛常会宗室，陈诸宝器，金瓶银瓮百余口，瓯檠盘盒称是。自余酒器，有水晶钵、玛瑙杯、琉璃碗、赤玉卮数十枚，作工奇妙，中土所无，皆从西域而来。又陈女乐及诸名马，复引诸王按行府库，锦罽珠玑，冰罗雾谷，充积其内。绣、缬、䌷、绫、丝、綵、葛越、钱、绢等，不可数计。琛忽谓章武王（元）融曰："不恨我不见石崇，恨石崇不见我！"融立性贪暴，志欲无限，见之惋叹，不觉生疾。还家卧三

---

① 《魏书》卷七七《羊深传》载："灵太后曾幸邙山，集僧尼斋会，公卿尽在座。"类似的佛教法会，胡太后时期举办频繁，这也带有一定的游娱聚会的性质。
② 《魏书》卷六九《袁翻传》载"肃宗、灵太后曾宴于华林园"。
③ 对此，王永平《北魏后期与东魏、北齐之际上层社会之交游与雅聚——从一个侧面看北朝后期士风的玄化与南风之北输》（刊于河北师汇聚大学主学院编《燕赵学刊》2010年春之卷，四川辞书出版社2010年版）。已有比较深入的考论，此不赘述，敬请参看。

日不起。江阳王继来省疾,谓曰:"卿之财产,应得抗衡,何为叹羡以至于此?"融曰:"常谓高阳一人宝货多于融,谁知河间瞻之在前!"继笑曰:"卿欲作袁术之在淮南,不知世间复有刘备也!"融乃蹶起,置酒作乐。

当时鲜卑王公宴集,以伎乐歌舞、西域名马、各种珍宝相竞,展示财富。元琛便"常会宗室,陈诸宝器",皆为中土所无,以致章武王元融自觉不如而气愤成疾。

鲜卑王公集团之聚会,喜好各种游娱活动,相关表演颇为兴盛。宣武帝便好观角抵戏等,《洛阳伽蓝记》卷五"城北·禅虚寺"条载寺前有阅武场,"羽林马僧相善抵角戏,掷戟与百尺树齐等,虎贲张车渠掷刀出楼一丈。帝亦观戏在楼,恒令二人对为角戏"。又据《魏书》卷九一《术艺传》,当时有一种握槊的胡戏,"世宗以后,大盛于时"。《洛阳伽蓝记》卷三"城南·宣阳门"条载,宣武帝永平年间,乾陀罗国贡白象,"背设五采屏风,七宝坐床,容数十人,真是异物",波斯国又献狮子,供娱乐表演,当时洛阳多有胡人,诸种胡戏颇为流行。

鲜卑王公喜好游乐,对佛教寺院也有所影响。当时的佛教寺院多有王公捐施的背景,不仅有园林胜景,而且还有各种娱乐节目,一些佛教活动,往往与游娱节目结合起来。《洛阳伽蓝记》卷一"城内·长秋寺"条载寺中一座精美佛像,"四月四日,此像常出,辟邪、师子导引其前,吞刀吐火,腾骧一面。采幢上索,诡谲不常,奇伎异服,冠于都市。像停之处,观者如堵,迭相践跃,常有死人"。又,景乐寺,《洛阳伽蓝记》卷一"城内·景乐寺"条载汝南王元悦重修此寺,"召诸音乐,逞伎寺内。奇禽怪兽,舞抃殿庭,飞空幻惑,世所未睹,异端奇术,总萃其中。剥驴投井,植枣种瓜,须臾之间皆得食。士女观者,目乱睛迷"。《洛阳伽蓝记》卷一"城内·昭仪尼寺"条载此寺"伎乐之盛,与刘腾相比"。《洛阳伽蓝记》卷二"城东·宗圣寺"条载此寺"妙伎杂乐,亚于刘腾"。《洛阳伽蓝记》卷三"城南·景明寺"条载此寺法会往往"百戏腾骧,所在骈比"。可见当时洛阳的佛寺,特别是那些具有皇室、阉宦背景的尼寺,其中伎乐、百戏之盛,颇为突出,这与鲜卑上层的生活习尚不无关系。

鲜卑王公皆大量蓄养伎乐婢女,这既是他们夸奢竞富的需要,也是其生活淫乱的表现。孝文帝弟咸阳王元禧,《魏书》卷二一(上)《献文六王·咸阳王禧传》载："禧性骄奢，贪淫财色，姬妾数十，意尚不已，衣被绣绮，车乘鲜丽，犹远有简娉，以恣其情。由是昧求货贿，奴婢千数，田业盐铁遍于远近，臣吏僮隶，相继经营。"北海王元详"珍丽充盈，声色侈纵"，其私生活颇为淫秽变态。①高阳王元雍，"伎侍盈房"，"灵太后许赐其女妓，未及送之，雍遣其阉竖丁鹅自至宫内，料简四口，冒以还第。太后责其专擅，追停之"②。其实，元雍蓄养伎女甚多，《洛阳伽蓝记》卷三"城南·高阳王寺"条载其"僮仆六千，妓女五百，隋珠照日，罗衣从风"，其在府内，"歌姬舞女，击筑吹笙，竹管迭奏，连宵尽日"。元雍妓女中有美人徐月华，"善弹箜篌，能为《明妃出塞》之歌，闻者莫不动容"，元雍死后，"诸妓女悉令入道，或有嫁者"，徐月华为卫将军原士康侧室，"徐鼓箜篌而歌，哀声入云，行路听者，俄而成市"，徐月华常对原士康说，高阳王"有二美姬，一名修容，一名艳姿，并蛾眉皓齿，洁貌倾城。修容亦能为《绿水歌》，艳姿尤善《火凤舞》，并爱倾后室，宠冠诸姬"。于是原士康常令徐月华"鼓《绿水》《火凤》之曲"。《洛阳伽蓝记》卷四"城西·法云寺"条载元琛"妓女三百人，尽皆国色。有婢朝云，善吹篪，能为《团扇歌》《陇上声》"。元琛出任秦州刺史，与羌人作战，将朝云"假为贫妪吹篪而乞"，"诸羌闻之，悉皆流涕，以致无心对抗，相继投降，秦地人曰："快马健儿，不如老妪吹篪。"可见朝云之技艺高超。当时诸王公宴集，往往会展示其妓女的各种才能，稍有突出的才艺，便会受到人们的羡慕。《魏书》卷一四《神元平文诸帝子孙·河间公齐传》载元志"晚年耽好声伎，在扬州日，侍侧将百人，器服珍丽，冠于一时"。《洛阳伽蓝记》卷五"城北·凝玄寺"条载上商里，"唯冠军将军郭文远游憩其中。堂宇园林，匹于邦君。时陇西李元谦乐双声语，常经文远宅前过，见其门阀华美，乃曰：'是谁第宅过佳？'婢春风出曰：'郭冠军家。'元谦曰：'凡婢双声。'春风曰：'伫奴慢驾。'元谦服婢之能，于是京邑翕然传之。"因此，诸王公特别热衷于寻找、培养具有特殊才艺的妓女，目的在于炫耀豪富。

在鲜卑王公的宴集中，有一种下流的"淫宴"。《魏书》卷一六《道武七王·京兆王继传》载元叉在明帝时一度专权，"得志之后，便骄慢，耽酒好色，与夺任情。乃于禁中自作别库掌握之，宝充韧其中。又曾卧妇人于食舆，

---

① 《魏书》卷二一（上）《献文六王·北海王详传》。
② 《魏书》卷二一（上）《献文六王·高阳王雍传》。

以帕覆之，令人舆入禁内，出亦如之，直卫虽知，莫敢言者。轻薄趣势之徒，以酒色事之，姑姊妇女，朋淫无别"。《魏书·恩幸·茹皓传附徐义恭传》载："灵太后临政，义恭谄附元叉，又有淫宴，多在其宅。"这种"姑姊妇女，朋淫无别"的"淫宴"之风，反映了鲜卑上层的严重堕落。鲜卑拓跋部具有浓郁的母系社会的遗风，其上层王公尚未形成严格的妻妾制度，其妇女多强悍，妒风甚盛，从《魏书》等相关记载看，鲜卑王公中通奸情况相当普遍。① 灵太后主政，其生活极为淫乱，曾逼幸清河王元怿，其面首又有郑俨、李神轨、徐纥等，《魏书·恩幸·郑俨传》载其"容貌壮丽。初为司徒胡国珍行参军，因缘为灵太后所幸，时人未之知也。……孝昌初，太后反政，俨请使还朝，复见宠待。……昼夜禁中，宠爱尤甚。俨每休沐，太后常遣阉童随侍，俨见其妻，唯得言其家事而已"。同上《徐纥传》载徐纥"与郑俨、李神轨宠任相亚，时称徐郑焉"。李神轨，《魏书》卷六六《李崇传》载李神轨"孝昌中，为灵太后宠遇，势倾朝野，时云见幸帷幄，与郑俨为双，时人莫能明也"。史称当时太后主政，但实际政出郑俨诸人之手，导致政争加剧。② 又，《梁书》卷三九《王神念传附杨华传》载其武都仇池人，父杨大眼，北魏名将，"华少有勇力，容貌雄伟，魏胡太后逼通之，华惧及祸，乃率其部曲来降。胡太后追思之不能已，为作《杨白华歌辞》，使宫人昼夜连臂踏足歌之，辞甚凄惋焉"。灵太后如此，史称其"淫乱肆情，为天下所恶"③，确非无由。由于孝明帝时期灵太后、元叉等执政人物如此淫恣，导致了上层社会日益堕落，甚至汉族士族名门也受到一定影响。《魏书》卷五六《郑羲传》载："自

---

① 对此，《魏书》卷一八《太武五王·临淮王谭传附元孝友传》载元孝友在孝静帝时上书，主张在王侯贵族中按等级明确妃妾员数，严格婚姻制度。他以为历来中原王朝王公妻妾皆有员数，"而圣朝忽弃此数，由来渐久。将相多尚公主，王侯亦娶后族，故多无妾媵，习以为常。妇人多幸，生逢今世，举朝略是无妾，天下殆皆一妻。设令人强志广娶，则家道离索，身事迍邅，内外亲知，共相嗤怪。凡今之人，通无准节。父母嫁女，则教之以妒；姑姊逢迎，必相劝以忌。持制夫为妇德，以能妒为女工。自云不受人欺，畏他笑我。王公犹自一心，已下何敢二意。夫妒忌之心生，则妻妾之礼废；妻妾之礼废，则奸淫之兆兴。斯臣之所以毒根者也。请王公第一品娶八，通妻以备九女；称事二品备七，三品、四品备五；五品、六品则一妻二妾"。元孝友以为鲜卑社会"多无妾媵，习以为常"，且上层妇女妒忌，"妒忌之心生，则妻妾之礼废；妻妾之礼废，则奸淫之兆兴"。

② 《魏书》卷一九（中）《景穆十二王·任城王澄传》载"灵太后颇事妆饰，数出游幸"，元顺面诤曰："《礼》，妇人夫丧，自称未亡人，首去珠玉，衣不被采。陛下母临天下，年垂不惑，过甚修饰，何以示后世？"太后还宫后责元顺于众中辱之，顺曰："陛下盛服炫容，不畏天下所笑，何耻臣之一言乎！"胡太后"颇事妆饰，数出游幸"，与其淫恣有内在联系，其"盛服炫容"，招摇过市，对世风影响颇大。

③ 《魏书》卷一三《皇后·宣武灵皇后胡氏传》。

灵太后预政，淫风稍行，及元叉擅权，公为奸秽。自此素族名家，遂多乱杂，法官不加纠治，婚宦无贬于世，有识咸以为叹息矣。"如荥阳郑氏，虽为士族旧门，但此时门风堕落，郑严祖"闺门秽乱，声满天下"，其因与"宗氏从姊奸通"，为御史所纠，"人士咸耻言之，而严祖聊无愧色"。不惟士大夫如此，一些阉宦甚至公然也胡作非为，《魏书·阉官·刘腾传》载刘腾"颇役嫔御，时有征求；妇女器物，公然受纳"。至于佞幸集团，更是如此，如赵修，《魏书·恩幸·赵修传》载其送父丧回乡，"道路嬉戏，殆无戚容，或与宾客奸掠妇女裸观，从者噂沓喧哗，诟詈无节，莫不畏而恶之"。这类事例甚多，难以尽述。①

（三）其他日常生活风尚的奢侈化

以上所述迁洛鲜卑王公贵族集团的生活奢侈糜烂与颓废堕落，仅是对文献记载相对集中的问题略加概述而已，其他比如饮食起居、车服骑乘、丧葬嫁娶等日常生活细节，鲜卑王公无不极尽奢侈之能事。比如在饮食方面，以高阳王元雍为例，《洛阳伽蓝记》卷三"城南·高阳王寺"条载："雍嗜口味，厚自奉养，一食必以数万钱为限，海陆珍馐，方丈于前。"陈留侯李崇对人说："高阳一食，敌我千日。"李崇为尚书令、仪同三司，"亦富倾天下，僮仆千人，而性多俭吝，恶衣粗食，亦常无肉，止有韭茹韭菹。崇客李元佑语人云：'李令公一食十八种。'人问其故，元祐曰：'二九一十八。'闻者大笑，世人即以为讥骂"。元雍"一食必以数万钱为限"，极为奢侈，大多数鲜卑王公虽不及之，但必"厚自奉养"，因此他们嘲笑李崇的"恶衣粗食"。至于李崇，"富倾天下"，其"恶衣粗食"与节俭无关，而是当时上层社会一种变态的聚敛心理的表现。迁洛鲜卑之腐化，直到东魏、北齐之际依然如此，《北齐书》卷二八《元坦传》载其为元禧子，"坦历司徒、太尉、太傅，加侍中、太师、录尚书事、宗正、司州牧。虽禄厚位尊，贪求滋甚，卖狱鬻官，不知纪极。为御史劾奏免官，以王归第。寻起为特进，出为冀州刺史，专复聚敛。每百姓纳赋，除正税外，别先责绢五匹，然后为受。性好畋渔，无日不出，秋冬猎雉兔，春夏捕鱼蟹，鹰犬常数百头。自言宁三日不食，不能一日不猎"。元坦如此，正是延续着洛阳时代的风气。

---

① 《魏书》卷一九（下）《景穆十二王下·安定王休传》载元愿平"清狂无行"，明帝时"裸其妻王氏于其男女之前，又强奸妻妹于妻母之侧"。元愿平行事如此，不知其来者神是否正常，此事虽极端，但肯定与时俗不无关系。

第九章　北魏后期迁洛鲜卑上层之奢侈化及其原因与危害 / 217

至于服饰、车乘，鲜卑王侯无不"衣被绣绮，车乘鲜丽"①，《洛阳伽蓝记》卷三"城南·高阳王寺"条载元雍"出则鸣驺御道，文物成行，铙吹响发，笳声哀转"。在王公集团的影响下，一些富商也是"金银锦绣，奴婢缇衣；五味八珍，仆隶毕口"②。正是这位"汉晋以来，诸王豪侈，未之有也"的元雍，他竟然也对当时社会普遍的奢侈化，特别是服饰制度的混乱状况感到担忧，上表建议严格相关制度，《魏书》卷二一（上）《献位六王·高阳王雍传》载其表请灵太后曰："王公以下贱妾，悉不听用织成锦绣、金玉珠玑，违者以违旨论；奴婢悉不得衣绫绮缬，止于缦缯而已，奴则布服，并不得以金银为钗带，犯者鞭一百。太后从之，而不能久行也。"《洛阳伽蓝记》卷四"城西·法云寺"条也载："神龟年中，以工商上僭，议不听衣金银锦绣，虽立此制，竟不施行。"

在丧葬与嫁娶方面，鲜卑王公集团皆重厚葬，婚姻则形成"财婚"现象，相关仪式极重排场。《魏书》卷一八《太武五王·临淮王谭传附元孝友传》载元孝友"明于政理"，孝静帝时其上表有言："今人生为皂隶，葬拟王侯，存没异途，无复节制，崇壮丘垄，盛饰祭仪，邻里相荣，称为至孝。又夫妇之始，王化所先，共食合瓢，是以成礼。而今之富者弥奢，同牢之设，甚于祭盘。累鱼成山，山有林木，林木之上，鸾凤斯存。徒有烦劳，终成委弃，仰惟天意，其或不然。请自兹以后，若婚葬过礼者，以违旨论，官司不加纠劾，即与同罪。"由元孝友所奏，可见当时隆丧厚葬与婚仪铺张，"富者弥奢，同牢之设，甚于祭盘"，已成普遍现象。《魏书·恩幸·赵修传》载世宗曾资助赵修经营其父丧葬，"修之葬父也，百僚自王公以下无不吊祭，酒犊祭奠之具，填塞门街。于京师为制碑铭，石兽、石柱皆发民车牛，传致本县。财用之费，悉自公家。吉凶车乘将百两，道路供给，以皆出官"。又，《魏书·阉官·刘腾传》载刘腾出葬之日，"阉官为义服，杖绖衰绖者以百数，朝贵皆从，轩盖填塞，相属郊野。魏初以来，权阉存亡之盛莫及焉"。赵修"起自贱伍"，其父丧葬如此，刘腾乃为阉官，其葬礼如此，无不违礼越制，其他鲜卑王公的情况当不难想见。

至于鲜卑王公子弟的婚姻礼仪，颜之推在《颜氏家训·治家篇》称"近世嫁娶，遂有卖女纳财，买妇输绢，比量父祖，计较锱铢，责多还少，市井

---

① 《魏书》卷二一（上）《献文六王·咸阳王禧传》。
② 《洛阳伽蓝记》卷四"城西·法云寺"条。

无异。或猥婿在门，或傲妇擅室，贪荣求利，反招羞耻，可不慎欤！"清人赵翼在《廿二史札记》卷一五"财婚"条有论云："魏、齐之时，婚嫁多以财币相尚，盖其始高门与卑族为婚，利其所有财贿纷遗，其后遂成风俗，凡婚嫁无不以财币为事，争多竞少，恬不为怪也。魏文成帝曾诏曰：'贵族之门，多不奉法，或贪利财贿，无所选择，令贵贱不分，亏损人伦，何以示后。'此可见财婚由来久矣。"赵翼特别指出了鲜卑王侯对"财婚"风尚的影响。①

二 迁洛鲜卑王公集团奢侈化风气盛行之原因及其危害

由上所述，可见北魏后期迁洛之鲜卑王公贵族生活极度奢侈糜烂，成为一个腐化堕落的统治集团。对此，后世论者多有批评，宋人叶适在《习学记言序目》卷三五"《北齐书·崔暹传》"条中曾有论云："魏孝文志慕诸华，其效未见，反成贪懦之俗。"《通鉴》卷一四九综述鲜卑王公之骄奢淫逸之事实，胡三省有注语云："物盛而衰，固其理也。史言魏君臣骄侈，乃其衰乱之渐。"钱穆先生也指出："一辈南迁的鲜卑贵族，尽是锦衣玉食，沉醉在汉化的绮梦中。……此等汉化，岂魏孝文所想望。"②确实，北魏孝文帝决意迁都洛阳，目的在于促进鲜卑拓跋部的整体汉化，使其与汉族士族社会融为一体，以延续其统治，他绝未想到鲜卑王公集团会如此迅速彻底地腐败堕落，难以收拾，以致有人将这一结果归咎于孝文帝迁都本身。其实，早在孝文帝迁洛不久，已有人对鲜卑贵族阶层生活风尚的变化表示担忧，《魏书》卷七八《孙绍传》载："往在代都，武质而治安；中京以来，文华而政乱。故臣昔于太和，极陈得失，具论四方华夷心态，高祖垂纳，文应可寻。"孙绍所上表奏，虽主要在于当时周边民族形势的变化，但所谓"文华而政乱"，也包括迁洛鲜卑集团精神与生活日趋萎靡的状况。对孝文帝迁都批评最激烈的当属叶适，他虽主要出于对孝文帝南迁后北部边疆守备松弛，以致"根本空虚"，引发六

---

① 《贞观政要》卷七《礼乐》载唐太宗谓房玄龄言："比有山东崔、卢、李、郑四姓，虽累叶凌迟，犹恃旧地，好自矜大，称为士大夫。每嫁女他族，必广所聘财，以多为贵，论数定约，同于市贾，甚损风俗，有紊礼经，既轻重失宜，理需改革。"唐太宗一再强调山东旧门"婚姻之际，则多索财物"的情况，其实由来已久，北魏时期鲜卑王公也参与其事。

② 钱穆：《国史大纲》，商务印书馆1996年版，第286—289页。

第九章 北魏后期迁洛鲜卑上层之奢侈化及其原因与危害 / 219

镇之乱的不满,但实际上也包含着对迁洛鲜卑上层腐化的痛恨。[①] 孝文帝迁洛与汉化是否必然导致鲜卑王公集团的腐败呢?钱穆先生曾有辨析:"凡历史上有一番改进,往往有一度反动,不能因反动而归咎改进之本身;然亦须在改进中能善处反动方妙。魏孝文卒后,鲜卑并不能继续改进,并急速腐化,岂得以将来之反动,追难孝文!"[②] 他以为迁洛鲜卑贵族的腐败是对孝文帝改革的一种反动,是孝文帝之后未能继续深化改革的结果,而非孝文帝迁洛与汉化本身所致。那么,具体而言,导致或引发迁洛鲜卑集团严重腐化的原因何在呢?这是我们所不能回避的。

其一,迁洛鲜卑王公集团的腐化,与鲜卑拓跋部的历史文化传统有关。自十六国以来,进入中原的诸少数民族,与汉族相比,就其总体而言,尚处于较低的社会发展阶段与水平,入主中原前,大致在部落联盟时期,加上其游牧社会的生活习尚,其视掠夺为光荣,对于社会物质财富的随意占有和耗费,是其民族性的自然表露。他们通过武力征服了中原地区,虽然不断汉化,有所变革,但很难从根本上理解与接受汉民族农耕文明的政治制度与经济规律,而其民族自身的文化传统基因则始终处于活跃状态。南北朝时期,一般说来,南朝社会的精神与物质财富皆优于北朝。但就统治集团而言,各少数民族统治者多粗放,好大喜功,生活铺张,北朝的一些皇家工程,其规模之大、耗费之巨,往往是南朝所无法比拟的。何以如此?这需要从其民族文化特性中去找原因。对此,吕思勉先生曾分析指出:

> 北方之俗,大体较南方为俭。……然此亦以大较言之,若居要势者之侈汰,则北朝初未未减于南朝,且恐其纵恣尤甚。虏本不知礼义,惟以富厚相夸。观其兼并他国,惟事略夺;有来朝贡,则肆诛求可知。《魏书·食货志》云:自太祖定中原,世祖平方镇,收获珍宝,府藏盈积。又云:自魏德既广,西域、东夷,贡其珍物,充于王府。《魏书·蠕蠕传》云:太和元年,遣莫河去汾比拔等来献良马、貂裘。比拔等称:"伏

[①] 《习学记言序目》卷三四"《魏书·帝纪》"条言:"拓跋迁都平城,纯用胡法控勒诸夏,故最为长久。孝文慨慕华风,力变夷俗,始迁洛邑,根本既虚,随即崩溃,亦不数十年,天下复还中国之旧矣。"同卷"《文成文明皇后冯氏传》"条言:"孝文都洛最无谓。……孝文自合更为其国开百余年深厚之业,岂谓一迁洛而本根浮动,坟庙宗族,皆已弃绝,边徼镇戍,单寒无依?向非孝文,便当身见祸乱;然亦竟十余年而国为墟矣。盖好名慕古而不实见国家大计,其害至此。"

[②] 前揭钱穆《国史大纲》,第289页。

承天朝珍宝，华丽甚积，求一观之。"乃敕有司：出御府珍玩、金玉、文绣、器物，御厩文马、奇禽、异兽，及人间所宜用者，列之京肆，令其历观焉。比拔见之，自相谓曰：大国富丽，一生所未见也。观此记载，而索虏之风尚可见矣。职是故，其人亦惟知贪取。……此真鲜卑之文化也。其嬖幸阉宦之纵恣，实亦更甚于南朝。①

这里，吕思勉比较南北朝社会风尚之差异，以为北魏鲜卑王公及其恩幸等"居要势者之侈汰"，此之南朝有过之而无不及，根本原因在于其民族文化传统。他以为鲜卑"本不知礼义，惟以富厚相夸"，此乃"真鲜卑之文化"，这是很深刻的论断。

汉族王朝的治理，其官吏自身约束与治绩考核，皆与儒家礼义道德规范密切相关。这固然不能从根本上解决官吏贪腐及其骄淫问题，但毕竟可以对其程度、范围和表现形式等有所影响和遏制。随着北魏统治者的不断汉化，他们也试图通过礼制规范其婚丧事务与生活。《魏书》卷五《高宗纪》载和平四年十二月诏曰："名位不同，礼亦异数，所以殊等级，示轨仪。今丧葬嫁娶，大礼未备，贵势豪富，越度奢靡，非所谓式昭典宪者也。有司可为条格，使贵贱有章，上下咸序，著之于令。"又诏曰："然中代以来，贵族之门多不率法，或贪利财贿，或因缘私好，在于苟合，无所选择，令贵贱不分，巨细同贯，尘秽清化，亏损人伦，将何以宣示典谟，垂之来裔。今制皇族、师傅、王公侯伯及士民之家，不得与百工、伎巧、卑姓为婚，犯者加罪。"《魏书》卷七（上）《高祖纪上》又载太和二年五月诏曰："婚娉过礼，则嫁娶有失时之弊，厚葬送终，则生者有靡费之苦。……乃者，民渐奢尚，婚葬越轨，致贫富相高，贵贱无别。又皇族贵戚及士民之家，不惟氏族，下与非类婚偶。先帝亲发明诏，为之科禁，而百姓习常，仍不肃改。朕今宪章旧典，只案先例，著之律令，永为定准。犯者以违制论。"由此可见，鲜卑统治集团缺乏礼制传统，"贵势豪富，越度奢靡"，已成风气，以上诏令对限制其生活奢侈化

---

① 吕思勉：《两晋南北朝史》，上海古籍出版社1983年版，第1052—1053页。

第九章　北魏后期迁洛鲜卑上层之奢侈化及其原因与危害 / 221

虽不能说毫无意义，但影响有限。① 具体就迁洛之鲜卑王公集团而言，礼法制度毕竟未能深入其骨髓，流于表面，宋人叶适在《习学记言序目》卷三五"《北齐书·崔暹传》"条有言："魏孝文志慕诸华，其效未见，反成贪懦之俗"。王夫之在《读通鉴论》卷一七"梁武帝之二一"条中亦有论云：

> 夫拓跋氏之无人也，非但胡后之虐，郑俨、徐纥之奸，耗士气于淫昏也，其繇来渐矣。自迁洛以来，涂饰虚伪，始于儒，滥于释，皆所谓沐猴而冠者也。糜天下于无实之文，自诧升平之象，强宗大族，以侈相尚，而上莫之惩，于是而精悍之气销矣，朴固之气斫矣。……诗书礼乐之化，所以造士而养其忠孝，为国之桢干者也。拓跋氏自以为能用此矣，乃不数十年之间，而君浮寄于无人之国，明堂辟雍，养老兴学，所为德成人、造小子者安在哉？沐猴之冠，冠敝而猴故猴矣，且并失其为猴矣，不亦可为大笑者乎！……故鬻诗书礼乐于非类之廷者，其国之妖也。其迹似，其理逆，其文诡，其说淫，相率以嬉，不亡也奚待？

王夫之出于民族立场，强调民族文化的绝对差异性，以为不可融通，这自然过于绝对化了。但他指出迁洛鲜卑王公虽表面上效仿汉族之礼乐文化，实际上习而未深，"涂饰虚伪"，有如"沐猴而冠"，"其迹似，其理逆，其文诡，其说淫，相帅以嬉"，就其根本而言，他们并未遵循儒家道德伦理制度的约束。正因为如此，吕思勉先生一再指出迁洛鲜卑王公集团"离乎夷狄而未即乎中国，固不免有此祸"②。确实，北魏孝文帝个人的汉化水平是异常杰出的，但鲜卑拓跋部整体的汉化状况则差距甚大，孝文帝迁都过程中便遭受了极大的阻力。孝文帝迁都后，鲜卑王公的汉文化教育虽有所加强，但总体上成效并不显著。由前引宣武帝"以贵族豪门崇习奢侈，诏尚书严立限级，节其流宕"，可见此时鲜卑上层社会尚未形成严格的"限级"观念与相关制度，诚如钱穆先生所言，"魏孝文卒后，鲜卑并不能继续改进"，于是造成其急速腐败。

---

① 《资治通鉴》卷一三六《齐纪二》武帝永明六年（488）载魏孝文帝"访群臣以安民之术"，秘书丞李彪上封事，以为"豪贵之家，奢僭过度，第宅车服，宜为之等制"。同书卷一三九《齐纪五》明帝建武元年（494）载中书侍郎韩显宗上书陈事，其中有言："顷来北都富室，竞以舍相尚，宜因迁徙，为之制度。"可见在迁洛之前，鲜卑上层的奢靡风气已日益严重。对此，孝文帝本人有自觉的克服奢靡的意识。同上书卷一四〇《齐纪六》明帝建武二年（495）载孝文帝在洛阳游华林园、景阳山，黄门侍郎郭祚建议修复名胜古迹，孝文帝曰："魏明帝以奢失之于前，朕岂可袭之于后乎！"
② 前揭吕思勉《两晋南北朝史》，第518页。

因此，从鲜卑旧文化传统的延续和汉文化教养普遍缺失的情况看，迁洛鲜卑王公的迅速堕落是无可避免的。

其二，迁洛鲜卑王公集团的腐化，与其优越的政治特权和丰裕的物质条件密不可分。孝文帝迁都洛阳，实施全面汉化政策，特别是通过"定族姓"及与汉族门阀士族联姻等措施，使鲜卑王公获得了高门士族的社会地位。孝文帝的目的在于以此推动鲜卑上层与汉族士族的融合，从根本上缓和民族冲突，保障社会稳定，但直接结果则使迁洛王公成为新社会环境中的一个特权阶层。这种政治与社会特权，往往意味着极大的经济利益。《魏书》卷六〇《韩麒麟传附韩显宗传》载韩显宗在孝文帝迁洛之初便上书孝文帝曰：

> 在朝诸贵，受禄不轻，土木被锦绣绮，僮妾厌粱肉，而复厚赉屡加，动以千计。……愚谓事有可赏，则明旨褒扬，称事加赐，以劝为善，不可以亲近之昵，猥损天府之储。

可见素来北魏鲜卑上层具有特殊的物质待遇。对此，汉族有识之士颇为忧虑，希望孝文帝能采取有效措施予以遏制。

迁洛之后，以河北为主要经济区的中原经济基础雄厚，北魏国家的物质财富迅速增长。与此同时，北方地区的工商业也日趋繁荣，洛阳成为一个国际性的商业都会。及至孝明帝时期，北魏国家的物质财富的积累达到了前所未有的高峰。对此，《洛阳伽蓝记》卷四"城西·法云寺"条有云：

> 当时四海晏清，八荒率职，缥囊纪庆，玉烛调辰，百姓殷阜，年登俗乐。鳏寡不闻犬豕之食，茕独不见牛马之衣。……于时国家殷富，库藏盈溢，钱绢露积于廊者，不可较数。

《洛阳伽蓝记》卷三"城南·宣阳门"条载北魏于城南设"四夷馆""四夷里"，以安置周边各地来附者，"自葱岭以西，至于大秦，百国千城，莫不欢附。商胡贩客，日奔塞下，所谓尽天地之区已，乐中国土风，因而宅者，不可胜数"。《魏书》卷一一〇《食货志》载：

> 自魏德既广，西域、东夷贡其珍物，充于王府。又于南垂立互市，

第九章 北魏后期迁洛鲜卑上层之奢侈化及其原因与危害 / 223

以致南货，羽毛齿革之属无远不致。神龟、正光之际，府藏盈溢。灵太后曾令公卿已下任力负物而取之，又数赉禁内左右，所费无赀，而不能一丐百姓也。

北魏国家"府藏盈溢"，比之平城时代，堪称富足。迁洛之鲜卑王公获得优越的门阀制度的保障，不仅具有政治上的特权地位，也具有了巨大的经济收入，其个人的财富积累不断增长。中原地区的自然山水环境，比之平城也有明显的改善。

总之，对于南迁的鲜卑王公而言，以洛阳为中心的中原地区，确是一片新天地。这些"离乎夷狄而未即乎中国"的异族统治者，面对如此丰裕的物质财富和相对安宁的社会环境，他们既缺乏内在的道德自制，也没有"居安思危"的政治修养，有的附庸风雅，模仿汉族士族名士的生活方式，如筑园聚士，谈论辞赋，虽不无文化气息，但更多的则是为所欲为，纵情声色，极度奢靡。河间王元琛"最为豪首"，其行事皆与西晋豪奢的代表人物石崇相比，以为昔日石崇以庶姓而奢，"我大魏天王，不为华侈"？故狂言"不恨我不见石崇，恨石崇不见我"。高阳王元雍之奢，"汉晋以来，诸王之奢，未之有也"，可谓空前，这都典型地体现了迁洛鲜卑王公的暴发心态。确实，与西晋玄化名士的奢华风气相比，北魏迁洛鲜卑王公豪奢之程度不仅有过之而无不及，而且缺乏风雅，显得更加粗鄙而疯狂。因此，对于迁洛鲜卑王公而言，特殊的政治地位与丰富的物质财富的结合，必然造成其骄奢淫逸、极度腐化的社会悲剧。

其三，迁洛鲜卑王公集团的腐化，与当时北魏王朝的内部政治斗争密切相关。宣武帝、孝明帝时期，统治集团内部政治斗争极其激烈。孝文帝死前，安排了诸位辅政大臣，其核心是其兄弟及皇宗人物。宣武帝即位之初，实际政治权力由诸皇叔掌控，"六辅专政"。宣武帝利用其舅高肇等人的支持，首先处决了"六辅"中最具权势的咸阳王元禧。《魏书》卷八三（下）《外戚下·高肇传》载高肇"出自夷土，时望轻之。……肇既无亲族，颇结朋党，附之者旬月超升，背之者陷以大罪。以北海王元详位居其上，构杀之。又说世宗防卫诸王，殆同囚禁。……及京兆王愉出为冀州刺史，畏肇恣擅，遂至不轨。肇又谮杀彭城王勰。由是朝野侧目，咸畏恶之。因此专权，与夺任己"。史称"高肇素疾诸王,常规陷害"①,但其背后无疑是世宗急于亲政,要摆脱诸王的控制,《魏书》卷三一《于栗䃅传附于烈传》载"世宗以禧等专擅,潜谋废之"。宣武帝于皇后之父兄也参与了排挤诸王的政治斗争,《魏书》卷二一(下)《献文六王·彭城王勰传》载于忠曾建议世宗:"诸王等意不可测,宜废之,早自览政。"元勰是孝文帝诸弟中学识、品行最佳者,最终为高肇所陷害致死。其本传称"勰既有大功于国,无罪见害,百姓冤之。……在朝贵贱,莫不丧气"。宣武帝除了利用外戚,还大肆提拔佞幸,以作为其打压诸王的工具,造成了佞幸等"小人"势力操弄政治的局面。②

孝明帝时期,实际的执政者乃为胡太后,其间宫廷政治斗争形势极其复杂,胡太后重用其亲属、阉宦和佞小,其妹夫元叉和宦官刘腾一度禁锢胡太后,专断朝政,清除异己,清河王元怿等相继被杀害。元怿为孝文帝诸子中学识、品格最优者,为当时皇宗中少数颇孚众望的人物,正光初,元叉、刘腾将其杀害,"朝野贵贱,知与不知,含悲丧气,惊振远近。夷人在京及归,闻怿之丧,为之劈面者数百人"③。胡太后重新执政后,则大肆拔擢其宠信郑俨、徐纥等,"当时政令归于俨等"④,政治形势日益昏暗。《魏书》卷七七《高崇传附高谦之传》载高谦之曾上疏云:"自正光已来,……近习、侍臣、戚属、朝士,请托官曹,擅作威福。如有清贞奉法不为回者,咸共谮毁,横受罪罚。在朝顾望,谁肯申闻?蔽上拥下,亏风坏政,使逸谄甘心,忠谠息议。"总体而言,宣武、胡太后时期,其宫廷施政的中心是强化集权,以外戚、佞幸、阉宦为工具,打压、诛戮宗室诸王,斗争激烈。对此,魏收在《魏书》卷七四《尔朱荣传》"史臣曰"中评述北魏宣武帝与孝明帝时期政治与世风说:

---

① 《魏书》卷九三《恩幸·茹皓传》。
② 《魏书》卷九三《恩幸·茹皓传》载茹皓为世宗佞幸,王公无不仰其鼻息:"皓贵宠日升,关与政事。太傅、北海王详以下咸祗惮附之。皓弟年尚二十,擢补员外郎。皓娶仆射高肇从妹,于世宗为从母。迎纳之日,详亲诣之,礼以马物。皓又为弟聘安丰王延明妹,延明耻非旧流,不许。详劝强之云:'欲觅官职,如何不与茹皓婚姻也?'延明乃从焉。"又,《魏书》卷九三《恩幸·侯刚传》载其"本出寒微",以善于厨艺而得宠,"刚宠任既隆,江阳王继、尚书长孙稚皆以女妻其子。司空、任城王澄以其起由膳宰,颇窃侮之,云:'此近为我举食。'然公坐对集,敬遇不亏"。可见宣武、明帝时以佞幸压制诸王的情形。
③ 《魏书》卷二二《孝文五王·清河王怿传》。
④ 《魏书》卷九三《恩幸·郑俨传》。

第九章 北魏后期迁洛鲜卑上层之奢侈化及其原因与危害

> 世宗之后,政道颇亏。及明皇幼冲,女主南面。始则于忠专恣,继以元叉权重,握赏罚之柄,擅生杀之威,荣悴在亲疏,贵贱由离合,附会者结之以子女,进趋者要之以金帛。且佞谀用事,功勤不赏,居官肆其聚敛,乘势极其陵暴。于是四海嚣然,已有群飞之渐矣。逮于灵后反政,宣淫于朝。郑俨手运天机,口吐王制。李轨、徐纥刺促以求先,元略、元徽喔咿以竞入。私利毕举,公道尽亡,遐迩怨愤,天下鼎沸。倾亡之征,于此至矣。

由此可见当时北魏政治斗争的黑暗局面及宗室诸王的困境。

在这一政治背景下,鲜卑王公原本骄奢淫逸者,其腐化堕落自不待言,即便是品格较好,本想有所作为的人物,也只能无可奈何,苟且偷生。《魏书》卷一九(中)《景穆十二王中·任城王澄传》载元澄是北魏经历数朝的重臣,品格与才能俱佳,宣武帝时,"于时高肇当朝,猜忌贤戚。澄为肇间构,常恐不全,乃终日昏饮,以示荒败。所作诡越,时谓为狂"。在严酷的政治局势下,元澄"常恐不全",故佯狂以求自免。其子元顺在明帝时一度受到元叉的排挤,出为齐州刺史,"顺自负有才,不得居内,每怀郁怏,形于言色,遂纵酒欢娱,不亲政事"。这也是由于政治上不得志而颓废。《魏书》卷二一(下)《献文六王下·彭城王勰传》载元勰自世宗以来遭受排挤,处境艰难,"勰既无山水之适,又绝知己之游,唯对妻子,郁郁不乐。……小心谨慎,初无过失,虽闲居宴处,亦无慢色惰容,爱敬儒彦,倾心礼待。清正俭素,门无私谒"。元勰是孝文帝诸弟中最具优良品格的精英人物,其受压制而不失节操,实属难得,但最终仍无法逃避厄运。又,《章武庄王元融墓志铭》记述元融之生活,说得颇为明确:"于时权臣执政,生煞在己,以公是太尉中山王从父昆弟,中山既起义邺城,忠图弗遂,便潜相疑嫌,滥致非罪。于是官爵俱免,静居私第,颐神养性,恬然自得。"① 可见元融之纵奢,显然也与其政治处境密切相关。因此,对于大多数王公显贵而言,他们必然选择回避现实,沉醉于日常生活的纵奢享乐,以荒淫颓废企求苟全。

北魏后期,迁洛鲜卑王公集团生活奢靡,其腐化过程之急速、程度之严重,无不令人发指。究其原因,既与其固有之文化传统相关,也与其迁洛之后社会环境的变化、特权地位的稳固及政治局势密切相关。那么,作为统治

---

① 赵超:《汉魏南北朝墓志汇编》,天津古籍出版社2008年版,第205页。

集团，其腐化如此，必然产生严重的社会危害，其最突出的影响在于迁洛鲜卑王公的生活奢靡，刺激了统治集团的贪欲，导致了北魏吏治的严重腐败。

鲜卑王公夸奢竞富，必须具有雄厚的物质财富。作为统治阶层，他们必然利用其职位谋取私利。北魏吏治，孝文帝时期纲纪严明，肃贪甚严。太和八年以后，在冯太后主持下，普给百官俸禄，并严惩贪污，吏治情况有明显好转。孝文帝很注意教育、约束诸弟，《魏书·献文六王·咸阳王禧传》载："高祖笃于兄弟，以禧次长，礼遇优隆，然亦知其性贪，每加切诫，虽当时遵奉，而终不改操。"《魏书·献文六王·赵郡王幹传》载"幹贪淫不遵典法"，孝文帝曾不接见他，"知无忧悔，乃亲数其过，杖之一百，免所居官，以王还第"。《魏书·献文六王·高阳王雍传》载其出为相州刺史，高祖诫之曰："相州乃是旧都，自非朝贤德望无由居此，是以使汝作牧。为牧之道，亦难亦易。其身正，不令而行，故便是易。其身不正，虽令不从，故便是难。又当爱贤士，存信约，无用人言而轻与夺也。"这都体现出了孝文帝重视对其皇宗教育的苦心。但宣武帝执政，对于诸王之生活与行事，少有限制，史家论其"宽以摄下，从容不断，太和之风替矣"①。《魏书》卷八八《良吏传序》云："高祖肃明纲纪，赏罚必行，肇革旧轨，时多奉法。世宗优游而治，宽政遂往，太和之风，颇以陵替。肃宗驭运，天下溺然，其于移风革俗之美，浮虎还珠之政，九州百郡，无所闻焉。"确实，从《魏书》等文献记载看，世宗以后，鲜卑王公想方设法聚敛，吏治极其腐败。鲜卑拓跋部本无俸禄，贪污之风盛行。请看以下事例：《魏书》卷一五《昭成子孙·常山王传》载元昭"灵太后临朝，为尚书、河南尹。聋而佷戾，理务峭急，所在患之。寻出为雍州刺史，在州贪虐，大为人害"。元晖，"出为冀州刺史，下州之日，连车载物，发信都，至汤阴间，首尾相继，道路不断。其车少脂角，即于道上所逢之牛，出截取角以充其用。晖检括丁户，听其归首，出调绢五万匹。然聚敛无极，百姓患之"。《魏书》卷一六《道武七王·京兆王传》载元继，世宗时为青州刺史，"在青州之日，民饥馁，为家僮取民女为妇妾，又以良人为婢"。《魏书》卷一八《太武五王·广阳王传》载元深为恒州刺史，"在州多所受纳，政以贿成，私家有马千匹者必取百匹，以此为恒"。《魏书》卷一九（上）《景穆十二王上·京兆王传》载元遥为凉州刺史，"贪暴无极。欲规府人及商胡富人财物，诈一台符，诳诸豪等云欲加赏，一时屠戮，所有资财生

---

① 《魏书》卷八《世宗纪》"史臣曰"。

口，悉没自入"。《魏书》卷一九（上）《景穆十二王上·济阴王传》载元诞为齐州刺史，"在州贪暴，大为人患，牛马骡驴，无不逼夺。家之奴隶，悉迫取良人为妇。有沙门为诞采药，还而见之，诞曰：'师从外来，有何消息？'对曰：'唯闻王贪，愿王早代。'诞曰：'齐州七万户，吾至来，一家未得三十钱，何得言贪？'"《魏书》卷一九（上）《景穆十二王上·汝阴王传》载元泛曾任营州刺史等，"性贪残，人不堪命，相率逐之"；元修义，为齐州刺史，"在州多受纳"。《魏书》卷一九（下）《景穆十二王下·章武王传》载元融"性尤贪残，恣情聚敛"。《魏书》卷二〇《文成五王·安乐王传》载元诠"世宗初，为凉州刺史。在州贪秽，政以贿成"。《魏书》卷二〇《文成五王·河间王传》载元琛自世宗时为定州刺史，"凭恃内外，多所受纳，贪惏之极。及还朝，灵太后诏曰：'琛在定州，惟不将中山宫来，自余无所不致，何可更复叙用。'由是遂废于家。"元琛为获起用，曾向明帝献"金字《孝经》"，又向权阉刘腾行贿，"赂腾金宝巨万计"，刘腾屡为之言，任都官尚书，出为秦州刺史，"在州聚敛，百姓吁嗟"，"琛性贪暴，既总军省，求欲无厌，百姓患害，有甚狼虎"。以上所举鲜卑王公的贪暴事例虽不为少，但绝非全部，可以说北魏后期的相关文献记载，充斥着这类贪赃枉法的事实。①

在这种贪得无厌的风气中，出现了严重的卖官鬻爵的情况。《魏书》卷一五《昭成子孙·常山王传》载元晖，世宗时为吏部尚书，"纳货用官，皆有定价，大郡二千匹，次郡一千匹，下郡五百匹，其余官职各有差，天下号曰'市曹'"。《魏书》卷一九（上）《景穆十二王上·汝阴王传》载元修义，任吏部尚书，"及在铨衡，唯专货贿，授官大小，皆有定价。时中散大夫高居者，有旨先叙，时上党郡缺，居遂求之。修义私已许人，抑居不与。居大言不逊，修义命左右牵曳之。居对大众呼天唱贼。人问居曰：'白日公庭，安得有贼？'居指修义曰：'此座上者，违天子明诏，物多者得官，京师白劫，此非大贼乎？'修义失色。居行骂而出"。《魏书》卷一六《道武七王·京兆王传》载元继，明帝时，以其子元叉专权，"威福自己"，"继晚年更贪婪，聚敛无已。牧守令长新除赴官，无不受纳货贿，以相托付。妻子各别请属，至乃郡县微吏，亦不得平心选举"。上文已述元琛以"金宝巨万计"行贿而得都

---

① 在这种贪吝风气中，其他得势集团，如佞幸、阉宦，甚至包括一部分汉族人士，无不大肆敛财。以阉宦为例，《洛阳伽蓝记》卷一"城内·昭仪尼寺"条载："太后临朝，阉寺专宠，宦者之家，积金满堂。是以萧忻云：'高轩斗升者，尽是阉官之嫠妇，胡马鸣珂者，莫不黄门之养息也。'"由宦者所捐施洛阳佛寺之数量颇众，奢华之甚，便不难知其财富之盛。

官尚书、秦州刺史,这里又说"郡县微吏,亦不得平心选举",自上而下,各级官职都需贿赂,吏部沦为"市曹",求官成为"投资"行为,新官上任,必然变本加厉地贪污,以求超额回报。

对如此严重的贪污受贿现象,最高统治者少有严厉肃贪的举措,相反,他们还有所包容和袒护。《魏书》卷一九(下)《景穆十二王下·安定王传》载元愿平世宗时迁给事中,"悖恶日甚,杀人劫盗,公私成患。世宗以其戚近,未忍致之于法,乃免官,禁之别馆。馆明愁思堂,冀其克念"。不久,胡太后又予以任用。《魏书》卷二一《献文六王·北海王详传》载元详"贪冒无厌,多所取纳;公私营贩,侵剥远近,擘狎群小,所在请托",元详"虽贪侈聚敛,朝野所闻,而世宗礼敬尚隆,凭寄无替,军国大事,总而裁决"。后元详受到高肇陷害后,世宗"敕纠详贪淫",中尉崔亮奏其"贪害公私,淫乱典礼"云云,元详曰:"审如中尉所纠,何忧也,正恐更有大罪横至耳。人奉我珍异货物,我实爱之。果为取受,吾何忧乎?"确实,世宗将元详处死后,"详贪淫之失,虽闻远近,而死之日,罪无定名,远近叹怪之"。元详不惧"贪淫之失",而惧政治陷害之"大罪"。元琛在定州贪赃枉法,其回朝,胡太后尽管有所讥讽,以为不可再用,但元琛竟然向皇帝行贿,并最终通过刘腾而复出,真可谓莫大的讽刺。《魏书》卷九《肃宗纪》载正光三年诏曰:"以牧守妄立碑颂,辄兴寺塔;第宅奉侈,店肆商贩。诏中尉端衡,肃厉威风,以见事纠劾,七品、六品,禄足代耕,亦不听锢贴店肆,争利城市。"正光四年,诏"河间王琛、章武王融,并以贪污削爵除名",但仅为具文而已。

就经济角度而言,鲜卑王公集团的贪吝成风,是利用其权势与地位,将国家与民众的物质财富进行非法占有,以满足个人的欲望。长此以往,必然导致国库空虚,民不聊生。由于北魏上层喜好珍奇异宝,崇尚奢侈性消费,将大量财富用于收购西域诸地的工艺品,刺激了奢侈性消费,对正常的社会生产与生活必然造成严重的损害。《魏书》卷六五《邢峦传》载其于世宗初上奏言:

> 臣闻昔者明王之以德治天下,莫不重粟帛,轻金宝。然粟帛安国育民之方,金玉是虚华损德之物。故先皇深观古今,去诸奢侈。服御尚质,不贵雕镂,所珍在素,不务奇绮,至乃以纸绢为帐扆,铜铁为辔勒。训朝廷以节俭,示百姓以忧务,日夜孜孜,小大必慎。轻贱珠玑,示其无设,府藏之金,裁给而已,更不买积以费国资。景明之初,承升平之业,

第九章 北魏后期迁洛鲜卑上层之奢侈化及其原因与危害

> 四疆清晏,远迩来同,于是蕃贡继路,商贾交入,诸所献贸,倍多于常。虽加以节约,犹岁损万计。珍货常有余,国用恒不足。若不裁其分限,便恐无以支岁。自今非为要须者,请皆不受。①

这便指出当时统治集团将国家财富用于奢侈品消费,造成国家财富的极大浪费,显露了财政危机的先兆。据《魏书·食货志》所载,正光后,国用不足,预折天下六年租税而征之,此后不断加征各地田租和市税,甚至输粟赏阶、授官,"不限多少,粟毕授官"②。吕思勉先生以为"盖其财政,已至山穷水尽之境矣"③。而对于广大下层民众而言,他们不断受到超负荷的剥削,以致最终无法忍受,必然铤而走险。

此外,鲜卑王公集团恣情纵奢,不断消磨意志,必然导致道德与精神的堕落,从而削弱了这一集团经世治国的能力,毒化了社会风气。由前文所引章武王元融见河间王元琛豪富,"见之惋叹,不觉生疾,还家卧三日不起",对人说:"常谓高阳一人宝货多于融,谁知河间瞻之在前!"可见鲜卑王公阶层终日所思仅有财富而已,斤斤计较于个人一己之私,可悲之极。《魏书》卷一三《皇后·宣武灵皇后胡氏传》载:

> 后幸左藏,王公、嫔、主已下从者百余人,皆令任力负布绢,即以赐之,多者过二百匹,少者百余匹。唯长乐公主手持绢二十匹而出,示不异众而无劳也。世称其廉。仪同、陈留公李崇,章武王融并以所负过多,颠仆于地,崇乃伤腰,融至损脚。时人为之语曰:"陈留、章武,伤腰折股,贪人败类,秽我明主。"④

---

① 前引《洛阳伽蓝记》所载元琛等极力收购西域珍宝的情况,其数量之多,耗费之大,令人发指。此外,《北齐书》卷二八《元韶传》载东魏时,高欢将魏孝武帝皇后配给元韶,"魏室奇宝,多随后入韶家。有二玉钵相盛,可转而不可出,马瑙榼容三升,玉缝之。皆称西域鬼作也"。当时洛阳西域胡商云集,相当程度上是为鲜卑王公集团的奢侈品消费服务的。
② 《魏书》卷九《肃宗纪》。
③ 前揭吕思勉《两晋南北朝史》,第559页。
④ 《洛阳伽蓝记》卷四"城西·法云寺"条也载此事云:"及太后赐百官绢,任意自取,朝官莫不称力而去。唯融与陈留侯李崇负绢过任,蹶倒伤踝。太后即不与之,令其空出,时人笑焉。侍中崔光止取两匹,太后问曰:'侍中何少?'对曰:'臣有两手,唯堪两匹,所获多矣。'朝贵服其清廉。"除长乐公主与崔光有异外,其他基本相同。此事《魏书》卷一一○《食货志》也有载,但较简略。《通鉴》卷一四九所载则综合《魏书》与《洛阳伽蓝记》的记载。

由李崇、章武王元融之行为，可见当时王公之贪得无厌，丑态百出。但由长乐公主"手持绢二十匹而出，示不异众而无劳"，可见当时不与贪婪者同流合污是很难立足的。这种贪欲，导致他们在家族内部也是唯财是崇，《魏书》卷二二《孝文五王·汝南王悦传》载元悦在其兄清河王元怿被元叉等杀害后，其出任侍中、太尉，"临拜日，就怿子亶求怿服玩之物，不时称旨，乃召亶，杖之百下"。元悦如此，其他鲜卑王公也多有类似行为，他们已完全物化，丧失了起码的人性。这方面更为典型的事例是元坦，《北齐书》本传载其父元禧在宣武帝时被杀，其"兄翼、树等五人相继南奔，故坦得承袭"，孝武帝时元树归北，"坦见树既长且贤，虑其代己，密劝朝廷以法除之。树知之，泣谓坦曰：'我往因家难，不能死亡，寄食江湖，受其爵命。今者之来，非由义至，求活而已，岂望荣华。汝何肆其猜忌，忘在原之义，腰背虽伟，善无可称。'坦作色而去。树死，竟不临哭"。元坦对待胞兄刻薄如此，可见其极端自私。北海王元详，一再出卖其兄弟咸阳王元禧和彭城王元勰等，① 又极力敦促安丰王元延明与佞幸茹皓联姻，无耻之尤。可以说，鲜卑王公集团已整体性的道德堕落。

不仅如此，作为北魏国家的栋梁，迁洛鲜卑王公既耽于享乐、恣意聚敛，必然导致其精神颓废，丧失治国能力。如高阳王元雍，《魏书》本传称其"识怀短浅，又无学业，虽位居朝首，不为时情所推。既以亲尊，地当宰辅，自熙平以后，朝政褫落，不能守正匡弼，唯唯而已"。秦州地方有变乱，朝廷以元修义负责秦州军政，"修义性好酒，每饮连日，遂遇风病，神明昏丧，虽至长安，竟无部分之益。"② 元叉"才术空浅，终无远致"，其一度专断朝政，"政事怠惰，纲纪不举，州镇守宰，多非其人。于是天下遂乱矣"③。河间王元琛任秦州刺史，遇氐、羌反，"进讨氐羌，大被摧破，士卒死者千数，率众走还"，以刘腾为内恃，"无所畏惮"④。可以说，至北魏末，迁洛之鲜卑王侯不仅生活糜烂，精神与道德堕落，而且普遍无能，丧失了控制国家的能力，可能整体性腐败了。吕思勉先生曾指出，孝文帝迁都后，"虏之桢干，仍在其种戚之手。此辈一骄奢疲软，而其本实先拔矣。此则非迁都所能求益，抑且

---

① 《魏书》卷二一（下）《献文六王下·彭城王勰传》。
② 《魏书》卷一九（上）《景穆十二王上·汝阴王天赐传附元修义传》。
③ 《魏书》卷一六《道武七王·京兆王黎传附元叉传》。
④ 《魏书》卷二〇《文成五王·河间王若传附元琛传》。

第九章　北魏后期迁洛鲜卑上层之奢侈化及其原因与危害 / 231

助长其骄淫，所谓离乎夷狄，而未即乎中国也"①。迁洛鲜卑王公集团的急速腐败，从根本上动摇了北魏的统治，一旦遇有变乱，便无法避免崩溃的命运。确实，对于迁洛集团的腐化，六镇及其留居塞外的部族极为仇视，《北齐书》卷二〇《慕容绍宗传》载尔朱荣举兵入洛前，私谓慕容绍宗曰："洛中人士繁盛，骄侈成俗，若不加除剪，恐难制驭。吾欲因百官出迎，仍悉诛之，谓可尔不？"可见北部旧人早有消灭洛阳腐化集团的愿望。

由上文所考叙，可见孝文帝迁洛之后，鲜卑上层王公普遍生活腐化，耽于享乐，造成了社会财富的极大浪费，加剧了吏治败坏和精神堕落。这不仅引起了汉族民众的不满，而且也加剧了鲜卑社会的阶级分化，从相关史实看，当时南迁鲜卑的下层民众生活颇为艰难。《魏书》卷六五《李平传》载宣武帝出巡邺城前，李平上疏谏云：

> 嵩京创构，洛邑俶营，虽年跨十稔，根基未就。代民至洛，始欲向尽，资产罄于迁移，牛畜毙于辇运，陵太行之险，越长津之难，辛勤备经，得达京阙，富者犹损太半，贫者可以意知。兼历岁从戎，不遑启处，自景明已来，差得休息。事农者未积二年之储，筑室者裁有数间之屋，莫不肆力伊瀍，人急其务。实宜安静新人，劝其稼穑，令国有九年之粮，家有水旱之备。若乘之以羁绁，则所废多矣。一夫从役，举家失业。今复秋稼盈田，禾菽遍野，銮驾所幸，腾践比殷。未若端拱中天，坐招四海，耀武崧原，礼射伊洛，士马无跋涉之劳，兆民有康哉之咏，可不美欤？

从李平所言，可见南徙鲜卑中下层民众，其财产在迁移过程中损失严重，十多年后，因长期征战，及至宣武帝时，"事农者未积二年之储，筑室者裁有数间之屋"，与鲜卑上层王公集团之奢靡腐化形成了鲜明对比。以往论述孝文帝迁洛之后鲜卑社会的分化，多重视迁洛汉化集团与塞外平城、六镇地区保守势力之间的对立，而对南迁鲜卑社会上下层的阶级差异则有所忽视。其实，南徙鲜卑中下层社会的境遇也颇为艰辛，这必然造成北魏洛阳政权的内在危机，这是一个值得注意的问题。

---

① 前揭吕思勉《两晋南北朝史》，第522页。

第十章　北朝后期元魏皇族群体之遭遇

作为北魏统治集团核心力量的鲜卑拓跋氏，在孝文帝迁都洛阳以后，改姓元氏。在北齐、北周与隋朝时期，元魏皇族后代遭遇坎坷，可谓命运多舛。在王朝易代过程中，他们不仅大多颠沛流离，失去了往日的地位，而且有不少人被杀戮。当然，北朝后期诸王朝对待元魏皇族后代的具体政策并非完全一致，元魏皇族人物在各政权中的地位与作用也有所不同。相较而言，北魏迁洛之后，元魏皇族子孙普遍文雅化，在北朝后期诸政权中，元魏皇族人物多凭借其学术文化修养以参与社会活动，从而获取地位。对以上情形，以往论史者少有及之者，这里就元魏皇族后裔在北朝后期诸王朝中的命运遭遇与浮沉略展开论述。

一　北齐对待元魏皇族后代之酷政及其悲惨遭遇

（一）北魏末与东魏时期元氏宗族之处境及其抗争

北齐之奠基者是高欢，他在击溃尔朱荣家族军政势力后，利用北部边镇军事力量控制山东地区的局势。他在名义上虽扶持元魏皇族后代为帝，但实际上他是最高统治者，北魏末期及东魏时期之帝室，则无疑为其随意处置的傀儡。北魏后期发生的所谓"六镇之乱"，究其本质而言，是地位日益下降的边镇军将集团与腐化的洛阳汉化上层集团之间矛盾激化的产物。作为六镇武人集团的最终得益者之一，高欢及其所依赖的北镇武人相对粗鄙野蛮，对洛阳鲜卑汉化集团及山东地区汉族士族一直怀有强烈的仇视心理。不过，洛阳作为孝文帝以来鲜、汉融合的中心，元魏皇族与汉族士族的基础较为牢固，高欢的势力则主要在河北，于是他最终决意将魏都迁至邺城，这不仅造成了北魏的分裂与终结，而且也为其父子谋划篡夺奠定了基础。

这种政治权力的激烈争夺与文化风尚方面的强烈反差，必然造成元魏皇族人物与高氏父子的对抗与冲突。北魏之末与东魏之际,一些元魏皇族人物对高欢、高澄父子心存不满,并有抵制与反抗的行动。《魏书》卷一五《昭成子孙·常山王遵传》载元玄"庄帝时,为洛阳令。……出帝即位,以孙腾为左仆射,腾即齐献武王心膂。仗入省,玄依法举劾,当时咸为玄惧,出帝重其强正,封临淄县子。后从帝入关"①。孙腾为高欢之"心膂",其入朝擅政,自然受命于高欢,元玄则"依法举劾",魏出帝则"重其强正,封临淄县子",后终携之出奔关中。又,《魏书》卷二〇《文成五王·安乐王长乐传》载元斌之"出帝时,封颍川郡王,委以腹心之任。帝入关,斌之奔萧衍,后还长安。"可见北魏之末洛阳元氏皇族人物对高欢的抵触情绪。正因为如此,高欢徙都邺城之后,河南地区元魏皇族人物依然有反抗的情况。《北史》卷一五《魏诸宗室·高凉王孤传》载元洪威"为颍川太守,有政绩。孝静初,在颍川聚众应西魏,齐神武遣将讨平之"。

东魏时,洛阳元魏皇族大多随迁邺城,自然受到高氏统治者及其北镇武人集团的压制与欺侮,其内心的不满与怨恨更为强烈。《魏书》卷一八《太武五王·临淮王谭传附元孝友传》载"孝静帝宴齐文襄王于华林园,孝友因醉自誉,又云陛下许赐臣能。帝笑曰:'朕恒闻王自道清。'文襄曰:'临淮王雅旨舍罪。'于是君臣俱笑而不罪"②。元孝友在东魏孝静帝宴请高澄时"因醉自誉",君臣唱和,实际上是对高澄的调侃。又,《魏书》卷一九《景穆十二王上·济阴王小新成传附元晖业传》载:"晖业,少险薄,多与寇盗交通。长乃变节,涉子史,亦颇属文,而慷慨有志节。历位司空、太尉,加特进,领中书监,录尚书事。齐文襄尝问之曰:'比何所披览?'对曰:'数寻伊、霍之传,不读曹、马之书。'晖业以时运渐谢,不复图全,唯事饮啖,一日三羊,三日一犊。又尝赋诗云:'昔居王道泰,济济富群英。今逢世路阻,狐兔郁纵横。'"③ 这里所载元晖业回答高澄之言"数寻伊、霍之传,不读曹、马之书",赋诗所言"昔居王道泰,济济富群英。今逢世路阻,狐兔郁纵横"云云,都明确表达了对高氏专权与图谋篡夺的不满。

根据相关文献记载,对于元魏宗室人物,高欢、高澄父子在表面上仍给

---

① 中华书局本校勘记云:按"仗入省"不可解。《北史》卷六《齐本纪》上称"孙腾带仗入省,擅杀御史"。知"仗"上脱"带"字。
② 元孝友是名士化的元魏宗室人物的代表,其"因醉自誉"的言行,其实上显示出对高澄及其边镇集团粗鄙作风的讥讽。对此,《北齐书》卷二八《元孝友传》所载与此大体相同。
③ 《北齐书》卷二八《元晖业传》所载与此基本相同。

予一定的优遇与忍让，甚至通过与之联姻的方式以平息舆论。《北齐书》卷九《文襄敬皇后元氏传》载其为"魏孝静帝之姊也"。北齐立国后，也有与元氏通婚的情况，《北齐书》卷九《孝昭皇后元氏传》载其为"开府元蛮女也"。高澄对元孝友、元晖业等人的名士化作派有所包容，对一些元魏宗室人物也表示出"爱赏"之意，《北齐书》卷二八《元斌传》载其乃北魏献文帝孙、高阳王元雍子，"斌少袭祖爵，历位侍中、尚书左仆射。斌美仪貌，性宽和，居官重慎，颇为齐文襄爱赏"。《北史》卷五五《元文遥传》载其为魏昭成帝之后，"文遥敏慧夙成"，自少以文才著称，洛中"诸贤皆赞赏之"，济阴王元晖业称"此子王佐才也"，又以为"我家千里驹"，著名文士邢卲则誉之为"此殆古来未有"，可见元文遥为宗室中文雅化之精英。武定年间，"文襄征为大将军府功曹"。高澄此举显然有以此应付舆论的意图。

但这都是一些权宜之计，实际上他们对元魏宗室是严加打压的。高澄对东魏孝静帝便极尽羞辱之能事。《魏书》卷一二《孝静帝纪》载：

> 帝好文学，美容仪。力能挟石师子以逾墙，射无不中。嘉辰宴会，多命群臣赋诗，从容沉雅，有孝文风。齐文襄王嗣事，甚忌焉，以大将军中兵参军崔季舒为中书黄门侍郎，令监察动静，小大皆令季舒知。文襄与季舒书曰："痴人复何似？痴势小差未？"帝尝与猎于邺东，驰逐如飞。监卫都督乌那罗、受工伐从后呼帝曰："天子莫走马，大将军怒。"文襄尝侍饮，大举觞曰："臣澄劝陛下酒。"帝不悦，曰："自古无不亡之国，朕亦何用此活！"文襄怒曰："朕！朕！狗脚朕！"文襄使季舒殴帝三拳，奋衣而出。明日，文襄使季舒劳帝，帝亦谢焉。赐绢，季舒未敢受，以启文襄，文襄使取一段。帝束百匹以与之，曰："亦一段耳！"

与此同时，与高氏关系密切的一些北镇将校也是如此。《北齐书》卷一五《库狄干传》载："干尚神武妹乐陵长公主，以亲地见待。……而最为严猛，曾诣京师，魏谯王元孝友于公门言戏过度，诸公无能面折者，干正色责之，孝友大惭，时人称善。……干不知书，署名为'干'字，逆上画之，时人谓之穿锥。又有武将王周者，署名先为'吉'而后成其外，二人至子孙始并知书。"① 厍狄干是边镇武将的重要代表，对中原风气极为抵触，本传称其"以家在寒乡，不宜毒暑，冬得久京师，夏归乡里"。而元孝友则是元魏汉化精英的代表，其于"公门言戏过度，诸公无能面折者"，表现出颇为典型的名士化作风。对此，厍狄干自然无法容忍，于是"正色责之"。这深刻地体现出当时边镇将校集团与元魏宗室汉化精英之间的文化冲突。

不仅如此，当时徙邺元魏宗族还受到其他豪霸势力的欺侮，生活上也存在困难。《北齐书》卷三八《元文遥传》载："初文遥自洛迁邺，惟有地十顷，家贫，所资衣食而已。魏之将季，宗姓被侮，有人冒相侵夺，文遥即以与之。及贵，此人尚在，乃将家逃窜。文遥大惊，追加慰抚，还以与之，彼人愧而不受，彼此俱让，遂为闲田。"侵夺元文遥之田产者，当为乡里豪霸，元文遥无奈"即以与之"，这是"魏之将季，宗姓被侮"过程中的一个具体事例。

面对高澄的打压，东魏时期，元氏宗族中有人企图与关中之西魏联络。《魏书》卷一四《神元平文诸帝子孙·高凉王孤传》载元子华"孝静初，除南兖州刺史。弟子思通使关西，朝廷使右卫将军郭琼收之。子思谓琼仆曰：'速可见杀，何为久执国士！'子华谓子思曰：'由汝粗疏，令我如此。'以头叩床，涕泣不自胜。子思以手捋须，顾谓子华曰：'君恶体气。'寻与子思俱死于门下外省。"元子思"通使关西"，显然有政治图谋，故因此遭到诛杀。

元氏宗族人物与一些士人企图策划谋杀高澄，并得到了孝静帝的默许，其中尤以武定年间的元瑾事件最为典型。《魏书》卷一八《太武五王·广阳王建传》载元深子元瑾"谋杀齐文襄，事泄，合门伏法"。由所谓"合门伏法"，可见高澄处置之严厉。② 元瑾事件牵连甚广，《魏书》卷二一（上）《献文六王·高阳王雍传》载元雍孙元徽，"武定五年，坐与元瑾等谋反，伏法"。又，《魏书》卷一四《神元平文诸帝子孙·高凉王孤传》载元大器"后与元瑾谋害齐文襄王，见害"。可以推测，武定五年，元瑾企图谋杀高澄，其动机当然是阻止其篡魏，其事固然秘密，但仍得到了部分元魏宗室人物的响应。

---

① 这里载"魏谯王元孝友"，孝友实为临淮王。中华书局本校勘记以为当是"淮"讹"谯"，后人又删"临"字。
② 《北齐书》卷一六《段荣传附段韶传》载段韶为北齐勋贵，"僻于好色，虽居要重，微服间行。有皇甫氏，魏黄门郎元瑀之妻，弟谨谋逆，皇甫氏因没官。韶美其容质，上启固请。世宗重违其意，因以赐之"。可见元谨兄也受牵连被诛，其嫂则"没官"，成为北齐勋贵的玩物。这里"元谨"当是元瑾。

不仅如此，当时可能还有非元魏宗室人物参与其事者，《北齐书》卷四七《酷吏·宋游道传》载："及文襄疑黄门郎温子昇知元瑾之谋，系之狱而饿之，食敝襦而死。弃尸路隅，游道收而葬之。"关于此事之情形，《魏书》卷一二《孝静帝纪》所载稍详：

> （孝静）帝不堪忧辱，咏谢灵运诗曰："韩亡子房奋，秦帝鲁连耻。本自江海人，忠义动君子。"常侍侍讲荀济知帝意，乃与华山王大器、元瑾密谋，于宫内为山，而作地道向北城。至千秋门，门者觉地下响动，以告文襄。文襄勒兵入宫，曰："陛下何意反邪！臣父子功存社稷，何负陛下邪！"将杀诸妃嫔。帝正色曰："王自欲反，何关于我。我尚不惜身，何况妃嫔！"文襄下床叩头，大啼谢罪。于是酣饮，夜久乃出。居三日，幽帝于含章堂，大器、瑾等皆见烹于市。

综合相关记载，可见一些反对高氏专权的元魏宗族人物与汉族士大夫密谋，并付诸行动，企图发动军事政变，其中元瑾为其主要谋划与实施者。①

（二）北齐时期元魏宗族人物之悲惨境遇

高洋天保初以禅让之名，正式废黜魏帝，建立北齐。在此过程中，整体降抑元魏宗室的爵位等第，检核相关人物传记，皆可见"准例降爵"的记载，这是改朝换代过程中必然发生的事，这里不予细究。需要深入考察的是，高氏统治者在篡夺之后，对元氏宗族采取了严厉的打压与迫害政策，甚至加以大规模的屠杀。

关于高洋羞辱元氏宗室，元韶之事颇为典型。《北史》卷一九《献文六王·彭城王勰传》载元韶为元勰孙、孝庄帝之侄，曾袭爵彭城王，为魏嫡传，高欢曾以其女儿即"孝武帝后配之，魏室奇宝多随后入韶家"。高洋代魏之后，"天保元年，降爵为县公。韶性行温裕，以高氏婿，颇膺时宠。能自谦退，临人有惠政，好儒学，礼致才彦，爱林泉，修第宅华而不侈。文宣常剃韶鬓须，加以粉黛，衣妇人服以自随，曰：'以彭城为嫔御。'讥元氏微弱，

---

① 关于元氏人物的不满与异动，有些是被过分夸大了，《北齐书》卷四六《循吏·宋世良传附宋世轨传》载："世轨，幼自严整。好法律，稍迁廷尉卿。洛州民聚结欲劫河桥，吏捕案之，连诸元徒党千七百人。崔暹为廷尉，以之为反，数年不断。及世轨为少卿，判其事为劫。于是杀魁首，余从坐者悉舍焉。"可见当时高氏统治者对元氏极为敌视，稍有社会变动，总是大规模牵涉元氏及其徒党。

比之妇女"①。元韶为高欢之婿，其所受待遇如此，其他元氏人物之处境当不难想象。不仅如此，当时大臣也多有侮辱元魏宗族的情况。《北齐书》卷三九《祖珽传》载："珽性疏率，不能廉慎守道。……参军元景献，故尚书令元世㒞子也，其妻司马庆云女，是魏孝静帝姑博陵长公主所生。珽忽迎景献妻赴席，与诸人递寝，亦以货物所致。其豪纵淫逸如此。"

不仅如此，根据相关记载，高洋在禅代过程中，对元氏人物始终有所提防。《北齐书》卷三〇《高德政传》载高德政与高洋"旧相昵爱，言无不尽"，后"劝显祖行禅代之事"，高洋"令撰仪注，防察魏室诸王"，故高德政"要魏太傅咸阳王坦等总集，引入北宫，留于东斋，受禅后，乃放还宅"。可见，在高洋禅代过程中，元魏宗室主要人物大都是被禁锢的。当时元氏人物为求苟活，极力巴结高洋身边的重臣，《北齐书》卷三〇《高德政传》又载其后因上书谏讽，得罪了高洋，一次高洋突然至其宅，见"宝物满床"，大怒，"诘其所从得，皆诸元赂之。遂曳出斩之"，并对群臣说："高德政常言宜用汉，除鲜卑，此即合死。又教我诛诸元，我今杀之，为诸元报仇也。"高洋将诛杀元魏宗室的罪名尽推给高德政，这显然不合事实，但确实可以据此推测，诸大臣利用高洋忌恨元氏的心理，推波助澜，以谋取私利。与此相应，朝臣与元魏宗族人物交往也受到监控，《北齐书》卷一八《高隆之传》载高隆之为北齐戚属重臣，"齐受禅，进爵为王"，位列宰臣，"隆之曾与元昶宴饮，酒酣，语昶曰：'与王交游，当生死不相背。'人有密言之者"。高隆之与元昶酒后私下之言，竟"有密言之者"，这虽是对高隆之的政治陷害，但也说明与元魏宗族交往显然受到监控。

高洋末年，对元氏心存忌惮，于是大行屠戮。《北齐书》卷四《文宣帝纪》载：天保十年五月癸未，"诛始平公元世、东平公元景式等二十五家，特进元韶等十九家并令禁止"②。《北史·献文六王·彭城王勰传附元韶传》亦载：

（天保）十年，太史云："今年当除旧布新。"文宣谓韶曰："汉光武何故中兴？"韶曰："为诛诸刘不尽。"于是乃诛诸元以厌之。遂以五月诛

---

① 《北齐书》卷二八《元韶传》所载基本相同。
② 中华书局本校勘记以为"元世"，本书卷二八及《北史》卷一九《元韶传》作"元世哲"，这里当脱"哲"字。

元世哲、景式等二十五家，余十九家并禁止之。诏幽于京畿地牢，绝食，啖衣袖而死。及七月，大诛元氏，自昭成已下并无遗焉。或父祖为王，或身常贵显，或兄弟强壮，皆斩东市。其婴儿投于空中，承之以槊。前后死者凡七百二十一人，悉投尸漳水。剖鱼者多得爪甲，都下为之久不食鱼。世哲从弟黄头，使与诸囚自金凤台各乘纸鸱以飞，黄头独能至紫陌乃坠，仍付御史狱，毕义云饿杀之。①

高洋酷杀元魏宗族至于此，可谓斩尽杀绝。对此，可议有二：一是所杀甚众，关于此次高洋所杀元氏人数，上引《北史》及《北齐书·元韶传》皆载"前后死者凡七百二十一人"，而《北史》卷七《齐显祖文宣帝纪》则载天保十年五月，"诛始平王元世、东平公元景式等二十五家，禁止特进元韶等十九家，寻并诛之，男子无少长皆斩，所杀三千人，并投漳水"。《太平广记》卷二六七引《谈薮》又载此事："北齐高洋以光武帝中兴为诛刘氏不尽，于是大诛诸元，死者千余，弃之漳水"。《太平广记》卷二六七引《谈薮》也载此事："北齐高洋以光武帝中兴为诛刘氏不尽，于是大诛诸元，死者千余，弃之漳水……唯元蛮、元长春、元景安三家免诛，蛮以其女为常山王妃，春、安等以其多力善射故也。景安兄景皓曰：'宁为玉碎，不作瓦全。'景安奏其言，帝复杀之。自是，元氏子孙老幼贵贱无遗矣。"元氏被屠有七百多人、千余人、三千人等说法，具体数字虽难考实，但可见元氏诛戮之众。② 二是手段极为残酷，高洋对元氏公然斩于东市，"其婴儿投于空中，承之以槊"。《太平广记》卷二六七引《谈薮》载被诛元氏悉投漳水，"有捕鱼者得爪甲，谓之元

---

① 《北齐书·元韶传》所载基本同此。《纲目续麟》卷一三有评曰："异哉！元韶之对齐主也。身为魏室，而云诛诸刘不尽，纵不为国计，独不为身计乎？又况王莽之败，虽无光武，能保其不失哉？一言而灭宗室二十五家，已亦幽死，无亦先世之愆，假手于齐以报之，不然何其谬也！"元韶固无德操，但诛戮元氏子孙以巩固统治则是高齐之成策。这里又涉及毕义云残害元氏人物事，毕氏是北齐著名的酷吏，《北齐书》卷四七《酷吏·毕义云传》载其"性严酷，事多干了。……酷暴残忍，非人理所及，为家尤甚，子孙仆隶，常疮痍被体"。高洋以他处置元氏人物，可见其凶残。

② 对此，清人王鸣盛《十七史商榷》卷六八"高洋大诛元氏"条有论云："自刘裕始杀故主，萧道成并灭前代之裔，至高洋之惨酷，则亘古所无。……杀元氏子孙，《北书》本纪甚略，惟《元韶传》详之，而《北史·文宣纪》则加详，但《元韶传》言死者七百二十一人，与《北齐书》同，而《纪》言所杀三千人，一书纪、传互异，亦一病。洋既因王莽诛刘不尽，使光武中兴，欲尽灭元氏，恐当以三千为确。《新唐书·宰相世系表》序元魏之后，闻于唐者甚多，宰相一人（元）稹，相穆宗，然所列者皆是后周韩国公谦及隋兵部尚书平昌公岩之后，则知元氏惟西魏尚有存者，而东魏已绝。……可见在唐皆西魏子孙。"

郎，渔人不忍食之"。王鸣盛《十七史商榷》卷六八"高洋大诛元氏"条有论云："自刘裕始杀故主，萧道成并灭前代之裔，至高洋之惨酷，则亘古所无。……河阴之难，魏之百官公卿士二千余人皆为尔朱荣所杀。……未及三十年，而元氏子孙三千人又被高洋尽杀之，且前代之翦灭犹不过阴行鸩害，此则骈斩于世，男子无少长皆就戮，婴儿掷于空中，承之以矟，诛屠之惨，一至于此。"高洋如此公然杀戮元氏于东市，与尔朱荣集团屠杀元氏手段相似，这除了一般的朝代更替所引发的政治斗争，当与高氏统治者及其所依靠的北镇兵士集团对元魏迁洛汉化群体极其仇视的恶毒心理不无关系。

关于高洋杀害元氏宗族之原因，《北齐书》本纪以为其"沉酗既久，弥以狂惑，至于末年，每言见诸鬼物，亦云闻异音声。情有蒂芥，必在诛戮，诸元宗室咸加屠剿，永安、上党并致冤酷，高隆之、高德政、杜弼、王元景、李蒨之等皆以非罪加害"。这里将屠戮元氏与其残害大臣之原因等一并归咎于高洋个人"沉酗既久，弥以狂惑"，这固然是一个方面，但根本原因在于北齐统治集团对待元魏皇族的一贯政策及其文化差异所决定的。

确实，高洋自行篡夺以来，便不断残害元魏宗室人物，以致天保十年发展到整体消灭。即便高氏统治者对个别元魏宗室人物有所优待，也迫使他们改易姓氏。《北史》卷一六《道武七王·京兆王黎传》载元蛮"仕齐，历位兼度支尚书，行颍州事。坐不为继母服，为左丞所弹。……齐天保十年，大诛元氏。昭帝元后，蛮之女也，为苦请，自市追免之，赐姓步六孤氏"。元蛮以北齐外戚而免死，但依然被迫改姓。至于其他元魏宗室的遭遇，这由《北齐书》卷二八所载几位元氏代表性人物的相关事迹可以看出。

元坦，《北齐书》本传载其的魏献文帝孙、咸阳王元禧第七子，袭封咸阳王，累迁侍中，因元禧于北魏宣武帝时遇诛，元坦等为彭城王元勰所抚养，故庄帝时颇受青睐。东魏、北齐之际，"坦历司徒、太尉、太傅，加侍中、太师、录尚书事、宗正、司州牧。虽禄厚位尊，贪求滋甚，卖狱鬻官，不知纪极。为御史劾奏免官，以王归第。寻起为特进，出为冀州刺史，专复聚敛。每百姓纳赋，除正税外，别先责绢五匹，然后为受。性好畋渔，无日不出，秋冬猎雉兔，春夏捕鱼蟹，鹰犬常数百头。自言宁三日不食，不能一日不猎。入为太傅，齐天保初准例降爵，封新丰县公，除特进、开府仪同三司。坐子世宝与通直散骑侍郎彭贵平因酒醉诽谤，妄说图谶，有司奏当死，诏并宥之。坦配北营州，死配所"。元坦为北魏皇族嫡宗，其生活之奢侈、为宦之贪婪，与鲜卑迁洛集团之普遍腐化堕落密切相关。① 就其个人品行而言，元坦也极为自私自利，本传载其父遇诛后，"兄翼、树等五人相继南奔，故坦得承袭"，然孝武帝时元树归北，"坦见树既长且贤，虑其代已，密劝朝廷以法除之。树知之，泣谓坦曰：'我往因家难，不能死亡，寄食江湖，受其爵命。今者之来，非由义至，求活而已，岂望荣华。汝何肆其猜忌，忘在原之义，腰背虽伟，善无可称。'坦作色而去。树死，竟不临哭"。元坦对待胞兄刻薄如此，可见其极端自私。但具体就元坦在东魏、北齐之际的生活状况而言，其奢侈与贪腐，也有其在高氏政治压力下的不得已处，目的是以此表明无政治图谋，以求苟且偷生。但即便如此，他作为元魏皇族的代表，依然不断遭到政治对手的攻诘。《北齐书》卷三〇《崔暹传》便载崔暹武定初任御史中尉，其前后弹奏者便有尚书元羡与太师咸阳王元坦，"罪状极笔，并免官"。上引元坦"坐子世宝与通直散骑侍郎彭贵平因酒醉诽谤，妄说图谶，有司奏当死，诏并宥之"。所谓"酒醉诽谤，妄说图谶"云云，显然是陷害之词，但最终元坦因此"配北营州，死配所"，实际上遭到流放致死。

元斌，《北齐书》本传载其曾为高澄所"爱赏"，但"齐天保初，准例降爵，为高阳县公，拜右光禄大夫。二年，从文宣讨契丹还，至白狼河，以罪赐死"②。元斌尽管一度为高澄"爱赏"，但在高洋时仍难免"以罪赐死"的厄运。

元孝友，《北齐书》本传载其在东魏时虽以清流自居，对高澄有不敬之言行，但其不仅为宦"以法自守，甚著声称"，而且在为人上对高氏颇谦抑，"性无骨鲠，善事权势，为正直者所讥。齐天保初，准例降爵，封临淮县公，拜光禄大夫。二年冬被诏入晋阳宫，出与元晖业同被害"。

元晖业，《北齐书》本传载其"齐初，降封美阳县公，开府仪同三司、特进。晖业之在晋阳也，无所交通，居常闲暇，乃撰魏藩王家世，号为《辨宗录》四十卷行于世。③ 位望隆重，又以性气不伦，每被猜忌。天保二年，从驾至晋阳，于宫门外骂元韶曰：'尔不及一老妪，背负玺与人，何不打碎之。我

---

① 关于北魏后期鲜卑迁洛上层集团之腐化，王永平《北魏后期迁洛鲜卑上层之奢侈化及其原因与危害》（《学习与探索》2010年第3期）已有比较深入的考述，敬请参看。
② 元斌之事，《北史》卷一九《献文六王·高阳王雍附斌传》所载大体相同。
③ 元晖业所撰《辨宗录》，其书名、卷数等记载不尽同。《魏书》卷一九（上）《景穆十二王上·济阴王小新城传附元晖业传》载其"撰魏藩王家世，号曰《辨宗室录》，四十卷，行于世"。又，《北齐书》卷三七《魏收传》载："济阴王晖业撰《辨宗室录》三十卷。"

出此言，即知死也，然尔亦讵得几时！'文宣闻而杀之，亦斩临淮公孝友。孝友临刑，惊惶失措，晖业神色自若。仍凿冰沉其尸"[1]。前文已叙元晖业对高澄谋篡颇有抵触情绪，其撰"魏藩王家世"表现出强烈的元魏宗族感情，以此"每被猜忌"。入齐后，他对依附高氏的元韶直言相斥，最终为高洋杀害。

由上述可见，高洋篡魏过程中，特别是立国之后，对元魏宗室人物中不仅整体上加以贬抑，而且对其中"位望隆重"、"性气不伦"，以及有军政才干者，严加监控，最终逐一屠戮。不仅如此，元魏宗室人物中即便依附高氏者，也多加羞辱，前述元韶之事最为典型。

当然，不可否认，北齐时也有个别元魏宗室中受到重用，主要是一些疏宗子弟，他们不仅极力效忠高氏，甚至改易姓氏。《北齐书》卷三八《元文遥传》载其为魏昭成六世孙，高洋代魏，其"于登坛所受中书舍人，宣传文武号令"，可见其支持高氏代魏。但"后忽被中旨幽执，竟不知所由。如此积年。文宣后自幸禁狱，执手愧谢，亲解所著金带及御服赐之，即日起为尚书祠部郎中"。关于元文遥"忽被中旨幽执，竟不知所由。如此积年"，当主要出于高洋对其北魏宗族身份的敏感，以及由此导致对其政治态度的疑虑。元文遥后来在北齐孝昭帝"典机密"、"参军国大事"，并受顾命，"迎立武成"，从而在武成帝时"任遇转隆"，位列宰臣，可谓北齐时期最显达的北魏宗族人物。《北齐书》本传称"文遥历事三主，明达世务，每临轩，多命宣敕，号令文武，声韵高朗，发吐无滞。然探测上旨，时有委巷之言，故不为知音所重"。可见其为宦除了依靠文雅之才外，与其善于"探测上旨"有很大关系。正因为如此，天统二年，北齐武成帝"诏特赐姓高氏，籍属宗正，子弟依例岁时入朝"。元文遥追随高氏至于此。又，《北齐书》卷四二《卢叔武传》载："肃宗即位，……问以世事，叔武劝讨关西，画地陈兵势……帝深纳之。又愿自居平阳，成此谋略。上令元文遥与叔武参谋，撰《平西策》一卷。"所谓"劝讨关西"，就是主张兴兵征讨关中，关乎北齐军政大略，北齐统治者以元文遥为参谋，制定相关战略，可谓信重有加。之所以如此，与其一贯善于"探测上旨"不无关系。不过，在北齐统治集团人物的内心深处，他们对元文遥依然抱有歧视心理，北齐权幸和士开便曾对元文遥说："处得言地，使元家儿作令仆，深愧朝廷。"元文遥子元行恭"美姿貌，有父风，兼俊才，位中书舍人，待诏文林馆"。元行恭弟元行如，"亦聪慧早成，武平末，任著作佐

---

[1] 《北史》卷一七《景穆十二王·济阴王小新成传》与此基本相同。

郎"。元文遥一支在北齐得以保全，其父子皆以文才著名。

元文遥父子以文才仕于北齐，元氏疏宗人物元景安等人则以武干受到重用。《北齐书》卷四一《元景安传》载其为魏昭成帝五世孙，其父元永"自积射将军为元天穆荐之于尔朱荣"，自魏末便依附边镇集团，"天平初，高祖以为行台左丞，寻除颍州刺史，又为北扬州刺史。天保中，征拜大司农卿，迁银青光禄大夫，依例降爵为乾乡男。大宁二年，迁金紫光禄大夫"。元永自魏末至齐，一直追随高氏。元景安也如此，其"沉敏有干局，少工骑射，善于事人"，先为尔朱荣，"高祖平洛阳，领军娄昭荐补京畿都督，父永启回代郡公授之，加前将军，太中大夫"。后一度随孝武帝入关，然"天平末，大军西讨，景安临阵自归。高祖嘉之，即补都督。兴和中，转领亲信都督"。元景安尚武从征，颇得高欢父子赏识，"天保初，加征西将军，别封兴势县开国伯，带定襄县令，赐姓高氏"。在征战东北之契丹、北部之茹茹与突厥等部族及淮河流域的过程中，元景安颇多功绩，以致位列领军大将军，受封历阳郡王。元景安子元仁也历武职。元景安对北齐高氏统治者颇为忠诚，《北齐书》卷四一《元景安传附元景皓传》载元景皓乃元景安伯父元祚子，"天保时，诸元帝室亲近者多被诛戮。疏宗如景安之徒议欲请姓高氏，景皓云：'岂得弃本宗，逐他姓，大丈夫宁可玉碎，不能瓦全。'景安遂以此言白显祖，乃收景皓诛之，家属徙彭城。由是景安独赐姓高氏，自外听从本姓"。《北齐书·元景安传附元豫传》载元豫字景豫，为元景安叔元种子，"及景安告景皓慢言，引豫言相应和。豫占云：'尔时以衣袖掩景皓口，云兄莫妄言。'及问景皓，与豫所列符同，获免。自外同闻语者数人，皆流配远方。豫卒于徐州刺史"。由此可见，即便是元魏疏宗人物，他们大都对高氏篡夺也是心存不满的，仍表现出一定北魏宗族情结，以致说出"大丈夫宁可玉碎，不能瓦全"的豪言，坚决反对改易姓氏，只有元景安等少数人"请姓高氏"。高齐统治者不仅对反对改姓者加以严惩，而且"自外同闻语者数人，皆流配远方"，可见对元氏控制之严、惩处之酷。

近来检点相关墓志，可见有个别元魏宗室人物在北齐的仕历情况。《元洪敬墓志》载其"魏太祖道武皇帝五世孙"，魏末动乱以来，"属梁师侵凌，奉敕专征。率马步二万，扫涤青、光两州之梗，扑灭元颢、邢杲之寇。自兹厥后，处处勤王，历拜镇远、龙骧、征虏、中军、翊军将军，及金镛等城大都督。频降朝旨，特加赏赞，凡除清河、东莱、高阳、长广、阳夏五郡太守。……又累除洛州司马、中散大夫、冀州别驾，平阳、上党及太尉府从事中郎。历任诸难，功高誉显。系言宠赞，备在方册"。元洪敬亡于齐河清四年（565）四月一日，六十八岁。① 可见元洪敬在东魏北齐之间，历任诸将军与郡守，"历任诸难，功高誉显"。又，《元贤墓志》载其"河南洛阳人，魏平文皇帝之后也"，魏末、东魏之际，"以君为扬州刺史，加车骑将军。……复诏君行怀、颖二守事。文襄皇帝以河阳近服，作国南门，……乃以君为大都督而镇之。……武定七年，复以君为永固镇大都督。……遂表除君安次县都乡男，食邑一百户。……天保元年，特除洛川县开国子，食邑三百户"。其亡于天保二年，时年五十五岁。②《元始宗墓志》载其"河南洛阳人，魏神元皇帝八世孙也。……齐武兴王，宗英之极，每见升引，雅相钦尚，未尝不拥彗分庭，虚左悬榻。河清之始，除开府行参军。……天统末，除镇远将军。……俄除豫州外兵参军事。……或监典午，时临骥足，鞍掌刀笔，出入讽议，鱼水无以加，盐梅不能喻"。其亡于武平二年，年三十六岁。③ 元洪敬、元贤、元始宗三人皆为元魏皇族疏宗，以武职干能从事具体军政事务。

二 西魏、北周及隋对待元魏宗室之政策及其境遇

与东魏、北齐对待元魏宗室的酷杀政策相比，西魏、北周则相对宽弛，元魏宗室人物在关中宇文氏政权下得到了一定的庇护和任用，处境较为优遇。而隋则以禅让之名篡夺了北周政权，作为关陇军政集团统治的延续，隋统治者不仅基本上继承了北周的相关政策，而且由于元魏人物在周、隋易代过程中多追随隋文帝，一些人还参与其篡夺活动，故得到隋统治者的提携和重用。

关于宇文氏对待元魏宗室的态度与政策，《周书》卷三八《元伟传》有一段论述：

> 太祖天纵宽仁，性罕猜忌。元氏咸属，并保全之，内外任使，布于列职。孝闵践阼，无替前绪。明、武缵业，亦遵先志。虽天厌魏德，鼎命已迁，枝叶荣茂，足以逾于前代矣。

---

① 罗新、叶炜：《新出魏晋南北朝墓志疏证》，中华书局2005年版，第176页。
② 赵超：《汉魏南北朝墓志汇编》，天津古籍出版社2008年版，第386页。
③ 韩理洲等辑校编年：《全北齐北周文补遗》，三秦出版社2008年版，第137页。

尽管西迁元魏宗室在北周总体上处于被压制的地位，"权移周室"，但大都保全了性命，且受到任用，即所谓"元氏戚属，并保全之，内外任使，布于列职"，以致"枝叶荣茂，足以逾于前代"，与北齐的酷杀政策形成了鲜明的对比。

（一）宇文氏之招揽元魏宗族人物

宇文泰以关中为基地，与高欢相抗，在其初始阶段，不仅军政实力相对弱小，而且高欢控制魏廷，也具有比较大的操弄舆论的空间，对宇文泰形成巨大的压力。魏孝武帝因与高欢生隙西奔，这对宇文泰而言，可谓坐收渔人之利，他获得了与高欢相抗的重要砝码。因此，宇文泰积极谋划迎奉魏孝武帝。《周书》卷二五《李贤传》载："魏孝武西迁，太祖令贤率骑兵迎卫。时山东之众，多欲逃归。帝乃令贤以精骑三百为殿，众皆惮之，莫敢亡叛。"随魏孝武帝入关的元魏皇族子弟颇为不少。① 此后一些元魏皇族子弟相继西奔，宇文泰则加以积极接引，《周书》卷四三《李延孙传》载："贺拔胜为荆州刺史，表延孙为都督。肃清鸥路，颇有功力焉。……自魏孝武西迁之后，朝士流亡。广陵王欣、录尚书长孙稚、颍川王斌之、安昌王子均及建宁、江夏、陇东诸王并百官等携持妻子来投延孙者，延孙即率众卫送，并赠以珍玩，咸达关中。"正由于宇文泰着力招引元魏皇族及其上层人物，李延孙等地方部属才会如此用心，"率众卫送"②。不仅如此，宇文泰甚至还亲自征求招揽元魏宗室名士，《北史》卷一六《道武七王·京兆王黎传》载元罗为北魏之末与东魏时期文雅化宗族名士之代表，曾为青州刺史，"罗望倾四海，于时才名之士王元景、邢子才、李奖等咸为其宾客，从游青土"，东魏时元罗为梁州刺

---

① 《魏书》卷一五《昭成子孙·常山王遵传》载元玄事云："出帝重其强正，封临淄县子。后从帝入关。"《北史》卷一五《魏诸宗室·常山王遵传》载元顺"从孝武入关"。《北史》卷一六《太武五王·临淮王谭传》载元孚"复从孝武入关，除尚书左仆射、扶风郡王"。《北史》卷一七《景穆十二王·阳平王新成传》载元畅"从孝武帝入关，拜鸿胪，封博陵王"；元畅弟元融也"从孝武入关，封魏兴王"。《周书》卷三八《元伟传》载元伟父元顺"以左卫将军从魏孝武西迁，拜中书监、雍州刺史、开府仪同三司，封濮阳王"。这都是直接随孝武入关可考者，其实随孝武西奔者甚众，绝非仅此数人。另有一些元魏宗室虽因孝武帝谋划事密，且西奔仓促，未及从驾，但很快追驾而至关中，《北史》卷一七《景穆十二王·阳平王新成传》载元子孝"孝武帝入关，不及从驾。后赴长安，封义阳王"。《北史》卷一七《景穆十二王·京兆王子推传》载元仲景"孝武帝将入关，……追驾至长安，仍除尚书右仆射，封顺阳王"。

② 孝武西迁之后，一些散居各地的元魏皇族人物有的先逃亡南方避祸，此后陆续西归，如前文引《魏书》卷二〇《文成五王·安乐王长乐传》载元斌之在"出帝时，封颍川郡王，委以腹心之任。帝人关，斌之奔萧衍，后还长安"。正因为如此，荆雍一带成为元魏皇族的一个重要避难聚居地，也成为此后元魏皇族人物西迁的中转地，李延孙任职于此，故有机会在此过程中发挥了重要作用。

史,"梁遣将围逼,罗以州降,……梁元帝灭(侯)景,周文帝求罗,遂得还。除开府仪同三司、侍中、少师,袭爵江阳王"。后元罗兄元叉后人元善住"在后从南入关,罗乃以爵还善住,改封罗为固道郡公"。宇文泰向梁元帝"求(元)罗,遂得还",显示出其招集元魏宗室的急切心情,其他流落南方的元魏皇族人物之相继入关,当多与此相关。另一个典型是元亨,《隋书》五四《元亨传》载:

> 元亨字德良,一名季才,河南洛阳人也。父季海,魏司徒、冯翊王,遇周、齐分隔,季海遂仕于长安。亨时年数岁,与母李氏在洛阳。齐神武帝以亨父在关西,禁锢之。其母则魏司空李冲之女也,素有智谋,遂诈称冻馁,请就食于荥阳。齐人以其去关西尚远,老妇弱子,不以为疑,遂许之。李氏阴托大豪李长寿,携亨及孤侄八人,潜行草间,得至长安。周太祖见而大悦,以亨功臣子,甚优礼之。亨年十二,魏恭帝在储官,引为交友。释褐千牛备身。大统末,袭爵冯翊王,邑千户。授拜之日,悲恸不能自胜。

由元亨等人潜逃入关及"周太祖见而大悦"等情况看,宇文泰招徕、优遇元魏宗族的政策确实成效显著。

(二) 宇文氏优遇入关之元魏宗族人物

首先,宇文泰及其后继者对元魏人物给予适当的政治安排。《周书》卷三八《元伟传》末述及宇文泰优遇元魏宗室,称"然简牍散亡,事多湮没。今录其名位可知者,附于此云",其中包括柱国大将军、太傅、大司徒、广陵王元欣;柱国大将军、特进、尚书令、少师、义阳王元子孝;尚书仆射、冯翊王元季海;七兵尚书、陈郡王元玄;大将军、淮安王元育;大将军、梁王元俭;大将军、尚书令、少保、小司徒、广平郡公元赞;大将军、纳言、小司空、荆州总管、安昌郡公元则;侍中、骠骑大将军、开府仪同三司、少师、韩国公元罗;侍中、骠骑大将军、开府仪同三司、吏部尚书、鲁郡公元正;侍中、骠骑大将军、开府仪同三司、中书监、洵州刺史、宜都郡公元颜子;侍中、骠骑大将军、开府仪同三司、鄜州刺史、安乐县公元寿;侍中、骠骑大将军、开府仪同三司、武卫将军、遂州刺史、房陵县公元审。以上十三人可谓西迁关中的元魏宗室代表,其中位至柱国大将军的有元欣和元子孝。在西魏首批八大柱国大将军中,《周书》卷一六《侯莫陈崇传》述柱国大将军事云：

> 自大统十六年以前，任者凡有八人。……魏广陵王元欣，元氏懿戚，从容禁闱而已。此外六人，各督二大将军，分掌禁旅，当爪牙御侮之寄。当时荣盛，莫与为比。故今之称门阀者，咸推八柱国家云。

元欣的具体名号是"使持节、太傅、柱国大将军、大宗伯、大司徒"。此外，十二大将军中，元氏人物又有三人，分别是："使持节、大将军、大都督、少保、广平王元赞"，"使持节、大将军、大都督、淮安王元育"①，"使持节、大将军、大都督、齐王元廓"。当然，不可否认，宇文泰安排元魏皇族代表人物充任柱国大将军和大将军，无疑是一种荣誉性、权宜性的政治安排，并非真正委以其军政实权，故称广陵王元欣"元氏懿戚，从容禁闱而已"，与其他六大柱国大将军"分掌禁旅，当爪牙御侮之寄"不同，但他们毕竟以此取得了"当时荣盛，莫与为比"的政治与社会地位，成为此后关陇军政集团中门第阀阅的最高序列。这与高欢父子对待元魏皇族人物的高压政策形成了鲜明的对比。因此，从这个意义上可以说，宇文泰对元魏宗室人物在柱国大将军及十二大将军中的安排，体现了他对元魏皇族的某种优遇，对元魏宗室的门阀化及其社会地位的维续具有重要意义。

检点墓志，可见也有一些元魏宗室人物在实际军事活动中发挥重要作用的。《拓跋虎墓志》载："君以宗室，礼年即有大成之志，十一封琅琊郡王，邑五百户。十五，除太子洗马、谏议大夫。眉目疏朗，雄姿膂力，腰带两鞬，

---

① 关于元育，《拓跋育墓志》载："公讳育，字僧会，文成皇帝之曾孙，献文皇帝之孙，高阳文穆王雍之第十。魏后二年，又封淮安公。二年二月十七日薨，谥曰思。"（辑入罗新、叶炜《新出魏晋南北朝墓志疏证》，中华书局2005年版，第239页）可知元育为高阳王元雍第十子。《魏书》卷二一（上）《献文六王上·高阳王雍传》中附叙其诸子，其中有僧育，出帝初封顿丘县，"僧育走关西，国除"。与墓志相较，《魏书》所载元僧育，实际名育，字僧会，当从墓志。拓跋育作为魏宗室地位显赫的近支代表，从出帝奔关西。罗新、叶炜在《拓跋育墓志》疏证中明确指出："其实拓跋育就是元育。元育是宇文泰建立的八柱国十二大将军体制中的大将军之一，见《周书》卷一六末、《北史》卷六〇卷末所谓'使持节、大将军、大都督、淮安王元育'是也。元育在孝武帝时爵止顿丘县开国伯，随孝武帝入关，乃得晋爵为淮安王。《周书》卷二《文帝纪下》：'自元烈诛，魏淮安王育、广平王赞等垂谏诛，帝不听。于是太祖与公卿定议，废帝，尊立齐王廓，是为恭帝。'元育、元赞名为大将军，实际上主要在宫廷活动。元育死于西魏恭帝二年（555），墓志作于周明帝二年（558）。元育是否正常死亡，史书无可考，墓志也没有提供任何线索。"（前揭罗新、叶炜《新出魏晋南北朝墓志疏证》，第239—240页）

第十章 北朝后期元魏皇族群体之遭遇 / 247

左右驰射。大统八年，从太祖征洛阳。九年，解围玉壁，城雉向背，风云逆从，李广恒飞，咸宫常胜，臧支并中，七札俱穿，除使持节、车骑大将军、仪同三司，增邑一千户。十三年，从蜀国公围宜阳。后元年，从晋国公平江陵。……及乎三统乐推，二仪禅受，以君令望令族，无关废姓，改封云宁县公，增邑合两千户。保定三年，除骠骑大将军、开府，持节、都督如故。"①拓跋虎作为北魏疏宗，在西魏北周多有战功，位列大将军。

与此相应，元魏皇族人物在西魏、北周的生活也相对优裕。《北史》卷一九《献文六王·广陵王羽传》载元欣"性粗率，好鹰犬，……孝武入关中，欣投托人使达长安，为太傅、录尚书事。欣于中兴宗室，礼遇最隆，自广平诸王，悉居其下。……文帝谓欣曰：'王三为太傅、再为太师，自古人臣，未闻此例。'欣逊谢而已。……欣好营产业，多所树艺，京师名果皆出其园。所汲引及僚佐咸非长者，为世所鄙"。元欣在西魏时"于中兴宗室，礼遇最隆"，宇文泰以为其"三为太傅、再为太师，自古人臣，未闻此例"，这虽皆为名誉性的虚职，但以此显示表面上对元魏皇族的优遇则是事实，而元魏皇族人物因此而获得了生活上的某些特权。《周书》卷二二《柳庆传》载："广陵王元欣，魏之懿亲。其甥孟氏，屡为匈横。或有告其盗牛。庆捕推得实，趣令就禁。孟氏殊无惧容，乃谓庆曰：'今若加以桎梏，后复何以脱之？'欣亦遣使辨其无罪。孟氏由此益骄。庆于是大集僚吏，盛言孟氏依倚权戚，侵虐之状。言毕，便令笞杀之。此后贵戚敛手，不敢侵暴。"元欣本人"好营产业，多所树艺，京师名果皆出其园"，其亲属也依仗其权势，"屡为匈横"，豪夺强取，并威胁处理相关事务的官员，其嚣张如此。这与东魏、北齐元魏宗室人物财产难保的生活窘境形成了鲜明的对比。

当然，尽管宇文氏在军政核心领域对元魏皇族人物的安排主要是名誉性的，但根据相关文献记载，西魏、北周时期元魏皇族子弟也有人受命负责实际的军政事务，且颇有作为。《周书·元伟传》载其一再出任幽州、陇右总管府长史等，保定二年，其任成州刺史，"伟政尚清静，百姓悦附，流民复业者三千余口"，后又为随州刺史等。可见元伟虽以文见长，但其吏治之功甚著。②元景山在军事上颇有功业，《隋书》卷三九《元景山传》载元景山"河南洛

---

① 韩理洲等辑校编年：《全北齐北周文补遗》之《全后周文补遗》，三秦出版社 2008 年版，第 18 页。

② 以上所述元伟事迹，《北史》卷一五《魏诸宗室·常山王遵传附元伟传》所载大体相同。

阳人也。祖燮，魏安定王。父琰，宋安王。景山少有器局，干略过人"。周闵帝时，其从征吐谷浑，以功拜抚军将军，"其后数从征伐，累迁仪同三司，赐爵文昌县公，授酆川防主。后与齐人战于北邙，斩级居多，加开府，迁建州刺史，进封宋安郡公，邑三千户。从武帝平齐，每战有功，拜大将军，改封平原郡公，邑二千户，赐女乐一部，帛六千匹，奴婢二百五十口，牛羊数千。治亳州总管，……法令明肃，贼盗屏迹，称为大治"。周宣帝嗣位，其从上柱国韦孝宽经略淮南。元岩在周时也颇得重用，《隋书》卷六二《元岩传》载其"河南洛阳人也。父祯，魏敷州刺史。岩好读书，不治章句，刚鲠有器局，以名节自许，少与勃海高颎、太原王韶同志友善。仕周，释褐宣威将军、武贲给事。大冢宰宇文护见而器之，以为中外记室。累迁内史中大夫，昌国县伯"。关于元岩之"刚鲠"，在周宣帝时表现得最为突出。宣帝"为政昏暴"，大臣屡有进谏，京兆丞乐运"乃舆榇诣朝堂，陈帝八失，言甚切至。帝大怒，将戮之。朝臣皆恐惧，莫有救者"。元岩进言，"（乐）运因获免"。[①] 后宣帝又将诛大将乌丸轨，御正颜之仪"切谏不入"，元岩"进继之，脱巾顿颡，三拜三进"，直言"恐滥诛失天下之望"，周宣帝大怒，"使阉竖搏其面，遂废于家"。元岩谏诤如此，恪守职责，与汉族士人相同。[②]

当然，不可否认，宇文氏对元魏皇族人物的优遇是相对北齐高氏的相关政策而言的，他们也有诸多的压制性做法，并且最终也要取代西魏，行易代之举。在这一过程中，一些元魏宗族人物必然有所不满，并因此受到严厉的打击。《周书》卷二《文帝纪下》载：魏废帝二年十一月，"尚书令元烈谋作乱，事发，伏诛"。三年，"自元烈诛，魏帝有怨言。魏淮安王育、广平王赞等垂泣谏之，帝不听。于是太祖与公卿定议，废帝，尊立齐王廓，是为恭帝"。由元烈之谋反及西魏恭帝之"有怨言"，可见宇文泰对元魏宗族严厉压

---

① 关于元岩谏救乐运事，《周书》卷四〇《颜之仪传附乐运传》也有比较详细的记载。
② 关于宇文氏优遇元魏皇族后裔，墓志资料也有所体现。北周《裴智英墓志》载其河东闻喜人，"世为著姓，家传盛德。英贤踵袭，冠冕蝉联。将委兄弟，归于拓拔公。公名荣兴，河南洛阳人也，昭成皇帝之后。……既是皇宗，又兼才德。高官上爵，无替于时。但往因离乱，遂隔在东国。夫人鞠养幼孤，并克成立长。子休，实禀慈训，以作时英。而子贵母尊，古今通典，乃封正平郡君，礼也"。其子元休官职"使持节、车骑大将军、仪同三司、大都督、袭爵上蔡公"，"女博叉，阳化公夫人。女频伽，虞国公夫人。女吉那，蓟侯夫人。女迦业，真定公夫人。女故真玉，始安公夫人"。参见王连龙《新见北朝墓志集释》，中国书籍出版社2013年版，第183页。王连龙释文中有论云："以职官观之，元休在北周位高权重，不仅其母得封正平郡君，其诸妹亦加夫人，可谓显赫一时，然亦为史籍所漏记，殊为遗憾。"（同上书，第183—184页）由元荣兴子元休在北周所受之任用及其家人所受优遇，可见宇文氏对待元魏皇族人物之政策。

制的情况,而宇文泰之废黜西魏帝王,实际上已显示出其有意代魏。① 对宇文泰之有意篡夺,元魏宗室人物确有不满情绪,《隋书》卷五〇《元孝矩传》载:"时见周太祖专政,将危元氏,孝矩每慨然有兴复社稷之志,阴谓昆季曰:'昔汉氏有诸吕之变,朱虚、东牟,卒安刘氏。今宇文之心,路人所见,颠而不扶,焉用宗子?盍将图之。'为兄则所遏,孝矩乃止。"又,《北史》卷一七《景穆十二王上·阳平王新成传》载元子孝"以国运渐移,深自贬晦,日夜纵酒。后例降为公,复姓拓跋氏"。《北史》卷一七《景穆十二王上·京兆王子推传》载元仲景"大统五年,除幽州刺史。仲景多内乱,后就州赐死"。由以上事实可见,在宇文氏专政及其篡夺过程中,一些元氏宗族人物是有不满言行的,其中激烈者或曾"谋作乱"。对此,宇文氏统治者皆给予严厉的惩处。

北周代西魏之后,一些元氏人物屡一再有卷入反对宇文氏的政治活动。周闵帝元年二月,楚国公赵贵以谋反之罪受诛,这是北周关陇集团内部的权力斗争,其中不少元氏人物受到牵连,《周书》卷四《明帝纪》载明帝元年十二月下诏曰:"善人之后,犹累世获宥,况魏氏以德让代终,岂容不加隐恤。元氏子女自坐赵贵等事以来,所有没入为官口者,悉宜放免。"可见赵贵事件中,牵涉元氏人物颇众。赵贵作为宇文氏政权的上层勋贵权臣,其与执政的宇文护矛盾激化,以致引发冲突,元氏皇族人物则因对宇文氏专权不满而参与其事。

(三) 宇文氏重视元魏宗族人物之文化修养

宇文氏对入关元魏皇族人物的任用,最主要借重其文化素养,发挥其文化方面的优势作用。众所周知,自魏孝文帝迁洛之后,鲜卑上层普遍文雅化,尤以元魏皇族最为典型。宇文泰父子及关陇勋贵集团对元魏宗室子弟的委任,多与此相关。宇文泰与元魏宗室风雅名士交往颇为密切,《北史》卷一六《太武五王·临淮王谭传》载元孚"性机辩,好酒,貌短而秃。周文帝偏所眷顾,尝于室内置酒十瓯,瓯余一斛,上皆加帽,欲戏孚。孚适入室,见即惊喜,曰:'吾兄弟辈甚无礼,何为窃入王家,匡坐相对?宜早还宅也。'因持酒归。周文抚手大笑"。宇文泰与元孚如此,目的在于力图拉近与元魏宗室的关系。

---

① 《周书》卷二《文帝纪下》载宇文泰立西魏恭帝后,魏史柳虬执简书于朝曰:"废帝,文皇帝之嗣子。年七岁,文皇帝托于安定公曰:'是子才,由于公,不才,亦由于公,宜勉之。'公既受兹重寄,居元辅之任,又纳女为皇后,遂不能训诲有成,致令废黜,负文皇帝付属之意,此咎非安定公而谁?"柳虬于朝中言此,指出了宇文泰废魏帝之实质。

元孚是元魏宗室中颇具学养的人物,《北史》本传载其"少有令誉",北魏时侍中游肇、并州刺史高聪、司徒崔光等见之,咸曰:"此子当准的人物,恨吾徒衰暮,不及见耳。"其得汉族士大夫称道如此。灵太后临朝干政,"孚乃总括古今名妃贤后,凡为四卷,奏之"。元孚精于礼乐制度,"永安末,乐器残缺,庄帝命孚监仪注,……于时搢绅之士,咸往观听,靡不咨叹而反。太傅、录尚书长孙承业妙解声律,特复称善"。元孚在西魏"监国史",正是用其才学。

宇文氏统治者还以元魏宗室学者化的人物为诸子宾友、师傅。《隋书》卷四六《元晖传》载其"河南洛阳人也。祖琛,魏恒、朔二州刺史。父翌,尚书左仆射。晖须眉如画,进止可观,颇好学,涉猎书记。少得美名于京下,周太祖见而礼之,命与诸子游处,每同席共砚,情契甚厚"。宇文泰对元晖颇为礼遇,"命与诸子游处,每同席共砚,情契甚厚",实为其诸子之宾友,这是利用其风雅以感染宇文氏子弟。《周书》卷三八《元伟传》载其昭成帝之后,"伟少好学,有文雅",大统年间,"以魏氏宗室,进爵南安郡王,邑五百户。……及尉迟迥伐蜀,以伟为司录。书檄文记,皆伟之所为……孝闵帝践祚,除晋公护府司录。世宗初,拜师氏中大夫。受诏于麟趾殿刊正经籍。……伟性温柔,好虚静。居家不治生业。笃学爱文,政事之暇,未尝弃书。谨慎小心,与物无忤。时人以此称之"。元伟"笃学爱文",颇得当时关中文人代表庾信等人称誉。又,《周书》卷四二《萧撝传》载:"及撝入朝,属置露门学。高祖以撝与唐瑾、元伟、王褒等四人俱为文学博士。"①《周书》卷四一"史臣曰"有论云:"周氏创业,运属陵夷。纂遗文于既丧,聘奇士如弗及。是以苏亮、苏绰、卢柔、唐瑾、元伟、李昶之徒,咸奋鳞翼,自致青紫。"可见元伟以其学养与文才深得宇文氏几代统治者及关陇勋贵集团的钦重。《隋书》卷七五《儒林·元善传》载:"元善,河南洛阳人也。祖叉,魏侍中。父罗,初为梁州刺史。及叉被诛,奔于梁,官至征北大将军、青冀二州刺史。善少随父至江南,性好学,遂通涉五经,尤明《左氏传》。及侯景之乱,善归于周,武帝甚礼之,以为太子宫尹,赐爵江阳县公。每执经以授太

---

① 《周书》卷三八"史臣曰"称诸人皆"学称该博,文擅雕龙,或挥翰凤池,或著书麟阁,咸居禄位,各逞琳琅。拟彼陈、徐,惭后生之可畏;论其任遇,实当时之良选也"。所谓"著书麟阁"云云,正是指元伟。

子。"① 入隋后，隋文帝颇重之，开皇初，拜内史侍郎，"上每望之曰：'人伦仪表也。'……后迁国子祭酒。上尝亲临释奠，命善讲《孝经》。于是敷陈义理，兼之以讽谏。上大悦曰：'闻江阳之说，更起朕心。'赉绢百匹，衣一袭。"其"讲《春秋》，初发题，诸儒毕集"。《隋书》卷七七《隐逸·崔廓传附子崔赜传》载："赜与洛阳元善、河东柳䛒、太原王劭、吴兴姚察、琅邪诸葛颍、信都刘焯、河间刘炫相善，每因休假，清谈竟日。"可见元善在当时名士群体中的地位。元善一度流寓梁朝，其经学风尚当受南风熏染，其以学术得周、隋统治者及士林精英的重视，对南学北传有一定的影响。②

正因为元魏宗室以文雅自显，具有文化特征，他们很重视宗族内的文化教育与传承。《北史》卷一七《景穆十二王上·阳平王新成传》载元子孝"早有令誉。年八岁，司徒崔光见而异之，曰：'后生领袖，必此人也。'……子孝美容仪，善笑谑，好酒爱士，缙绅归之，宾客常满，终日无倦。性又宽慈，敦穆亲族。乃置学馆于私第，集群从子弟，昼夜讲读。并给衣食，与诸子同。后历尚书令、柱国大将军"。元子孝作为元魏宗室之代表，其言行颇具名士风采，其"置学馆于私第，集群从子弟，昼夜讲读。并给衣食，与诸子同"，目的在于保持其家族的文化品格。这种重视文化教养的传统，使元氏宗族不断雅化，从而凭借其文化优势显著于周、隋，而且延续到唐代。《旧唐书》卷一九〇（中）《文苑·元万顷传》载其为"后魏景穆皇帝之胤，……万顷善属文，时天后讽高宗广召文辞之士入禁中修撰，万顷与左史范履冰、苗神客，右史周思茂、胡楚宾咸预其选"。《新唐书》卷一四三《元结传》载其"后魏常山王遵十五代孙"，其祖元亨"美姿仪"，曾说"我承王公余烈，鹰犬声乐是习，吾当以儒学易之"，这是元氏人物重视文化门风的具体表现，元结在唐代宗时"授著作郎。益著书，作《自释》"。《新唐书》卷一七四《元稹传》载隋兵部尚书元岩为其六世祖，"稹尤长于诗，与白居易相埒，天下传讽，号'元和体'，往往播乐府。穆宗在东宫，妃嫔近习皆诵之，宫中呼元才子"。元稹为中唐文学的杰出代表之一。《新唐书》卷一九四《卓行·元

---

① 中华书局本《隋书》校勘记曰："《魏书》及《北史·元叉传》《元罗传》，元罗是元叉之弟，非父子。"《北史》卷一六《道武七王·京兆王黎传》载元善又名"善住"。
② 对于元善颇得士林佳誉，另一位具有南学背景且性格怪僻的儒者何妥极为不满，《隋书》卷七五《儒林·元善传》载"善之通博，在何妥之下，……每怀不平，心欲屈之"，元善私谓妥曰"名望已定，幸无相苦"，何妥虽表面答应，但"及就讲肆，妥遂引古今滞义以难，善多不能对。善深衔之，二人由是有隙"。

德秀传》载其"质厚少缘饰。少孤，事母孝，举进士，不忍去左右，自负母入京师。既擢第，母亡，庐墓侧，食不盐酪，藉无茵席"。其不仅恪守儒家孝道，且又"善文辞"。由以上所载，可见元氏宗族到唐代已完全成为"士族化"的文化世族了。

另外，值得注意的是，宇文氏一再以元魏宗族人物为使臣，以交通突厥和北齐。《隋书·元晖传》载其"弱冠，召补相府中兵参军，寻迁武伯下大夫。于时突厥屡为寇患，朝廷将结和亲，令晖赍锦采十万，使于突厥。晖说以利害，申国厚礼，可汗大悦，遣其名王随献方物。俄拜仪同三司、宾部下大夫。保定初，大冢宰宇文护引为长史，会齐人来结盟好，以晖多才辩，与千乘公崔睦俱使于齐。迁振威中大夫。武帝之娉突厥后也，令晖致礼焉。加开府，转司宪大夫。及平关东，使晖安集河北，封义宁子，邑四百户"。可见元晖在北周时一再衔命出使突厥和北齐。又，《周书·元伟传》载周武帝建德四年，"以伟为使主，报聘于齐。是秋，高祖亲戎东讨，伟遂为齐人所执。六年，齐平，伟方见释。高祖以其久被幽絷，加授上开府，……初自邺还也，庾信赠其诗曰：'虢亡垂棘反，齐平宝鼎归。'其为辞人所重如此"。当时诸国纷争，尤重通使之臣，而使者必具丰厚之学识文才与优雅之仪容风貌，在北周关陇军政集团中，元魏宗室名士堪当此任，① 《隋书》卷四六传末"史臣曰"中称元晖"以明敏显达"云云，正说明了这一点。又，《隋书》卷七五《儒林·元善传》载其"风流酝藉，俯仰可观，音韵清朗，听者忘倦，由是忘倦，由是为后进所归"，又称其"凡有敷奏，词气抑扬，观者属目"，这当与其受南朝风尚影响有关，故隋文帝以其接待南朝使臣："陈使袁雅来聘，上令善就馆受书，雅出门不拜。善论旧事有拜之仪，雅不能对，遂拜，成礼而去。"隋文帝称其"人伦仪表"，确非虚誉，《隋书》卷七五《儒林传》"史臣曰"称"江阳从容雅望，风韵闲远，清谈高论，籍甚当年"，也是称赞其卓越的仪表风采。

---

① 关于当时之重使节，清人赵翼在《廿二史劄记》卷一四"南北朝通好以使命为重"条中曾指出："南北通好，尝藉使命增国之光，必妙选行人，择其容止可观，文学优赡者，以充聘使。……其后益以使命为重，《李谐传》谓南北交聘，务以俊乂相从，衔命接客，必尽一时之选，无才地者不得与焉。……一时风尚如此。凡充使及伴使，皆不轻授。"赵翼汇集诸多材料，论之甚详，可见当时南北朝之间"通好以使命为重"的情况。周、隋一再以元魏人物充当使节，显然与其"容止可观，文学优赡"等文雅化气质相关。

（四）宇文氏与元魏皇族通婚

《周书》卷九《皇后·文帝元皇后传》载："文帝元皇后，魏孝武帝之妹。……改封后为冯翊公主，以配太祖，生孝闵帝。大统七年，薨。"① 宇文泰娶孝武帝妹冯翊公主为妻，显然是一种政治婚姻，目的是借元魏皇族的社会影响以提升自己的地位。《周书》卷二二《周惠达传》载："及太祖为大都督总管兵起雍，复以惠达为府司马，便委任焉。魏孝武诏太祖尚冯翊长公主，以惠达为长史，赴洛阳奉迎。……太祖谓惠达曰：'昔周之东迁，晋、郑是依。今乘舆播越，降临关右，吾虽猥当其任，而才愧其人。卿宜戮力，共成功业，以取富贵也。'"从宇文泰谓周惠达所言，可见其主动与元氏联姻，目的在于加强与元氏的关系，以提升自身地位。② 从元氏皇族的角度看，宇文泰此举也有利于元氏地位的巩固，孝闵帝宇文觉便为宇文泰与魏冯翊公主之子。又，《周书·皇后·孝闵帝元皇后传》载："孝闵帝元皇后名胡摩，魏文帝第五女。初封晋安公主。帝之为略阳公也，尚焉。及践祚，立为王后。帝被废，后出俗为尼。建德初，高祖诛晋国公护，上帝尊号为孝闵帝，以后为孝闵皇后，居崇义宫。隋氏革命，后出居里第。"又，同上《宣帝元皇后传》载："宣帝元皇后乐尚，河南洛阳人也。开府晟之第二女。年十五，被选入宫，拜为贵妃。大象元年七月，立为天右皇后。二年二月，改为天右大皇后。……后父晟，少以元氏宗室，拜开府。大象元年七月，以后父进位上柱国，封翼国公。"自宇文泰与元魏皇族联姻以来，孝闵帝、宣帝等相继与元氏通婚。又，《隋书》卷五〇《元孝矩传》载其"河南洛阳人也。祖修义，父子均，并为魏尚书仆射。孝矩西魏时袭爵始平县公，拜南丰州刺史，……其后周太祖为兄子晋公护娶孝矩妹为妻，情好甚密。及闵帝手禅，护总百揆，孝矩之宠益隆"。晋公宇文护是宇文泰之后长期辅助北周君主而实际主持政局的人，宇文泰为其娶元魏宗族之女，既表示对宇文护个人的重视，客观上对元魏宗族也有利。③ 又，《隋书》卷七一《诚节·元文都传》载："元文都，洵阳公孝矩之兄子也。父孝则，周小冢宰、江陵总管。文都性鲠直，明辩有器干。

---

① 中华书局本校勘记《北史》卷一四《后妃传下》作"大统十七年"。按卷三《孝闵帝纪》谓帝以大统八年生，其母不当死在前，当从《北史》。

② 确实，有些元魏宗室人物颇以门第自傲，《北史》卷一六《太武五王·临淮王谭传》载元孚子元端"位大行台尚书、华州刺史。性疏佷，颇以基地骄物，时论鄙之"。关陇勋贵集团对文雅化的元魏皇族在门第上始终怀有某种钦羡的心理。

③ 此事《北史》卷一七《景穆十二王上·汝阴王天赐传附元孝矩传》也有大致相同的记载。

仕周为右侍上士。"元文都父子仕显北周，当也与其家族通婚周室相关。

受宇文氏影响，关陇集团中的勋贵人物也与元氏联姻。《周书》卷二一《尉迟迥传》载尉迟迥父尉迟兜"尚太祖姊昌乐大长公主，生迥及纲"，故尉迟迥为宇文泰外甥，"迥少聪敏，美容仪。及长，有大志，好施爱士。稍迁大丞相帐内都督。尚魏文帝女金明公主，拜驸马都尉"。又，《北史》卷一七《景穆十二王上·阳平王新成传》载元敏"嗜酒多费，家为之贫。其婚柱国乙弗贵、大将军大利稽祐家赀千万，每营给之。敏随即散尽，而帝不之责。贵、祐后遂绝之"。元敏与柱国乙弗贵等联姻，显然是乙弗贵仰慕其门第。

（五）元氏人物在周、隋易代过程中之附隋及其政治境遇

周、隋更替之际，一些元氏人物参与其事，为隋朝功臣，这对其个人及元氏家族在隋朝的延续都有一定的影响。《隋书》卷四〇《元谐传》载其"河南洛阳人也，家代贵盛。谐性豪侠，有气调。少与高祖同受业于国子，甚相友爱。后以军功，累迁大将军"。隋文帝为丞相，"引致左右"，参与平定尉迟迥之乱，进位上大将军，又"奉诏参修律令"；吐谷浑寇凉州，诏谐为行军元帅，领众军出征，元谐恩威并施，深得隋文帝称赞，拜宁州刺史，"颇有威惠"。然后来元谐一再卷入隋朝上层权力斗争，如"时广平王雄、左仆射高颎二人用事，谐欲谮去之"，元谐与其从父弟上开府元滂"并伏诛，籍没其家"。

又，《隋书》卷四〇《元胄传》载其"河南洛阳人也，魏昭成帝之六代孙。祖顺，魏濮阳王。父雄，武陵王。胄少英果，多武艺，美须眉，有不可犯之色。周齐王宪见而壮之，引致左右，数从征伐。官至大将军"。可见元胄颇有武略。隋文帝辅政，"先呼胄，次呼陶澄，并委以腹心，恒宿卧内。及为丞相，每典军在禁中，又引弟威俱入侍卫"。北周赵王宇文招曾设计害隋文帝，元胄极力卫护，"及诛赵王，赏赐不可胜计"，隋朝立国后，元胄进位上柱国，封武陵郡公，邑三千户，拜左卫将军，寻迁右卫大将军，隋文帝说："保护朕躬，成此基业，元胄功也。"当时突厥"屡为边患，朝廷以胄素有威名，拜灵州总管，北夷甚惮焉"，隋文帝对之"亲顾益密"。但后来元胄也一再卷入隋廷内争，受到贬斥，最终在炀帝时因受牵连而死。元谐、元胄皆参与隋文帝篡周，并皆具文武干能，"或契阔艰厄，或绸缪恩旧"，但最终皆因卷入隋廷内争而被诛。究其原因，与他们自身"矜伐不已"，不知进退之机有关,更与隋文帝"沉猜之心,固已甚矣"不无关系。①

除了元谐、元胄等人直接参与隋文帝杨坚代周的谋划外,不少元魏宗族人物支持杨坚,参与平定地方抗拒隋文帝的反叛活动。如元亨,《隋书》卷五四《元亨传》载其在周闵帝受禅后,由平凉王"例降为公。明、武时,历陇州刺史、御正大夫、小司马。宣帝时,为洛州刺史。高祖为丞相,遇尉迟迥作乱,洛阳人梁康、邢流水等举兵应迥,旬日之间,众至万余。州治中王文舒潜与梁康相结,将图亨。亨阴知其谋,乃选关中兵,得二千人为左右,执文舒斩之,以兵袭击梁康,皆破之。高祖受禅,征拜太常卿,增邑七百户。寻出为卫州刺史,加大将军。卫土俗薄,亨以威严镇之,在职八年,风化大洽。后以老病,表乞骸骨,吏人诣阙上表,请留卧治,上嗟叹者久之。其年,亨以笃疾,重请还京,上令使者致医药,问动静,相望于道"。元亨在易代之际,依附隋文帝,助其平定地方,自为隋朝立国的功臣。

又,《隋书·元景山传》载隋文帝为丞相,其参与平定尉迟迥之乱,以功拜上大将军、迁安州总管,进位柱国。隋文帝受禅,拜上柱国。隋文帝大举伐陈,以元景山为行军元帅,"景山大著威名,甚为敌人所惮"。可见自北周至隋代,元景山始终从事军事活动,并以突出的军功升至上柱国、行军大元帅,其为地方总管也为政"明肃",政绩显著。② 元景山子元成寿,"便弓马,起家千牛备身,以上柱国世子拜仪同",至隋炀帝时仍从军征战。

又,《北史》卷一七《景穆十二王上·汝阴王天赐传》载元雅"有文武干用。开皇中,历左领左右将军、集沁二州刺史,封顺阳郡公"。元雅弟元褒,"仕周,位开府、北平县公、赵州刺史。从韦孝宽平尉迟迥,以功拜柱国,进封河间郡公"。隋开皇年间,拜原州总管,隋炀帝时,拜齐郡太守。《隋书》卷四六《元晖传》载隋文帝以元晖为都官尚书,兼领太仆,"奏请决杜阳水灌三畤原,溉舄卤之地数千顷,民赖其利",后又为魏州刺史,"颇有惠政"。

除了以上元氏人物直接参与隋文帝谋划篡周与平定地方叛乱之外,元岩

---

① 《隋书》卷四〇"史臣曰"语。周、隋之际,元胄等人依附隋文帝,参与谋篡,显然有其机心。对此,元氏其他人物也有看法,《隋书》卷七五《儒林·元善传》载:"善以高颎有宰相之具,尝言于上曰:'杨素粗疏,苏威怯懦,元胄、元旻,正似鸭耳。可以付社稷者,唯独高颎。'上初然之,及颎得罪,上以善之言为颎游说,深责望之。善忧惧,先患消渴,于是疾动而卒,时年六十。"所谓"元胄、元旻,正似鸭耳",固然指其品性摇摆游移无定准,但也可见他们在周、隋易代过程中的投机心态。

② 元景山事迹,《北史》卷一七《景穆十二王上·安定王休传》所载大体相同,稍简略。

等人对周宣帝乱政的激烈抗争,实际上也表明了他们对隋文帝的支持,故杨坚颇予重用。《隋书·元岩传》载:"高祖为丞相,加位开府、民部中大夫。及受禅,拜兵部尚书,进爵平昌郡公,邑二千户。岩性严重,明达世务,每有奏议,侃然正色,庭诤面折,无所回避。上及公卿,皆敬惮之。"隋文帝建国后,"每惩周代诸侯微弱,以致灭亡,由是分王诸子,权侔王室,以为磐石之固",于是以晋王杨广镇并州、蜀王杨秀镇益州,但"二王年并幼稚,于是盛选贞良有重望者为之僚佐",而元岩与王韶"俱以骨鲠知名,物议称二人才具侔于高颎,由是拜岩为益州总管长史,韶为河北道行台右仆射"。隋文帝谓元岩曰:"公宰相大器,今屈辅我儿,如曹参相齐之意也。"可见隋文帝对其之信任。元岩到官,"法令明肃,吏民称焉",对蜀王之随心所欲之举,"岩皆不奉教,排阁切谏,王辄谢而止,惮岩为人,每循法度。蜀中狱讼,岩所裁断,莫不悦服。其有得罪者,相谓曰:'平昌公与吾罪,吾何怨焉。'上甚嘉之,赏赐优洽。十三年,卒官,上悼惜久之。益州父老莫不殒涕,于今思之。"元岩死后,蜀王杨秀"竟行其志",胡作非为,"僚佐无能谏止",以致最终谋乱得罪,杨坚曰:"元岩若在,吾儿岂有是乎!"可见隋文帝对元岩之钦重。《隋书》卷六二"史臣曰"有论云:"晋、蜀二王,帝之爱子,擅以权宠,莫拘宪令,求其恭肃,不亦难乎!元岩、王韶,任当彼相,并见严惮,莫敢为非,謇谔之风,有足称矣。"

不仅如此,一些元氏人物依附隋朝统治者,极力追逐事功。《隋书》卷七四《酷吏·元弘嗣传》载:"元弘嗣,河南洛阳人也。祖刚,魏渔阳王。父经,周渔阳郡公。弘嗣少袭爵,十八为左亲卫。开皇九年,从晋王平陈,以功授上仪同。十四年,除观州总管长史,在州专以严峻任事,吏人多怨之。"开皇二十年,其任幽州总管长史,当时幽州总管燕荣极为残暴,元弘嗣几被处死,但"及荣诛死,弘嗣为政,酷又甚之。每推鞫囚徒,多以酢灌鼻,或椓弋其下窍,无敢隐情,奸伪屏息。仁寿末,授木工监,修营东都。大业初,炀帝潜有取辽东之意,遣弘嗣往东莱海口监造船。诸州役丁苦其捶楚,官人督役,昼夜立于水中,略不敢息,自腰以下,无不生蛆,死者十三四……辽东之役,进位金紫光禄大夫。明年,帝复征辽东,会奴贼寇陇右,诏弘嗣击之"。隋朝统治崇尚事功,其政策与措施颇为严酷,元弘嗣以酷政获得隋文帝、隋炀帝父子的赏识。

作为关陇军政集团的成员,隋文帝也羡慕元魏宗族的门第,为其长子杨勇选元孝矩之女为妻,后立为太子妃。《隋书》卷五〇《元孝矩传》载:"高祖重其门地，娶其女为房陵王妃。及高祖为丞相，拜少冢宰，进位柱国，赐爵洵阳郡公。时房陵王镇洛阳，及上受禅，立为皇太子，令孝矩代镇。既而立其女为皇太子妃，亲礼弥厚。"元孝矩既为隋之外戚，自然在政治上也获得更多的优待，隋文帝以其为寿州总管，亲下玺书曰："以公志存远略，今故镇边服，怀柔以礼，称朕意焉。"这是以元孝矩领兵出镇江淮，以招服南人。后元孝矩"自以年老，筋力渐衰，不堪军旅"，上表辞职，隋文帝下书表示对其"方欲委裘，寄以分陕，何容便请高蹈，独为君子者乎！若以边境务烦，即宜徙节泾郡，养德卧治也。"于是以之为泾州刺史。作为外戚，元孝矩及其兄弟子侄等历仕周、隋，《隋书》本传载元孝矩弟"有文武干用，……历左领左右将军、集、沁二州刺史，封顺阳郡公"，其中尤以元孝矩季弟元褒事迹最为显著。《隋书·元孝矩传附元褒传》载元褒"便弓马，少有成人之量……及长，宽仁大度，涉猎书史。仕周，官至开府、北平县公、赵州刺史。及高祖为丞相，从韦孝宽击尉迥，以功超拜柱国，进封河间郡公，邑二千户。开皇二年，拜安州总管。岁余，徙原州总管。……上叹异之，称为长者。十四年，以行军总管屯兵备边。辽东之役，复以行军总管从汉王至柳城而还。仁寿初，嘉州夷、獠为寇，褒率步骑二万击平之。炀帝即位，拜齐州刺史，寻改为齐郡太守，吏民安之"。后参与炀帝征服辽东的战争。又，《隋书》卷七一《诚节·元文都传》载其"开皇初，授内史舍人，历库部、考功二曹郎，俱有能名。擢为尚书左丞，转太府少卿。炀帝嗣位，转司农少卿、司隶大夫，寻拜御史大夫，坐事免。未几，授太府卿，帝渐任之，甚有当时之誉"。后炀帝留滞江都，诏以元文都等为东都留守，炀帝死后，元文都等扶持越王杨侗为帝，后为王世充所杀，"诸子并见害"。可见元氏结姻隋朝，且与隋朝共存亡的情形。

检点已出土之隋代墓志，也可见隋统治者对元魏宗室人物使用的记载。《元仁宗墓志》载："君字仁宗，河南洛阳人，魏尚书右仆射、晋昌王之孙，上开府、魏州刺史、义宁公第二子。以开皇元年任东宫右亲卫。"其卒于开皇十年，二十七岁。[①] 元仁宗开皇年间官至东宫右亲卫，然其早逝，故声名不显。又，《元世斌墓铭记》载："大隋上柱国、宋安公世孙，朝请郎元世斌，大业五年岁次己巳五月十九日，薨于隆政里之第，春秋廿有四。"[②] 可见元文斌父子在隋颇受重用，元文斌也因早逝，地位未显。又，《元祎墓志》载其

[①] 韩理洲辑校编年：《全隋文补遗》，三秦出版社2004年版，第133页。
[②] 前揭《全隋文补遗》，第235页。

"河南洛阳人也，魏神元皇帝之后。……父慎，周开府仪同三司，新、庐、楚三州诸军事三州刺史。既运逢周武，家国并丧。由壮气而来官，以英才而获职。……天和元年，周大冢宰宇文护始引公为亲信。其年三月，以勋加大都督，转授冢宰、左府侯、伏侯爽府司录。宣政元年，除潞州别驾。开皇元年，我大隋皇帝肇创国家，议尽惟良，仍除上党郡守。公以雄图两迈，壮气风驰，芳誉彻于乡邦，嘉声播于朝野。九年，奉诏问罪金陵，吴越克平，策勋饮至，授开府仪同三司。十月，授温州诸军事、温州刺史。十五年，除德州诸军事、德州刺史。大业三年，授历阳郡守。四年，授朝散大夫。公自居官清直，政教严明。……以冬十二月，朝天子于东都。威仪济济，弥称大夫之容；銮辂锵锵，深合邦君之道"①。可见元祐在周隋之际颇得统治人物重用，且军政业绩突出。又，《元锺墓志》载其"先洛阳人。后魏昭成皇帝一十一世孙也。……祖庆，魏前将军、步兵校尉，……考荣，齐奉朝请、伏波将军。大隋诏授兖州邹县令。君幼而爽悟，早有令名……起家襄城开府参军督护。周平东夏，复授大将军府治司录。于开皇年内，蒙受特敕，事前蜀王。寻以谢患归养，但君了达苦空，妙闲生灭，勤修三业，专精十善，归依之情，老而弥笃"。可见元锺父子先出仕于北齐，后归周、隋，"于开皇年内，蒙降特敕"，然因其笃信佛教而弃世，亡于大业七年。② 又，《元□智墓志》载其"河南洛阳人。魏昭成皇帝之后也。……周保定四年，诏擢为左给事中士，……天和四年，迁为给事上士。……建德元年，入为主寝上士。粤自居中，迁于内寝。……三年二月，转为掌式中士。……五年四月，以君婕正干职，迁为司御上士。时三方鼎足，务在并兼。既物色贤人，且资须良马。五监三令，未易其人。宣政元年，以军功封豫州之建宁县男，邑二百户。其年八月，又录晋阳之役，加使持节、仪同大将军。大象二年，又仍旧封，进爵为子。……寻迁少驾部下大夫。……开皇元年，出为益州武康郡太守。……又进爵为伯，转仪同三司，从格例也。……九年，授使持节、扶州诸军事、扶州刺史。十六年，改授渝州诸军事、渝州刺史。公频刺二州，申威千里。……更授夷陵太守。……由是征入为太仆卿，朝请大夫如故。……大业九年，扈从辽碣"③。可见元□智在北周长期担任宫廷禁卫武职，深得信任；

---

① 前揭《全隋文补遗》，第236页。
② 前揭《全隋文补遗》，第264页。
③ 前揭《全隋文补遗》，第340—341页。

入隋后一再委以地方刺守,颇有军政干能与业绩。由诸墓志所载元魏宗室人物在周隋间之事迹,可见周、隋统治人物对元氏人物确实比较信重,且多加征用。

北魏崩溃后,元氏皇族颠沛流离,寄生于北朝后期诸政权之中。由上考叙,可见东魏—北齐、西魏—北周及隋朝各政权对待元魏宗室之政策虽不无相似之处,但也存在明显的差异,这导致了元氏宗族在各区域政权中的境遇与命运的不同。概而言之,高齐政权强行逼迁元魏皇族至邺并急于篡夺,其边镇勋贵势力强大,对元氏宗族轻视之意既深,忌恨之情亦尤为强烈,故不断施以严厉的打压与酷杀之策,以致流落高齐的元氏宗族几被摧残殆尽。相较而言,宇文泰所依恃的以武川镇为主的边镇集团相对弱小,必须寻求与关陇地区汉族豪强的紧密结合,从而形成了关陇军政集团,导致其在军政制度与汉化变革等方面与高齐的不同走向。在这一社会政治背景下,在对待西奔之元魏皇族集团的态度上,尽管宇文氏也有所压制并最终必行篡夺之举,但终究比高齐统治者一味酷杀的政策要显得温和一些,具体表现为宇文泰招揽并任用元魏人物,特别是宇文氏集团借重元氏人物之文雅及其门第,或与其联姻,或以之为宾友,或以之为使臣,从而提升其与高齐抗衡的舆论优势,这在客观上为元魏宗族社会地位的巩固及其家族的延续提供了条件。此后,作为关陇集团的成员,杨隋统治者基本上延续了宇文氏对待元魏宗族的态度与政策,在周、隋易代过程中,不少元氏人物积极追随杨氏,从而获得重用。从这个角度说,入关的元魏宗族在周、隋王朝的相关政策的推动下基本上实现了关陇集团化,成为关陇集团的一个有机组成部分,入唐之后进一步"士族化"并传承元氏门第之人物则多为其后人。

中 编

北魏士族社会文化风尚之变迁
——以北魏后期士风雅化为中心

第十一章 从"刚明清肃"到"雅好清言"

——十六国北朝北海王氏门风之演变

十六国北朝时期的北海王氏家族，若就其家族门第、房支与人数等方面而言，在诸多世家大族中并不显赫。因此，一般意义上的家族研究，难以受到特别的重视。不过，若将这一家族与十六国北朝整体的社会与文化变迁结合起来观照，可见北海王氏虽为起自寒微的"小族"，但间有名士涌现，其中还有或决定一时政局走向，并深刻影响历史进程的标志性人物，或引领社会文化新风尚的风雅之士，值得关注。通过对这一家族的门风与学风的研究，有助于从一个侧面深入了解十六国北朝社会文化风尚的演进历程。

一 从"庸劣孤生"到"好门户"：十六国北朝北海王氏的"士族化"

王氏分支众多，唐人林宝《元和姓纂》卷五"王氏"条综述王氏各支渊源，其中"北海、陈留，齐王田和之后"。宋人邓名世《古今姓氏书辩证》所述略详："北海剧县王氏，出自妫姓，舜后。陈公子完奔齐为田氏，裔孙和取齐为王。秦灭齐，项羽封其孙田安为济北王，齐人以其后为王家，因氏焉。"进一步考察，唐、宋有关北海王氏谱牒当本自《北史》卷二四《王宪传》的相关记载：

> 王宪字显则，北海剧人也。其先姓田，秦始皇灭齐，田氏称王家子孙，因以为氏。仍居海岱。祖猛，仕苻坚，位丞相。父休，河东太守。

不过，北海王氏一支虽渊源有自，但汉魏以来则并不显达，少有杰出之士。其家族第一位载入正史的代表性人物是王猛。由王猛的情况，可以大体推测北海王氏的早期门第状况。据《晋书》卷一一四《苻坚载记下附王猛传》："王猛字景略，北海剧人也，家于魏郡。少贫贱，以鬻畚为业。"可见王猛出身"贫贱"，并非士族，无家族门第可以依托。后王猛以其奸为前秦苻坚所用"入为丞相、中书监、尚书令、太子太傅、司隶校尉，……稍加都督中外诸军事"，王猛上表谦让，苻坚曰："卿昔螭蟠布衣，朕龙潜弱冠，属世事纷纭，厉士之际，① 颠覆厥德。朕奇卿于暂见，拟卿为卧龙，卿亦异朕于一言，回《考槃》之雅志，岂不精契神交，千载之会！"对此，王猛本人也直言不讳。《晋书》卷一一三《苻坚载记上》载王猛对苻坚所称"臣庸劣孤生，操无豪介，蒙陛下恩荣，内侍帷幄"云云，虽然不无自谦，但所谓"庸劣孤生"，从汉魏以来门第社会风尚和标准而言，实际上就是说北海王氏乃"孤门细族"。

谈到王猛的门第寒微，还有一点可以作为旁证。《晋书·苻坚载记下附王猛传》载东晋桓温曾北伐关中，"温之将还，赐猛车马，拜高官督护，请与俱南。猛还山咨师，师曰：'卿与桓温岂并世哉！在此自可富贵，何为远乎！'猛乃止"。当时王猛以时局混乱，隐居于华阴山，但实际上"怀佐世之志，希龙颜之主，敛翼待时，候风云而后动"，作为士人，他始终以东晋为华夏文化的"正朔"所在。因此，桓温"请与俱南"，这不能不说是他归依正统的一个机缘。但他最终却放弃了，其师"此自可富贵，何为远乎"的话，其实正是王猛本人权衡利弊的结论。众所周知，东晋延续了魏晋以来的门第社会的传统，并将其发展到极点，形成了典型的门阀政治制度，高门士族把持朝政，垄断社会特权，寒门才士很难获得晋身之阶，这对于"怀佐世之志，希龙颜之主"的王猛来说，绝不是一个理想的寄托之所，因而他回绝了桓温。因此，可以说所谓王猛惧怕"与桓温岂并世"，并非仅仅出于对桓温的畏惧，而主要出于对东晋等级森严的门阀制度的顾虑。这生动地体现了出自寒门的王猛的人生选择与心态。

确实，在南人心目中，王猛归于武人的行列。东晋之末，王猛孙王镇恶流落江南，随刘裕征战有功，刘裕曾谓僚佐说："镇恶，王猛之孙，所谓将门有将也。"② 刘裕本人"挺出孤微"③，他称王猛为"将门"，从其个人而言，虽钦佩之情溢于言表，但毕竟在东晋重文轻武的士族社会风气中，所谓"将

---

① 此处"厉士"应为"厉王"，中华书局本校勘记有考证，应指苻生。
② 《宋书》卷四五《王镇恶传》。
③ 《魏书》卷三五《崔浩传》。

门"是为士族所轻视的。

不过,南北朝之间的世风与士风颇多差异,由于长期的胡汉交融,中原士族的生存状态、文化心理与门第观念等,都在这一历史过程中经受了艰难的砥砺,获得了更新。一些寒门人士凭借其实际干才,在十六国北朝的胡人朝廷中获得了施展的机会,一些家族由此逐步转变为世代为宦的士族。其中北海王氏便是一例典型。《宋书》卷四五《王镇恶传》载:"祖猛,字景略,苻坚僭号关中,猛为将相,有文武才,北土重之。"可见在北方,王猛作为致力"变夷从夏"的汉族士人代表深孚众望。如北魏崔浩曾评论"近世人物",其中论及王猛,说"若王猛之治国,苻坚之管仲也"。崔浩出自清河崔氏,其家族为北朝最具代表性的士族,其个人则为一代名士的楷模,他固然有强烈的门第精神,但对王猛,非但未以门第低微而简单排斥,而是以"苻坚之管仲"相誉,这是极高的评价。以崔浩为代表的士族社会的这种看法,对王猛历史地位的确立及其子孙进入士流,进而提升其门第地位,具有一定的意义。

王猛之子可确考者有三人:王永、王皮、王休。王皮在前秦官至散骑侍郎,与苻坚兄子苻阳谋反,《晋书·苻坚载记下》载其"事泄,坚问反状",他说:"臣父丞相有佐命之勋,而臣不免贫馁,所以图富也。"苻坚说:"丞相临终,托卿以十具牛为田,不闻为卿求位。知子莫若父,何斯言之征也!"于是流放朔方之北。此后,确立起其家族在北朝士族门第的是王休一房,不过,此房之显,与王永关系密切。《通鉴》卷一〇四《晋纪》"晋孝武帝太元七年"载:"夏,四月,(苻)坚扶风太守王永为幽州刺史。永,皮之兄也。皮凶险无行,而永清修好学,故坚用之。"淝水之战后,王永随苻坚子苻丕流落河北,"苻丕称尊号,复以永为丞相"①。王永子孙情况不详。王休,前秦官至河东太守,淝水之战后,王休诸子南北星散,王镇恶避祸江南,随刘裕四处征伐,军功卓著,但在灭后秦后,刘裕诸将纷争,沈田子杀王镇恶,"田子又于镇恶营内,杀镇恶兄基、弟鸿、遵、渊及从弟昭、朗、弘,凡七人",北海王氏遭受重创。王镇恶另一弟王康归附刘裕,主要致力武事,其后代在南朝沉沦无闻。②

---

① 《魏书》卷三三《王宪传》。
② 《魏书》卷七一《江悦之传》载江悦之于梁初入魏,"襄阳罗道珍、北海王安世……,皆参其勋末。……(王)安世,苻坚丞相王猛之玄孙也。历涉书传,敏于人间。自羽林监稍迁安西将军、北华州刺史"。王安世世系无考。由其行迹,可见王猛后代在南者虽有一定的文化修养,但仍不以文化显名,活动于边地。

在北朝，确立北海王氏家族士族地位的是王休另一子王宪。王宪随伯父王永流落河北，后归诚北魏，《魏书》卷三三《王宪传》载，太祖拓跋珪见之，曰："此王猛孙也"，于是"厚礼待之，以为本州中正，领选曹事，兼掌门下"，以大姓名门子弟待之。世祖时，又不断晋升其官职，"进爵北海公"，王宪晚年入朝，以其元老，甚得尊崇，诚如后世史家所言："王宪名祖之孙，老见优礼。"① 北魏中后期，随着北方社会的深入汉化，王宪子孙进入了士族名士的行列，多任职清显。如王宪子王嶷，"少以父任为中书学生，稍迁南部大夫。高祖初，出使巡察青、徐、兖、豫，抚慰新附，观省风俗。还，迁内南部尚书，在任十四年"。此后，不断委以要职，晋升爵位。其实，王嶷并无干能，其加官晋爵之类，多依例办理。根据《魏书·王宪传》《北史》卷二四《王宪传》的记载相关记载，在北朝门阀制度进一步确立的背景下，王嶷子孙不仅皆循例入仕，而且其起家任职及其升迁更为优越，其孙王昕等皆为"清华贵显"的官职。从北魏以来北海王氏显著房支人物世代官爵不废的情况而言，其家族已上升为士族门第，以致北齐文宣帝高洋痛恨王昕的"疏诞"，骂之曰："好门户，恶人身。"② 所谓"好门户"，正反映出北方社会对北海王氏门第的一致认可。

关于中古时代门阀制度的发展与变化，唐长孺先生在《士族的形成和升降》③ 等论文中曾指出，魏晋以来形成的门阀制度，确立了姓族高卑的等级，一些魏晋旧门长期保持和延续其崇高的社会地位，但随着社会政治形势的变化，姓族高低盛衰难免发生变化，有的变化还很大。因此，士族的地位并非一成不变，有的寒门因时际会，寻机上升为士族。东晋南朝时期，一直存在着这种士族的升降情况。至于北朝，士族社会的这种变化较之南朝更为突出。对此，唐长孺先生在《论北魏孝文帝定姓族》一文中曾指出，十六国北朝的胡人统治者，虽然为争取汉族士族的合作，"大都承认魏晋时期形成的士族特权，魏晋士族旧籍仍被认为判别士庶的主要依据"，但及至北魏中期以后重定姓族，鉴于当时政治形势的巨大变化，北魏孝文帝重定士族必须"有一个新的准则"。太和十八年（494），孝文帝迁都洛阳后，重定士族，以新的标准编制门阀序列。唐先生指出，"这个新标准便是依据先世官爵判别姓族高低"，

---

① 《魏书》卷三三传末魏收之"史臣曰"所言。
② 《北齐书》卷三一《王昕传》。
③ 此文收入唐先生所著《魏晋南北朝史论拾遗》，中华书局1983年版。

这一标准对鲜卑贵族与汉族人士是一致的。他根据《魏书·官氏志》所载代人先世官爵情况,分为"皇始前和皇始已来两载,我想差第汉人门阀很可能也分先朝官爵和入魏后官爵,二者平衡。那些魏晋旧门,入魏仍有官宦,虽然官品稍低,仍列于士族;次等士族以及本非士族者,只要入魏官爵显赫,也入士族,甚至上升为高门右姓。大致先朝与当代兼顾,而以当代为主。这虽是比附代人姓族之例,当近于事实。"① 在此基础上,唐先生概括指出:

> 孝文帝定士族,以当代官爵为主要标准,从而突破了"士族旧籍"的限止,建立了新的门阀序列。在新的门阀序列中,一些次等士族、非士族地方豪强,有的提高了门户等级,有的进入了士族行列。②

北海王氏人物王宪是在拓拔珪皇始中"归诚"北魏的,显然主要是依靠入魏后的官爵而取得上升为士族的资格的,可谓北朝士族社会中的"新出门户"。

论及北海王氏显支在北魏的"士族化",除了官爵地位上升的标准外,其社会地位的提升也不可忽视。在这方面,其子弟的婚姻是一个重要指标。士族重视婚、宦,二者不可偏废。就婚姻而言,在王猛时,已有与关中士族联姻的情况。《魏书》卷四五《韦阆传》载韦氏"世为三辅冠族",韦阆族祖韦罴,"为苻坚丞相王猛所器重,以女妻焉。为坚东海太守。坚灭,奔江左,仕刘裕为辅国将军、秦州刺史"。北海王氏与关中韦氏联姻,在门第上显然属于高攀,但鉴于当时王猛的特殊地位,则另当别论,但无论如何,这预示着其家族门第上升的趋势。北魏中后期,北海王氏与北方第一流高门清河崔氏联姻。《魏书》卷六九《崔休传》载崔休为清河人,"举秀才,入京师与中书郎宋弁、通直郎邢峦雅相知友。尚书王嶷钦其人望,为长子娉休姊,赡以货财,由是少振。"尽管这一婚姻不无"财婚"的痕迹,但确实表明王氏重视通过婚姻关系以提升门第。《北齐书·王昕传》又载王昕"母清河崔氏,学识有风训"。王昕父王云为王宪孙,"仕魏朝有名望",其与崔氏联姻,当在北魏后期,说明此时其门望已得到士族社会的普遍认可,即所谓"好门户"。当然,一个家族门第的直接提升,固然有赖于其人物的仕宦、爵位与婚姻等"硬指标",但其家族要取得社会公认的"门望",并在政局多变的背景下,长期得

---

① 前揭唐长孺《魏晋南北朝史论拾遗》,第79—82页。
② 前揭唐长孺《魏晋南北朝史论拾遗》,第83页。

以维持，还必须有赖于其子弟的学术文化教养，表现为门风严谨，才俊辈出，成为以文化传承见长的清流门第。北海王氏也不能例外，这涉及其家族文化风尚的基本特征及其深刻变化。

二 "明法峻刑"与崇尚事功：王猛之为政作风及其进取门风的承传

作为留居北方的汉族寒门士人的代表，王猛之所以能够获得崔浩所谓"苻坚之管仲"的赞誉，正在于其卓越的事功业绩。纵观王猛辅佐苻坚治理前秦，其治国安民的指导思想是重视法术。《晋书·苻坚载记下附王猛传》载：

> 及坚僭位，以猛为中书侍郎。时始平多枋头西归之人，豪右纵横，劫盗充斥，乃转猛为始平令。猛下车，明法峻刑，澄察善恶，禁勒强豪。鞭杀一吏，百姓上书讼之，有司劾奏，槛车征下廷尉诏狱。坚亲问之，曰："为政之体，德化为先，莅任未几而杀戮无数，何其酷也！"猛曰："臣闻宰宁国以体，治乱邦以法。陛下不以臣不才，任臣以剧邑，谨为明君剪除凶猾。始杀一奸，余尚万数，若以臣不能穷残尽暴，肃清轨法者，敢不甘心鼎镬，以谢孤负。酷政之刑，臣实未敢受之。"坚谓群臣曰："王景略固是夷吾、子产之俦也。"

王猛明确表示"宰宁国以礼，治乱邦以法"，于是"明法峻刑，澄察善恶，禁勒强豪"，大行申、韩之道，故苻坚称其"固是夷吾、子产之俦"，这与诸葛亮治理蜀国的情况颇为相似。① 在王猛"明法峻刑"的严厉打击下，保守的氐族豪右势力遭受重创，前秦的政治环境得到明显的改善。《晋书·苻坚载记上》载：

> 其特进强德，（苻）健妻之弟也，昏酒豪横，为百姓之患。猛捕而杀

---

① 关于王猛在苻坚支持下，以严刑峻法惩处氐族豪右，《晋书》卷一一三《苻坚载记上》多有记载。如特进樊世，"氐豪也，有大勋于苻氏，负气倨傲"，一再侮辱王猛，苻坚最终将其处死，"诸氐纷纭，竞陈猛短，坚恚甚，慢骂，或有鞭挞于殿庭者。……自是公卿以下无不惮猛焉"。

之，陈尸于市。其中丞邓羌，性鲠直不扰，与猛协规齐志，数旬之间，贵戚强豪诛死者二十有余人。于是百僚震肃，豪右屏气，路不拾遗，风化大行。坚叹曰："吾今始知天下之有法也，天子之为尊也！"

可见王猛推行法术之治，成效极为显著。

王猛治军也重法术。《晋书·苻坚载记下附王猛传》载：

> 后率诸军讨慕容暐，军禁严明，师无私犯。猛之未之邺也，劫盗公行，及猛之至，远近帖然，燕人安之。

此后，苻坚以王猛为丞相，都督中外诸军事，"军国内外万机之务，事无巨细，莫不归之"，其法治精神得以全面、深入地贯彻实施。

不仅如此，王猛对待部属及其日常生活之管理，也严格控制，体现出其法治的精神。《晋书·苻坚载记下附王猛传》所载相关事例颇为典型：

> 广平麻思流寄关右，因母亡归葬，请还冀州。猛谓思曰："便可速装，是暮已符卿发遣。"及始出关，郡县已被符管摄。其令行禁整，事无留滞，皆此类也。性刚明清肃，于善恶尤分。微时一餐之惠，睚眦之忿，靡不报焉，时论颇以此少之。

所谓"性刚明清肃，于善恶尤分"，不仅是王猛的性格特征，而且是他为人处世的准则，更是其治理国家的基本精神。王猛的这一作风，对前秦统治集团影响很大，《晋书·苻坚载记下附苻融传》载苻融为苻坚弟，其为政"铨综内外，刑政修理，进才理滞，王景略之流也。尤善断狱，奸无所容，故为坚所委任"。前已述及苻坚支持王猛行法治，对其成效大加赞誉。可以说，王猛倡导和推行的法术之治是前秦政治的基调。

不过，需要指出的是，王猛从政尚法术，并非完全忽视儒学的作用，这与诸葛亮治蜀颇为相似。《朱子语类》卷一三五《历代二》论及诸葛亮，说"他虽尝学申韩，却觉意思颇正大"。同书卷一三六《历代三》又言："孔明本不知学，全是驳杂了。然却有儒者气象，后世诚无他。"这里说诸葛亮学本申、韩，但受人推崇，"意思颇正大"，正在于他注意以儒学缘饰，显现出"儒者气象"，尽管从醇儒的角度看，其"学术亦甚杂""全是驳杂""也只是粗底礼乐"。朱子师生对孔明的议论颇为透辟,以此来观察王猛政治思想的文化背景也能把握其关键。《晋书·苻坚载记下附王猛传》载:

> 猛宰政公平,流放尸素,拔幽滞,显贤才,外修兵革,内崇儒学,劝课农桑,教以廉耻,无罪而不刑,无才而不任,庶绩咸熙,百揆时叙。于是兵强国富,垂及升平,猛之力也。

从这一记载可明显看出,王猛治国是儒法兼综的,以儒学来装饰法术、提升法术。《晋书·苻坚载记上》记载苻坚在其统治地位基本稳固后,"广修学官",以经取士,亲临太学云云,应当与王猛的建议不无关系,其中明确记载:"自永嘉之乱,庠序无闻,及坚之僭,颇留心儒学,王猛整齐风俗,政理称举,学校渐兴。"史家称颂前秦政治,"虽五胡之盛,莫之比也",之所以如此,在于苻坚依仗王猛等人,治国手段"德刑具举"①。所谓"德",自是儒学,所谓"刑",则是法术,合而参用,就是儒法兼综。

不仅在实际政治事务上王猛以法治为主,以儒学缘饰为辅,在思想文化方面,王猛也如此。据《晋书·苻坚载记下附王猛传》,王猛早年在思想上便很复杂,"猛瑰姿俊伟。博学好兵书,谨重严毅,气度雄远,细事不干其虑,自不参其神契,略不与交通,是以浮华之士咸轻而笑之。猛悠然自得,不以屑怀。少游于邺都,时人罕能识也"。据载,他与嵩山和关中的一些道术之士关系密切。他在辅助苻坚的过程中,对谶纬之学等严加禁绝。《通鉴》卷一〇三"晋孝武帝宁康三年(375)"载苻坚在王猛死后下诏曰:"新丧贤辅,百司或未称朕心。……今天下虽未大定,权可偃武修文,以称武侯雅旨。其增崇儒教,禁老、庄、图谶之学,犯者弃市。"钱穆先生在《国史大纲》中指出,"王猛死,特诏崇儒,禁老、庄、图谶之学",诏令言"权可偃武修文,以称武侯雅旨","则必猛生前时时称说其意也"②。王猛对图谶之学,一贯激烈反对,《晋书·苻坚载记下》载:"初,坚即伪位,新平王**雕**陈说图谶,坚大悦,以**雕**为太史令。……坚访之王猛,猛以**雕**为左道惑众,劝坚诛之。"可见,在思想文化政策上,尽管王猛自身早年文化背景驳杂,"博学好兵书",兼涉法、道、兵、儒及方术等,但出于济世的目的,他则力行文化专制政策,

---

① 《晋书》卷一一五《苻登载记》末之"史臣曰"语。
② 钱穆:《国史大纲》(修订本),商务印书馆1996年版,第280页。

以法术为根本。《南史》卷一六《王镇恶传》载："王猛之相苻坚也，北人以方诸葛亮。"这固然主要表彰二人君臣间关系融洽，但也包含着对王猛以法术之治辅助苻坚的肯定，因为诸葛亮治蜀，其施政的显著特色在于厉行法术。对于王猛的文化品格，隋代王通在《文中子》卷五《问易篇》有论云："诸葛、王猛，功近而德远矣。"宋代阮逸注此曰："一时霸其国为功虽近，然谋及身后为德盖远"。这是他们出于儒者的角度，对诸葛亮和王猛的看法，但究其事实，王猛确实表现出重视法术与实际功业的特征。

王猛辅佐苻坚，成效显著，从其个人从政作风而言，表现出了强烈的进取欲望，前已述及他素"怀佐世之志，希龙颜之主"。作为下层寒士，王猛具有干才，崇尚事功，这是很自然的。特别是他留居北方，与胡人统治者合作，推进其汉化，从中华民族的整体发展进程及其文明的传承而言，这样一种特殊类型的士人在客观上发挥了重要的作用。人们往往简单地从民族情绪出发，斥责他们事奉胡人，而漠视他们的历史功勋。其实，十六国北朝的社会进步，与王猛这一类型的汉族士人关系甚大，值得关注。特别需要指出的是，作为汉族文士，他们与胡人合作，虽然不无个人建立功业的动机，但其内心深处始终怀有强烈的"变夷从夏"的意识和使命，并从他们的文化立场出发，以代表华夏文化主体的东晋等江南王朝为"正朔"所在。从这个意义上说，其个人的事功业绩便附丽于当时民族融合的伟大进程之中了。①

从家族文化传承的角度看，作为十六国时期汉族人士的代表，王猛的进取、务实和干练的处世与从政作风，其后代子孙虽然在门第上升后有所变化，但毕竟作为家族门风的一种"基因"，或隐或显地得以延续和承传。王猛孙王镇恶，《宋书》本传载其在南朝追随刘裕，东西征战，南北讨伐，参与了一系列重大战役，屡充前锋，体现出了"将门"子弟的英雄本色。如其西征荆州

---

① 对于王猛及其同一类型的汉族士人，其心态与业绩，王永平《崔浩之南朝情结及其与南士之交往考析》（《学术研究》2008 年第 5 期）已有专题论述，敬请参见。宋人叶适《习学记言序目》卷三四"《魏书·释老志》"条有言："寇谦之事，世俗常有，崔浩主之，遂使张王深阔，至与释氏角其废兴；浩意无他，不过为谄耳。浩事夷狄之君，尽用材技，又伪媚左道以求容悦，然亦灭族，此不足责，而有可哀者。……王猛赖苻坚有弘度，能始终无隙；若便称人杰，亦恐未可。"同书卷三五"《周书·苏绰传》"条评论苏绰，其中有言："自宇文泰起接隋唐，百年中精神气脉，全在苏绰一人。……三代以衰，佐命之材不世出，惟管仲、乐毅、萧何、诸葛亮、王猛、苏绰耳。亮地势不足自立，猛无坚凝之功，而绰随文守义，仰取俯拾，遵腐儒之常说，据旧籍之陈言，能使泰总己听命，粗细重轻惟其所裁，不为新奇，坐致实用，岂特以其国强富兼并而已！"尽管叶氏所论未必尽合实情，然其将王猛作为关乎历史发展的重要人物，则颇为有识。

刘毅，"镇恶身被五箭，射镇恶手所执梢，于手中破折。江陵平后二十日，大军方至"。他出征后秦前，誓言："不克咸阳，誓不复济江而还也！"临阵，鼓励将士"唯宜死战，可以立大功，不然，则无遗类"，于是"身先士卒"，一战而胜。刘裕劳之曰："成吾霸业者，真卿也。"《太平御览》卷四〇八引《三十国春秋》的一段记载也颇能反映其行事追求功名的务实作风：

> 王镇恶随宋高祖入关中。初，镇恶流寓崤渑，崤渑人李方等厚待之，镇恶曰："待吾仟英雄主，取万户侯，乃厚相报。"方笑曰："本县足矣。"镇恶力不绝人，不闲弓马，略通诸子兵书，纵横有智计，以此成名。及是，李方尚在，镇恶升堂拜母，拔方渑池令。

王镇恶"力不绝人，不闲弓马，略通诸子兵书，纵横有智计，以此成名"，与乃祖王猛如出一辙。北朝时期，王猛后人作风明显雅化，但考察其履职与作风，依然或"清身率下，风化大行"，"断狱称旨""境内清肃"，或"在郡有称绩""有清平之称"，或"少好儒术，又颇以武艺自许"①。这是其社会文化背景及门风影响所致。

三 "儒缓不断"与"雅好清言"：北朝时期北海王氏门风之雅化及其表现

由上文所述，王猛之后，其子孙中有人"清修好学"，随着其家族门第的逐渐"士族化"，其在北魏的显支王宪一房子孙，在从政与处世作风等方面都表现出明显雅化的趋势，及至北朝后期，北海王氏人物成为士族社会清流名士的代表，体现出其家族文化的提升和门风的深刻变化。

（一）"儒缓不断"：北朝中后期北海王氏之门风特征及其代表人物的从政态度

北海王氏第一位名士化的人物是王嶷。《魏书·王宪传》载其子王嶷仕于孝文帝时期，为政颇为疏诞闲适：

---

① 以上分别见《魏书》卷三三《王宪传》及所附王崇、《北史》卷二四《王宪传》及所附之王昕、王昭事迹。

迁南部尚书，在任十四年。时南州多事，文奏盈几，讼者填门。嶷性儒缓，委随不断，终日在坐，昏睡而已。李䜣、邓宗庆等号为明察，勤理时务，而二人终见诛戮，余十数人或黜或免，唯嶷卒得自保。时人为之语曰："实痴实昏，终得保存。"

王嶷任职，"性儒缓，委随不断，终日在坐，昏睡而已"，颇似魏晋玄化名士"居官无官官之事，处事无事事之心"，以任官理事为鄙俗的作风，契合老庄无为的旨趣。《魏书·王宪传》王嶷子王云"颇有风尚"。这里的所谓"风尚"，恐怕主要是指名士气质。

北魏末和东魏、北齐之际，王云诸子王昕等人，多风华绝代，引领时代风尚。《北史》卷二四《王宪传附王昕传》曰：

昕母清河崔氏，学识有风训。生九子，皆风流酝籍，世号王氏九龙。昕弟晖、昭、晞、晧最知名。

所谓"风流酝籍"，就是玄化的名士风尚。在这方面，王昕、王晞兄弟的言行比较典型地体现出其家族门风的深刻变化。

王昕，据《北史·王宪传附王昕传》载其事云：

昕字元景，少笃学，能诵书，日以中叠举手极上为率。与太原王延业俱诣魏安丰王延明，延明叹美之。太尉、汝南王悦辟为骑兵参军。旧事，王出则骑兵武服持刀陪从。昕耻之，未尝肯依行列。悦好逸游，或驰骋信宿，昕辄弃还。悦乃令骑马在前，手为驱策。昕舍辔高拱，任马所之。左右言其诞慢。悦曰："府望唯在此贤，不可责也。"悦数散钱于地，令诸佐争拾之，昕独不拾。悦又散银钱以目昕，乃取其一。悦与府僚饮酒，起自移床，人争进手，昕独执板却立。悦作色曰："我帝孙，帝子，帝弟，帝叔，今亲起舆床，卿何偃蹇？"对曰："元景位望微劣，不足使殿下式瞻仪形，安敢以亲王僚寀，从厮养之役。"悦谢焉。坐上皆引满酣畅；昕先起，卧于闲室，频召不至。悦乃自诣呼之，曰："怀其才而忽府主，可谓仁乎？"昕曰："商辛沈湎，其亡也忽诸。府主自忽傲，僚佐敢任其咎？"悦大笑而去。

在汝南王元悦幕府中，王昕此类"疏慢"言行甚多。很显然，他以骑兵参军之类侍从职务及其应差一类的行为为耻。东晋王羲之子王徽之为桓温骑兵参军，桓温问其马数，应曰"不识马，何由知数"。王昕之言行与之相校颇为相似，反映出王昕以士族名士自居，轻视骑兵参军一类武职。元延明、元悦，皆为北魏迁洛后鲜卑汉化子弟的代表，其自身也具名士特征，故对王昕之"诞慢"言行多加包容。

《北史》本传又载"昕雅好清言，词无浅俗"。北魏末和东魏、北齐之际，六镇乱起，鲜卑守旧势力甚嚣尘上，北魏孝文帝以来的汉化进程受到阻碍。王昕对当时朝野鲜卑化回潮的鄙陋风俗颇为反感。《北史》王昕本传载："尝有鲜卑聚语，崔昂戏问昕曰：'颇解此不？'昕曰：'楼罗，楼罗，实自难解。时唱染干，似道我辈。'"又，高洋"怒临漳令嵇晔及舍人李文师，以晔赐薛丰洛，文师赐崔士顺为奴。郑子默私诱昕曰：'自古无朝士作奴。'昕曰：'箕子为之奴，何言无也？'子默遂以昕言启文宣，仍曰：'王元景比陛下于纣。'"尽管王昕一再受到诬告，但毫无疑问，就其文化心理而言，他对包括北齐统治者在内的鲜卑势力确实十分鄙视，并时常情不自禁地加以讥讽。北齐文宣帝以王昕"疏诞，非济世才"，斥其"好门户，恶人身"，于是一度除其官爵，流放幽州为民，然"昕任运穷通，不改其操"，怨恨日益加剧，以致最终促成高洋决意杀他。史载"帝后与朝臣酣饮，昕称疾不至。帝遣骑执之，见其方摇膝吟咏，遂斩于御前，投尸漳水"。粗暴的高洋自然无法容忍这类名士的轻蔑态度。

关于王晞，《北史·王宪传附王晞传》：

> 晞字叔朗，小名沙弥。幼而孝谨，淹雅有器度。好学不倦。美容仪，有风则。魏末，随母兄东适海隅，与邢子良游处。子良爱其清悟，与其在洛两兄书曰："贤弟弥郎，意识深远，旷达不羁。简于造次，言必诣理。吟咏情性，丽绝当时。恐足下方难为兄，不暇虑其不进也。"……母终后，仍属迁邺，遨游巩、洛，悦其山水。与范阳卢元明、钜鹿魏季景结侣同契，往天陵山，浩然有终焉之志。

可见王晞深受其兄王昕的影响，参与名士雅集，气质玄化。他仕于北齐，鉴于朝纲紊乱，他一贯"寻常舒慢"，曾被举报"数与诸人游宴，不以公事在怀"，北齐昭帝高演因此杖之。高演曾有意任其为侍中，"苦辞不受"，说：

第十一章 从"刚明清肃"到"雅好清言"

"我少年以来,阅要人多矣。充诎少时,鲜不败绩。且性实疏缓,不堪时务。人主恩私,何由可保?万一披猖,求退无地。非不爱作热官,但思之烂熟耳。"由此可见,王晞自谓"性实疏缓,不堪时务",拒绝"热官"委任。武成帝高湛"本忿其儒缓",又以其曾忠于高演,一再呵斥他,但他"雅步晏然",不以为意。史载其仕宦与行事作风云:

> 性闲淡寡欲,虽王事鞅掌,而雅操不移。在并州,虽戎马填间,未尝以世务为累。良辰美景,啸咏遨游,登临山水,以谈宴为事,人士谓之"方外司马"。诣晋祠,赋诗曰:"日落应归去,鱼鸟见留连。"忽有相王使召,晞不时至。明日,丞相西阁祭酒卢思道谓晞曰:"昨被召已朱颜,得无以鱼鸟致怪?"晞缓笑曰:"昨晚陶然,颇以酒浆被责。卿辈亦是留连之一物,岂直在鱼鸟而已?"及晋阳陷败,与同志避周兵东北走。山路险迥,惧有土贼,而晞温酒服膏,曾不一废。每不肯疾去,行侣尤之,晞曰:"莫尤我,我行事若不悔,久作三公矣。"①

上述王晞性情"舒慢""疏缓""儒缓",在行为上"旷达不羁",终日"谈宴""遨游""饮酒"等。其言行如此,不排除他以此应对无常的政局,但主要还是在于其思想深处的玄学化,所谓"简于造次,言必诣理。吟咏情性,丽绝当时",正是如此。

王皓,《北史·王宪传附王皓传》:

> 皓字季高,少立名行,为士友所称。……儒缓亦同诸兄。尝从文宣北征,乘赤马,旦蒙霜气,遂不复识。自言失马,虞候为求觅不得。须臾日出,马体霜尽,系在幕前,方云:"我马尚在。"为司徒掾,在府听午鼓,蹀躞待去。群僚嘲之曰:"王七思归何太疾?"季高曰:"大鹏始欲举,燕雀何啾唧?"嘲者曰:"谁家屋当头,铺首浪游逸。"于是喧笑,季

---

① 所谓"温酒服膏,曾不一废"云云,就是指王晞服食"五石散"一类,这是魏晋以来普遍的社会风气,一些士族名士也以此炫耀。食散者忌寒,故必须温酒而服。不过,追溯北海王氏食散门风的渊源,可以从王猛谈起。《晋书》卷一一四《苻坚载记下附王猛传》载:"桓温入关,猛被褐而诣之,一面谈当世之事,扪虱而言,旁若无人。""扪虱而言",这是许多名士的作派,除了思想上的因素外,在生理上则是其食药的一种行为表现。因为食药者皮肤易破,不便洗涤,因此难免生出虱子来。久而久之,"扪虱而言"一类便成为名士放任不拘的一种行为表现。王猛早年曾隐居学道术,其食散恐主要为习道,食散本为医、道之术。但及至北朝后期其后人如此,则主要在于其附会名士风气。

高不复得言。

王皓"儒缓"如此,其言行也颇具南朝玄学名士的特点,以清流自视。在嘲戏排调过程中,他随时征引《庄子》中"大鹏""燕雀"等典故,可见其对玄学典籍《庄子》很熟悉。

王昕其他兄弟的事迹不详,但由上引"皆风流酝籍"的概述,应当多具名士特征。如王晖,《魏书·王宪传》载王昕弟王晖"早称机悟",《北史·王宪传附王昕传》又称其"少与昕齐名,兼多术艺",也颇染玄风。

由上述王昕及其诸弟的言行,可见其具有士族名士的性格特征。首先,在社会身份上,轻视缺少教养的寒门,更无论那些鲜卑异类,同时,自然表现出重文轻武的态度。他们虽无力改变现实,但时常以嘲谑、戏弄等言语方式发泄这种不满情绪。这以王昕最为典型和激烈。其次,对待职位、吏事,他们强调清浊之别,鄙薄冗杂,自视清高。于是,他们常以游戏的心态履职,以位重事剧而拒绝委任,不求上进。在为官态度上,他们时常表现出"儒缓"的特征,也就是迟缓,不积极,更非雷厉风行。从士族的立场说,这实际上就是一种从容;从统治者的角度而言,则是消极应对,是一种轻慢的行为,难以容忍。① 从北海王氏家族门风演变的角度看,自北魏以来随着其家族门第的上升,门风不断雅化,王昕兄弟的表现与乃祖王猛相比,虽有基本文化基因的承袭,但无可避免地发生了深刻的变化。

(二)"雅好清言":北朝后期北海王氏代表人物玄学化的学术文化特征

在学术文化风尚方面,随着门第的提升,王昕诸人皆重雅集谈论。王昕是当时士族社会中清流名士群体的重要组织者,北魏末,政局动荡,一些雅化名士聚集在王昕身边,避居海隅,形成了一个以王昕为核心的交游集团。《北史·王宪传附王昕传》载:

---

① 《资治通鉴》卷一〇一《晋纪》二三"穆帝升平五年"(361):"凉骠骑大将军宋混疾甚,张玄靓及其祖母马氏往省之,曰:'将军万一不幸,寡妇孤儿将何所托!欲以林宗继将军,可乎?'混曰:'臣子林宗幼弱,不堪大任。殿下倘未弃臣门,臣弟澄政事愈于臣,但恐其儒缓,机事不称耳。殿下策励而使之,可也。'"胡三省注:"凡儒者多务为舒缓,而不能应机以趣事赴功。"同年九月又载:"凉右司马张邕恶宋澄专政,起兵攻澄,杀之,并灭其族。"胡注:"宋澄岂特机事不称哉,遂赤其族!以此知经世非儒缓者所能为也。"按:北朝社会较南朝较重实用,似乎"儒缓"的现象也容易被视为特类。又《晋书》卷七九《谢安传》:"(桓)温后诣安,值其理发。安性迟缓,久而方罢,使取帻。温见,留之曰:'令司马著帽进。'其见重如此。"可见"儒缓"多为文士的行事作风。

> 后除著作佐郎。以兵乱渐起,将避地海隅。侍中李琰之、黄门侍郎王遵业惜其名士,不容外任,奏除尚书右外兵郎中。出为光州长史,故免河阴之难。迁东莱太守。于时年凶,人多相食,昕勤恤人隐,多所全济。

尔朱荣入洛发动河阴之变前夕,王昕已出为光州长史。当时东莱郡隶属光州,王昕继而又迁任东莱太守。同传又载:"昕少时与河间邢邵俱为元罗宾友,及守东莱,邵举室就之。郡人以邵是邢杲从弟,会兵将执之。昕以身蔽伏其上,呼曰:'欲执子才,当先执我。'邵乃免。"这是邢邵随其在东莱的记载。

王昕"雅好清言",清流名士聚集,自然谈论名理。东魏、北齐之际,王昕虽一度与高氏统治者合作,但在朝野内外,他依然是玄化名士群体的领袖,其雅谈清议难免会涉及现实问题,这不能不引起统治者的忌恨,进而从政治上的忠顺与忤逆的角度加以揣度。特别需要指出的是,北齐文宣帝指责王昕"伪赏宾郎之味,好咏轻薄之篇,自谓模拟伧楚,曲尽风制。推此为长,余何足取。此而不绳,后将焉肃?"所谓"自谓模拟伧楚,曲尽风制",就是效仿南朝的文化风尚。其实,不仅王昕个人如此,实际上北朝后期玄化名士群体无不如此,这是自北魏孝文帝以来南北文化深入交流的结果。① 因此,王昕诸人之所谓"疏诞",固然是玄化的表现,但从某种意义上说,则是北朝士风南朝化的结果。②

《北齐书》卷四二《卢潜传》载"天保中,尚书王昕以雅谈获罪,诸弟尚守而不坠。自兹以后,此道顿微"③。王昕诸弟中,王晞的相关表现最为典型。据上引文,他不仅一再参与王昕组织的"避地海隅"的隐逸雅集,而且

---

① 对北朝后期及隋、唐之际南学北输、南风北渐及北朝文化风尚的变化,王永平《中古士人迁移与文化交流》(社会科学文献出版社2005年版)的相关章节已有深入论述,敬请参见,此不赘述。

② 东魏、北齐之际,士族名士谈玄析理蔚然成风,其中见于史籍,影响较大的是邢邵、杜弼等人围绕佛性、生死等问题的论难。细查文献,在这方面,王昕也曾有所涉及,《广弘明集》卷七《辩惑篇》所载《列代王臣滞惑解》"魏邢子才"条载:"邢子才,河间人。仕魏著作郎,迁中书黄门郎。以为姓人不可保,谓元景曰:'卿何必姓王?'元景变色。子才曰:'我亦何必姓邢,能保五世耶? 然佛是西域圣人,寻已冥灭。使神更生,安能劳苦今世邢子才,为后身张阿得耶?'"至于王昕具体参与论难的详情,则缺少记载。

③ 不但如此,王昕的玄学风尚还影响姻亲。《太平御览》卷三百七十九"人事部二十·美丈夫"引《北齐书》"刘祎五子并有志行,为世所称。璿字祖王,聪敏机悟,美姿仪,为其舅北海王昕所爱,顾座曰:'可谓珠玉在傍,觉我质秽。'"王昕如此称誉其外甥刘璿,他自然也属于玄化名士群体中后进人物,王昕竭力加以赞赏、引荐。

本人也组织"遨游巩、洛"等活动，与卢元明、魏季景"结侣同契，往天陵山，浩然有终焉之志"，他也是一个名士雅集交游的中心人物。由邢子良称其"意识深远，旷达不羁。简于造次，言必诣理"，可见其精于玄理。从以上所述王昕兄弟的言行看，玄学化成为当时其家族文化的最突出的特征，具体表现为尚谈论、析名理、悦山水、重自然。对王昕兄弟作为北朝后期玄化名士代表及其引领士风之地位与作用，唐代已有论者予以表彰，《文苑英华》卷七五五收录有唐初苏世良《王昕及弟晞传论》，其中说："自晋失纲纪，世道交丧，遗风余烈，扫地将尽。魏文迁宅伊洛，情存典故，衣冠旧族威仪式序，于是风流名士往往间出。遵业、王诵导清流于前，元明、孝诣振芳尘于后。元景少自矜庄，早驰名誉，仪范词韵，标映人伦，虽乐广、王衍之徒不能尚也。"这充分肯定了王昕兄弟在北朝玄化士风方面的代表性地位。

在学术文化领域，与其玄化直接相关，王昕及其诸弟多有文学诗赋方面的才情。王昕组织的名士聚会，之所以称为雅集，在于其既是清谈名理的聚会，同时也是文学创作与交流的聚会。对此，《魏书》卷八五《文苑·裴伯茂传》有一则比较典型的记载："裴伯茂，河东人，司空中郎叔义第二子。少有风望，学涉群书，文藻富赡。……伯茂好饮酒，颇涉疏傲，久不徙官，曾为《豁情赋》。……天平初迁邺，又为《迁都赋》，文多不载。……卒年三十九，知旧叹息焉。……卒后，殡于家园，友人常景、李浑、王元景、卢元明、魏季景、李骞等十许人于墓傍置酒设祭，哀哭涕泣。一饮一酹曰：'裴中书魂而有灵，知吾曹也。'乃各赋诗一篇。李骞以魏收亦与之友，寄以示收。收时在晋阳，乃同其作，论叙伯茂，其十字云：'临风想玄度，对酒思公荣。'时人以伯茂性侮傲，谓收诗颇得事实。"可见当时名士雅集文学活动之景象。王昕文学修养甚佳，擅作诗文，《北史》本传称其至死"摇膝吟咏"，"有文集二十卷"。上述王昕"伪赏宾郎之味，好咏轻薄之篇，自谓模拟伧楚，曲尽风制"，涉及其文学趣味的南朝化问题，所谓"轻薄之篇"，是重视事功的北人对南朝诗赋不无偏见的一般看法，而对于玄化名士而言，模拟南朝文学风尚则是很自然的事。王昕如此，当时其他著名文士邢邵、魏收等莫不如此。① 此外，王昕兄弟多能文，王晞在北齐后主高纬武平年间，"监修起居注，待诏文林馆"。王皓在后主天统末，也参与"修国史"，其子王伯，"待诏文林馆"②。因此，北海王氏人物"风流酝籍"，其文学才情是一个重要的表现形式。

在"雅好清言"与善于作文之外，王氏人物还多善容止，并有口辩之才。玄学名士在仪表方面颇有讲究，故士族社会特重容止，王昕兄弟既为当时名士领袖，自然也如此。如王晞，自少"淹雅有器度"，"美容仪，有风则"。名士的容止，绝非一般的化妆，主要在于内外气质的结合所体现出来的精神风貌。在这方面，王昕兄弟可谓风华绝代。至于善于口辩，甚至调谐之言，也是名士频繁交往中不可缺少的才技，这方面的典型事例在前述王昕诸人事迹时已有所涉猎。③

由于北海王氏子弟具有卓绝的名士风貌，北朝统治者一再聘其出使南朝。第一位充任使节的王氏人物是王昕弟王晖。《北史·王宪传附王晞传》载"魏永安初，第二兄晖聘梁，启晞释褐"，这是北魏末孝庄帝时的事。第二位是王昕，也是北朝使节中影响尤为显著者之一。其时在东魏孝静帝世，《北史·王宪传附王昕传》载其"元象元年，兼散骑常侍，聘梁，魏收为副，并为朝廷所重"④。对于王昕这次出使的具体情况，魏收在《魏书》卷一〇四《自序》中说："收兼通直散骑常侍副王昕聘萧衍，昕风流文辩，收辞藻富逸，（萧）衍及其群臣咸加敬异。先是，南北初和，李谐、卢元明首通使命，二人才器，并为邻国所重。至此，衍称曰：'卢、李命世，王、魏中兴，未知后来复何如

---

① 王昕善属文，也注意以文学才能鉴赏、举荐士人。《太平御览》卷五百八十六"文部·诗"引《三国典略》："辛德源尝于邢邵座赋诗，其十字曰：'寒威渐离风，春色方依树。'众咸称善。后王昕逢之谓曰：'今日可谓寒威离风，春色依树。'"辛德源后成为北朝重要的文士。又，《北齐书》卷二一《封隆之传》载封隆之侄封孝琬，字子蒨，"天保二年卒，时年三十六，……性恬静，颇好文咏。太子少师邢邵、七兵尚书王昕并先达高才，与孝琬年位悬隔，晚相逢遇，分好遂深。孝琬灵榇言归，二人送于郊外，悲哭悽恸，有感路人"。王昕与封孝琬之相交，一个重要原因当在于王昕重其文学才情。

② 《北史》卷二四《王宪传》所附诸人事迹。

③ 《北史》卷九〇《艺术下·徐謇传附徐之才传》载："之才聪辩强识，有兼人之敏。尤好剧谈体语，公私言謔，多相嘲戏。……嘲王昕姓云：'有言则䚒，近犬便狂，加颈足而为马，施角尾而成羊。'"这说明王昕参与"嘲戏""剧谈体语"一类活动。又，《太平广记》卷一百七十三《俊辩》（一）"王元景"条据《谈薮》谓："王元景尝大醉。杨遵彦语之曰：'何太低昂？'元景对曰：'黍熟头低，麦熟头昂，所以低昂矣。'"这是王元景诙谐的实例。

④ 《魏书》卷一二《孝静帝纪》载兴和元年"八月壬辰，兼散骑常侍王元景、兼通直散骑常侍魏收使于萧衍"。

耳?'"魏收所述,事关自己,难免夸饰,但他们确实为当时北人文士之翘楚,则无可置疑。北齐文宣帝高洋时,王昕又有一次南下,《北史》本传载其曾"敕送萧庄于梁为主"。第三位是王皓,《北史·王宪传附王皓传》载"大宁初,兼散骑常侍、聘陈使主"。这是北齐武成帝高湛时的事。自北魏末,至北齐,北海王氏人物相继以使主身份出使南朝,这与其家族文化风尚密不可分。当时南北朝交往,尤重"妙简行人",《北史》卷四三《李崇传附李谐传》所载:

> 是时邺下言风流者,以谐及陇西李神俊、范阳卢元明、北海王元景、弘农杨遵彦、清河崔赡为首。初通梁国,妙简行人,神俊位已高,故谐等五人继踵,而遵彦遇疾道还,竟不行。既南北通好,务以俊乂相矜,衔命接客,必尽一时之选,无才地者不得与焉。梁使每入,邺下为之倾动,贵胜子弟盛饰聚观,礼赠优渥,馆门成市。宴日,齐文襄使左右觇之,宾司一言制胜,文襄为之抚掌。魏使至梁,亦如梁使至魏,梁武亲与谈说,甚相爱重。

对此,清人赵翼在《廿二史札记》卷一四"南北朝通好以使命为重"条中概括指出:"南北通好,尝藉使命增国之光,必妙选行人,择其容止可观,文学优赡者,以充聘使。"在这一风气中,王昕兄弟相继为"使主",他们自是公认的"一时之选",尽管高齐统治者未必喜欢他们的做派,但在与南朝交往时,还是需要他们来为国家争取荣誉与体面。这从一个侧面说明北海王氏人物之名士化风采及其影响。

由上所述,作为北朝士族社会中的"新出门户",相对而言,北海王氏的儒学植根不深,其子弟在北魏后期的社会文化环境中,善于取法南朝新风,积极玄化,造就了一批新锐名士,使其家族成为北朝玄化风尚的典型代表。不过,必须指出,中古士族社会普遍重视儒家礼法,一些玄化名士即便在社会交往中纵情任性,放荡不拘,但在家族内部则恪守礼制,以维护家族的协调和睦。此外,士族子弟自然要寻求入仕,他们必须熟悉朝仪典制,遵循礼法。在这一方面,比之南朝,北朝士族社会的文化风尚当更为严格。因此,就北海王氏而言,其家族的士族化过程,从某种程度上说,其家族门风必然经历着儒家化的过程。对此,《北史·王宪传》传论有言:"元景昆季履道,标映人伦,美哉!"苏世良《王昕及弟晞传论》则以为王昕与阮籍、嵇康不同,他虽玄化,但"以礼度自拘,异于二子,……昆季履道,俱有风尚,闺门雍穆,见重时皇,永建之时,晞处帷幄,情存稽古,盖有凭焉。"这里明确指出,北海王氏人物的仕进直接得益于其家族伦理与"情好稽古"的文化凭借。揆诸史实,所论甚是。

士族社会尤重孝友之道。《北史·王宪传附王昕传》载:"昕体素甚肥,遭丧后,遂终身羸瘠。"王昕可谓孝行之典范,其诸弟也如此。王昭,"少好儒术,……性敦笃,以友悌知名"。王晞,"幼而孝谨",其成年后应入仕,"晞愿养母,竟不受署"。王晧,"少立名行,为士友所称。遭母忧,居丧有至性"。此外,士族社会尤重家讳,这方面王氏子弟也恪守礼制,《颜氏家训·风操篇》说:"古者,名以正体,字以表德,名终则讳之,字乃可以为孙氏。孔子弟子记事者,皆称仲尼,……江南至今不讳字也。河北士人全不辨之,名亦呼为字,字固呼为字。尚书王元景兄弟,皆号名人,其父名云,字罗汉,一皆讳之,其余不足怪也。"①

王昕兄弟为官行事"以礼度自拘"。前述王昕与汝南王元悦交往诸事,《北史》本传又载魏孝武帝元修"或时袒露,与近臣戏狎,每见昕,即正冠而敛容焉",可见其颇得儒家守正之道。对于王昕之德行,当时士林多有称誉,如《北史》本传载"杨愔重其德素,以为人之师表"。《魏书》卷八五《文苑·温子昇传》则载"杨遵彦作《文德论》,以为古今辞人皆负才遗行,浇薄险忌,唯邢子才、王元景、温子昇彬彬有德素"。又,《北史·王宪传附王晞传》载高欢"访朝廷子弟忠孝谨密者,令与诸子游。晞与清河崔赡、顿丘李度、范阳卢正通首应此选"。高澄也以此嘱托,说:"我弟并向成长,志识未定,近善狎恶,不能不移。吾弟不负义方,卿禄位常亚召弟;若苟使回邪,致相诖误,罪及门族,非止一身。"可见王晞之"忠孝谨密",为世所公认。

王昕、王晞兄弟精悉朝仪典制,一再参与制定朝仪。《北史》卷三一《高允传附高德正传》载齐文宣帝即位,王昕与杨愔、邢邵等"议撰仪注"。又,《魏书》卷一〇八之二《礼志二》载武定六年二月,将营齐献武王庙,"议定室数、形制",王昕与崔昂、卢元明等共同参议。又,《北史》卷三三《李灵传附李浑传》:齐天保初,齐文宣帝以"魏《麟趾格》未精",诏王昕与李

---

① 按以字为讳,至少始于魏晋之际,多有其例,后盛行于北朝,这是当时门阀社会重视名讳等礼制趋于严格的表现。对此,参见顾炎武《日知录》卷二三"以字为讳"条的相关考述。在《颜氏家训·风操篇》中,颜之推举例说:"或有讳'云'者,呼纷纭为纷烟。"王利器集解引郝懿行推测之言,以为王昕父讳云,此或为王昕兄弟所为。

浑、邢邵、崔㥄、李伯伦等共同修撰。可见王晞多次参与东魏、北齐时期的礼制的修撰。关于王晞这方面的活动，《隋书》卷六《礼仪志序》曰："后齐则左仆射阳休之、度支尚书元修伯、鸿胪卿王晞、国子博士熊安生，在周则苏绰、卢辩、宇文敩，并习于仪礼者也，平章国典，以为时用。高祖命牛弘、辛彦之等采梁及北齐《仪注》，以为五礼云。"这里将王晞作为北齐"习于仪礼"的重要代表。

北海王氏诸贤之所以如此，当与其家教密切相关。王昕兄弟或"幼而孝谨"，或"少好儒术"，或"少立名行"，如果没有家族内部的严格教育，这是不可能的。前引文称王昕"母清河崔氏，学识有风训"，所谓"风训"，就是文化士族的家教。清河崔氏是北朝社会一流儒学高门旧族，其门风谨严敦厚，王昕母将崔氏家教移植王氏，形成王氏"风训"，这对北海王氏门风之转变不无影响。

综上所述，北海王氏本为寒门小族，在五胡内附、民族纷争的十六国时代，其家族代表人物王猛拒绝南迁，尽心辅佐氐族前秦统治者苻坚，位至丞相，从而为其子孙在十六国北朝的发展及其门第的提升奠定了基础。王猛之后，前秦崩溃，其子孙虽然星散南北。在江南相对固化的门阀秩序及其文化环境中，人们对王猛子孙只以"将门有将"视之，难以获得门第和地位的提升。王猛后人显赫者为留居北方房支的子孙，且世代相传。北魏之初，王宪以王猛之孙的特殊身份为北魏太祖拓拔珪所重用。及至北魏中期，在孝文帝迁都洛阳，力行汉化的背景下，重新确定北朝鲜、汉上层官僚阶层之族姓门第，北海王氏成为士族，这是北朝士族中的"新出门户"。及至北魏后期，北海王氏得与北方最为显贵的儒学旧族门第代表清河崔氏联姻，从而被北齐统治者称为"好门户"。与此同时，北海王氏精英子弟不仅与士族名士往还频繁，而且常成为他们交游的中心人物；其仕宦也自然多为清显之职。①

在北魏中后期社会文化变革的大背景下，伴随着其家族门第"士族化"

---

① 关于王猛之后裔，隋《王成墓志》载："君讳成，字胡仁，十世祖猛，佐秦辅政，英跱恢悟。德备四海，功充六合。祖生，魏中散大夫。文才挺秀，侍卫岩廊，清慎可奇。出为河东太守。父和，魏永安二年起家为郡功曹。寻迁宁朔将军。以声教有闻，迁授鲁阳太守。……年登廿，经史俱闻。及乃加冠，武艺咸善。才辩纵横，文辞诏译。大隋开皇四年，征孝廉入第，释褐任木工监。俄迁左校暑监。虽复职务烦剧，而手不释文，假寐在公，无舍谈讼。"（王其祎、周晓薇：《隋代墓志铭汇考》，线装书局2007年版，第6册，第6页）王成与其祖王生、父王和，不见于正史等文献所载，然其墓志载为王猛之后，可见此支在北魏后期至隋前期位列社会上层，其人物既有武艺事功之能，也有一定的文化素养，"经史俱闻""才辩纵横，文辞诏译"，但就其文化取向而言，则未见其玄化之表现。

的进程，北海王氏代表人物的言行举止、处世心态与文化修养等，与其家族先辈相比，经历了深刻的蜕变，其家学门风日趋雅化。王猛佐理前秦，以法术为先导，直言"治乱邦以法"，其施政行事最显著的特色是"明法峻刑"，雷厉风行，"刚明清肃"。当然，作为文士，他也注意适当的以儒学相调剂，以收"德刑具举"之效，从而达到了"五胡之盛，莫之比也"的治绩，为后世所称道。就学术文化而言，王猛思想背景驳杂，法术、道术与儒术杂糅，但以法术为宗，倡导儒学教育，排斥玄虚之学与谶纬内学，具有文化专制的色彩。作为一个务实的干才，王猛本人在学术上并无深厚的积累和突出的表现。及至北魏中期，王猛曾孙王嶷一辈，其处世为宦心态便明显变化，其"性儒缓不断，终日昏睡"，从此，"儒缓"成为北朝后期北海王氏人物的共同品格，也就是其家族门风的显著特征。在家族门第"士族化"之后，北海王氏代表人物为宦分清浊，履职辨文武，在行事态度上则讲求雍容、从容和闲适，也就是所谓"疏缓"和"迟缓"，以体现其士族名士的身份与地位，对于他们不满意的情况，则以种种怪异行为应对，即所谓"疏诞"和"旷达不拘"。

在学术文化上，作为"新出门户"的北海王氏最显著的特征是"雅好清言"。自北魏孝文帝都洛以来，北朝汉化进程加快，南北文化交融也随之日趋深入，北朝士风与学风呈现出明显的南朝化倾向。一些新锐文士频繁聚集，他们清谈义理，诗赋唱和，形成了名士群体的雅集风尚。在这一时代文化环境中，北海王氏代表人物王昕、王晞兄弟等，以其"雅好清言"的学养和名士领袖的身份，常常成为这种雅集交游的组织者，他们"简于造次，言必诣理。吟咏情性，丽绝当时"。作为名士，他们"美仪容，有风则"，又善嘲谑、戏弄和口辩，才情横溢。北朝后期"妙简行人"，王昕兄弟相继出使南朝，正是由于他们符合"容止可观，文学优赡"的择使标准。王昕兄弟之玄化不仅体现出其家族文化风尚的雅化，而且深刻的体现出北朝后期社会文化的变迁。

当然，必须指出，作为北朝士族社会中的一员，尽管北海王氏为"新出门户"，但必须遵循士族社会一般的文化准则和基本规范。士族社会必重家世传承，因此士族名门多为儒学旧族，特重儒家伦理与礼法，并以此作为其家教的核心内容。即便新锐名士思想玄化，行为任诞，但在立身处世、为宦理事方面，必须恪守礼法，以"礼度自拘"，不可一味"疏诞"。从这一角度看，随着其家族门第的上升，北海王氏与清河崔氏通婚，接受其家教传统，形成了自己的家门"风训"，王昕兄弟皆受到严格的家教，或"幼而孝谨"，或"少好儒术",或"少立名行"。在家族内部,王昕诸人皆恪守孝友之道,并以其"德素"享誉士林,被尊为"人之师表"。在朝廷,他们多精悉朝仪,参与典制修撰,体现出"习于仪礼"的家学渊源。

结合前述北海王氏最突出的名士家风看,北海王氏家学门风的玄、儒并举与礼玄合一,似乎自相矛盾。其实,这正是中古士族文化的内在统一的两个方面。钱穆先生曾指出:"门第精神,维持了两晋二百余年的天下,他们虽不勤力世务,亦能善保家门。名士清谈,外面若务为放情肆志,内部却自有他们的家教门风。推溯他们家教门风的来源,仍然逃不出东汉名教礼法之传统。"他又说:"庄、老放言,破弃'名教',复归'自然',本来不教人在家庭团体、政治组织里行使。魏、晋名士,一面谈自然,一面还遵守名教,故曰名教与自然'将毋同'。"① 因此,我们可以说,即便在东晋南朝,礼、玄合一也是各士族共同的家族文化特征。就北朝而言,社会文化中玄化风气主要是魏孝文帝迁都洛阳后输入南朝文化的结果,其南朝化的名士集团并非北朝士人的主体,与玄风疏淡状况不同,北朝社会普遍崇尚儒学,长期的胡汉融合,更增添了北朝士人积极用世的刚毅色彩。因此,在这一社会文化环境中,作为"新出门户"的北海王氏虽以玄化博取声誉,但终究必须以遵从儒家传统而延续门望。

---

① 前揭钱穆《国史大纲》,第267、272页。

第十二章　崔浩之南朝情结及其与南士之交往

一　引言：十六国北朝汉族代表人物对东晋南朝的文化认同及其心态

在北魏历史上，崔浩及其家族在推进鲜卑上层汉化过程中，发挥了重要的作用，具有显著的地位，诚如陈寅恪先生所指出：

> 崔浩者，东汉以来儒家大族经西晋末年五胡乱华留居北方未能南渡者之代表也。当时中国北部之统治权虽在胡人之手，而其地之汉族实远较胡人为众多，不独汉人之文化高于胡人，经济力量亦胜于胡人，故胡人欲统治中国，必不得不借助于此种汉人之大族，而汉人之大族亦欲藉统治之胡人以实现其家世传统之政治理想，而巩固其社会地位。此北朝数百年间胡族与汉族互相利用之关键，虽成功失败其事非一，然北朝史中政治社会之大变动莫不与此点即胡人统治者与汉人大族之关系有关是也。①

对此，钱穆先生在《国史大纲》第二十一章《宗教思想之弥漫》中也指出：

> 北方之学者，饱经兵荒胡乱，始终不忘情于政治上之奋斗，此为与南方士族绝不相同处，崔浩即其一例。……大抵如王猛、崔浩之伦，皆

---

① 《崔浩与寇谦之》，收入《金明馆丛稿初编》，生活·读书·新知三联书店2001年版，第141—142页。在此文中，陈先生经过考证指出，"清河崔氏为北朝第一盛门，而崔浩一支又为清河崔氏门中最显著之房"。

欲在北方拥戴一异姓主之下而展其抱负者。

十六国北朝之汉族儒学大族代表人物之积极进取，推动各入华之胡族统治者不断汉化，其历史贡献确实不可估量。

不过，在十六国与北朝前期进入胡人政权之汉族儒学大族人物其心态颇为复杂，一是出于根深蒂固之儒家夷夏大防观念的束缚，内心中难免时时忍受着这种有形与无形的文化观念上的折磨，这是不难理解的；二是当北方胡人政权强大起来后，必然与偏安江南的汉族流寓王朝即东晋南朝诸政权发生冲突，而在当时民族之间的军事与政治冲突最激烈的状态下，东晋南朝之存在，不仅具有政治上的意义，而且在北方的儒学大族人物看来，还具有民族文化存续的特殊文化意义。从长时段的历史演变进程及更广阔的历史范围看，永嘉之乱后中土文化士族的整体性南迁及其所造成的华夏文化中心的一度南移，其影响尤为广泛和深远。当时人们以东晋南朝为中国历史承传之正统所系，恐怕主要的原因在于他们出于文化上的认同感。正是出于这种内心中深层的文化认同，他们对东晋南朝政权之兴衰存亡及其文化怀有深切的"理解之同情"，这种文化心态是当时留滞北方的汉族代表人物所共有的，可谓一种普遍存在的"文化情结"。因此，对于与胡人合作之北方汉族士人来说，由于他们为维持家族门第等现实利益考虑，或受到胡族统治者之逼迫，他们必须出仕胡人之朝廷，在政治、经济、军事、文化等方面帮助胡人统治者，在客观上则减缓民族融合过程中的激烈冲突及其对北方的破坏。但进一步分析，他们在内心深处不时受到文化方面潜意识的折磨，这种深层的内在矛盾心态和情绪，确实比一般人要强烈得多。从这个意义上说，留居北方与胡人合作之汉族士人所经受的苦难恐怕比流寓南方之侨姓士族更为严重，真可谓"别有一番滋味在心头"。

在这方面，十六国时期进入羯族后赵政权的张宾与进入氐族前秦政权的王猛的心态便颇为典型。关于张宾的相关事迹，《晋书》卷一〇五《石勒载记下附张宾传》载张宾为赵郡中丘人，其父张瑶为晋中山太守，"宾少好学，不为章句，阔达有大节"，永嘉之乱后，张宾见石勒，谓所亲曰："吾历观诸将多矣，独胡将军可与共成大事"，逐渐成为石勒之谋主，"机不虚发，算无遗策，成勒之基业，皆宾之勋也"，石勒亦甚敬之，每呼之"右侯"，而不称其名。可以说，石赵之具体军政要务与汉化大业，无不凝聚着张宾的心血。不过，对于石勒之南进政策，张宾则予以开释。如石勒在立国前，曾举军南下，追击南迁的西晋司马氏宗室和门阀士族,在葛陂建立了军事基地。《晋书》卷一〇四《石勒载记上》载:"勒于葛陂缮室宇,课农造舟,将寇建业。"当时司马睿之东晋尚未正式建国,处于草创时期,面对石勒的军事进攻,司马睿集团上下十分紧张,在寿春聚结军队抵抗。当时霖雨三月不止,石勒军队损失颇大,必须就进退作出决策,其中孔苌、支雄等三十多位将领建议南下决战,首先进入寿春,"得其城,食其仓米",进而"破丹杨,走江南,尽生缚司马家儿辈"。石勒征询张宾的意见,宾曰:"天降霖雨方数百里中,示将军不应留也。邺有三台之固,西接平阳,四塞山河,有喉衿之势,宜北徙据之。"石勒由此决定回师河北。张宾的这一主张,当然是站在石勒的立场上考虑的,可谓石赵建国的关键决策。不过,对于诸将积极要求南下攻打司马睿,张宾在内心里是不愿意的。如果怂恿石勒南征,虽然未必能够长期占领江南,但以其军事攻击力,必然对司马睿江东政权造成巨大的伤害,并给江东地区带来严重的破坏。因此,张宾的建议不仅给石勒提供了确实可行的立国方略,而且使新生的东晋政权免遭扼杀并得以成长,这在客观上对中国历史与文化的发展产生了深远的影响。就这一意义而言,张宾在内心里对南方汉族政权及其文化是怀有诚挚的情感的。

在这一方面,前秦时期的王猛表现得更为典型。《晋书》卷一一四《苻坚载记下附王猛传》载猛乃北海剧人,为苻坚夺位、巩固统治、规划北方及其汉化的主要辅佐,兼领丞相、中书监和尚书令等要职,"军国内外万机之务,事无巨细,莫不归之",所谓"兵强国富,垂及升平,猛之力也",确为实录。王猛尽心辅佐苻坚,可谓"鞠躬尽瘁,死而后已",但当苻坚势力不断强大,图谋规划江南时,王猛则表示反对,他在死前明确表达了这一态度:

猛疾甚,因上疏谢恩,并言时政,多所弘益。坚览之流涕,悲恸左右。及疾笃,坚亲临省病,问以后事。猛曰:"晋虽僻陋吴越,乃正朔相承。亲仁善邻,国之宝也。臣没之后,愿不以晋国为图。鲜卑、羌虏,我之仇也，终为人患，宜渐除之，以便社稷。"①

在这里，王猛明确指出东晋"乃正朔相承"，这不仅是他个人的看法，而且代表当时滞留北方服务虏廷的大部分汉族士人的文化心态。②

其实，不仅在十六国前期、中期民族矛盾与冲突剧烈状态下，北方士人内心中对江南东晋王朝抱有如此强烈的正朔情感，即便到十六国末，情况依然如此。就社会阶层而言，不仅饱受华夏文化熏习之士人如此，广大北方民众也如此。《宋书》卷六一《武三王·庐陵王刘义真传》载晋末刘裕征讨关中羌族后秦政权，其返师之前，关中地方代表曾恳切挽留：

> 高祖将还，三秦父老诣门户流涕诉曰："残民不沾王化，于今百年矣。始睹衣冠，方仰圣泽。长安十陵，是公家坟墓，咸阳宫殿数千间，是公家屋宅，舍此欲何之？"高祖为之愍然，慰譬曰："受命朝廷，不得

---

① 《通鉴》卷一〇三"晋孝武帝宁康三年六月"条载王猛此言，胡三省注曰："王猛事秦，亦知正统之在江南。徐光之论非矣。"所谓徐光之论，据《通鉴》卷九五晋成帝咸安七年载，后赵主石勒曾对汉族士人代表徐光说："吴、蜀未平，吾恐后世不以吾为受命之王也。"徐光则说："魏承汉运，刘备虽兴于蜀，汉岂得为不亡乎！孙权在吴，犹今之李氏也。陛下包括二都，平荡八州，帝王之统不在陛下，当复在谁！"由此可见，石勒也有后世是否以之"受命之王"的忧虑。徐光等汉族人士当时正面临着与石虎等羯族保守势力的生死斗争，其意在劝导石勒处理好其后世的人事安排，打压石虎，而不必以正统为意。

② 《晋书》卷一一四《苻坚载记下》载当时前秦僧人代表道安也曾向苻坚进言，反对其南征东晋。道安虽为僧人，但据《高僧传》卷第五《义解二·晋长安五级寺释道安传》，其"家世英儒"，曾南渡至荆襄传法，后被掳入秦，深得苻坚信重。因此，道安之劝阻苻坚南征东晋，也应当与其以东晋为华夏文化正朔的心态不无关系。对此，汤用彤先生在《汉魏两晋南北朝佛教史》（中华书局1983年版）第八章《释道安》中有论云："苻坚晚年，将欲南征，安数次切谏，坚终不从。按法师《阴持入经序》云：'戎狄孔棘。'《道地经序》云：'玁狁猾夏。'则其谏阻苻坚，或私衷不忘旧邦也。"（第157页）这也指出了道安潜在的民族心理。《魏书》卷九一《术艺·张渊传》载："张渊，不知何许人。明占候，晓内外星分。自云尝事苻坚，坚欲南征司马昌明，渊劝不行，坚不从，果败。"张渊以星象劝阻苻坚南征，也反映出当时汉人的态度。《晋书》卷八九《忠义·丁穆传》载丁穆本为晋顺阳太守，"会苻坚遣众寇顺阳，穆战败，被执至长安，称疾不仕伪朝。坚又倾国而南寇，穆与关中人士唱义，谋袭长安，事泄，遇害，临死作表以付其妻周。其后周得至京师，诣阙上之"。丁穆抗秦本不奇怪，但其乘苻坚南征，"与关中人士唱义，谋袭长安"，说明关中人士对苻秦的不满。又，《宋书》卷三一《五行志二》载："苻坚中，童谣曰：'阿坚连牵三十年，后若欲败时，当在江湖边。'后坚败于淝水，在伪位凡三十年。"又，刘敬叔撰、范宁校注《异苑校注》卷七载："苻坚将欲南师也，梦葵生城内。明以问妇，妇曰：'若征军远行，难为将也。'坚又梦地东南倾，复以问，云：'江左不可平也。君无南行，必败之象也。'坚不从，卒以败。"所谓童谣应验和梦幻之类固不可信，但这类谶语，实际上反映出当时关中、江南汉族士庶普遍存在的反对苻坚南征的社会心理。

擅留。感诸君恋本之意，今留第二儿，令文武贤才共镇此境。"

三秦父老之所谓"王化""圣泽"云云，主要是基于他们对江南汉族王朝文化正统的自觉认同，而并非出于对某一姓氏的愚忠。正是由于这种潜在的文化因素，尽管南北分隔已历百年，且南方正经历着王朝更迭特别是统治者由士族转换为寒人的过程，但北方士庶对南方王朝仍然是一往情深。文化的潜在影响力如此深远巨大，不能不促人深思。

崔浩既为"东汉以来儒家大族经西晋末年五胡乱华留居北方未能南渡者之代表"，自然也怀有这种深沉的文化情感。相较之下，以上张宾和王猛，就其出身而言，显然不属于传统之高级文化士族，而应当属于寒门俊杰，他们入仕胡人朝廷，是出于事功方面的积极追求，特别是王猛曾坚拒东晋桓温的邀请，更是他基于对自身文化与门第身份的全面考量而作出的自觉选择，但即便如此，他们内心中依然始终怀有对故国文化的深切情感。以崔浩之家世背景与文化底蕴，其文化使命感与责任感当更为强烈和真挚，而在当时，这一情感的一种表达方式便是对南方汉族王朝及其所承载之文化的认同。

二　崔浩劝阻北魏统治者对南朝的军事攻击计划

崔浩出自清河东武城崔氏，其曾祖崔悦仕于后赵，其祖父崔潜仕于前燕，其父崔宏，字玄伯，一度入仕前秦，为西晋以来留滞中土之汉族名门大族之杰出代表。从有关记载看，崔宏对南方东晋王朝是怀有特殊情感的。《魏书》卷二四《崔玄伯传》：

> 始玄伯因苻坚乱，欲避地江南，于泰山为张愿所获，本图不遂，乃作诗以自伤，而不行于时，盖惧罪也。及浩诛，中书侍郎高允受敕收浩家，始见此诗。允知其意，允孙绰录于允集。

崔宏"欲避地江南"，并作诗明志，这是其在民族纷争之紧张状态下所表露出来的文化寄托与归属感。崔宏进入北魏政权后，在道武帝拓跋珪时期的制度建设中，居于关键地位。《魏书》本传称其官至吏部尚书，拓跋珪"命有司制官爵，撰朝仪，协音乐，定律令，申科禁，玄伯总而裁之，以为永式。……

太祖常引问古今旧事，王者制度，治世之则"。崔浩为宏之长子，据《魏书》卷三五《崔浩传》，"少好文学，博览经史，玄象阴阳，百家之言，无不关综，研精义理，时人莫及。……太祖以其攻书，常置左右"。明元帝拓跋嗣时，崔浩渐入决策层，"恒与军国大谋，甚为宠密"，及至太武帝拓跋焘时，崔浩一度成为最重要的谋士与辅政。当时北魏控制了河北地区，正逐步规划河南、关中诸地，而东晋末期，以刘裕为代表的北府势力兴起，一再用兵中土，自然与北魏发生军事接触。当时北魏酋帅出于掠夺的心态，多主张对南方用兵。在这一问题上，崔浩始终加以劝阻。《魏书·崔浩传》载泰常元年，刘裕伐后秦姚泓，其舟师欲溯河西上，"假道于国"，明元帝诏令群臣议之，外朝公卿与内朝官员一致主张不可使刘裕舟师沿河西上，而应利用函谷关天险，"勿令西过"。对此，崔浩提出自己的看法：

> 此非上策。司马休之之徒扰其荆州，刘裕切齿来久。今（姚）兴死子劣，乘其危而伐之，臣观其意，必欲入关。劲躁之人，不顾后患。今若塞其西路，裕必上岸北侵，如此则姚无事而我受敌。今蠕蠕内寇，民食又乏，不可发军。发军赴南则北寇进击，若其救北则东州复危。未若假之水道，纵裕西入，然后兴兵塞其东归之路，所谓卞庄刺虎，两得之势也。使裕胜也，必德我假道之惠；令姚氏胜也，亦不失救邻之名。纵使裕得关中，悬远难守，彼不能守，终为我物。今不劳兵马，坐观成败，斗两虎而收长久之利，上策也。

明元帝听从群臣意见，命长孙嵩等阻截，终为刘裕军队打败，"太宗闻之，恨不用浩计"①。

泰始二年，有人建议北魏乘刘裕西伐之机，断其后路，"则裕军可不战而克"，明元帝以此问崔浩，浩以为刘裕入关灭后秦，势如破竹；刘裕"挺出寒微"，其英雄气概超迈时杰，无须与之争锋，但其克服关中，必然回归南方谋篡，"其势然也"，且关中局势，刘裕也很难真正稳固下来，因此，最好的办法是"坐而守也"。明元帝又问是否可以乘机袭击彭城与寿春等地，崔浩明确表示长孙嵩等"非刘裕敌"，且提醒西北柔然诸势力的威胁。经过细致的分

---

① 长孙嵩是当时鲜卑勋贵的代表，主张对刘裕西伐加以阻击，其具体主张与军事活动等，详见《魏书》卷二五《长孙嵩传》。

析，明元帝终于放弃从后袭击刘裕的想法。崔浩的分析当然是出于对北魏内外形势的整体把握，符合北魏的战略目标。不过，在鲜卑酋帅们看来，这是他们乘机南侵掠夺的好机会，如果他们出兵进攻彭城、寿春等地，或在函谷关等地阻截刘裕，即便是游击骚扰，也必然对刘裕的北伐战略部署造成一定的影响。明元帝采纳了崔浩的建议，北魏处于观望状态，刘裕顺利进入关中，取得了灭亡后秦的重大军事胜利。

泰常七年，明元帝得知宋武帝刘裕病死的消息，打算乘机南进占领河南洛阳、虎牢、滑台等要地，崔浩再次劝阻曰：

> 陛下不以刘裕欻起，纳其使贡，裕亦敬事陛下。不幸今死，乘丧伐之，虽得之不令。……君子大其不伐丧，以为恩足以感孝子，义足以动诸侯。今国家亦未能一举而定江南，宜遣人吊祭，存其孤弱，恤其凶灾，布义风于天下，令德之事也。若此，则化被荆扬，南金象齿羽毛之珍，可不求而自至。裕新死，党与未离，兵临其境，必相率拒战，功不可必，不如缓之，待其恶稔。如其强臣争权，变难必起，然后命将扬威，可不劳士卒，而收淮北之地。

明元帝决意南征，崔浩屡谏不止。太武帝继位后，鲜卑酋帅与晋末流亡入魏的司马氏宗室和士族人物为立功南境，不断要求北魏南征，夸大刘宋对北方的威胁。对此，崔浩坚持首先将战略重点放在解决柔然问题上，反对贸然南进。崔浩因此受到攻击，"或有尤浩者"进谗言说："今吴贼内寇而舍之北伐。行师千里，其谁不知。若蠕蠕远遁，前无所获，后有南贼之患，危之道也。"这实际上是说崔浩有意回避南朝问题，必将给国家造成危害。不久，"南藩诸将表刘义隆大严，欲犯河南。请兵三万，先其未发逆击之，因诛河北流民在界上者，绝其乡导，足以挫其锐气，使不敢深入"。朝臣多赞成之。唯崔浩进谏，指出南镇诸将素来"亦欲南抄，以取资财。是以披毛求瘢，妄张贼势，冀得肆心。既不获听，故数称贼动，以恐朝廷"。可谓一针见血。南镇诸将复表局势紧张，朝廷加强军事备战，并假署东晋亡人司马楚之、鲁轨、韩延之等，"令诱引边民"。崔浩表示反对，以为"张虚声而召实害，此之谓矣"，并明确指出司马楚之之徒为"琐才"，"能招合轻薄无赖，而不能成就大功"，并从天文的角度论证"今兹害气在扬州，不宜先举兵"云云，主张"未可举动"。太武帝不能违众意,"浩复固争"①。凡此等等,在太武帝的军事战略问题上,崔浩主张首先集中力量击溃柔然,进而平定河西诸地,而南线镇将和朝中勋贵则强烈要求南征,崔浩一再力排众议,不断受到攻击。崔浩的这一主张,当然有其为北魏利益考虑的成分在内,但他一涉及南朝问题,总是与众不同,这不能不含有无以言表的南朝文化情结。崔浩遇祸后,拓跋焘便发动了大规模的对刘宋的侵略战争,这又不能不使人深切思量崔浩的劝阻之功。

此外,崔浩劝阻北魏统治者迁都河北,也反映出其为南朝着想的潜意识。《魏书》崔浩本传载明元帝以秋谷不登,415年曾打算迁都邺城,崔浩力主不可,以为"今居北方,假令山东有变,轻骑南出,耀威桑梓之中,谁知多少?百姓见之,望尘震服,此是国家威制诸夏之长策也"。北魏如迁都河北,必然加强对江南的威胁,崔浩阻止其计,不能说没有为南朝着想的潜意识。其实,自北魏兴起以来,对其在河北的发展,东晋南朝上层一直颇为关注。周一良先生在《魏晋南北朝史札记》"中山邺信都三城"条中曾论此。《魏书》卷三二《张济传》载张济于道武帝时出使南方,北归后汇报与东晋杨佺期的对话,佺期问"魏帝为欲久都平城,将复迁乎?"济"答非所知也","佺期闻朝廷不都山东,貌有喜色"。周先生指出,"由此可见,南朝对于拓跋氏之占据冀、定、相三州,大有戒心,故北魏政权中心暂不南移,被认为不至立即构成威胁,表示安慰"。对于崔浩劝阻北魏迁都河北,周先生以为"此策虽是从北魏当时具体情况出发,为拓跋氏着想,然亦未始不恰中南人心意。或谓崔浩获罪颇亦由于其人乃心南朝,倘不为无因欤?"

关于崔浩具有民族意识及其南朝文化情结问题,还有一则更为具体的材料,引起史家诸多争议,这里有必要略加分析。《宋书》卷七七《柳元景传》载:

> 元景从祖弟光世,先留乡里,索虏以为折冲将军、河北太守,封西陵男。光世姊夫伪司徒崔浩,虏之相也。元嘉二十七年,虏主拓跋焘南寇汝、颍,浩密有异图,光世要河北义士为浩应。浩谋泄被诛,河东大姓连谋夷灭者甚众,光世南奔得免。

这是柳光世南奔之后的说辞,所谓"浩密有异图",是说崔浩虽服务于鲜卑朝

---

① 以上引文皆出自《魏书》卷三五《崔浩传》。

廷，但一直联络乡里大族图谋造反，而崔浩之死因，则正在于"谋泄被诛"①。对这一材料的真实性，历来学人皆持谨慎的态度。司马光在《通鉴》卷一二六宋文帝元嘉二十八年载此事，依据《魏书》而不从《宋书》，注引《通鉴考异》录《宋书·柳元景传》此段文字，指出"与《魏书》事不同。今从《魏书》"。这说明司马光等人对此是怀疑的。陈寅恪先生在《崔浩与寇谦之》一文中引录这一材料后有论云，"则似浩以有民族意识，因而被祸者"，论者或根据《魏书·崔浩传》所载其屡阻北魏南伐之议，"以证《宋书·柳元景传》而谓浩实心袒南朝者，鄙意以为此正浩之善于为鲜卑谋，非有夷夏之见存乎其间也。盖鲜卑当日武力虽强，而中国北部汉族及其他胡族之人数远超过于鲜卑，故境内未能统一，且西北方柔然及其他胡族部落势力强盛，甚为魏之边患，此浩所谓未能一举而定江南者也。若欲南侵，惟有分为数阶段，节级徐进，此浩所谓命将扬威收淮北之地者也"。陈先生又进一步分析崔浩劝阻拓跋氏缓攻南朝，"可谓深悉当时南北两方情势，其为鲜卑谋者可谓至矣。浩之父宏，对于鲜卑其心与浩有无异同，今不可知，但宏之欲南奔江左，在东晋之世，北朝士族心目中以门第高下品量河内司马氏与彭城刘氏之价值，颇甚悬远，……何况清河崔氏自许为天下第一盛门，其必轻视'挺出寒微'之刘宋而不屑诡言于鲜卑以存其宗社，其理甚明。柳光世之言不过虚张夷夏之见以自托于南朝，本不足据。司马君实纪浩之避祸从《魏书》而不从《宋书》，其识卓矣"②。陈先生从当时北方胡汉交融之大局来把握崔浩之心态，这是很深刻的论断，特别指出南朝寒门统治者的兴起，引起北方儒学士大夫南朝情结的淡化，可谓独具只眼，深刻之至。

不过，北魏前期胡汉民族之间文化隔阂和差异依然是很突出的，崔浩最终正是死于敌视汉化之鲜卑保守势力之手，这是不争的事实。因此，尽管柳光世所说崔浩"密有异图"的具体情节未必属实，尽管崔浩在门第上看不起南朝新统治者彭城刘氏，但在南北朝的直接军事对抗中，如果崔浩没有一点

---

① 关于崔浩之死因，其直接的因素在于崔浩主持修北魏国史，彰显北方先人愚昧之丑态，引起鲜卑贵族的仇恨。但深入考察，则颇为复杂，涉及崔浩在军政中与鲜卑权贵的冲突，特别是与太子拓跋晃等人的矛盾，又涉及佛教、道教的对抗。但最根本的原因则在于崔浩力促太武帝行汉化之策，引发鲜卑保守势力的嫉恨。对此，陈寅恪先生在前揭《崔浩与寇谦之》等文中有精辟的论述。相关的论述，如周一良、牟润孙、何兹全等先生的论述也可参见，不详述。

② 前揭《金明馆丛稿初编》，第151—152页。

"民族意识"与"南朝情结",恐怕是不可能。① 对此,钱穆先生的看法颇值得重视,他在《国史大纲》第十一章《宗教思想的弥漫》中引崔宏欲南奔东晋之史实后说:"则浩之家门,必父子相传,有一种种姓之至感矣。北方士大夫都有此,须深观。"这种"种姓"就是汉族之门阀士族高贵的文化特性,南朝政权虽下移于寒门,但文化仍存续于门第之中,因此,南北士族共同的文化基础依然存在。吕思勉先生对于柳光世南逃后所述参与崔浩谋反北魏事,以为"《宋书》之为实录无疑矣,而信之者绝少,司马公作《通鉴》,亦不取之,岂不异哉?"②

对于崔浩以江南为文化正统所系的心态,宋人李焘《六朝通鉴博议》卷一有一段论述颇为深刻,他说:

> 若夫东晋、宋、齐、梁、陈之君,虽居江南,中国也;五胡、元魏,虽处神州,夷狄也,其事又与孙、曹不同。故五胡之盛,无如苻坚,其臣之贤则有王猛;元魏之强,无如佛狸,其臣之贤则有崔浩。王猛丁宁垂死之言,以江南正朔相承,劝苻坚不宜图晋;崔浩指南方为衣冠所在,历事两朝,常不愿南伐。苻坚违王猛之戒,故有淝水之奔;佛狸忽崔浩之谋,故有盱眙之辱。虽江南之险兵不可攻,而天意佑华,亦不可以厚诬其实。

所谓"天意佑华",自不可信,主要在于东晋南朝延续着华夏文化的血脉,这对留滞北方的汉族人士依然具有感召力,崔浩之言行正体现了这种文化的力量。

总体说来,十六国北朝时期,中土文化士族甚至一般文士,对南朝之政治地位总是怀有一种特殊的感情,究其根源正在于其文化上的认同意识,尽管随着北方民族融合的不断深入,这一感情逐步淡化,但终究难以泯灭。《魏

---

① 从北魏统治者的角度看,他们最嫉恨的也是北方士大夫怀有尊崇南朝的心态。据《魏书》卷四七《卢玄传》,卢玄孙卢度世因崔浩祸逃亡,太武帝怀疑其逃奔南朝,后南征,问刘宋使者曰:"范阳卢度世与崔浩亲通,逃命江表,应已至彼?"当得知"当必不至"后,拓跋焘立即下令赦免"度世宗族逃亡及籍没者。度世乃出。赴京,拜中书侍郎,袭爵"。如果卢度世果真逃亡刘宋,其家族的灾难一定更加沉重。可见,当时鲜卑统治者对北方士大夫的南朝情结十分敏感。从其反面说,正是由于当时北方士人比较普遍存在着南朝情结,使得北魏统治者有这种敏感的心理。

② 《吕思勉读史札记》(增订本)丙帙"魏晋南北朝部分"之"崔浩论"条,上海古籍出版社2005年版,第905页。

书》卷三二《崔逞传》载：

> 天兴初，姚兴侵司马德宗襄阳戍，戍将郗恢驰使乞师于常山王遵，遵以闻。太祖诏逞与张衮为遵书以答。初，恢与遵书云："贤兄虎步中原"，太祖以言悖君臣之体，敕逞、衮亦贬其主号以报之。逞、衮乃云"贵主"。太祖怒曰："使汝贬其主以答，乃称贵主，何若贤兄也！"遂赐死。

拓跋珪命汉族人士与东晋通信，他们称东晋君为"贵主"，因此激起拓跋珪的猜疑与怨恨。崔逞以东晋君为"贵主"，确实颇值得人们玩味。吕思勉先生在《吕思勉读史札记》之四七八"崔浩论"条中细致分析崔浩心态云：

> 往读史，尝怪五胡入据中原，中原士大夫皆伈伈俔俔而为之下，曾未有处心积虑，密为光复者；今乃知崔浩则其人也。浩仕魏历三世，虽身在北朝，而心存华夏，魏欲南侵时，恒诡辞饰说，以谋匡救；而又能处心积虑，密为光复之图；其智深勇沈，忍辱负重，盖千古一人而已。徒以所事不成，遂致所志不白，尚论者徒以北朝名臣目之，岂不哀哉？……浩称北魏名臣，然细观所言，便见其无一不为中国计者。……浩之言似为北朝计，实为中国计也。太武欲用兵于僭伪诸国及北狄，浩无不力赞之，盖引其力以他向，使不专于中国，抑亦欲废之也。

吕思勉先生以为崔浩一生始终"乃心华夏"。

崔浩内心中这种深切的"南朝文化情结"还表现在他在所著《食经》中记录了许多江南的食物及其制作方法。据逯耀东先生《〈崔氏食经〉的历史与文化意义》一文所考，《隋书·经籍志三》所著录《食经》四卷，不著撰者，而两唐书之经籍、艺文志作《食经》九卷，崔浩撰。《崔氏食经》在唐以后佚散，但北魏贾思勰《齐民要术》中保存该书的部分材料，从中可见"有许多菜肴用姜调味，或由江南输入"，如《齐民要术》卷一〇引《食经》所述"藏姜法""藏杨梅法"，《齐民要术》卷五引《食经》所述"淡竹笋法"，逯耀东先生以为"姜、杨梅、竹笋都是江南产物，此方得之不易，以不同的方法加工储藏，可以长久食用。《崔氏食经》主要的资料，来自崔浩母亲卢氏。但其中也有崔浩得自其他的材料，如安乐令徐肃藏瓜法、朗陵何公夏封清酒法、蜀中藏瓜法等等。因此,南方的饮食资料与烹调方法,也出现在《崔氏食经》之中。最使人感兴趣的,便是莼羹一味"。从《齐民要术》卷八《羹臛》所引《食经》,可见其所述的一种"莼羹制法或传自江左"。"莼羹","自张翰以后,成为魏晋南北朝时期的'雅食'"①,为南方食品中最具代表性的地方风味。崔浩在《食经》中记录这些南方食物,不仅体现了当时南北文化交流的情况,更体现出崔浩对待南方文化的某种态度。当时士族社会特别重视饮食,这绝非是一般的吃喝问题,而是直接关系到其家族风教和礼仪,崔浩在《食经叙》中说:"余自少及长,耳目闻见,诸母诸姑所修妇功,无不蕴习酒食。朝夕养舅姑,四时祭祀,虽有功力,不任僮使,常手自亲焉。昔遭丧乱,饥馑仍臻,馔蔬糊口,不能具其物用,十余年间不复备设。先妣虑久废忘,后生无知见,而少不习业书,乃占受为九篇,文辞约举,婉而成章,聪辩强记,皆此类也。……故序遗文,垂示来世。"②可见士族社会饮食与礼法之间的紧密联系。崔浩记录江南食物及其做法,自然怀有对南方文化的趣味。崔浩《食经》确实常体现大个人的政治与文化理想。

此外,周一良先生《魏晋南北朝史札记·〈魏书〉札记》"郦道元"条所析郦道元对南北朝君主的态度可以作为有力之旁证。据周先生所考,郦道元著《水经注》,书中对十六国诸君主,"无一人不直呼其名",即便其祖辈仕于后燕,也如此,"此其对五胡君主之态度也"。而对南朝诸帝,则"皆称庙号",称萧赜为萧武帝,称刘裕为宋武帝、刘武帝、刘武王、刘公、彭城刘公等,"要之,善长书中此种称谓,有似两晋南北朝时人对曹操之或称魏武,或称曹公,时而尊敬,时而亲昵。《水经注》中于刘裕之西征长安、北征广固,亦屡次道及,流露崇敬赞叹之意。道元所见南朝地理书似不多,而随刘裕西征之戴延之、郭缘生,以及同时人刘澄之所撰之《西征记》《述征记》《续述征记》《永初记》等屡见征引。论者每推测崔浩虽仕于北朝,而对南朝颇多眷恋。高欢则明言吴儿老翁所为北方士大夫所向往,同为衣冠礼乐所在之地。郦道元之态度颇可与高欢之言相印证"。周先生于细微处揭发郦道元著书中所体现出的南朝文化情结,可谓发人所未发,颇为深刻。郦道元所处之时代已是北朝后期,比崔浩又晚数十年,他依然在文化上对南朝颇多认同,那崔浩这方面的感情自当更为强烈,则是不难理解的事。

---

① 逯耀东:《从平城到洛阳——拓跋魏文化转变的历程》,中华书局2006年版,第117—119页。
② 《魏书》卷三五《崔浩传》。

三 崔浩与流亡北魏之南朝人物之交往及其对江左文化之汲引

崔浩父子进入北魏政权,深得拓跋氏统治者信任,成为推动道武帝、明元帝和太武帝三代汉化的北方儒学士族之主要代表,其主要做法表现为引荐北方士大夫入仕,创立北魏典章文物制度等,在他们的努力下,及至太武帝拓跋焘统一北方后,北魏不仅国力强盛,而且形成了一股前所未有的汉化高潮。《南齐书》卷五七《魏虏传》在叙述"佛狸以来,稍僭华典,胡风国俗,杂相揉乱"之后,便谈孝文帝拓跋宏之汉化,可见当时人已看出拓跋焘汉化奠定了此后北魏进一步汉化的基础,这是很有见识的判断。而拓跋焘之汉化,主要有赖于崔浩的努力。在此过程中,崔浩除了大力援引中原士族进入北魏政权,还大力保护和举荐"外国远方名士"。对此,《北史》卷二一《崔宏传附子崔浩传》载:

> 浩有鉴识,以人伦为己任。明元、太武之世,征海内贤才,起自仄陋,及所得外国远方名士,拔而用之,皆浩之由也。至于礼乐宪章,皆归宗于浩。

所谓"外国远方名士",当然主要指太武帝拓跋焘征服河西凉州地区后迁入平城的名士,① 但其中也包括当时流落北魏的南朝人物,陈寅恪先生在《隋唐制度渊源略论稿·礼仪篇》中引述这一记载后有按语云"所谓外国远方名士,当即指河西诸学者或袁式而言",其中袁式便是当时由南入北士人之代表。

晋、宋易代之际,一部分东晋司马氏宗室、受迫害的士族人物和军事将领先投奔后秦姚氏,后归附北魏。《魏书》卷三《太宗纪》泰常二年八月下载:

---

① 河西地区自西晋末凉州刺史张轨以来,一直是中土士人避难的重要地区,文化教育延续不断,成为重要的文化保存地。北魏取得凉州后,将当地宿儒迁入平城,使得北魏获得了重要的文化资源。对这批人物,崔浩非常重视,交往密切,对此,《魏书》卷五二等有记载,陈寅恪先生在《隋唐制度渊源略论稿·礼仪篇》中也有相关考述,请参见。

刘裕灭姚泓。九月癸酉，司马德宗平西将军、荆州刺史司马休之，息谯王文思，章武王子司马国璠、司马道赐，辅国将军温楷，竟陵内史鲁轨，荆州治中韩延之、殷约，平西参军桓谧、桓璲及桓温孙道子，渤海刁雍，陈郡袁式等数百人来降。①

此后，仍陆续有一些南人北奔入魏或因战败被俘入魏。② 可以说，在北魏明元帝与太武帝之间形成了一个南人北奔的高潮。当时，正值崔浩辅助两位拓跋氏统治者进行汉化改革，而提携和重用南士，正是崔浩汲取南方文化以促进北魏汉化的重要途径之一。正因为如此，对北奔之南人，崔浩主要交结的对象是一些了解汉魏典制或代表南方文化的文士和门阀士族子弟，而对那些东晋宗室子弟和北奔之武人，崔浩则少有交往，如对怂恿北魏统治者在军事上攻击南朝的司马楚之等人，径称之为凡庸"琐才"，即便获得一点局部的战利，但最终于大局无补。与此相反，崔浩对一些文士则重视有加。《魏书》卷三八《袁式传》：

袁式，字季祖。陈郡阳夏人，汉司徒滂之后。父渊，司马昌明侍中。式在南，历武陵王遵谘议参军。与司马文思等归姚兴。泰常二年归国，为上客，赐爵阳夏子。与司徒崔浩一面，便尽国士之交。是时，朝仪典章，悉出于浩，浩以式博于古事，每有草创，恒顾访之。性长者，虽羁旅飘泊，而清贫守度，不失士节，时人甚敬重之，皆呼曰袁谘议。……式沉靖乐道，周览书传，至于诂训、《仓》《雅》，偏所留怀。作《字释》，未就。

袁式之所以"与司徒崔浩一面，便尽国士之交"，原因在于崔浩当时正为

---

① 《魏书》卷三七《司马休之传》对此也有一段基本相同的记载，可参见。关于南人入魏之类型及其代表人物，王永平《北魏之南朝流亡人士事迹考述》（刊于《北朝史研究》，商务印书馆2004年版）有比较深入的论述，敬请参看。

② 如《魏书》卷三七《司马楚之传》载楚之等在太宗末"遣使请降"，世祖初"内居于邺"；同书《司马景之传》载之兄淮等"以泰常末，率三千余家归国"。《司马国璠传》载其曾依赫连匈奴夏政权，"世祖平统万，兄弟俱入国"，其子灵寿、道寿等在世祖神䴥年间"俱来归国"；《魏书》卷四三《毛修之传》载修之为刘裕将，为匈奴赫连勃勃所俘，也是先入夏，后再入魏；严棱的情况与毛修之基本相同，见《魏书》卷四三《严棱传》。至于朱修之，据《宋书》卷七五本传，则是宋文帝北伐时被俘入魏的。这些都是稍晚进入北魏之东晋宗室和将领。

北魏制定"朝仪典章",袁式"博于古事",故崔浩借以取法江左典制。《魏书》卷三八传末有论云:"袁氏赞礼崔浩,时称长者,一时有称,信为美哉。"所谓"赞礼崔浩",就是指他协助崔浩制定朝仪制度。《北史》卷二七传论称"(袁)式取遇崔公,以博雅而重",也是说的这一方面。

又,《魏书》卷四三《毛修之传》载毛修之为荥阳阳武人,① 其家世虽尚武,属于"将门"之列,但其家族有一定的文化传统,② 崔浩与其交往颇密:

> 浩以其中国旧门,虽学不博洽,而犹涉猎书传,每推重之,与共论说。言次,遂及陈寿《三国志》有古良史之风,其所著述,文义典正,皆扬于王廷之言,微而显,婉而成章,班史以来无及之者。修之曰:"昔在蜀中,闻长老言,寿曾为诸葛亮门下书佐,被挞百下,故其论武侯云'应变将略,非其所长'。"浩乃与论曰:"承祚之评亮,乃有故义过美之誉,案其迹也,不为负之,非挟恨之矣。……"。修之谓浩言为然。

毛修之"虽学不博洽,而犹涉猎书传",故崔浩"每推重之,与共言说",目的正在于了解魏晋以来典章文物制度。《宋书》卷四八《毛修之传》载:"初,荒人去来,言修之劝诱(拓跋)焘侵边,并教焘以中国礼制,太祖甚疑责之。"这里说毛修之向拓跋焘传授"中国礼制",具体情况不甚清楚,但崔浩"与共论说",则与礼制建设有关,这是没有疑问的。毛修之甚得拓跋焘信重,"位次崔浩之下",这很可能与崔浩的推荐有关。这有一个具体事例,《魏书·毛修之传》载"修之能为南人饮食,手自煎调,多所适意。世祖亲待之,进太官尚书,赐爵南郡公,加冠军将军,常在太官,主进御膳"。他"常在太官",当然会涉及礼仪方面的问题。《南史》卷一六《毛修之传》载此则明言:"修之尝为羊羹荐魏尚书(崔浩),尚书以为绝味,献之太祖,大悦,以为太官令。"逯耀东先生以为"由是知毛修之是由崔浩荐于太武帝的,其所获太武帝欢心的南方饮食,竟是羊羹。羊羹应是北味,……毛修之所调治的羊羹,或即是《崔氏食经》中的《胡羹》。……而以南方的烹调手法制成,才

---

① 《宋书》卷四八也有毛修之传,李延寿在《南史》与《北史》中又分别为毛修之立传,颇为重复,同样的情况又有朱修之。对此,王鸣盛《十七史商榷》卷六八"毛修之朱修之不当立两传"条认为《魏书》《宋书》各自成书,以求完备,"概行收入尚差可",而"延寿既以一手裁定八代为二,当核其人,终南者归南,终北者归北,毛、朱两处有传,谬与薛安都同。"

② 《宋书》卷四八《毛修之传》载"(毛)修之有大志,颇读史籍",可见其非一般武夫。

能获得太武帝拓跋焘的欣赏"①。上文已述及崔浩作为北方士族社会之代表，特别重视饮食在礼仪中重要作用，其所著《食经》多有南方饮食及其制作方法，这很有可能与毛修之等南人的传授与影响有关。

崔浩援引南士，其中最突出的事例莫过于王慧龙。据《魏书》卷三八《王慧龙传》，慧龙自称为太原王愉之孙，太原王氏为东晋一流士族门第，因与刘裕有隙，"愉合家见诛"，年幼的王慧龙北奔，最终入魏。② 崔浩在魏太武帝世推进汉化，其最重要的举措是"大欲齐整人伦，分明姓族"③，即在北魏恢复士族门阀制度，确立汉族大族在社会政治诸领域的优越地位和特权，比之推荐一些汉族士人入仕或具体的制度调整而言，这种以文化和家世确立地位高下的制度变革对北魏社会的促动是带有根本性的。相较而言，北方地区自十六国以来，诸胡统治者相继入主中原，其社会发展多处于部族阶段，对森严的社会等级制度难以接受，尽管苻坚等人在一定程度上恢复九品中正制度，但远不能与东晋之门阀制度相比。因此，崔浩企图在北魏"齐整人伦，分明姓族"，当然要取法南朝。前述崔浩与武人毛修之之交结，一个重要因素在于其先人乃"中国旧门"，崔浩借以提倡门第精神。这方面最典型的例证便是王慧龙。《魏书·王慧龙传》载：

> 初，崔浩弟恬闻慧龙王氏子，以女妻之。浩既结婚姻，及见慧龙，曰："信王家儿也。"王氏世齇鼻，江东谓之齇王。慧龙鼻大，浩曰："真贵种矣。"数向诸公称其美。司徒长孙嵩闻之，不悦，言于世祖，以其叹服南人，则有讪鄙国化之意。世祖怒，召浩责之。浩免冠陈谢得释。及鲁宗之子轨奔姚兴，后归国，云慧龙是王愉家竖，僧彬所通生也。浩虽闻之，以女之故，成赞其族。慧龙由是不调。

---

① 前揭逯耀东《〈崔氏食经〉的历史与文化意义》，《从平城到洛阳——拓跋魏文化转变的历程》，第 123—124 页。

② 《魏书·王慧龙传》记载王慧龙的家世，称"自云太原晋阳人"，载其北奔之过程，又说"其自言也如此"。这是因为有南来东晋亡人鲁爽等说王慧龙是沙门僧彬私生子。对此，慧龙后人指责魏收作贿史，引起轩然大波（见《北齐书》卷三五《王松年传》）。《北史》虽删除"自云太原晋阳人"的说法，但依然保留"其自言也如此"一句。关于慧龙身世，实难确认，参见田余庆先生《东晋门阀政治·门阀政治的终场与太原王氏》、陈爽先生《世家大族与北朝政治·太原王氏在北朝的沉浮》的相关论述和考证。清人李慈铭《越缦堂读书记》史部正史类《魏书》部分有一则札记云，"慧龙之为太原王愉孙，盖无可疑"，"夫以慧龙志节如斯，而任情污蔑，收之秽史，诚可恶也。《北史》尽削此等语，可称为卓识"。其中论证鲁爽等人与慧龙关系的材料前后矛盾，颇有力，可参考。

③ 《魏书》卷四七《卢玄传》。

崔浩作为北方第一门第之代表，而王慧龙仅为一介南来亡人，孤立无援，崔氏竟与之通婚，先赞其"信王家儿"，后叹其"真贵种"，并一再"向数公称其美"，其目的在于彰显门第之精神。崔浩对王慧龙之门第确信无疑，大力扶持，如王慧龙独子宝兴之婚姻也由崔浩操办。《魏书·王慧龙传》载：

> 宝兴少孤，事母至孝。尚书卢遐妻，崔浩女也。初，宝兴母及遐妻俱孕，浩谓曰："汝等将来所生，皆我之自出，可指腹为亲。"及婚，浩为撰仪，躬自监视。谓诸客曰："此家礼事，宜尽其美。"

崔浩将自己的外孙女与王宝兴指腹为婚，后来又亲自主持他们的结婚仪式，使王慧龙父子与北方盛门清河崔氏和范阳卢氏结为婚姻联盟，进一步巩固了王慧龙家族在北朝的基础。崔浩之所以如此奖掖王慧龙父子，不仅仅是一般的"叹服南人"，根本目的在于推崇南朝的门阀制度与门第精神。[1] 对此，以长孙嵩为代表的鲜卑勋贵是很敏感的，他们向拓跋焘告状，指责崔浩"叹服南人""讪鄙国化"，可谓一针见血。对于王慧龙本人，鲜卑勋旧则一度予以压制，甚至污辱他并非太原王氏嫡传，使其"由是不得调"[2]。作为北方士族之领袖，崔浩内心怀有强烈的门第精神，而这种门阀之制度与文化传统最完备之内容及其形式都存传于东晋南朝，崔浩既以"齐整人伦，分明姓族"为己任，必然要"叹服南人"。这正是蕴藏于崔浩内心最深层的"南朝情结"之所在。[3]

这里附带论述一下，崔浩确实有利用其与太武帝拓跋焘的关系，向其传授汉族士族门第的情况。《魏书》卷四五《杜铨传》载：

---

[1] 对此，陈爽先生在《世家大族与北朝政治·太原王氏在北朝的沉浮》（中国社会科学出版社1998年版）中有精辟的分析，太原王氏是魏晋以降首屈一指的显门，有着北方一般家族难以企及的"家资"，"北魏初年，东晋一流家人入北者罕有其人。因此，王慧龙虽既无根基，又无功业，但对于以'整齐人伦，分明姓族'为政治理想的崔浩来说，仍是一件可遇而不可求的奇珍。"（第124页）

[2] 由于崔浩提携王慧龙，并有推动北魏汉化之深意，引起鲜卑勋旧的激烈抗议，使得王慧龙一度成为汉、鲜冲突的焦点人物。因此，围绕王慧龙出身真伪的争议，背后体现着不同的民族与文化立场。崔浩作为北方第一盛门之代表，他称王慧龙"真贵种"，当有相当的理据，绝不会仅凭其"鼻大"或"鼻渐大"，他绝不会拿自己的门第开玩笑。正是由于崔浩确信无疑，其对立面便制造谣言，以嘲弄王慧龙，借此羞辱崔氏，糟蹋汉族士族社会的门第精神。

[3] 当然，必须指出的是，崔浩内心具有南朝情结，绝不仅仅出于狭隘的民族主义或夷夏之辨，而是出于文化认同，诚如陈寅恪先生所说，崔浩的"华夷问题是有的，崔浩之死，即使有华夷之异的原因存在，但可以肯定并非主要原因。至少在崔浩方面，并非将华夷之异，存于胸臆"。

> 杜铨，字士衡，京兆人。晋征南将军预五世孙也。……铨学涉有长者风，与卢玄、高允等同被征为中书博士。初，密太后父豹丧在濮阳，世祖欲命迎丧于邺，谓司徒崔浩曰："天下诸杜，何处望高？"浩对京兆为美。世祖曰："朕今方改葬外祖，意欲取京兆中长老一人，以为宗正，命营护凶事。"浩对曰："中书博士杜铨，其家今在赵郡，是杜预之后，于今为诸杜之最，即可取之。"诏召见。铨器貌瑰雅，世祖感悦，谓浩曰："此真吾所欲也。"以为宗正，令与杜超子道生迎豹丧柩，改葬邺南。铨与超如亲。超谓铨曰："既是宗近，何缘复侨居赵郡？"乃迎引属魏郡焉。

太武帝改葬外祖杜氏，崔浩借机推介京兆杜氏门望，强调汉族士族之门第观念。

综上所述，崔浩作为北魏前期汉族士大夫的领袖人物，尽管其不遗余力地为北魏规划和执行统一北方之军政大略，但与当时大部分留滞北方、服务于虏廷的汉族士人一样，其内心仍具有深沉的"南朝情结"，这不仅表现为具体军事问题上对南朝的偏袒与开脱，更主要的则出于对南朝文化正统地位的羡慕与认同。不仅如此，在太武帝时期，他大力提携包括江南亡人在内的"外国远方名士"，甚至"叹服南人"，其目的是通过他们转输汉魏以来之典章文物制度和"齐整人伦，分明姓族"的门第精神，以推进北魏的全面汉化。从南北文化交流的角度看，魏太武帝拓跋焘时期出现了一个南学北输的高潮，究其原委，正与崔浩交结南士及其变革不无关系。

第十三章 "学宗文府"：北朝后期河间邢氏之家族文化风尚

自北魏孝文帝迁都洛阳，全面推行汉化以来，北方地区汉族世家大族的政治与社会地位迅速上升，一些家族不仅世代为宦，而且在文化上人才辈出，出现了不同以往的新局面。对此，以往学界已有所关注，在魏孝文帝重建门阀制度，推动鲜、汉上层通婚等方面颇多研究，在士族个案研究中，对清河、博陵崔氏及河东裴氏等显赫门第则多有专论。不过，相对而言，对其他非"势家"类型的文化士族则似乎关注不多。其实，诸多地位相对弱小的家族构成了士族社会的主体，应该加以特别的关注。这里以北朝中后期河间邢氏家族作为个案，专题考察其家族文化等情况，从一个侧面透视北朝士族文化的面貌。

一 引言：河间邢氏之渊源及魏晋之际其家族门第的奠定

关于河间邢氏家族之缘起，《急就篇》卷二"邢丽奢"条颜师古注："邢本姬姓之国，周公之胤也。"[1]《元和姓纂》卷五"邢氏"条载："周公第四子封于邢，后为卫所灭，子孙以国为氏。"唐杜牧《樊川集》卷八《唐故歙州刺史邢君墓志铭并序》曰："邢氏，周公次子靖渊，封为邢侯，国灭因以为氏。西汉宇为太尉，子绥为司空，曾孙世宗光武时为骠骑将军，世宗玄孙颙因居河间。颙当曹魏时参太祖丞相事，终于太常。邢有河间、南阳，君实河间人，太常后也。后至晋、魏已降，皆有官禄。"《新唐书》卷七四（上）

---

[1] （宋）王应麟《玉海》附刻《急就篇补注》（江苏古籍出版社、上海书店1987年版）该条下，王应麟补注云："邢国在邢州，胤有邢蒯、邢带，汉有邢穆。"（第28页）

《宰相世系表四上》说："邢氏出自姬姓。周公第四子封于邢，后为卫所灭，子孙以国为氏。"王应麟在《姓氏急就篇》卷下"邢氏"又说："邢侯，周公之裔，后以为氏。"①《新校互注宋本广韵》卷二载邢姓"出河间也，本周之胤，邢侯为卫所灭，后遂为氏，汉有侍中邢辟，直道忤时，谪为河间鄚令，因家焉。"郑樵《通志·氏族略》"周同姓国"条下载："邢氏，侯爵，周公之第四子受封于邢。今邢州治龙冈是其故地也。僖二十五年，卫灭之。子孙以国为氏。"宋邓名世《古今姓氏书辩证》载邢氏"出自姬姓，周公第四子靖渊，封为邢侯，其地广平襄国县是也。《春秋》鲁僖公二十五年，卫文公灭邢，子孙以国为氏。齐大夫邢公，晋大夫邢伯、邢侯，勇士邢蒯，其后世为滁州全椒人。汉司徒邢绥之后有文伟，相唐武后"。综合以上官私谱牒，都称邢氏为"姬姓"，为周公之子，唐、宋以后稍有增补，或称周公第二子，或说第四子，后国灭，其子孙以氏为姓，并叙及春秋以来邢氏主要人物。不过，早期河间邢氏人物少有事迹可述，查核正史，确实可考的邢氏人物则是汉魏之际的邢颙。

《三国志》卷一二《魏书·邢颙传》载："邢颙字子昂，河间鄚人也。"他积极支持曹操平定河北，被称为"民之先觉"；曹操对他也颇为信重，不仅一再任其为冀州地方官职，以稳定局势，后以其参丞相军事，历任东曹掾、太子少傅、太傅等职；曹丕称帝后，以其为侍中尚书仆射、司隶校尉、太常等。特别需要指出，邢颙为官，不仅干能显著，而且德行突出，时人称之曰："德行堂堂邢子昂。"曹操曾为诸子"高选官属"，令曰："侯家吏，宜得渊深法度如邢颙辈。"于是任其为平原侯曹植家丞，"颙防闲以礼，无所屈挠，由是不合"。这说明他以儒家礼法约束曹植，颇为严正。曹操一度曾想以曹植为嗣，征询邢颙的意见，他说："以庶代宗，先世之戒也。愿殿下深重察之！"他显然是反对曹操以庶代嫡的。这体现出邢颙坚定的儒家礼法观念。陈寿在其传末"评曰"中赞其"贵尚峻厉，为世名人"，颇能概括其为人、行政的作风。邢颙入仕曹魏，作为冀州士人的主要代表之一，被赞誉为"北土之彦"，他受封关内侯，官至太常，奠定了其家族在魏晋时期地位不断上升的基础。

关于河间邢氏家族在魏晋之间的仕宦情况，《北史》卷四三《邢峦传》载："邢峦字洪宾，河间鄚人，魏太常贞之后也。"曹魏时又有邢贞官至太常。

---

① （宋）王应麟《玉海》附刻《姓氏急就篇》，第36页。

不过，查考《魏书》卷六五《邢峦传》，则未有此记载，不知何故。如果这一记载属实，河间邢氏在曹魏时期有二人位列太常，进入统治集团的上层。《三国志·魏书·邢颙传》注引《晋诸公赞》载邢颙曾孙邢乔"有体亮局干，美于当世。历清职。元康中，与刘漼俱为尚书吏部郎，稍迁至司隶校尉"。邢乔在西晋颇有声誉，《世说新语·赏誉篇》载："洛中铮铮冯惠卿，名荪，是播子。荪与邢乔俱司徒李胤外孙，及胤子顺并知名。时称：'冯才清，李才明，纯粹邢。'"从邢颙子孙在西晋"历清职"等情况看，当时河间邢氏代表性人物已成为当时士族社会的名士，其代表性房支已进入士族阶层了。

二 北朝河间邢氏代表人物之儒学修养及对其仕宦、门风之影响

从以上所考叙汉末、魏晋时期以邢颙为代表的河间邢氏主要代表人物看，他们应该具备了一定的学术文化修养。不过，在汉晋之间士风与学风激烈变革的时代文化背景下，邢氏人物似乎依然保持着汉代经律兼修的传统，没有学术上特别具有造诣的人物，这既说明在文化上尚处于积累的阶段，也与当时河北地区士人学风偏向保守的文化风尚直接相关。

永嘉之乱，中原板荡，西晋日渐崩溃，中州士族纷纷南迁。与河北地区著名的清河崔氏、博陵崔氏及范阳卢氏等世家大族少有南迁者一样，河间邢氏在两晋之际也未南徙。十六国时期，在诸胡政权统治的背景下，其家族代表人物大多退归乡里。《魏书·邢峦传》载其"五世祖嘏，石勒频征，不至"。仔细考察十六国各胡人政权，虽间有汉族士人活动的身影，但出自著名大族者人数毕竟相对较少，影响有限，这与当时胡、汉之间比较紧张的民族关系及汉族大族名士的心态直接相关。邢嘏拒绝出仕羯赵政权，正是如此。

根据相关文献记载，河间邢氏家族代表人物出仕胡人政权是在北魏太武帝拓跋焘时期。《魏书·邢峦传》载邢峦祖父邢颖字敬宗，"以才学知名。世祖时，与范阳卢玄、渤海高允等同时被征"。《魏书》卷四（上）《世祖纪上》载神䴥四年（431）诏曰：

> 顷逆命纵逸，方夏未宁，戎车屡驾，不遑休息。今二寇摧殄，士马无为，方将偃武修文，遵太平之化，理废职，举逸民，拔起幽穷，延登

俊乂,昧旦思求,想遇师辅,虽殷宗之梦板筑,罔以加也。访诸有司,咸称范阳卢玄、博陵崔绰、赵郡李灵、河间邢颖、渤海高允、广平游雅、太原张伟,皆贤俊之胄,冠冕州邦,有羽仪之用。

太武帝拓跋焘此次征士,在北魏汉化进程中是一个标志性的重大事件,其目的在于笼络河北汉族大族,扩大和巩固其统治基础。① 太武帝此次征召的对象,皆为河北最具代表性家族的名士,即所谓"皆贤俊之胄,冠冕州邦",河间邢颖名列其中,可见其家族及个人的地位。② 拓跋焘对邢颖颇为信重,《魏书·邢峦传》载邢颖后因病还乡里,"久之,世祖访颖于群臣曰:'往忆邢颖长者,有学义,宜侍讲东宫,今其人安在?'司徒崔浩对曰:'颖卧疾在家。'世祖遣太医驰驿就疗"。从拓跋焘称誉邢颖"有学义,宜侍讲东宫"的情况看,他应当是一位以儒学见长的"长者"。后来高允"以昔岁同征,零落将尽,感逝怀人,作《征士颂》,……群贤之行,举其梗概",其中赞誉邢颖说:"宗敬延誉,号为四俊,华藻云飞,金声夙振。中遇沈疴,赋诗以讯,忠显于辞,理出于韵。"③

《邢伟墓志》载:"祖颖,散骑常侍、冠军将军、定州刺史、城平康侯。父修年,南河镇将。"邢伟本人则官至博陵太守。④ 这里明确了邢颖父子的具体任职情况。

比邢颖稍晚,邢氏另一代表人物邢祐也应征至平城。《魏书·邢峦传》载"峦叔祖祐,字宗祐,少有学尚,知名于时"。《魏书》卷八四《儒林·平恒传》载:

---

① 《魏书》卷四八《高允传》载高允作《征士颂》,他在序文中称拓跋焘"于是偃兵息甲,修立文学,登延俊造,酬咨政事。梦想贤哲,思遇其人,访诸有司,以求名士。咸称范阳卢玄等四十二人,皆冠冕之胄,著问州邦,有羽仪之用。亲发明诏,以征玄等。乃旷官以待之,悬爵以縻之。其就命三十五人,自余依例州郡所遣者不可称记。尔乃髦士盈朝,而济济之美兴焉。昔与之俱蒙斯举,或从容廊庙,或游集私门,上谈公务,下尽忻娱,以为千载一时,始于此矣。"拓跋焘大规模征召汉族名士,以改善其政权的人员结构,为此后的深入汉化奠定了基础。高允"不为文二十年"后,特作颂纪念,可见其意义深远。

② 河间邢氏作为"冠冕州邦"的大族代表进入"征士行列",对于其家族门户具有不可忽视的意义。《北史》卷三四《游雅传》载游雅字伯度,小名黄头,广平人,也为太武帝"征士"之一。高允"将婚于邢氏,雅劝允娶其族,允不从",雅曰:"人贵河间邢,不胜广平游,人自弃伯度,我自敬黄头。"游雅虽"贱人贵己",但毕竟"人贵河间邢",说明邢氏门第获得了某种保障。

③ 《魏书》卷四八《高允传》。

④ 《魏故博陵太守邢府君伟墓志》,辑入赵超《汉魏南北朝墓志汇编》,天津古籍出版社2008年版。

第十三章 "学宗文府":北朝后期河间邢氏之家族文化风尚 / 307

  时高允为监,河间邢祐、北平阳𢑱、河东裴定、广平程骏、金城赵元顺等为著作佐郎,虽才学互有短长,然俱为称职,并号长者。允每称博通经籍无过恒者。

高允负责选拔著作佐郎,自然要挑选学术文化水平较高的人物,邢祐名列其中,也"并号长者"。又,《魏书·儒林·陈奇传》载河北人陈奇,"爱玩经典,博通坟籍,常非马融、郑玄解经失旨,志在著述《五经》。始注《孝经》《论语》,颇传于世,为搢绅所称。"陈奇是一个博通儒家经籍的经师,"与河间邢祐同召赴京"。陈奇是以儒学特长而被征召的,邢祐与其"同召赴京",也当是以儒学经术见长的一位学者。

  此后,深得北魏孝文帝重用的邢峦也是凭借其儒学修养得以入仕的。《魏书·儒林传序》载:"高祖钦明稽古,笃好坟典,坐舆据鞍,不忘讲道。刘芳、李彪诸人以经书进,崔光、邢峦之徒以文史达,其余涉猎典章,关历词翰,莫不縻以好爵,动贻赏眷。于是斯文郁然,比隆周汉。"《魏书》本传又载:

> 峦少而好学,负帙寻师,家贫厉节,遂博览书传。有文才干略,美须髯,姿貌甚伟。州郡表贡,拜中书博士,迁员外散骑侍郎,为高祖所知赏。……转中书侍郎,甚见顾遇,常参座席。高祖因行药至司空府南,见峦宅,遣使谓峦曰:"朝行药至此,见卿宅乃住,东望德馆,情有依然。"峦对曰:"陛下移构中京,方建无穷之业,臣意在与魏升降,宁容不务永年之宅。"① 高祖谓司空穆亮、仆射李冲曰:"峦之此言,其意不小。"有司奏策秀、孝,诏曰:"秀、孝殊问,经权异策,邢峦才清,可令策秀。"

邢峦以其多方面才能,深得孝文帝赏识。邢峦也曾参与相关礼制的讨论,《魏书》卷一〇八之四《礼志四》载世宗永平四年冬,"员外将军、兼尚书都令史陈终德有祖母之丧,欲服齐衰三年,以无世爵之重,不可陵诸父,若下同

---

① 关于邢峦在洛阳的住宅,《洛阳伽蓝记》卷一"修梵寺"条下载"寺北有永和里,汉太师董卓之宅也。里中有太傅录尚书长孙稚、尚书右仆射郭祚、吏部尚书邢峦、廷尉卿元洪超、卫尉卿许伯桃、凉州刺史尉成兴等六宅。皆高门华屋,斋馆敞丽,楸槐荫途,桐杨夹植,当世名为贵里"。

众孙,恐违后祖之义,请求详正"。于是朝廷诸儒纷纷议论,其中太常卿刘芳也上议,"尚书邢峦奏依芳议"。

从北魏太武帝至孝文帝时期,河间邢氏家族先后有邢颖、邢修年、邢祐、邢峦、邢伟等代表人物获得重用,这在北魏前期与中期的汉化过程中,显得颇为突出,一个重要原因在于其家族儒学积累及其个人的名士身份。其中就政治地位而言,邢峦具有突出军政才干和业绩,宣武帝时,他以都督梁、汉诸军事、征西将军的身份,负责控制汉中和震慑巴蜀之重任;后萧梁出兵徐兖,邢峦受命都督东讨诸军事、安东将军,对稳定淮北的军事局势贡献卓著。《魏书》本传称其善于治军,"峦自宿豫大捷,及平悬瓠,志行修正,不复以财贿为怀,戎资军实丝毫无犯",官至殿中尚书,加抚军将军。延昌三年,邢峦因疾而亡,史称其"才兼文武,朝野瞻望"①,可谓一代名臣。以往邢氏代表人物主要从事著作方面的官职,邢祐虽曾出任平原太守,"政清刑肃,百姓安之",表现出一定的行政业绩,但毕竟政绩有限,而邢峦以"文史"学业入仕,长期致力于军政事务,功绩显著,这对其家族地位的提升作用明显。作为儒士而具有军政干才,邢峦体现了汉代以来"经律兼修"、师吏合一的文化传统,这与魏晋以来"儒玄双修"的浮华士风明显不同。至于邢伟,《邢伟墓志》载:"君资性温裕,识悟明敏,岐嶷表于绮年,业尚播于冠日。是以令问休声,昭然允集矣。……君爰载志学,孝友睦于闺庭;脱巾近禁,匪懈形于夙夜。赞槐墀,鼎味增和;登礼闱,爕谐治本。加以学究百氏,辞藻绮赡,动容必遵礼度,发言归于忠信。"②

河间邢氏人物"经律兼修",尤其精擅礼制,邢虬便是这方面的一个典型。《魏书·邢峦传附邢虬传》载:

---

① 《魏书》卷六五《邢峦传》。
② 邢氏其他人物也多具有干才,如邢晏,《魏书》卷六五《邢峦传》载其弟邢晏出任沧州刺史,"为政清静,吏民安之"。邢臧,《魏书》卷八五《文苑·邢臧传》载其永安中,任东牟太守,"时天下多事,在职少能廉白,臧独清慎奉法,吏民爱之。……领乐安内史,有惠政。后除濮阳太守,寻加安东将军。臧和雅信厚,有长者之风,为时人所爱敬"。又,《北史》卷四三《邢峦传附邢卲传》载邢卲在东魏时为西兖州刺史,在州有善政,桴鼓不鸣,吏人奸伏,守令长短,无不知之。定陶县去州五十里,县令妻日暮取人斗酒束脯,卲逼夜摄令,未明而去,责其取受,举州不识其所以。在任都不营生产,唯南兖秦粟,就济阳食之。("济阳",中华本校勘记:"按《魏书·地形志》中西兖州无济阳,有济阴郡。所属定陶城,即西兖州治所。'济阳'当为'济阴'之讹。")卲缮修观宇,颇为壮丽,皆为之题名,有清风观、明月楼,而不扰公私,唯使兵力。吏民为立生祠,并勒碑颂德。及代,吏人父老及媪妪皆远相攀迫,号泣不绝。

第十三章 "学宗文府"：北朝后期河间邢氏之家族文化风尚

（虬）少为《三礼》郑氏学，明经有文思。举秀才上第，为中书议郎、尚书殿中郎。高祖因公事与语，问朝觐宴飨之礼，虬以经对，大合上旨。转司徒属、国子博士。高祖崩，尚书令王肃多用新仪，虬往往折以《五经》正礼。转尚书右丞，徙左丞，多所纠正，台阁肃然。时雁门人有害母者，八座奏辗之而潴其室，宥其二子。虬驳奏云："君亲无将，将而必诛。今谋逆者戮及期亲，害亲者今不及子，既逆甚枭镜，禽兽之不若，而使禋祀不绝，遗育永传，非所以劝忠孝之道，存三纲之义。若圣教含容，不加孥戮，使父子罪不相及，恶止于其身，不则宜投之四裔，敕所在不听配匹。《盘庚》言'无令易种于新邑'，汉法五月食枭羹，皆欲绝其类也。"奏入，世宗从之。

邢虬精修《三礼》之学，"明经有文思"，他在行政实践中，以经释律，这也是汉儒的传统。特别需要指出，邢虬在礼仪方面，对由南入北的琅邪王肃所制定的孝文帝丧礼方面的"新仪"，颇不赞同，"往往折以《五经》正礼"。这体现出作为北朝儒学旧族的邢氏在礼学方面保持着汉代学术传统的特征，而与南朝玄学化"新仪"有所不同。

邢虬长子邢臧，也精于礼制。《魏书》卷八五《文苑·邢臧传》载：

邢臧，字子良，河间人，光禄少卿虬长孙也。①幼孤，早立操尚，博学有藻思。年二十一，神龟中举秀才，问策五条，考上第，为太子博士。正光中，议立明堂，臧为裴颜一室之议，事虽不行，当时称其理博。

邢臧参与"议立明堂"的讨论，"当时称为理博"，可见其颇精礼制。②

邢峦侄邢昕，《魏书》卷八五《文苑·邢昕传》载：

邢昕，字子明，河间人，尚书峦弟伟之子。幼孤，见爱于祖母李氏。……受诏与秘书监常景典仪注事。出帝行释奠礼，昕与校书郎裴伯

---

① 邢臧，《魏书·邢峦传》和《北史·邢峦传》皆载其为邢虬之长子，此处载为"长孙"，当误。
② 唐长孺先生在《魏晋南北朝隋唐史三论》（武汉大学出版社1993年版）论述北朝后期，南学北流，邢臧可能受到南朝经学的影响："按梁立明堂用裴颜一堂无室之制，邢臧之说，疑受梁制影响。"（第234页）

茂等俱为录义。

据《魏书》卷八二《常景传》，常景自孝文帝、宣武帝以来，一再负责修订法律、朝仪，明帝时受敕"撰太和之后朝仪已施行者，凡五十余卷"，是北魏后期典制方面的代表人物。邢昕在孝武帝太昌年间"受诏与秘书监常景典仪注事"，说明他具有相当的礼制方面的修养。①

北魏末及东魏、北齐之际，河间邢氏在经术方面最杰出的代表人物是邢劭，他是邢臧之弟，在儒家学术与礼法方面也颇多建树，有"文学之首，当世荣之"的美誉。《北齐书》卷三六《邢劭传》载邢劭于太昌年间任国子祭酒，及至东魏，"累迁太常卿、中书监，摄国子祭酒。是时朝臣多守一职，带领二官甚少，劭顿居三职，并是文学之首，当世荣之"。《洛阳伽蓝记》卷三"城南·景明寺"条下载：

　　（邢）子才洽闻博见，无所不通，军国制度，罔不访及。自王室不靖，虎门业废，后迁国子祭酒，谟训上庠。子才罚惰赏勤，专心劝诱，青领之生，竟怀雅术，洙泗自风，兹焉复盛。

可见，在北魏末年，邢劭负责儒学教育事务，地位显著。邢劭精于朝仪，《北史·邢峦传附邢劭传》载"孝昌初，与黄门侍郎李琰之对典朝仪"。东魏时期，依然如此，《洛阳伽蓝记》卷三"城南·景明寺"条下载邢劭为中书令，"时戎马在郊，朝廷多事，国礼朝仪，咸自子才出"。北齐代魏之际，邢劭还参与制定禅代仪注。② 又，邢劭也熟悉丧礼，"及文宣崩，凶礼多见讯访，敕撰哀策"③。对于邢劭的儒学修养及其礼仪方面的建树，《北齐书·邢劭传》有一段较为概括的记载：

---

① 此外，北魏后期，邢氏其他人物也具有儒学修养。如邢峦子邢逊，《魏书·邢峦传》载邢逊，"貌虽陋短，颇有风气"，曾为国子博士等职。邢峦弟邢晏，"起家为太学博士、司徒东合祭酒"。《北史·邢峦传》载邢虬父邢敏曾为著作郎。以上三人任职如此，自然具有一定的经术修养。邢晏子邢亢，《魏书·邢峦传》也载其"颇有文学"。这里的所谓"文学"，主要指经学。

② 《北齐书》卷三〇《高德政传》载高洋代魏前，命陈山提携密书至邺，大略令撰仪注，防察魏室诸王。山提以五月至邺（"五月"，中华本校勘记："按上文已见'五月初'，这里不应又记'五月'。下文有'六日''七日''八日'，此'五月'当是'五日'之讹，但《北史》卷三一也作'五月'，今不改。"），杨愔即召太常卿邢劭、七兵尚书崔㥄、度支尚书陆操、詹事王昕、黄门侍郎阳休之、中书侍郎裴让之等议撰仪注。

③ 《北史》卷四三《邢峦传附邢劭传》。

第十三章　"学宗文府"：北朝后期河间邢氏之家族文化风尚 / 311

  （邵）博览坟籍，无不通晓。晚年尤以《五经》章句为意，穷其指要。吉凶礼仪，公私咨禀，质疑去惑，为世指南。每公卿会议，事关典故，邵援笔立成，证引该洽，帝命朝章，取定俄顷。

可见在儒学方面，邢邵涉猎广泛，钻研甚深，为一代通儒；在礼仪制度上，他更是驾轻就熟，"为世指南"。

在法律制度方面，邢邵在东魏、北齐时期，先后两次参与修律。① 一次在东魏时，《洛阳伽蓝记》卷三"城南·景明寺"条下载：

  暨皇居徙邺，民讼殷繁，前格后诏，自相与夺，法吏疑狱，簿领成山。乃敕子才与散骑常侍温子升撰《麟趾新制》十五篇，省府以之决疑，州郡用为治本。

至于邢邵第二次参与修律，《北齐书》卷二九《李浑传》载其"天保初，除太子少保，邢邵为少师，杨愔为少傅，论者为荣。以参禅代仪注……删定《麟趾格》"。《北齐书》卷四四《儒林·李铉传》载："天保初，诏铉与殿中尚书邢邵、中书令魏收等参议礼律，仍兼国子博士。"《北史》卷三三《李灵传附李浑传》所载更为完整："齐天保初，除太子少保。时太常邢邵为少师，吏部尚书杨愔为太傅，论者荣之。……文宣以魏《麟趾格》未精，敕浑与邢邵、崔㥄、魏收、王昕、李伯伦等修撰。"此事发生在北齐文宣帝高洋之时。② 不仅如此，《北史·邢峦传附邢邵传》还记载了邢邵议律的二则实例：

  旧格制：生两男者，赏羊五口，不然则绢十匹。仆射崔暹奏绝之。邵云："此格不宜辄断。勾践以区区之越，赏法：生三男者给乳母。况以天下之大而绝此条！舜藏金于山，不以为乏，今藏之于民，复何所损。"又准旧皆讯囚取占，然后送付廷尉。邵以为不可，乃立议曰："设官分职，各有司存，丞相不问斗人，虞官弓招不进。岂使尸祝兼刀匕之役，

---

① 关于邢邵两次修律的情况，曹道衡先生在《邢劭生平事迹试考》（收入所著《中古文学史论文集》，中华书局 2002 年版）一文中引述中华本《北史》卷四三校勘记说"（邢劭）修《麟趾格》，见《北史·李浑传》，修《麟趾格》事又见《洛阳伽蓝记》卷三"，曹先生经考证后指出："关于修《麟趾格》的问题，邢邵一生，当有两次。一次是东魏时，一次是北齐天保年间。"（第451页）
② 《北史》卷三三《李顺传附李希礼传》载："（李）希礼，仍居议曹，与邢邵议定礼律。"

家长侵鸡犬之功。"诏并从之。

可见,邢邵对法律制度及其功用确实颇为熟悉。

北齐时期,河间邢氏还有一位儒者。《北齐书》卷四四《儒林·邢峙传》载:

> 邢峙,字士峻,河间鄚人也。少好学,耽玩坟典,游学燕、赵之间,通《三礼》《左氏春秋》。天保初,郡举孝廉,授四门博士,迁国子助教,以经入授皇太子。峙方正纯厚,有儒者之风。厨宰进太子食,有菜曰"邪蒿",峙命去之,曰:"此菜有不正之名,非殿下所宜食。"显祖闻而嘉之,赐以被褥缣纩,拜国子博士。皇建初,除清河太守,有惠政,民吏爱之。

邢峙不仅精通儒家典籍,而且"方正纯厚,有儒者之风",是一个学识渊博的纯正儒者。关于邢峙学识之渊博,《颜氏家训·勉学篇》载有一则实例:

> 《穀梁传》称公子友与莒挐相搏,左右呼曰"孟劳"。"孟劳"者,鲁之宝刀名,亦见《广雅》。近在齐时,有姜仲岳谓:"'孟劳'者,公子左右,姓孟名劳,多力之人,为国所宝。"与吾苦诤。时清河郡守邢峙,当世硕儒,助吾证之,赧然而伏。

颜之推以邢峙为"当世硕儒",绝非虚言。不过,邢峙未列入《魏书》《北史》之《邢峦传》,他应该是河间邢氏宗族其他房支的人物。①

由上所叙,可见河间邢氏自汉晋以来,便已形成了家族儒学教育的传统,在北魏汉化过程中,邢氏作为北方汉族儒学世族的代表得到重视。在北魏中后期及东魏、北齐之际,至少有七位邢氏代表人物充任国子博士,还有担任国子祭酒等职务者,有的还出任皇太子的师傅或侍读,显示了其家族儒学文

---

① 颜之推在《颜氏家训·书证篇》中还涉及河间邢氏另一学者邢芳:"河间邢芳语吾云:'《贾谊传》:"日中必熭。"注:"熭,暴也。"曾见人解云:"此是暴疾之意,正言日中不须臾,卒然便昃耳。"此释为当乎?'吾谓邢曰:'此语本出太公《六韬》,案字书,古者晒字与暴疾字相似,唯下少异,后人专辄加傍日耳。言日中时,必须晒,不尔者,失其时也。晋灼已有详释。'芳笑服而退。"邢芳也是一位颇有学识的儒者。

第十三章 "学宗文府"：北朝后期河间邢氏之家族文化风尚

化方面的优势。邢氏人物多精擅礼法制度，他们一再参与历代礼制、法制方面的建设，这不仅对其家族人物的仕进具有重要的助益，而且对促进当时北朝统治者的汉化也具有重要的意义。

河间邢氏之世代儒学传承，这在其家族孝友门风中也明显的表现。关于邢氏孝友门风，有几则典型事例。一是邢峦弟邢晏，《魏书·邢峦传附邢晏传》载：

> 晏笃于义让，初为南兖州刺史，例得一子解褐，乃启其孤弟子子慎，年甫十二，而其子已弱冠矣。后为沧州，复启孤兄子昕为府主簿，而其子并未从官。世人以此多之。

邢晏注重家族整体利益，深得孝友之道。又，《魏书·邢峦传附邢虬传》载：

> 虬母在乡遇患，请假归。值秋水暴长，河梁破绝，虬得一小船而渡，漏而不没，时人异之。母丧，哀毁过礼，为时所称。

邢虬恪守儒家孝道。又，《北齐书·邢邵传》载：

> 邵率情简素，内行修谨，兄弟亲姻之间，称为雍睦。……事寡嫂甚谨，养孤子恕，慈爱特深。在兖州，有都信云恕疾，便忧之，废寝食，颜色贬损。及卒，人士为之伤心，痛悼虽甚，竟不再哭，宾客吊慰，抆泪而已。其高情达识，开遣滞累，东门吴以还，所未有也。①

邢邵个人"内行修谨"，重视家族内外的和睦亲善。以上诸人的孝友表现是邢氏家族儒学文化传统熏染的必然结果，他们的相关事迹见载于史册，固然可称为典型，其实，其他邢氏人物也当多如此。

---

① "及卒"，中华本校勘记："张森楷云：'按《北史·邢臧传》言子恕仕隋，卒于沂州长史，则邵不得见其卒也。'按本书卷四九《马嗣明传》叙他为邢邵子大宝诊脉，预知其出一年便死，果'未期而卒'，事在高洋时。知死者是邵子大宝，而非其侄恕。'及卒'当作'及子大宝卒'，脱'子大宝'三字。"

三 北朝后期河间邢氏代表人物的
　　文学才能及其名士风采

由上文考叙可见，与北朝诸多世家大族一样，河间邢氏家族学术文化的核心与传统是儒家经术，这是他们保障宗族团结、维护家族门第、争取仕宦地位的文化基础与优势所在。不过，具体考察河间邢氏之家族文化，我们不难发现在北魏后期以来，特别在东魏、北齐之际，河间邢氏的一些代表人物在思想作风、行为举止等方面表现出明显的"名士化"特征，他们或"雅好文咏"，或"性好谈赏"，任情率性，与南朝的玄学化名士颇为相似，而绝非一般的浅薄陋儒。这有助于丰富其家族文化的色彩，增强其家族的文化适应能力。

就家族文化传统而言，河间邢氏名士素以文学风流著称。邢颖曾受命出使南朝，《邢伟墓志》载："王父城平康侯，将命江吴，标随陆之誉。考南河君，怀道韫璞，阐雅尚之风。"此后，邢氏人物多以文学才能显名，墓志称邢伟"辞藻绮赡"，正是表彰其文采非凡。至于正史所载，则更为充分，体现出其家族文化特征。如邢峦，《魏书》本传称其有"文才干略"，他得参与魏孝文帝的文学活动。《魏书》卷五六《郑羲传附郑道昭传》载：

> （郑道昭）从征沔汉，高祖飨侍臣于悬瓠方丈竹堂，道昭与兄懿俱侍坐焉。乐作酒酣，高祖乃歌曰："白日光天无不曜，江左一隅独未照。"彭城王勰续歌曰："愿从圣明兮登衡会，万国驰诚混江外。"郑懿歌曰："云雷大振兮天门辟，率土来宾一正历。"邢峦歌曰："舜舞干戚兮天下归，文德远被莫不思。"道昭歌曰："皇风一鼓兮九地匝，戴日依天清六合。"高祖又歌曰："遵彼汝坟兮昔化贞，未若今日道风明。"宋弁歌曰："文王政教兮晖江沼，宁如大化光四表。"高祖谓道昭曰："自比迁务虽猥，与诸才俊不废咏缀，遂命邢峦总集叙记。当尔之年，卿频丁艰祸，每眷文席，常用慨然。"

孝文帝喜好文雅，士大夫聚会时，常"与诸才俊不废咏缀"，并命邢峦将这些唱和歌咏"总集叙记"，这与魏晋以来的名士诗文雅集相似。邢峦受命"总集

第十三章 "学宗文府":北朝后期河间邢氏之家族文化风尚

叙记",说明他不仅常参与孝文帝的这类雅聚,而且具有较高的文学艺术修养。又,《魏书》卷一九《景穆十二王·任城王元澄传》载孝文帝南征后回到洛阳,引见王公侍臣,说:"光景垂落,朕同宗则有载考之义,卿等将出无远,何得默尔,不示德音。"于是"即命黄门侍郎崔光、郭祚,通直郎邢峦、崔休等赋诗言志"。宣武帝时,邢峦曾受命负责撰《孝文起居注》,《北齐书》卷三七《魏收传》史臣回顾北魏国史撰修过程时曾说:"宣武时,命邢峦追撰《孝文起居注》,书至太和十四年,又命崔鸿、王遵业补续焉。"当时修史,首先需要具备一定的文学才能。

特别需要指出,河间邢氏人物有二位列入《魏书·文苑传》,这从一个侧面说明其家族文化的特色。其中邢臧具有多方面才干,在文辞方面,"为特进甄琛《行状》,世称其工。与裴敬宪、卢观兄弟并结交分,曾共读《回文集》,臧独先通之。撰古来文章,并叙作者氏族,号曰《文谱》,未就,病卒,时贤悼惜之。其文笔凡百余篇"。可见邢臧不仅是一位文士,而且是一位文学史家,《文谱》是很具特色的文学史著作。另一位邢昕,"好学,早有才情",曾为车骑大将军萧宝夤东合祭酒,"委以文翰";后"吏部尚书李神俊奏昕修《起居注》"①;太昌初,"时言冒窃官级,为中尉所劾,免官,乃为《述躬赋》";永熙末,"昕入为侍读,与温子昇、魏收参掌文诏";天平初,应征至邺城,"既有才藻,兼长几案。自孝昌之后,天下多务,世人竞以吏工取达,文学大衰。司州中从事宋道游以公断见知,时与昕嘲谑。昕谓之曰:'世事同知文学外。'游道有惭色。……所著文章,自有集录"。邢臧父邢虬也有文学才能,《魏书·邢峦传》载邢虬"所作碑颂杂笔三十余篇";同传又载其宗人邢祐子邢产"好学,善属文。少时作《孤蓬赋》,为时所称";邢虬从子邢策"亦有才学"。

北魏末年及东魏、北齐之际,河间邢氏家族出现了一位杰出的文学之士,即被誉为"北地三才"之一的邢邵。邢邵的出现及其文学地位的奠定,固然有复杂的社会与时代原因,但从家族文化的角度看,邢氏有重文之传统,特别是其父邢虬、兄邢臧等,早以文才著名,为邢氏文学上最兴盛之房支,这给邢邵的成长提供了比较优越的家族文化环境。关于邢邵的文学活动及其地位,《北齐书·邢邵传》载之甚详:

---

① 《北齐书》卷四二《阳休之传》载魏庄帝时,"李神俊监起居注,启休之与河东裴伯茂、范阳卢元明、河间邢子明等俱入撰次"。

年五岁，魏吏部郎清河崔亮见而奇之，曰："此子后当大成，位望通显。"十岁，便能属文，雅有才思，聪明强记，日诵万余言。族兄峦，有人伦鉴，谓子弟曰："宗室中有此儿，非常人也。"……尝因霖雨，乃读《汉书》，五日，略能遍记之。后因饮谑倦，方广寻经史，五行俱下，一览便记，无所遗忘。文章典丽，既赡且速。年未二十，名动衣冠。尝与右北平阳固、河东裴伯茂、从兄杲、河南陆道晖等至北海王昕舍宿饮，相与赋诗，凡数十首，皆在主人奴处。旦日奴行，诸人求诗不得，邵皆为诵之，诸人有不认诗者，奴还得本，不误一字。诸人方之王粲。吏部尚书李神俊大相钦重，引为忘年之交。

可见邢邵博涉经史，尤擅文学，才情勃发。北魏明帝时，元叉任尚书令，李神俊与著名文士袁翻在座，元叉命邢邵作谢表，"须臾便成，以示诸宾"，李神俊赞曰："邢邵此表，足使袁公变色。"北魏之末，邢邵已成为最具代表性的文学之士，《北齐书》本传载：

自孝明之后，文雅大盛，邵雕虫之美，独步当时，每一文初出，京师为之纸贵，读诵俄遍远近。于时袁翻与范阳祖莹位望通显，文笔之美，见称先达，以邵藻思华赡，深共嫉之。每洛中贵人拜职，多冯邵为谢表。尝有一贵胜初受官，大集宾食，翻与邵俱在坐。翻意主人托其为让表。遂命邵作之。翻甚不悦，每告人云："邢家小儿尝客作章表，自买黄纸，写而送之。"邵恐为翻所害，乃辞以疾。

可见年轻的邢邵以文学才能"独步当时"，引起老一辈文士袁翻、祖莹等人的妒忌。东魏、北齐之际，邢邵的文学地位更为巩固，《北齐书》本传载：

词致宏远，独步当时，与济阴温子昇为文士之冠，世论谓之温、邢。钜鹿魏收，虽天才艳发，而年事在二人之后，故子昇死后，方称邢、魏焉。

第十三章　"学宗文府"：北朝后期河间邢氏之家族文化风尚　/ 317

本传又载其"有集三十卷，见行于世"①，其子邢大宝"有文情"。

由上所述，邢劭在文学方面，自少长于作文，在政治应用文体方面，文思敏捷，文章华丽，即所谓"文章典丽，既赡且速"；其入仕后，抒情文章也才华横溢，以"藻思华赡"成为士林楷模，"雕虫之美，独步当时"。邢劭之文学地位与成就之所以臻于如此境界，固然与其家族文化之积淀不无关系，也与当时北朝之文学氛围密切相关，其中特别需要指出，邢劭很注意取法南朝之文学艺术精神。邢劭模拟南朝文学风尚，其取法对象主要是沈约。《颜氏家训·文章篇》说：

> 沈隐侯曰："文章当从三易：易见事，一也；易识字，二也；易读诵，三也。"邢子才常曰："沈侯文章，用事不使人觉，若胸忆语也。"深以此服之。

邢劭推崇沈约的作文观念。《颜氏家训·文章篇》又载：

> 邢子才、魏收俱有重名，时俗准的，以为师匠。邢赏服沈约而轻任昉，魏爱慕任昉而毁沈约，每于谈宴，辞色以之。邺下纷纭，各有朋党。祖孝征尝谓吾曰："任、沈之是非，乃邢、魏之优劣也。"

可见，无论邢劭，还是魏收，尽管他们相互争奇竞胜，实际上当时他们都自觉地模拟南朝的文学风尚。作为北朝后期最杰出的文学家，邢劭等人之所以如此，主要在于自十六国以来，北方文学艺术长期处于荒废状态，自北魏孝文帝以来才逐步恢复，其起点相对较低，而南朝的文学艺术则取得长足的进步。因此，邢劭诸人取法、模拟南朝文风是很自然的事。

不过，我们也应看到，随着邢劭文学水平的不断提高，他也主张在文学方面应该有所创新，提出了一些文学创作和批评的思想。他在《萧仁祖集序》中曾说：

---

① 关于邢劭文学作品的数量及其结集的情况，《洛阳伽蓝记》卷三"城南·景明寺"条下载其"所制诗、赋、诏、策、章表、碑颂、赞记五百篇，皆传于世。邻国钦其模楷，朝野以为美谈也"。《隋书》卷三五《经籍志四》著录"北齐特进《邢子才集》三十一卷"。

昔潘、陆齐轨，不袭建安之风；颜、谢同声，遂革太原之气。自汉逮晋，情赏犹自不谐；江北、江南，意制本应相诡。

很显然，邢邵主张文学风尚应随着不同时代、不同地域的变化而变化，这无疑是正确的。只是在当时，邢邵及其同时代的北朝文士尚无法完全摆脱对南朝文学的模拟。此外，邢邵主张写作文章应追求精益求精，他曾称赞萧仁祖之文"可谓雕章间出"①，其本人在创作中也是追求"雕虫之美"的。他还主张文章应表现作者的思想，要体现出比较深刻的思想寄托。他称赞广平王为文"方见建安之体，复闻正始之音"②，就是提倡文章的思想要深邃、切旨，他本人为文"词致宏远，独步当时"，说明他是自觉实践这一文学主张的。③

从上文所考述，可见河间邢氏主要代表人物在文化上既是精擅礼制的儒者，也是才华横溢的文士。颜之推在《颜氏家训·勉学篇》中论及南北朝学风差异时曾说过，自末俗以来"士大夫子弟，皆以博涉为贵，不肯专儒"，故南朝通才甚多，"洛阳亦闻崔浩、张伟、刘芳，邺下又见邢子才：此四儒者，虽好经术，亦以才博擅名"。他以为邢邵是东魏、北齐之际唯一的博涉通才，可谓"上品"之人。邢邵的出现，很能说明其家族文化的某些特征。如邢晏，《魏书》卷二二《孝文五王·京兆王愉传》载："愉好文章，颇著诗赋。时引才人宋世景、李神俊、祖莹、邢晏、王遵业、张始均等共申宴喜，招四方儒学宾客严怀真等数十人，馆而礼之。"显然，邢晏也是一个公认的"才士"。其他邢氏文学人物都具有这种"才士"的品格。他们既博通经史，具有丰厚的学识；又擅长作文，表现出炫目的才华。特别难能可贵的是，邢氏人物普遍地将二者有机结合起来，形成了独具魅力的名士气质与家族风尚。④

考察北朝后期文化变迁的趋势，不能不说文学具有越来越重要的作用，在官吏选举过程中，特别秀才测试，非常重视文学才能，以致一些宿儒也"恨不学属文"⑤。此外，随着与南朝文化交流的不断深入，南朝玄学化风尚

---

① 邢邵《萧仁祖集序》，《全北齐文》卷三。
② 邢邵《广平王碑文》，《全北齐文》卷三。
③ 对此，参见周建江先生《北朝文学史》（中国社会科学出版社1997年版）的相关论述。
④ 《魏书》卷八五《文苑·温子昇传》载"杨遵彦作《文德论》，以为古今辞人皆负才遗行，浇薄险忌，唯邢子才、王元景、温子昇彬彬有德素"。杨氏对历代文人的评价是否恰当，这里不论，他以为邢邵作为辞人而"彬彬有德素"，颇难得，则指出了邢邵的特点。之所以如此，在于其家族儒学之底蕴。
⑤ 《北齐书》卷四四《儒林·刘昼传》。

第十三章 "学宗文府"：北朝后期河间邢氏之家族文化风尚 / 319

的影响日益扩大，像河间邢氏这样具有文学传统的家族，相对而言，能够比较快地接受南朝新风。北魏后期，特别是东魏、北齐之际，河间邢氏人物表现出明显的名士化特征。如邢晏，《魏书·邢峦传》载其"美风仪，博涉经史，善谈释老，雅好文咏"。所谓"善谈释老，雅好文咏"，这是玄化的典型特征。又，《北齐书》卷二九《李浑传附李绘传》载李绘自幼聪颖，"及长，仪貌端伟，神情朗俊。河间邢晏，即绘舅也。与绘清言，叹其高远。每称曰：'若披云雾，如对珠玉，宅相之寄，实在此甥。'"又邢晏与李绘"清言"，可见他平时常谈论玄理。

在谈论玄理及生活方式名士化方面，河间邢氏最突出的代表是邢邵。北魏后期，邢邵在洛阳便参与诸名士的交游，《北齐书》本传载其"少在洛阳，会天下无事，与时名胜专以山水游宴为娱，不暇勤业"。当时，受南朝士风影响，在洛阳形成了一些名士交游雅集的圈子，他们或谈论玄理，或诗赋歌辞，成为北朝新士风的典型代表。北魏之末，政局动荡，这些名士则以雅聚作为避世的手段。尔朱荣入洛发动河阴之变前，邢邵与王昕等名士追随青州刺史元罗，"终日酣赏，尽山泉之致"[①]；后来他又与杨愔等人"避地嵩高山"[②]；东魏、北齐之际，他与王昕、杜弼等人交游谈论，"性好谈赏，不能闲独，公事归休，恒须宾客自伴"[③]。根据相关记载，邢邵是当时士人雅聚的主要召集人，可谓名士群体的领袖人物。《洛阳伽蓝记》卷三"城南·景明寺"条下载：

> （邢邵）志性通敏，风情雅润，下帷覃思，温故知新。文宗学府，腾班、马而孤上，英规胜范，凌许、郭而独高。是以衣冠之士，辐辏其门，怀道之宾，去来满室。升其堂者，若登孔氏之门，沾其赏者，犹听东吴

---

① 《北齐书》卷三六《邢邵传》。《魏书》卷一六《道武七王·京兆王元黎传附元罗传》载其迁"平东将军、青州刺史。（元）又当朝专政，罗望倾四海，于时才名之士王元景、邢子才、李奖等咸为其宾客，从游青土"。《北齐书》卷三一《王昕传》也有载。又，《北齐书》卷二九《李浑传》载："时四方多难，乃谢病，求为青州征东府司马。与河间邢邵、北海王昕俱奉老母、偕妻子同赴青、齐。未几而尔朱荣入洛，衣冠歼尽。论者以为知机。"此外，《北齐书·王昕传》载邢臧也曾与王昕弟王晞等人游历："魏末，（晞）随每兄东适海隅，与邢子良游处。"邢臧"爱其清悟，称王晞"意识深远，旷达不羁，简于造次，言必诣理，吟咏性情，往往丽绝"。显然，他们之间也是玄学名士式的交往。
② 《北齐书》卷三六《邢邵传》。
③ 同上。

之句。籍甚当时,声驰遐迩。①

邢邵作为当时的"文宗学府",深得名士阶层的尊崇。

邢邵对玄理深有探究,《北齐书》卷二四《杜弼传》载邢邵在武定六年曾参与东魏孝静帝组织的有关佛理的谈论:"(武定)六年四月八日,魏帝集名僧于显阳殿讲说佛理,弼与吏部尚书杨愔、中书令邢邵,秘书监魏收等侍法筵。"当时谈论佛理,自然牵扯到玄理。又载杜弼"尝与邢邵扈从东山,共论名理"。二人所谈,主要集中在生死等问题上,"邢以为人死还生,恐为蛇画足";杜弼则从道家的理论出发,以为"物之未生,本亦无也,无而能有,不以为疑。因前生后,何独致怪"。进而双方论及神灭与神不灭问题,邢邵以为人之生命如植物,无不死之理;"神之在人,犹光之在烛,烛尽则光穷,人死则神灭"。"前后往复再三,邢邵理屈而止,文多不载"。这里说邢邵"理屈而止",颇令人费解,二人各持一端,很难说服对方。邢邵主张"神灭论",反对佛教,恐怕与当时上层社会的主流思潮有冲突,讨论难以继续下去。邢、杜"共论名理",涉及玄学、儒学及佛教思想等多方面问题,值得关注,邢邵的思想在当时还是有一定影响的。《北史》卷三三《李孝伯传》载李士谦"善谈玄理",曾与客谈论,客"不信佛家应报义",客曰:"邢子才云'岂有松柏后身,化为樗栎',仆以为然。"此人与李士谦谈论,引用邢子才的论点,

---

① 这里说邢邵为士林之舆论中心,所谓"衣冠之士,辐辏其门,怀道之宾,去来满室。升其堂者,若登孔氏之门,沾其赏者,犹听东吴之句。籍甚当时,声驰遐迩"。邢邵对士林才俊的评价,确实有如东汉许劭与郭泰之品评。关于邢邵之论士,有几则实例。《北齐书》卷一八《司马子如传》载司马膺之"少好学,美风仪。……王元景、邢子才之流以凤素重之"。《北齐书》卷二一《封隆之传》载封孝琬"性恬静,颇好文咏。太子少师邢邵、七兵尚书王昕并先达高才,与孝琬年位悬隔,晚相逢遇,分好遂深。孝琬灵榇言归,二人送于郊外,悲哭悽恸,有感路人"。《北齐书》卷二二《卢文伟传》载卢询祖"有术学,文章华靡,为后生之俊",邢邵则与之戏言,"邵甚重其敏赡"。《北齐书》卷二三《崔悛传》载崔悛子崔瞻"聪明强学,有文情,善容止,神采嶷然,言不妄发",后父子二人同时侍孝静帝宴,有应诏诗,帝问邢邵等崔瞻何如乃父,邵等以为"并诗人之冠"。《北齐书》卷三五《陆卬传》载其"少机悟,美风神,好学不倦,博览群书,五经多通大义。善属文,甚为河间邢邵所赏。邵又与卬父子彰交游,尝谓子彰曰:'吾以卿老蚌遂出明珠,意欲为群拜纪可乎?'由是名誉日高,儒雅摺绅,尤所推许"。又称赞其母魏上庸公主云:"蓝田生玉,固不虚矣。"《北齐书》卷三八《元文遥传》载其"敏慧凤成",年十余岁时,邢邵以其在聚会时读《何逊集》"一览便诵",赞其"此殆古来未有"。这样的事例甚多,可见邢邵对才学名士的奖掖,可谓不遗余力。而对粗鄙的寒门人物或俗儒,邢邵则多加贬斥。《北齐书》卷二四《孙搴传》载"搴学浅而行薄,邢卲尝谓之曰:'更须读书。'"《北史》卷八一《儒林·刘昼传》载刘昼原本儒者,刻意习文,"言甚古拙",制一首赋,以示邢卲,对曰:"君此赋,正似疥骆驼,伏而无斌媚。"

第十三章 "学宗文府"：北朝后期河间邢氏之家族文化风尚

可见其学说之影响。邢邵谈理，不信佛教"应报"思想和"神不灭论"，坚守儒家的基本思想，这与其儒学旧族的文化背景不无关系。

关于邢邵的名士作风，《北齐书》本传载：

> （邢邵）虽望实兼重，不以才位傲物。脱略简易，不修威仪，车服器用，充事而已。有斋不居，坐卧恒在一小屋。果饵之属，或置之梁上，宾至，下而共啖。天姿质素，特安异同，士无贤愚，皆能顾接，对客或解衣觅虱，且与剧谈。有书甚多，而不甚雠校。见人校书，常笑曰："何愚之甚，天下书至死读不可遍，焉能始复校此。且误书思之，更是一适。"妻弟李季节，才学之士，谓子才曰："世间人多不聪明，思误书何由能得。"子才曰："若思不能得，便不劳读书。"与妇甚疏，未尝内宿。自云尝昼入内阁，为狗所吠，言毕便抚掌大笑。

从上所载，邢邵为人之做派，颇与魏晋任诞率性的名士相似。这显然是他受南朝玄化士风影响的结果。

河间邢氏代表人物在学术文化上不仅兼综经史，擅长文学，成为北朝王族社会的"学宗文府"，而且具有名士风采，善于谈论，有口辩之才，显现出鲜明的文化特色。这使得其家族人物在南北朝使节交往过程中颇受重视。当时南北朝相互间通使，使节的挑选很重视才学，无不"妙简行人"，《北史》卷四三《李崇传附李谐传》便称："既南北通好，务以俊乂相矜，衔命接客，必尽一时之选，无才地者不得与焉。"① 邢氏人物则一再充当使节和接待南使的主客郎。据《魏书·邢峦传》，邢峦祖邢颖，"后拜中书侍郎，假通直常侍，

---

① 关于南北朝注重使节之选拔，赵翼《廿二史札记》卷一四"南北朝通好以使命为重"条已有明论，详考当时历次通使及使节维护国家体面之使命等情况，因而使节应具备卓越之才能："南北通好，尝藉使命增国之光，必妙选行人，择其容止可观，文学优赡者，以充使聘使。……凡充使及伴使，皆不轻授。"又，逯耀东先生在《北魏与南朝对峙期间的外交关系》（收入所著《从平城到洛阳——拓跋魏文化转变的历程》，中华书局2006年版）中指出，北魏在与重视门第的南朝通使后，选派中原士族名士充任使节，"到南方去为他们撑门面"，因此，北魏挑选使节的首要标准是中原士族的门第，其次，则"由于他们的家学渊源的熏陶下的容止、博学、才辩等等"（第264—265页）。他统计北魏前后派往江南的使臣的地望，在59人中，属于中原士族的有26人，其中荥阳郑氏1人，范阳卢氏3人，河间邢氏4人，赵郡李氏5人，顿丘李氏3人，渤海高氏2人，博陵崔氏2人，北海王氏1人，广平游氏1人，西河宋氏3人，太原张氏1人。考虑到邢氏人物有的两次出使，应为任使节数量最多的家族之一。

宁朔将军、平城子,衔命使于刘义隆"①。邢峦叔祖邢祐曾"假员外散骑常侍,使于刘彧",这是北魏与刘宋明帝之交往;邢祐子邢产,"假员外常侍、鄚县子,使于萧赜。产仍世将命,时人美之"②。邢祐父子二人连续出使南朝刘宋与萧齐,难怪"时人美之"。邢晏子邢亢,东魏时"兼通直散骑常侍,使于萧衍,时年二十八"。邢峦本人也曾"兼员外散骑常侍,使于萧赜"。邢峦侄邢昕,《魏书·文苑·邢昕传》载其于东魏"兴和中,以本官副李象使于萧衍。昕好忤物,人谓之牛。是行也,谈者谓之牛象斗于江南"。其实,东魏、北齐之际,邢邵才名甚著,在南朝颇有声名,是当时很合适的使节人选。对此,南朝怀有强烈的期待,《北史·邢峦传附邢邵传》载:

  于时与梁和,妙简聘使,邵与魏收及从子子明被征入朝。当时文人,皆邵之下,但以不持威仪,名高难副,朝廷不令出境。南人曾问宾司:"邢子才故应是北间第一才士,何为不作聘使?"答云:"子才文辞实无所愧,但官位已高,恐非复行限。"南人曰:"郑伯猷,护军犹得将令,国子祭酒何为不可?"邵既不行,复请还故郡。

可见当时围绕邢邵是否出任使节,南北双方曾进行了"外交协商",南人以为邢邵为"北间第一才士",希望他能出使萧梁。东魏以"官位已高"搪塞,

---

  ① 《魏书》卷四(下)《世祖纪下》载魏太武帝太平真君元年二月己巳,"诏假通直常侍邢颖使于刘义隆"。《邢伟墓志》载其祖邢颖曾为"散骑常侍冠军将军、定州刺史,城平康侯",又称"王父城平康侯,将命江吴,标随陆之誉"。所谓"将命江吴,标随陆之誉",即指邢颖曾出使江南。

  ② 逯耀东先生《北魏与南朝对峙期间的外交关系》一文中列有《北魏与宋齐梁使节交聘表》(前揭《从平城到洛阳——拓跋魏文化转变的历程》,第284—289页),据其考证,邢祐分别于献文帝皇兴五年、孝文帝延兴二年两次出使刘宋;邢产则于孝文帝太和十三年、十四年两次出使南齐。关于邢祐出使,《魏书》卷六《显祖纪》载皇兴五年三月乙亥"诏假员外散骑常侍邢祐使于刘彧";《魏书》卷七(上)《高祖纪上》载延兴二年正月,"诏假员外散骑常侍邢祐使于刘彧"。邢产出使南齐有两次,《魏书》卷七(下)载太和十三年八月乙亥,"诏员外散骑常侍邢产、兼员外散骑侍郎侯灵绍使于萧赜"。太和十四年四月甲午,"诏员外散骑常侍邢产、兼员外散骑侍郎苏季连使于萧赜"。

第十三章 "学宗文府":北朝后期河间邢氏之家族文化风尚

则实在勉强。① 但无论如何,依照当时的聘使标准,邢邵是最合适担当这一角色的人选,则是没有疑问的。

综合上文所述,河间邢氏作为兴自汉魏之际具有代表性的河北士族,进入北魏以后,特别在北魏孝文帝实行汉化政策以后,其家族子弟凭借深厚的儒学文化根基,人才辈出,并不断参与到北魏的汉化进程中,不仅致力于经史学术方面的研究,而且积极致力北朝的典章文物制度的建设。这既给其家族入仕北朝提供了优越的文化条件,也对北朝的深入汉化和民族融合作出了一定的贡献。河间邢氏人物还多具有文学才能,世代相承,积累日丰,以致在东魏、北齐之际,其家族人物出现了"北间第一才士"邢邵这样的杰出文人。邢氏家族文化具有一定的开放性和包容性,在南学北输的时代背景下,邢氏才俊善于汲取南朝士风与学风的精髓,其代表人物成为北朝后期玄化名士群体的领袖,推动着南风北渐、南北文化融通的历史进程。从这一角度看,河间邢氏家族在中古社会与文化发展史上具有一定的地位,值得我们给予应有的关注。

---

① 东魏、北齐之所以不以邢邵出使萧梁,恐怕主要在于邢邵既"不持威仪",又与高氏统治者心存芥蒂。据《北齐书》卷三七《魏收传》载:"始收比温子昇、邢邵稍为后进,邵既被疏出,子昇以罪幽死,收遂大被任用,独步一时。"又载:"后收稍与子才争名,文宣贬子才曰:'尔才不及魏收。'收益得志。"又载文宣帝以三台成,"台成须有赋",杨愔将此消息暗中告诉魏收,以致魏收所上《皇居新殿台赋》"其文壮丽。时所作者,自邢邵已下咸不逮焉"。《北齐书》卷三〇《崔暹传》载"暹亲遇日隆,好荐人士,言邢邵宜任府僚,兼任机密,世宗因以征邵,甚见亲重。言论之际,邵遂毁暹。世宗不悦,谓暹曰:'卿说子才之长,子才专言卿短,此痴人也。'"凡此种种,似乎都表明高氏统治者有意压制邢邵。将邢邵的处境与其早年交游关系最密切的王昕等人的遭遇联系起来看,其不能出使便不难理解了。此外,《北齐书》卷一八《司马子如传》载司马膺之"家富于财,厚自封殖。王元景、邢子才之流以凤素重之。以其疏简傲物,竟天保世,沦滞不齿"。司马膺之在北齐的遭遇与邢邵的情况也可以联系起来考虑,这些"疏简傲物"的人物一度都受到压制。

第十四章　北朝时期之玄学及其相关文化风尚

一般说来，魏晋之际，玄学主要兴盛于以洛阳为中心的关东地区，西晋崩溃以后，随着中原士族阶层的南迁，玄学风气也随之南传，自东晋以来，建康便取代了昔日的洛阳，成为玄学清谈的中心地，玄学对东晋南朝的士风与学风产生了广泛而深入的影响，而在少数民族诸政权统治下的北方地区，玄学风气则难以延续，形成了南北学术文化风气的明显差异。对此，唐长孺先生曾指出："正当所谓正始之音复闻于江左，即玄学清谈在江南风靡之时，北方玄学却几乎绝响，南北学风呈现出显著的差异。"① 《隋书》卷七五《儒林传序》称："大抵南人约简，得其英华，北学深芜，穷其枝叶。"② 这里虽说得是南北经学风气的差异，但根源在于玄学风气的影响程度不同。汤用彤先生在《汉魏两晋南北朝佛教史》中也一再论述魏晋以来清谈玄学与佛学的结合，然历经汉魏之间、两晋之际和南北朝之交义学名僧的不断南渡，"自此以后，南北佛学，风气益形殊异。南方专精义理，北方偏重行业。此其原因，亦在乎叠次玄风之南趋也"③。至于南北文学艺术方面的差异及其与玄学之关

---

① 唐长孺：《魏晋南北朝隋唐史三论》，武汉大学出版社1992年版，第212—213页。
② 其实，在东晋时代，人们已开始关注南北学风的差异，《世说新语·文学篇》载："褚季野语孙安国云：'北人学问渊综广博。'孙答曰：'南人学问清通简要。'支道林闻之曰：'圣贤固所忘言，自中人以还，北人看书如显处视月，南人学问如牖中窥日。'"不过，唐长孺先生在《读抱朴子推论南北学风的异同》（收入《魏晋南北朝史论丛》，生活·读书·新知三联书店1955年版）一文中以为，魏晋期间的南北地理界限与后来人们以江南、江北为界不同，而是以黄河为限，"北人学问渊综广博"，"乃指大河以北流行的汉儒经学传注"；"南人学问如牖中窥日"，"乃指大河以南流行的玄学"。对此，胡宝国先生在《两晋时期的"南人"与"北人"》（刊于《文史》2005年第4辑）一文中，以为唐先生对当时南北地理界限的划定似不成立，应以江南、江北视之。所谓"南人学问清通简要"，并非指玄学。
③ 汤用彤：《汉魏两晋南北朝佛教史》，中华书局1983年版，第241页。具体论述，请详参该书第七、第八、第九、第十章等。

系，曹道衡先生在《南朝文学与北朝文学研究》等著作中也有深入的论述。①可以说，玄学的存废盛衰，直接关乎南北朝社会文化的发展。具体就十六国北朝而言，北方地区玄学"几乎绝响"，这确实已是无争的常识。不过，历史上出现的任何文化现象虽然皆有兴衰，但绝不可能毫无遗存，十六国北朝时期的北方玄学风尚也大抵如此，吕思勉先生在《两晋南北朝史》，第二十三章《晋南北朝学术》之第四节《儒玄诸子学下》中根据相关零散的资料有论云："魏晋世洛中人物，东渡已后，流风未沫。……余风又流衍于北。……入隋乃息。"有鉴于此，这里就北朝时期之玄学文化风尚进行专题考论。

一　北魏之玄学及其相关文化风尚

所谓"北朝"，包括北魏、东魏—北齐、西魏—北周和隋初，其间北方地区民族融合进程不断加快，特别是北魏中后期以来，南北朝之间的文化交流也不断深入。在这一背景下，北方地区原有的玄学文化因子不断萌发，而北方人士对南方文化的吸收，进一步刺激了玄学风尚的传播，从而多方面、深层次地影响到北朝文化的发展。

众所周知，鲜卑上层统治者大约在魏晋之际，开始接触到汉族文化，但对立与隔离的情绪颇为严重。这种情况一直延续到北魏前期。道武帝拓跋珪对汉族之儒学、典制颇为重视，甚至"留心黄老"学说。② 不过，"黄老"学说虽属道家范畴，主张朴素质俭，这与拓跋氏早期风俗有一致之处，而与魏晋玄学存在明显差异。

北魏前期，太武帝拓跋焘统治年间曾出现过一次短暂的汉化高潮。当时，拓跋焘在汉族士大夫代表人物崔浩等人的帮助下，大力起用汉族士人，其中从北凉入魏的诸多学者和南方晋宋更迭之际避难入魏的不少南士，都获得崔浩的提携和奖掖，《北史》卷二一《崔宏传附崔浩传》载："浩有鉴识，以人

---

① 对这一时期南北文风的差异及南朝文学对北方文学的影响，唐长孺先生著有《论南朝文学的北传》一文（收入《唐长孺社会文化史论丛》，武汉大学出版社2001年版）也有所考论，其切入之角度、运用之材料、论述之深度等，皆与一般文学史家不同，显示了文史兼备的学术大师的独特风范。
② 《魏书》卷一四《神元平文诸子孙·曲阳侯素延传》载："时太祖留心黄老，欲以纯风化俗，虽乘舆服御，皆去彫饰，咸尚质俭，而素延奢侈过度，太祖深衔之。"《魏书》卷一五《昭成子孙·毗陵王顺传》载："太祖好黄老，数召诸王及朝臣亲为说之，在坐莫不祇肃，顺独坐床欠伸，不顾而唾。太祖怒，废之。"可见太祖确实"留心黄老"。

伦为己任。明元、太武之世,征海内贤才,起自仄陋及所得外国远方名士,拔而用之,皆浩之力也。至于礼乐宪章皆归宗于浩。"关于河西诸儒为崔浩拔用者,详见《魏书》卷五二和《北史》卷三四所载诸人物列传,陈寅恪先生在《隋唐制度渊源略论稿·礼仪篇》中已有详细的考述。至于南来人物,详见《魏书》卷三八、《北史》二七所载诸人列传,拙著《中古士人迁移与文化交流·北魏之南朝流亡士人与南北文化交流》已有细致考叙。河西与江南人士入魏,必然会带来包括玄学风尚在内的新文化因素,这是不难理解的。其中特别是河西人士几乎悉数迁徙平城,对于北魏学术文化的发展影响尤为突出。具体就北魏玄学而言,其滋生、繁衍皆肇端于此。

何以如此?这与河西学者所携之玄学文化因子相关。河西虽地处偏僻,但在西晋末为汉人大族张轨控制,因而成为中土人士的避难之所,张氏招揽儒士,使得河西成为汉、魏文化传统的重要保存地,人称"凉州虽地居戎域,然自张氏以来,号有华风"①。《资治通鉴》卷一二三《宋纪五》宋文帝元嘉十六年十二月载"凉州自张氏以来,号为多士"。胡三省有注云:"永嘉之乱,中州之人士避地河西,张氏礼而用之,子孙相承,衣冠不坠,故凉州号为多士"。随着诸多学者流落河西,玄学风尚在凉州也有所保存和传播。及至北凉,其学术文化颇为发达,从相关记载看,北凉有玄学的遗存,其士风也有玄化的痕迹。关于北凉玄学,《魏书》卷六〇《程骏传》载:

> (程)骏少孤贫,居丧以孝称。师事刘昞,性机敏好学,昼夜无倦。……骏谓昞曰:"今世名教之儒,咸谓老庄其言虚诞,不切实要,弗可以经世,骏意以为不然。夫老子著抱一之言,庄生申性本之旨,若斯者,可谓至顺矣。人若秉一则烦伪生,若爽性则冲真丧。"昞曰:"卿年尚稚,言若老成,美哉!"由是声誉益播,沮渠牧健擢为东宫侍讲。

程骏对儒者轻诋老、庄学说为"虚诞","意以为不然",其师刘昞则加以表扬,说明刘昞也有相似的看法。刘昞为河西大儒,他的看法颇具影响力,可见北凉学术中确实保存着玄学思想的余绪。对此,陈寅恪先生有论云:

> 程骏与刘昞之言,乃周孔名教与老庄自然合一之论,此说为晋代清

---

① 《魏书》卷五二《胡叟传》。

第十四章 北朝时期之玄学及其相关文化风尚

谈之焦点，王阮问答，所谓"将无同"三语，即实同之意，乃此问题之结论，而袁宏后汉纪之议论，多为此问题之详释也。自晋室南渡之后，过江名士尚能沿述西朝旧说，而中原旧壤已不闻此论，斯又河西一隅之地尚能保存典午中朝遗说之一证也。[1]

陈先生明言河西保存着中原旧壤已不复存在的玄学思想。

进一步考察，可见其他北凉学者涉猎颇为驳杂，多具玄化色彩。据《魏书》卷五二所载入魏之北凉诸儒的情况，刘昞著作史书多部，"注《周易》《韩子》《人物志》《黄石公三略》，并行于世"[2]。对此，陈寅恪先生在《隋唐制度渊源略论稿·礼仪篇》中指出：

刘昞之注《人物志》，乃承曹魏才性之说者，此亦当日中州绝响之谈也。若非河西存其说，则今日亦无以窥见其一斑矣。

才、性问题正是正始玄学的关键问题之一。阚骃，"博通经传，聪敏过人，三史群言，经目则诵，时人谓之宿读。注王朗《易传》，学者藉以通经。……典校经籍，刊定诸子三千卷"。宗钦，"少而好学，有儒者之风，博综群言，声著河右"。宋繇，"追师就学，闭室诵书，昼夜不倦，博通经史，诸子群言，靡不览综"。常爽，《魏书》卷八四《儒林列传》载其自祖辈以来"因世乱遂居凉州。……（爽）笃志好学，博闻强识，明习纬候，《五经》百家多所研综"。以上诸位虽以儒学为宗，但无不"诸子群言，靡不览综"，自然会涉及玄学，刘昞对玄学的态度便很具代表性。又，《北史》卷三四《索敞传》载其为敦煌人，"为刘延明助教，专心经籍，尽能传延明业。凉州平，入魏，以儒学为中书博士"。刘昞之长于玄学，索敞既"尽传延明之业"，当然也当包括玄学思想。

此外，北凉人士的言行表现还透露玄化士风的色彩。如《魏书》卷五二

---

[1] 陈寅恪：《隋唐制度渊源略论稿》，生活·读书·新知三联书店2000年版，第44—45页。陈先生在一次《清谈与清谈误国》的讲演中，对此说得更为明确："降至东晋末，清谈之风稍戢。惟北朝河西，仍存西晋遗风。盖由其地较为安全，故西晋名士之未能南渡者，多乐往归焉。"（张为纲记录，原刊于《星岛日报》1949年1月26日，收入《陈寅恪文集·讲义及杂稿》，生活·读书·新知三联书店2000年版，第451页）

[2] 前揭陈寅恪《隋唐制度渊源略论稿》，第44页。陈先生在同书第30页也有大体相同的的论述，此不赘引。

《胡叟传》载胡叟"世有冠冕,为西夏著姓",他曾流落蜀地,又曾至江东,难免受到江南风尚的熏染,行为颇玄化。本传载"叟不治产业,常苦饥贫,然不以为耻。养子字螟蛉,以自给养。每至贵胜之门,恒乘一牸牛,弊韦褶而已。作布囊,容三四斗,饮啖醉饱,便盛余肉饼以付螟蛉。见车马荣华者,视之蔑如也。"在北魏,"家于密云,蓬室草筵,惟以酒自适。谓友人金城宗舒曰:'我此生活,似胜焦先,志意所栖,谢其高矣。'"其祭奠先人,仪式上也颇具个性,"叟少孤,每言及父母,则泪下,若孺子之号。春秋当祭之前,则先求旨酒美膳,将其所知广宁常顺阳、冯翊田宗文、上谷侯法俊,携壶执榼,至郭外空静处,设坐奠拜,尽孝思之敬"。诸如此类,说明胡叟颇为任情率性。① 又如段承根,"好学、机辩,有文思,而性疏薄,有始无终"。所谓"性疏薄",也就是纵情率性。

北凉士人入魏,对鲜卑拓跋部的汉化具有很大的推动作用。就玄学与玄风而言,河西学者也是北朝玄学传承的一个不可忽视的环节。当然,必须指出,当时不仅鲜卑保守势力颇为强大,而且这次汉化改革的核心人物崔浩,其重用"外国远方名士",主要在于取法保存于河西与江南的汉晋制度,以推动北魏国家典制的建设和完善,而对玄学清谈,他本人并不喜好。《魏书》卷三五《崔浩传》便载其"性不好《老》《庄》之书,每读不过数十行,辄弃之,曰:'此矫诬之说,不近人情,必非老子所作。老聃习礼,仲尼所师,岂设败法文书,以乱先王之教。韦生所谓家人筐箧中物,可不扬于王庭也。'"因此,当时北魏还缺乏玄学流行的基本条件。

不过,随着北魏社会的发展,鲜卑上层统治者逐渐重视玄学风尚,《魏书·程骏传》载:

> 太延五年,世祖平凉,迁于京师,为司徒崔浩所知。……显祖屡引骏与论《易》《老》之义,顾谓群臣曰:"朕与此人言,意甚开畅。"

可见北魏中期以后,玄学有所传播,河西学者的影响开始显现出来。吕思勉

---

① 明人林茂桂撰《南北朝新语》卷三"豪爽"条据《北史》录胡叟此事,詹子忠评曰:"自有乐趣。"林氏效仿《世说新语》,记录南北朝名士事迹,将胡叟此事列入"豪爽",可谓不当;而詹氏所评,则得其玄学人生观念之旨趣。

先生曾论及程骏的这一作用,说:"是清谈之风,传播河西,又还归洛下也。"① 正是就此而言的。献文帝拓跋弘成为第一位崇尚玄学的北魏帝王。② 孝文帝元宏具有一定的玄学修养,《魏书》卷七《高祖纪下》载:

> 雅好读书,手不释卷。《五经》之义,览之便讲,学不师受,探其精奥。史传百家,无不该涉。善谈《庄》《老》,尤精释义。

孝文帝"善谈《老》《庄》",自然精于玄学。又,东魏孝静帝也研读《庄子》等典籍,③ 西魏文帝元宝炬也颇有玄趣。④

在这种汉化氛围中,鲜卑皇族上层集团不少人物在生活方式与言行气质等方面表现出明显的玄化色彩。这在宣武帝、明帝以后表现得尤为明显。如元彧,《魏书》卷一八《太武五王·临淮王谭传附彧传》载:"少与从兄安丰王延明、中山王熙并以宗室博古文学齐名,时人莫能定其优劣。尚书郎范阳卢道将谓吏部清河崔休曰:'三人才学虽无优劣,然安丰少于造次,中山皂白太多,未若济南风流沉雅。'时人为之语曰:'三王楚琳琅,未若济南备圆方。'彧姿制闲裕,吐发流靡,琅邪王诵有名人也,见之未尝不心醉忘疲。"河阴之变后,元彧南奔萧梁,萧衍"遣其舍人陈建孙迎接,并观彧为人。建孙还报,称彧风神闲俊。衍亦先闻名,深相器待,见彧于乐游园,因设宴乐"。又载:"彧美风韵,善进止,衣冠之下,雅有容则。博览群书,不为章

---

① 吕思勉:《两晋南北朝史》,上海古籍出版社1983年版,第1385页。不过,需要指出的是,吕先生所说"还归洛下",应说"平城"。河西人物被迁平城,而孝文帝亲政后迁都洛阳,则是后来的事。因此,这里径称洛下,似不妥。
② 《魏书》卷一一四《释老志》载:"显祖即位,敦信尤深,览诸经论,好老庄。"曹道衡、沈玉成先生在《中古文学史料丛考》(中华书局2003年版)"程骏论《老》《易》"条考证,以为程骏与献文帝谈玄"当是延兴四年(474)事,于理方合。然此时献文帝已为太上皇矣。然据《魏书·显祖献文帝纪》,'帝雅薄时务,常有遗世之心'。其禅位诏又曰:'是以希心玄古,志存澹泊。躬览万务,则损颐神之和'云云,或者献文帝禅位之后,尝玩《易》《老》,此其志趣,已与魏晋玄风甚近。骏本通儒、玄,故为献文帝言之。"(第732页)
③ 《北齐书》卷二四《杜弼传》。
④ 《北史》卷五《魏本纪·文皇帝元宝炬纪》载其乃孝文帝元宏孙,"及跻大位,权归周室。尝登逍遥观望嵯峨山,因谓左右曰:'望此,令人有脱屣之意。若使朕年五十,便委朕储宫,寻山饵药,不能一日万机也。'"林茂桂《南北朝史新语》卷二"游览"录此事,詹子忠评曰:"使人不能忘情。"

句。"① 任城王元澄,《魏书》卷一九《景穆十二王·任城王云传附澄传》载其"少而好学。……萧赜使庾荜来朝,荜见澄音韵遒雅,风仪秀逸,谓主客郎张彝曰:'往魏任城以武著称,今魏任城乃以文见美也。'"元澄子元顺,"性謇谔,淡于荣利,好饮酒,解鼓琴,能长吟永叹,托咏虚室"。孝文诸子更为典型,如《魏书》卷二二《孝文五王传》载京兆王元愉,"好文章,颇著诗赋。时引才人宋世景②、李神俊、祖莹、邢晏③、王遵业、张始均等共申宴喜,招四方儒学宾客严怀真等数十人,馆而礼之。所得谷帛,率多散施。又崇信佛道,用度常至不接"。清河王元怿,"幼而敏惠,美姿貌,高祖爱之。彭城王勰甚器异之,并曰:'此儿风神外伟,黄中内润,若天假之年,比《二南》矣。'博涉经史,兼综群言,有文才,善谈理,宽仁容裕,喜怒不形于色。"④ 可见北魏中后期拓跋氏皇族汉化人物气质之变化。此外,其他鲜卑入洛汉化人物也有习玄者,如《周书》卷二八《陆腾传》载陆腾为代人,其父陆旭,"性雅澹,好《老》《易》纬候之学,撰《五星要诀》及《两仪真图》,颇得其旨要"。陆腾通《易》及"纬候之学",从其著述看,虽倾向于谶纬,这是北学的传统,不过,他同时习《老子》,当与玄学不无关系。

北魏后期玄化特征最突出的是由南入北的人物。这其中又可分为两部分,一是北魏前期入北南人的后代,一是北魏后期的北奔人物。就前者而言,如刁氏子孙,据《魏书》卷三八《刁雍传》,刁雍在明元帝、太武帝之际入魏,"性宽柔,好尚文典,手不释书,明敏多智。凡所为诗赋颂论并杂文,百有余篇。又泛施爱士,怡静寡欲"。其孙刁整,"解音律,轻财好施,交结名胜,声酒自娱。然贪而好色,为议者所贬"。又载"刁氏世有荣禄,而门风不甚修洁,为时所鄙"。所谓"门风不修",显然是不符合北方礼法要求。同书又载王慧龙与刁雍大约同时入魏,其孙王遵业,"风仪清秀,涉历经史。……遵业有誉当时,与中书领陈郡袁翻、琅邪王诵并领黄门郎,号曰三哲。时政归门

---

① 《洛阳伽蓝记》卷四"法云寺"条载临淮王元彧"博通典籍,辩慧清悟,风仪详审,容止可观。……彧性爱林泉,又重宾客"。他常召集名士宴谈,"诗赋并陈,清言乍起",其形式与内容皆颇玄化。

② 宋世景之子宋季儒也名士化,《魏书》卷八八《良吏·宋世景传》载宋季儒"曾至谯宋之间,为文吊嵇康,甚有理致"。

③ 关于邢晏,《魏书》卷六五《邢峦传附邢晏传》载其"美风仪,博涉经史,善谈释老,雅好文咏"。可见其是一个比较典型的玄化人物。

④ 《洛阳伽蓝记》卷四"冲觉寺"条载清河王元怿"爱宾客,重文藻,海内才子,莫不辐辏。府僚臣佐,并选隽民"。他常组织宾客、僚属进行诗文、谈论、音乐等活动,玄化色彩浓郁。

下，世谓侍中、黄门为小宰相。而遵业从容恬素，若处丘园。尝著穿角履，好事者多毁新履以学之"。

这方面最典型的例子当数杨元慎，《洛阳伽蓝记》卷二"景宁寺"条载：

> 世以学行著闻，名高州里。元慎清尚卓逸，少有高操，任心自放，不为时羁；乐山爱水，好游林泽。博识文渊，清言入神，造次应对，莫有称者。读《老》《庄》，善言玄理。性嗜酒，饮至一石，神不乱。常慷慨叹不得与阮籍同时生。不愿仕宦，为中散，常辞疾退闲，未尝修敬诸贵，亦不庆吊亲知。贵为交游，故时人弗识也。或有人慕其高义，投刺在门，元慎称疾高卧。

杨元慎处于魏宣武、明帝时期，是一个典型的玄化人物。考察其家族渊源，本为弘农人，晋冀州刺史杨峤六世孙，曾祖杨泰随宋武帝刘裕征关中，后入魏。因此，尽管杨元慎在北魏时自视为中原旧族，但实际上其家族具有南朝文化背景，孝文帝汉化之后，其玄学情趣得以张扬。因此，可以说，北魏前期入北之南人，其家族内部始终保持着一定的玄学文化传统，至北魏后期明显地表现出来。

此外，北魏中后期也间有南人入魏，就整体而言，对玄风北传的影响更为直接。如刘藻，《魏书》卷七〇《刘藻传》载其六世祖刘遐"从司马叡南渡。父宗之，刘裕庐江太守。藻涉猎群籍，美谈笑，喜与人交，饮酒至一石不乱"。永安年间入魏。孝文帝时期入魏南人地位最高者无疑是琅邪王肃，《魏书》卷六三《王肃传》载王肃于太和十七年入魏，其"少而聪辩，涉猎经史"，"自谓《礼》《易》为长"，为当时入北人物中门第最为显著者，"音韵雅畅"，孝文帝对其极为钦重，以之转输南朝礼仪制度和思想文化。宣武帝时，王肃弟王秉又携其侄王诵、王翊、王衍等入魏，王诵"学涉有文才，神气清俊，风流甚美。……肃宗崩，灵太后之立幼主也，于时大赦，诵宣读诏书，音制抑扬，风神疏秀，百僚倾属，莫不叹美"。王翊"风神秀立，好学有文才"；王衍"名行器艺亚于诵"。王氏入北人物之出土墓志，所载其生平与文化特征更为翔实，其中《王翊墓志》载："亦既翻飞，羽仪上国，雅号南金，盛称东箭。而宗致玄远，志尚清高，有如水镜，无异珠玉。……公特通籍承明，赞道玄武，理翮凤沼，曳裾菟园，辞采蔚其秀出，讽议畅而清举，裴王愧其通要，邢刘谢其花实。……未缨职事，从容宴喜，优游岁时，闭阁垂帷，独运心识，左琴右书，独王怀抱。而精义解颐之奇，丽藻陵云之异，固以道镜儒林，辞华文苑者也。"①王肃子王绍，其墓志载其"丕承祖烈，实体上操，天纵英才，幼挺俊嶷，弱不好弄，长端孝美。……敦诗习礼，早敷韶岁，摛文缀翰，实懋俊年。故长卿均才，巨源垺器。汪汪焉，万顷莫逾其量；洋洋乎，澄挠曾何清幽"②。王肃女王普贤墓志载其"妙闲草隶，雅好篇什，春登秋泛，每缉辞藻，抽情挥翰，触韵飞瑛"③。可见诸人皆表现出南朝玄化文士之风尚，自然有助于玄风之北播。

此外，北魏之末，政局动荡，一些北魏人物一度南逃，后再返归北方，即所谓"出南入北"者，他们对沟通南北文化交流具有一定的作用，典型者如东平王元略，《洛阳伽蓝记》卷四"追光寺"条载元略"博洽群书，好道不倦"，其逃亡江东，梁武帝"见其器度宽雅，文学优赡，甚敬重之。……江左朝贵，侈于矜高，见略入朝，莫不惮其进止"。后元略返回北方，"从容闲雅，本自天资，出南入北，转复高迈，言论动止，朝野师模"④。

北魏中后期北迁南人中有一支颇为特殊的群体，即南北交界地区的南朝军镇集团，其人物数量较多，在玄风北输中影响颇大，值得重视。如《魏书》卷七一《裴叔业传》载其侄裴植"少而好学，览综经史，尤长释典，善谈理义"。可见裴氏人物虽为南朝边将，但"善谈理义"，颇具玄学之才，其北奔入魏，大量幕僚随迁，如"时河东解人柳玄达，颇涉经史"，其子柳远"性粗疏无拘检，时人或谓之'柳癫'。好弹琴，耽酒，时有文咏。……出帝初，除仪同开府参军事。放情琴酒之间。每出返，家人或问有何消息，答云：'无所闻，纵闻亦不解。'"柳玄达侄柳谐，"颇有文学。善鼓琴，以新声手势，京师士子翕然从学"。北地人梁祐，"从容有风雅，好为诗咏，常与朝廷名贤泛舟洛水，以诗酒自娱"。天水阎庆胤，"博识洽闻，善于谈论，听其言说，不觉忘疲"。清河崔高客，"博学，善文札，美风流"。安定皇甫光，"美须髯，善言笑"。裴叔业幕僚玄化如此。

此外，又有夏侯道迁集团，《魏书》卷七一《夏侯道迁传》载"道迁虽学不渊洽，而历览书史，闲习尺牍，札翰往还，甚有意理。好言宴，务口实，

---

① 赵超：《汉魏南北朝墓志汇编》，天津古籍出版社2008年版，第253页。
② 前揭《汉魏南北朝汇编》，第82页。
③ 前揭《汉魏南北朝汇编》，第119—120页。
④ 《洛阳伽蓝记》卷四城西"永明寺"条载陈留王元景皓"立性虚豁，少有大度，爱人好士，待物无遗。凤善玄言道家之业"云云。

京师珍馐，罔不毕有。于京城之西，水次之地，大起园池，殖列疏果，延致秀彦，时往游适，妓妾十余，常自娱兴。国秩岁入三千余匹，专供酒馔，不营家产。每诵孔融诗曰：'坐上客恒满，樽中酒不空。余非吾事。'识者多之"。可见其生活方式颇为玄化。其子夏侯夬，"性好饮酒，居丧不戚，醇醪肥鲜，不离于口。沽买饮啖，多所费用。父时田园，货卖略尽，人间债负数犹千余匹，谷食至常不足，弟妹不免饥寒。……秘书监郑道昭暴病卒。夬闻，谓（赵）卓曰：'人生何常，唯当纵饮耳。'于是昏酣遂甚。……初夬与南人辛谌、庾道、江文遥等终日游聚，酣饮之际，恒相谓曰：'人生局促，何殊朝露，坐上相看，先后之间耳。脱有先亡者，当于良辰美景，灵前饮宴。傥或有知，庶共歆飨。'及夬亡后，三月上巳，诸人相率至夬灵前酹饮。时日晚天阴，室中微暗，咸见夬在坐，衣服形容不异平昔，时执杯酒，似若献酬，但无语耳"。这是一个典型的玄化集团，对当时玄学风尚的北传影响颇为显著。

由于北魏后期统治者的提倡和南士北徙，与其他典章文物制度与文学艺术不断北输的进程一致，玄学风尚也随之北传，并逐渐有所蔓延，这直接影响着北方士人的思想性情、人生态度和学术观念，出现了一些比较典型的北方本土玄士。在与入北南士交往过程中，一些北方旧族名士之作风确实有所变化，其中一个突出的代表是杨熙仙。《魏故华州主簿杨秀才之墓志铭》载杨熙仙字法云，弘农华阴潼乡习仙里人，言行颇为玄化：

君神姿俊迈，风流触远。气械烟霞，心怀水月。南皮霜净之英，既钧石于应刘；兔园冰华之畯，亦当今之邹枚。粤在肖年，心事清悟。逮胜衣履，骨气弥显。车骑王公声冠一时，自服道归正，高祖为之倾席。君始年十二，凭轼而造王公。公方接贵游，宾坐已满，君浪目闲步，越次升榻，方圆规矩，动成珪璧。公叹曰："目下无双，江夏黄童，昔闻其言，今见其人也。"君聪达多能，学不专一。六书八体，无不洞晓；天文地理，皆亦周练。不徒周游百氏，详瞻诂训而已。既精道义，亦善谈论。至于追微蹑古，结表破的，化形徐粹，音韵闲畅，虽复高风渡松，断云开月，清爽之妙，正当极此。……延昌中，仪同崔公秉笔东观，删定国史，以律历不明，奉君共资星造。又朝廷以声实求人，命君修理起居。是时洛下多士，衣冠之下，□乂如林，而君每以衡门见知，抑有由以。加以文彩翘秀，典章有则，若乃锦云笼树之朝，香风烈花之夜，净月生于杯酒,梁尘散于舞席,何尝不染翰而惊仲宣,清言而摧彦辅也。①

可见,在北魏后期,杨熙仙玄化程度甚深,其文才、清言水平甚高,性格气度任纵不拘,是一个典型的名士。之所以如此,在一定程度上与其年少时随王肃交游并得到其表彰与提携不无关系。

《魏书》卷三九《李宝传》载其先人为凉州李暠后代,李宝孙李神俊"意尚风流,情在推引人物","神俊风韵秀举,博学多闻,朝廷旧章及人伦氏族,多所谙记。笃好文雅,老而不辍,凡所交游,皆一时名士。汲引后生,为其光价,四方才子,咸宗附之。而性通率,不持检度,至于少年之徒,皆与亵狎,不能清正方重,识者以此为讥"。根据《北齐书》的相关记载,李神俊在北魏末和东魏时期,对诸多文义之士大力提携,如邢邵、魏收等,成为引领当时新士风的代表性人物。《魏书》卷四七《卢玄传附卢元明传》载范阳卢元明"涉历群书,兼有文义,风彩闲润,进退可观。……元明善自标置,不妄交游,饮酒赋诗,遇兴忘返。性好玄理,作史子新论数十篇,文笔别有集录。少时常从乡还洛,途遇相州刺史、中山王熙。熙博识之士,见而叹曰:'卢郎有如此风神,虽须《离骚》,饮美酒,自为佳器。'遂留之数日,赠帛及马而别"。范阳卢氏为北方儒学大族,其人物"性好玄理",风采可鉴,体现当时北方士风之变化。邢晏,《魏书》卷六五《邢峦传》载其乃河间鄚人,其弟邢晏,"美风仪,博涉经史,善谈释老,雅好文咏"。高谦之,《魏书》卷七七《高崇传》载其渤海蓨人,其子高谦之"及长,屏绝人事,专意经史,天文算历,图纬之书,多所该涉,日诵数千言,好文章,留心《老》《易》"。其"留心《老》《易》",显然与玄学相关。特别值得一提的是,当时竟有士族妇女谈论玄理的情况,《北史》卷三〇《卢玄传附卢道虔传》载道虔"更娉元氏,甚聪悟,常升高座讲《老子》。道虔从兄弟元明隔纱帷以听焉"。同时又载卢元明"性好玄理,作史子杂论数十篇。"②

又,《贾瑾墓志》载:"君讳瑾,字德瑜,武威姑臧人也。……学不师授,

---

① 韩理洲等辑校:《全北魏东魏西魏文补遗》,三秦出版社2010年版,第129页。
② 北魏时期,特别是后期的一些隐逸之士,其生活方式与学术活动也在一定程度上受到玄学影响。如《魏书》卷九〇《逸士·李谧传》载其"少好学,博通诸经,周览百氏。……谧不饮酒,好音律,爱乐山水,高尚之情,长而弥固,一遇其赏,悠尔忘归。乃作《神士赋》,歌曰:'周孔重儒教,庄老贵无为。二途虽如异,一是买声儿。生乎意不惬,死名用何施。可心聊自乐,终不为人移。脱寻余志者,陶然正若斯。'"

理无隐伏。越数仞入孔公之富室，披玄奥开李老之妙门。……清谈泻注，则吻间泉涌；执管造素，则笔端火燃。于是声发丘园，响闻京国，为皇宗英彦元恒之所友爱，就家逼引为东府中兵参军，进入省委散骑侍郎。端静守分，不窥权门。时或游集，必是四方英彦。"其年三十而死，兄以子贾晶为嗣，"晶子士光，……志学之年，稽三经之奥，弱冠之岁，精五典之原。言谈清婉，若齿间含镜；援豪投墨，则素上掇珠"①。可见贾瑾叔侄皆有清谈之才。贾氏门第相对低微，墓志称贾瑾"祖父天符，以才地高腴，……父敬伯，族美才华"云云，难免自夸。作为士族中下层社会的代表，其文化修养之玄化如此，从一个侧面体现出当时中土文化风尚的变化。

特别需要指出的是，孝文帝迁都洛阳之后，元魏皇族人物在文化气质与作风等方面普遍文雅化，有的还表现出明显的玄化倾向，这也是北朝后期玄学风尚承传的一个重要侧面，具体资料不仅《魏书》《北史》相关人物传记和《洛阳伽蓝记》等传世文献有所记载，而且元魏宗室人物墓志也有翔实生动的记录。

由上所述，可见孝文帝迁洛之后，北魏士风、学风之玄化进程明显加快，宣武帝、明帝时期，部分鲜卑上层与汉族大族子弟，其生活方式与文化情趣表现鲜明的玄化色彩。对此，正如唐人苏世良在《王昕及王晞传论》中所言："自晋失纲纪，世道交丧，遗风余烈，扫地将尽，魏文迁宅伊洛，情存典故，衣冠旧族，威仪式序，于是风流名士，往往间出。"②

二　东魏—北齐之际的玄学与玄风

从北朝学术文化发展的总体过程看，北魏末与东魏、北齐之际，山东地区尽管一度遭受六镇鲜卑武人变乱的影响，学术文化风尚受到冲击，但毕竟这一地区是孝文帝以来的汉化中心，后来东魏迁都邺城，诸多魏末名士也北徙，延续着北魏中期以来的玄学新思潮，并将其提升到了前所未有的水平，无论是名士雅集谈论风气之浓郁，还是其论辩之理论水准，以及玄学与文学艺术之关联等，无不如此。高欢曾说："江东复有一吴儿老翁萧衍者，专事衣

---

① 前揭赵超《汉魏南北朝墓志汇编》，第281页。
② 宋李昉等编：《文苑英华》卷七五五，中华书局1966年版，第3954页。

冠礼乐，中原士大夫望之以为正朔所在。"① 这说明东魏士人崇尚江南文化的普遍心理。《魏书》卷八四《儒林·卢景裕传》载高欢"闻景裕经明行著……使教诸子。……景裕风仪言行，雅见嗟赏。先是景裕注《周易》《尚书》《孝经》《论语》《礼记》《老子》，其《毛诗》《春秋左氏》未讫。齐王襄王入相，于第开讲，招延时俊，令景裕解所注《易》。景裕理义精微，吐发闲雅。时有问难，咸相诋诃，大声厉色，言至不逊，而景裕神彩俨然，风调如一，从容往复，无际可寻。由是士君子嗟美之"。卢元明注《周易》《老子》等，且"义理精微，吐发闲雅"，显然与玄学相关。② 唐长孺先生研究北朝末南学北流风气时指出，"在魏齐之间像南朝那样以经师而兼涉玄释的也不乏其人"，他以为卢景裕"为当世硕儒，值得一提的是他除儒经以外还注《老子》，并通佛经大义。他为多种儒经作注，而非为旧注作义疏，有异于河北偏重郑注之风。所注《周易》却'大行于世'，这里是否表明北方学风转变的迹象呢？"③

特别是杜弼，《北齐书》卷二四《杜弼传》载其"性好名理，探味玄宗，自在军旅，带经从役。注老子《道德经》二卷"，进奉东魏静帝和高欢父子；又载其"耽好玄理，老而愈笃。又注《庄子·惠施篇》《易·上下系》，名《新注义苑》，并行于世。"可见其玄学理论修养甚高。他尤其重视玄、佛合一，东魏静帝对其说："朕始读《庄子》，便值奏名，定是体道得真，玄同齐物。闻卿精学，聊有所问。经中佛性、法性为一为异？"杜弼以为"佛性、法性，止是一理"。并对此进行深入论述。这种玄、佛合一的理论及其论证，显然是受到南朝玄化佛性学说的结果。武平六年，魏静帝"集名僧于显阳殿讲说佛理，弼与吏部尚书杨愔、中书邢邵、秘书监魏收等并侍法筵。敕弼升师子座，当众敷演。昭玄都僧达及僧道顺并缁林之英，问难锋至，往复数十番，莫有能屈"。可见东魏之玄学风气与玄佛合流之思想状况。不仅如此，杜弼还常与其他玄学人士论辩，本传载其"尝与邢邵扈从东山，共论名理"，邢邵以

---

① 《北齐书》卷二四《杜弼传》。东魏—北齐文化风尚在一定程度上延续了北魏后期洛阳之新风，李慈铭《越缦堂读书记》"史部·正史类·《北齐书》部分"有一则札记云："《北齐书·儒林传序》甚佳，其叙述源流时俗兴废，言详旨简，不可不读。其《文苑传序》亦甚详。高齐累世淫凶酷暴，所不忍言，而其待民颇宽，又知重儒爱士，縻以好爵，一时横经挥翰之流，类能引置讲帷，擢居文馆，其隐退者，亦得雍容弦诵，优养林泉，故两传中人物亦颇可观，所当憎而知其善也。"

② 《洛阳伽蓝记》卷一"景宁寺"条载："（卢）景裕，范阳人也。性爱恬静，丘园放逸，学极六经，说通百氏。普泰初，起家为国子博士，虽在朱门，以注述为事。注《周易》行于世也"。

③ 前揭唐长孺《魏晋南北朝隋唐史三论》，第235—236页。

为"人死还生，恐为蛇画足"。杜弼以为"盖谓人死归无，非有能生之力。然物之未生，本亦无也，无而能有，不以为疑。因前生后，何独致怪？"二人对人之生死的具体看法，这里不作评论，但他们反复论辩，"前后往复再三，邢邵理屈而止"，其思想方法与思想趣味无疑是玄学影响的结果。① 唐长孺先生曾指出："杜弼之深明佛义，当与他精通玄学义理相关。总之，杜弼学术深受南朝影响是非常明显的。杜弼是北朝仅见的玄学家，并非经师。"②

邢邵也以清谈析理著名，《北齐书》卷三六载其为河间鄚人，"少在洛阳，会天下无事，与时名胜专以山水游宴为娱，不暇勤业"。他与河东裴伯茂、北海王昕等玄化人物组成一个名士交游群体。③ 邢邵是魏末以来北方最具代表性的文学之士之一，与魏收、温子升同称"北地三才"，本传称"自孝明之后，文雅大盛，邵雕虫之美，独步当时，每一文初出，京师为之纸贵，读诵俄遍远近"，其生活方式也颇自然，"虽望实兼重，不以才位傲物。脱略简易，不修威仪，车服器用，充事而已。有斋不居，坐卧恒在一小屋。果饵之属，或置之梁上，宾至，下而共啖。天姿质素，特安异同，士无贤愚，皆能顾接，对客或解衣觅虱，且与剧谈。……性好谈赏，不能闲独，公事归休，恒须宾客自伴"。他与杜弼辩析义理，可见其不仅长于文学，而且精于玄谈义理。

东魏、北齐之际，王昕是名士集团的重要领袖人物。《北齐书》卷三一《王昕传》载其"雅好清言，词无浅俗"。自北魏末以来，为逃避洛阳等地的动乱，他与邢邵、李浑、杨愔等人游逸、隐匿于嵩山等地，特别是他出任东莱太守，邢邵等人随之隐居，组成一个文义交游群体。其弟王晞也为风流名士，"遨游巩、洛，悦其山水，与范阳卢思明、巨鹿魏季景结侣同契，往天陵山，浩然有终焉之志"。特别需要指出，王昕作为当时北人雅集之领袖人物，他极力模仿南朝文化，《北史》卷二四《王宪传附王昕传》载齐文宣帝"以

---

① 林茂桂《南北朝新语》卷二"玄解"有三条录杜弼与魏孝静帝、邢邵等谈论佛法、佛性、生死等玄理，詹子忠分别评曰"大是见性语""参透玄关""明道"，詹氏所评深明杜弼之玄理。
② 前揭唐长孺《魏晋南北朝隋唐史三论》，第235页。
③ 裴伯茂与王昕是北魏及东魏—北齐之际玄化名士的重要代表。关于裴伯茂，《魏书》卷八五《文苑·裴伯茂传》载"伯茂好饮酒，颇涉疏傲，久不徙官，曾为《豁情赋》，其序略曰：'……故复究览庄生，具体齐物，物我两忘，是非俱遣，斯人之达，吾所师也。故作是赋，所以托名豁情，寄之风谣矣。'……伯茂末年剧饮不已，乃至伤性，多所恣失。……卒后，殡于家园，友人常景、李浑、王元景、卢元明、魏季景、李骞等十许人于墓傍置酒设祭，哀哭涕泣，一饮一醉曰：'裴中书魂而有灵，知吾曹也。'乃各赋诗一篇。李骞以魏收亦与之友，寄以示收。收时在晋阳，乃同其作，论叙伯茂，其十字云：'临风想玄度，对酒思公荣。'时人以伯茂性侮傲，谓收诗颇得事实"。北魏末及东魏—北齐山东人士之群体交游，这一形式显然是南朝士族雅集方式影响的结果。

昕疏诞",下诏斥之,其中说他"伪赏宾郎之味,好咏轻薄之篇,自谓模拟伧楚,曲尽风制。推此为长,余何足取"。所谓"宾郎",即槟榔。吃槟榔,这是南人的习惯;在文学方面,王昕"好咏轻薄之篇",表明其喜好南朝的文风,而"自谓模拟伧楚",就是效仿南人。王昕如此,其交游群体也无不如此。①

此外,魏末、北齐之间还有几位著名的玄化人物。祖鸿勋,《北齐书》卷四五《文苑·祖鸿勋传》载其曾得北魏临淮王元彧赏识,与友人阳休之书抒发其隐逸心态,其中称其故乡有雕山,家有田园别墅,隐于山水自然之中,"企庄生之逍遥,慕子尚之清旷","把臂入林,挂巾垂枝,携酒登巘,舒席平山,道素志,论款旧,访丹法,语玄书,斯亦乐矣,何必富贵乎?"崔伯谦,《北史》卷三二《崔鉴传》载博陵安平人崔伯谦"少时读经、史,晚年好《老》《庄》,容止俨然无愠色,亲宾至,则置酒相娱,清言不及俗事,士大夫以为仪表"。羊烈,《北齐书》卷四三《羊烈传》载:"羊烈,字信卿,太山巨平人也。……好读书,能言名理,以玄学知名。"②《北史》卷二四《崔逞传》载清河崔赡"性方重,好读书,酒后清言,闻者莫不倾耳。自天保以后,重吏事,谓容止酝籍者潦倒,而赡终不改焉"。崔赡容貌"洁白,美容止,神彩嶷然,言不妄发,才学风流为后来之秀"。崔赡如此,与其直接接受南朝学术文化熏陶不无关系,"初,颍川荀济自江南入洛,赡学于济,故得经史有师法",以致魏末名士领袖李神俊赏爱有加。《隋书》卷七七《隐逸·李士谦传》载其赵郡平棘人,其虽入隋,但学术思想无异于齐发端。他信佛教、通儒学诸子,"士谦善谈玄理",针对有人"不信佛家应报之义,以为外典无闻"的看法,深入辨析。同书同传又载博陵安平人崔廓,"与赵郡李士谦为忘言之友,每相往来,时称崔、李。……廓尝著论,言刑名之理,其义甚精,文多不载"。其子崔赜入隋后,"与洛阳元善、河东柳䛒、太原王劭、吴兴姚察、琅邪诸葛颍、信都刘焯、河间刘炫相善,每因休假,清谈竟日"。

从相关材料看,东魏—北齐时代,北方人士已形成了一种流行的聚会与

---

① 《文苑英华》卷七五五录有苏世良《王昕及弟晞传论》一文,以王氏兄弟为当时玄化名士代表。

② 关于羊烈,罗新、叶炜《新出魏晋南北朝墓志疏证》所辑《羊烈墓志》载其"学穷贾、郑,名逾李、杜。……入老室以练神,安庄领以全朴。睿如冲壑,豫若涉川。遂注道佛二经七十余卷,仍似公纪作释玄之论,昭晋无已;辅嗣制指例之篇,盻向不息"。铭文称其"竹林清宴,濠水谈玄"。这里所述羊烈之学风,与本传相对照,大体一致,可见其玄化特征。墓志载羊烈死于隋文帝开皇六年,与本传所载卒于周大象中不合,当依墓志。

谈玄的方式。《北齐书》卷四三《许惇传》载其"虽久处朝行,历官清显,与邢邵、魏收、阳休之、崔劼、徐之才之徒比肩同列,诸人或谈说经史,或吟咏诗赋,更相嘲戏,欣笑满堂,惇不解剧谈,又无学术,或竟坐杜口,或隐几而睡,深为胜流所轻"。以上数例,主要是北魏末和东魏—北齐之交的情况,随着北齐称制,鲜卑遗风颇盛,玄化风气有所减弱,《北齐书》卷四二《卢潜传》载卢昌衡"沉靖有才识,风仪蕴藉,容止可观。天保中,尚书王昕以雅谈获罪,诸弟尚守而不坠,自兹以后,此道顿微。昌衡与顿丘李若、彭城刘泰珉、河南陆彦师、陇西辛德源、太原王修并为后进风流之士"。可见天保以后,北齐玄学风气"自兹以后,此道顿微"。

　　论及东魏—北齐之玄学风尚,必须注意南学北传问题。一是北迁南士的转输作用。如诸葛颖,《隋书》卷七六《文学传》载其为丹阳建康人,"侯景之乱,奔齐,待诏文林馆",对《周易》《庄》《老》等皆有研习,"颇得其要"。又如徐之才,《北齐书》卷三三本传载其为丹阳人,在梁朝曾从周捨习《老子》,为太学生,"粗通《礼》《易》",魏末入北,"聪辩强识,有兼人之敏,尤好剧谈体语,公私言聚,多相嘲戏"。由梁入齐的南士当然不止这二位,其他萧氏子弟及文士也当如此。其二是北士之主动汲取南学,关于这一点,我们可以通过东魏—北齐文学的情况获得启发。当时邢邵与魏收争胜,《北齐书》卷三七《魏收传》:"议论更相訾毁,各有朋党。收每议陋邢邵文。邵又云:'江南任昉,文体本疏,魏收非直模拟,亦大偷窃。'收闻乃曰:'伊常于《沈约集》中作贼,何意道我偷任昉。'任、沈俱有重名,邢、魏各有所好。武平中,黄门郎颜之推以二公意问仆射祖珽,珽答曰:'见邢、魏之臧否,即是任、沈之优劣。'"可见当时北方第一流文学之士正处于模拟江南文学的阶段,至于玄学风尚,作为文学之思想背景,自然也成为北人模拟与追求的对象。《北史》卷八三《文学·荀济传》载"邺下士大夫多传济音韵",可见北人向荀济学习雅音,上文已述崔瞻向荀济学习经史。

　　总之,以上所述北魏之末和东魏—北齐之际山东地区之玄学风尚,是北魏中后期南学北输及北方士风与学风演化的必然结果。北魏中期孝文帝以来的汉化中心在洛阳,山东地区为北方文化发达之所在,此后东魏—北齐统治中心虽迁徙至邺城,但在文化上则继承了北魏以来的传统,不断推动南学北传与南北文化融合的进程,其玄风盛行则为其中的一个方面。对此,诚如李源澄先生在《魏末北齐之清谈名理》一文中所指出:"魏代自孝文而后,其风气日与南朝接近,经学佛学既有改变,文学尤盛,玄学亦渐兴起,而北来之南人尤为北土所慕。"当时南人入北、南学北传,"故自北魏末年下逮北齐,士大夫之学术与生活态度,皆以模仿南人为事。南朝老庄之学,以影响于人生态度者为巨,造成六朝之风流人物,《魏书·孝文本纪》谓孝文善谈老庄尤精美,孝文以后,文雅大盛,学者对于老庄之态度已不如前,故六朝士大夫之风染化于北方,音制风度,清言名理,为世所重"。随着这一风气的传播,"故北魏末年以逮北齐为北人南化极盛之时代,以清谈名理者,则有王昕兄弟"①。因此,可以说由于当时南风北播,逐渐蔚然成风,清谈名理已成为时代之新风尚,并在一定程度上影响着北方士风的发展。一些北方士大夫历北齐而入周、隋,他们因循着玄化风尚,与主流社会风气相对抗。这在当时的墓志文献中多有记载。如隋《王乾绪墓志》载其为太原晋阳人,"天生挺达,幼有不世之姿,地带崐山,实产瑜璠之器。岂直艺专经史,贪索槃根。既若掌中深成,府内兼爱,理同庄老,情会无为,重义轻身,先人后己"②。王乾绪虽入隋而亡,但其仕于齐,主要活动当在东魏北齐,其学风"理同庄老,情会无为",有玄化意味。又,《吕胡暨妻李氏墓志》载其司州临漳县人,"早述书坛,援笔成彩。所以议论不绝,异世有人;解颐之谈,各擅古今。岂止学不师授,才实天然。声振海隅,名高魏士,偃蹇独立,卓尔不群。芳廊华第,倒屣来迎;月夜清风,成恨见待。故得声流朝野,仕习典模,气盖俗情,人留倾竭。……识达苦空,知菩提之妙法;解读玄义,得理性与庄周"③。又,《裴逸墓志》载其河东闻喜人,字长裕,"君耸干邓林,引源积石。千寻不知其概,万顷莫测其涯。既表凤毛,桓温见而叹息;未登麟阁,蔡邕闻而倒屣。齐新阳王虚衿东阁,侧席西园。想枚贾之清尘,乃召君为上客。奏补开府行参军,非其好也。俄而称疾免官,屏居林巷。晤世途之非有,忽荣华其若无。潭思一乘,渊情五教。拢八荒于掌内,御六辩于胸中。抚白云以逍遥,嗽清泉而高枕。但虚舟触浪,动静逐时,晦迹市朝,物我何定。乃迁居洛下,优游自逸。灌园鬻菜,且乐闲居。咏道鸣琴,足留风月"④。由此可见北齐王公招集清雅文士,而裴逸"优游自逸",不乐群居出仕,于是迁居洛下以回避。裴逸之特立独行,显示了当时士风玄化的一种倾向。裴逸后入隋,亡于大业七年,但其隐逸则始自北齐。又,《常景暨妻傅氏墓志》载其弘农

---

① 《李源澄学术论著初编》,路明书店1944年版,第137—139页。
② 王其祎、周晓薇编著:《隋代墓志铭汇考》,线装书局2007年版,第1册,第200页。
③ 前揭《隋代墓志铭汇考》,第4册,第14页。
④ 前揭《隋代墓志铭汇考》,第4册,第249页。

人，大业元年卒，年六十五，"君自幼及长，始终若一。孝乎惟孝，友乎兄弟，澹荣华，敦故旧，笃交道，爱玩丘壑，赏狎泉林，得意老庄，逍遥物表。常以为州郡之职，徒劳人事，岂如从容偃仰，闲步园庭，乃挂冠投剑，故人爵不远"①。又，《王仲暨妻淳于氏墓志》载其太原晋阳人，"于时齐历告逡，权宠擅命。……君乃却扫园林，赫然自若。一丘一壑，素琴浊酒，庄惠之临濠上，嵇阮之对山阳。今古相辉，彼有惭色。历周隋而不变，贯松竹而莫改，雍容然绰有余裕"②。以上诸人皆为北方本土人士，曾仕于齐，虽入隋而亡，但其玄化风尚则渊源有自，承袭着魏末名士雅化之传统。

三 西魏—北周时期之玄学风尚

与东魏—北齐相比，西魏—北周所控制的关中地区自北魏以来在文化上显得封闭和落后，特别在孝文帝定都洛阳之后，关东地区成为北方汲取南方文化的中心地，学术文化与思想获得空前的繁荣和发展，而关中则处于沉寂状态。西魏时期，关中地区代表性人物对孝文帝以来的新文化思潮颇为轻视与抵制。以文学风尚而言，《周书》卷二三《苏绰传》载："自有晋之季，文章竞为浮华，遂成风俗。太祖欲革其弊，因魏帝祭庙，群臣毕至，乃命绰为大诰，奏行之。……自是之后，文笔皆依此体。"可见宇文泰对魏晋以来文风的态度。宇文泰的这一主张实际上主要体现了关中汉族人士苏绰等人的态度。《周书》卷二二《柳庆传》载："尚书苏绰谓庆曰：'近代以来，文章华靡，逮于江左，弥复轻薄。洛阳后进，祖述不已。'"这里将"江左"与"洛阳"对应，指出北魏中后期取法南朝。苏绰一再议论文章风格，实际是对文风背后"华靡""轻薄"的指导思想不满，也就是对玄学风尚的排斥。因此，总体说来，西魏—北周上层更提倡尚质朴素的文化观念。

---

① 前揭《隋代墓志铭汇考》，第5册，第231页。
② 前揭《隋代墓志铭汇考》，第6册，第36页。

北周中期以后，其文化政策便逐步调整，趋于变化，① 关中地区的玄学文化风尚始渐衍生、蔓延，特别是一些具有南朝文化背景的入关人士表现出玄化的特征。如《周书》卷三六《崔彦穆传》载其为清河东武城人，祖崔蔚"遭从兄司徒（崔）浩之难，南奔江左"，仕于刘宋，后返魏。北周明帝时，崔彦穆曾受命一再出使陈朝，"彦穆风韵闲旷，器度方雅，善玄言，解谈谑，甚为江陵所称"②。崔彦穆"善玄言"，与其祖辈之南朝背景不无关系。柳庆父子颇玄化，《周书》卷二二《柳庆传》载其河东解人，其先人在十六国时期"以秦、赵丧乱，乃率民南徙，居于汝、颍之间，故世仕江表"，至其父方于北魏景明中入魏，"庆幼聪敏，有器量。博涉群书，不治章句。好饮酒，闲于占对"。其子柳机，"少有令誉，风仪辞令，为当世所推"。特别是柳弘，"少聪颖，以善草隶，博涉群书，辞彩雅赡"，其与弘农杨素为莫逆之交，其卒后，杨素诔之曰："山阳王弼，风流长逝。颍川荀粲，零落无时。修竹夹池，永绝梁园之赋；长杨映沼，无复洛川之文。"宋人叶适在《习学记言序目》卷三五《周书·柳庆传》条中据此以为"是弘以清言而兼丽笔，长枪大槊，数十年间仅闻此尔，得非所谓正始之音也？"他推测柳弘具有典型的玄学名士的气质与学识。确实，柳氏长期生活于南朝，入北未久，其家族文化表现明显的南朝化特征。

　　西魏灭梁元帝，征江陵人士入关，此后间有南士入关，他们也或多或少地传播了玄学风尚。《隋书》卷五八《明克让传》载其平原人，父为梁侍中，"克让少好儒雅，善谈论，博涉书史，所览将万卷"。在梁时，"舍人朱异在仪贤堂讲《老子》，克让预焉"。可见其具有一定的玄学修养。又，何妥，《隋书》卷七五《儒林·何妥传》载其在梁时，"八岁游国子学"，后为梁元帝"诵书左右"，"江陵陷，周武帝尤重之，授太学博士"，著有《周易讲疏》十

---

① 就文学、艺术而言，大体至周明帝以后，北周上层便开始趋于"南朝化"。《周书》卷四一《王褒传》载："世宗即位，笃好文学。时褒与庾信才名最高，特加亲待。帝每游宴，命褒等赋诗谈论。"同书《庾信传》载："世宗、高祖并雅好文学，信特蒙恩礼。至于赵、滕诸王，周旋款至，有若布衣之交。"《周书》卷四七《艺术·赵文深传》载其为关中书家，"及平江陵之后，王褒入关，贵游等翕然并学褒书。文深之书，遂被遐弃。"在经学上，周武帝时一再征后梁大儒沈重至长安，《周书》卷四五《儒林·沈重传》载"重学业该博，为当世儒宗。至于阴阳图纬、道经释典，靡不毕综"。天和中，武帝曾命其于紫极殿"讲三教义"，招集朝士、儒生、僧、道等两千多人，"重辞义优洽，枢机明辩，凡所解释，咸为诸儒所推"。沈重为江南大儒，所学非止《六经》，而是释、道兼综，武帝以其讲学，并教育皇太子，表现出对南学的兴趣。

② 这里所谓"江陵"，中华书局本《周书》校勘记指出《北史》等皆载为"江表"，"按彦穆乃出使于陈，作'表'是"。

三卷、《庄子义疏》四卷、《孝经义疏》三卷等。元善,《隋书·儒林·元善传》载其父在魏时奔梁,"善少随父至江南,性好学,遂通五经,尤明《左氏传》",侯景乱后入周,"风流酝藉,音韵清朗,听者忘卷,由是为后进所归",具有名士风采。

特别需要指出的是,当时入关之南士虽颇多坎坷,但他们在长安还保持着聚集的形式。《隋书》卷七八《艺术·庾季才传》载庾季才在梁灭后入关,"季才局量宽弘,术业优博,笃于信义,志好宾游。常吉日良辰,与琅邪王褒、彭城刘毂、河东裴政及宗人(庾)信等,为文酒之会。次有刘臻、明克让、柳䛒之徒,虽为后进,亦申游欸"。可见北周时期南士聚集,"为文酒之会",这是南朝名士谈论形式的延续。

此外,还有一些自洛阳入关的北魏玄化学者。《周书·儒林·卢光传》载其为范阳人,卢景裕和卢辩之弟,"性温谨,博览群书,精于《三礼》,善阴阳,解钟律,又好玄言",撰有《道德经章句》。又云"光性崇佛道,至诚信敬"。唐长孺先生以为其"兼涉玄释与景裕同。范阳卢氏自汉末卢植以来,世传经学,景裕兄弟都以经学著称,但从景裕、景仁的治学道路上可以看到接受南朝学风的迹象"①。

又,《隋书》卷四六《张煚传》载其父张羡,河间鄚人,"少好学,多所通涉,……从武帝入关,……周代公卿,类多武将,唯羡以素业自通,甚为当时所重。……撰《老子》《庄子》义,名曰《道言》,五十二篇"。张煚亦好学,有父风。《隋书》卷五一《长孙览传附从子炽传》载:"炽性敏慧,美姿仪,颇涉群书,兼长武艺。建德初,武帝尚道法,尤好玄言,求学兼经史、善于谈论者,为通道馆学士。炽应其选,与英俊并游,通涉弥博。"北周武帝"求学兼经史、善于谈论者,为通道馆学士",说明其对玄学风尚的包容性明显增强了,也表明"周初粗犷之风,至此亦稍变矣"②。以上诸人后多入隋,其学风自然也在隋代有所延续。吕思勉曾指出:"北方谈玄之风,至周、齐而少衰,然迄未尝绝也。"③

北朝时期,北方地区玄学思想文化风尚虽远不及东晋南朝地区盛行,对

---

① 前揭唐长孺《魏晋南北朝隋唐史三论》,第236页。
② 吕思勉:《两晋南北朝史》,上海古籍出版社1983年版,第1386页。
③ 前揭《两晋南北朝史》。

儒家经学、佛教、道教思想及文学艺术的渗透和影响自然也不如江东地区显著，从而形成了当时"南学"与"北学"的明显差异。十六国河西地区自晋末以来，"号称多士""颇有华风"，不少中土人士流寓于此，也保存了一定的玄学文化因子，在前凉、北凉时期表现得尤为明显，随着北魏灭凉，这些河西学者还在一定程度上深刻地影响到北魏学风的演进。北魏中后期以来，随着其统治者大力推进汉化变革，着力引进南方学术文化，使得以洛阳为中心的关东地区成为南北学术交融和各种新学术思潮的流行地域，士风与学风出现了明显的"南朝化"倾向，而这种所谓"南朝化"，从其思想文化特征而言，实际上表现为在一定程度上的"玄化"，这在北魏之末和东魏—北齐之际达到了高潮。从这一角度看，可以说十六国北朝玄学之发展也从一个侧面体现出当时少数民族统治者及其政权的汉化进程。

特别需要指出的是，北朝时期，北方地区玄学风尚之不绝如缕，固然与北方固有玄学文化因子的留存相关，这以河西地区的玄学传承最为典型。不过，通过以上仔细考察当时北方玄学发展的基本进程，可以明显看出，当时北方地区的每一玄风相对流行阶段，总是与南士北迁与南学北输密切相关。南北朝之间虽然处于长时间的对立状态，但其间并非毫无联系，在军事对抗与政治分裂的背景下，南北之间依然存在着思想文化的互动与交流，甚至在某些时段或地区这种南北文化交流还出现了高潮，如北魏后期和东魏、北齐之际的关东地区，这种南北朝之间文化交流的主要特征是南风北渐、南学北输，直接推动这一趋势的主要因素在于南士北徙。士人是文化的核心载体之一，士人的流动必然造成学术文化的传播与交流，南朝士人的北徙促进着各历史时段江南学术文化的北传，其中玄化士风与学风之影响最为深刻，值得重视。对北朝后期士人风貌的变化，从梁武帝的看法可以大体得出结论。《北史》卷四三《李崇传附李谐传》载天平中，东魏使节李谐、卢元明等人至建康，梁武帝以朱异接待，"异言谐、元明之美"，梁武帝亲自接见，"谐等见，及出，梁武目送之，谓左右曰：'朕今日遇劲敌，卿辈常言北间都无人物，此等何处来？'谓异曰：'过卿所谈'"。可见当北方玄化名士的风采已与南人颇为接近。①

---

① 梁武帝对北方杰出文士温子昇也评价甚高。《北史》卷八三《文苑·温子昇传》载："梁使张皋写子升文笔传于江外，梁武称之曰：'曹植、陆机复生于北土，恨我辞人，数穷百六。'"

当然，不可否认，尽管北朝玄学风尚并未完全中断，但与南朝相比，北方地区之玄学无法成为主流学术文化风尚，其对北朝士风与学风的影响总体上比较微弱，这使得北朝的经学、文学等风尚与南朝迥然有别。一个典型的事例是《魏书》卷八四《儒林·李业兴传》所载，李业兴为北魏儒者，"博涉百家，图纬、风角、天文、占候无不详练，尤长算历"。天平四年，其随北魏使团至梁，与梁武帝、朱异等讨论儒家礼制、经术方面问题，梁武帝曰："闻卿善于经义，儒、玄之中何所通达？"李业兴答曰："少为书生，止读五典，至于深义，不辨通释。"梁武帝又问曰："《易》曰太极，是有无？"李业兴对曰："所传太极是有，素不玄学，何敢辄酬。"所谓"儒、玄之中何所通达"，就是如何会通玄学与儒学，李业兴自称"素不玄学"，无法就此展开论述。北朝经学风尚玄化的地区主要局限于青齐地区，《魏书·儒林传序》中载："晋世杜预注《左氏》，预玄孙坦、坦弟骥于刘义隆世并为青州刺史，传其家业，故齐地多习之。"《北齐书》卷四四《儒林传序》也载："河南及青、齐之间，儒生多讲王辅嗣所注《周易》，师训盖寡。"这就是说河南（包括青、齐）地区在经学方面流行魏晋新经注，而与河北地区盛行郑玄的经注不同，在学风上接近南朝，皮锡瑞在《经学历史·经学分立时代》中将此称为"北学折入于南者"，原因则在于青、齐诸地在南北朝之初，一度为刘宋之控制范围，南朝学风在此传播，因而出现这一地区经学玄化的情况。不过，在总体上，北朝儒者"素不玄学"，因而对于儒、玄自然"不辨通释"。牟润孙先生论述南北朝后期及隋唐之际北人学风问题时有论云："北朝当夫东魏、北齐之际固有一二谈玄之儒，宇文周亦曾礼聘沈重讲三教义于长安，而均未能广衍成风，盖缘于北方儒生之保守汉、魏旧统，其与僧侣契合之机缘不在义学而为训诂，所谓北学深芜穷其枝叶，即由于是。"[①] 因此，我们应当看到北朝玄风之遗存和南学北输之影响，但毕竟北方学风偏于保守，玄风非但不能成为主流，而且影响范围相当有限。

---

① 牟润孙：《唐初南北学人论学之异趣及其影响》，辑入《注史斋丛稿》，中华书局1987年版，第394页。

附：

十六国时期玄学清谈及其相关文化风尚

一般说来，魏晋之际，玄学主要兴盛于以洛阳为中心的关东地区，西晋崩溃以后，随着中原士族阶层的南迁，玄学风气也随之南传，自东晋以来，建康便取代了昔日的洛阳，成为玄学清谈的中心地，玄学对东晋南朝的士风与学风产生了广泛而深入的影响，而在少数民族诸政权统治下的北方地区，玄学风气则难以延续，从而造成了南北学术文化风气的明显差异。对此，唐长孺先生曾指出："正当所谓正始之音复闻于江左，即玄学清谈在江南风靡之时，北方玄学却几乎绝响，南北学风呈现出显著的差异。"① 《隋书》卷七五《儒林传序》称："大抵南人约简，得其英华，北学深芜，穷其枝叶。"这里虽说的是南北经学风气的差异，但根源在于玄学风气的影响程度不同。具体就十六国北朝而言，北方地区玄学虽"几乎绝响"，但历史上出现的任何文化现象虽然皆有兴衰，但绝不可能毫无遗存，十六国北朝时期的北方玄学风尚也大抵如此，吕思勉先生在《两晋南北朝史》第二十三章《晋南北朝学术》之第四节《儒玄诸子学下》中根据相关零散的资料，有论云："魏晋世洛中人物，东渡已后，流风未沫。……余风又流衍于北。……入隋乃息。"有鉴于此，这里专题考稽十六国北方玄学之流传与玄风之余韵。

（一）十六国时期关中地区的玄学风气——以前秦、后秦为中心

汉魏以来，关东地区学术文化发达，洛京一带又为玄学新思潮的滋生地。然而，十六国前期，人主中原的羯族统治者汉化程度不高，他们在亡晋过程中，对西晋上层士族社会及其文化风尚怀有强烈的抵触情绪。如石勒建国后，一些汉族士大夫试图通过对石勒继承人的教育，推进后赵的汉化。对此，石勒颇为忧虑和不满，《晋书》卷一〇五《石勒载记下》载："（石）弘字大雅，勒之第二子也。幼有孝行，以恭谦自守，受经于杜嘏，诵律于续咸。勒曰：'今世非承平，不可专以文业教也。'于是使刘征、任播授以兵书，王阳教之击刺。"又载石弘被立为太子，"虚襟爱士，好为文咏，其所亲昵，莫非儒素。

---

① 唐长孺：《魏晋南北朝隋唐史三论》，武汉大学出版社1992年版，第212—213页。

勒谓徐光曰：'大雅愔愔，殊不似将家子'"。石勒对汉族"文业"尚如此抵触，更无论浮华之玄学。因此，尽管石赵占据昔日文化发达之域，但其统治时期没有见到玄谈方面的记载。对此，钱穆先生曾分析十六国文化地理云："时河、洛一带久已荒残，山西亦为东西交兵之冲，石虎之乱，屠割尤惨，故东方惟慕容，西方惟苻、姚，为北方文化残喘所托命。"①

1. 前秦时期氐族上层子弟之尚玄及其原因

十六国时期，北方玄风最为流行的地区是关中。西晋之末，匈奴人刘曜一度控制关中地区，建立了前赵政权，其间玄学尚有蛛丝马迹可寻。《晋书》卷八九《忠义·刘敏元传》载："刘敏元字道光，北海人也。厉己修学，不以险难改心。好星历阴阳术数，潜心《易》《太玄》，不好读史，常谓同志曰：'诵书当味义根，何为费功于浮辞之文！《易》者，义之源，《太玄》，理之门，能明此者，即吾师也。'……后仕刘曜，为中书侍郎，太尉长史。"刘元敏"潜心《易》《太玄》"，主张"诵书当味义根，何为费功于浮辞之文"，显然与玄学有关。

十六国时期，关中地区玄风最为兴盛的阶段是前秦。氐族人苻氏汉化程度较高，特别在苻坚统治时期，致力于汉化变革，文治武功多有建树。苻坚本人具有较高的儒学修养，《晋书》卷一一三《苻坚载记上》载其八岁，"请师就家学"，因而"博学多才艺"。其当政之后，大力倡儒，"自永嘉之乱，庠序无闻，及坚之僭，颇留心儒学，王猛整齐风俗，政理称举，学校渐兴"。苻坚重视儒学教育，造成了浓郁的学术文化氛围。

根据文献所载，前秦上层子弟还多具有玄学方面的修养，其中尤以苻融、苻朗、苻宏等人最为典型。苻融，《晋书》卷一一四《苻坚载记下附苻融传》：

> 苻融字博休，坚之季弟也。……融聪辩明慧，下笔成章，至于谈玄论道，虽道安无以出之。耳闻则诵，过目不忘，时人拟之王粲。尝著《浮图赋》，壮丽清赡，世咸珍之。未有升高不赋，临丧不诔，朱彤、赵整等推其妙速。

苻融"谈玄论道，虽道安无以出之"，其玄谈达到了很高的水准。

---

① 钱穆：《国史大纲》，商务印书馆1996年版，第281页。

苻朗，《晋书》卷一一四《苻坚载记下附苻朗传》载：

> 苻朗字元达，坚之从兄子也。性宏达，神气爽迈，幼怀远操，不屑时荣。坚尝目之曰："吾家千里驹也。"征拜镇东将军、青州刺史，封乐安男，不得已起而就官。及为方伯，有若素士，耽玩经籍，手不释卷，每谈虚语玄，不觉日之将夕；登涉山水，不知老之将至。

淝水之战，苻朗流落江东，"既至扬州，风流迈于一时，超然自得，志陵万物，所与悟言，不过一二人而已。"谢安"常设宴请之，朝士盈坐，并机褥壶席。朗每事欲夸之，唾则令小儿跪而张口，既唾而含出，顷复如之，坐者以为不及之远也。"苻朗又极精饮食，"善识味"，其生活作风之奢华，言论之无拘，江东任诞名士皆以为不及。他因言语忤逆太原王国宝，终被诬陷遭杀，本传载：

> 临刑，志色自若，为诗曰："四大起何因？聚散无穷已。既过一生中，又入一死理。冥心乘和畅，未觉有终始。如何箕山夫，奄焉处东市！旷此百年朝，远同嵇叔子。命也归自天，委化任冥纪。"著《苻子》数十篇行于世，亦《老》《庄》之流也。

可见苻朗在前秦"耽玩经籍，手不释卷，每谈虚语玄，不觉日之将夕；登涉山水，不知老之将至"，其人生态度完全名士化了；在东晋，"风流迈于一时""所与悟言，不过一二人而已"，其著作《苻子》，"亦《老》《庄》之流"，具有很高的玄学理论修养。[①]

又，苻坚太子苻宏后流落江东，也表现出一定的名士气质，《世说新语·轻诋篇》载：

> 苻宏叛来归国，谢太傅每加接引。宏自以有才，多好上人，坐上无折之者。适王子猷来，太傅使共语。子猷直熟视良久，回语太傅云："亦

[①] 对苻朗在江东与诸名士交往之任诞轶事及其"矜高忤物，不容于世，后众谮而杀之"的情况，《世说新语·排调篇》"苻朗初过江"条及刘孝标注引裴景仁《秦书》中有详细的记载，《晋书》所载当本之。

复竟不异人!"宏大惭而退。

这里虽然说苻宏与琅邪王氏子弟谈论,被讥为"亦复竟不异人",但实际上,这是谢安有意压制其傲慢表现的精心安排,谢安"每加接引",正在于其具有一定的玄谈才能。

苻秦上层社会子弟如此精擅玄谈,这在十六国胡人统治集团中颇为突出,表明其达到了相当高的汉化水准,对此,陈寅恪先生曾指出:

> 氐人不仅学儒,而且学玄,有的有经济大志,有的风流迈于一时,汉文化水准之高,在五胡中,鲜能与比。前秦政策较之前燕又有发展。这与氐人汉文化水平之高有密切的关系。①

为何前秦上层子弟如此精于玄谈呢?学界向无具体的论述。依笔者之理解,似乎可以从当时南北文化交流的角度予以比较合理的解释。我们知道,苻坚在统一北方后,加强对南方地区的军事攻势,在淝水之战前,一度攻占了原本属于东晋的襄樊地区,俘获了义学高僧道安和当地名士习凿齿等人。据《高僧传》卷五《义解二·晋长安五级寺释道安传》,苻坚对道安极为重视,对仆射权翼曰:"朕以十万之师取襄阳,唯得一人半。"权翼问为谁,苻坚答曰:"安公一人,习凿齿半人也。"② 道安不仅是当时南方佛学之领袖,而且精于儒、道思想,习凿齿与之交往甚密,曾写信给谢安,称赞道安为"非常道士",不以"变化伎术"惑人,不以"重威大势"欺人,"其人理怀简衷,多所博涉,内外群书,略皆遍睹,阴阳算数,亦皆能通,佛经妙义,故所游刃。作义乃似法兰、法道,恨足下不同日而见,其亦每言思得一叙"。因而深得时贤所重。可以说,道安是东晋玄、佛交融学风的典型代表,当时名士孙绰在《名德沙门论目》中赞曰:"释道安博物多才,通经名理。"苻坚

---

① 万绳楠整理:《陈寅恪魏晋南北朝史讲演录》,黄山书社1987年版,第104页。对此,姚薇元先生在《北朝胡姓考》(修订本,中华书局2007年版)外篇第六《氐族诸姓》一"苻氏"条中也有论云:"据此,可知氐族固久通中国,以与汉族杂居,渐趋融合,姓汉姓,习汉语,并精通汉人之生产技术与礼俗文字;其人之物质生活与文化水平,已远较羌人为高。宜乎苻坚之藐视姚苌,斥为'小羌',拒不授以传国玺也。"(第367页)他也认为氐族苻氏之汉文化水平远较其他诸族为高。
② 《晋书》卷八二《习凿齿传》载"及襄阳陷于苻坚,坚素闻其名,与道安俱舆而致焉。既见,与语,大悦之,赐遗甚厚。又以其蹇疾,与诸镇书:'昔晋氏平吴,利获二陆;今破汉南,获士裁一人有半耳'"。

对道安的学术极为羡慕，不仅重视其佛学，而且命子弟向其请教文史等，《高僧传》道安本传载：

> 安外涉群书，善为文章。长安中，衣冠子弟为诗赋者，皆依附致誉。……坚敕学士内外有疑，皆师于安。故京兆为之语曰："学不师安，义不中难。"

苻秦子弟"皆师于安"，自然会在一定程度上受到江南玄谈学风的影响。

道安之外，当时还有一些南来玄学化高僧，如高僧道立，《高僧传》卷二《义解二·晋长安覆舟山释道立传》：

> 释道立，不知何许人。少出家。事安公为师，善《放光经》。又以《庄》《老》三玄，微应佛理，颇亦属意焉。性澄靖，不涉当世。后随安入关，隐覆舟山，岩居独处，不受供养。

道立"以《庄》《老》三玄，微应佛理，颇亦属意焉"，就是玄、佛合流，这是东晋普遍的学风，道立显然精于玄学，对关中学风也当有所影响。

习凿齿是荆襄地区著名的玄学名士。据《晋书》卷八二《习凿齿传》，习凿齿乃襄阳人，"宗族富盛，世为乡豪。凿齿少有志气，博学洽闻，以文笔著称"，又载其"善尺牍论议，……时清谈文章之士韩伯、伏滔等并相友善，后使至京师，简文亦雅重焉。"可见其玄学修养。尽管习凿齿不久因疾返归襄阳，但其进入关中自当有助于江南玄风的传播，这是可以理解的。可以说，苻坚攻占襄阳，裹携道安、习凿齿等僧俗玄学人物入关，直接引进了江南的玄学文化风尚，对苻秦上层子弟尚玄风气的形成具有不可忽视的推动作用。关于这一点，有确凿的材料可以说明。《高僧传》卷一二《亡身·宋魏郡廷尉寺释僧富传》载：

> 释僧富，姓山，高阳人。父霸为蓝田令。……及至冠年，备尽经史。美姿容，善谈论。后遇伪秦卫将军杨邕，资其衣粮，习凿齿携共志学。及听安公讲《放光经》，遂有心乐道，于是剃发，依安受业。

僧富"善谈论"，"习凿齿携共志学"，后随道安出家。可见习凿齿在关中确实有传学之举。

此外，探究苻秦上层人物尚玄之原因，除了南学北输的因素外，还应考虑到苻坚长期倡导儒学所造成的汉化背景。不过，谈到这一问题，有一点必须略作分析。《晋书》卷一一三《苻坚载记上》载苻坚下诏"禁《老》《庄》、图谶之学"。吕思勉先生以为，"其时清谈之风甚盛，坚欲崇儒，所以不得不禁之也"①。从苻坚重视儒学，对玄学有抵触的角度来解释，表面上是可以说得通的。不过，从以上所引述苻秦统治阶层人物的玄化情况看，直到前秦灭亡，玄学依然甚为流行，并未因苻坚的诏令而禁绝。仔细考察，可以发现，苻坚虽然禁图谶，实际上他自己一直在利用图谶。《晋书·苻坚载记下》载太元七年，新平郡献玉，"初，坚即伪位，新平王彤陈说图谶，坚大悦，以彤为太史令。……坚以彤言有征，追赠光禄大夫"。此事发生在苻坚诏禁图谶之后，实际上他自己十分信谶。又，《晋书》卷九五《艺术传》载王嘉为一隐士，"辞如谶记"，"坚将南征，遣使者问之"；僧涉，西域沙门，"能以秘祝下神龙，每旱，坚常使呪龙请雨"。可见苻坚始终信奉谶言。这说明其所谓禁图谶的诏令仅为具文，并未严格实施。因此，可以推测其禁《老》《庄》之说也未推行。此外，苻坚对奉道之隐逸之士颇为重视，《晋书》卷九四《隐逸传》载襄平人公孙永"少而好学恬虚，隐于平郭南山，不娶妻妾，非身所垦植，则不衣食之。吟咏岩间，欣然自得，年九十余，操尚不亏"。苻坚"又将备礼征之"，后谥为"崇虚先生"。又有中山人张忠，隐于泰山，"恬静寡欲"，苻坚"遣使征之"，谥曰"安道先生"。敦煌人郭瑀，"精通经义，雅辩谈论，多才艺，善属文"，"咏黄老"，苻坚也曾欲征其至长安。这些都说明苻坚虽推崇儒学，但对黄老道家并不排斥。因此，苻坚所谓禁"老、庄"，其相关诏令，并未严格执行，因而前秦时期玄学清谈风气颇为盛行。

2. 后秦时期玄学之流行及其原因

前秦之后，关中地区为羌族姚氏所统治，史称后秦。姚氏自魏晋以来逐步进入关中和中原，汉化程度也比较高。《晋书》卷一一六《姚襄载记》载十六国前期，姚襄"少有高名，雄武冠世，好学博通，雅善谈论，英济之称著于南夏。"姚兴早年仕于前秦，为太子舍人，建国后重视学术文化，《晋书》卷一一七《姚兴载记上》载其"及镇长安，甚有威惠。与其中舍人梁喜、洗马范勖等讲论经籍，不以兵难废业，时人咸化之。"又载："兴留心政事，苞

---

① 吕思勉：《两晋南北朝史》，上海古籍出版社1983年版，第1385页。

容广纳，一言之善，咸见礼异。京兆杜瑾、冯翊吉默、始平周宝等上陈时事，皆擢处美官。天水姜龛、东平淳于岐、冯翊郭高等皆耆儒硕德，经明行修，各门徒数百，教授长安，诸生自远而至者万数千人。兴每于听政之暇，引龛等于东堂，讲论道艺，错综名理。凉州胡辩，苻坚之末，东徙洛阳，讲授弟子千有余人，关中后进多赴之请业。兴敕关尉曰：'诸生谘访道艺，修己厉身，往来出入，勿拘常限。'于是学者咸劝，儒风盛焉。"姚兴重儒，在关中形成了浓郁的汉化文化氛围。

姚兴长子姚泓也具有较高的文化修养，《晋书》卷一一九《姚泓载记》载其"博学善谈论，尤好诗咏。尚书王尚、黄门郎段章、尚书郎富允文以儒术侍讲，胡义周、夏侯稚以文章游集。……泓受经于博士淳于岐，岐病，泓亲诣省疾，拜于床下。自是公侯见师傅皆拜焉。"可见羌族姚氏人物普遍具有较高的汉文化修养。这里虽主要涉及其重视儒学，但从姚襄"好学博通，雅善谈论"，姚泓"博学善谈论，尤好诗咏"等情况看，他们似乎也略涉玄谈。对此，陈寅恪先生曾指出："羌人上层如姚襄、姚兴、姚泓，汉文化水平可与氐人苻氏相伯仲。后秦姚兴重视文化事业且过于前秦。"① 姚秦统治者的这种文化修养及其相关文化政策，在客观上给汉族士人的玄学清谈风气提供了一定的文化氛围。此外，前秦时期关中的玄学发展也成为后秦的文化资源。

后秦出现了典型的玄化名士。《晋书·姚兴载记上》："时京兆韦高慕阮籍之为人，居母丧，弹琴饮酒。"韦高如此，与魏晋任诞名士完全一致。韦高的极端玄化的举止，引起了关中儒者的激烈对抗，给事黄门侍郎古成诜"风韵秀举，确然不群，每以天下是非为己任"，他得知韦高任诞之言行，声泪俱下，说："吾当私刃斩之，以崇风教。"于是"持剑求高。高惧，逃匿，终身不敢见诜"。吕思勉先生据韦高此事云："可见洛下遗风，北方迄未尝绝。"② 所论甚是。

后秦玄学发展最集中地表现在玄、佛交融方面，推动了南北佛学玄化的进程。据汤用彤先生《汉魏两晋南北朝佛教史》第八章《释道安》所论，佛学与玄学的结合，始于魏晋之际，"正始玄风飙起，《般若》《方等》因颇契合而极见流行"。同书第九章《释道安时代之般若学》中又说："然《般若》之始盛，远在什公以前。而其所以盛行之故，则在于当时以《老》《庄》《般

---

① 前揭万绳楠整理《陈寅恪魏晋南北朝史讲演录》，第104页。
② 前揭吕思勉《两晋南北朝史》，第1385页。

若》并谈。玄学既盛行于正始之后，《般若》乃附之以光大。"可见魏晋以来特别是东晋江东佛、玄合流的状况。后秦姚兴重视佛教，将西域高僧鸠摩罗什请到长安，组织了八百余人的庞大僧团，助其翻译佛经、研讨佛理，《晋书·姚兴载记上》载："兴如逍遥园，引诸沙门于澄玄堂听鸠摩罗什演说佛经。……兴既托意于佛道，公卿已下莫不钦附，沙门自远而至者五千余人。起浮图于永贵里，立波若台于中宫，沙门坐禅者恒有千数。州郡化之，事佛者十室而九矣。"①鸠摩罗什演论佛义，《晋书·艺术·鸠摩罗什传》载"惟为姚兴著《实相论》二卷，兴奉之若神"。在佛、玄相羼方面，鸠摩罗什得意弟子僧肇贡献卓著。《高僧传》卷六《义解三·僧肇传》载："释僧肇，京兆人。家贫以佣书为业，遂因缮写，乃历观经史，备尽坟籍。爱好玄微，每以《庄》《老》为心要。尝读《老子·德章》，乃叹曰：'美则美矣，然期神冥累之方，犹未尽善也。'后见《旧维摩经》，欢喜顶受，披寻玩味，乃言始知所归矣。因此出家，学善方等，兼通三藏。"僧肇少时未出家，其学"爱好玄微，每以《庄》《老》为心要"，可见关中地区玄学风尚的流行情况。他后来追随鸠摩罗什，玄、佛融通，深得鸠摩罗什赞誉，其所著《波若无知论》，"时庐山隐士刘遗民见肇此论，乃叹曰'不意方袍，复有平叔。'因以呈远公，远乃抚机叹曰：'未常有也。'因共披寻玩味，更存往复"。所谓"平叔"，即为何晏，可见僧肇以玄释佛之深邃精湛。僧肇又著有《不真空论》《物不迁论》《涅槃无名论》等，无论从其名词概念的应用，还是思想内容的阐发，无不玄、佛结合，达到了很高的思想水平。对此，汤用彤先生在《汉魏两晋南北朝佛教史》第十章《鸠摩罗什及其门下》中说："僧肇为中华玄宗大师，……今肇公之著作，虽有疑伪而又不全，然《物不迁》《不真空》及《般若无知》三论，实无上精品。"僧肇是当时"玄宗大师"，其个人玄、佛融通之成就，也在一定程度上反映出当时关中地区佛学与玄学融通的文化背景。

姚秦时期之所以出现佛、玄融通思潮，并达到很高的思想境界，除了上述苻秦玄学文化氛围外，另一个不可忽视的原因则在于这一时期比较深入的南北文化交流。姚兴之倡导佛学和鸠摩罗什之坐镇关中传法，使得姚秦成为当时佛教的中心地之一。《高僧传》卷二《译经中·鸠摩罗什传》称："于时，四方义士，万里必集，盛业久大，于今咸仰。"这些佛学界的"四方义

---

① 关于姚兴与鸠摩罗什之关系及当时关中佛教的盛况，《晋书》卷九五《艺术·鸠摩罗什传》和《高僧传》卷二《译经中·鸠摩罗什传》也有详细的记载，请一并参看。

士"，包括来自江南的玄化义学高僧，其中有不少来自庐山慧远大师的弟子。慧远，《高僧传》卷六《义解三·晋庐山释慧远传》载慧远"少为诸生，博综六经，尤善《庄》《老》"，为道安弟子，"尝有客听讲，难实相义，往复移时，弥增疑昧。远乃引《庄子》义为连类，于是惑者晓然，是后安公特听慧远不废俗书"。可见慧远是一个相当玄化的高僧。他在庐山传教，玄学僧俗人物归之甚众。随着鸠摩罗什在关中布道，慧远差遣不少弟子赴关中求学，如《高僧传》卷七《义解四·宋京师龙光寺竺道生传》载竺道生"初入庐山，……后与慧叡、慧严同游长安，从什公受业。关中僧众，咸谓神悟"。同书同卷《慧叡传》《慧严传》也有相关记载，其中慧严"著《无生灭论》及《老子略注》"等。同书同卷又有《慧观传》，载"观既妙善佛理，探欲《老》《庄》"。这些都是慧远的学生，玄、佛兼容，他们参与鸠摩罗什僧团的佛学义理研讨，与僧肇等关中义学高僧互相唱和，自然在一定程度上推动了后秦佛学玄化思潮的发展。以上诸人皆来自慧远门下，早已形成了玄、佛合流的特点。汤用彤先生在《汉魏两晋南北朝佛教史》第十章《鸠摩罗什及其门下》便指出："什公有名之弟子来自四方，均兼善内外，博通诗书。且在什公入关以前，多年岁已大，学有成就。吾人虽不知其所习为外学何书，然僧肇、僧融早讲《般若》，慧叡、慧观来自匡山。匡山大师慧远并重《老》《庄》，而罗什以前之《般若》更富玄学气味，则吾人即谓什公门下多尚玄谈，固无不可。"此后，随着鸠摩罗什僧团的解散和后秦局势的变化，不仅这些江南玄化义学高僧南归，而且北方玄化高僧也逐渐避难南迁，关中玄学风气终于消歇。①

十六国时期北方地区的玄学，主要表现为玄学与佛学的结合，上引汤用彤先生的相关实证已自成其说。对此，唐长孺先生也有论述：

> 永嘉乱后玄学中心虽从洛阳南移建邺，但直到石赵统治时期老庄之学仍在洛阳传习，慧远为诸生时即在洛阳诵习老庄。以后玄学在士人中几成绝响，却得以在僧侣中流传保存，即因玄学命题中的有无本末之辩、方内方外之说与佛教中的空有和真谛俗谛之论比附。姚秦时鸠摩罗什在

---

① 严耕望先生在《魏晋南北朝佛教地理稿》（上海古籍出版社2007年版）第三章《东晋时代佛学大师之宏佛地域》中也指出："按魏晋本以玄学般若合流，为学术界之大宗，南方固为士大夫清谈之渊薮，晋室东迁，北方玄理固未绝响，什公门下多兼善内外，尚谈名理，南游江、淮，与道安、慧远系统合流，固又增长江、淮义讲玄谈之风尚。"（第26页）

长安弘法，最重《般若》《三论》之学，门下荟萃一批名僧，有所谓"八俊十哲"之目，均兼善内外，崇尚玄谈，其中最负盛名的僧肇，就是一个以玄学解释般若学的大师。①

由唐先生所论，大体可见十六国玄风的基本特征。不过，我们所强调的是，在此基础上，当时南北人物迁移与学术文化交流，则进一步促进了北方玄佛合流的文化风尚。荷兰汉学家许里和也认为后秦佛教义学之兴盛与南方玄学的影响不无关系，他说："在公元5世纪的最初几十年间，长安鸠摩罗什这一派的'义学'，无疑非常辉煌兴盛，对后世中国佛教的发展极为重要；但像僧肇这样的思想家所运用的一些概念，其起源迄今仍是个问题。他们当然会受到鸠摩罗什翻译或口头解释新佛典的影响和启发，但他们的一些基本想法或概念，连同他们讨论的方式，就像道安在襄阳所作的发展一样，仍然构成了早期佛教玄学的一种延续，并且无疑把这种玄学从南方移植到了长安。"② 很显然，他认为以僧肇为代表的关中佛教玄学，其基本思想及概念，主要来自南方的玄学。

（二）十六国时期河西地区之玄学风气——以前凉和北凉为中心

前凉政权是西晋末凉州刺史张轨及其后人所建，张氏素以经术文艺著称。晋末中土大乱，张氏雄居地方，招揽人士，以致河西一度成为重要的学术文化区域，时人称誉"凉州虽地居戎域，然自张氏以来，号有华风"③。《资治通鉴》卷一二三《宋纪五》宋文帝元嘉十六年十二月载"凉州自张氏以来，号为多士"。胡三省有注云："永嘉之乱，中州之人士避地河西，张氏礼而用之，子孙相承，衣冠不坠，故凉州号为多士。"随着诸多学者流落河西，玄学风尚在凉州也有所传播。当然，凉州本土学术文化自东汉以来也颇为发达，不排除其本土学者自魏晋以来受到玄风影响。《晋书·隐逸·郭瑀传》载郭瑀为敦煌人，"精通经义，雅辩谈论，多才艺，善属文"，苻坚灭前凉，欲征其"定礼仪"，苻秦末，参与地方起兵，"虽居元佐，而口咏黄老，冀功成世定，追伯成之踪"。这显然是前凉时期河西本土玄化人士的代表。

前凉张氏统治者也有一定的玄化色彩。《晋书》卷八六《张轨传附张天锡

---

① 前揭唐长孺《魏晋南北朝隋唐史三论》，第232—233页。
② 许里和：《佛教征服中国》，江苏人民出版社1998年版，第218—219页。
③ 《魏书》卷五二《胡叟传》。

传》载：

> 天锡数宴园池，政事颇废。荡难将军、校书祭酒索商上疏极谏，天锡答曰："吾非好行，行有得也。观朝荣，则敬才秀之士；玩芝兰，则爱德行之臣；睹松竹，则思贞操之贤；临清流，则贵廉洁之行；览蔓草，则贱贪秽之吏；逢飙风，则恶凶狡之徒。若引而申之，触类而长之，庶无遗漏矣。"

可见张天锡颇有文学和口辩之才，《晋书》本传称其"少有文才，流誉远近"①，确非虚言。《世说新语·言语篇》载其后至建康的两则轶事，一则云："张天锡为凉州刺史，称制西隅。既为苻坚所禽，用为侍中。后于寿阳俱败，至都，为孝武所器。每入言论，无不竟日。颇有嫉己者，于坐问张：'北方何物可贵？'张曰：'桑椹甘香，鸱鹗革响。淳酪养性，人无嫉心。'"另一则云："王仲郎甚爱张天锡，问之曰：'卿观过江诸人，经纬江左，轨辙有何伟异？后来之彦，复何如中原。'张曰：'研求幽邃，自王、何以还；因时修制，荀、乐之风。'王曰：'卿知见有余，何故为苻坚所制？'答曰：'阴消阳息，故天步屯蹇；否剥成象，岂足多讥？'"② 从张天锡与南士问答中，确实可见其玄化风采，其所谓"研求幽邃，自王、何以还；因时修制，荀、乐之风"，皆涉及魏晋玄学之关键。张天锡如此，其臣属也有类似情况。如韩博，在苻秦进攻前凉时，张天锡派其出使东晋，与荆州桓温结盟，《晋书·张轨传附张天锡传》载韩博"博有口才，温甚称之。尝大会，温使司马刁彝嘲之，彝谓博曰：'君是韩卢后邪？'博曰：'卿是韩卢后。'温笑曰：'刁以君姓韩，故相问焉。他自姓刁，那得韩卢后邪！'博曰：'明公脱未之思，短尾者则为刁

---

① 《世说新语·言语篇》"王仲郎甚爱张天锡"条注引《凉州记》也载"天锡明鉴颖发，英声少著"。关于张轨以来凉州的社会及文化状况，陈寅恪先生在《隋唐制度渊源略论稿·礼仪篇》中已有深入论述，请参见。

② 《世说新语·赏誉篇》载："张天锡世雄居凉州，以力弱诣京师，虽远方殊类，亦边人之杰也。闻皇京多才，钦羨弥至。犹在渚住，司马著作往诣之，言容鄙陋，无可观听。天锡心甚悔来，以遐外可以自固。王弥有俊才，美誉当时，闻而造焉。既至，天锡见其风神清令，言谈如流，陈说古今，无不贯悉。又诸人物氏族中来，皆有证据。天锡讶服。"余嘉锡先生在《世说新语笺疏》此条下有按语，以为此条内容有与史实不合处，可能出自琅邪王氏自撰以夸饰。又，张天锡在东晋颇受压抑，《晋书》本传载其"后形神昏丧，虽处列位，不复被齿遇。隆安中，会稽世子元显用事，常延致之，以为戏弄"。

也.'一坐推叹焉。"可见韩博颇为机辩,从一个侧面体现出前凉之士风。

十六国河西地区最后一个割据政权是北凉。在沮渠牧健、沮渠蒙逊统治下,其境内聚集了不少汉族学者。北魏太武帝拓跋焘灭北凉,将这些学者迁徙到平城。从相关记载看,北凉有玄学的遗存,其士风也有玄化的痕迹。关于北凉玄学,《魏书》卷六〇《程骏传》载:

> (程)骏少孤贫,居丧以孝称。师事刘昞,性机敏好学,昼夜无倦。……骏谓昞曰:"今世名教之儒,咸谓老庄其言虚诞,不切实要,弗可以经世,骏意以为不然。夫老子著抱一之言,庄生申性本之旨,若斯者,可谓至顺矣。人若乘一则烦伪生,若爽性则冲真丧。"昞曰:"卿年尚稚,言若老成,美哉!"由是声誉益播,沮渠牧健擢为东宫侍讲。

程骏对儒者轻诋老、庄学说为"虚诞","意以为不然",其师刘昞则加以表扬,说明刘昞也有相似的看法。刘昞为河西大儒,他的看法颇具影响力,可见北凉学术中确实保存着玄学思想的余绪。对此,陈寅恪先生论云:

> 程骏与刘昞之言,乃周孔名教与老庄自然合一之论,此说为晋代清谈之焦点,王阮之问答,所谓"将无同"三语,即实同之意,乃此问题之结论,而袁宏后汉纪之议论,多为此问题之详释也。自晋室南渡之后,过江名士尚能沿述西朝旧说,而中原旧壤已不闻此论,斯又河西一隅之地尚能保存典午中朝遗说之一证也。①

可见北凉学者保存了早期玄学的精髓。

进一步考察,可见北凉学者涉猎颇为驳杂,并非"醇儒"。据《魏书》卷五二入魏之北凉儒者的情况看,刘昞著史书多部,"注《周易》《韩子》《人物志》《黄石公三略》,并行于世"。对刘昞所撰《人物志注》,陈寅恪先生在《隋唐制度渊源略论稿·礼仪篇》中指出:

---

① 陈寅恪:《隋唐制度渊源略论稿》,生活·读书·新知三联书店2001年版,第44—45页。陈先生在一次《清谈与清谈误国》的讲演中,对此说得更为明确:"降至东晋末,清谈之风稍戢。惟北朝河西,仍存西晋遗风。盖由其地较为安全,故西晋名士之未能南渡者,多乐往归焉。"(张为纲记录,原刊于《星岛日报》1949年1月26日,收入《陈寅恪文集·讲义及杂稿》,生活·读书·新知三联书店2001年版,第451页)

刘昞之注《人物志》，乃承曹魏才性之说者，此亦当日中州绝响之谈也。若非河西保存其说，则今日亦无以窥见其一斑矣。①

才、性问题正是正始玄学的关键问题之一。阚骃，"博通经传，聪敏过人，三史群言，经目则诵，时人谓之宿读。注王朗《易传》，学者藉以通经。……典校经籍，刊定诸子三千余卷"。宗钦，"少而好学，有儒者之风，博综群言，声著河右"。宋繇，"追师就学，闭室诵书，昼夜不倦，博通经史，诸子群言，靡不览综"。常爽，《魏书》卷八四《儒林列传》载其祖以来"因世乱遂居凉州。……（爽）笃志好学，博闻强识，明习纬候，《五经》百家多所研综"。以上诸位虽以儒学为宗，但无不"诸子群言，靡不览综"，自然会涉及玄学，刘昞对玄学的态度便很具代表性。又，《北史》卷三四《索敞传》载其敦煌人，"为刘延明助教，专心经籍，尽能传延明业。凉州平，入魏，以儒学为中书博士"。刘昞之长于玄学，索敞既"尽传延明之业"，当然也当包括玄学思想。

此外，北凉人士的言行表现还透露玄化士风的色彩。如《魏书》卷五二《胡叟传》载胡叟"世有冠冕，为西夏著姓"，他曾流落蜀地，又曾至江东，难免受到江南风尚的熏染，行为颇玄化。本传载"叟不治产业，常苦饥贫，然不以为耻。养子字螟蛉，以自给养。每至贵胜之门，恒乘一牸牛，弊韦袴褶而已。作布囊，容三四斗，饮啖醉饱，便盛余肉饼以付螟蛉。见车马荣华者，视之蔑如也"。在北魏，"家于密云，蓬室草筵，惟以酒自适。谓友人金城宗舒曰：'我此生活，似胜焦先，志意所栖，谢其高矣。'"其祭奠先人，仪式上也颇具个性，"叟少孤，每言及父母，则泪下，若孺子之号。春秋当祭之前，则先求旨酒美膳，将其所知广宁常顺阳、冯翊田宗文、上谷侯法俊，携壶执榼，至郭外空静处，设坐奠拜，尽孝思之敬"。诸如此类，说明胡叟颇为任情率性。又如段承根，"好学、机辩，有文思，而性疏薄，有始无终"。所谓"性疏薄"，也就是纵情率性。

北凉士人入魏，对鲜卑拓跋部的汉化具有很大的推动作用。就玄学与玄风而言，河西学者也是北朝玄学传承的一个不可忽视的环节。最能说明这一问题的事例是程骏，前引《魏书·程骏传》载："太延五年，世祖平凉，迁于京师，为司徒崔浩所知。……显祖屡引骏与论《易》《老》之义，顾谓群臣

---

① 前揭陈寅恪《隋唐制度渊源略论稿》，第44页。

曰：'朕与此人言，意甚开畅。"可见北魏中期以后，玄学有所传播，一个直接因素在于河西学者的影响。吕思勉先生曾论及程骏的这一作用，说："是清谈之风，传播河西，又还归洛下也。"① 正是就此而言的。

十六国北朝时期，北方地区玄学思想文化风尚虽远不及东晋南朝地区盛行，对儒家经学、佛教、道教思想及文学艺术的渗透和影响自然也不如江东地区显著，从而形成了当时"南学"与"北学"的明显差异。不过，通过以上考叙，我们可以看出十六国北朝的玄学并未完全断绝，在局部地区或某些时段仍有存续和流传，并在一定程度上影响到其学术、思想文化的发展及其风貌，其中十六国时期的前、后秦政权统治下的关中地区，玄学风尚便颇为流行，对关中佛学产生了深刻的影响；十六国河西地区自晋末以来，"号称多士""颇有华风"，不少中土士人流寓于此，也保存了一定的玄学文化因子，在前凉、北凉时期表现得尤为明显，随着北魏灭凉，这些河西学者还在一定程度上深刻地影响到北魏学风的演进。

十六国时期北方本土玄学文化资源是有限的，留居北方之汉族人士在艰难困苦的社会环境中也缺少谈玄的条件和心情，诚如钱穆先生所分析得那样："五胡杂居内地，已受相当汉化。但彼辈所接触者，乃中国较旧之经学传统，而非代表当时朝士名流之清谈玄理。南渡以还，士大夫沦陷北方者，不得不隐忍与诸胡合作，而彼辈学术涂辙，亦多守旧，绝无南渡衣冠清玄之习。"② 这是北方士风的主流，但玄学风气在北方却与佛教结合，在佛教义学中表现和延续下来，并在北方思想文化上打下了烙印。

因此，十六国时期北方地区玄学风尚之不绝如缕，固然与北方固有玄学文化因子的留存相关，这以河西地区的玄学传承最为典型。不过，通过以上叙述，可以明显看出，当时北方地区的玄风稍盛，与南士北迁及南学北输不无关系。东晋南朝与十六国虽然处于长时间的对立状态，但其间并非毫无联系，在军事对抗与政治分裂的背景下，南北之间依然存在着思想文化的互动与交流，甚至在某些时段或地区这种南北文化交流还出现了高潮，十六国时期前、后秦便如此。这种南北朝之间文化交流的主要特征是南风北渐、南学北输，直接推动这一趋势的因素主要在于南士北徙。士人是文化的核心载体

---

① 前揭吕思勉《两晋南北朝史》，第1385页。不过，需要指出的是，吕先生所说"还归洛下"，应说"平城"。河西人物被迁平城，而孝文帝亲政后迁都洛阳，则是后来的事。因此，这里径称洛下，似不妥。

② 前揭钱穆《国史大纲》，第279—280页。

之一，士人的流动必然造成学术文化的传播交流，东晋南朝士人的北徙总是促进着各历史时段江南学术文化的北传，其中玄化士风与学风之影响最为深刻，值得重视。当然，尽管十六国玄学风尚并未完全中断，但与东晋南朝相比，北方地区之玄学无法成为主流学术文化风尚，其对北方士风与学风的影响总体上比较微弱，从而导致南北文化的明显差异。

第十五章 北魏后期与东魏、北齐之际上层社会之交游与雅聚

——从一个侧面看北朝后期士风玄化与南风北渐

一　引言

在长期分裂的状态下，南北朝之间在社会政治制度、经济形态、思想文化、社会风尚等诸多方面都存在着程度不同的差异。具体就学风而言，永嘉之乱以后，京洛玄化士族精英集团大多迁移江东，中原地区则玄风衰歇，南北学术文化走上不同的发展道路。对此，唐长孺先生曾指出："永嘉乱后，大批名士南渡，本来盛行于京洛的玄学和一些新的理论，从此随着这些渡江名士传播到江南。……然而正当所谓正始之音复闻于江左，即玄学清谈在江南风靡之时，北方玄学却几乎绝响，南北学风呈现出显著的差异。"① 《隋书》卷七五《儒林传序》所谓"大抵南人约简，得其英华；北学深芜，穷其枝叶"，正是对这一差异在经学方面表现的典型概括。李源澄先生也曾指出："南朝经学、佛学、文学，皆染玄风，北学源于凉州，凉州经学、佛学并盛，玄学、文学则微，故北朝经学、佛学异于南学，以不杂玄学故也。"② 不仅如

---

① 唐长孺：《魏晋南北朝隋唐史三论》第四章《南北学风的差异》，武汉大学出版社1993年版，第212—213页。

② 《魏末北齐之清谈名理》，《李源澄学术论著初编》，路明书店1944年版，第137页。这里需要指出的是，李源澄先生以为"北学源于凉州"，以凉州学术为北朝学术文化的核心，这一看法未必准确。关于自西晋末年以来，凉州所保存之汉魏传统及其意义，陈寅恪先生在《隋唐制度渊源略论稿》中已有深入的论述，值得重视。不过，就北朝经学及其风尚而言，其主体应是河北之经学，唐长孺在前揭《魏晋南北朝隋唐史三论》第四章《南北学风的差异》"北朝学风"中指出："北朝经学即河北之学，而河北之学基本上沿袭汉末的郑玄之学。"（第228页）

此，当时北朝的学者大多抵制、鄙视玄学。①

就士风而言，南北朝也差异明显。一般说来，南朝名士喜好交游、雅聚，诸多的学术文化活动皆与此有关，比如清谈名理、诗文唱和、人物评议、任诞放达等无不与此密切相关。之所以如此，除了思想文化背景的不同外，还与其生活方式。陈寅恪先生曾指出："南朝士族与城市相联系，北朝士族与农村相联系。南朝商业的发达，大家族制度的破坏，带来的一个结果是，士族喜欢住到城市中去，且喜欢住在建康、江陵。大家族制度的破坏，为士人脱离土地、宗族，迁居城市，创造了条件或提供了可能性。"与此不同的是，"北方士族除了在京城和地方上做官，都不在都市，都市被攻破，士族很少受到影响。因此，北方士族的势力可以延长或延续下来。这影响到隋唐的历史。在隋唐史中，我们犹能见到北方崔、李等姓，而难发现南朝王、谢还有什么人物。原因便在南北士族所联系的事物的不同。一个主要与农村、土地、宗族相联系，一个主要与城市、商业相联系，宗族则已分解"②。由陈先生所论，可见南北士族的生活方式之差异，东晋南朝士族（尤其是侨姓士族）主要生活在城市中，相互间联系密切，其交游、谈论自然蔚为风气，而北朝士族则生活于坞堡之中，这种聚族而居的生活方式，必然导致北方士族重视各种礼法制度和组织制度，其学术文化只能私门传授，父子相承，墨守成规，没有条件展开相互间的交流和争鸣，与南朝的风气不同。③

不过，仔细考察北朝时期社会文化风尚的演变过程，可见北魏后期，特别是东魏、北齐之际，以洛阳、邺城等城市为中心的北方士人的生活方式及其文化风尚发生了一系列的变化，其相互之间的交流日益活跃，出现了以经

---

① 《魏书》卷六〇《程骏传》载："骏少孤贫，居丧以孝称。师事刘昞，性机敏好学，昼夜无倦。……骏谓昞曰：'今世名教之儒，咸谓老庄其言虚诞，不切实要，弗可以经世，骏意以为不然。夫老子著抱一之言，庄生申性本之旨，若斯者，可谓至顺矣。人若乘—则烦伪生，若爽性则冲真丧。'昞曰：'卿年尚稚，言若老成，美哉！'由是声誉益播，沮渠牧犍擢为东宫侍讲。"由所谓"今世名教之儒，咸谓老庄其言虚诞，不切实要，弗可以经世"云云，可见河西学者主流思潮是鄙视玄学的。又，《魏书》卷八四《儒林·李业兴传》所载，李业兴为北魏儒者，其出使南朝，梁武帝与之论学，问其"儒、玄之中何所通达"，他明确表示"素不玄学"。可见北魏一代，经学风尚之主流始终是抵制玄学的。

② 万绳楠整理：《陈寅恪魏晋南北朝史讲演录》第二十篇《南北社会的差异与学术的沟通》，黄山书社1987年版，第329—330页。

③ 关于北朝士族的生活方式及其对北方学术文化，特别是文学艺术风尚的影响，文学史家曹道衡先生在《南朝文学与北朝文学研究》（江苏古籍出版社1998年版）第八章《北方的生活情况及文化的衰落》中有深入的论述，这里有所参考。

第十五章　北魏后期与东魏、北齐之际上层社会之交游与雅聚 / 363

史学术、谈论名理和文学艺术交流为旨趣的雅聚风气，在一定程度上与南朝风气趋同。这一风气肇始于魏孝文帝迁都洛阳，至东魏、北齐之际颇为兴盛，推动着南风北渐的进程，在一定程度上奠定了此后隋唐时期南北文化整合的基础。对此，以往前辈学者略有涉及，如唐长孺先生论北朝经学风气曾指出"在孝文帝统治时期，北方学风开始受到南朝影响，逐渐注重义解，佛教讲经之风盛行于洛阳。……北朝末期，特别是侯景之乱以后，不少南朝士人来到北方，南学的北渐更其明显"，"孝文帝以后以至北朝末期，以儒生兼习佛经义理者渐有其人，这种兼习释玄的儒生当是受南朝学风的影响所致，即皮锡瑞所谓'北学之折入于南者'"[1]。汤用彤先生论述北朝后期山东地区佛学风气变化也指出"元魏自孝文帝后，佛教义学始渐兴盛。……东方义学之光大，不但由于名僧之传授，帝王之提倡，而亦由于其与南方之交通。彭城本为南北交通之枢纽，亦为北方义学之源泉。在孝文帝世，朝臣之知佛教义学者，如崔光、王肃等则原均系出江南。及至魏齐之际，士大夫为学，颇重谈论，与南方之风从同。……盖其时北朝君臣已略具江南之格调矣。"[2] 汤先生这里论述北朝后期佛教义学，也涉及北朝学术"与南朝之风从同"的情况。又，李源澄先生在《魏末北齐之清谈名理》一文指出："元魏自孝文华化，风气丕变。……魏代自孝文而后，其风气日与南朝接近，经学、佛学既有改变，文学尤盛，玄学亦渐兴起，而北来之南人尤为北土所慕。"当时南人入北，"故自北魏末年下逮北齐，士大夫之学术与生活态度，皆以模仿南人为事。南朝老庄之学，以影响于人生态度者为巨，造成六朝之风流人物，《魏书·孝文本纪》谓孝文善谈老庄尤精美，孝文以后，文雅大盛，学者对于老庄之态度已不如前，故六朝士大夫之风染化于北方，音制风度，清言名理，为世所重。"随着这一风气的传播，"故北魏末年以逮北齐为北人南化极盛之时代，以清谈名理者，则有王昕兄弟"[3]。以上诸前贤都从不同侧面揭示北朝后期学风与士风的"南朝化"倾向。对这一关乎北朝乃至隋唐社会与文化变革的重要历史现象，以往少有专题的深入研究。特别需要指出的是，自孝文帝以后北朝后期统治者及士大夫崇尚南朝文化，究其根源，除了北奔南士之推动和统治者之提倡外，根本原因还在于孝文帝迁洛以后，北朝上层社会生活环境与生活

---

[1] 前揭唐长孺《魏晋南北朝隋唐史三论》，第234、236页。
[2] 汤用彤：《汉魏两晋南北朝佛教史》第十四章《佛教之北统》之"东方佛法与经学"，中华书局1983年版，第377—378页。
[3] 前揭《李源澄学术论著初编》，第137—139页。

方式的变化，正是这种内在的变化，为南风北输和移植提供了基础。有鉴于此，这里专题考论北魏后期及东魏、北齐之际，北方上层社会之雅集及其对文化风尚变化的影响。

二　北魏后期与东魏、北齐时期上层人士的交际与雅集

考察北魏上层社会雅集风气的形成过程，大致肇始于北魏孝文帝时期，特别在孝文帝迁都洛阳后日益显著起来，兴盛于北魏之末和东魏、北齐之际。根据文献所载，北朝后期的雅集主要可以概括为以下几种类型。

（一）北魏孝文帝等最高统治者所组织、参与的游宴雅集

北魏后期的帝王多具有相当高的汉化水平，这以孝文帝最为典型。《魏书》卷七《高祖纪下》载：

> 雅好读书，手不释卷。《五经》之义，览之便讲，学不师受，探其精奥。史传百家，无不该涉。善谈《庄》《老》，尤精释义。才藻富赡，好为文章，诗赋铭颂，任兴而作。有大文笔，马上口授，及其成也，不改一字。自太和十年已后诏册，皆帝之文也。自余文章，百有余篇。爱奇好士，情如饥渴。待纳朝贤，随才轻重，常寄以布素之意。悠然玄迈，不以世务婴心。

孝文帝所学，"无不该涉"，非一般士大夫可比，特别是他"善谈《庄》《老》，尤精释义"，"才藻富赡，好为文章，诗赋铭颂，任兴而作"，表现出典型的文士气质。不仅如此，孝文帝很注重与士人的交流，所谓"爱奇好士，情如饥渴。待纳朝贤，随才轻重，常寄以布素之意。悠然玄迈，不以世务婴心"，正体现出他与士人交往密切之状况。确实，孝文帝常在聚会过程中带头作诗为赋。他与诸王诗文唱和，如《魏书》卷一九（中）《景穆十二王·任城王元澄传》载：

> 时诏延四庙之子，下逮玄孙之冑，申宗宴于皇信堂，不以爵秩为列，悉序昭穆为次，用家人之礼。高祖曰："行礼已毕，欲令宗室各言其志，

第十五章　北魏后期与东魏、北齐之际上层社会之交游与雅聚 / 365

可率赋诗。"特令澄为七言连韵，与高祖往复赌赛，遂至极欢，际夜乃罢。……高祖至北邙，遂幸洪池，命澄侍升龙舟，因赋诗以序怀。

《魏书》卷一九（下）《景穆十二王·南安王元桢传》载：

（桢）出为镇北大将军、相州刺史。高祖饯桢于华林都亭。诏曰："从祖南安，既之蕃任，将旷违千里，豫怀悯恋。然今者之集，虽曰分歧，实为曲宴，并可赋诗申意。射者可以观德，不能赋诗者，可听射也。当使武士弯弓，文人下笔。"高祖送桢于阶下，流涕而别。

《魏书》卷二一《献文六王·咸阳王元禧传》载"禧将还州，高祖亲饯之，赋诗叙意"。特别是孝文帝与彭城王元勰文学交往最为密切，《魏书·献文六王·彭城王元勰传》载：

高祖与侍臣升金墉城，顾见堂后梧桐、竹曰："凤皇非梧桐不栖，非竹实不食，今梧桐、竹并茂，讵能降凤乎？"勰对曰："凤皇应德而来，岂竹、梧桐能降？"高祖曰："何以言之？"勰曰："昔在虞舜，凤皇来仪；周之兴也，鸑鷟鸣于岐山。未闻降桐食竹。"高祖笑曰："朕亦未望降之也。"后宴侍臣于清徽堂，日晏，移于流化池芳林之下。高祖曰："向宴之始，君臣肃然，及将末也，觞情始畅，而流景将颓，竟不尽适，恋恋余光，故重引卿等。"因仰观桐叶之茂，曰："'其桐其椅，其实离离，恺悌君子，莫不令仪'，今林下诸贤，足敷歌咏。"遂令黄门侍郎崔光读暮春群臣应诏诗。至勰诗，高祖仍为之改一字，曰："昔祁奚举子，天下谓之至公，今见勰诗，始知中书之举非私也。"勰对曰："臣露此拙，方见圣朝之私，赖蒙神笔赐刊，得有令誉。"高祖曰："虽琢一字，犹是玉之本体。"勰曰："臣闻《诗》三百，一言可蔽。今陛下赐刊一字，足以价等连城。"……后幸代都，次于上党之铜鞮山，路旁有大松树十数根。时高祖进伞，遂行而赋诗，令人示勰曰："吾始作此诗，虽不七步，亦不言远。汝可作之，比至吾所，令就之也。"时勰去帝十余步，遂且行且作，未至帝所而就。诗曰："问松林，松林经几冬？山川何如昔，风云与古同。"高祖大笑曰："汝此诗亦调责吾耳。"

在孝文帝的影响下，鲜卑皇族王公人物日益重视学术文化修养，特别是文学、谈论方面的修养，① 这是他们游宴聚会中常常需要展示的。

孝文帝与士大夫之间的交往也是如此。《魏书》卷五六《郑羲传附郑道昭传》载：

> （郑道昭）从征沔汉，高祖飨侍臣于悬瓠方丈竹堂，道昭与兄懿俱侍坐焉。乐作酒酣，高祖乃歌曰："白日光天无不曜，江左一隅独未照。"彭城王勰续歌曰："愿从圣明兮登衡会，万国驰诚混江外。"郑懿歌曰："云雷大振兮天门辟，率土来宾一正历。"邢峦歌曰："舜舞干戚兮天下归，文德远被莫不思。"道昭歌曰："皇风一鼓兮九地匝，戴日依天清六合。"高祖又歌曰："遵彼汝坟兮昔化贞，未若今日道风明。"宋弁歌曰："文王政教兮晖江沼，宁如大化光四表。"高祖谓道昭曰："自比迁务虽猥，与诸才俊不废咏缀，遂命邢峦总集叙记。当尔之年，卿频丁艰祸，每眷文席，常用慨然。"

可见孝文帝与诸多士大夫聚会，"与诸才俊不废咏缀"，并命邢峦将这些唱和歌咏"总集叙记"。这在内容与形式上，都与魏晋以来的名士诗文雅集相似。关于孝文帝与士大夫之文学交流，还有其他相关典型记载，《魏书》卷五七《崔挺传》载太和十九年，孝文帝驾幸兖州，召见崔挺，"及见，引谕优厚。又问挺治边之略，因及文章。高祖甚悦，谓挺曰：'别卿已来，倏焉二载，吾所缀文，已成一集，今当给卿副本，时可观之。'"又，《魏书》卷五九《刘昶传》载太和十八年，刘昶出镇彭城，"及发，高祖亲饯之，命百僚赋诗赠昶，又以其《文集》一部赐昶。高祖因以所制文笔示之，谓昶曰：'时契胜残，事钟文业，虽则不学，欲罢不能。脱思一见，故以相示。虽无足味，聊

---

① 孝文帝兄弟一辈人物，其文化修养明显提高，以彭城王元勰为例，《魏书》卷二一（下）《献文六王·彭城王勰传》载其"敏而耽学，不舍昼夜，博综经史，雅好属文"。至于孝文帝儿子一辈，其文士化程度更为明显，这在下文中将有论述，此不赘述。

复为笑耳。'其重昶如是"①。又,《太平广记》卷一七三引《谈薮》载:"后魏高祖名子恂、愉、悦、怿。崔光名子励、勖、勉。高祖谓光曰:'我儿名傍皆有心,卿儿名傍皆有力。'答曰:'所谓君子劳心,小人劳力。'上大嗟悦。"《太平御览》卷七一〇引《谈薮》:"后魏河间邢峦,字洪宝,迁殿中御史。尝有疾。策山桃杖。帝问:'此何杖?'答曰:'巨源杖。'太武讳焘,故言焉。"② 孝文帝常与儒学士大夫聚会,此类智慧性谈论很多,有助于当时上层社会的雅化。

北魏孝明帝母胡太后一度掌控最高权力,多有才艺。《魏书》卷一三《皇后·宣武灵皇后传》载:"太后性聪悟,多才艺,姑既为尼,幼相依托,略得佛经大义。亲览万机,手笔断决。幸西林园法流堂,命侍臣射,不能者罚之。又自射针孔,中之。大悦,赐左右布帛有差。"③ 不仅如此,她还与孝明帝共同组织文学方面的雅集:

> 太后与肃宗幸华林园,宴群臣于都亭曲水,令王公已下各赋七言诗。太后诗曰:"化光造物含气贞。"帝诗曰:"恭己无为赖慈英。"王公已下赐帛有差。

胡太后重视其家族人物文学水平的提高,《魏书》卷五五《刘芳传》载刘芳为北魏后期博学之大儒,其子刘廞有学识,"灵太后临朝,又与太后兄弟往还相好,太后令廞以诗赋授弟元吉"。胡太后令"以诗赋授弟元吉",可见其对文学之重视。

---

① 关于孝文帝之好文学和编文集,《魏书》卷五五《刘芳传》载:"高祖迁洛,路由朝歌,见殷比干墓,怆然悼怀,为文以吊之,芳为注解,表上之。诏曰:'览卿注,殊为富博。但文非屈宋,理惭张贾。既有雅致,便可付之集书。'"可见孝文帝平常很注意文学创作,并留心文集的编纂。关于孝文帝喜好文学,赵翼《廿二史札记》卷一四"魏孝文帝文学"条已有所论述,他说:"古今帝王以才学著称者,曹魏父子、萧梁父子为最,然皆生自中土,缉学少年。惟魏孝文帝,生本北俗,五岁即登帝位,此岂有师儒之训,执经请业,如经生家所为,乃其聪睿夙成,有不可以常理论者。"他又罗列史传中所在孝文帝之参与文学活动之史实,以为"可见帝笃于文学,才藻天成,有不能自讳者,虽亦才人习气,然聪睿固不可及。其急于迁洛,欲变国俗,而习华风,盖发于性灵而不自止也"。

② [隋]阳玠撰、黄大宏校笺:《八代谈薮校笺》(中华书局 2010 年版)正编卷上北朝"崔广名子皆有力傍"条、"邢峦讳焘言巨源杖"条。

③ 灵太后之好文学,可能与儒学朝臣之劝导有关。《魏书》卷六七《崔光传》载"时灵太后临朝,每于后园亲执弓矢,光乃表上中古妇人文章"云云,劝谕灵太后重视文学。又,《魏书》卷三一《于栗磾传附于忠传》载:"忠妻中山王尼须女,微解《诗》《书》,灵太后临朝,引为女侍中,赐号范阳郡君。"胡太后在宫中设女侍中,可见她对学术文化颇为重视。

北魏末和东魏时期的其他统治者也多具有较高的学术文化修养。如孝静帝，《魏书》卷一二本纪载"帝好文学，美容仪。力能挟石师子以逾墙，射无不中。嘉辰宴会，多命群臣赋诗，从容沉雅，有孝文风。"在重视文学方面，孝静帝"有孝文风"，"嘉辰宴会，多命群臣赋诗"，是比较典型的雅集。这方面是有实例的，如《魏书》卷一〇四《自序篇》载：

> 静帝曾季秋大射，普令赋诗，收诗末云："尺书征建邺，折简召长安。"文襄壮之，顾谓人曰："在朝今有魏收，便是国之光采。雅俗文墨，通达纵横，我亦使子才、子升时有所作，至于词气并不及之。吾或意有所怀，忘而不语，语而不尽，意有未及。及收呈草，皆以周悉。此亦难有。"

此外，孝静帝还与一些学者谈论儒家经典，《北齐书》卷二九《李深传附弟绘传》载：

> 魏静帝于显阳殿讲《孝经》《礼记》，绘与从弟骞、裴伯茂、魏收、卢元明等俱为录议。素长笔札，尤能传受，缉缀词议，简举可观。

又，《隋书》卷四二《李德林传》载："魏孝静帝时，命当世通人正定文籍，以为内校书，别在直阁省。"不仅如此，孝静帝还与文士谈论玄理，《北齐书》卷二四《杜弼传》载：

> （弼）奉使诣阙，魏帝见之于九龙殿，曰："朕始读《庄子》，便值奏名，定是体道得真，玄同齐物。闻卿精学，聊有所问。经中佛性、法性为一为异？"弼对曰："佛性、法性，止是一理。"诏又问曰："佛性既非法性，何得为一？"对曰："性无不在，故不说二。"诏又问曰："说者皆言法性宽，佛性狭，宽狭既别，非二如何？"弼又对曰："在宽成宽，在狭成狭，若论佛体，非宽非狭。"诏问曰："既言成宽成狭，何得非宽非狭？若定是狭，亦不能成宽。"对曰："以非宽狭，故能成宽狭，宽狭所成虽异，能成恒一。"上悦称善。乃引入经书库，赐《地持经》一部，帛一百匹。

可见孝静帝精研《庄子》，会通道、佛，与杜弼深究佛学义理。又载"弼性好名理，探味玄宗，自在军旅，带经从役"，他作老子《道德经注》二卷，上表奏之，孝静帝诏曰："李君游神冥窅，独观恍惚，玄同造化，宗极群有。从中被外，周应可以裁成；自己及物，运行可以资用，隆家宁国，义属斯文。卿才思优洽，业尚通远，息栖儒门，驰骋玄肆，既启专家之学，且畅释老之言。户列门张，途通径达，理事兼申，能用俱表，彼贤所未悟，遗老所未闻，旨极精微，言穷深妙。朕有味二《经》，倦于旧说，历览新注，所得已多，嘉尚之来，良非一绪。已敕杀青编，藏之延阁。"孝静帝与杜弼就道、佛思想有深入之交流。

由上所述，可见北魏孝文帝迁都洛阳以后，其与鲜卑王公和汉族士大夫宴会聚集，常常形成诗文相竞的文学交流局面，也就是所谓的雅集。此后，北魏末及东魏时期的统治者，对学术文化也多有一定的修养，其游宴聚集过程中，既有文学创作活动，也有儒、释、道经典义理的研讨，体现出当时统治者所组织雅集的文化内涵不断丰富的状况。

（二）以北魏王公贵族为中心的游宴雅集活动

自孝文帝迁都洛阳后，特别在宣武帝和明帝时期，鲜卑王公的物质财富迅速增长，生活方式也随之发生了明显变化，大多王公贵族在日常生活中表现出极端奢侈化的倾向。《洛阳伽蓝记》卷四"城西·法云寺"条下载：

> 当时四海晏清，八荒率职，缥囊纪庆，玉烛调辰，百姓殷阜，年登俗乐。鳏寡不闻犬豕之食，茕独不见牛马之衣。于是帝族王侯、外戚公主，擅山海之富，居川林之饶，争修园宅，互相夸竞。崇门丰室，洞户连房，飞馆生风，重楼起雾；高台芳榭，家家而筑，花林曲池，园园而有；莫不桃李夏绿，竹柏冬青。而河间王琛最为豪首，常与高阳争衡，造文柏堂，形如徽音殿。……语人云："晋室石崇，乃是庶姓，犹能雉头狐掖，画卵雕薪；况我大魏天王，不为华侈！"……琛忽谓章武王融曰："不恨我不见石崇，恨石崇不见我！"……于时国家殷富，库藏盈溢，钱绢露积于廊者，不可较数。

如此富足，鲜卑王公除了别出心裁的夸奢比富外，一些人开始追求生活的文化品格，以掩饰自己的粗鄙，其中最普遍的方式是豢养大量的妓女，既可营造丝竹歌舞的文化环境，也可满足声色之欲。如高阳王元雍，《洛阳伽蓝记》

卷三"城南·高阳王寺"条下载："正光中，雍为丞相，……贵极人臣，富兼山海，居止第宅，匹于帝宫。……自汉晋以来，诸王豪侈，未之有也。"其家中有不少才能出众的艺人，"雍薨后，诸妓悉令入道，或有嫁者，美人徐月华善弹箜篌，能为《明妃出塞》之歌，闻者莫不动容"。

当时，他们聚会十分频繁，史称《魏书·景穆十二王·任城王元澄传附子顺传》载：

> 于时四方无事，国富民康，豪贵子弟，率以朋游为乐，而顺下帷读书，笃志爱古。

可见当时北魏"豪贵子弟，率以朋游为乐"。

特别需要指出的是，在孝文帝全面汉化后，鲜、汉上层社会的交往日益密切，不仅在官府中为同僚，在私下交际中也同处。因此，鲜卑王公所组织的游宴活动，其参加者往往有汉族文士，其间或诗赋创作，或谈论玄理，造成了一些"朋游"的雅化，出现了以北魏王公为中心的学术文化交流活动。《洛阳伽蓝记》卷四"城西·宝光寺"条载：

> 当时园地平衍，果菜葱青，莫不叹息焉。园中有一海，号"咸池"。葭菼被岸，菱荷覆水，青松翠竹，罗生其旁。京邑士子，至于良辰美日，休沐告归，征友命朋，来游此寺。雷车接轸，羽盖成荫。或置酒林泉，题诗花圃，折藕浮瓜，以为兴适。

又，《洛阳伽蓝记》卷五"城北·凝圆寺"条下载：

> 地形高显，下临城阙。房庑精丽，竹柏成林，实是净行息心之所也。王公卿士，来游观为五言者，不可胜数。

这里集中地反映出当时北魏上层人物雅集的情况。

孝文帝非常重视对其兄弟、子侄的文化教育。《魏书》卷二一（上）《献文六王·广陵王元羽传》载："高祖引陆叡、元赞等于前曰：'北人每言北人何用知书，朕闻此，深用怃然。今知书者甚众，岂皆圣人。朕自行礼九年，置官三载，正欲闻导兆人，致之礼教。朕为天子，何假中原，欲令卿等子孙，博见多知。若永居恒北，值不好文主，卿等子孙，不免面墙也。'陆叡等曰：

第十五章 北魏后期与东魏、北齐之际上层社会之交游与雅聚 / 371

'实如明诏，金氏若不入仕汉朝，七世知名，亦不可得也。'高祖大悦。"可见，孝文帝迁洛，大力敦促鲜卑上层学习汉族思想文化，"博见多知"，特别注重对其兄弟、子侄文学才能的培养，给他们配备了才华出众的文士作为僚佐和宾友，如据《魏书》卷八二《祖莹传》，祖莹自少便聪明异常，被称为"圣小儿"，深得孝文帝赏识，以之为彭城王元勰司徒法曹参军，孝文帝谓元勰曰："萧赜以王元长为子良法曹，今为汝用祖莹，岂非伦匹也。"又，孝文帝子京兆王元愉颇得孝文帝喜爱，也曾精心为其挑选宾友，《魏书》卷五七《高祐传》载高谅"少好学，多识强记，居丧以孝闻。太和末，京兆王开府辟召，高祖妙简行佐，谅与陇西李仲尚、赵郡李凤起等同时应选"。元愉如此，孝文帝其他诸子当亦如此，这对他们学术文艺才能的提高颇有促动。

确实，孝文帝兄弟一辈人物在聚集时，常涉及谈理、文学等雅事。前述元勰常与孝文帝诗赋唱和，可见其文学修养。《魏书·祖莹传》又载元勰所参与的一则典型的文学风雅事例：

> 尚书令王肃曾于省中咏《悲平城诗》，云："悲平城，驱马入云中。阴山常晦雪，荒松无罢风。"彭城王勰甚嗟其美，欲使肃更咏，乃失语云："王公吟咏情性，声律殊佳，可更为诵《悲彭城诗》。"肃因戏勰云："何意《悲平城》为《悲彭城》也？"勰有惭色。莹在座，即云："所有《悲彭城》，王公自未见耳。"肃云："可为诵之。"莹应声云："悲彭城，楚歌四面起；尸积石梁亭，血流睢水里。"肃甚嗟赏之。勰亦大悦，退谓莹曰："即定是神口。今日若不得卿，几为吴子所屈。"

这是在尚书省中举行的文学雅集。① 与此相似，《魏书》卷五八《杨播传附杨昱传》载：

> 初，尚书令王肃除扬州刺史，出顿于洛阳东亭，朝贵毕集，诏令诸

---

① 关于彭城王元勰的学术文化修养，《魏书》卷二一（下）《献文六王·彭城王元勰传》载："勰夙侍高祖，兼聪达博闻，凡所裁决，时彦归仰。加以美容貌，善风仪，端严若神，折旋合度，出入言笑，观者忘疲。又加侍中。勰敦尚文史，物务之暇，披览不辍。撰自古帝王贤达至于魏世子孙，三十卷，名曰《要略》。小心谨慎，初无过失，虽闲居宴处，亦无慢色惰容。爱敬儒彦，倾心礼待。"从其政治地位及"尚文史""爱敬儒彦，倾心礼待"等情况看，元勰应是当时文化交际活动的中心人物之一。

王送别，昱伯父播同在饯席。酒酣之后，广阳王嘉、北海王详等与播论议竞理，播不为之屈。北海顾谓昱曰："尊伯性刚，不伏理，大不如尊使君也。"昱前对曰："昱父道隆则从其隆，道污则从其污；伯父刚则不吐，柔亦不茹。"一坐叹其能言。肃曰："非此郎，何得申二公之美也。"

由上述，可见以彭城王元勰、北海王元详等为中心的文学活动及当时鲜、汉上层交融的状况。

在孝文帝诸子中，京兆王元愉与清河王元怿所组织之雅集活动最具代表性。关于元愉招士，《魏书》卷二二《孝文五王·京兆王元愉传》载：

愉好文章，颇著诗赋。时引才人宋世景、李神俊、祖莹、邢晏、王遵业、张始均等共申宴喜，招四方儒学宾客严怀真等数十人，馆而礼之。所得谷帛，率多散施。又崇信佛道，用度常至不接。

元愉具有文学才能，他招引了不少当时著名的文士和儒士，"共申宴喜""馆而礼之"，形成了一个以其为中心的学术文化集团。

关于元怿，《魏书·孝文五王·清河王元怿传》载其"幼而敏惠，美姿貌，高祖爱之。彭城王勰甚器异之，并曰：'此儿风神外伟，黄中内润，若天假之年，比《二南》矣。'博涉经史，兼综群言，有文才，善谈理，宽仁容裕，喜怒不形于色"。可见其"有文才""善谈理"，文化修养甚高。不仅如此，他在孝明帝时期，一度执掌朝政，地位显赫，常组织学术文化活动。《洛阳伽蓝记》卷四"城西·冲觉寺"条下载：

怿亲王之中，最有名行，世宗爱之，特隆诸弟。延昌四年，世宗崩，怿与高阳王雍、广平王怀并受遗诏，辅翼孝明。时帝始年六岁，太后代总万机，以怿名德茂亲，体道居正，事无大小，多咨询之。是以熙平、神龟之际，势倾人主，第宅丰大，逾于高阳。西北有楼，出凌云台，俯临朝市，目极京师，……楼下有儒林馆，延宾堂，形制并如清暑殿，土山钓台，冠于当世。斜峰入牖，曲沼环堂。树响飞嘤，阶丛花药。怿爱宾客，重文藻，海内才子，莫不辐辏。府僚臣佐，并选隽民。至于清晨明景，骋望南台，珍馐具设，琴笙并奏，芳醴盈罍，佳宾满席，使梁王愧兔园之游，陈思惭雀台之燕。

第十五章 北魏后期与东魏、北齐之际上层社会之交游与雅聚

可见元怿招揽了不少"海内才子",所谓"使梁王愧兔园之游,陈思惭雀台之燕",说明其府邸文学之士聚集相当频繁,是一个活跃的文学中心。

广平王元怀,《魏书》卷六九《崔休传》载:"休爱才好士,多所拔擢。广平王怀数引谈宴,世宗责其与诸王交游,免官。"可见元怀常召集文士"谈宴"。

其他宗室诸王也多有这方面的表现。《魏书·景穆十二王·南安王桢传》载元桢孙元熙相关之事云:

> 熙既蕃王之贵,加有文学,好奇爱异,交结伟俊,风气甚高,名美当世,先达后进,多造其门。始熙之镇邺也,知友才学之士袁翻、李琰、李神俊、王诵兄弟、裴敬宪等饯于河梁,赋诗告别。及熙将死,复与知故书曰:"……昔李斯忆上蔡黄犬,陆机想华亭鹤唳,岂不以恍惚无际,一去不还者乎?今欲对秋月,临春风,藉芳草,荫花树,广召名胜,赋诗洛滨,其可得乎?凡百君子,各敬尔宜,为国为身,善勖名节,立功立事,为身为己,吾何言哉!"时人怜之。

可见元熙在洛阳常与诸名士聚集,"赋诗洛滨"。又,《魏书》卷八五《文苑·裴敬宪传》载裴敬宪"少有志行,学博才清,抚训诸弟,专以读诵为业。……工隶草,解音律,五言之作,独擅于时。名声甚重,后进共宗慕之。中山王将之郡,朝贤送于河梁,赋诗言别,皆以敬宪为最。其文不能赡远,而有清丽之美"。

更为突出的是元彧,《魏书》卷一八《太武五王·临淮王谭附子彧传》载元彧"少与从兄安丰王延明、中山王熙并以宗室博古文学齐名,时人莫能定其优劣。尚书郎范阳卢道将谓吏部清河崔休曰:'三人才学虽无优劣,然安丰少于造次,中山皂白太多,未若济南风流沉雅。'时人为之语曰:'三王楚琳琅,未若济南备圆方。'彧姿制闲裕,吐发流靡,琅邪王诵有名人也,见之未尝不心醉忘疲"。又载:"彧美风韵,善进止,衣冠之下,雅有容则。博览群书,不为章句。"可见元彧与元延明、元熙为宗室诸王中最具风流的人物,其学识与风度皆已名士化。《洛阳伽蓝记》卷四"城西·法云寺"条下载:

> 彧博通典籍,辨慧清悟,风仪详审,容止可观。至三元肇庆,万国齐珍,金蝉曜首,宝玉鸣腰,负荷执笏,逶迤复道。观者忘疲,莫不叹

服。或性爱林泉，又重宾客。至于春风扇扬，花树如锦，晨食南馆，夜游后园。僚寀成群，俊民满席，丝桐发响，羽觞流行，诗赋并陈，清言乍起。莫不饮其玄奥，忘其褊郄焉。是以入或室者，谓登仙也。荆州秀才张裴常为五言，有清拔之句云："异林花共色，别树鸟同声。"或以蛟龙锦赐之。亦有得绯绫者。唯河东裴子明为诗不工，罚酒一石。子明八斗而醉眠，时人譬之山涛。

元或府邸"僚寀成群，俊民满席，丝桐发响，羽觞流行，诗赋并陈，清言乍起"，其聚会自然是学术文化内容丰富的雅集。

至于元延明，《魏书》卷二〇《安丰王元延明传》载"世宗时，授太中大夫。延昌初，岁大饥，延明乃减家财，以拯宾客数十人，并赡其家"。所谓"宾客"，正是其所养士人。本传又载："延明既博极群书，兼有文藻，鸠集图籍万余卷。性清俭，不营产业。与中山王熙及弟临淮王或等，并以才学令望有名于世。虽风流造次不及熙、或，而稽古淳笃过之。寻迁侍中，诏与侍中崔光撰定服制。后兼尚书右仆射。以延明博识多闻，敕监金石事。"他"著诗赋赞颂铭诔三百篇，又撰《五经宗略》《诗礼别义》，注《帝王世纪》及《列仙传》。又以河间人信都芳工算术，引之在馆。其撰古今乐事，《九章》十二图，又集《器准》九篇，芳别为之注，皆行于世"①。可见，元延明虽能文，但其学识与性格更接近儒者，其所招宾客及其交游，当更重视学术方面。因此，这是一个以元延明为中心的"稽古"学术集团。②

又，《魏书》卷一六《道武七王·元叉传》载元叉弟元罗"虽父兄贵盛，而虚己谦退，恂恂接物。迁东平将军、青州刺史。又当朝专政，罗望倾四海，于时才名之士王元景、邢子才、李奖等咸为其宾客，从游青土"。这是一个以

---

① 《魏书》卷九一《术艺传》载："时有河间信都芳，字王琳，好学善天文算数，甚为安丰王延明所知。延明家有群书，欲抄集《五经》算事为《五经宗》及古今乐事为《乐书》；又聚浑天、欹器、地动、铜乌漏刻、候风诸巧事，并图画为《器准》。并令芳算之。令延明南奔，芳乃自撰注。"

② 关于安丰王元延明之交士，《魏书》卷八二《李琰之传》载李琰之"少机警，善谈，经史百家ætu无所不览，朝廷疑事多所访质"。自谓其学既博且精，"当时物议，咸共宗之。又自夸文章，从姨兄常景笑而不许。每休闲之际，恒闭门读书，不交人事。尝谓人曰：'吾所以好读书，不求身后之名，但异见异闻，心之所愿，是以孜孜搜讨，欲罢不能。岂为声名劳七尺也？此乃天性，非为力强。'……安丰王延明，博闻多识，每有疑滞，恒就琰之辨析，自以为不及也"。又，《北齐书》卷四五《文苑·李广传》载："广博涉群书，有才思文议之美，少与赵郡李謇齐名，为邢、魏之亚。……魏安丰王延明镇徐州，署广长流参军。"二人皆为谈论、文学之士。

元罗为中心的交际圈子。①《魏书》卷一八《太武五王·广阳王元嘉传》载元嘉深得宣武帝敬重,"嘉好立功名,有益公私,多所敷奏,帝雅委付之。爱敬人物,后来才俊未为时知者,侍坐之次,转加谈引,时人以此称之"。

关于孝文帝迁洛之后元魏皇族人物生活之崇尚风雅、组织以谈论、文艺活动为主要内容的聚集,相关墓志也颇多翔实生动之记载,本书有专题论述,此处不再一一征引。

由上所考,可见北魏末及东魏时期,鲜卑皇族子弟汉化程度较高的精英之士不断招揽宾客,组织游集,或组织文献整理,或致力学术研究,或进行诗赋创作,形成了一些具有显著文化交流特征的雅集中心。当然,当时鲜卑王公之"朋游"、游宴之风甚盛,更多的是寻欢作乐。不过,在雅集风气的影响下,即便是粗鄙的"逸游",由于名士的参与,也增添了一些雅趣。《北齐书》卷三一《王昕传》载王昕字元景,为汝南王元悦骑兵参军,王昕是一个颇为玄化的名士,"旧事,王出射,武服持刀陪从,昕未尝依行列。悦好逸游,或骋骑信宿,昕辄弃还。悦乃令骑马在前,手为驱策。昕舍辔高拱,任马所至。左右言其诞慢。悦曰:'府望惟在此贤,不可责也。'悦数散钱于地,令诸佐争拾之,昕独不拾。悦又散银钱以目昕,昕乃取其一。悦与府僚饮酒,起自移床,人争进手,昕独执版却立。悦于是作色曰:'我帝孙帝子帝弟帝叔,今为宴适,亲起舆床。卿是何人,独为偃蹇!'对曰:'元景位望微劣,不足使殿下式瞻仪形,安敢以亲王僚采,从厮养之役。'悦谢焉。坐上皆引满酣畅,昕先起,卧闲室,频召不至。悦乃自诣呼之曰:'怀其才而忽府主,可谓仁乎?'昕曰:'商辛沉湎,其亡也忽诸,府主自忽,微僚敢任其咎。'悦大笑而去。"汝南王元悦与清河王元怿等召集才士进行谈论、诗赋创作显然不同,其幕府中有王昕这样的典型风雅之士而未有雅谈之事。不过,元悦对王昕之"疏诞"多有包容,这体现出北魏末鲜卑上层汉化集团在文化上的进步。

(三)以士族名士领袖为中心的聚集

随着北魏后期士风的变化,士人聚集日益盛行,名士领袖人物周围总是聚集着一些同声共气的才学之士。与当时皇帝或诸王组织的聚集相比,名士阶层的聚集没有前者的富贵气息及鱼龙混杂的情况,显得更为单纯,往往是比较纯粹的文学或玄化清谈士人的交游。

---

① 据《隋书》卷七五《儒林·元善传》,元罗在元叉遇诛后,一度南奔萧梁,其子元善精于儒学,自然受到南朝学风的影响,后入周、隋,以经学显名。

考察北魏后期名士雅集交际，有一支由南入北的士人群体。据《魏书》卷七一《裴叔业传》和《夏侯道迁传》所载，裴叔业、夏侯道迁原为萧梁边关镇将，相继入魏，其中有不少文士，他们在北方保持着南朝的生活方式，常有雅集之举。《裴叔业传》载梁祐乃"叔业之从姑子，好学，便弓马，……从容风雅，好为诗咏，常与朝廷名贤泛舟洛水，以诗酒自娱"。自世宗景明年间，以梁祐为中心，形成了一个名士文学群体。柳远，"性粗疏无拘检，时人或谓之'柳癫'。好弹琴，耽酒，时有文咏。为肃宗挽郎。出帝初，除仪同开府参军事。放情琴酒之间"。柳谐，"颇有文学。善鼓琴，以新声手势，京师士子翕然从学"①。

夏侯道迁父子更为典型，《夏侯道迁传》载：

> 道迁虽学不渊洽，而历览书史，闲习尺牍，札翰往还，甚有意理。好言宴，务口实，京师珍馐，罔不毕有。于京城之西，水次之地，大起园池，殖列蔬果，延致秀彦，时往游适，妓妾十余，常自娱兴。国秩岁入三千余匹，专供酒馔，不营家产。每诵孔融诗曰："'坐上客恒满，樽中酒不空'，余非吾事。"识者多之。

夏侯道迁虽粗鄙，但"延致秀彦，时往游适，妓妾十余，常自娱兴"，致力风雅。其子夏侯夬，其交际与聚会则更为雅化：

> 性好饮酒，居丧不戚，醇醪肥鲜，不离于口。沽买饮啖，多所费用。父时田园，货卖略尽，人间债负数犹千余匹，谷食至常不足，弟妹不免饥寒。……秘书监郑道昭暴病卒，夬闻，谓（赵）卓曰："人生何常，唯当纵饮耳。"于是昏酣遂甚。初夬与南人辛谌、庾道②、江文遥等终日游聚，酣饮之际，恒相谓曰："人生局促，何殊朝露，坐上相看，先后之间耳。脱有先亡者，当于良辰美景，灵前饮宴，傥或有知，庶共歆飨。"及夬亡后，三月上巳，诸人相率至夬灵前酹饮。时日晚天阴，室中微暗，

---

① 《魏书》卷七一《王世弼传》载世弼随裴叔业北迁，"善草隶书，好爱坟典"；其子王由"好学，有文才，尤善草隶。性方厚，有名士之风。又工摹画，为时人所服。"

② 《魏书》卷七一《江悦之传附庾道传》载庾道"亦与道迁俱入国，虽不参谋，亦为奇士。历览史传，善草隶书，轻财重义。……及至洛阳，环堵弊庐。多与俊秀交旧，积二十余岁，殊无宦情。正光中，乃除幽州左将军府主簿，饶安令。罢县后，仍客游齐鲁之间"。这是一个比较典型的名士。

第十五章 北魏后期与东魏、北齐之际上层社会之交游与雅聚 / 377

咸见夬在坐,衣服形容不异平昔,时执杯酒,似若献酬,但无语耳。

这是一个典型的玄化集团,对当时玄学风尚的北传影响颇为显著。①

其他北方士人雅集交际活动圈子甚多。李神俊是魏末士人交际的中心人物之一。《魏书》卷三九《李宝传附李神俊传》载:

神俊意尚风流,情在推引人物,而不能守正奉公,无多声誉。……神俊风韵秀举,博学多闻,朝廷旧章及人伦氏族,多所谙记。笃好文雅,老而不辍,凡所交游,皆一时名士。汲引后生,为其光价,四方才子,咸宗附之。而性通率,不持检度,至于少年之徒,皆与亵狎,不能清正方重,识者以此为讥。

李神俊是一个玄化名士的代表,他特别注意推举晚辈,"四方才子,咸宗附之",成为当时玄化名士聚集的中心,东魏时期的著名文士邢邵、魏收等,都曾与之交游,受到提携。

《魏书》卷六九《裴延俊传附裴庆孙传》载裴庆孙"任侠有气,乡曲壮士及好事者,多相依附,抚养咸有恩纪。在郡之日,值岁饥凶,四方游客常有百余,庆孙自以家粮赡之。性虽粗武,爱之文流,与诸才学之士咸相交结,轻财重义,座客常满,是以为时所称。"

又有高谦之兄弟。《魏书》卷七七《高崇传》载高崇子高谦之,"及长,屏绝人事,专意经史,天文算历、图纬之书,多所该涉,日诵数千言,好文章,留意《老》《易》。……谦之与袁翻、常景、郦道元、温子升之徒,咸申款旧"。其弟高恭之,"学涉经史,非名流俊士,不与交结"。高谦之所交结者,皆以文学显名。

《魏书》卷七九《成淹传》载成淹子成霄,"亦学涉,好为文咏,但词彩不伦,率多鄙俗。与河东姜质等朋游相好,诗赋间起。知音之士,共好嬉笑;闾巷浅识,颂讽成群,乃至大行于世"。对此,《洛阳伽蓝记》卷二"城东·正始寺"条载司农张伦居于昭德里,其人豪奢,"园林山池之美,诸王莫及",

---

① 北魏后期社会文化风尚之变化,与当时入北南士的影响不无关系。孝文帝时期入魏南人地位最高者无疑是琅邪王肃,《魏书》卷六三《王肃传》载王肃于太和十七年入魏,其"少而聪辩,涉猎经史","自谓《礼》《易》为长",为当时入北人物中门第最为显著者,"音韵雅畅",孝文帝对其极为钦重,以之转输南朝礼仪制度和思想文化。

所造景阳山，"有若自然"，其中山重水复、树木蔽日、道路曲折，"是以山情野兴之士，游以忘归。天水人姜质，志性疏诞，麻衣葛巾，有逸民之操，见偏爱之，如不能已，遂造《庭山赋》行传于世"。

《魏书》卷八五《文苑传》记载了当时文学士人间的交结情况。封肃，"早有文思，博涉经史，太傅崔光见而赏焉。……肃性恭俭，不妄交游，唯与崔励、励从兄鸿尤相亲善"。邢臧，"与裴敬宪、卢观兄弟并结交分，曾共读《回文集》，臧独先通之。撰古来文集，并叙作者氏族，号曰《文谱》，未就，病卒，时贤悼惜之"。裴伯茂，"少有风望，学涉群书，文藻富赡。……伯茂好饮酒，颇涉疏傲，久不徙官，曾为《豁情赋》……伯茂末年剧饮不已，乃至伤性，多有愆失。……卒后，殡于家园，友人常景、李浑、王元景、卢元明、魏季景、李骞等十许人于墓傍置酒设祭，哀哭涕泣，一饮一酹曰：'裴中书魂而有灵，知吾曹也。'乃各赋诗一篇。李骞以魏收亦与之友，寄以示收。收时在晋阳，乃同其作，论叙伯茂，其十字云：'临风想玄度，对酒思公荣。'时人以伯茂性侮傲，谓收诗颇得事实"。又，《太平御览》卷七四〇引《谈薮》载："后魏中书侍郎裴敬宪，字伯茂。敬宪新构山亭，与宾客集，谓邢子才曰：'山池始就，愿为一名。'子才曰：'海中有蓬莱山，仙人之所居，宜名蓬莱。''蓬莱'，'裴聋'也。敬宪患耳，故以戏之。敬宪初不悟，于后始觉，忻然谓子才曰：'长忌及户，高则无害，公但大语，聋亦何嫌。'"① 这些文学之士都颇有个性，为人疏诞，其相互间的交往，自是名士雅集，尤以裴伯茂的情况最为典型，几与《世说新语·伤逝篇》所载魏晋玄学之士行为相同。

墓志资料也涉及当时士族名士之雅集。如东魏《封延之墓志》载其渤海修人，"公善文词，好酣宴。其所留连，皆一时秀士。九蕴余行，六肴间设，既闭门投辖，亦开阁忘疲。故以宾友相趣，朋徒慕响者矣"②。可见封延之与诸文士才俊游历之情景。

在诸多文士雅集的交际圈子中，尤以邢劭、王昕等人为中心的聚集影响显著。王昕，《北齐书》卷三一本传载其"少笃学读书"，累迁东莱太守，"昕少与邢劭俱为元罗宾友，及守东莱，劭举室就之。……昕雅好清言，词无

---

① ［隋］阳玠撰、黄大宏校笺《八代谈薮校笺》（中华书局 2010 年版）正编卷上北朝"邢劭嘲裴聋为蓬莱"条。
② 赵超：《汉魏南北朝墓志汇编》，天津古籍出版社 2008 年版，第 334 页。

第十五章　北魏后期与东魏、北齐之际上层社会之交游与雅聚

浅俗"。当时不少名士聚集在王昕周围。王昕弟王晞，小字沙弥，"幼而孝谨，淹雅有器度，好学不倦，美容仪，有风则。魏末随母兄东适海隅，与邢子良游处。子良爱其清悟，与其在洛两兄书曰：'贤弟弥郎，意识深远，旷达不羁，简于造次，言必诣理，吟咏情性，往往丽绝。恐足下方难为兄，不假虑其不进也'"。东魏、北齐之际，王晞"遨游巩洛，悦其山水，与范阳卢元明、钜鹿魏季景结侣同契，往天陵山，浩然有终焉之志"。又载王晞"性闲淡寡欲，虽王事鞅掌，而雅操不移。在并州，虽戎马填间，未尝以世务为累。良辰美景，啸咏遨游，登临山水，以谈谑为事，人士谓之物外司马。常诣晋祠，赋诗曰：'日落应归去，鱼鸟见留连。'忽有相王使至，召晞不时至。明日丞相西阁祭酒卢思道谓晞曰：'昨被召已朱颜，得不以鱼鸟致怪？'晞缓笑曰：'昨晚陶然，颇以酒浆被责，卿辈亦是留连之一物，岂直在鱼鸟而已。'"王昕兄弟为人任情纵性，颇为玄化。特别要强调指出的是，王昕之言行举止"疏诞"，与魏晋任诞名士颇为相似。之所以如此，与其刻意效仿南朝名士做派不无关系。《北史》卷二四《王宪传附王昕传》载齐文宣帝"以昕疏诞"，下诏斥之，其中说他"伪赏宾郎之味，好咏轻薄之篇，自谓模拟伧楚，曲尽风制。推此为长，余何足取"。所谓"宾郎"，即槟榔。吃槟榔，这是南人的习惯；在文学方面，王昕好"好咏轻薄之篇"，表明其喜好南朝文风，而"自谓模拟伧楚"，就是效仿南人。王昕如此，其交游群体也无不如此。①

邢邵，《北齐书》卷三六《邢邵传》载其自少以文学才能显，深得赞誉，"少在洛阳，会天下无事，与时名胜专以山水游宴为娱，不暇勤业。……文章典丽，既赡且速。年未二十，名动衣冠。尝与右北平阳固、河东裴伯茂、从兄罴、河南陆道晖等至北海王昕舍宿饮，相与赋诗，凡数十首，皆在主人奴处。且日奴行，诸人求诗不得，邵皆为诵之，诸人有不认诗者，奴还得本，不误一字。诸人方之王粲。吏部尚书陇西李神俊大相钦重，引为忘年之交"。又载："自孝明之后，文雅大盛，邵雕虫之美，独步当时，每一文初出，京师为之纸贵，读诵俄遍远近。"后入北齐，依然以文著名，然其"脱略简易"，"性好谈赏，不能闲独，公事归休，恒须宾客自伴"。《洛阳伽蓝记》卷三"城南·景明寺"条下载邢邵"志性通敏，风情雅润，下帷覃思，温故知新，

---

① 《文苑英华》卷七五五录有苏世良《王昕及弟晞传论》一文，将王氏兄弟作为当时玄化名士的代表。关于东魏时期士大夫社会对江南文化的态度，《北齐书》卷二四《杜弼传》载高欢的一段话说："江东复有一吴儿老翁萧衍者，专事衣冠礼乐，中原士大夫望之以为正朔所在。"这非常生动地说明东魏士人崇尚江南文化的普遍心理。

文宗学府，跨班、马而孤上；英规胜范，凌许、郭而独高。是以衣冠之士，辐辏其门；怀道之宾，去来满室。升其堂者，若登孔氏之门，沾其赏者，犹听东吴之句。籍甚当时，声驰遐迩"。可见邢邵是北魏末、东魏时期文学士人聚集的重要组织者。

邢邵与诸名士交游，除了"相与赋诗"外，还涉及谈论玄理。《北齐书·杜弼传》载杜弼"尝与邢邵扈从东山，共论名理"。二人所谈，主要集中在生命生死与传续问题，"邢以为人死还生，恐为蛇画足"；杜弼则从道家的理论出发，以为"物之未生，本亦无也，无而能有，不以为疑。因前生后，何独致怪"。进而双方论及神灭与神不灭问题，"前后往复再三，邢邵理屈而止，文多不载"。邢、杜"共论名理"，为当时哲学思想探索之重要事件，涉及玄学、儒学及佛教等方面问题，值得重视。

又，《北齐书》卷二九《李浑传附弟绘传》载李绘以文才、清言称誉士林，东魏孝静帝"天平初，世宗用为丞相司马。每罢朝，文武总集，对扬王庭，常令绘先发言端，为群僚之首。音辞辩正，风仪都雅，听者悚然"。《北齐书》卷二九《郑述祖传》载郑述祖，"少聪敏，好属文，有风检，为先达所称誉。……述祖能鼓琴，自造《龙吟十弄》，云尝梦人弹琴，寤而写得。当时以为绝妙。所在好为山池，松竹交植，盛馔以待宾客，将迎不倦"。《北齐书》卷三五《裴让之传》载"让之少好学，有文俊辩，早得声誉"，东魏天平年间举秀才，时人赞曰："能赋诗，裴让之。"与名士杨愔友善，"相遇则清谈竟日"，杨愔每云："此人风流警拔，裴文季为不亡矣。"其弟裴讞之，"七岁便勤学，早知名"，杨愔每称云："河东士族，京官不少，唯此家兄弟，全无乡音"，讞之"虽年少，不妄交游，唯与陇西辛术、赵郡李绘、顿丘李构、清河崔瞻为忘年之友"。

李元忠，《北史》卷三三《李灵传》载赵郡平棘人李元忠行为任诞，"在母丧，哭泣哀动旁人，而饮酒骑射不废，曰：'礼岂为我？'元忠虽处要任，初不以物务干怀，唯以声酒自娱，大率常醉。家事大小，了不关心。园庭罗种果药，亲朋寻诣，必流连宴赏。每挟弹携壶，游邀里闬。每言宁无食，不可使我无酒，阮步兵吾师也，孔少府岂欺我哉。"

不过，进入北齐之后，统治阶级上层人员构成发生变化，鲜卑遗风甚盛，士人雅集谈论风气有所减弱，《北齐书》卷四二《卢潜传》载卢昌衡"沉靖有才识，风仪蕴藉，容止可观。天保中，尚书王昕以雅谈获罪，诸弟尚守而不坠，自兹以后，此道顿微。昌衡与顿丘李若、彭城刘泰珉、河南陆彦师、

第十五章　北魏后期与东魏、北齐之际上层社会之交游与雅聚 / 381

陇西辛德源、太原王修并为后进风流之士"①。可见高洋建国，天保时期玄化风气"自兹以后，此道顿微"。当然，相对于关中之北周，北齐继承了北魏后期之文化遗产，士人雅集虽受到冲击，但仍在一定程度上得到延续。

以个人名士作风而言，《北齐书·文苑·刘逖传》载：

> 逖少而聪敏，好弋猎骑射，以行乐为事，爱交游，善戏谑。……魏末征诣霸府，……逖远离乡家，倦于羁旅，发愤自励，专精读书。晋阳都会之所，霸朝人士攸集，咸务于宴集。逖在游宴之中，卷不离手，值有文籍所未见者，则终日讽诵，或通夜不归，其好学如此。亦留心文藻，颇工诗咏。

可见北齐上层"咸务于宴集"，而少见风雅之事。当然，宴集过程中也有相关活动，主要是"剧谈"与"嘲戏"等相对低俗的文化形式，《北齐书》卷三三《徐之才传》载："之才聪辩强识，有兼人之敏，尤好剧谈体语，公私言聚，多相嘲戏。"徐之才由梁入北，原本通达玄学，然在北齐，人格极为卑下，以其"聪辩强识"，"剧谈体语"，"多相嘲戏"。这正反映出在北齐统治者鲜卑化旧俗回潮的背景下，其士人游宴风气的某些特征。②

三　北魏末及东魏、北齐之际上层社会雅集风气流行的原因与影响

经上文考述，可见北魏后期和东魏时期随着鲜卑入洛统治集团汉化进程

---

① 《北齐书》卷三一《王昕传》载北齐显祖"以昕疏诞，非济世所须，骂之曰：'好门户，恶人身。'……帝后与朝臣酣饮，昕称病不至。帝遣骑执之，见方摇膝吟咏，遂斩于御前，投尸漳水，天保十年也"作为东魏、北齐之际士林雅集谈论之名士领袖人物，王昕被杀，这是北齐统治者压制玄化士人及其文化政策重要的表现。

② 尽管在文化上北齐较之北魏后期的状况一度有所下降，但毕竟更多地继承了关东地区的文化资源，比之关中地区西魏—北周的文化风气则明显雅致得多。就雅集情况看，只有入关南士在长安还保持着这一生活方式。《隋书》卷七八《艺术·庾季才传》载庾季才在梁灭后入关，"季才局量宽弘，术业优博，笃于信义，志好宾游。常吉日良辰，与琅邪王褒、彭城刘毅、河东裴政及宗人（庾）信等，为文酒之会。次有刘臻、明克让、柳之徒，虽为后进，亦申游欸"。可见北周时期南士聚集，"为文酒之会"，这延续着南朝名士谈论的传统，而其他相关情况则几乎绝迹，这体现出关中地区文化相对落后的背景。

的加快，其上层精英分子的文化素养不断提高，其生活方式也发生了明显的变化，不仅"游宴""朋游"的交往活动日益频繁，而且这类交际活动的形式与内容也发生了深刻变化，出现了以汉族名士为中心的玄谈言论，涉及当时关注的哲理问题，更多的则以诗赋唱和，即所谓"或谈说经史，或吟咏诗赋"，这与魏晋以来玄学名士的雅集风尚颇为相似。正如唐人苏世良在《王昕及王晞传论》中所言："自晋失纲纪，世道交丧，遗风余烈，扫地将尽，魏文迁宅伊洛，情存典故，衣冠旧族，威仪式序，于是风流名士，往往间出。"①

何以如此？要理解这一问题，当然首先应从北魏中后期以来，特别是北魏孝文帝迁都洛阳以来，北魏上层的全面汉化及其物质生活条件的变化等方面去分析，这是基本的社会背景和前提。对此，前文所述，已间有涉及。不过，仅仅局限于此，尚不能深刻揭示北魏后期士风的变化原因。我们还应注意到，北魏后期全面汉化和雅化的一个重要资源或推动力来自对江左文化的汲取。从当时南北文化交流的情况看，孝文帝迁洛后，大力转输南朝文化，不仅直接向南朝借书，而且一再派遣使臣至江左观察，更加重视以王肃为代表入魏南士在传输江左典章文物制度方面的重要作用，造成了自西晋末南北分裂以来南学北输的高潮。② 当然，孝文帝等统治者所重视之江左文化，其核心首先自然在制度方面。不过随着南北文化交流局面的形成，南朝之学风、士风也随之北传。相对于北朝而言，由于南朝文化在整体上处于发达、先进的地位，其社会文化风尚给处于急剧变革中的北朝社会及其士人带来有如春风扑面般的刺激。《陈书》卷二六《徐陵传》载：

> 太清二年，兼通直散骑常侍。使魏，魏人授馆宴宾。是日甚热，其主客魏收嘲陵曰："今日之热，当由徐常侍来。"陵即答曰："昔王肃至此，为魏始制礼仪；今我来聘，使卿复知寒暑。"收大惭。

此事发生在梁末，虽是使者徐陵口辩急才，有谈笑的成分，但魏收之所以"大惭"，绝不仅是其个人口才不及，关键还在于北朝后期文化方方面面确实多取法南朝。

---

① 参见宋李昉等编《文苑英华》卷七五五，中华书局1966年版，第3954页。
② 对此，陈寅恪先生在《隋唐制度渊源略论稿·礼仪篇》中有深入的考叙，拙著《中古士人迁移与文化交流》（社会科学文献出版社2005年版）之《北魏之南朝流亡士人与南北文化交流》《青齐士人之北徙与北魏文化之变迁》两篇已有所考叙，请一并参见，此不赘述。

第十五章 北魏后期与东魏、北齐之际上层社会之交游与雅聚

当时北方学术文化的各门类莫不受到南朝文化风尚的影响，其中尤以文学艺术领域最为典型。《北史》卷八三《文苑传序》称"永嘉之后，天下分崩，夷狄交驰，文章殄灭"，孝文帝以后，雅爱文学，"衣冠仰止，咸慕新风，律调颇殊，曲度遂改"。所谓"咸慕新风，律调颇殊，曲度遂改"云云，实际上正是指文学风尚的南朝化。据《周书》卷二二《柳庆传》，西魏苏绰曾谓柳庆曰："近代以来，文章华靡，逮于江左，弥复轻薄。洛阳后进，祖述不已。"可见北魏后期之文学皆模仿南朝。又，《颜氏家训·文章篇》载：

> 邢子才、魏收俱有重名，时俗准的，以为师匠。邢赏服沈约而轻任昉，魏爱慕任昉而毁沈约，每于谈宴，辞色以之。邺下纷纭，各有朋党。祖孝征尝谓吾曰："任、沈之是非，乃邢、魏之优劣也。"

《北齐书》卷三七《魏收传》载邢邵攻击魏收说："江南任昉，文体本疏，魏收非直模拟，亦大偷窃。"魏收则反唇相讥说："伊常于《沈约集》中作贼，何意道我偷任昉。"可见东魏、北齐之际，北方一流文士依然处于模仿南朝文学的阶段。①

此外，江左士人喜好玄谈，其表现形式需要士人的群体聚集，即所谓清谈雅集。就生活方式而言，这与十六国北朝处于坞堡封闭状态下北方汉族大族士人的生活方式迥然不同；就交游谈论之内容而言，与以往鲜卑王公狂吃滥饮的粗鄙"游宴"更有霄壤之别。但随着北朝社会的不断变化，南朝的玄谈雅集风气如春风化雨，对北朝上层社会的生活方式与生活情趣影响甚著，出现了不少"性好玄理"的人物，甚至在他们的行为做派方面，也一味模仿南朝风气，最高统治者也鼓励模范南朝人物的行为举止。如《魏书》卷六三《王肃传》载宣武帝时，王肃弟秉又携其侄王诵等入魏，王诵"学涉有文才，神气清俊，风流甚美。……肃宗崩，灵太后之立幼主也，于时大赦，诵宣读诏书，音制抑扬，风神疏秀，百僚倾属，莫不叹美"。又，《魏书·裴叔业传附裴粲传》载：

---

① 《旧唐书》卷七二《李百药传》载其定州安平人，隋中书令、安平公李德林子，"七岁解属文。父友人齐中书舍人陆X、马元熙尝造德林宴集。有读徐陵文者，云'既取成周之禾，将刈琅邪之稻'，并不知其事。百药时侍立，进曰：'《传》称：'鄅人籍稻。'杜预注云：'鄅国在琅邪开阳。'X等大惊异之"。李德林为北齐后期著名文人，列于文林馆，陆X、马元熙二人也如此，他们宴集时共论徐陵文，显然徐陵文集在邺城文人圈子中颇流行。

> （粲）沉重，善风仪，……高阳王雍曾以事属粲，粲不从，雍甚为恨。后因九日马射，敕畿内太守皆赴京师。雍时为州牧，粲往修谒，雍含怒待之，粲神情闲迈，举止抑扬，雍目之不觉解颜。及坐定，谓粲曰："相爱举动，可更为一行。"粲便下席为行，从容而出。……后世宗闻粲善自标置，欲观其风度，忽令传诏就家急召之，须臾之间，使者相属，合家怔惧，不测所以，粲更恬然，神色不变。世宗叹异之。时仆射高肇以外戚之贵，势倾一时，朝士见者咸望尘拜谒，粲候肇，惟长揖而已。及还，家人尤责之，粲曰："何可自同凡俗也。"又曾诣清河王怿，下车始进，便属暴雨，粲容步舒雅，不以霑濡改节。怿乃令人持盖覆之，叹谓左右曰："何代无奇人！"

北魏皇帝、王公对南人仪表容止如此推崇，其对南朝文化羡慕之心态可见一斑。在南朝士风的影响下，北魏后期出现了玄化层次甚高的名士，《洛阳伽蓝记》卷二"城东·景宁寺"条下载弘农人杨元慎"清尚卓逸，少有高操，任心自放，不为时羁。乐水爱山，好游林泽。博识文渊，清言入神，造次应对，莫有称者。读《老》《庄》，善言玄理。性嗜酒，饮至一石，神不乱。常慷慨叹，不得与阮籍同时生。不愿仕宦，为中散，常辞疾退闲，未尝修敬诸贵，亦不庆吊亲知，贵为交友，故时人弗识也。"萧梁将领陈庆之曾北伐至洛阳，其返回建康后，"钦重北人，特异于常"，以致南人颇怪异之，他说：

> "自晋、宋以来，号洛阳为荒土，此中谓长江以北，尽是夷狄。昨至洛阳，始知衣冠士族，并在中原；礼仪富盛，人物殷阜，目所不识，口不能传。所谓帝京翼翼，四方之则；如登泰山者卑培塿，涉江海者小湘、沅，北人安可不重？"庆之因此羽仪服式，悉如魏法。江表士庶，竞相模楷，褒衣博带，被及秣陵。

陈庆之为南朝之寒门人物，他对北魏末洛阳士族文化的看法虽未必准确，所谓"江表士庶"竞相模仿北人的记载也许不无夸大，但无论如何，当时随着北方士风的不断变化，其与南人文化逐渐趋同，则为不争之事实。《北史》卷八三《文学·荀济传》载荀济在梁时入北，"邺下士大夫多传济音韵"。《北史》卷二四《崔逞传》载崔赡"才学风流为后来之秀"，"初，颍川荀济自江南入洛，赡学于济，故得经史有师法"。可见北方名士在各方面效仿江左文化的情形。① 因此，可以说，北魏后期与东魏时期士林盛行之雅集风气，与当时不断密切的南北文化交流不无关系。当时北人对南朝典籍颇为喜好，《北齐书》卷二〇《宋显传附宋绘传》载其"好勤学，多所博览，好撰述。魏时，张缅《晋书》未入国，绘依准裴松之注《国志》体，注王隐及《中兴书》。"② 可见北魏末人士研习南朝史书。由于北朝上下普遍喜好南朝书籍，甚至以此行贿，《北齐书》卷三八《辛术传》载其"少爱文史，晚更修学，虽在戎旅，手不释卷。及定淮南，凡诸资物一毫无犯，唯大收典籍，多是宋、齐、梁时佳本，鸠集万余卷，并顾、陆之徒名画，二王已下法书数亦不少，俱不上王府，唯入私门。及还朝，颇以馈遗权要，物议以此少之"。以南朝文献典籍"馈遗权要"，说明当时北朝对南朝文化的态度。其实，当时北方朝廷也有类似的举动。《北齐书》卷三九《祖珽传》载其东魏时任秘书丞，领舍人，"州客至，请卖《华林遍略》。文襄多集书人，一日一夜写毕，退其本曰：'不须也。'珽以《遍略》数帙质钱樗蒲，文襄杖之四十"。高澄偷抄《华林遍略》，祖珽以"数帙质钱樗蒲"云云，都说明当时北方社会对南朝文化的喜好风气。

对北方士族社会名士群体之玄化及其风采，梁武帝曾颇受刺激。《北史》卷四三《李崇传附李谐传》载天平末年，东魏使节李谐、卢元明等至建康，梁武帝以朱异接待，"异言谐、元明之美"，梁武帝又亲自接见，"谐等见，及出，梁武目送之，谓左右曰：'朕今日遇劲敌，卿辈常言北间都无人物，此等何处来？'谓异曰：'过卿所谈。'"《通鉴》卷一五七"梁武帝大同三年七月"条也载此事，并概括叙述："是时邺下言风流者，以（李）谐及陇西李神俊、范阳卢元明、北海王元景、弘农杨遵彦、清河崔赡为首。"《北史》卷八三《文学·温子昇传》载"梁使张皋写温子昇文笔传于江外，梁武称之曰：'曹植、陆机复生于北土，恨我辞人，数穷百六。'"由梁武帝对北方名士的赞誉，可见当时邺下风气的变化。

至于谈论北朝士人雅集对其他社会文化风气的影响，北魏末、东魏—北齐之际之士风、学风等无不与雅集活动密不可分。其中在士风方面，除了上述尚玄谈、重容止一类，当时士人颇重人物品藻、题目或赏誉。士人雅集，

---

① 关于北魏后期玄学风气滋生、流行情况及其士风之变化，王永平《北朝时期之玄学及其相关之文化风尚考述》（《学术研究》2009年第11期）已有专题讨论，敬请参看，此不赘述。
② 这里所指当为东晋王隐《晋书》和何法盛《晋中兴书》。参中华书局本校勘记。

自然有其居于领袖或中心地位的人物，汉魏以来，人物品评风气极盛，东晋南朝相延不衰。随着北朝雅集风气的兴起，士人交际活动频繁，特别是志同道合的名士雅集，一些士族代表常对后进名士加以品目，以提携新锐。前引李神俊"凡所交游，皆一时名士。汲引后生，为其光价，四方才子，咸宗附之"，正是如此。这方面的例证甚多。当时北魏诸王多赏士，如元怿，《魏书·刘芳传附刘懋传》载"懋聪敏好学，博综经史，善草隶书，多识奇字。……性沉雅厚重，善与人交，器宇渊旷，风流甚美，时论高之。……太傅、清河王怿爱其风雅，常目而送之曰：'刘生堂堂，搢绅领袖，若天假之年，必为魏朝宰辅。'诏懋与诸才学之士，撰成仪令。怿为宰相积年，礼懋尤重，令诸子师之"。中山王元熙，《魏书·卢玄传附卢元明传》载卢元明"涉历群书，兼有文义，风彩闲润。……少时常从乡还洛，途遇相州刺史、中山王熙。熙博识之士，见而叹曰：'卢郎有如此风神，唯须诵《离骚》，饮美酒，自为佳器。'遂留之数日，赠帛及马而别"。临淮王元彧，《北齐书》卷四五《文苑·祖鸿勋传》载："……仆射临淮王彧表荐鸿勋有文学，宜试以一官，敕除奉朝请，人谓之曰：'临淮举卿，便以得调，竟不相谢，恐非其宜。'鸿勋曰：'为国举才，临淮之务，祖鸿勋何事从而谢之。'彧闻而喜曰：'吾得其人矣。'"此外，还有兄弟相赏誉者，《魏书·文苑·袁跃传》载袁跃乃袁翻弟，"博学俊才，性不矫俗，笃于交友。翻每谓人曰：'跃可谓我家千里驹也。'……后迁车骑将军、太傅、清河王怿文学，雅为怿所爱赏。怿之文表多出于跃"。更多的则是前辈提携后进，如《魏书》卷四〇《陆俟传附陆昕传》载陆昕与其弟陆恭之"并有时誉"，兄弟二人尝拜见黄门侍郎孙惠蔚，惠蔚谓宾客曰："不意二陆复在座隅，吾德谢张公，无以延誉。"这是引用西晋张华称誉陆机、陆云兄弟的典故，以赞誉陆昕兄弟。《北齐书》卷三八《元文遥传》载："元文遥，字德远，河南洛阳人，魏昭成皇帝六世孙也。……文遥敏慧夙成，济阴王晖业每云：'此子王佐才也。'晖业尝大会宾客，有人将《何逊集》初入洛，诸贤皆赞赏之。河间邢邵试命文遥，诵之几遍可得？文遥一览便诵，时年十余岁。济阴王曰：'我家千里驹，今定何如？'邢云：'此殆古来未有。'"又，《隋书》卷四二《李德林传》载"德林幼聪敏，年数岁，诵左思《蜀都赋》，十余日便度。高隆之见而嗟叹，遍告朝士，云：'若假其年，必为天下伟器。'邺京人士多就宅观之，月余，日中车马不绝。年十五，诵五经及古今文集，日数千言。俄而该博坟典，阴阳纬候无不通涉。善属文，辞核而理畅。魏收尝对高隆之谓其父曰：'贤子文笔终当继温子昇。'隆之大笑曰：'魏常侍殊已嫉贤，何不近比老、彭，乃远求温子！'"此事当发生于东魏时期。不仅如此，由于雅集，各群体人物之间互相品评，形成竞争的局面。比如魏收、邢邵同为东魏—北齐之际的文学家，《北齐书·魏收传》载："始收比温子升、邢邵稍为后进，邵既被疏出，子升以罪幽死，收遂大被任用，独步一时。议论更相訾毁，各有朋党。"这类情况只有在士人交际活动比较活跃的情况下才能出现。

此外，雅集对士人文化趣味的影响也是颇为深刻的。根据文献记载，北朝士人雅集风气在北魏末及东魏时期达到了高潮，不过，参与这种聚会是需要才能的，《北齐书》卷四三《许惇传》载："（许惇）虽久处朝行，历官清显，与邢邵、魏收、阳休之、崔劼、徐之才之徒比肩同列，诸人或谈说经史，或吟咏诗赋，更相嘲戏，欣笑满堂，惇不解剧谈，又无学术，或竟坐杜口，或隐几而睡，深为胜流所轻。"由许惇"无学术"，不能参与"谈说经史"和"吟咏诗赋"等风雅之事，因而"深为胜流所轻"的情况看，魏末、东魏时期山东地区士人普遍重视"谈论"与"诗赋"，这是他们参与雅集必不可少的才能。与十六国北朝时期在文化上长期轻视文学的情况相比，这不能不说是一个显著而深刻的变化。《北齐书》卷四四《儒林·刘昼传》载其渤海人，早年习儒，"恨下里少坟籍，便杖策入都"，后转为属文：

> 河清初，还冀州，举秀才入京，考策不第。乃恨不学属文，方复缉缀辞藻，言甚古拙。制一首赋，以"六合"为名，自谓绝伦，吟讽不辍，乃叹曰："儒者劳而少工，见于斯矣。我读儒书二十余年而答策不第，始学作文，便得如是。"曾以此赋呈魏收，收谓人曰："赋名六合，其愚已甚，乃见其赋，又愚于名。"……昼又撰《高才不遇传》三篇。在皇建、大宁之朝，又频上书，言亦切直，多非世要，终不见收采。自谓博物奇才，言好矜大，每云："使我数十卷书行于世后，不易齐景之千驷也。"而容止舒缓，举动不伦，由是竟无仕进。

刘昼本为乡居之儒生，"杖策入都后"学风有所变化，特别是"考策不第"后"乃恨不学属文"，转而"缉缀辞藻""始学作文"，并以所作赋文呈奉魏收，以企求文名。由刘昼为学及其重视交际的行事等情况看，北朝末期学风、士风之深刻变化，其中文学地位的上升尤为引人注目。儒学经师竟轻儒重文，之所以如此,在很大程度上正是北魏中晚期以降士林雅集风气影响的结果。①

特别值得一提的是,甚至一些无知的北方士族人士也附庸风雅,努力以文自显,刻意混迹于交游场合。颜之推在《颜氏家训·文章篇》中记载了一则他亲历之事:

> 学问有利钝,文章有巧拙。钝学累功,不妨精熟;拙文研思,终归蚩鄙。但成学士,自足为人,必乏天才,勿强操笔。吾见世人,至无才思,自谓清华,流布丑拙,亦以众矣。……近在并州,有一士族,好为可笑诗赋,诋擊邢、魏诸公,众所嘲弄,虚相赞说,便击牛酾酒,招延声誉。其妻,明鉴妇人也,泣而谏之。此人叹曰:"才华不为妻子所容,何况行路!"至死不觉。自见之谓明,此诚难也。

颜之推教子,以此为训,讥讽此人无自知之明。不过,从北魏后期和东魏以来山东地区学风变化的角度看,此人虽无知,但其以文学附庸风雅,"自谓清华","好为可笑诗赋",并与邢邵、魏收等北地文豪争先,甚至有偿托人为己"招延声誉",其对文学之喜爱,态度极为真诚。《颜氏家训·名实篇》又载一则故事云:

> 有一士族,读书不过二三百卷,天才钝拙,而家世殷厚,雅自矜持,多以酒犊珍玩,交诸名士,甘其饵者,递共吹嘘。朝廷以为文华,亦尝出境聘。东莱王韩晋王笃好文学,疑彼制作,多非机杼,遂设宴言,面

---

① 《北齐书》卷四四《马敬德传》载马敬德乃河间人,"少好儒术,负笈随大儒徐遵明学《诗》《礼》,略通大义而不能精。遂留意《春秋左氏》,沉思研求,昼夜不倦,解义为诸儒所称。教授于燕、赵间,生徒随之者众。河间郡王每于教学追之,将举为孝廉,固辞不就。乃诣州求举秀才,举秀才例取文士,州将以其纯儒,无意推荐。敬德请试方略,乃策问之,所答五条,皆有文理。乃欣然举送至京。依秀才策问,唯得中第,乃请试经业,问十条并通。擢授国子助教,迁太学博士"。其子马元熙,"少传父业,兼事文藻"。马敬德原本为"纯儒",而他求举秀才,"举秀才例取文士",后应策问"皆有文理"。从马敬德之求仕心态及其教子"兼事文藻",可以看出当时北朝儒者皆企求以文显名,这也透露出当时北方文化变化某些信息。李慈铭《越缦堂读书记》"史部·正史类·《魏书》"部分一则札记说:"东汉以后,举士者大率孝廉、秀才两途,孝廉犹唐之明经,秀才犹唐之进士,故孝廉经学,秀策文艺。世尚渐偏,以文为重,南北朝遂积重秀才。……至于唐世,遂无人应举而进士始为极选矣。"具体就北魏后期、东魏—北齐时期秀才选举重视文才的情况看,宋燕鹏《略论北朝后期秀才选举中的文学因素》(《南京晓庄学院学报》2008年第1期)已有所论,他指出:"北朝后期秀才选举重视文才,是社会重视文学大环境下的必然现象。"当时重视文学的社会环境,应当包括士人在交游与雅集过程中对文学的重视。

第十五章　北魏后期与东魏、北齐之际上层社会之交游与雅聚 / 389

相讨试。竟日欢谐，辞人满席，属音赋韵，命笔为诗，彼造次即成，了非向韵。众客各自沈吟，遂无觉者。韩退叹曰："果如所量！"韩又尝问曰："玉斑杼上终葵首，当作何形？"乃答曰："斑头曲圜，势如葵叶耳。"韩既有学，忍为吾说之。

这里所说某士族人物虽"天才钝拙"，然"雅自矜持"，与诸名士交结，以至"朝廷以为文华，亦尝出境聘"，也是以虚假的文学才能显名。以上两则故事都从一个极端的层面说明当时北地士人重文学、重交游的风气确实颇为盛行。

在这一风气的影响下，北齐武平三年，由于入北南士颜之推与祖珽等人建议，北齐后主设立官方文学机构文林馆，《北齐书》卷四五《文苑传序》载"祖珽奏立文林馆，于是更召引文学士，谓之待诏文林馆焉"，将当时著名文士集中起来，给予崇高的身份。因此，无论对于文人个人而言，① 还是对于北朝文学地位而言，"待诏文林，亦是一时盛事"。不仅如此，文林馆制度的创设，给文士们提供了更便捷的集中交流的途径，在北朝文学发展过程中，具有里程碑式的意义。

由上文所考叙，可见自北魏中后期、东魏—北齐之际，北方上层社会士人生活方式与以往的乡居生活状态相比已发生了明显的变化，洛阳、邺城等中心城市中的鲜、汉上层人物交游成风，而交游过程注重玄学谈论、诗赋文学及相关的人物容止、品藻等，逐渐形成了所谓雅集风尚，出现了一些以名士为中心的或谈论经史，或诗赋唱和的学术文化群体，推动了北朝学风与士风的深刻变化，甚至影响到相关用人观念与制度的微妙变化。追究北魏后期以来社会文化风尚变革的原因，除了北方社会自身发展的内在因素外，显然与南朝文化的北传不无关系。北朝士人渐重聚集与谈论，必然在学术思想与文学艺术诸方面发生或明或显的变化，这对更深入地南北文化交流自然有一定的促进作用。

不过，需要指出的是，通过上文全面考察北朝士族社会的雅集及其相关文化活动，其玄谈水平、诗文创作等，无论在形式与内容上，与东晋南朝士族社会的相关文化表现相比，在境界与层次上明显相形见绌。《颜氏家训·文

---

① 由于文林馆聚集了当时最著名的文人，自然也成为文学之中心，文士们无不心向往之。《北齐书》卷四六《循吏·宋世良传》载宋世良从子宋孝王学涉广博，"亦好缉缀文藻。……求入文林馆不遂，因非毁朝士"。可见当时文士对文林馆学士身份的重视程度。

章篇》载：

> 江南文制，欲人弹射，知有病累，随即改之，陈王得之于丁廙也。山东风俗，不通击难。吾初入邺，遂尝以此忤人，至今为悔；汝曹必无轻议也。①

颜之推比较南北文学批评风气的差异，可见"山东风俗，不通击难"，实际上是长期封闭的文化环境中形成的习惯。颜之推由梁入北，亲身经历，自然感受深刻。以上所引颜之推所述二则山东士族以文学混迹于上层文化交际圈的情况，其言行之粗鄙、层次之低下，与江左士族的玄谈不可相提并论。这说明北魏后期以来士人雅集与士风雅化虽有一定的发展与提升，但在总体上依然还处在对南朝士族文化的模仿和文化积累的阶段。对北朝后期的新学风，牟润孙先生曾指出："北朝当夫东魏、北齐之际固有一二谈玄之儒，宇文周亦曾礼聘沈重讲三教义于长安，而均未能广衍成风，盖缘于北方儒生之保守汉、魏旧统，其与僧侣契合之机缘不在义学而为训诂，所谓北学深芜穷其枝叶，即由于是。"② 南北朝学术文化差异如此，根源在于其玄学背景不同。

---

① 颜之推在《颜氏家训·文章篇》中又说："学为文章，先谋亲友，得其评裁，知可施行，然后出手；慎忽师心自任，取笑旁人也。"这是从家族内部的文化交流角度，强调文学批评的重要性。
② 牟润孙：《唐初南北学人论学之异趣及其影响》，《注史斋丛稿》，中华书局1987年版，第349页。

第十六章　北朝士族社会之"女教"与"母教"

——从一个侧面看士族社会之文化传承

中国古代中古时期，世家大族居于社会的上层，在社会政治、文化等领域长期居于统治地位。众多家族长期兴盛、绵延不衰，其中一个重要原因在于其无不具有特定的家学门风。而士族门风与家学之传承，则有赖于其家族教育，吕思勉先生说："凡大族，能为时稍久者，必自有其法度。"[①] 对此，钱穆先生曾指出："当时门第传统共同理想，所希望于门第中人，上自贤父兄，下自佳子弟，不外两大要目：一则希望其能具孝友之内行，一则希望其能有经籍文史学业之修养。此两种希望，并合成为当时共同之家教。其前一项之表现，则成为家风，后一项之表现，则成为家学。"[②] 士族社会之"家教"，除了一般为人所熟知的各家族代表性人物所制定的家族训诫、仪规门范之外，士族社会中的女性在其家族教育中也扮演着重要角色，对士族子弟的成长及其家族的延续与士族社会文化的承传，具有不可忽视的作用。不过，对中古士族社会之"母教"问题，以往除个别前辈学者在相关论著中附带略有提示外，郑雅如论述魏晋时期母子关系中有专节讨论，[③] 邵正坤研究北朝家庭形态，论及北朝家庭教育设专节叙述女子教育及其相关问题，[④] 而对北朝社会之母教向少有专题之深入研究。实际上，十六国北朝时期，处于胡人内进、民族纷争的局势下，汉族士族之仕宦、生活状况更为艰难与险恶，诸多家族不断遭遇变故，女性独立持家育子的现象更为普遍，她们自觉地承担起了训

[①] 吕思勉：《两晋南北朝史》，上海古籍出版社1983年版，第928页。
[②] 钱穆：《略论魏晋南北朝学术文化与当时门第之关系》，《中国学术思想史论丛》（三），安徽教育出版社2004年版，第159页。
[③] 郑雅如：《情感与制度：魏晋时代的母子关系》，（台北）"国立"台湾大学出版委员会2001年版。
[④] 邵正坤：《北朝家庭形态研究》，科学出版社2008年版。

导子嗣的职责。可以说，比之魏晋南朝，北朝"母教"之影响似更为突出。①征诸史实，相关概括性记载甚多，如《北齐书》卷三一《王昕传》载"昕母清河崔氏，学识有风训，生九子，并风流酝藉，世号王氏九龙"；《北史》卷三三《李孝伯传》载"其妻崔赜女，高明妇人，生一子元显"。有鉴于此，这里特就十六国北朝士族社会诸"高明妇人"之"母教"及其相关问题进行专题考论，从一个侧面论述当时士族社会之家族教育及其文化传承。

一 十六国北朝士族社会之女子教育

中古时代士族社会普遍以其主妇操持内务家政，其中一项基本职责便是抚育、训导子女。这种士族社会母教之得以普遍开展，撇开其他社会因素外，就士族女性自身而言，其应必具备贤母之德行与才学，这是其实施母教的前提。众所周知，当时士族社会普遍重视家族教育，在施教过程中固然尤重男性子嗣的训导，然于女性并不偏废，故士族女性自幼便接受了良好的教育。对此，钱穆先生曾指出，士族社会"因尚孝友，而连带及于重女教。当时教育，主要在家门之内，兄弟姊妹宜无异视，故女子教育亦同等见重。当时人矜尚门第，慎重婚姻，……然平心论之，女子教育不同，则家风门规颇难维持。此正当时门第所重，则慎重婚配，亦理所宜。而一时才女贤母，亦复史不绝书"②。郑雅如也曾就此指出："贤母之教对于门第家风既如此重要，苟无女教何来贤母？故当时亦十分重视女教，且突破传统将女教局限于织纴纴组之事，于当时流行之文学、玄谈亦有所涉猎，妇女成为文学德行教育的对象之一。"③具体就十六国北朝而言，西晋末年，永嘉乱后，诸胡内进，以京洛为中心的大河以南地区之高门士族大多南迁，而留居北地的汉族士族尽管原本社会地位相对较低，但在文化风尚上则更具传统特质。钱穆先生曾一再论述中古时期南北士族社会之差异，指出："汉族留北者，在当时皆以门第稍

---

① 王永平：《魏晋南朝士族社会之女教与"母教"——从一个侧面看中古士族社会之文化传承》，《河北之刊》2016 年第 2 期，对魏晋南朝时期士族社会重视女子教育、"母教"之具体表现及其对士族文化传承的作用等有比较深入的探讨，敬请参看。
② 《略论魏晋南北朝学术文化与当时门第之关系》，前揭《中国学术思想史论丛》（三），第 155 页。
③ 前揭郑雅如《情感与制度：魏晋时代的母子关系》，第 165 页。

次，不足当'清流雅望'之目。然正惟如此，犹能保守几许汉族较有价值之真文化，（即名教反动以前之两汉思想。在魏晋清流视之，则为落伍赶不上时代潮流也。）经动乱艰苦之磨砺，而精神转新转健。"① 又说："南渡以还，士大夫沦陷北方者，不得不隐忍与胡人合作，而彼辈学术涂辙，亦多守旧，绝无南渡衣冠清玄之习。"② 所谓"犹能保守几许汉族较有价值之真文化"，是指门第稍低而未及玄化的北方士族在文化上延续着汉儒之传统。十六国北朝北方士族社会的这一文化特征，在其女子教育方面也有明显的体现。

具体就士族女子教育之内容而言，首重妇德礼法及其女工技艺，这方面虽有其传统，但在形式与内容上都有所丰富和强化。《颜氏家训·治家篇》说："妇主中馈，惟事酒食衣服之礼耳，国不可使预政，家不可使干蛊；如有聪明才智，识达古今，正当辅佐君子，助其不足，必无牝鸡晨鸣，以致祸也。"士族妇女主持家族"中馈"之事，涉及日常生活的各个方面，事关儒家礼法在家族内的具体实践，故各家族无不对其女子进行严格的训练。在这方面，北朝士族重礼法，妇教风尚严正。《隋书》卷八〇《列女·郑善果母崔氏传》载其有言：

　　丝枲纺织，妇人之务，上自王后，下至大夫士妻，各有所制。若堕业者，是为骄逸。吾虽不知礼，其可自败名乎？

崔氏所言体现了北朝妇女的普遍风尚。《魏书》卷三五《崔浩传》载其所著《食经叙》曰：

　　余自少及长，耳目闻见，诸母诸姑所修妇功，无不蕴习酒食。朝夕养舅姑，四时祭祀，虽有功力，不任僮使，常手自亲焉。昔遭丧乱，饥馑仍臻，馈蔬飧口，不能具其物用，十余年间不复备设。先妣虑久废志，后生无知见，而少不习业书，乃占授为九篇，文辞约举，婉而成章，聪辩强记，皆此类也。

崔浩所著之《食经》，实际上是他记录其母亲之口述。对此，逯耀东先生曾有

---

① 钱穆：《国史大纲》，商务印书馆1996年版，第267页。
② 同上书，第279—280页。

论云:"崔浩所撰《食经》主要资料来源,是由他母亲口述,崔浩笔录而成的。清河崔氏与范阳卢氏,是中原一流世家大族,……当时世家大族由妇人主持中馈,也就是崔浩《食经叙》所谓'诸母诸姑所修妇功,无不蕴习酒食'。"①崔浩母亲出自范阳卢氏,为卢谌孙女,为当时中土著名的儒学世家,崔浩自幼目睹其"诸母诸姑所修妇功,无不蕴习酒食",对于敬养长辈和祭祀等日常生活礼仪,其母"常手自亲焉"。由于遭遇世难与困窘,其家族生活礼仪一度难以正常进行,其母"虑久废忘,后生无知见,而少不习业书",恐怕家族礼法中断,于是口述其事,崔浩记录为九篇。由此可见出如下几点:一是出自范阳卢氏的崔浩母对于"中馈"之事极为重视,可谓身体力行;清河崔氏、范阳卢氏等家族如此,其他士族当亦无不如此。二是崔浩母年长而口述《食经》,自然得益于其自幼所受之教育、熏陶与长期的生活实践。她忧虑当时晚辈"少不习业书",可见当时士族女子教育中有关"中馈"之事是有专门"业书"的,也就是有关士族女性的礼法教科书。②又,崔稜向卢尚之求亲时有言:"家道多由妇人,欲令姊妹为妯娌。"③所谓"家道多由妇人",即北朝士族以主妇操持日常家政。

不仅如此,士族"女教"之内容还涉及经史学术及文学才艺等各方面。一般来说,士族社会女性享有与男子大体同等的接受家学教育的权利。就学

---

① 逯耀东:《〈崔氏食经〉的历史与文化意义》,《从平城到洛阳——拓跋魏文化转变的历程》,中华书局2006年版,第100页。关于崔浩记录《食经》的目的与意义,由其叙文,逯耀东先生以为有二:一是"为了保存其家族中妇女'朝夕养舅姑,四时祭祀'的饮食资料。这正是魏晋以来世家大族家风的实践,也是他世族理想之所系。当然,他撰《食经》还有另一个目的,那就是在胡汉杂糅的社会中,使代表农业文化特质的中原饮食传统,得以持续,这也是崔浩撰《食经》的意义所在"。(第128页)其中第一个目的,也正是崔浩母亲口述此书的本意,所谓"世家大族家风的实践"与"世族理想之所系",可谓切中关键。至于第二个目的,则是逯耀东先生结合崔浩所处之北魏民族融合之情境及其力图推动拓跋魏汉化之作为,加以深度之解读,对于理解崔浩之社会政治活动及其态度等不无启益。

② 北朝士族社会各家族无不有其门规家训,士族子孙,无论男女,皆须严格遵守。《隋书》卷八〇《列女传》载赵元楷妻出自清河崔氏,世代为河北著姓,"家有素范,子女皆遵礼度"。当时还有专门的妇女训诫,钱穆先生在《略论魏晋南北朝学术文化与当时门第之关系》(收入前揭《中国学术思想史论丛》卷三)中指出:"《隋志》子部儒家类,著录有《女篇》一卷,《女鉴》一卷,《妇人训诫集》十一卷,《妇姒训》一卷,《曹大家女诫》一卷,《真顺志》一卷,诸女多不载作者姓名,然可见当时之重视女教,亦见提倡女子教育则仍必遵儒家之传统。"(第156页)此外,已出土魏晋南北朝士族女性墓志多有其妇德礼法、学术修养及其训导子嗣的记载,笔者辑录有关墓志资料作《墓志所见中古士族社会女性之治家及其"母教"与"女教"——从一个侧面看士族社会之文化传承》一文刊于《黑龙江社会科学》2016年第1期,故本文主要根据史传文献以立论,不再援引墓志材料。

③ 《北史》卷二四《崔逞传附崔长谦传》。

第十六章 北朝士族社会之"女教"与"母教" / 395

术文化而言,十六国北朝士族之家教首重儒学经术。《颜氏家训·勉学篇》说:"士大夫子弟,数岁已上,莫不被教,多者或至《礼》《传》,少者不失《诗》《论》。及至冠婚,体性稍定,因此天机,倍须训诱。有志尚者,遂能磨砺,以就素业;无履立者,自兹堕慢,便为凡人。"十六国北朝士族家教自然也重视儒家经术之教育及其传承,而且男女同授。这里以十六国前期的二则典型事例予以说明:

其一,《晋书》卷八八《孝友·刘殷传》载刘殷乃新兴人,其高祖刘陵为汉光禄大夫,然其父早丧,家道中衰,刘殷少奉祖母极尽孝道,"弱冠,博通经史,综核群言,文章诗赋靡不该览",西晋时屡拒齐王冏、羊祜等辟举,同郡张宣子甚为推崇,"遂以女妻之"①。刘殷作为尚儒学门之后,虽生活困窘,但极重子女教育,本传载其"有七子,五子各授一经,一子授《太史公》,一子授《汉书》,一门之内,七业俱兴,北州之学,殷门为盛"。永嘉乱后,刘殷为前汉主刘聪所重,累至侍中、太保、录尚书事,《晋书》卷九六《列女·刘聪妻刘氏传》载:"刘聪妻刘氏,名娥,字丽华,伪太保殷女也。幼而聪慧,昼营女工,夜诵书籍,傅母恒止之,娥敦习弥厉。每与诸兄论经义,理趣超远,诸兄深以叹伏。性孝友,善风仪进止。其姊英,字丽芳,亦聪敏涉学,而文词机辩,晓达政事,过于娥。"可见刘殷之家教,子女并重,诸子精擅经史,其女亦"夜诵书籍",皆有"文词机辩"之才。汉儒不惟重学,更强调实践,刘殷诸女在家日常"营女工",在国涉政则"晓达政事"。刘娥甚为刘聪所宠,据《晋书》本传,刘聪曾有意新造宫殿以居之,廷尉陈元达切谏,刘聪大怒,将斩之,刘娥私命左右停刑,手疏启云:"伏闻将为妾起营殿,今昭德足居,鹣仪非急。四海未一,祸难犹繁,动须人力资财,尤宜慎之。廷尉之言,国家大政。夫忠臣之谏,岂为身哉?帝王距之,亦非顾身也。妾仰谓陛下上寻明君纳谏之昌,下忿暗主距谏之祸,宜赏廷尉之美爵,酬廷尉以列土,如何不惟不纳,而反欲诛之?陛下此怒由妾而起,廷尉此祸由妾而招,人怨国疲,咎归于妾,距谏害忠,亦妾之由。自古败国丧家,未

---

① 张宣子嫁女刘殷,事涉女教。《晋书》卷八八《孝友·刘殷传》载张宣子乃"并州豪族也","家富于财",赏识刘殷之为人与才学,力排其妻之阻力,断然嫁女于刘殷,并诫之曰:"刘殷至孝冥感,兼才识超世,此人终当远达,为世名公,汝其谨事之。"张宣女"性亦婉顺,事王母以孝闻,奉殷如君父焉"。张宣子为并州地方"豪族",就其社会地位而言,当未裕以文化著称之士族行列,然其受到士族风尚的熏陶,羡慕文化士族,主动结亲旧族学门。通过其训诫女儿之言论,可见当时北方民间女教尤重妇德,崇尚孝行。

始不由妇人者也。妾每览古事，忿之忘食，何意今日妾自为之！后人之观妾，亦犹妾之视前人也，复何面目仰侍巾栉，请归死此堂，以塞陛下误祸之过。"刘聪览之色变，谓其群下曰："朕比得风疾，喜怒过常。元达，忠臣也，朕甚愧之。"并以刘娥所上表示陈元达，说："外辅如公，内辅如此后，朕无忧矣。"刘娥作为汉族士族之女，辅助匈奴统治者如此，其德行修养自然来自家学教育。刘娥姊刘英同在刘聪后宫，"晓达政事，过于娥"，可见刘殷家族女教之风尚。刘殷家族为十六国前期北地著名之学门，有所谓"北州之学，殷门为盛"之称，但就其家族门第与文化风尚而言，虽有汉魏旧族的背景，然未经魏晋玄风之熏染，未预京洛中朝玄化名士之列，门第稍次，学术上则因袭着汉儒传统，可谓西晋以降留居北方之士族社会的典型代表，其文化取向则体现出北方士族社会普遍的学术文化风尚。①

其二，《晋书》卷九六《列女·韦逞母宋氏传》载：

> 韦逞母宋氏，不知何郡人也。家世以儒学称。宋氏幼丧母，其父躬自养之。及长，授以《周官》音义，谓之曰："吾家世学《周官》，传业相继，此又周公所制，经纪典诰，百官品物，备于此矣。吾今无男可传，汝可受之，勿令绝世。"属天下丧乱，宋氏讽诵不辍。

可见，宋氏自少得其父所传之"家世学《周官》"，以"勿令绝世"相期，时值"属天下丧乱，宋氏讽诵不辍"。宋氏如此，本意虽在于承传家学，但颇具社会影响，前秦主苻坚曾临幸太学，"问博士经典，乃悯礼乐遗阙"，博士卢壶对曰："废学既久，书传零落，比年缀撰，正经粗集，唯《周官礼》《注》

---

① 与刘娥姐妹"晓达政事"相似，凉主李玄盛后尹氏也颇有政治见识，《晋书》卷九六《列女·凉武昭王李玄盛后尹氏传》载其"天水冀人也。幼好学，清辩有志节。初适扶风马元正，元正卒，为玄盛继室。以再醮之故，三年不言。抚前妻子逾于己生。玄盛之创业也，谟谋经略多所毗赞，故西州谚曰：'李、尹王敦煌。'"可见尹氏辅助李玄盛立国颇有功业。李玄盛死后，其子李士业嗣位，尹氏为太后，李士业将攻沮渠蒙逊，尹氏谓之曰："汝新造之国，地狭人稀，靖以守之犹惧其失，云何轻举，窥冀非望！蒙逊骁武，善用兵，汝非其敌。吾观其数年已来有并兼之志，且天时人事го欲归之。今国虽小，足以为政，知足不辱，道家明诫也。且先王临薨，遗令殷勤，志令汝曹深慎兵战，俟时而动。言犹在耳，奈何忘之！不如勉修德政，蓄力以观之。彼若淫暴，人将归汝；汝苟德之不建，事之无日矣。汝此行也，非唯师败，国亦将亡。"然李士业不从，果为沮渠蒙逊所灭。尹氏既出自天水地方士族，由其"幼好学，清辩有志节"，可见受到了家学启蒙与教育；由其初为继室"三年不言"和抚育前妻子，可见其恪守礼法；由其助夫立国、劝导嗣主，可见其政治识见、才能及其学养。总之，尹氏行事典型地体现了北方士族妇女的品格与作风。

未有其师。窃见太常韦逞母宋氏世学家女,传其父业,得《周官》音义,今年八十,视听无阙,自非此母无以传授后生。"前秦"于是就宋氏家立讲堂,置生员百二十人,隔绛纱幔而受业,号宋氏为宣文君,赐侍婢十人。《周官》学复行于世,时称韦氏宋母焉"。韦逞母宋氏出自经学世家,门户地位等不详,但大体可推测其为未预玄化风流之守旧学门,门第自然相对较低。其时正值西晋之后胡人内迁民族纷争之际,宋氏不仅传业于子嗣,而且受到喜好儒学的前秦主苻坚的重视,授业太学生员,这当有助于前秦政权之汉化和中华学术文化之存续。具体从家族女子学业教育的角度而言,韦逞母宋氏乃"世学家女,传其父业,得《周官》音义",可谓以女承袭家学的典范。①

十六国北朝时期士族社会不仅家族教育普遍男女同授,而且在私学教授过程中也有女性旁听的情况。《魏书》卷五二《刘昞传》载:"刘昞字延明,敦煌人也。父宝,字子玉,以儒学称。昞年十四,就博士郭瑀学。时瑀弟子五百余人,通经业者八十余人,瑀有女始笄,妙选良偶,有心于昞。遂别设一席,于坐前谓弟子曰:'吾有一女,年向成长,欲觅一快女婿,谁坐此席者,吾当婚焉。'昞遂奋衣来坐,神志肃然,曰:'向闻先生欲求快女婿,昞其人也。'瑀遂以女妻之。"郭瑀私学教授,以其女旁听,这虽不是普遍现象,但从中可见当时女子接受学术教育之状况。

北朝时期,士族社会各家族无不重视女子之经史学术教育,这由史传所载诸士族女性之文化方面皆有所反映。如《魏书》卷九二《列女传》载中书侍郎清河崔览妻封氏,渤海人,父为散骑常侍封恺,封氏"有才识,聪辩强记,多所究知,于时妇人莫能及。李敷、公孙文叔虽已贵重,近世故事有所不达,皆就而谘谋焉"。渤海封氏为河北儒学旧门,崔览妻"有才识,聪辩强记,多所究知",以至一些博学的名士常向其请教,其学识之广博与精湛,自然非同一般。其之所以,当与其自幼所受之家族教育密切相关。不仅如此,由上引"于时妇人莫能及"云云,可见北魏士族女性普遍具有相当之学识,只是封氏尤为突出而已。

又,《魏书》卷九二《列女传》载:"清河房爱亲妻崔氏者,同郡崔元孙之女。性严明高尚,历览书传,多所闻知。"清河崔氏为河北大族,崔元孙女

---

① 《晋书》卷九六《列女·苻坚妾张氏传》载:"苻坚妾张氏,不知何许人,明辩有才识。"张氏姓族不详,门第非显,然其"明辩有才识",自然也得自其家教。

"严明高尚,历览书传",自然得自其自幼所受之家教。

又,《魏书》卷六二《李彪传》载其有女,"幼而聪令,彪每奇之,教之书学,读诵经传。尝窃谓所亲曰:'此当兴我家卿曹容得其力'"。可见当时士族对才学卓著之女性寄予厚望。

又,《北齐书》卷三五《皇甫和传》载其母夏侯氏"亲授以经书",《隋书》卷八〇《列女传》载元务光母为范阳卢氏女,"盛年寡居,诸子幼弱,家贫不能就学,卢氏每亲自教授"。夏侯氏、卢氏"亲自教授"其子,自然有良好的经术修养,究其渊源,亦当得自其家教。

论及北朝士族之家庭教育,诚如论者所言,"无论是实施主体,还是受教育主体,都是以男子为中心,但是,这并不意味着女子完全被摒除在外。事实上,在训教过程中,女子也发挥着重要作用,她们对家庭教育的积极参与,使施教人群和受教对象都有所扩大"[1]。由上述诸例,可见十六国北朝士族社会普遍重视以儒家经术为核心的家学教育,其子女同授,[2] 一些才智优异的士族女子往往学识非凡,从而为她们教育子孙奠定了扎实的学业基础。

士族社会之家族教育,除了儒学启蒙及其家学传承外,也重视文学才能的培养。前述刘殷女皆有"文词机辩"之才,正是如此。《晋书·列女·窦滔妻苏氏传》载:"窦滔妻苏氏,始平人,名蕙,字若兰。善属文。滔,苻坚时为秦州刺史,被徙流沙,苏氏思之,织锦为回文旋图诗以赠滔。宛转循环以读之,词甚凄惋,凡八百四十字,文多不录"。苏氏出身之门户不明,当为地方有一定地位的家族,苏蕙"善属文",作诗以寄托思夫之情,"词甚凄惋",这自然于其才情与生活经历有关,但其文学素养之形成,则当得自所受之家教。又,《魏书·列女传》载:"渔阳太守阳尼妻高氏,渤海人。学识有文才,高祖敕令入侍后宫。幽后表启,悉其辞也。"由阳尼妻高氏为北魏孝文帝征入侍后宫,"幽后表启,悉其辞也",主要为应用性文章写作,然究其文才之所由,则与其家教密切相关。

当然,就北朝妇女在文学才艺方面的表现而言,与南朝差异明显,钱穆先生曾依据《隋书·经籍志》所载之妇女文集目录学概括指出:"《隋志》总集之部,有《妇人集》二十卷,注云:梁有《妇人集》三十卷,殷淳撰。又

---

[1] 邵正坤:《北朝家庭形态研究》,科学出版社2008年版,第222页。

[2] 《北史》卷三三《李灵传附李绘传》载李绘六岁求入学,"家人以偶年俗忌,不许,遂窃其姐笔牍用之"。李绘姐有专用之"笔牍",自然早受教育,颇有才学。

有《妇人集》十一卷亡。别著《妇人集钞》二卷，又《杂文》十六卷，注为妇人作。此则全是妇人作品。盖当时门第既重礼法，又重文艺，即妇人亦然也。"① 其中所录主要当是魏晋南朝妇女之文集，少有北朝妇女文集。墓志材料显示，北朝女性文才突出者，则由南入北，《魏故贵华恭夫人墓志铭》载王普贤为南朝一流门第琅邪王氏代表人物王肃女，在才学方面，其"妙闲草隶，雅好篇什，春登秋泛，每缉辞藻，抽情挥翰，触韵飞瑛"②。王肃在北孝文帝时入魏，其家族文化自然具有南朝崇尚文学之风尚。南朝士族社会在玄风的激荡下，颇重文艺才情，这在妇女文化方面也有突出的表现。相较之下，北朝士族社会延续汉代传统，玄风断绝，文学艺术气息不浓。其家族教育虽特重传统经术，就文辞言，主可体现一般实用性的文学领域。

二　北朝士族社会之"母教"

十六国北朝士族社会之女性自幼普遍接受了儒家礼法、经史学术的教育，这不仅确保其在本家族内传承门风，履行孝友之职责，而且更重要的在于为其出嫁后敬奉舅姑、相夫教子奠定了基础。"通家"婚配是士族社会之普遍习尚，士族女子教育自然关乎士族门户延续与兴衰。一般而言，士族名士入冠之后须出仕履职，而家族内部的日常生活与子女教育，则往往由房支背景显著的女性负责，至于遭遇变故之家族，抚育、训导孤弱幼子的使命则完全由寡母承担。从相关史实看，北朝士族女性教子，其内容所涉甚广，可谓事无巨细，但归纳起来，其核心则不外乎以下几个方面：或以礼法训导其为人品格，或以经史学业培养其才能，或以勤政爱民、清正廉洁之要求塑造其从政作风与能力，从而确保其仕宦业绩，目的是造就士族社会的"佳子弟"，以延续其家族文化与门第，从而客观上在民族冲突、文化危机的时代背景下传承、弘扬华夏文明。下文依据相关文献所载，对十六国北朝士族社会之"母教"及其具体表现略作归纳与分析。

---

① 《略论魏晋南北朝学术文化与当时门第之关系》，前揭《中国学术思想史论丛》卷三，第156页。
② 辑入赵超《汉魏南北朝墓志汇编》，天津古籍出版社2008年版。

(一)"督以严训"与"母仪法度":十六国北朝"母教"之重视子弟礼法训诫

士族家教普遍重视礼法,其核心则在于孝道,其目的在于培养和增强士族子弟的儒家道德意识,以维护士族内部的伦理秩序,确保家族的和睦与延续。具体就北朝士族而言,由于其社会境遇与生活方式等因素,这方面比之南方士族更为严谨。北方士族普遍居于乡里宗族社会,陈寅恪先生论及南北朝士族差异时指出,"南朝士族与城市相联系,北朝士族与农村相联系"。又说,北方士族"主要与农村、土地、宗族相联系",南方士族"主要与城市、商业相联系,宗族则已瓦解"。他以为北朝士族所依赖的生产、生活方式,"这决定了北方的士族与农业土地的难分的关系。北方大家族制度的继续维持,又决定了北方的士人与宗族的难分的关系"①。钱穆先生比较南北士族差异时也指出:"南渡衣冠,藉拥戴王室之名义,而朘削新土,视南疆如殖民地。北方士族则处胡人压逼之下,不得不厚结民众,藉以增强自己之地位,而博得异族统治者之重视。"又说:"南方士族处于顺境,心理上无所忌惮,其家族组织之演进,趋于分裂而为小家庭制。……北方士族处于艰苦境况下,心理上时有戒防,时抱存恤之同情,其家族组织之演进,趋于团结而为大家庭制。"② 因此,北方士族社会尤重家族伦理规范,这在其母教方面也有突出之表现。以下援引相关史实加以论证。

《魏书》卷七一《裴叔业传附裴植传》载:

> 植母,夏侯道迁之姊也,性甚刚峻,于诸子皆如严君。长成之后,非衣帢不见,小有罪过,必束带伏阁,经五三日乃引见之,督以严训。唯少子衍以常服见之,旦夕温情。

裴植母夏侯氏并非典型的北方儒学旧门,然由其"性甚刚峻,于诸子皆如严君","督以严训"云云,可见北方士族母教之严正。

又,《魏书》卷九二《列女传》载魏溥妻房氏训育子孙之事迹尤为典型:

> 钜鹿魏溥妻,常山房氏女也。父堪,慕容垂贵乡太守。房氏婉顺高

---

① 万绳楠整理:《陈寅恪魏晋南北朝史讲演录》,贵州人民出版社2004年版,第281页。
② 前揭《国史大纲》,第306页。

明,幼有烈操。年十六而溥遇疾且卒,顾谓之曰:"人生如白驹过隙,死不卒恨,但夙心往志,不闻于没世矣。良痛母老家贫,供奉无寄;赤子蒙眇,血祀孤危。所以抱怨于黄垆耳。"房垂泣而对曰:"幸承先人余训,出事君子,义在自毕。有志不从,命也。夫人在堂,稚子褓襁,顾当以身少,相感长往之恨。"俄而溥卒。及大殓,房氏操刀割左耳,投之棺中,仍曰:"鬼神有知,相期泉壤。"流血滂然,助丧者咸皆哀惧。姑刘氏辍哭而谓曰:"新妇何至于此!"房对曰:"新妇少年不幸,实虑父母未量至情,觊持此自誓耳。"闻知者莫不感怆。于时子缉生未十旬,鞠育于后房之内,未曾出门。遂终身不听丝竹,不预座席。……训导一子,有母仪法度。缉所交游有名胜者,则身具酒饭;有不及己者,辄屏卧不餐,须其悔谢乃食。善诱严训,类皆如是。年六十五而终。

房氏出自士族,由其"婉顺高明,幼有烈操"及自谓"幸承先人余训"云云,可见其自幼便受到良好的儒家礼法教育,其丈夫早逝,她笃志守节,供养婆母,抚育弱嗣,特别在培养独子过程中,"有母仪法度"。魏缉子魏悦后位至济阴太守,颇有政绩,"吏民立碑颂德",金紫光禄大夫高闾为其文,序中称赞其祖母房氏云:"祖母房年在弱笄,艰贞守志,秉恭妻之操,著自毁之诚。"又颂曰:"爰及处士,遘疾夙凋。伉俪秉志,识茂行高。残形显操,誓敦久要。诞兹令胤,幽感乃昭。"可见当时士族社会对房氏的普遍看法,将其视为母教的典范。

又,《北史》卷三八《裴佗传附裴让之传》载裴让之年十六丧父,其母"辛氏高明妇人,又闲礼度,夫丧,诸子多幼弱,广延师友,或亲自教授,内外亲属有吉凶礼制,多取则焉"。由于严格之母教,裴让之及其诸弟皆成为学识与品行俱佳之名士。

又,《北史》卷三五《张彝传附张晏之传》载其出自清河张氏,为张彝孙,"幼孤,有至性,为母郑氏教诲,动依礼典"。可见其母自幼便训导以礼法。

又,《北史》卷五五《赵彦深传》载"彦深幼孤贫,事母甚孝",考察其成长过程,正得益于母教:

母傅氏,雅有操识。彦深三岁,傅便孀居,家人欲以改适,自誓以死。彦深五岁,傅谓之曰:"家贫儿小,何以能济?"彦深泣而言曰:"若天哀矜，儿大当仰报。"傅感其意，对之流涕。及彦深拜太常卿，还，不脱朝服，先入见母，跪陈幼小孤露，蒙训得至于此。母子相泣久之，然后改服。后为宜阳国太妃。

赵彦深恪守孝道，正在于自幼受到严格的训导，即所谓"蒙训得至于此"①。

北朝后期，一些鲜卑贵族妇女之教子亦受到汉族士族家教风气的影响，如《北齐书》卷三五《陆卬传》载其为代人陆俟之后，世代为部落酋帅，而陆卬汉化程度甚高，"少机悟，美风神，好学不倦，博览群书，《五经》多通大义。善属文，甚为河间邢邵所赏。邵又与子彰交游，尝谓子彰曰：'吾以卿老蚌遂出明珠，意欲为群拜纪可乎？'由是名誉日高，雅为搢绅所推许。……自梁、魏通和，岁有交聘，卬每兼官谘接。在席赋诗，卬必先成，虽未能尽工，以敏速见美"。陆卬雅化如此，固然有多方面因素，但确实与其母教关系甚密，"卬母魏上庸公主，初封蓝田，高明妇人也，甚有志操。卬昆季六人，并主所生。故邢邵常谓人曰：'蓝田生玉，固不虚矣。'主教训诸子，皆禀义方，虽创巨痛深，出于天性，然动依礼度，亦母氏之训焉。卬兄弟相率庐于墓侧，负土成坟，朝廷深所嗟尚，发诏褒扬，改其所居里为孝终里"②。

（二）"亲授经义"：十六国北朝母教重视子弟经术学业之传授

士族子弟之能否持家，固在其德行；其能否成为名士，则应具备士族社会公认之才学，儒家经学正是其中根本。对于那些遭遇社会与家族变故的家族而言，如欲振兴家道、延续门户地位，则需要主持家政之女性十分重视子弟的才学方面的教育，甚至亲自传授学业。

十六国北朝社会动荡，士族处境艰难，遭遇变故者多，因此，仅其子弟成长与文化传授而言，'母教'之作用更显突出。前引《晋书·列女·韦逞母宋氏传》载宋氏得其父所传之"家世学《周官》"，她又亲传其子：

> 其后为石季龙徙之于山东，宋氏与夫在徙中，推鹿车，背负父所授书，到冀州，依胶东富人程安寿，寿养护之。宋氏昼则樵采，夜则教逞，然后纺绩无废。寿每叹曰："学家多士大夫，得无是乎！"逞遂学成名立，

---

① 赵彦深母傅氏之事迹，其墓志所述甚详，《傅华墓志》（辑入赵超《汉魏南北朝墓志汇编》）载其妇德高尚，寡居教子，称其"教深徙里，训重辍多，还鱼戒廉，断丝劝学，温床扇带，辩通得乎音旨"，以"女德母仪，声表邦国"，有"德冠母师"之誉。

② 作为鲜卑勋贵集团成员，陆卬家族自其祖辈以来即与汉族士族通婚，其父陆子彰甚为雅化，且重视教子，《北史》卷二八《陆俟传》载陆子彰"教训六子，雅有法度"。可见其门风与家教。

仕苻坚为太常。

宋氏处乱世而以家学传子,以延续其"学家多士大夫"之传统。

更为典型的是清河崔氏训导诸子。《魏书》卷四三《房法寿传》载房氏家族在北魏征服青齐地区之后,迁移平城,沦为"平齐民",其族子房景伯"生于桑乾,少丧父,以孝闻。家贫,傭书自给,养母甚谨","景伯性淳和,涉猎经史,诸弟宗之,如事严亲";景伯弟景先,"幼孤贫,无资从师,其母自授《毛诗》《曲礼》。年十二,请其母曰:'岂可使兄傭赁以供景先也?请自求衣,然后就学。'母哀其小,不许。苦请,从之,遂得一羊裘,忻然自足。昼则樵苏,夜诵经史,自是精勤,遂大通赡"。魏收在其传论中说:"景伯兄弟,儒风雅业,良可称焉",而其兄弟之"儒风雅业",皆得自母教。关于房景伯母崔氏之学识,前引《魏书·列女传》称其"性严明高尚,历览书传,多所闻知",至于其教子,本传又载:

子景伯、景先,崔氏亲授经义,学行修明,并为当世名士。

作为被流徙的北魏"新民",处于家道中衰困境中的房氏兄弟,在母亲的训导下,"学行修明,并为当世名士",以文化延续着家族门户,从而为此后的振作奠定了基础。

又,《魏书》卷七七《高崇传》载其渤海人,有学行,其子高谦之于胡太后时受冤而死,"谦之妻中山张氏,明识妇人也。教劝诸子,从师受业。常诫之曰:'自我为汝家妇,未见汝父一日不读书。汝等宜各修勤,勿替先业。'"张氏"教劝诸子,从师受业",以学业振兴家声,传承"先业",史称其"明识妇人",确不为虚。

又,《魏书》卷七九《范绍传》载其"少而聪敏。年十二,父命就学,师事崔光。以父忧废业,母又诫之曰:'汝父卒日,令汝远就崔生,希有成立。今已过期,宜遵成命。'绍还赴学"。后范绍以所学为北魏孝文帝重用。

又,前引《北史》卷三八《裴佗传附裴让之传》所载裴让之母辛氏亲自训导诸子,裴让之"少好学,有文情,清明俊辩,早有声誉"。其弟诹之,"少好儒学,释褐为太常博士。尝从常景借书百卷,十许日便返。景疑其不能读,每卷策问,应答无遗"。弟谳之,"七岁便勤学,早知名"。裴让之兄弟如此早慧,当与其母亲之"广延师友,或亲自教授"相关。

又,《北史》卷三八《裴佗传附皇甫和传》载"和十一而孤,母夏侯氏,才明有礼则,亲授以经书。及长,深沉有雅量,尤明礼仪,宗亲吉凶,多相谘访"。

又,《北史》卷八六《辛公义传》载:"辛公义,陇西狄道人也。祖征,魏徐州刺史。公季庆,青州刺史。公义早孤,为母所养,亲授《书》《传》"①。

《隋书》卷八〇《列女传》载:"元务光母者,范阳卢氏女也。少好读书,造次以礼。盛年寡居,诸子幼弱,家贫不能就学,卢氏每亲自教授,勖以义方,世以此称之"。

由以上诸例可见,十六国北朝时期士族社会学术文化之承袭,与母教之关系颇为密切,一些士族女性或"亲授以经书",或"教劝诸子,从师受业",目的在于通过学业以传承家业,维系家族门第。学术文化是士族子弟必具的基本素养,丧失了这一条件,士人之身份及其门户地位也必然随之衰落甚至丧失。相反,寒门子弟如学业优长,则可以获得重视。《颜氏家训·勉学篇》说:"虽百世小人,知读《论语》《孝经》者,尚为人师;虽千载冠冕,不晓书记者,莫不耕田养马。以此观之,安可不自勉邪?若能常保数百卷书,千载终不为小人也"。因此,在这一风气的影响下,一些寒门小族也效仿士族,这在其母教方面有所体现。《北史》卷八三《文苑·樊逊传》载其家世寒微,先辈"并无官宦","逊少好学。其兄仲以造毡为业,亦常优饶之。逊自责曰:'为人弟,独爱安逸,可不愧于心乎!'欲同勤事业。母冯氏谓曰:'汝欲谨小行邪?'逊感母言,遂专心典籍,恒书壁作'见贤思齐'四字以自励"。樊逊母鼓励其子立志于学,以求进取,这是受士族社会母教风气影响的结果。

(三) 十六国北朝母教重视子弟仕宦能力、廉洁品德之督责

一般而言,士族子弟入仕为宦,这不仅关乎其个人身份,而且决定着其家族门户地位。因此,士族社会之训导子弟,除了家族伦理、经史学业之外,对其从政能力、品格等也不可偏废。这在母教方面也有所体现。相较南朝,

---

① 辛公义母应为柳玉屾。据北周《柳鸳夫人王令妏墓志》载柳鸳年三十六亡,"夫人未卅,顾藉诸孤。二女两男,尚皆稚弱。躬自鞠养,备尽劬劳",致使子女皆有所成。其中"长女千金,适木兰太守裴子元。次女玉屾,适虞部郎中陇西辛季庆"(王连龙《新见北朝墓志集释》,中国书籍出版社2013年版,第177页)。王令妏年轻时丧夫"顾藉诸孤",其女柳玉屾也如此,典型地体现了中古时代士族社会女教妇德。(前揭王连龙《新见北朝墓志集释》,第178页相关考论)

北方士族作风偏于务实，关注军政、民生等实务。钱穆先生比较南北士族差异时指出："南方士族本有地位，故不愿再经心世务，乃相尚为《庄》《老》玄虚。北方士族处异族统治之下，既不能澄清驱攘，只能隐忍合作，勉立功业以图存全，故相尚为经术政务。"又说："故南方士族不期与王室立于对抗之地位，其对国事政务之心理，多半为消极的。北方士族乃转与异族统治者立于协调之地位，其对国家政务之心理，大体上为积极的"①。由此可见北方士族之一般生活境遇及其心态，这也在一定程度上决定着价值取向与仕宦作风。北朝士族社会母教，十分重视为政能力与品德之训导。

《魏书·列女传》载房景伯母崔氏训子的事例堪称典型：

> 景伯为清河太守，每有疑狱，常先请焉。贝丘民列子不孝，吏欲案之。景伯为之悲伤，入白其母。母曰："吾闻闻不如见，山民未见礼教，何足责哉？但呼其母来，吾与之同居。其子置汝左右，令其见汝事吾，或应自改。"景伯遂召其母，崔氏处之于榻，与之共食。景伯之温情，其子侍立堂下，未及旬日，悔过求还。崔氏曰："此虽颜惭，未知心愧，且可置之。"凡经二十余日，其子叩头流血，其母涕泣乞还，然后听之，终以孝闻。其识度厉物如此，竟以寿终。

由"每有疑狱，常先请焉"，可见崔氏对其子为政多有指导。具体就上述感化"山民"一事，房景伯母要求其为政地方应移风易俗，并亲自参与训导无识之"山民"，这与汉代"循吏"的传统一脉相承。崔氏辅助其子治理民众，推进道德教化的实践，这不仅仅在于训导其子弟的为政能力，更体现出北朝士族社会的政治理念与文化精神。

又，《隋书》卷八〇《列女·郑善果母传》载其清河崔氏女，"年十三，出适郑诚，生善果，而诚讨尉迥，力战死于阵"，郑善果以父死王事，年数岁便得袭父爵，年十四相继为沂州刺史、景州刺史、鲁郡太守。郑善果以功臣之后，年少为宦，其母多加督责、训导：

> 母性贤明，有节操，博涉书史，通晓治方。每善果出听事，母恒坐胡床，于鄣后察之，闻其剖断合理，归则大悦，即赐之坐，相对谈笑。

---

① 前揭《国史大纲》，第307页。

> 若行事不允，或妄嗔怒，母乃还堂，蒙被而泣，终日不食。善果伏于床前，亦不敢起。母方起而谓之曰："吾非怒汝，乃愧汝家耳。吾为汝家妇，获奉洒扫，如汝先君，忠勤之士也，在官清恪，未尝问私，以身殉国，继之以死，吾亦望汝副其此心。汝既年小而孤，吾寡妇耳，有慈无威，使汝不知礼训，何可负荷忠臣之业乎？汝自童子承袭茅土，位至方伯，岂汝身致之邪！安可不思此事而妄加嗔怒，心缘骄乐，堕于公政！内则坠尔家风，或亡失官爵，外则亏天子之法，以取罪戾。吾死之日，亦何面目见汝先人于地下乎？"

可见郑善果为政稍有不当，其母便苦口婆心，严厉训斥。不仅如此，崔氏注意节俭，公私分明，以自己的品德感染其子，目的在于劝导其为官清正廉洁。本传载其"恒自纺绩，夜分而寐"，郑善果以为自己秩奉颇足，劝其母不必"自勤如是"，其母则曰：

> 汝年已长，吾谓汝知天下之理，今闻此言，故犹未也。至于公事，何由济乎？今此秩奉，乃是天子报尔先人之徇命也。当须散赡六姻，为先君之惠，妻子奈何独擅其利，以为富贵哉！又丝枲纺织，妇人之务，上自王后，下至大夫士妻，各有所制。若堕业者，是为骄逸。吾虽不知礼，其可自败名乎？

崔氏明确要求已成人的儿子为官必须公私分明，在个人生活方面必须恪守节俭。本传又载崔氏"自初寡，便不御脂粉，常服大练。性又节俭，非祭祀宾客之事，酒肉不妄陈于前。静室端居，未尝辄出门简化。内外姻戚有吉凶事，但厚加赠遗，皆不诣其家。非自手作及庄园禄赐所得，虽亲族礼遗，悉不许入门"。崔氏家庭生活如此，以身作则，要求其子生活朴素，不贪求过度的物质享受，从而保持为政清廉的作风。在其母的言传身教影响下，"善果历任州郡，唯内自出馔，于廨中食之，公廨所供，皆不许受，悉用修治廨宇及分给僚佐。善果亦由此克己，号为清吏。炀帝遣御史大夫张衡劳之，考为天下最。征授光禄卿。其母卒后，善果为大理卿，渐骄恣，清公平允遂不如畴昔焉"。郑善果母言传身教，教子清廉，确实做到了循循善诱，故其子"亦由此克己，号为清吏"，一度"考为天下最"。郑善果之勤政廉洁与其母亲之严厉督课关系密切，其母死后，他便有所懈怠了。

第十六章　北朝士族社会之"女教"与"母教"

　　士族社会母教之实施，必须确保其子弟身心健康，这是实施教育的前提。对于那些遭遇变故，如丈夫早逝、子嗣幼弱、家道败落的家族而言，一些士族女性守寡养子，其意义则非同寻常，其子嗣的成长关乎某一家族之存续，责任尤巨。《北齐书》卷三五《裴让之传》载其年十六丧父，"殆不胜哀"，"其母辛氏泣抚之曰：'弃我灭性，得为孝子乎？'由是自勉"。裴让之年少守丧，如果一味苦行，"弃我灭性"，其身体必然受到伤害，故其母辛氏劝喻之。不仅如此，士族女性抚育弱嗣，还特别重视其心理健康，培养其健全人格。《魏书·列女传》载魏溥妻房氏年十六即守寡，时子魏缉生不足百日，房氏恪守礼法，使其子受到刚强人格的熏陶。及至"缉年十二，房父母仍存，于是归宁。父兄尚有异议，缉窃闻之，以启母。房命驾给云他行，因而遂归，其家弗知之也。行数十里方觉，兄弟来追，房哀叹而不返。其执意如此"。房氏携子投依父母兄弟，当陷于生活困境，然觉察到父兄尚存异议，于是决然归家，尽管兄弟来追，断然不返。房氏如此，主要出于对其子人格的培养，恐其年少敏感的儿子受到心理上的伤害。尽管这方面的材料不多，但可以想见北朝士族社会之母教，确实含辛茹苦，那些出自变故家族的士族子弟之成长，其中精英辈出，无疑包含着诸多母亲艰苦卓绝的抚育、教导之功。①

　　此外，当时士族社会中有些家族的祖母之教也值得关注。《魏书》卷八四《儒林·刁冲传》载其"十三而孤，孝慕过人。其祖母司空高允女，聪明妇人也，哀其早孤，抚养尤笃。冲免丧后便志学他方，高氏泣涕留之，冲终不止。虽家累世贵达，乃从师于外，自同诸生。……每师受之际，发愤精专，不舍昼夜，殆忘寒暑。学通诸经，遍修郑说，阴阳、图纬、算数、天文、风气之书莫不关综，当世服其精博"。《魏书》卷八五《文苑·邢昕传》载其"幼孤，见爱于祖母李氏。好学，早有才情"。这类祖母训诫其孙辈的情况，在本质上与母教一致。

　　正由于这类寡母在训育子弟、维系门户方面发挥了无可替代的作用，在家族中自然形成了某种权威，其子孙极为感激。对于这类母教及其形成的母

---

　　① 北朝时期王朝变替，政权对立，士族女性对其子弟政治选择颇有影响，如《隋书》卷五四《元亨传》载："元亨字德良，一名孝才，河南洛阳人也。父季海，魏司徒、冯翊王，遇周、齐分隔，季海遂仕长安。亨年数岁，与母李氏在洛阳。齐神武帝以亨父在关西，禁锢之。其母则魏司空李冲之女也，素有智谋，遂诈称冻馁，请就食于荥阳。齐人以其去关西尚远，老妇弱子，不以为疑，遂许之。李氏阴托大豪李长寿，携亨及孤侄八人，潜行草间，得至长安。周太祖见而大悦，以亨功臣子，甚优礼之。亨年十二，魏恭帝在储宫，引为交友。"李冲女在东西魏对抗过程中，对其子及其他家族子弟政治选择影响很大，这也是当时与母教直接相关的内容。

恩与权威，诚如郑雅如指出："魏晋人重视文学德行的家族教育，女性是其施教对象之一，史传中不乏风姿可观的才女。妇女投入家族教育，施行母教，对于门第的兴盛与维持带来正面的作用；在母子互动方面的影响则可能促成母亲权威增强，以及子嗣更有回报母恩的需要。"① 就北朝言，这类具有权威的士族女性，在世时对其子弟管束严格、备受敬重，去世后依然受到赞颂。前文所引述北齐赵彦深等人之相关事迹便可谓尊母之典型。特别在墓志文献中，那些感受母恩的孝子表达了强烈的情感，甚至有些孝子亲撰母亲的志文。②

不仅如此，当时士族社会对这类女性守节给予赞誉，《魏书·列女传》载渤海封卓妻乃彭城刘氏女，"成婚一夕，卓官于京师，后以事伏法"，刘氏后"愤叹而死"，中书令高允"念其义高而名不著"，特为其赋诗，赞誉其"异哉贞妇，旷世靡畴"。又载魏溥妻房氏笃志守节，金紫光禄大夫高闾为其孙济阴太守魏悦作颂文，序中称"祖母房年在弱笄，艰贞守志，秉恭妻之操，著自毁之诚"。又颂曰："爰及处士，遘凤凋。伉俪秉志，识茂行高。残形显操，誓敦久要。诞兹令胤，幽感乃昭。"北魏高允等重臣名士一再著文称颂守节之女性，显示出当时士族社会舆论对这类女性及其行为的态度。

由以上所概述士族社会女性主持家教及其相关表现，其中事例多为遭遇社会变动、政治纷争而经受打击的家族，往往其代表人物罹难、房支衰微、地位下降，其家族之得以起死回生、重整旗鼓，唯一的寄托便是再出佳子弟，以振兴门户。在这一过程中，一些士族女性发挥了无可替代的作用。由于这类士族女性品行高洁、事迹显著，无论是各相关正史《列女传》，还是诸多家乘别传，特别是其子弟所作之墓志，无不予以特别的关注和表彰。当然，必须指出，当时士族社会女性之教子，亦即本文所谓之"母教"，既是士族门户延续与文化传承的重要方式，也是士族社会文化的一个不可或缺的重要组成部分，确实是一种普遍的、常态化的社会现象，绝非仅仅存在于那些遭遇祸难之家族，只是这类寡母之家教更为艰苦卓绝，备受关注而已。众所周知，士族社会普遍重视"治家"，其中一项核心内容便是"教子"。士族社会之"治家"与"教子"，与其家族女性关系甚密。当时士族社会各家族内部日常

---

① 前揭郑雅如《情感与制度：魏晋时代的母子关系》，第165页。
② 译参前揭王永平《墓志所见中古士族社会女性之治家及其"母教"与"女教"——从一个侧面看士族文化之传承》，此不再征引相关之墓志文字。

生活及其相关事务，一般由具有特殊地位的女性操持。至于那些遭遇变故的家族，夫亡子幼，门户堪忧，其母教之事迹更为典型，意义更为突出。正因为如此，上文所举诸例证正是其中的杰出代表。这些士族妇女之行"母教"，首重其子嗣之为人，既磨砺其品德，锻造其人格；又注意培养其才学，或亲授经义，或鼓励寻师求学；再重督责其仕宦建树功业，从而培养士族社会之贤德才士，以获取社会声誉，延续其家族门户。在当时家族本位的社会环境与风气下，这些经受母教而得以成长的士族子弟，是士族社会长期存续不衰的一个重要因素。从这个意义上说，"母教"风尚与北朝士族社会文化之承袭关系至为密切。①

此外，特别需要强调指出的是，论及十六国北朝之士族'母教'风尚，我们应将其置于当时北方民族冲突与融合、华夏文化危机与重生的大背景下去认识。钱穆先生对十六国北朝汉族士族之历史作用与地位多有表彰，说："这许多北方士族，便是撑持过这一段狂风恶浪的险要滩头之掌舵人。他们又如病人身上起死回生的赤血球与活细胞。他们在社会上，本有一种特异的地位，一经变乱，他们随着需要，群起团结他们的本宗族亲，以及乡里的附随民众，形成了许多在经济上可以自给，武力上可以自卫的大集团。"② 他论述北朝士族推进民族融合不断深入之贡献，又说："他们已然经历长时期的惊风骇浪，现在居然能苦撑稳渡，慢慢见岸。中华文化，赖借这些门第的扶护保养而重得回生。北方士族所遭境遇，视南方士族远为艰苦，而他们所尽责任，亦较南方士族远为伟大。"③ 确实，十六国北朝时期每一个汉族士族无不成为华夏文化之堡垒，士族之兴衰直接关乎华夏文化之存亡。因此，从这一意义上说，士族社会之"母教"及其对士族社会精英之培养，不仅对某些家族门第之延续功绩卓著，而且对于中华文化之传续也自有其一份功绩。

---

① 郑雅如在前揭《情感与制度：魏晋时代的母子关系》中概括魏晋时代母教之内容与方式指出："母教的内容或识字启蒙，或经典家学传授，或改过迁善，或训以忠义，或立身处世，或仕宦之道，或待人接物，涵盖的内容十分广泛。母教进行的方式或亲授诗书，或涕泣以诉，或慈爱感化，或耳提面命，或以身作则，多是以母子接触互动的方式进行，透露出母子在生活中接触频繁；母教往往是一种机会教育，在生活中不时出现，对人子发挥莫大的影响力。"（第175页）就北魏的情况而言，亦大体如是。不过，需要略加辨析的是所谓"母教往往是一种机会教育"，具体文献多有这类生活中母教的实例，但就整个士族社会母教而言，则是一种普遍风气，其德行训导与学术培养则有其规范。
② 钱穆：《中国文化史导论》，商务印书馆1994年版，第136页。
③ 前揭《国史大纲》，第309页。

下 编

墓志所见北朝士族社会之妇女风尚

第十七章 墓志所见中古士族社会女性之治家及其"母教"与"女教"

——以北朝士族女性相关墓志为中心的考察

在中国古代中古时期，世家大族居于社会的上层，在社会政治、文化等领域长期居于统治地位。众多家族长期兴盛、绵延不衰，一个重要原因在于其无不具有特定的家学门风。而士族文化之传承，则与士族社会治家理务之女性关系密切。前文已据相关正史等传世文献所载，比较全面、深入的论述士族持家女性之"母教"及其对士族存续的深刻影响。可以说，中古士族社会之"母教"关涉士族社会文化传承等根本问题，应当引起人们足够的重视。就其材料之拓展而言，已出土的中古时代士族妇女之墓志丰富了人们对当时女性生活的了解。有鉴于此，这里专题辑录、梳理墓志所见魏晋南北朝士族社会主妇治家及其"母教"与"女教"之相关资料，从一个侧面论述中古时代士族社会之家族教育及其文化传承。

一 "委政中匮，不失其职"：墓志所载士族主妇治家之典型事例

中古时代，一般而言，士族名士及冠之后便会步入仕途，而其家族中主持家政内务的则是其显赫房支之主妇，涉及家族内部的敬奉舅姑、抚育子嗣、祭祀礼仪、姻亲戚属等事务，以辅助其夫。《颜氏家训·治家篇》说："妇主中馈，惟事酒食衣服之礼耳，国不可使预政，家不可使干蛊；如有聪明才智，识达古今，正当辅佐君子，助其不足，必无牝鸡晨鸣，以致祸也。"士族妇女主持家族"中馈"之事，涉及士族家庭日常生活的各个方面，以确保儒家礼法在家族内部的落实及其家族文化的传承。关于士族主妇治家，相较于传世

典籍记载，墓志记载则相当充分、具体，下文征引相关墓志所载，以见当时"妇主中馈"的实况。

西晋《王浚妻华氏墓志》所载颇为具体、生动：

> 夫人华氏，平原高唐人也。其民族繁茂，中外隆盛，列爵显号，已具之铭表。弈世载德，生自高冑，天姿发于自然，仁教渐于义训。……年十八，继室于我。拜公夫人。爰初起家，而居有之，荣显在身，操行俞卑。太夫人在堂，勤执妇道，率礼不越，竭心朝夕，恭谨如也。……慈爱发于至诚，三孤不觉非亲。……余承先宠，遂历朝阶，委政中匮，不失其职。动遵典度，佩无乱节。用能聿修内教，加济我家道也。永兴之中，王室有难，奉诏南征，义在忘家。夫人留内，惠怀有方，政成闺闱，而道周于外。缉安之勋，盖有与焉。皇驾及都，仍蒙增宠，爵居小君之位，身为三事夫人。而躬自抑损，卑心降已，朝夕思念，忧在进贤。身服浣濯，衣不文缋，清约施于躬俭，仁惠置于遐下。朗解五音，而不听声乐，欲以终成家风，匪唯一己而已。……常劝余宜广媵御，以锡众类。和平之性，情无矜假。有五庶子，同之一生。及牧御群下，训导以渐，威不加严，而左右自肃也。天启之愿，晚育二胤。……虽寝疾弥笃，言不违正。……及遗命送终，敛以时服，金环珠玉，非徒存所不尚，力戒莫以送。殡葬之制，事从节约。盖夫贵而无骄，富而不奉，难矣斯人也。少以清婉居室，长以仁贤成家，谦冲隐约，著之行事，明见达理，显于垂亡，可谓终始不玷，存亡无亏者矣。……凡一善必纪，古人谓之实录。况我伉俪信顺之积而可没哉。故图书容像，缀集往行，俾后之子孙，以明先母之攸操云尔。①

王浚是西晋后期重要人物，他长期征战，家政事务主要由其夫人华芳操持。华氏墓志以王浚口吻叙述，或为王浚亲拟，以表彰其妇德，所谓"夫人留内，惠怀有方，政成闺闱，而道周于外。缉安之勋，盖有与焉"，其中涉及其抚育庶子、敬奉太夫人、"牧御群下"等事迹，特别是华氏持家勤俭，"欲以终成家风"，对王氏家族风尚之塑造影响甚大。对此，王浚极为感念，铭文中称其"明见达理"，多加赞誉。当然，对于大多数士族妇女而言，未必有如王浚夫

---

① 赵超：《汉魏南北朝墓志汇编》，天津古籍出版社2008年版，第13—15页。

第十七章 墓志所见中古士族社会女性之治家及其"母教"与"女教" / 415

人华氏那样特殊的境遇，但她们日常生活中的治家经历则体现着士族女性生活的常态。

就出土墓志数量而言，有关北朝妇女者较多，其中上层妇女之事迹，主要叙述其治家之表现，以下择其事迹突出者略作介绍。东魏《张玉怜墓志》载：

> 夫人姓张，讳玉怜，齐国安西人也。……笄年既及，为文贞侯所娉。事舅奉姑，勤孝有闻。承郎接娣，婉顺见美。故以流誉于乡党，传芳于州闾矣。文侯少宦，夫人留居奉养，温凊视膳，廿余载。性不妒忌，瘵寐思贤，抚视庶子，同之自生，降恩厚泽，平等无二。正光二年，入朝长信宫，引见显阳殿。神仪伟穆，进止闲庠。皇太后为之动容，叹曰："令问令望，如珪如璋，其此妇之谓乎。夫才于朝，妻贤于室，顷在一房矣。"①

张玉怜持家有道，"故以流誉于乡党，传芳于州闾"，并因此受到皇太后之赞扬，可谓一时之典范。又，北齐《卢修娥墓志》载其范阳涿人，"崔公北州鼎族，羽仪多士，委禽成礼，同车作好。……奉上惟恭，接下居顺。茂祉攸萃，寝床弄瓦。慈严俱厚，日就月将。组织必尽其工，酒醴兼造其极。赞君子之业，弘外成之美。风被二门，声高一世"②。范阳卢氏与清河崔氏皆为北朝最显著之礼法世家，卢修娥主持崔氏家务，以致"赞君子之业，弘外成之美"。又，北齐《羊深妻崔元容墓志》载：

> 夫人姓崔，讳元容，清河东武城人也。……及言归作合，谦约日隆，体无组绣之饰，服有浣濯之衣。孝敬舅姑，竭诚娣姒，饘粥菜蔬，温恭朝夕。诸子不安其俭，夫人莫改其操。故能中馈内理，阴教外融，昔称樊卫，方之惭德。始当女宗一世，母仪两族。③

志称崔元容"女宗一世，母仪两族"，赞其持家有道。又，《大周故卢太妃墓

---

① 前揭《汉魏南北朝墓志汇编》，第 319 页。
② 前揭《汉魏南北朝墓志汇编》，第 432 页。
③ 罗新、叶炜：《新出魏晋南北朝墓志疏证》，中华书局 2005 年版，第 158 页。

志铭》载：

> 太妃讳兰，幽州范阳涿县人也。……年十有七，归于文贞府君。文贞羽仪宗室，栋梁蕃屏。太妃辅佐君子，虔恭中馈，外言不入，内言不出，闻德既宣，闺仪乃正。思其亲也，则寒木生庭；孝其姑也，则江流入室。七德是备，足以事夫；三徙既成，尤能训子。①

这里称卢兰"辅佐君子，虔恭中馈"，操持内务，甚有妇德，无论其闺仪、孝行、事夫、训子，皆堪称典范。又，隋《王楚英墓志》载：

> 夫人姓王，讳楚英，小字僧婢，太原晋阳人。望尽高门，世为冠族，江东独步，王文度之八世孙也。……夫人妇德内彰，母仪外朗。梁妻楚室，讵以相侔；鲁穆齐姜，当何仿佛！动环佩于阶庭，肃徽嗣于箴史。四德六行之美，乃照灼于丹青；埋羊侯日之奇，实挥被于缃篆。娣姒叔妹，咸慕指南；彤管嫔嫱，皆仰茂则。信可谓镕金范器，邦之媛也。克诞二子，实等平舆，为珪璋之羽仪，成节义之渊海。②

王氏以礼法治家，以协调家族内部关系。又，隋《仪同三司广州刺史封公夫人崔娄诃墓志》载其博陵安平人，"遭命不谐，良人中逝。昼哭避嫌之礼，得自天然；断织慈教之心，率由本质。加以秋霜等性，冬日均思，执礼简约，不好华侈，纂组勤功，秬品节用，遂能志成闺闼，誉动乡邦"③。崔氏遭遇不幸，家族事务自然全赖其操持。又，隋《杨使君后夫人萧氏墓志》载：

> 夫人讳妙瑜，南兰陵人，梁高祖武皇帝之孙，丞相武陵贞献王之女也。……忠庄公早丧元妃，方求继德，夫人见称才淑，言归于我。肃恭箕帚，自秉柔顺之心；正位闱闺，弥留慈抚之迹。朝廷以夫尊之典，授千金郡君。……先公任居方牧，时逢交争，徇义忘家，捐躯异境。夫人孀居守志，无劳匪石之诗；昼哭缠哀，自引崩城之恸。于是寄情八解，

---

① 前揭《汉魏南北朝墓志汇编》，第492页。
② 韩理洲辑校：《全隋文补遗》，三秦出版社2004年版，第86—87页。
③ 前揭《全隋文补遗》，三秦出版社2004年版，第169页。

第十七章　墓志所见中古士族社会女性之治家及其"母教"与"女教" / 417

凭心七觉，炳戒珠于花案，发意树于禅枝。至如悬针垂露之工，蔡女曹姬之艺，姻赏承训，闺门取则。①

萧妙瑜夫自北周以来历刺诸州，最终"徇义忘家，捐躯异境"，内务赖萧氏操持。萧氏出自萧梁皇族，其治家理务体现着士族社会妇女之风尚。

以上列举两晋南北朝各时段墓志所载士族女性主持家政之典型事例，以北朝为多。这既与出土墓志数量有关，也与北朝社会崇尚大家族制度直接相关。北朝士族礼法制度尤为严谨，其内务治理必须以和谐为先，这也是妇德的基本要求，故北朝士族主妇墓志多详述其事。如《李晖仪墓志》载其陇西狄道人，祖李宝、父李承，嫁与南青州刺史郑使君，"年十有三，初执箕帚，配德哲人，主兹中馈。己乃仪形素里，模范闺房。夫人娣姒之中，于袂为小，上奉舅姑，旁事同室，廉让敬恭，谦柔忠爱，憎愠不形于色，得失无概于心。仁恕宽和，泯然无际"②。又，北齐《薛怀俊妻皇甫艳墓志》载其本安定朝那人，"汾州使君，作牧华阳，为弟纳娉。亦既有行，中馈斯主，恪勤朝夕，率礼无违。而家累千金，位皆四岳，昆季不少，娣姒实多。夫人躬服浣衣，取劳推逸，闺门之内，人无间言"③。又，《李祖牧妻宋灵媛墓志》载广平列人，"及结缡成礼，齐眉展敬。闺壸之内，风教穆如，上下悌恭，中外彝序，共沐仁恩，俱仰慈则。房中牖下之奠，蘋藻荇菜之虔。肃展清祠，祗奉赞裸。……故柔闲用显，贞顺剋修。初为梁鸿之妻，终成文伯之母"④。又，北周《寇峤妻薛夫人墓志》载其河东人，"邵州使君后妻也。……渐慈傅之训，其奉妇亦良；资承亲之孝，其事姑也谨。尊耆九室，娣姒五人，上称其德，下载其惠，未笄者师其女容，既醮者范其妇礼"⑤。又，隋《崔昂妻郑仲华墓志》载："夫人讳仲华，荥阳开封人也。……闺闱之内，相敬如宾。馥若椒兰，谐同琴瑟。夫其六行四德之高，酒食醴酬之事，黼黻组绤之丽，机抒麻

---

① 前揭《全隋文补遗》，三秦出版社 2004 年版，第 221 页。
② 韩理洲等辑校：《全北魏东魏西魏文补遗》，三秦出版社 2010 年版，第 339 页。
③ 前揭罗新、叶炜《新出魏晋南北朝墓志疏证》，第 192 页。
④ 前揭《新出魏晋南北朝流证》，第 216—217 页。《李祖牧墓志》载其赵郡平棘人，"幼而不群，异乎公族。凤遭不造，早阙过庭。夫人黄鹄成歌，《柏舟》载咏，倚门徙宅，慈勤具举。君亦蔽蚕尝吐，理极温清。闺帏肃邕，人无闲议"。参见韩理洲等辑校《全北齐文补遗》，三秦出版社 2008 年版，第 140—141 页。从中可见其年幼丧父，其成长自得自母教。而此后之家门风尚，则与其夫人关系至密。
⑤ 前揭《汉魏南北朝墓志汇编》，第 490 页。

蘉之工，莫不超古迈今，动成师范。"①　毫无疑问，协调家族伦理关系，维护和睦，这是士族女性主持家政的核心要务，以上所列举士族女性墓志所载之事迹，对其妇德多有表彰，堪称典范。

以上数例皆为中古时代著名大族女性主持家政之情形。其实，女性治家为当时社会之普遍现象，由相关墓志可见，当时中下层士族社会也无不如此。北魏《李榘兰墓志》载：

> 夫人姓李，讳榘兰，冀州渤海郡脩县广乐乡新安里人也。汉胶西王太傅解之后。……自来仪君子，四德渊茂，逮事太夫人，曲尽妇道。造次靡违，颠沛必是，妙善女工，兼闲碎务。太夫人衣食服玩，躬自尝制，蒸衿祠奠，亲洁俎豆。信不以贵敖为心，每以卑慎为志。是以太夫人慈遇备隆，流爱特厚，在宗必咏，在家必闻。故能六戚仰其徽猷，五宗范其成行，庆绪遐绵，诞育冢嗣。②

墓志虽称渤海李氏"衣冠世袭"，"累叶承徽，风流不坠"，实际上当为地方小族。不过，志文表彰李榘兰之妇德，特别强调其"逮事太夫人，曲尽妇道"之表现。士族社会尤重孝道，而主持家政的最主要的职责之一便是敬奉尊长。由于李榘兰侍奉太夫人颇为尽心，长期"礼奉异门，抑情从义"，"虽忧恋内侵，未敢形诸言色"。又，北魏《司马景和妻孟敬训墓志》载孟氏为清河人，

> 年十有七而作嫔于司马氏。自笄发从人，捡无违度，四德孔修，妇宜纯备。奉舅姑以恭孝兴名，接娣姒以谦慈作称。恒宽心静质，举成物轨，谨言慎行，动为人范。斯所谓三宗厉矩，九族承规者矣。又夫人性寡妒忌，多于容纳，敦桃夭之宜上，笃小星之逮下。故能庆显螽斯，五男三女，出入闺闱，讽诵崇礼，义方之诲既形，幽闲之教亦著。然尽力事上，夫人之勤；舍恶从善，夫人之志；内宗加密，夫人之恤；姻于外亲，夫人之仁。夫人有五器，而加之以躬检节用。③

---

① 前揭《新出魏晋南北朝墓志疏证》，第389页。
② 前揭《汉魏南北朝墓志汇编》，第103页。
③ 前揭《汉魏南北朝墓志汇编》，第72页。

第十七章 墓志所见中古士族社会女性之治家及其"母教"与"女教"

清河孟氏当为次门,然其女教规范则与大族无异,志文载孟敬训嫁司马氏,其持家以礼,为人恭谨,"可谓三宗厉矩,九族承规",堪称典范。又,东魏《毕修密墓志》载:

> 夫人姓毕,讳修密,兖州东平郡人也。……及袜马于归,来仪盛族。德考惟房,教成闺阃。躬俭节用之行,见异于阶庭;织纴组钏之能,取则于风俗。城隅既峻,信有彤管之辉;美玉自温,实无白珪之玷。既而君子膺命,陈力就列。虽曰南金,实由砥砺。①

东平毕氏当为次等士族,毕修密所嫁乃渤海封仲灵第三子,其持家恪守礼法,"德考惟房,教成闺阃","躬俭节用之行,见异于阶庭;织纴组钏之能,取则于风俗",优化封氏之门风。陈寅恪先生曾指出中古时代"小族之女子苟能以礼法特见尊重,则亦可与高门通婚"②。由以上墓志所载,诚为事实。

由于士族主妇治家关系到家族和谐与子弟成长,除了女性墓志详述其事迹外,有的在其丈夫或儿子的墓志中也有相关记载,以表彰其妇德母仪。如北魏《崔隆墓志》载其出自博陵安平,"母古侍中之女,有家法,尝以大器期君";"君配李氏,徽音克嗣,与君亦多内助。君素在外,李氏事姑以孝闻,人无间言"③。《崔隆墓志》涉及其母、妻教子、持家之事迹,二位夫人对其家族影响甚著。有的士族主妇持家,对夫族门风具有决定性的作用,北齐《崔仲姿墓志》载其博陵安平人,"夫人禀训承规,慕和体顺。言为家范,动成世则。亦既有行,义同集灌。究织纴之工,尽蘋藻之洁。四德咸举,六行靡遗"④。隋《梅渊墓志》载其九江寿春人,"夫人李氏,柔恭静顺,光于内则。勔劳鞠养,实有深慈"⑤。

由以上所列举相关墓志资料,可见中古士族社会之主妇普遍操持家庭日常事务,诸如虔奉舅姑,和睦娣姒,营造家族内部的孝悌、雍穆氛围,塑造家族门风;同时注重抚养、训导子嗣,以培养士族门第之传承人。通览已出土之中古时代士族女性墓志,这方面的记载内容颇为丰富,可见"助治家道"

---

① 前揭《汉魏南北朝墓志汇编》,第346页。
② 前揭《唐代政治史述论稿》,第72页。
③ 韩理洲等辑校:《全北魏东魏西魏文补遗》,第95页。
④ 韩理洲等辑校:《全北齐文补遗》,第69页。
⑤ 韩理州辑校:《全隋文补遗》,第154页。

是当时士族女性的基本职责,士族社会家族伦理之维系乃至家族风范之延续,与士族主妇治家关系甚为密切。

在以礼法操持家务内政的基础上,一些贤明士族妇人还遵循"辅佐君子,助其不足"之训条,或劝奉其行德政以改善刑罚,或进贤德之才以实施教化,这尤以入嫁元魏宗室之士族女性群体最为突出。① 此外,就墓志所见,北齐上层也多有其例。如北齐《敬妃墓志》载其平阳人,其夫"即太祖献武皇帝之从弟也。连晖辰极,比曜枢衡,业履贞粹,干局沈果。或持斧字民,或剖符观俗。风移化洽,妃有谋焉。"② 甚至还有岳母与女儿一起助婿治家理政的事例,北齐《王怜妻赵氏墓志》载其南阳人,"并州主簿王怜之妻也。琴瑟未几,便失伉俪,唯有一女,甫就口食。及长,适颍川陈氏。值大齐肇构,陈有力焉。除光州刺史。妻封襄城郡君。而郡君政训陈门,恩逮众妾,肃穆闺闱,皆赵夫人慈育之所致也"③。又,北齐《崔幼妃墓志》载其博陵安平人,为齐宗室所娉,其夫文简公"声满庙堂。虽知外表才贤,自成惠主,良由内有仁明,剋此阴德"④。又,隋《杨氏妻李淑兰墓志》载:"夫人字淑兰,陇西成纪人也。……年十有九,归于杨氏。杨氏,华阴盛族,四公余庆,秦晋斯匹,穆是推轮。夫人三天既移,三星已夕,躬亲钏组,手进馈酬。时周室权舆,世属驰骛,而杨氏执法端朝,缉熙庶绩。虽君子职夙夜,亦哲妇职忧勤"。其铭曰:"丞相夫人,司隶令室,妇有内修,定策外弼。惟此淑懿,觏若画一,辅佐君子,虔恭中馈。"⑤ 李淑兰出自河西名门大族,"辅佐君子,虔恭中馈","妇有内修,定策外弼",可谓当时士族妇女之典范。北朝胡化,妇女参与社会活动频繁,士族女性预政正是相关风尚的一种具体表现。

---

① 关于士族女性操持元魏宗室之内务与军政等具体情形,前揭《墓志所见汉族士族女性操持元魏宗室之"家务"与"家教"——从一个侧面看鲜卑上层社会之文化交融》(待刊稿)进行专题考论,敬请参看,此不赘述。确实,就出土北朝女墓志而言,涉及入嫁拓跋宗室的士族女性者不仅数量众多,且其治家事迹及其影响也相当突出,但鉴于其关涉民族文化之交融,故特据之作上述之专题研究。为免重复,本文则重点引证汉族士族间互相通婚及其主妇治家之墓志文献以说明相关问题。
② 前揭《汉魏南北朝墓志汇编》,第393页。
③ 前揭《汉魏南北朝墓志汇编》,第399页。
④ 前揭《汉魏南北朝墓志汇编》,第476页。北朝妇女参与军政颇为普遍,这与胡汉融合之风尚密切相关。至于胡人女性预政,墓志也有记载。如北齐《吐谷浑静媚墓志》载其"年十七,言适尧氏。时公勋业既隆,门开黄合,出蕃入辅,家称击钟。宾客赴之若云屯,士庶倾之如风凑。而夫人谒忠言以奉上,尽仁恕以标下,不以富贵而骄,宁以豪华代傲。莫不慕义忘生,感恩效死,遂使时有五袴之歌,世致攀辕之恋。斯皆阴德仰助,岂无功焉"(前揭《汉魏南北朝墓志汇编》,第439页)。
⑤ 前揭《新出魏晋南北朝墓志疏证》,第537页。

第十七章　墓志所见中古士族社会女性之治家及其"母教"与"女教" / 421

特别是北朝士族女性参与军事活动，史传文献对此有记载，《魏书》卷九二《列女传》载："任城国太妃孟氏，巨鹿人，尚书令、任城王澄之母。澄为扬州之日，率众出讨。于后城帅姜庆真阴结逆党，袭陷罗城。长史韦缵仓卒失图，计无所出。孟乃勒兵登陴，先守要便。激励文武，安慰新旧，劝以赏罚，喻之逆顺，于是咸有夺志。亲自巡守，不避矢石。贼不能克，卒以全城。澄以状表闻。属世宗崩，事寝。灵太后后令曰：'鸿功盛美，实宜垂之永年。'乃敕有司树碑旌美。"又，《魏书》卷九二《列女传》载："苟金龙妻刘氏，平原人也。廷尉少卿刘叔宗之姊。世宗时，金龙为梓潼太守，郡带关城戍主。萧衍遣众攻围，值金龙疾病，不堪部分，众甚危惧。刘遂率厉城民，修理战具，一夜悉成。拒战百有余日，兵士死伤过半。戍副高景阴图叛逆，刘斩之，及其党与数十人。自余将士，分衣减食，劳逸必同，莫不畏而怀之。并在外城，寻为贼陷，城中绝水，渴死者多。刘乃集诸长幼，喻以忠节，遂相率告诉于天，俱时号叫，俄而澍雨。刘命出公私布绢及至衣服，悬之城中，绞而取水，所有杂器悉储之。于是人心益固。会益州刺史傅竖眼将至，贼乃退散。竖眼叹异，具状奏闻，世宗嘉之。正光中，赏平昌县开国子，邑二百户，授子庆珍，又得二子出身。"这可见北朝汉族女性普遍具有实干才能，其中杰出者能领兵处分，指挥若定。在北朝普遍尚武风气下，女性也受到一定影响，其中士族女性也有突出的表现。①

二　"慈抚训导，咸得成立"：墓志所载士族社会女性之"母教"

对于士族社会而言，"母教"是一种常态化的现象，是士族主妇治家的核心职责之一。特别需要指出的是，士族名士往往或因军政活动而受到伤害，或因疾病而早逝，以致门户全赖其主妇支撑，独立抚育训导子嗣。对于这类

---

① 关于北朝女性之尚武风尚，《魏书》卷五三《李孝伯传附李安世传》载其"出为安平将军、相州刺史、假节、赵郡公。……初，广平人李波，宗族强盛，残掠生民。前刺史薛道㯹亲往讨之，波率其宗族拒战，大破㯹军。遂为逋逃之薮，公私成患。百姓为之语曰：'李小波妹字雍容，褰裙逐马如卷蓬，左骑右射必叠双。妇女尚如此，男子那可逢！'安世设略诱扰及诸子侄二十余人，斩于邺市，境内肃然"。唐长孺先生在《读〈李波小妹歌〉论北朝大族骑射之风》一文中指出，"这种风气的形成应当与西晋末年以来北方民族的相继南迁有关。河北境内骑射之风的流行，反映了晋末以来内迁北方民族对汉族的巨大影响"（《唐长孺社会文化史论丛》，武汉大学出版社2001年版，第120页）。

士族子弟成长而言,"母教"则尤具特别意义。钱穆先生曾根据梁代王僧辩母魏夫人教子忠义与谦逊之史实,以为此乃"母教"之典范,并进一步指出:"合此以观,其教子之严正,与其接物之谦和,不仅见王母魏夫人之贤,而治家大要,亦不出此两途。然苟无女教,试问何以成此家风?"① 对于这类士族社会的贤德女性,包括正史《列女传》在内的各种文献多有记载,以表彰其妇德,墓志也是如此。

(一)"抚养孤□,慈训无怠":士族社会寡母之抚训幼弱,延续门户

上文所述士族女性治家之墓志文献,多涉及其抚育、教育子弟之事迹,如西晋《王浚妻华氏墓志》载其"有五庶子,同之一生"②。北魏《司马景和妻孟敬训墓志》载其教育子女云:"五男三女,出入闺闱,讽诵崇礼,义方之诲既形,幽闲之教亦著。"③ 东魏《张玉怜墓志》载其"性不妒忌,寤寐思贤,抚视庶子,同之自生,降恩厚泽,平等无二。……孝昌中,文侯薨徂,子女茕稚。夫人慈抚训导,咸得成立。居家理治,严明著称"④。《大周故卢太妃墓志铭》载其"三徙既成,尤能训子"⑤。隋《王楚英墓志》载:"克诞二子,实等平舆,为珪璋之羽仪,成节义之渊海"⑥。此外,北周《寇峤妻薛夫人墓志》载其河东人,"邵州使君后妻也。……前后夫人,各有二子。夫人以眇眇之年,鞠孤孤之胤",东、西魏分立,"夫人亦随入关,携小抱大,终守元吉。……前妻之子士绰幼殒。夫人哀伤,憔悴累年,遗令瘗于左掖,示终身不忘夙心"⑦。薛氏所贵在于"以眇眇之年,鞠孤孤之胤","携小抱大,终守元吉"者,皆为其夫前妻子,她能从家族根本利益出发,尤显贤德。仅据以上几则所录,可见士族女性治家普遍"尤能训子",这是其妇德的基本要求。当时士族社会颇重嫡庶分别,而妇德高尚者则能"抚视庶子,同之自生",亲生诸子间也当"实等平舆",这关系到家族雍睦与兴衰之大局。就母教内容而言,母教遵循士族社会之基本准则,首重礼法品德与言行规范,"出入闺闱,讽诵崇礼",自幼便以礼法规范、塑造其品德,进而辅之学术文化与

---

① 前揭《略论魏晋南北朝学术文化与当时门第之关系》,《中国学术思想史论丛》(三),第156页。
② 前揭《汉魏南北朝墓志汇编》,第14页。
③ 前揭《汉魏南北朝墓志汇编》,第73页。
④ 前揭《汉魏南北朝墓志汇编》,第319页。
⑤ 赵超:《汉魏南北朝墓志汇编》,第491页。
⑥ 韩理洲辑校:《全隋文补遗》,第87页。
⑦ 赵超:《汉魏南北朝墓志汇编》,第490页。

第十七章　墓志所见中古士族社会女性之治家及其"母教"与"女教" / 423

实际才能，以培养士族社会的俊杰之士。

综览士族"母教"之墓志资料，其中尤以寡母训导子嗣者为多。如隋《张妙芬墓志》载其范阳方城人，父乃梁代名臣张缵，"年十九，聘梁始兴王，……然王早逐阅川，墓木已拱。夫人孀居守志，□宫亟移，抚养孤□，慈训无怠。大床阔被，傍及诸生"①。张氏守志抚育孤遗，"慈训无怠"，后由南入。由墓志所见，寡母守节育子，北朝的事例更多。如隋《封延之妻崔长晖墓志》载其博陵安平人，"华年犹稚，罹此未之，抚育遗孤，端严自立。率导三息，迈慈母之壹心；殷勤四女，越班昭之四德。家人罕见其面，邻里化以成风"②。崔氏为封延之后妻，亲生四女，三子皆为前妻所生，所谓"慈育三男"，"率导三息，迈慈母之壹心"，是指精心培育前妻之子，以维系其家族门第。不仅如此，还有士族寡妇训导同族子弟者，隋《元范妻郑令妃墓志》载其荥阳人，出自名门，"德为女师，仪成垂范，外匡从政，内训闺闱，相敬如宾，和彼琴瑟。而府君下世，一形尪毁，无夫无子，寒霜总萃。割耳截鼻，彼独何人？教诲诸侄，并登台辅"③。郑令妃"无夫无子"，寡居"教诲诸侄"，以致诸人皆有所成。以上所述北朝寡母抚养庶子、同族子弟，这与北朝宗族聚居之生活方式及其宗法观念密切相关。

寡母之教，不仅直接关乎某一家族血嗣之存续，而且关系到士族社会及其文化风尚之兴废，其影响不可忽视。与正常的治家教子不同，遭遇家庭变故后出现的寡母育孤，其过程之艰难，也是不难想象的。由墓志所见，一些年轻女性守节育孤，首先表现在生活方面的抚养，常遭遇贫困无助等困窘。这些女性多能不畏艰辛，抚训幼弱，终使子弟成人。如北齐《崔宣华墓志》载其博陵安平人，"及大厦云颓，高门致覆，风雨沾沐，荼蓼荐臻。夫人沥血盈衿，数米充馈，痛临汝以兴衰，念河平而流涕。至于摄裾从马，举袂归梁，进膳齐眉，祈天断发，训踰万石，教同三善，男成俊士，女号英姬。纵使安定礼宗，河南贞义，以我方之，符节而可。岂直流连坟史，轨蹈箴诗，盖亦孔雀成文，帝蝉为赋"④。又，北齐《邢阿光墓志》载其为河间鄚人，"及良人下世，自誓无怼，断机戒子，徙宅成胤。惟兄及弟，立勋建节，服玄衮以

---

① 韩理洲辑校：《全隋文补遗》，第 276 页。
② 罗新、叶炜：《新出魏晋南北朝墓志疏证》，第 396 页。
③ 韩理洲辑校：《全隋文补遗》，第 126 页。
④ 赵超：《汉魏南北朝墓志汇编》，第 416 页。

仪台，驾朱轮而刺举"①。又，北齐《薛怀儁妻皇甫艳墓志》载其"子茂之等，幼丁荼蓼，亲加抚掬，断机识学，截发俟宾，故得并号良其，皆称克荷。弓车频降，玉帛屡臻，朝廷贵其公平，士友钦其长者。非唯天性而然，抑亦三徙所致"。薛茂之兄弟终"并号良其，皆称克荷"②。又，隋李德林母《赵兰姿墓志》载："德林父兄早弃，夙婴荼蓼，姊妹及弟，茕然靡托，实赖慈育，得及人伦。"③ 士族社会中绝大部分守节教子之寡母，皆能训导子女有成，对于家族血嗣延续和门风传承具有无可替代的作用。

就"母教"之具体内容而言，这类寡母持家教子颇为严正，以儒家礼法塑造其品格，冀其有成。如北魏《寇臻墓志》载其上谷昌平人，"公世联冠冕，承绵华阴。……公早倾乾覆，奉严母以肃成，幼挺风概，忠孝自穆，长播休誉，金声玉振。凡所迳历，皆求己延旌，无假于人"④。寇臻自少受"奉严母以肃成"，养成"忠孝自穆"之品节。又，北魏《故尚书主事郎金城赵安妻房夫人墓志》载："夫人讳文姬，清河清人也。⑤……太和中辛鼙，居丧执礼，哀泄行李，抚育四子，慈训二女。示四子以反古，严恩不失其操；导二女以筐筥，俭积珍其性树。"⑥ 房文姬严以教子，期其有成；慈训二女，则引导其习女工、尚节俭，能持家。又，东魏《故赵氏姜夫人墓志铭》载："夫人姓姜氏，长安天水人也。……年十有四，归于赵氏。……而天不吊善，牉合中倾。志牟共姜，誓而弗许。二女一男，并训义方。三徙崇德，罔或加也。"⑦ 姜氏对"二女一男，并训义方"，实际上就是传授儒家礼法。又，隋《李椿妻刘婉华墓志》载其中山安喜人，"中馈斯勖，内政剋宣，蹈礼鸣谦，实邦之媛。既而良人早没，衔恤未亡。佩《柏舟》之诗，同恭姜之誓。遂断机贻训，徙宅从仁，恳是诸孤，义方圣善"⑧。又，隋《刘宾暨妻王氏墓志》载王氏抚训诸子曰："乃先君早逝，抚育孤遗，教以义方，咸得成立，遂使亲

---

① 赵超：《汉魏南北朝墓志汇编》，第 411 页。
② 罗新、叶炜：《新出魏晋南北朝墓志疏证》，第 192 页。
③ 韩理洲辑校：《全隋文补遗》，第 52—53 页。
④ 赵超：《汉魏南北朝墓志汇编》，第 48—49 页。
⑤ 查考《晋书·地理志》之冀州、《魏书·地形志》之司州清河郡皆列清县，故此志"清河清人"之"清"后漏"河"字，当为清河郡清河县人。
⑥ 韩理洲等辑校：《全北魏东魏西魏文补遗》，第 224—225 页。
⑦ 赵超：《汉魏南北朝墓志汇编》，第 317 页。
⑧ 韩理洲辑校：《全隋文补遗》，第 245 页。

第十七章　墓志所见中古士族社会女性之治家及其"母教"与"女教"

宾拭目,表里倾心。妇德母仪,佥望斯在。"①

上层社会妇女多具见识,其持家教子,除了一般的社会常规内容外,还涉及为政处世之道,在紧要的政治关头往往授予应对之策。北魏《李晖仪墓志》载其陇西狄道人,其家族作为北凉之后,有深厚的政治文化积淀,故其深通权谋:

> 识用渊长,聪明微密。普泰奄有万国,冠带百神,长女上太妃,小宗之嫡,实唯君母。主上屡使家人传辞,欲崇以极号。夫人以权疑在朝,虑生猜祸,苦加诲约,不令顺命。太妃亦深鉴倚伏,固而弗许。所以蹈此危机,终保元吉者,抑亦夫人之由。及大息伯猷由散骑常侍而为国子祭酒,时论以外戚相拟,咸谓此授为轻。夫人闻之,唯恐更有迁换,戒厉殷勤,千绪万牒,每昏定晨省之际,未尝不以之为言。是以诸子樽节,莫冀通显,或降阶出守,或仍世不移,或盘桓利居,匪期招命。斯固夫人之志,物议所不知,其杜渐防萌,皆此类也。②

李氏长女入宫为上太妃,"实唯君母",故朝廷对李氏本人及郑氏戚属欲加封赏,然李氏"深鉴倚伏,固而弗许"。此后,有关其子官职安排,她总是以谦抑为怀,"戒厉殷勤",可谓耳提面命,根本不以要职重位为意。志文称"斯固夫人之志,物议所不知,其杜渐防萌,皆此类也"。李氏训戒子弟在乱局中以谦抑之态应之,避免卷入朝廷权力纷争,体现出超人的政治智慧,从而使其家族"终保元吉"。又,《魏故镇军将军兖州刺史羊祉墓志》载其祖母出自清河崔氏,羊祉曾以"母老辞荣","朝廷兴伐蜀之师,诏复征公平南将军、光禄大夫,秉旄戎首。抗表陈让,不蒙哀允。□纶继荐,相往中衢。时太夫人教曰:'□已事君,岂复存孝?□宜□之,违□□□□。'殷勤固请,具养已成。太夫人遂劝,二弟□对王人。于是还命辞亲,□征奉主"③。在羊祉面临家国、忠孝困顿选择之际,其祖母崔氏训导其"□已事君,岂复存孝",以忠节为先。这是祖母之教,从中可见北朝后期士族家国观念之变化。又,隋《齐故仪同三司东豫州刺史王夫人墓志铭》载:"夫人讳沙弥,太原晋阳人也。

---

① 韩理洲辑校:《全隋文补遗》,第277页。
② 韩理洲等辑校:《全北魏东魏西魏文补遗》,第339—340页。
③ 罗新、叶炜:《新出魏晋南北朝墓志疏证》,第78—79页。

……孝乃天成，仁为本质，学穷国史，才艳曹班。……而良人弃世，保守孤遗，言不及财，诲唯其义。男女翕然成立，盖仁教之所在，内外称为慈母，远近推为贞姜。夫人识性闲悟，志行温吉，方保难老之年，以隆模楷之誉。"①由王夫人教育子弟"言不及财，诲唯其义"，可见其"母教"内容。

学术文化教育是确保士族子弟成人成才的重要前提条件，正史文献中多见士族"母教"亲授经史学术之现象。综观相关墓志，这方面的具体记载虽不多见，但仔细搜检，其中不乏可供分析之事例，如《隋故处士刘君墓志》载刘睦"能究穷六经，讽览百氏。为先进之准的，作后生之仪表。但幼丧所怙，母氏孀居，采尚忠义，立□□以孝敬为务"②。刘睦"幼丧所怙"，其"究穷六经，讽览百氏"，或当与其"母教"不无关系。

从相关墓志记载看，当时上层士族阶层固然"母教"风尚严谨，其他社会阶层也基本如此，如东魏《贾思伯妻刘氏墓志》载："夫人讳静怜，长广人也。……思顺寡期，孀□早遘。稚子种年，训彰岐岨。堂有老成，阶无饰履。□是诸孤，持圣善而弘济；眇焉泉鹿，凭养丐以克家。至于阖门存礼，停间崇仁，□□分明，断机严厉。"③贾思伯夫妇之出身当为次等士族，刘氏守寡抚育幼子，克勤克俭，训以仁义，其母训内容与方式与上层社会无异。又，西魏《魏故安定县君任氏墓志》载："君姓任，西河人也。年十九归于乐陵朱龙之妻。……及龙背世，上奉舅姑，无失妇礼；慈抚诸子，母仪显彰。……然长子亮，虽三龄偏孤，剋己讥仁。朝廷识其清能，勘攒剧务，因冠军将军，除东义州兼长史别驾从事。依子之功，诏赠幽州安定县君。"④西河任氏与其夫乐陵朱氏地非显赫，然其"母教"之风与上层士族相同。又，北周《柳鷟妻王令妫墓志》载："夫人讳令妫，京兆霸陵人。……年十有八，归于先君。上奉舅姑，曲尽妇礼。……（其夫）中年倾逝，春秋卅有六。夫人未卅，顾蓺诸孤。二女两男，尚皆童稚。躬亲鞠养，备尽劬劳。虽蓼莪有冈极之衷，凯风有棘心之喻，未足况也。小儿带经，幼而聪敏。以大统十年，国学肇开，甫教胄子，带经便预其选。……长子带韦，早称才令，始及成童，仍从幕府。……故以武藏大夫，又迁兵部。……保定三年，诏拜夫人为延寿郡

---

① 王其祎、周晓薇：《隋代墓志铭汇考》，线装书局2007年版，第2册，第301页。
② 韩理洲辑校：《全隋文补遗》，第170页。
③ 韩理洲等辑校：《全北魏东魏西魏文补遗》，第385页。
④ 同上书，第405页。

君。……乃为铭曰：……少秉贞操，垂训二孤。……长胤英令，光构先踪"。①北周《王士良妻董荣晖墓志》载其陇西郡襄武县人，"年一十四，归于王氏。……夫人才摇丹笔，智通白水，进贤为任，有内助焉。……礼峻弥恭，名高愈退，室多蒲皂，服无珠玉。加以鞠养诸子，咸加典训，俱得精称，并擅才名。……可谓母仪之师表，女宗之宪章"②。陇西董氏自非著姓，然其母仪风尚，则与高门大族一致。

（二）"女德母仪，声表邦国"：社会对品行高洁寡母之赞誉

寡母育子含辛茹苦，过程艰难。南北朝时代，社会舆论表示崇敬，朝廷也屡下诏敕，予以表彰。对此，墓志中多有载述。如《梁故永阳敬太妃墓志铭》载其琅邪临沂人：

> 及星世釐居，遗孤载藐，提携抚育，逮乎成备。断织之训既明，闻门之礼斯舍。劬劳必尽，曾不移志。用能缉睦于中外，亦以弘济乎艰难。……又诏曰："故永阳太妃，礼数有殊，德行惟光。训范蕃嗣，式盛母仪。即远戒期，悲怀抽割。可详典故，以隆嘉谥，礼也。"③

梁武帝一再下诏赞颂其妇德，其中有"训范蕃嗣"之誉。相较而言，北朝社会礼法制度、宗族观念比之南朝更为严谨，对这类寡母育嗣之表彰更为重视。《韩贿妻高氏墓志》载：

> 夫人渤海脩人也。……及归韩氏，礼风方扇，进退折中，动成规距。班门掩响于今华，蔡氏何闻于古茂。在生不幸，韩侯凤殒。子幼惸弱，房宇廖寂。酸声一吐，白云夜断。泣音或衄，素景晨虢。贞风介气，彰于岁暮。至景明三年，宣武帝以夫人皇姨之重，兼韵动河月，遂赐汤沐邑，封辽东郡君。又以椒帏任要，宜须翼辅，授内侍中，用委宫掖。献可谏否，节凝图彖。④

---

① 王连龙：《新见北朝墓志集释》，中国书籍出版社 2013 年版，第 176 页。王连龙在注释中指出，"体味墓志行文，此志亦应出自带韦之手"，可见其对母教之感戴。
② 罗新、叶炜：《新出魏晋南北朝墓志疏证》，第 255—256 页。
③ 赵超：《汉魏南北朝墓志汇编》，第 29 页。
④ 同上书，第 153 页。

高氏守寡抚育幼嗣，颇为凄苦，北魏宣武帝加以封赏，引入内宫，固然主要与其皇姨身份有关，但也与其所表现出的"贞风介气"之妇德有关。北齐《傅华墓志》载其清河贝丘人：

> 既而良人不幸，藐诸在室，昼哭夜歌，礼无违者。虽命之不淑，家亦屡空，良冶折薪，未绝如带。太妃志厉严霜，操明皦日。类冯姬之育子，犹翟母之携童。醴醇有序，组织无倦，安兹俭薄，历季永久。加以教深徙里，训重辍餐，还鱼戒廉，断丝劝学，温床扇席，辩通得乎音旨；出告反面，仁智禀于仪形。故使志立闺门，誉华邦国，一德孔修，□能备举。……惟子及孙，龙光满室，仍世之盛，遂古弗闻"。

傅氏于北齐武平七年过世，朝廷诏曰："宜阳国故太妃傅操履贞洁，识悟明允。女德母仪，声表邦国。"① 傅氏守节训育子嗣，不辞艰辛，"德冠母师"，故屡受朝廷封赏，赠以宜阳国太妃之号。又，北齐《崔幼妃墓志》载丧夫之后，"上祷七星，傍走群窔，义若帏堂，礼成昼哭，缉谐阃内，训育诸孤，为仁淑之妻，成不疑之母"。齐显祖文献帝封之为博陵郡君。②

中古社会特重孝道，对寡母育嗣，其子孙尤为感戴，墓志中如此丰富的寡母教子记载，正体现了这一社会风尚。其中一些孝子自撰寡母墓志，以表达其强烈的情感。如《魏故泾州三水令张府君殷夫人之墓志铭》载：

> 夫人殷氏，字伯姜，雁门人也。……及归先君，妇道斯备。三德靡违，四行无爽。年甫卅三，而先君在县弃背，夫人哀养孤婴，劬劳理棘，然而终始一情，誓存弗许。遂乃奉柩还都，艰越千里。凤夜忧勤，唯念鞠视。内教母仪，外同严父。仲雍等仰赖慈奖，并得成人。觊憘庇荫百龄，永欢膝下，何图天地无心，有乖信顺。

---

① 赵超：《汉魏南北朝墓志汇编》。第473—474页。关于傅华教子，《北史》卷五五《赵彦深传》也有比较具体的记载："母傅氏，雅有操识。彦深三岁，傅便孀居，家人欲以改适，自誓以死。彦深五岁，傅谓之曰：'家贫儿小，何以能济？'彦深泣而言曰：'若天哀矜，儿大当仰报。'傅感其意，对之流涕。"（中华书局1974年校点本，第2008页）由于赵彦深成长主要依赖母亲抚训，故其对母亲极为孝敬。

② 赵超：《汉魏南北朝墓志汇编》，第476页。

第十七章 墓志所见中古士族社会女性之治家及其"母教"与"女教" / 429

其铭文又赞曰:"孟母亟迁,慰我孤遗。哀哉夫人,桃年单居。圣善之德,备此劳勍。内教母仪,外兼严父。温颜润色,愀然不与。行齐退金,节高梁女。婴童资训,修规习矩。"① 殷氏守寡"哀养孤婴",多年来"夙夜忧勤,唯念鞠视。内教母仪,外同严父",诸子深感母恩。这一墓志是否其子亲撰虽无法确认,但显然是以殷氏之子张仲雍的口吻表述,明言其兄弟"仰赖慈奖,并得成人",以赞颂其母亲恩德。对此,罗新、叶炜在《新出魏晋南北朝墓志疏证》中指出,该墓志"以殷氏子女口气写出,子女中有'仲雍'之名,……这反映了墓志体裁的新倾向。"② 进一步说,类似墓志不仅在体裁上有变化,而且体现出北朝寡母群体在母教方面的特殊作用,诸子出于对母德之感激与对母权之尊奉,在墓志文加以颂扬,反映出北朝士族社会孝道观念与宗族意识的不断强化。又,西魏《故雍州刺史辛公夫人顿丘郡裴氏墓志墓志》载:"郡君,河东人也。……父河内郡守宣明,名扬魏世,绩效前王。……爰及有行,言归君子。……善政频参,盛府见号。虞仪郡君,治内之功,诚尽毗赞。……抚稚育孤,训诱斯笃。母弘其意,子隆其爱。闺庭敬范,当世称之。以魏二年四月八日薨,朝廷以郡君妇德既深,母仪惟备,爰发明诏,赠相州顿丘郡君。"③ 所谓"母弘其意,子隆其爱",可见其子对其"母教"之恩的感激。又,《羊祉妻崔神妃墓志》载崔神妃为清河东武城人:

年十五,归于先君。夫人性睿□□□履端凝,优放趣舍,必与礼合,般生之试,终食无毁。时雁门寿君薨甫尔,家进□□,而太夫人在堂,夫人奉水授□,供养□□。复以男女众多,婴孙满堂,室负□携,劬劳莫甚,而怨语□□,护养无缺。允兄弟颇用成立,实仰禀训诱之恩。及太夫人薨,先夫人以家妇傅家,躬奉馈醒,朝夕弗息。④

崔氏守寡,上奉太夫人,下抚诸子女,"劬劳莫甚",毫无怨言,故其子羊允在志文中明言"允兄弟颇用成立,实仰禀训诱之恩",可谓母恩无疆。罗新、叶炜在该墓志疏证中指出:"崔神妃丧葬事宜由第七子羊允主持,墓志亦出之

---

① 罗新、叶炜:《新出魏晋南北朝墓志疏证》,第108页。
② 同上书,第109页。
③ 王连龙:《新见北朝墓志集释》,中国书籍出版社2013年版,第111页。
④ 罗新、叶炜:《新出魏晋南北朝墓志疏证》,第110页。

以羊允口气，很可能确实是羊允所写。"① 这与上述张仲雍为母拟墓志铭一样，都体现出这类寡母持家育嗣，对家族门第之延续影响极大，形成了非同一般的母恩和"母权"威望，其子嗣极为感怀，从而在墓志中表达其情感。又，隋《张柸墓志》载其夫人东门氏，乐陵人，"年十有五，归于张氏。以兹嘉配，未及偕老。忽叹夜鸣，翻悲昼哭。虽失两髦，誓不二醮。……冢子子育，幼失严君，中倾慈母，七朝饮绝，百粒仅存，死慕生荣，莫不尽礼"②。又，隋《程谐暨妻石氏合葬墓志》中志文称赞石氏"皎节孀居，矜孤愍稚。致使二宗起誉，非无被褥之恩。七子兴诗，宁报风泉之德"③。这都体现出士族子弟对寡母抚育训导恩情的无限感戴，从一个侧面体现出这类家族某种母权的影响。

三 "家传旧风之美，素受母师之训"：墓志所见士族社会之"女教"

由上文所叙，两晋南北朝时期士族社会女性主持家庭"中馈"事务，抚育、训导子嗣，甚至助夫施政，体现出相当高的妇德修养和学识才具。何以如此？这当与士族社会普遍重视女子教育密切相关。钱穆先生论及当时"女教"，以为士族社会"因尚孝友，而连带及于重女教。当时教育，主要在家门之内，兄弟姊妹宜无异视，故女子教育亦同等见重。当时人矜尚门第，慎重婚姻，如沈休文奏弹王源，所谓固宜本其门素，不相夺伦，王满连姻，实骇物听云云，此事极滋后人垢病。然平心论之，女子教育不同，则家风门规颇难维持。此正当时门第所重，则慎重婚配，亦理所宜。而一时才女贤母，亦复史不绝书"。至于士族女教之内容，一是妇德仪范，一是才学艺能，钱穆先生指出："《隋志》子部儒家类，著录有《女篇》一卷，《女鉴》一卷，《妇人训诫集》十一卷，《妇姒训》一卷，《曹大家女诫》一卷，《真顺志》一卷，诸书多不载作者姓名，然可见当时之重视'女教'，亦见提倡女子教育则仍必

---

① 罗新、叶炜：《新出魏晋南北朝墓志疏证》，第111页。
② 韩理洲辑校：《全隋文补遗》，第223页。
③ 同上书，第342页。

遵儒家之传统。"① 他又指出："《隋志》总集之部，有《妇人集》二十卷，注云：梁有《妇人集》三十卷，殷淳撰。又有《妇人集》十一卷亡。别著《妇人集钞》二卷，又《杂文》十六卷，注为妇人作。此则全是妇人作品。盖当时门第既重礼法，又重文艺，即妇人亦然也。"② 郑雅如论及魏晋间士族女性主导家教，其中涉及女子教育："魏晋人重视文学德行的家族教育，女性是其施教对象之一，史传中不乏风姿可观的才女。妇女投入家族教育，施行母教，对于门第的兴盛与维持带来正面的作用；在母子互动方面的影响则可能促使母亲权威增强，以及加强子嗣回报母恩的需要。"又说："贤母之教对于门第家风既如此重要，苟无女教何来贤母？故当时亦十分重视女教，且突破传统将女教局限于织纴纠组之事，于当时流行之文学、玄谈亦有所涉猎，妇女成为家族文学德行教育的对象之一。"③ 无疑，中古士族女性自幼便受到了规范的妇德仪范的训练和学术文化方面的熏陶，从而为她们未来主持家务内政奠定了基础。

（一）"奉训遵模，秀出闺第"：自幼养成妇德仪范

检点两晋南北朝时期士族女性之墓志，其中也多有女子教育的相关记载。在妇德仪范方面，士族旧门礼法齐整，门风谨严，士族女子在日常生活中无不受到潜移默化的熏陶，这种普遍化、日常化的士族文化氛围，就其对士族女性的教育、引导而言，具有不可替代的作用。如北魏《元飏妻王夫人墓志》载其出自琅邪王氏"世载家训，阴轨亦明"④，可见当时士族女性普遍自幼便依遵家训，践行妇道。又，《魏岐州刺史赵郡王故妃冯会墓志》载："太妃禀河月之精，陶清粹之气，爱静幽闺，训兹礼室。俶容天挺，孝敬过人，婉娩既闲，敏斯四德，丝枲纴组，无不悉练，女功心裁，内外嗟称。"⑤ 又，北魏《阳平王妃李氏墓志》载："太妃李氏，顿丘卫国人也。魏故使持节、大将军、阳平幽王之妃。使持节、卫大将军青定二州刺史、阳平惠王之母。……志量宽明，性度方雅，顾史自修，问道铖阙，五礼既融，四德兼朗。九族称其贞淑，邦党敬其风华。"⑥ 又，《魏故世宗宣武皇帝第一贵嫔夫人司马显姿墓志》

---

① 钱穆：《略论魏晋南北朝学术文化与当时门第之关系》，《中国学术思想史论丛》（三），第155页。
② 同上书，第156页。
③ 郑雅如：《情感与制度：魏晋时代的母子关系》，第165页。
④ 赵超：《汉魏南北朝墓志汇编》，第72页。
⑤ 同上书，第84页。
⑥ 同上书，第100页。

载其河内温人,"夫人承联华之妙气,育窈窕之灵姿;闲淑发于髫年,四德成于笄岁。至于婉娩织纴,早誉宗闱,洁白贞专,远闻天阁"①。又,《韩贿妻高氏墓志》载:"夫人出自礼门,逢斯隆沃,宜重世华,玩爱彫绮。而渊冰在性,水碧载怀,奉训遵模,秀出闺第。又资此令仪,招斯淑影,比婺未深,望娥岂譬。非直妙尽机杼,乃亦曲精绮绣"②。又,《任城王妃冯令华墓志》载其"生道德之家,长礼仪之室,目不睹异物,耳不闻外事。而聪明温惠,与本性而相符;仁信规矩,乃率行而自合"③。《安丰王妃冯氏墓志》载其"夙承阴教,早备柔仪,取则彤管之诗,求箴青史之记"④。东魏《顿丘李府君夫人郑氏墓志》载其荥阳开封人,"世擅膏腴,家传冠盖。禀和有素,籍庆自远。……仪范宗姬,誉满闺阃"⑤。又,北齐《薛怀俊妻皇甫艳墓志》载其本安定朝那人,"夫人少禀幽闲,长资恭肃。醴酏品数,不待习而生知;织纴妇工,未留心而自晓"⑥。可见士族自幼便对女子进行妇德仪范方面的严格训练。又,北齐《羊深妻崔元容墓志》载:"夫人姓崔,讳元容,清河东武城人也。……夫人志怀渊默,体资冲素,六行夙成,四德早备。仪训著于闺阃,芳风表于远迩。"⑦ 又,北周《卢兰墓志》载:"太妃令淑夙闻,珪璋早茂,就学女史,观图内则,箴管线𬘬,早习其仪,绨绤纮綖,有闻其礼。"⑧ 隋《元英暨其妻崔麝香墓志》载崔氏"四德口然,明解庭训"⑨。又,隋《崔昂后妻郑仲华墓志》载:"夫人讳仲华,荥阳开封人也。……夫人门有嘉业,世传雅望。名教之地,不肃而成。张氏前箴,班家注诫,周旋俯仰,暗与之合。披丹青而惆怅,鸣環珮以载怀。望古泠然,意寄深远。"⑩ 又,隋《崔娄诃墓志》载其博陵安平人,"夫人家传旧风之美,素受母师之训。早著幽闲,夙称贞静"⑪。由以上诸例,可见士族社会普遍自幼便以礼法熏陶其家族女子,以养成其妇德仪范及女工技能。

---

① 赵超:《汉魏南北朝墓志汇编》,第120页。
② 同上书,第153页。
③ 同上书,第374页。
④ 赵超:《汉魏南北朝墓志汇编》,第376页。
⑤ 同上书,第377页。
⑥ 罗新、叶炜:《新出魏晋南北朝墓志疏证》,第192页。
⑦ 同上书,第158页。
⑧ 赵超:《汉魏南北朝墓志汇编》,第492页。
⑨ 韩理洲辑校:《全隋文补遗》,第107页。
⑩ 同上书,第118页。
⑪ 同上书,第169页。

第十七章 墓志所见中古士族社会女性之治家及其"母教"与"女教" / 433

不仅如此，当时士族家庭还聘请保傅，专职教育子女。如北魏《李淑真墓志》载其赵郡人，"夫人诞灵淑慎，植性温和，躬俭由师，志在幽闲，尊敬保傅，情专烦辱"①。又，东魏《广阳文献王妃王令媛墓志》载其"琅邪临沂人，齐尚书仆射奂之曾孙也。既望冠海内，为天下盛门。……妃籍采华胄，膺和淑灵，体韵闲凝，识怀明悟，尊敬师傅，鉴诫国史，进退合轨，折旋成则。亦既有行，来仪蕃邸，率礼公宫，尅循法度"②。王令媛出自南朝琅邪王氏，从其"尊敬师傅，鉴诫国史"等情况看，其妇德学养除了得自家族文化熏陶外，还专门聘请了师傅传授。又，北齐《傅华墓志》载："太妃门籍旧风，庭禀师训，早称贞静，夙擅幽闲。"③ 这里的所谓"师训"，除了日常生活礼仪外，当亦涉及经史学术启蒙。北齐《崔幼妃墓志》载其"幼承师训，早擅家风。容止端华，操尚明远，俯仰折旋，动合嫔则。披寻典记，顾问图史，初有尚书之号，卒得博士之名。婉淑自然，孝感天至，非礼不言，非义不动"④。可见崔氏自幼受到家风之熏习和师傅之训导，在礼法与学识上皆有所成。隋《张妙芬墓志》载其范阳方城人，父张缵，为萧梁名臣，谥曰简宪公，"夫人即简宪公第五女，梁武皇帝外孙。母富阳悼公□□，今上皇后之姨。夫人七岁姆教，□□公□。□藻有礼，幽闲成德，其行既展，其华亦秾。竹杖能铭，椒花解颂"⑤。可见其自幼便受到良好的启蒙教育。

当时士族女性一般在及笄之后便出嫁他族，十三五岁的女子，尽管受到严格的礼法训练，但毕竟年少，是否能尽快适应新的家庭生活环境，甚至还要料理、主持家族内务，这确实是一个问题。因此，一些士族女性出嫁时，往往会配备侍女和保傅。《魏安丰王妃冯氏墓志》载其在夫家"致肃雍于友娣，尽尊敬于师傅"⑥。《郑践妻元孟瑜墓志》载其"少归夫氏，七德被于令年。下堂必咨保傅，入门无替襟缡"⑦。

至于皇宗巨室之嫁女以配备随侍保傅，几成制度。这在墓志中也有记载，如隋《马夫人墓志》载："夫人姓马，名称心，字合意，雍州扶风人也。……乃祖乃父，并官前周，重光累叶，世号名士，闻诗闻礼，且才且智。夫人六

---

① 韩理洲等辑校：《全北魏东魏西魏文补遗》，第169—170页。
② 赵超：《汉魏南北朝墓志汇编》，第358页。
③ 赵超：《汉魏南北朝墓志汇编》，第473页。
④ 同上书，第473—475页。
⑤ 韩理洲辑校：《全隋文补遗》，第276页。
⑥ 赵超：《汉魏南北朝墓志汇编》，第376页。
⑦ 韩理洲等辑校：《全北魏东魏西魏文补遗》，第401页。

郡豪家，五陵贵族。……入选王宫，……开皇初，征召清贤，用充内职，即任尚宫。……至开皇十九年，南阳公主出降许门，妙择女师，精搜保姆，以夫人闲能妇礼，堪任匡侍。甲第轨则，咸取法焉。公主降贵申恩，深相接遇，待以耆宿，恒询访问，稠密殊常。出于望表，性宽恕意，合和慎言，语无猜忌。坐则宴绮席，行则共乘香车。毁誉弗改于情，喜怒不变于色，贱宝轻财，钦贤重义。"① 隋南阳公主下嫁时，"妙择女师，精搜保姆"，马夫人以其精于礼仪而得选，始终侍奉公主，可谓其生活导师。不仅如此，有的贵族重臣结姻皇室、权门，往往有其政治目的，其所安排的保姆往往卷入政治纷争，如《晋贾皇后乳母美人徐氏墓志铭》载："美人讳义，城阳东武城人也。……娉处太原人徐氏为妇。……温雅闲闲，容容如也。居家里治，模范过于仁夫。"晋武帝权臣贾充聘之，以为其女贾南风保姆，贾南风年十三嫁入宫廷，为皇太子妃，"妃以妙年，托在妾庶之尊。美人随侍东宫，官给衣裳、服冕、御者。见会处上待礼，若宾有所。论道非美人不说，寝食非美匪卧匪食，游观非美人匪涉不行，技乐嘉音非美人匪睹不看。润洽之至，若父若亲"。晋武帝死后，贾皇后与太后杨氏争权，"杨太后呼贾皇后在侧，视望□候，阴为不轨。于时宫人实怀汤火，惧不免豺狼之口，倾覆之祸，在于斯须。美人设作虚辞，皇后得弃离。……元康元年，拜为美人。……皇后委以庶绩之事，托以亲尼。宰膳同于细御，宠遇殊持"②。可见徐义以随从侍女身份入宫，参与了贾南风的一系列内廷政治活动。

（二）"诗书礼辟，经目悉览"：经史学术与文学才艺

士族社会之家教，一般男女同授，故其女子自幼皆接受儒家基本经典的启蒙教育，这在传世文献中多有记载。这方面墓志资料虽零碎，但也多有所涉猎。如《魏岐州刺史赵郡王故妃冯会墓志》载其"又善于书记，涉揽文史"③。《魏冯邕妻元氏墓志》载其"体备温恭，聪慧在性，家诚女传，迳目必持，凡所闻见，入赏无漏。每览经史，睹靖女之峻节，觌伯姬之谨重，未始不留涟三覆，慕其为人也。令仪令色，风流之盛攸归"，自言："吾少好讽诵，颇说《诗》《书》。"④《韩贿妻高氏墓志》载其"时有暇日，兼悦书典，

---

① 韩理洲辑校：《全隋文补遗》，第315页。
② 赵超：《汉魏南北朝墓志汇编》，第9—10页。
③ 同上书，第85页。
④ 同上书，第129页。

第十七章　墓志所见中古士族社会女性之治家及其"母教"与"女教" / 435

女戒及仪，常委膝席，言行自高，物所宗慕"①。《魏故乐安王妃冯氏墓志》载："妃讳季华，长乐郡信都人也。……幼禀奇姿，长标令誉，三德必修，四行无爽，该揽图传，备闲内则。"②《薛伯徽墓志》载其自幼"资芳贞敏，蕴彩淑灵……伯祖亲西河长公主，以母仪之美，肃雍闺阃，常告子孙：'顾吾老矣，而不见此女。视其功容聪晓，足光汝门户。'年七岁，特所钟重，未尝迳阿傅之训，已有成人之操。先考授以礼经，一闻记赏，四辨居质，瞥见必妙。及长，于吉凶礼仪，靡不观综焉。虽班氏闲通，蔡女多识，讵足比也"③。《李晖仪墓志》载："夫人少秉幽闲之操，幼洁婉琰之姿，身苞六行，体兼四德。……组纴之暇，专习经书，访弟谘兄，不舍昼夜，故以贻讥博士，见号诸生。"④其出自陇西李氏，年十三年已出嫁，可见其自幼便与兄弟一起研习儒家典籍。西魏《故安定县君任氏墓志》载其"性尚闲素，博综经坟，邕容自得"⑤。北齐《李祖牧妻宋灵媛墓志》载其自幼家教"兼以窥案图史，规模保傅，六行四德，不肃而成。织纴绮绘之巧，组纴绨络之妙，自擅婉娩之功，无愧葛覃之旨。率能牢笼众媛，仪范庶姜，奉晋匹也，钦我令淑"⑥。又《大齐平阳国故昭妃冯氏墓志铭》载："妃姓冯，讳娑罗，长乐信都人。……职是女工，因已闲于绨绤。不图博士，二亦略观经传。加以尊敬师傅，听从阿保。五礼聿修，四德爰备。"⑦北周《王士良妻董荣晖墓志》载其"幼而聪敏，早该文艺，听莫留声，视不遁色。箴规图史，分在难言；流略子集，皆所涉练。至于洁斋醴齐，织纴组纴，率礼仍加，敦行靡匿。……昔慈明之女，止闻节行；道舒之妹，维工虫篆。未有高才清艺、习礼明诗，投壶接仙女之骄，弹棋尽书生之擎，言同悬水，思若转规，倩盼可图，窈窕成则，可谓母仪之师表，女宗之宪章。"⑧北周《李府君妻祖夫人墓志》载："夫人范阳人也。……雅好博古，多识前载，陈图访典，顾史论诗。扬淑问于遐迩，振徽音于家国。四德咸畅，六行必举。"⑨北周《宇文瓘墓志》载宇文瓘"本姓韦

---

① 赵超：《汉魏南北朝墓志汇编》，第153页。
② 同上书，第156页。
③ 同上书，第174页。
④ 同上书，第339页。
⑤ 韩理洲等辑校：《全北魏东魏西魏文补遗》，第405页。
⑥ 罗新、叶炜：《新出魏晋南北朝墓志疏证》，第216页。
⑦ 王连龙：《新见北朝墓志集释》，中国书籍出版社2013年版，第130页。
⑧ 《新出魏晋南北朝墓志疏证》，第255—256页。
⑨ 韩理洲等辑校：《全北周文补遗》，第52页。

氏，后魏末改焉"，京兆万年人，其"前妻万春县君范阳卢氏，开府容城伯柔之女。靖恭闲令，玩阅诗史，当春早落，厚夜方同"①。开隋《李敬族妻赵兰姿墓志》载其曲阳人，"夫人始笄之岁，备礼言归，内外节文，吉凶制度，曲为规矩，合门异之。圣哲遗旨，又多启发。大儒徐遵明时在宾馆，具相知委，常谓学者云：夫人是内德之师"②。赵氏乃隋著名儒者李德林母，其自幼受到良好的儒学教育，于儒家之典章文物制度造诣甚深，大儒徐遵明称之为"内德之师"，其墓志铭文赞其"道越女师，才侔博士"。隋《崔昂妻郑仲华墓志》载其"门有素业，世传雅望，名教之地，不肃而成。张氏前箴，班家往诫，周旋俯仰，暗与之合。披丹青而惆怅，鸣环珮以载怀"③。隋《元范妻郑令妃墓志》载："夫人家藉公卿之绪，门惟钟鼎之业，令仪孤出，绝世挺生。访史观图，明诗习礼。虽邓女六岁，而通《孝经》；甄后八年，而布仁义。了慧为拟，今古相侔。"④《大隋故太仆卿夫人姬氏墓志》载："夫人幼挺聪慧，早标婉淑。……既闲习于诗书，且留连于笔研。"⑤《隋寇奉叔妻辛怜墓志》载其陇西人，少时"顾盼前图，温习旧史，既传博士之誉，仍致女师之谈"⑥。

由以上所引诸墓志资料，可见士族社会各家族普遍重视女子的文化教育，自幼进行以礼学为中心的儒家经典的启蒙，其中一些学术文化风气尤盛之"学门"，其兄弟姊妹相互切磋，其才女在经史方面卓然有成，有"博士"之誉。隋《封孝琰妻崔娄诃墓志》称"夫人家传旧风之美，素受母师之训"⑦，这体现了当时士族女教的普遍状况。正因为如此，这些士族女性治家教子具备了一定的经史学术的基础。

此外，在文学才艺方面，士族女性也具有一定的修养。如《魏尚书江阳王次妃石夫人墓志铭》载石婉"禀气妍华，资性聪哲，学涉九流，则靡渊不测，才关诗笔，触物能赋"⑧。石婉"学涉九流"，兼综广博，尤其"才关诗笔，触物能赋"，有较高的文学才能。《魏故车骑将军司空公元故夫人冯氏墓志》载其冀州长乐信都人，妇德修养甚佳，"闺中有婉娩之称，阃外闻四德之

---

① 罗新、叶炜：《新出魏晋南北朝墓志疏证》，第292页。
② 同上书，第379页。
③ 同上书，第389页。
④ 同上书，第126页。
⑤ 韩理洲辑校：《全隋文补遗》，第339页。
⑥ 王其祎、周晓薇编著：《隋代墓志铭汇考》，线装书局2009年版，第二册，第6页。
⑦ 罗新、叶炜：《新出魏晋南北朝墓志疏证》，第471页。
⑧ 赵超：《汉魏南北朝墓志汇编》，第55页。

第十七章　墓志所见中古士族社会女性之治家及其"母教"与"女教"

声",且"好读诸义,巧于辞令"①。《李祖牧妻宋灵媛墓志》载其"至于比兴鹦鹉,缘情芍药,皆能掩映左嫔,吞含蔡琰"②。当然,必须指出的是,在文学才艺方面,以上所举北朝士族女性诸例,虽不完全,但毕竟数量确实相对较少,与经学教育之盛况远不能相提并论。究其根本,与北朝重视经学的风气直接相关,史家多以为南北朝时代之经学风气北盛于南,③ 其实这在女教与女学方面也有所体现。正因为如此,墓志材料显示,北朝士族旧门女性甚至有鄙视诗赋才艺的情况,北齐《高建妻王氏墓志》载其太原祁人,"鄙吟咏之工,勤组纴之事"④,这正反映出北朝社会普遍重视礼法与实用技能的文化观念。相较之下,南朝士族社会喜尚玄思清谈和文学艺术,这对女性教育与女性才学也有直接影响。北朝后期由南入北之女性,其才情气质与北地旧门之女性显然不同。如《魏故贵华恭夫人王普贤墓志铭》载王普贤为南朝一流门第琅邪王氏代表人物王肃女,"妙闲草隶,雅好篇什,春登秋泛,每缉辞藻,抽情挥翰,触韵飞瑛"⑤。其灵动、自然之气扑面,才情洋溢。王肃在北魏孝文帝时入魏,其家族文化自然具有南朝之崇尚文学之风尚。

---

① 赵超:《汉魏南北朝墓志汇编》,第258页。
② 罗新、叶炜:《新出魏晋南北朝墓志疏证》,第216—217页。
③ 赵翼《廿二史札记》卷一五有"北朝经学""南朝经学"二条,论述南北朝经学状况,并有所比对。其他经学史论著涉及于此者甚多。
④ 赵超:《汉魏南北朝墓志汇编》,第460页。
⑤ 赵超:《汉魏南北朝墓志汇编》,第70页。

第十八章 墓志所见北朝士族妇女与佛教信仰

近年来，中古佛教史研究领域有所深化和拓展，其中佛教社会史尤多创获，引人注目。相关学者不仅深入探究佛教与中古社会、政治、经济及诸文化门类之关系，而且广泛涉猎当时佛教传播、信仰与地域社会、民族、社会人群之阶层、性别等方面，令人耳目一新。这一佛教社会史的开拓，除了史学研究理念与方法的更新外，就其文献资料基础而言，一个重要的前提在于在细致梳理传世文献的基础上，对以往忽视的造像记、写经题记等文献资料的整理与利用，文献毕竟是传统文史学科研究的基础。新材料之发现是学术研究新路径之拓展及学术新风貌之形成的一个重要前提和基础。所以，从这一角度极端地说，历史学研究在某种意义上就是历史文献学的研究——当然，对文献价值的进一步挖掘和重新发现，则有赖于学术观念、视角的转变。在佛教社会史研究中，就佛教与社会人群之阶层、性别而言，讨论佛教与女性关系者颇受重视，成果颇丰，已有研究主要利用的造像记，① 而已出土墓志中也有一些零星的相关记载，尚未引起学界重视和征用。当然，墓志所涉之人物，就其社会等级身份而言，主要是上层妇女；就其地域范围而言，则以北朝为多。这里辑录墓志所见之相关记载并略作分析，以为中古女性与佛教信

---

① 对中国中古造像记的收集、整理，自20世纪二三十年代以来，中、日学界便不断有所积累，但中国学者利用相关文献，在新的观念与方法引领下进行研究，严格地说，则是从20世纪80年代以后才逐渐受到重视的。其代表性学者是侯旭东先生，先后出版《五、六世纪北方民众佛教信仰——以造像记为中心的考察》（中国社会科学出版社1998年版）、《北朝村民的生活世界——朝廷、州县与村里》（商务印书馆2005年版），主要利用造像记资料研究北朝佛教与社会；尚永琪先生在《3—6世纪佛教传播背景下的北方社会群体研究》（科学出版社2008年版）、邵正坤先生《北朝家庭形态研究》（科学出版社2008年版）及《宗教信仰与北朝家庭》（吉林文史出版社2014年版）等，都利用造像记资料研究北朝社会群体，其中有专题论述女性群体及其信仰表现；邵正坤还整理出版《北朝纪年造像记汇编》（吉林人民出版社2014年版）。中国台湾学者刘淑芬先生对此也有精湛的研究，其相关成果辑入《中古的佛教与社会》（上海古籍出版社2008年版）一书中，涉及佛教与政治、佛教与民俗、佛教与丧葬、寺院与养生，其中多篇论文论及中古佛教与女性问题。此外，关于女性与佛教之关系，还有一些学者利用《比丘尼传》等传世文献进行的专题研究，在此不一一列举。

仰等相关研究之"谈助"。

一 墓志所见北朝士族"女教"之佛学启蒙及其佛教信仰

中古时代，特别进入南北朝时期，随着佛教日益广泛、深入地传播，与社会各阶层之日常生活密切相关，居于当时社会上层的皇族、士族群体也莫不如此。就上层社会女性而言，南北朝内廷女性，特别是一些位高权重之"女主"，对佛教传播多有推动，特别是北魏冯太后和胡太后，分别是北魏"平城时代"和"洛阳时代"佛教发展的关键人物之一。冯太后与胡太后提倡佛教，与其个人信仰及其家族之佛教信仰密切相关。这类女主与佛教之关系，传世文献记载较详，为人熟知。但冯氏、胡氏二人之佛教信仰与上层社会之家学门风之关联，是否可以表明当时佛教已普遍成为士族文化教育特别是"女教"之基本内容，由于正史等传世文献记载的局限，相关妇女生活史的记录甚少，难以提供丰富、确凿之佐证，以往仅能依据一些典型事例进行一般性的概述和学理性的推衍。

众所周知，中古时代士族无不有其家学门风，而其传承则是通过严谨的"家教"来实现的。士族之家教，自然关涉女子教育。由于士族女性在家族内部事务中承担着家族日常礼法仪规的执行和子女教育的职责，因此，女子教育颇受重视，自汉魏以来，上层社会已形成了女教的规范和传统。就其内容而言，首先在于儒家有关的基本礼法和相关学养，以培养其未来主持"中馈"事务和教育子女的品德和素质；其次在于与日常生活相关的技能，即所谓"女红"；此外还有包括"女容"在内的相关具体内容。不过，检点墓志，可见北朝时期上层社会之"女教"出现了佛教方面的内容，这是传统"女教"的新变化。北魏《杨无丑墓志》载：

女姓杨，讳无丑，字慧芬，此邑潼乡习仙里人也，清河太守仲真之曾孙，洛州刺史懿第四子之女。禀灵闲惠，资神独挺，体兼四德，智洞三明。该般若之玄旨，遵班氏之秘诫。雅操与孟光俱邈，渊意与文姬共远。信逸群之姝哲，绝伦之淑女者也。①

墓志载杨无醜因病亡于孝明帝熙平三年（518），仅二十一岁，述及其女德才学，儒、佛兼修，即所谓"体兼四德，智洞三明。该般若之玄旨，遵斑氏之秘诫"。罗新、叶炜对此墓志所作疏证以为"墓志有'该般若之玄旨，遵斑（班）氏之秘诫'，佛典与传统女子教育典籍并举"②，明确指出了北朝士族"女教"内容的这一新变化。杨无醜出自弘农杨氏，其家族渊源有自，为北朝时代儒学士族社会之杰出代表，其家族女教"佛典与传统女子教育典籍并举"，可见当时士族社会"女教"之一般状况。

就墓志所见，当时上层社会幼女信佛者还有其他例证。如隋《李静训墓志》载：

女郎讳静训，字小孩，陇西成纪人。上柱国幽州总管壮公之孙，左光禄大夫敏之第四女也。……幼为外祖母周皇太后所养，训承长乐，独见慈抚之恩；教习深宫，弥遵柔顺之德。于是摄心八解，归依六度，戒珠共明珰并曜，意花与香佩俱芬。既而繁霜昼下，英苕春落，未登弄玉之台，便悲泽兰之夭。大业四年六月一日，遘疾终于汾源之宫，时年九岁。……瘗于京兆长安县休祥里万善道场之内。即于坟上构造重阁。遥追宝塔，欲仿佛于花童；永藏金地，庶留连于法子。乃为铭曰：……先标令淑，早习工言，生长宫闱，恩勤抚育。法水成性，戒香增馥，金牒旦窥，银函霄读。③

李静训出自陇西成纪李氏，这一家族也是北朝儒学士族之代表。李静训年仅九岁便夭折，"摄心八解，归依六度，戒珠共明珰并曜，意花与香佩俱分"，可见其自幼所受佛学之熏陶。当然，据墓志所载，李静训"幼为外祖母周皇太后所养，训承长乐，独见慈抚之恩；教习深宫，弥遵柔顺之德"，接受的是北周、杨隋内廷之教育。罗新、叶炜对此墓志所作疏证指出："此皇太后是指周宣帝皇后杨丽华。据《隋书》卷三七《李敏传》，李敏妻名宇文娥英，是

---

① 罗新、叶炜：《新出魏晋南北朝墓志疏证》，中华书局2005年版，第87页。
② 罗新、叶炜：《新出魏晋南北朝墓志疏证》，第88页。
③ 同上书，第547页。

周宣帝皇后乐平公主的女儿。周宣帝之皇后杨丽华是隋文帝杨坚之长女,宣帝即位后被立为皇后,周静帝时尊为皇太后,开皇六年作为隋文帝之女被封为乐平公主,大业三年(607)卒,时年四十九岁。"① 隋文帝杨坚笃信佛法,其女即周宣帝皇后杨丽华之崇佛自然与其家族文化之熏染密切相关。由此可见当时周、隋内廷之中佛教文化氛围颇为浓郁。陇西李氏与周、隋皇族交互通婚,在"女教"方面也当有所影响。

由墓志所载,北朝胡人家庭也有少女信佛甚至出家为尼者。《乞伏高月墓志》载:

> 尼讳高月,姓乞伏氏,洛阳人也。少小弃家,皈依三宝。立意净修,捐除俗虑。视人如己之怀,拯溺忘身之度,世俗齐钦,法徒共仰。师尼疾革,刲臂入药,失血晕绝,病以大渐。神龟二年三月五日,卒于永明寺。②

乞伏高月当为迁洛胡人上层之后,其"少小弃家,皈依三宝",说明其自幼受到佛教熏染,很可能主要来自其家庭信仰的影响。

又,隋《尉富娘墓志》载:

> 女郎姓尉,字富娘,河南洛阳人,吴公之第三女也。曾祖兜,周柱国、太保公。祖纲,周柱国、少傅、大司空、吴国公。父安,皇朝左光禄大夫、左武卫大将军。……女郎志希俭率,但慕慈悲。经戒之所,弗亏施舍。于焉相续,方用配君子,能为女师。③

尉富娘当为迁洛胡人之后,其家族跻身于北周统治集团上层,其亡于隋大业十一年(615),年仅十八,其信佛当受之幼教,自然主要来自家庭教育的影响。

由以上墓志所述诸幼女、少女信佛之典型事例,其中既有汉族士族名门之后,也有胡人上层之女性,可见北朝士族、胡族上层家庭及诸王朝之内廷,

---

① 罗新、叶炜:《新出魏晋南北朝墓志疏证》,第 548 页。
② 韩理洲等辑校编年:《全北魏东魏西魏文补遗》,三秦出版社 2010 年版,第 153—154 页。
③ 韩理洲辑校编年:《全隋文补遗》,三秦出版社 2004 年版,第 334—335 页。

尚佛之风甚浓。这表明当时佛教传播甚广，植根已深，对上层社会之家族文化产生了深刻影响。

不仅北朝如此，据相关墓志所载，出自南方的女性也有自幼信佛甚至皈依佛教而出家为尼者。《大隋真化道场尼那提墓志铭》载：

> 法师讳那提，俗姓丁，吴郡晋陵人也。……龆岁精诚，遂专心于内教，笄年悟道，乃弃俗而归缁。贞观苦空，玄同常乐；理超方等，道成员满。任心自在，直置无为，便会解脱之门，遂冥究竟之旨。可谓内教之纲维，道门之领袖者。……仁寿四年五月廿一日，春秋五十□，□于真化道场。①

尼丁那提吴郡晋陵人，家族背景不详，然其"龆岁精诚，遂专心于内教，笄年悟道，乃弃俗而归缁"，可见其自幼信佛，年少便出家为尼，依常理推测，这当与其家庭熏染直接相关。

通观已出土北朝女性墓志，可见当时上层社会不仅多有笃信佛法之例，而且一些女性佛学造诣甚高。《魏尚书江阳王次妃石夫人墓志铭》载：

> 夫人讳婉，字敬姿，渤海南皮人也。魏故使持节、都督荆豫二州诸军事、平南将军、荆豫青三州刺史、汝阳公敳之季女。禀气妍华，资性聪哲，学涉九流，则靡渊不测，才关诗笔，触物能赋。又归心至圣，信慕玄宗，东被遗教，无文不揽。是以道俗瞻望，内外金敬。②

石婉出自渤海高氏，卒于魏宣武帝永平元年（508）。墓志中将其才学通博与精擅佛学一并叙述，虽未明确其自幼习佛，但由所谓"归心至圣，信慕玄宗，东被遗教，无文不揽。是以道俗瞻望，内外金敬"云云，可见石婉笃信佛法，精研佛理，她又"学涉九流""才关诗笔"，可谓士族妇女儒、佛兼修之典范。

又，《魏前将军廷尉卿元公妻薛夫人墓志铭》载：

---

① 罗新、叶炜：《新出魏晋南北朝墓志疏证》，第612页。
② 赵超：《汉魏南北朝墓志汇编》，第55页。

第十八章　墓志所见北朝士族妇女与佛教信仰 / 443

> 夫人讳慧命，河东汾阳人也。其曾祖晋朝衣锦，三河声玉，袭爵汾阴侯，徽号安西。……祖迁镇西大将军、左光禄大夫，启府南豫州刺史、驸马都尉、河东康公，即是西河长公主之贵婿也。考镇西大将军、玄瓠镇将、河东敬公之第五女也。夫人禀淑令于二仪，总六德而应生。审道求贤，伯鸾是匹，隐服心披，和光别古。……且诫则有章，班母恧其先；礼修台赞，鲁宫惭其昔。敬上接下，娣姒贵其仁；尊佛尽妙，禅练尚其极。内外冥鉴，女功直置。……乃作铭曰：……才丰女典，礼重母仪，古今所传，有矩有规。洞鉴妙法，化鼍效畀，双龙不育，殒君斯逐。①

薛慧命出自河东薛氏，卒于永泰元年。墓志述其自少所受礼法之熏陶及其主持家族内务之妇德仪范，并称其"尊佛尽妙，禅练尚其极"，可见其笃信佛教，且研习佛理，"洞鉴妙法"。《薛慧命墓志》中明确为"门师释僧泽书"，表明其嫁入元魏皇族后，家中供养职业"门师"，并由僧泽为其撰写墓志，可见其与佛教关系之密切。

又，《魏故使持节侍中太保特进都督雍华岐三州诸军事大将军雍州刺史安丰王妃冯氏墓铭》载：

> 太妃姓冯，皇后之妹。……太妃凤承阴教，早备柔仪，取则彤管之诗，求箴青史之记。……训诲诸子，雅有义方，恩切倚闾，俞均断织。兼以信向大乘，遨游众善，翘到不已，依止无倦。②

冯氏乃安丰王元延明妃，卒于武定六年（548），六十四岁。其为文明冯太后侄女，所谓"皇后之妹"，是指其为孝文帝冯皇后妹。冯氏家族素来笃信佛法，冯氏"信向大乘"，自然自幼受到家族文化与信仰的熏染。

又，《隋故开府仪同三司定州刺史安平孝公夫人赵氏墓志铭》载：

> 夫人讳兰姿，曲阳人，汉太傅熹之后也，本自南阳徙于赵国。……祖元孙、父安德，虽无轩冕之贵，并以操行称高。德林七世以还，通达经典。夫人始笄之岁，备礼言归，内外节文，吉凶制度，曲为规矩，合

---

① 赵超：《汉魏南北朝墓志汇编》，第214页。
② 赵超：《汉魏南北朝墓志汇编》，第376—377页。

门异之。圣哲遗旨，又多启发，大儒徐遵明时在宾馆，具相知委，常谓学者云：夫人是内德之师。崇信佛法，戒行精苦，蔬食洁斋卅余载，行坐读讼，晨昏顶礼，家业廉俭，财货无余。凡见贫穷，常必施赡，垂恩贱隶，每睹非违，唯加训诱，未尝捶挞。深仁至德，旷古未闻。齐武平二年二月五日，终于邺城之宅，春秋七十七。……其词曰：……破被缠盖，弘兹明识，暮浴禅香，朝飡菲食。财兼法施，勤修慧力，恻隐自心，宽和表色。①

赵兰姿是隋代大儒李德林之母，自少精通礼法，其夫李氏也是儒学旧门，赵夫人之礼法"又多启发"，当时大儒徐遵明称其为"内德之师"，人称"道越女师，才侔博士"，她又"崇信佛法，戒行精苦"，平生行为举止皆遵循佛教戒律。作为儒学名门之后，赵夫人如此"崇信佛法"，自然与其家学传承及门风规训相关。

又，隋《齐故华阳王长史杜府君夫人郑氏墓志铭》载：

夫人姓郑，讳善妃，荥阳人也。……夫人育训邦族，禀规素闻，……年二十七，作配君子。……妇楷已彰，女师斯备。加复专精国史，明晓箴诫。辞远讽椒，文高赞菊。兼信了内法，弘宣释典。流通五时之教，研解三藏之宗。明珠是护，练金斯熟。行深提后，德重胜鬘。……乃为铭曰：……宣弘释典，熏修道性。研习四禅，虔恭八圣。②

郑善妃出自荥阳郑氏，是北朝著名的儒学旧族，其亡于隋大业十三年（617），六十六岁，其夫仕于北齐。从墓志所述其才学，其自少便儒佛兼修，于佛教非一般之信仰，对佛经义理深有研究，由所谓"信了内法，弘宣释典。流通五时之教，研解三藏之宗"，"宣弘释典，熏修道性。研习四禅，虔恭八圣"云云，可见其佛学修养甚深。

特别值得一提的是，一些元魏皇族女性也颇有佛学造诣。《魏故司空渤海郡开国公高猛夫人长乐长公主墓志铭》载：

---

① 罗新、叶炜：《新出魏晋南北朝墓志疏证》，第379页。
② 韩理洲辑校编年：《全隋文补遗》，第368页。

> 主讳瑛，高祖孝文皇帝之季女，世宗宣武皇帝之母妹。……虽伣天为妹，生自深宫，至于箕帚制用，醴酏程品，非唯酌言往载，而率用过人。加以披图问史，好学罔倦，该柱下之妙说，核七篇之幽旨，驰法轮于金陌，开灵光于宝树。绡縠风靡，斧藻川流，所著辞诔，有闻于世。……春秋年三十有七，孝昌元年十二月廿日，薨于洛阳之寿安里。①

北魏孝文帝女长乐公主汉化程度甚深，自幼受到严格的儒家礼法、经史与文辞方面的训练，同时"该柱下之妙说，核七篇之幽旨，驰法轮于金陌，开灵光于宝树"，儒释兼修，于佛学颇有造诣。元瑛之佛教信仰与佛学修养显然得自北魏后期内廷之女教。

此外，一些具有南朝文化背景的士族女性也如此。《张通妻陶贵墓志》载：

> 夫人讳贵，丹杨丹杨人也。……逾闲妇礼，妙淑女工。加以恳志熏修，归依正觉，庄严供养，其慧日寺者乎？四海钦风，王侯敬之以德；二门彰义，道俗尊之以仁。……铭曰：……行重义妻，名高节妇。熏修净土，庄严福田。慧日长照，法炬恒燃。何言烛灭，忽在风前。定知善果，还生梵天。②

丹杨陶氏虽非江东一流高门，但自汉魏以来显为地方旧族，陶贵之儒、佛兼修，显然受到家族教育的影响。

又，《蔡夫人张贵男墓志》载：

> 夫人讳贵男，范阳方城人也。……祖缙，梁侍中、尚书左仆射、仪同三司，位居论道，功佐五臣。父尤，陈给事、黄门侍郎、廷尉卿。……大父仪同府君，深所爱赏，赐名贵男，年二十，归于蔡氏。……同堂姑，即梁明帝之后。……既而金汤失险，关河飘寓，……大业元年九月二十八日，终于官舍，春秋五十六。……夫人禀气清明，卑躬节俭，不尚妍华，罕言世利。志怀洁素，雅性沉默。无矜矫绝，毁誉靡恪。拳握恭事，

---

① 罗新、叶炜：《新出魏晋南北朝墓志疏证》，第118页。
② 韩理洲辑校编年：《全隋文补遗》，第162页。

亲表执筓，俨然阃门可则。加以竭诚妙法，栖心正道，食甘蔬菲，味草膻腥，凡有资财，咸从檀施。……其铭曰：……熏修八解，精研十地。法雨斯沾，慈云可庇。①

张贵男出自士族，后入北，墓志所述其妇德礼法与生活品德的同时，叙其"竭诚妙法，栖心正道"。张氏生活俭朴，"凡有资财，咸从檀施"，将佛法戒律与儒道朴素结合，体现在日常生活之中。特别是她探究佛理，"熏修八解，精研十地"，体现出较高的佛学造诣。凡此，皆说明其佛教信仰皆渊源有自，与其家族文化传统有关。

由上述北朝后期，特别是孝文帝迁洛之后，士族名门及皇族女性具有良好儒学礼法与佛学修养，体现了儒、佛兼修的时代特征。究其根本，当然在于士族社会学术文化领域儒、佛交融汇通的学风变革。具体就女性教育而言，士族社会普遍接受佛教信仰，将其作为家庭"女教"的基本内容之一。以上诸士族女性固然多在中年以后表现出非同一般的佛学造诣，但其佛学之启蒙必然来自其家教，其相关学养则得自长期之积累，绝非朝夕所能成。

此外，由墓志所见北朝后期士族女性之信众多探究佛学义理，可知作为具有文化特质的士族精英阶层，其对佛教的信仰及其态度与其他上层权贵势力、下层民众群体有所不同。众所周知，中古时代，南北佛教风尚不同，这是南北文化风尚差异的一种具体表现。一般说来，东晋南朝佛教受士大夫玄学风尚影响，重视佛学义理的阐发，而北方则主要表现在修行实践方面，诚如汤用彤先生所言，"北朝上下之奉信，特以广建功德著称"②。就元魏最高统治集团而言，其迁洛诸王大多信奉佛教，"魏世诸王亦多有奉佛者"，汤用彤先生据《洛阳伽蓝记》等文献列举诸王捐施寺庙及其与僧尼交往情况，以为"诸王于佛教可知多偏于信仰也"③。但毕竟孝文帝迁洛以后，一度大力倡导佛教义学，延及宣武、孝明之世，佛经翻译与佛理讲论之风颇盛，在洛阳等士大夫聚集的文化中心地形成了具有南朝色彩的士大夫佛学。而以上据相关墓志所述士族社会之"仕女佛学"，其所表现出某种探究佛教义理的倾向，正是当时北朝佛教风尚变化的一个具体表征。

---

① 韩理洲辑校编年：《全隋文补遗》，第214页。
② 汤用彤：《汉魏南北朝佛教史》，中华书局1983年版，第358页。
③ 同上书，第364页。

二　墓志所见士族社会孀居女性之佛教信仰

通览已出土北朝妇女墓志，其中守寡孀居之士族女性信佛者尤多，应当引起研究中古妇女史者重视。以下首先征引相关墓志，进而分析这类特殊女性群体之心理状态。

东魏《张玉怜墓志》载：

> 夫人姓张，讳玉怜，齐国西安人也。父庆□，本国大中正。……笄年既及，为文贞侯所娉。事舅奉姑，勤孝有闻。承郎接妹，婉顺见美。故以流誉于乡党，传芳于州闾矣。文侯少宦，夫人留居奉养，温清视膳，廿余载。性不姤忌，瘝瘰思贤，抚视庶子，同之自生，降恩厚泽，平等无二。正光二年，入朝长信宫，引见显阳殿，神仪伟穆，进止闲庠。皇太后为之动容，叹曰："令问令望，如珪如璋，其此妇之谓乎。夫才于朝，妻贤于室，顷在一房矣。"孝昌中，文侯薨徂。子女茕稚。夫人慈抚训导，咸得成立。居家理治，严明著称。推尚佛法，深解空相，大悲动心，惟慕慈善，闻声见形，不食其肉，三长六短，斋诚不爽。福善徒施，上天不吊。以魏天平三年正月乙□，奄焉薨逝。道俗行泣，少长进慕。①

张玉怜丈夫为清河崔氏名士崔鸿，《崔鸿墓志》已出土，载其亡于孝昌元年（525）十一月，年四十八，"君妻清河张庆之女。父州主簿别驾、齐郡太守"②。崔鸿、张玉怜夫妇之子崔混墓志也已出土，《崔混墓志》载："君讳混，字子元，东清河鄃人也。黄门文贞侯之长子"；又云："亡父鸿，字彦鸾，使持节、都督青州诸军事、度支尚书、镇东将军、青州刺史、文贞侯。夫人同郡张氏。父庆之，本郡中正。"③清河崔氏为北方一流著姓，齐地张氏也为士族名门，张玉怜之妇德礼法渊源有自，曾得到孝明帝时胡太后的高度称赞。从其墓志所谓"抚视庶子，同之自生，降恩厚泽，平等无二"，可见张玉怜为

---

① 赵超：《汉魏南北朝墓志汇编》，第319页。
② 同上书，第186页。
③ 同上书，第326—328页。

崔鸿之继室。崔鸿长期在外履职，"夫人留居奉养"二十多年，操持家政。崔鸿去世后，"子女茕稚。夫人慈抚训导，咸得成立。居家理治，严明著称"。可见张氏一生操劳，特别是守寡抚育子嗣，极为辛苦。清河崔氏作为北方著姓，与佛法关系密切，如崔光等人精研佛理，是北方士大夫佛学义理的主要代表，张氏信佛自当与其家族文化传统不无关联，但与其生活经历特别是其晚年孀居生活状态也不无关系。其墓志所载"推尚佛法，深解空相，大悲动心，惟慕慈善，闻声见形，不食其肉，三长六短，斋诫不爽"云云，说明其对佛理有相当的领悟，在日常生活中则长期恪守佛教戒律。

又，北齐《王怜妻赵氏墓志》载：

  夫人赵氏，出自南阳。父槃虎，领袖南金，羽仪东箭。夫人少禀家风，长垂令范。并州主簿王怜之妻也。琴瑟未几，便失伉俪，唯有一女，甫就口食。及长，适颍川陈氏。值大齐肇构，陈有力焉。除光州刺史。妻封襄城郡君。而郡君政训陈门，恩逮众妾，肃穆闺闱，皆赵夫人慈育之所致也。夫人精心练行，遍览诸经。临终遗属，委财三宝。朔望奠祭，不得辄用牲灵。以天保六年四月七日，夫人年七十，薨于光州子城内。①

赵氏嫁并州主簿王怜，"琴瑟未几，便失伉俪，唯有一女，甫就口食"。其女出嫁颍川陈氏，治家有方，"皆赵夫人慈育之所致也"，故墓志铭颂其"少抚孤遗，成斯顾复，实曰母仪"。可见赵氏平生长期守寡育女，深受时人敬慕。此外，她崇奉佛教，"夫人精心练行，遍览诸经。临终遗属，委财三宝。朔望奠祭，不得辄用牲灵"，可见其修炼甚精，且深究佛理。

又，北齐《傅华墓志》载：

  太妃讳华，清河贝丘人也。……祖敬，河涧内史。父天民，济南太守。太妃门籍旧风，庭禀师训，早称贞静，夙擅幽闲。爰在弱笄，神姿挺映，礼法淳深，识量通远。……既而良人不幸，藐诸在室，昼哭夜歌，礼无违者。虽命之不淑，家亦屡空，良冶折薪，未绝如带。太妃志厉严霜，操明曒日。类冯姬之育子，犹翟母之携童。醴醇有序，组织无倦，安兹俭薄，历季永久。加以教深徙里，训重辍餐，还鱼戒廉，断丝劝学，

---

① 赵超：《汉魏南北朝墓志汇编》，第399页。

温床扇席，辩通得乎音旨；出告反面，仁智禀于仪形。故使志立闺门，誉华邦国，一德孔修，□能备举。……惟子及孙，龙光满室，仍世之盛，遂古弗闻。太妃处贵能降，居益念损，衣无兼采，食不重味，目弃珍玩，耳绝丝桐。摈落嚣尘，祛洗累或，投心觉宝，束意玄门，洁斋静处，六十余载。虽光次悲泉，齿踰大耋，贞情苦行，未之或改。自非才高女典，德冠母师，人事孚积善之征，天道锡流谦之效，亦何能若此之裕乎！太妃以魏武定末除清河郡君，天统中进号平原郡长君，武平初册拜宜阳国太妃。武平七年正月庚辰朔十四日癸巳遘疾薨于邺城宣化里第。春秋九十有四。①

傅华乃北齐名臣赵彦深母，《北史》卷五五《赵彦深传》载"彦深幼孤贫，事母甚孝"，其成长过程，主要有赖于其母傅氏之抚育教诲："母傅氏，雅有操识。彦深三岁，傅便孀居，家人欲以改适，自誓以死。彦深五岁，傅谓之曰：'家贫儿小，何以能济？'彦深泣而言曰：'若天哀矜，儿大当仰报。'傅感其意，对之流涕。及彦深拜太常卿，还，不脱朝服，先入见母，跪陈幼小孤露，蒙训得至于此。母子相泣久之，然后改服。后为宜阳国太妃。"这与上引墓志所述傅华教子一致。傅氏守寡训育子孙，"惟子及孙，龙光满室，仍世之盛，遂古弗闻"，受到东魏、北齐朝廷的表彰，封以太妃名号。傅氏长寿，卒时年达九十四岁，其本族和其夫族赵氏，皆为儒学门第，傅华自少深受儒家礼法之熏习，然其笃信佛法，"祛洗累或，投心觉宝，束意玄门，洁斋静处，六十余载。虽光次悲泉，齿逾大耋，贞情苦行，未之或改"。可见其自三十岁以后便信奉佛法，这显然与其寡居生活密切相关。

又，隋《刘宾及妻王氏墓志》载刘宾，彭城人，北齐天统五年（569）终于邺城，年五十五，至于其妻，墓志载：

夫人王氏，河东人，兖州长史文城侯回洛之女也。夫人乃容调端审，言行柔明，恭谨自天，冰霜惟性。乃先君早逝，抚育孤遗，教以义方，咸得成立。遂使亲宾拭目，表里倾心，妇德母仪，金望斯在。又能识达苦空，洞明真假，修心八解，专精三业。大业七年十月十五日，亡于东

---

① 赵超：《汉魏南北朝墓志汇编》，第 473—474 页。

都道化里，时年八十有三。①

据罗新、叶炜本墓志疏证所考，刘宾乃北魏儒学名臣刘芳之后，比其妻王氏年长十四岁，刘宾死时，王氏四十一岁，王氏死时年八十三，孀居长达四十二年。② 可见王氏自中年守寡，首要责任是抚养、教育子嗣，"抚育孤遗，教以义方，咸得成立"，极为辛劳。墓志称其"识达苦空，洞明真假，修心八解，专精三业"，即信奉佛法，深究佛义。

又，隋《张俭暨妻胡氏墓志》载：

> 君讳俭，字叔略，南阳白水人也。……齐天保八年，授冠军将军、殿中司马。……（齐亡入周）出除淮阳郡守。……春秋五十有八，开皇五年，薨于河南县。……夫人安定胡氏，……为成七子，频叠三移，自尔孀居，一十八载，善始令终，兰熏雪白。方习宝女于佛家，学《胜鬘》于阇国，菩提之愿未充，净土之符已至。春秋六十有五，仁寿二年七月，终于河南县通德乡。③

张俭妻出自安定胡氏，"自尔孀居，一十八载，……方习宝女于佛家，学《胜鬘》于阇国"，其信佛显然与其寡居生活有一定关联。

又，隋《杨使君后夫人萧氏墓志》载：

> 夫人讳妙瑜，南兰陵人，梁高祖武皇帝之孙、丞相武陵贞献王之女也。……忠壮公早丧元妃，方求继德，夫人见称才淑，言归于我。……朝廷以夫尊之典，授千金郡君。……先公任居方牧，时逢交争，徇义忘家，捐躯异境。夫人孀居守志，无劳匪石之诗；昼哭缠哀，自引崩城之恸。于是寄情八解，凭心七觉，炳戒珠于花案，发意树于禅枝。……仁寿三年正月廿五遘疾，薨于长安之道兴里，春秋七十四。……铭曰：……独悟因果，深知生灭，方冀山高，遽嗟川阅。……④

---

① 罗新、叶炜：《新出魏晋南北朝墓志疏证》，第597页。
② 同上书，第598页。
③ 韩理洲辑校：《全隋文补遗》，第195页。
④ 罗新、叶炜：《新出魏晋南北朝墓志疏证》，第526—527页。

萧妙瑜为梁武帝第八子武陵王萧纪女,西魏攻占益州后入北,历经西魏、北周、杨隋诸朝。众所周知,梁武帝极力倡导佛法,萧梁皇族自然多崇尚佛教,萧妙瑜当也如此。墓志载萧妙瑜入北后为弘农杨敷后妻,其夫亡后,"孀居守志",前后长达三十余年,①"于是寄情八解,凭心七觉,炳戒珠于花案,发意树于禅枝",可见其守寡后益加笃信佛教。

由以上所列举诸北朝士族女性墓志资料,可见她们在丈夫去世后,笃志守节,有的守寡孀居数十年,其间独立抚育、训导子嗣,肩负着维系家族、振作家族的重责,她们大多在中年后逐渐信奉佛教。②

又,隋《梅渊墓志》载:

> 君讳渊,字文睿,九江寿春人也。……起家齐国参军,及遭不造,攀慕如绝,至性荼毒,扶而后起。学如拾芥,未以朱紫为荣;服义棊身,不持名利涉想。……夫人李氏,柔恭敬顺,光于内则。劬劳鞠养,实有深慈。信心重法,妙识因果。春秋六十九而卒。今以开皇十五年岁次乙卯八月丁亥朔廿三日己酉吉辰合葬。……乃为铭曰:……闺门肃穆,实有家风,恭孝若闵,训厉如融。复明因果,妙达若空,两树影灭,八解能通。③

梅氏可能出自蛮族,仕宦未显。梅渊当卒于北齐,而其妻李氏则卒于隋开皇中,数十年守寡育嗣,"劬劳鞠养,实有深慈",且信佛法,"信心重法,妙识因果"。

---

① 罗新、叶炜在《新出魏晋南北朝墓志疏证》中对萧妙瑜生平考证指出,其生卒年当为530—603年,553年,萧纪败死,萧妙瑜入西魏,时年二十四。据《周书》卷三四《杨敷传》,杨敷于周天和六年(571)与北齐作战被俘而亡,故可知萧妙瑜孀居长达三十二年之久。

② 隋《王君妻成公氏墓志》(辑入前揭韩理洲辑校编年《全隋文补遗》)载:"成公夫人者,东郡之介族太原王君妻也。汉会稽太守浮之裔矣。祖安,魏胶州刺史。考神,齐江州司马。地胄清显,门风雅素。……髫年始暨,女德已彰,娠月未充,母仪先著。……然而性聪敏远,鉴识人情世事若指诸掌。岂唯言论通辩,志怀温裕而已哉!爰自知命,倦兹劳役,求航烦恼之海,进轨菩提之路。……以大隋大业七年七月五日,谢生于世。寿考六十九。"(第288页)成公氏自幼通礼法仪规,"性聪敏远,鉴识人情世事若指诸掌",然由墓志所谓"爰自知命,倦兹劳役,求航烦恼之海,进轨菩提之路",可知其中年后笃信佛教。当然,成公氏信仰之变化,是否与其家庭生活变故有关,墓志中没有明确记载,这里也无须强加猜测。

③ 罗新、叶炜:《新出魏晋南北朝墓志疏证》,第445页。罗新、叶炜在疏证中指出,"襄阳梅氏,是蛮族大姓"。

当时士族社会孀居女性之宗教信仰，往往有佛、道兼综的情况。这在墓志中也有反映。如《齐故博陵郡君崔太姬墓志铭》载：

> 夫人姓崔，讳幼妃，博陵安平人也。……幼承师训，早擅家风。容止端华，操尚明远，俯仰折旋，动合嫔则。披寻典记，顾问图史，初有尚书之号，卒得博士之名。婉淑自然，孝感天至，非礼不言，非义不动。……司空文简公，一时龟镜，当世伟人。……来嫔作好……高祖神武皇帝，位居二相……礼求盛族。乃为第二息娉第□女焉。……文简公尺木一登，垂天渐运……俄而逝日忽流，惊川易远，鸣環徒想，举案不追。夫人上祷七星，傍走群穸，义若帷堂，礼成昼哭，缉谐阃内，训育诸孤，为仁淑之妻，成不疑之母。显祖文宣皇帝……乃封博陵郡君。……天保二年，乃除太姬。……性本淳和，雅崇撝退。……爱好冲虚，崇尚黄老，食止七珍，衣无□色。俭以自持，严而率下……爰始洛都，至于邺食，瞻彼崤函，实阻同气。悲言别鸟，泣对分荆，饮泪尽于百年，茹荼穷于四纪。同游邙市，定纪平生，相遇汉宫，当是无日。回心释典，刻意法门，洞识苦空，悬鲊常乐。帷屏象马之玩，罗绮玉帛之珍，施舍无遗，藏箧俄尽。……以武平六年十二月廿二日薨于邺之道政里，春秋七十有四。……铭曰：……留心真寂，托志清虚，浮生忽尽，天□□如。……①

崔幼妃出自博陵崔氏，自幼深受儒家礼法熏陶，"初有尚书之号，卒得博士之名"。高欢娉其女为媳。其夫文简公去世后，"夫人上祷七星，傍走群穸，义若帷堂，礼成昼哭，缉谐阃内，训育诸孤，为仁淑之妻，成不疑之母"，先后被封为"博陵郡君""太妃"之号。崔氏孀居多年，先"爱好冲虚，崇尚黄老"，后"回心释典，刻意法门，洞识苦空，悬鲊常乐"。

又，隋《王荣暨妻刘氏墓志》载：

> 君讳荣，字文贵，其先并州太原人也。……其夫人刘氏，父为长平郡守弟，任郑州司马。夫人姿容炳丽，德冠侪流。妇孝母慈，乡闾轨则。

---

① 赵超：《汉魏南北朝墓志汇编》，第475—478页。此处引文参考韩理洲等辑校编年《全北齐北周文补遗》，对赵超汇编录文的缺漏与标点有所改正，文义更明。

失荫孀居，二十五载，十善安心，三头镇邑。欲访麻姑于仙岭，寻尚元于玉京。……春秋八十有九，终于洛神乡第。……作颂云尔：……慈孝抚育，雪白孀居。人天不顾，佛土应符。①

可见王荣妻刘氏"失荫孀居，二十五载，十善安心"，因守寡而信佛。当然，由所谓"欲访麻姑于仙岭，寻尚元于玉京"，她可能还信奉民间道法。

又，隋《张涛妻礼氏墓志》载：

夫人礼氏，高密胶西人也。魏故奉车都尉张涛之妻，昌黎太守训之季女。……都尉以强仕早卒，夫人守节孀居，三纪于兹。一不开呬，尔乃捐家，务专胜业，明二谛于寸心，识三乘其如掌。情唯救苦，志在周穷，而积善余庆，遂延遐考。于是发躔更毡，齿落重倪。年德虽高，风神不爽。②

张涛夫人礼氏"守节孀居，三纪于兹"，故而"务专胜业，明二谛于寸心，识三乘其如掌"。

由上述可见，士族社会妇女孀居而奉佛，这在北朝社会颇为普遍，其中还有守寡后出家为尼者，这在墓志中也有记载。如《尼修梵石室志铭》载：

比丘尼讳修梵，俗姓张氏，清河东武城人，瀛洲刺史烈之第三女也。幼而爽晤，规范闲明。有同县崔居士，南青使君之第五子，以德义故归焉。未获偕老，而君子先逝，遂发菩提心，出家入道。不意法水常流，劫火将灭。以开皇十三年八月二十三日，终于俗宅，春秋九十有一。③

尼修梵出自清河张氏，出嫁清河崔氏，皆为北地著姓。然其"未获偕老，而君子先逝，遂发菩提心，出家入道"。修梵长寿，入隋后以九十一岁高龄去世，尽管其出家为尼的具体时间不明，但其守寡孀居而"发菩提心，出家入道"，则所载甚明。

---

① 韩理洲辑校：《全隋文补遗》，第196—197页。
② 王其祎、周晓薇：《隋代墓志铭汇考》，线装书局2007年版，第4册，第174页。
③ 韩理洲辑校编年：《全隋文补遗》，第159页。

根据墓志所载，不仅汉族士族寡居妇女普遍信奉佛法，而且元魏皇族和其他胡族妇女也有守寡孀居后笃信佛法，甚至出家为尼的情况。《魏故车骑大将军平舒文定邢公继夫人大觉寺比丘元尼墓志铭并序》载：

> 夫人讳纯陀，法字智首，恭宗景穆皇帝之孙，任城康王之第五女也。……初笄之年，言归穆氏。……良人既逝，半体云倾，……兄太傅文宣王，违义夺情……文定公高门盛德，才兼将相，运属文皇，契同鱼水，名冠遂古，勋烈当时。婉然作配，来嫔君子……兼机情独悟，巧思绝伦，诗书礼辟，经目悉览，纮綖组纴，入手能工。稀言慎语，白珪无玷，敬信然诺，黄金非重。……信可以女宗一时，母仪千载。岂直闻言识行，观色知情。及车骑谢世，思成夫德，夜不洵涕，朝哭衔悲。乃叹曰：吾一生契阔，再离辛苦，既渐靡他之操，又愧不转之心，爽德事人，不兴他族，乐从苦坐，果由因起。便舍身俗累，托体法门，弃置爱津，栖迟正水，博搜经藏，广通戒律，珍宝六度，草芥千金。……临终醒悟，分明遗托，令别葬他所，以遂修道之心。儿女式尊，不敢违旨。①

元纯陀出自北魏皇族，任城康王之第五女，任城王一支汉化甚深，其本人也具有良好的妇德风范和学识修养。元纯陀卒于永安二年（529），具体年龄不详。由墓志所述，她一生二嫁，其夫皆先亡，后夫邢峦出自北朝大姓河间邢氏，是深得孝文帝信重的士族名士，所谓"文定公高门盛德，才兼将相，运属文皇，契同鱼水，名冠遂古，勋烈当时"，绝非虚言。邢峦去世后，元纯陀自叹"一生契阔，再离辛苦"，自愧"不兴他族"，于是"便舍身俗累，托体法门"，精究佛理，"博搜经藏，广通戒律"。据此可推想，作为元魏皇族之后，元纯陀对佛教当早有信仰，于佛学多有涉猎，其一再丧夫寡居，深感人生无常，于是晚年决然出家为尼，以求精神上的慰藉与安宁。

又，北魏《元郁墓志》载"元王讳郁，字伏生"，乃景穆皇帝之后，死于太和十五年（490），其妃出自慕容氏：

> 王妃慕容氏，西河东燕昌黎之人，卫大将军赵王骥之后矣。……韶年九岁，诏太常而礼迎，侍帷于禁帏。……妃太和十五年不幸遭夫丁，

---

① 赵超：《汉魏南北朝墓志汇编》，第261—262页。

第十八章 墓志所见北朝士族妇女与佛教信仰

哀斩过礼，守釐十载，上悁故耄，下恤幼稚，杞梁安能喻，女媛莫之匹。祀祢当宾，心不废道，课息于礼易之间，教女于孝经之里。道隆三子，礼成五孙，岂不善哉！可不美欤！……春秋六十三，以延昌四年秋九月廿六日寝疾弥辰，不蒙灵蠲，遂高松落节，兰蕙凋芳。祠子安明年卅五，奄丁穷毒，通悼崩毁，躬沉庐下，扳号慕上。朝粥夕溢，余期弗改。斋施勉力，倾储追福。令僧尼持宝结路，运货终辰。昔大拏好施，抗称前代，今王子舍宅，流孝后世，所谓今俗超然，岂悉达之能伦，痛悼善孝，诸宗雅其慈。①

这里记载慕容氏在丈夫死后，抚养、教育子孙，亡故后其子"令僧尼持宝结路，运货终辰"，以至舍宅为寺。此志文虽未明确说慕容氏信奉佛法，但从其子孙种种"斋施勉力，倾储追福"的行为，其孀居过程中当于佛教信仰方面有所表现。

又，北齐《叱列延庆妻尔朱元静墓志》载：

郡君讳元静，北秀容人也。……父司空……母清河长公主，不待早亡。父相寻凤逝。郡君处长，鞠养于家，恩同母爱，义似君严。……教弟光德，授妹令仪。……郡君亡夫，奉先天而除仆射，事后帝以拜司徒。……先章妇德，后著母仪。永熙之季，良人徂德，孤守二男，期□□老。武平三年，相寻零落，天高地厚，叩诉无因。遂情断虑，舍俗入道。知清云阴树，识浮水图光。四心将发，三或□遗。信若波斯之女，定似中天之姨。……乃作铭曰：……知世□□，□时难怊。舍乱归静，除烦□□。□度易解，九转难识。②

尔朱元静卒于北齐河清三年（564），年七十二。尔朱元静为魏末权臣尔朱容女，母乃元魏清河长公主，历经王朝更迭与世事纷争，父母早亡，"鞠养于家，恩同母爱，义似君严"，"教弟光德，授妹令仪"；出嫁后，"良人徂德，孤守二男"，然二子亦"相寻零落"。其生活之坎坷与情感之痛苦非常人所能承受，于是转而信奉佛法以求精神之解脱："天高地厚，叩诉无因。遂情

---

① 王连龙：《新见北朝墓志集释》，中国书籍出版社2013年版，第2—3页。
② 赵超：《汉魏南北朝墓志汇编》，第417—419页。

断虑，舍俗入道"；"知世□□，□时难怃。舍乱归静，除烦□□"。

检点北朝妇女墓志，可见还有一些女性因遭遇家国变故而信奉佛法者。如《魏故比丘尼统慈庆墓志铭》载：

> 尼俗姓王氏，字锺儿，太原祁人，宕渠太守更象之女也。……年廿有四，适故豫州主簿、行南顿太守恒农杨兴宗。……于时宗父坦之出宰长社，率家从职，爰寓豫州。值玄瓠镇将、汝南人常珍奇据城反叛，以应外寇。王师致讨，掠没奚官，遂为拱宗景穆皇帝昭仪斛律氏躬所养恤，共文昭皇太后有若同生。太和中，固求出家，即居紫禁。尼之素行，爰协上下，秉是纯心，弥贯终始。由是忍辱精进，德尚法流，仁和恭懿，行冠椒列。侍护先帝于弱立之辰，保卫圣躬于载诞之日。虽勤劳密勿，未尝懈其心；力衰年暮，莫敢辞其事。……正光五年，尼之春秋八十有六，四月三日，忽遘时疹，出居外寺。……皇上伤悼，乃垂手诏曰："尼历奉五朝，崇重三帝，英名耆老，法门宿齿。并复东华兆建之日，朕躬诞育之初，每被恩敕，委付侍守。昨以晡时忽致殒逝，朕躬悲悼，用惕于怀。可给葬具，一依别敕。"……乃命史臣作铭志之。①

王锺儿出自太原王氏，出嫁后随夫族出镇，与南朝对抗，因镇将叛降而受祸，北魏讨平后"掠没奚官"，成为宫女，于"太和中，固求出家，即居紫禁"。可见王锺儿遭遇家族与人生祸难而决意出家。不过，她一直在北魏内廷宫禁之中从事佛事活动，孝明帝下诏称其"历奉五朝，崇重三帝，英名耆老，法门宿齿"，参与了一系列宫廷政治活动。

又，《陈临贺王国太妃墓志铭》载：

> 太妃姓施氏，京兆长安县人也。吴将绩之后也。……父绩，陈始兴王左常侍。……□□宣皇帝聘入后宫。……载诞临贺王叔敖、沅陵王叔兴、宁远公主。……公主以开皇九年金陵平弭，大隋高祖文皇帝纳公主，拜为宣华夫人。……以大业五年岁次己巳八月十一日薨于颁政里，春秋五十有九。……太妃以移居咸里，优赏既隆，汤沐之资，咸从檀舍，式

---

① 赵超：《汉魏南北朝墓志汇编》，第146—147页。

营寺宇，事穷轮换。①

施氏乃南朝陈宣帝夫人，隋灭陈后，其女宁远公主为隋文帝宣华夫人。隋灭陈之后，对陈宗室自然有所压制，直到炀帝大业二年（606）之后才有所宽祐，但施氏以其女之特殊地位，生活上有所保障，于是"移居戚里，优赏既隆，汤沐之资，咸从檀舍，式营寺宇，事穷轮换"。可见施氏作为"亡国之余"，其热心佛事，当与其家国变故不无关系。

此外，就妇女与佛教关系而言，还有《魏瑶光寺尼慈义墓志铭》、北齐《高殷妻李难胜墓志》，二人分别是北魏宣武帝皇后和北齐废帝之太子妃。她们出家为尼都是王朝内部权力斗争失败后的一种常规性处置方式，不管她们自身是否信奉佛法，但其出家则主要是政治行为。有关北朝皇后与佛教问题，论者已多，在此不予赘述。

以上就墓志所见北朝士族及上层社会守寡孀居妇女群体之佛教信仰现象略加叙述。这些出自士族社会的上层女性原本皆具有良好的儒学礼法修养，她们在守寡后转而信奉佛法，除了上节所论，不排除一些人自幼所受佛教文化之熏染等社会与家庭因素，但其中多有在孀居之后逐渐笃信佛法的。近年来，一些学者根据造像记资料论述中古妇女之佛教信仰问题，如邵正坤以为"佛教在北朝妇女的社会生活和家庭生活中扮演了非常重要的角色，并且对她们产生了深远的影响"，佛教思想影响着北朝妇女的精神世界，佛教活动给妇女在传统的家庭生活之外，提供了新的期待与出路。② 尚永琪指出，"如果说父系或夫系为妇女的存在提供了一个坐标的话，那么佛教则在更为广泛的意义上为妇女在社会中的存在提供了一个确认自身、表达声音、关注社会和广泛接触社会的机会。此外还值得注意的是，佛教为专制的男权社会中那些生存在艰难环境中的妇女提供了最后的庇护所"③。他进一步从女性身份特征及女性心理、生活苦难等方面，揭示中古妇女热衷于佛教信仰的缘由，具体就生活苦难对女性之佛教信仰的影响，指出："从最基本的生存角度讲，佛教信仰对女性而言具有双重的意义：其一，通过参与佛事活动，可以关注家庭、

---

① 罗新、叶炜：《新出魏晋南北朝墓志疏证》，第552页。
② 邵正坤：《宗教信仰与北朝家庭》第五章《造像记所见北朝妇女的佛教信仰》，吉林文史出版社2014年版，第226页。
③ 尚永琪：《3—6世纪佛教传播背景下北方社会群体研究》第六章《4—6世纪佛教传播背景下的北方妇女》，科学出版社2008年版，第116页。

祈求佛的护佑，这是一种心理暗示，也是一种维持家庭安宁的努力；其二，对家遭不幸、无所依靠的女性而言，佛教寺院又是一个安全的庇护场所。"①这都从整体上分析了中古时代北方女性普遍接受佛教信仰的社会文化背景与妇女群体自身利益的内在需求因素。

　　具体就以上墓志所见士族社会守寡孀居女性而言，佛教信仰及其相关佛事活动，给她们增添了日常生活的乐趣和来世追求的精神期待。由墓志所述，一些女性年轻守寡，独立抚养、教育子嗣，生活极为艰辛；有的命运多舛，二嫁皆丧夫，以致产生"命不旺夫"或"克夫"的自卑心理；有的有女无子，随女生活，有的则孀居长达六十余年，忍受着生理与心理的孤寂。不能不说，这是当时社会中的一个特殊妇女群体。当时的孤寡女性群体应当占有一定的比重，但据文献和墓志所见，仅能掌握其中一小部分上层孀居女性的情况。众所周知，北朝社会尤重礼法，宗族意识强烈，大家族现象盛行，这对女性的约束与限制也更为严厉，以致她们在寡居之后的生活选择性更小，甚至有的自觉拒绝再婚而甘愿孀居守节。在这一生活过程中，佛教信仰与佛事活动成为儒家伦理文化的一种重要的补充，可谓其人生之"添加剂"。在这方面，北朝士族社会将儒家礼法与佛教戒律有机结合起来，《北齐书》卷四三《羊烈传》载："烈家传素业，闺门修饰，为世所称，一门女不再醮。魏太和中，于兖州造一尼寺，女寡居无子者并出家为尼，咸存戒行。"从士族社会而言，将儒家节操观与佛家戒律合一，强化对女性的约束，这是佛教中国化的一个具体表现。而对当时的寡居士族女性而言，儒、释双修则丰富了人生的内涵，拓展了人生的境遇，增添了人生的乐趣与意义，从而就得，精神的寄托。

---

① 前揭尚永琪《3—6世纪佛教传播背景下北方社会群体研究》，第127页。

第十九章　墓志所见士族女性操持元魏宗室之"家政"与"家教"
——从一个侧面看北魏后期鲜汉上层社会之文化交融

众所周知，北魏孝文帝迁都洛阳之后，实施全面汉化政策，加快了鲜、汉上层间民族融合的进程。对此，历代史家就其相关军政举措及其影响与得失等问题多有论述，几可谓题无剩义。不过，比较系统地梳理北魏士族妇女墓志资料，其中不仅涉及鲜、汉上层通婚之记载，而且还有诸多比较具体的有关女性婚后生活的内容，这都超出了史传文献的记载。检讨相关学术史，鲜、汉通婚固为孝文帝汉化重要政策之一，其实施及影响自然为论者所重视，但囿于资料与视角，在制度层面之外的生活领域，那些入嫁鲜卑上层特别是元魏宗室的汉族士族女性是如何推进异质民族文化融合的？政策性的婚姻举措与制度化的门第比附固然确立了孝文帝改制的导向，但日常生活方式、社会文化观念等方面的交融在民族融合进程中也有不可忽视的作用。而在这一方面，入嫁元魏宗室的汉族士族女性则扮演了特殊的文化传播者的角色，应当引起足够的重视。这里以相关墓志资料为中心，从汉族士族女性操持元魏宗室各房支之内务与家教这一具体视角，论述其在传播汉族士族文化与推进民族文化融合方面的作用，以企有补于陈说。

一　"中馈是宜，内政有序"：士族女性主持元魏宗室之家政内务

北魏孝文帝迁都洛阳之后，强制拓跋氏皇族子弟与汉族士族通婚，其目的在于促使元魏上层与汉族士族合流，以推动其逐步向"士族化"转变。士

族之本质在于其具有以儒家礼法为核心的家族文化，①而对于元魏宗室而言，其自身并不具备汉族士族社会那样渊源有自的文化传统。那么，他们是通过什么途径或方式吸收汉族士族文化以实现其向"士族化"转变的呢？我们知道，士族社会之日常的礼法实践与子女训导，一般是由各家族之主妇操持的。入嫁元魏宗室的汉族士族女性自然将士族文化风尚带到夫族家庭生活之中，她们多主持家族内务，从而在日常生活领域改造鲜卑文化，成为催生拓跋氏统治集团汉化的一个不可忽视的重要因素。②出土墓志资料显示，入嫁元魏宗室的汉族士族女性成为向拓跋上层传输士族文化的重要媒介。北魏《韩氏墓志》载其为遂城人，魏安乐王第三子给事君之夫人："贞顺自性，聪令天骨，德容非学，言功独晓。……毕醮结缡，作嫔蕃室。每期玄庆福善，长隆内训。"③这里称其"每期玄庆福善，长隆内训"，实际上就是用士族妇德改造夫族生活风尚。

又，北魏《元飏妻王夫人墓志》载其出自琅邪王氏，"世载家训，阴轨亦明，作配魏宗。……言告师氏，内式闲素，□□之操，终始若一"④。这里称王氏在拓跋家庭中始终遵循士族礼度。

又，《魏岐州刺史赵郡王故妃冯会墓志》载：

> 太妃姓冯，名会，长乐信都人。……太妃禀河月之精，陶清粹之气，爱静幽闱，训兹礼室。俶容天挺，孝敬过人，婉娩既闲，敏斯四德，丝枲绹组，无不悉练，女功心裁，内外嗟称。又善于书记，涉揽文史……自来媛蕃邸，恭俭踰素，作训可模，动止成则。可谓圣善形家，垂芳自国者也。⑤

---

① 陈寅恪先生在《唐代政治史述论稿》（上海古籍出版社1982年版）中有论云："所谓士族者，其初并不专用其先代之高官厚禄为其唯一之表征，而实以家学及礼法等标异于其他诸姓。……凡两晋、南北朝之士族盛门，考其原始，几无不如是。……夫士族之特点既在其门风之优美，不同于凡庶，而优美之门风实基于学业之因袭。故士族家世相传之学业乃与当时之政治社会有极重要之影响。"（第71—72页）

② 关于鲜汉通婚后汉族士族女性主持元魏皇族之家务，《魏书》卷二〇《齐郡王简传》所载尤为典型：元简"性好酒"，不能理公私事务，妻常氏"性干综家事，颇节断简酒，乃至盗窃，求乞婢侍"。可见，汉族女性操持家务之一般情形。

③ 赵超：《汉魏南北朝墓志汇编》，第71—72页。

④ 同上书，第72页。

⑤ 同上书，第84—85页。

第十九章 墓志所见士族女性操持元魏宗室之"家政"与"家教" / 461

这里称述冯太妃主持赵郡王府第之内务,"作训可模,动止成则",重塑元魏宗室之门风,确实"可谓圣善形家,垂芳自国者也"。

又,《魏阳平王妃李氏墓志》载:

> 太妃李氏,顿丘卫国人也。魏故使持节、大将军、阳平幽王之妃。使持节、卫大将军青定二州刺史、阳平惠王之母。……志量宽明,性度方雅,顾史自修,问道铖阙,五礼既融,四德兼朗。九族称其贞淑,邦党敬其风华。……太妃遂内执恭谦,外秉礼宪,慕关雎之高范,遵鸡鸣之鸿轨,柔裕以奉上,慈顺以接下,发言必也清穆,举动其于令则。……妇德徽于大邦,母仪光于蕃国,四育宝璋,道映当世,奉时之绩,鸿册流芳。故庙堂庆其诞载,王业赖其作辅,烈岳之胤,太妃其有焉。太妃慈惠为心,聪令为德,严而易奉,和而难悦,恭己以政人,剋躬以齐物,俭不侵礼,华不损诰。虽荣贵弥隆,而志操不俞,欢恚弗形于颜,憍矜莫现于色。听其声,则无鄙悷之心;睹其容,则失傲慢之志。故能长幼悷谐,小大斯穆。至于孝慕仁厚之感,慈明恭允之量,垂衿泛爱之道,温柔和裕之至,信可以踵武大姜,继轨任氏者矣。①

李氏出自汉族旧门,其出嫁拓跋宗室人物,善于持家,"故庙堂庆其诞载,王业赖其作辅",修身严正,恪守礼法,将汉族士族的治家风范传播到拓跋族氏家庭生活中。

又,《魏彭城武宣王妃李媛华墓志》载其出自陇西李氏,父李冲,婚后治家有道:

> 闺门整峻,言不越阃。武宣出统戎马,入志机权,百揆一人,万务由己,声绩允著,朝野嗟称。岂独外行所招,盖亦内德之助。……妃既善母仪,兼闲妇德,三从有闻,四教无违。帝宗仰其风流,素族钦其

---

① 赵超:《汉魏南北朝墓志汇编》,第100页。

盛轨。①

彭城王参掌军政要务，李氏则主家政，颇有"内德之助"。彭城王死后，家务更全有赖李氏，以致"帝宗仰其风流，素族钦其盛轨"。

又，《魏章武王妃卢贵兰墓志》载：

> 太妃姓卢，讳贵兰，范阳涿县人也。……亦既言归，继之王室。奉上接下，曲尽妇仪，用之家人，尅成内政，遵其法度，为世模楷。加以敦穆宗亲，贻训子侄，唯礼是蹈，非法不言，故能望楚宫而轶樊姬，瞻齐堂而超卫女。②

可见章武王家庭内政主要由卢太妃操持，其治家"遵其法度，为世模楷"，"敦穆宗亲，贻训子侄，唯礼是蹈，非法不言"，以士族礼法治理鲜卑王室之内务。

又，《魏故元氏赵夫人墓志铭》载赵夫人讳光，字容妃，南阳苑县都乡白水里人，年十六与元魏宗室冠军将军、徐州刺史元永长子联姻，"其在重闱，四德唯婉，既配帝胄，七教踰隆。故令众姒颂徽，群娣歌美，训范两宗，惠流庶族"。铭文中有赞辞曰："爰匹帝族，肃雍是侍，德则称人，过乃收己。上虔舅姑，傍协娣姒，恩沾两门，化洽邦里。"③

不仅如此，以婚姻关系进入元魏宫廷的汉族士族女性，则有机缘辅助元魏帝王，治理后宫与内廷事务。《魏故世宗宣武皇帝嫔李氏墓志》载其出自赵郡李氏：

---

① 赵超：《汉魏南北朝墓志汇编》，第149页。北魏孝文帝以来，陇西李氏是元魏宗室主要的通婚对象之一，涉及这方面的墓志资料也较多，又如《魏博陵元公故李夫人墓志铭》载："夫人字艳华，陇西狄道人，武昭王皓之五世孙。……年十七，归于元氏。囗母事姑，婉然作合，居不言容，敬等如宾，奉上温恭，逮下慈惠，斯须无怠，造次靡失。丝茧组纫之功，蘋蘩醴酏之品，从乎行古，人无闲言。信可模范一时，矩仪当世。"（赵超：《汉魏南北朝墓志汇编》，第347—348页）李艳华也可谓操持元魏宗室家务之典范。

② 赵超：《汉魏南北朝墓志汇编》，第371页。

③ 同上书，第113—114页。其中"苑县"，查《宋书》卷三七《州郡志三》"雍州·南阳郡"条和《魏书》卷一〇六下《地形志》"荆州·南阳郡"条，皆载有"宛县"，疑此处"苑"当为形近而误书，或因志文不清而录文有误。

第十九章 墓志所见士族女性操持元魏宗室之"家政"与"家教" / 463

  爰在父母之家,躬行节俭之约,葛覃不足逾其勤,师氏莫能增其训。……遂应帝命,作配皇家,执虔烝祀,中馈斯允。事先帝以成,奉姑后以义。柔顺好和,谠言屡进,思乐贤才,哀而不伤。后宫有贞信之音,椒掖流恺悌之泽。①

李氏贤明,为宣武帝操持内务,"执虔烝祀,中馈斯允"。

  就相关墓志所载,入嫁拓跋宗室的士族女性不仅以礼法操持其家务内政,而且在辅助元魏王公之军政方面亦卓有建树。如《薛伯徽墓志》载其河东汾阴人,甚有才德之名,魏中山王元英之子元诱"钦重门胄,雅闻德音,乃申嘉娉,崇结伉俪。夫人时年廿有七矣。于时元氏作牧秦蕃,夫人起家而居之。至使语及刑政,莫非言成准墨。夫氏秉忠贞之概,逢淫刑肆毒。夫人痛殲良之深冤,逝长龄于同穴"②。由"语及刑政,莫非言成准墨",可见其辅助军政颇可称述。

  又,北魏《任城文宣王文玅太妃冯令华墓志》载其出自长乐信都冯氏,文明皇太后侄女,正始二年,其年十九出嫁任城王元澄,治家辅政:

  文宣王历作王官,至于宰辅,居栋梁之任,荷天下之忧,昧旦入朝,不以私室为念。太妃恭勤妇业,助治家道,中馈是宜,内政有序;务先窈窕,不有妒忌之心;博进才贤,而无险诐之志。至若遥听车声,识伯玉之有礼;当朝晏罢,责叔敖之未登。辅主君,古今英异。《易》称一人得友,《诗》著三五在东,以兹樛木之恩,成此螽斯之业。③

志文称其"恭勤妇业,助治家道,中馈是宜,内政有序",可见其治家以礼,成效卓著。在此基础上,冯氏依照"辅佐君子,助其不足"之士族社会之妇德规范,用多种方式助益其夫施政,发挥了积极的正面作用,故有"辅主君,

---

① 赵超:《汉魏南北朝墓志汇编》,第184页。
② 同上书,第174页。
③ 赵超:《汉魏南北朝墓志汇编》,第374页。

古今英异"之誉。①

关于士族女性襄助元魏统治者之军政事务,史传文献对此也有记载,《魏书》卷九二《列女传》载:"任城国太妃孟氏,巨鹿人,尚书令、任城王澄之母。澄为扬州之日,率众出讨。于后贼帅姜庆真阴结逆党,袭陷罗城。长史韦缵仓卒失图,计无所出。孟乃勒兵登陴,先守要便。激厉文武,安慰新旧,劝以赏罚,喻之逆顺,于是咸有奋志。亲自巡守,不避矢石。贼不能克,卒以全城。澄以状表闻。属世宗崩,事寝。灵太后后令曰:'鸿功盛美,实宜垂之永年。'乃敕有司树碑旌美。"②

元魏皇族之外,其他鲜卑上层贵族也与汉族士族通婚,并由士族女性主持家政内务,这在相关墓志中也有记载。如《长孙士亮妻广平郡君宋氏墓志》载:

夫人讳灵妃,广平烈人也。祖弁,……女德光于未笄,妇功茂于已醮。声逸诸姑,誉腾伯姊。闺闱嗟羡,九族归仁。非玉洁在性,兰芳自天,其孰能若斯者哉。……爰初外成,修粟告虔,尽恭孝于舅姑,竭信顺于叔妹。子侄被慈惠之恩,室家显终身之敬。德流二宗,人无间然。

当时朝廷特下诏称其"柔仪内湛,姻问外扬。积庆之门,方膺茂祉,而不幸徂殒,良用嗟悼。宜崇宠数,以慰沉魂。可赠广平郡君,祭以太牢,礼也。"③

这些入嫁元魏宗室的汉族士族女性之所以能操持其家族内政事务,在于

---

① 北朝后期,鲜、汉通婚常态化,入嫁元魏宗室后裔的士族主妇始终秉持其妇德仪范,操持内务。如隋《崔遑墓志》载其"年十七,出嫁魏郡元氏,从夫千里,不惮飘摇,方期百年,唯勤巾栉,性闲工巧,知无不为。元氏为淮南县丞,夫人同往赴任"(韩理洲辑校:《全隋文补遗》,第225页)。可见入隋前元魏后裔与汉族士族通婚,女性从夫持家之风依然如此。当然,由于所载之"魏郡元氏"具体家世背景不详,难以深论。

② 北朝女性尚武,参与军事者颇多,《魏书》卷九二《列女传》载:"苟金龙妻刘氏,平原人也。廷尉少卿刘叔宗之姊。世宗时,金龙为梓潼太守,郡带关城戍主。萧衍遣众攻围,值金龙疾病,不堪部分,众甚危惧。刘遂率厉城民,修理战具,一夜悉成。拒战百有余日,兵士死伤过半。戍副高景阴图叛逆,刘斩之,及其党与数十人。自余将士,分衣减食,劳逸必同,莫不畏而怀之。井在外城,寻为贼陷,城中绝水,渴死者多。刘乃集诸长幼,喻以忠节,遂相率告诉于天,俱时号叫,俄而澍雨。刘命出公私布绢及至衣服,悬之城中,绞而取水,所有杂器悉储之。于是人心益固。会益州刺史傅竖眼将至,贼乃退散。竖眼叹异,具状奏闻,世宗嘉之。正光中,赏平昌县开国子,邑二百户,授子庆珍,又得二子出身。"(中华书局1974年版,第1983—1984页)可见北朝汉族女性普遍具有实干才能,其中杰出者能领兵处分,指挥若定。

③ 赵超:《汉魏南北朝墓志汇编》,第301页。

她们普遍具有良好的妇德礼法与学术文化等方面的修养。在妇德仪范与生活技能方面，士族女性自幼便接受严格的训练。这在相关墓志中多有明确记载，如前揭《元颺妻王夫人墓志》载其"世载家训，阴轨亦明"①，《魏岐州刺史赵郡王故妃冯会墓志》载"太妃禀河月之精，陶清粹之气，爰静幽闺，训兹礼室。俶容天挺，孝敬过人，婉娩既闲，敏斯四德，丝枲纠组，无不悉练，女功心裁，内外嗟称"②。《魏阳平王妃李氏墓志》载其"志量宽明，性度方雅，顾史自修，问道铖阙，五礼既融，四德兼朗。九族称其贞淑，邦党敬其风华"③。《魏故世宗宣武皇帝第一贵嫔夫人司马显姿墓志》载其河内温人，"夫人承联华之妙气，育窈窕之灵姿。闲淑发于髫年，四德成于笄岁。至于婉娩织纴，早誉宗闱，洁白贞专，远闻天阁"④。《魏任城王妃冯令华墓志》载其"生道德之家，长礼仪之室，目不睹异物，耳不闻外事。而聪明温惠，与本性而相符；仁信规矩，乃率行而自合"⑤。《魏安丰王妃冯氏墓志》载其"夙承阴教，早备柔仪，取则彤管之诗，求箴青史之记"⑥。《魏顿丘李府君夫人郑氏墓志》载其"世擅膏腴，家传冠盖。禀和有素，籍庆自远。……仪范宗姬，誉满闺阃"⑦。有关这类妇德仪范的记载连篇累牍，主要得自士族礼法熏陶，可谓渊源有自。

士族社会之"女教"还涉及以儒家基本典籍为核心的经史学术与文学才艺等方面的内容，目的在于培养其才具学识。对此，相关墓志记载也有所体现。《魏广阳文献王妃王令媛墓志》载其"父翊，魏侍中、司空、孝献公"，又载其"琅邪临沂人，齐尚书仆射奂之曾孙也。既望冠海内，为天下盛门。……妃籍采华胄，膺和淑灵，体韵闲凝，识怀明悟，尊敬师傅，鉴诫国史，进退合轨，折旋成则。亦既有行，来仪蕃邸，率礼公宫，刓循法度"⑧。王令媛出自南朝琅邪王氏，从其"尊敬师傅，鉴诫国史"等情况看，其家族重视"女教"，在经史学术启蒙方面则有专门的师傅教授。琅邪王氏家族如此，其他士族也当如此。又，《魏尚书江阳王次妃石夫人墓志铭》载石夫人名

---

① 赵超：《汉魏南北朝墓志汇编》，第72页。
② 同上书，第85页。
③ 同上书，第100页。
④ 同上书，第120页。
⑤ 同上书，第374页。
⑥ 同上书，第376页。
⑦ 同上书，第377页。
⑧ 同上书，第358页。

婉，字敬姿，渤海南皮人，为北魏荆、豫、青三州刺史石馛女，"禀气妍华，资性聪哲，学涉九流，则靡渊不测，才关诗笔，触物能赋"①。石婉"学涉九流"，"才关诗笔，触物能赋"，可见其不仅学识广博，而且有较高的文学才能。又，《魏故车骑将军司空公元故夫人冯氏墓志》载其不仅妇德修养甚佳，"闺中有婉娩之称，阃外闻四德之声"，而且"好读诸义，巧于辞令"②，也有丰富的才艺学识。又，《魏故贵华恭夫人王普贤墓志铭》载王普贤为南朝一流门第琅邪王氏代表人物王肃女，在才学方面，其"妙闲草隶，雅好篇什，春登秋泛，每缉辞藻，抽情挥翰，触韵飞瑛"③。王肃在北魏孝文帝时入魏，其家族自然具有南朝崇尚文学之风尚，其女性也显示出卓著的文学才情。正因为士族女性普遍具有非同一般的妇德仪范及相关学术文化修养，她们出嫁后多能从容主持家族内务，并能承担起训导子弟的责任。

二 "训诲诸子，成兹问望"：汉族士族女性对元魏宗室子女之母教

士族女性主持其家务内政，"助治家道"，在日常生活中主要表现为敬奉舅姑、和睦娣姒，以确保"中馈是宜，内政有序"。但若仅限于此，于当时的妇德仪范而言，则有未周，有所亏欠。妇德之中一项重要指标是母德，即士族女性之治家，肩负着抚育、训导其家族子弟的使命与职责。对于入嫁元魏宗室的汉族士族女性而言，其操持家政内务，自然必须履行育子之责。对此相关墓志多有记载。如《元湛墓志》载其"父讳渊，侍中、吏部尚书、司徒公、雍州刺史、广阳忠武王。母琅邪王氏，父肃，尚书令、司空宣简公"④。元湛"器宇清明，风神秀整，音韵恬雅，仪表闲华，天资孝友，自然忠信"⑤。墓志详述其风神雅趣，颇为玄化，是一个典型的名士化宗室人物。元湛妻王令媛也出自琅邪王氏，故其文化气质如此，当与具有南朝文化基因的母亲、妻子的训诲与感染不无关系。又，东魏《元均墓志》载：

---

① 赵超：《汉魏南北朝墓志汇编》，第55页。
② 同上书，第258页。
③ 同上书，第69—70页。
④ 同上书，第356页。
⑤ 同上。

第十九章　墓志所见士族女性操持元魏宗室之"家政"与"家教"

> 王讳均,字世平,河南洛阳人也。太祖道武皇帝之玄孙,凉州使君、淮南憘王之次子。……夫人京兆杜氏,汉御史大夫(杜)周之后。禀粹固天,理怀明洁。年甫初笄,爰适我公,礼敬踰于奉冀,勤诲过于训歜。故凡所诞育七男六女等,莫不如珪如璋,令问令望者矣。①

这里说杜氏善于教育子女,其所亲生之七男六女"莫不如珪如璋,令问令望者矣",非同凡器,显然是称颂其训导之功。又,《魏故南阳郡君赵夫人墓志铭》载:

> 夫人讳胡仁,南阳苑人也。南阳太守之女,相州刺史、平阳公之第六子、散骑常侍之妻。……夫人诞生三子,声驾一时,咸有王佐之略,命世之才。……当世以为贵盛,缙绅慕其藉甚。……夫人自少至耋,孝敬敦睦,长孤抚幼,亲加鞠养,好施能赡,去奢就约。……是以誉满两京,声溢九服。大丞相、中外诸军事、渤海王高,地居戚重,位望尊崇,亲慕夫人慈训,躬展诚敬。朝廷标赏,诏曰:"辅国将军、岐州刺史难宗母,前以身德子勋,光启邑号。因讳陈改,理宜见从。可西荆南阳郡君。"②

这里说赵氏所生三子"声驾一时,咸有王佐之略,命世之才。……当世以为贵盛,缙绅慕其藉甚",当与其训导有关。不仅如此,赵氏对同宗族其他房支的子女也"长孤抚幼,亲加鞠养",颇有"慈训"之誉。

确实,汉族士族社会家族意识、宗族观念植根甚深,入嫁元魏宗室之士族女性在训育元氏子女过程中也有所体现。她们抚育、训导元魏王族子弟,往往表现出开阔的气度,亲生嫡子之外,对庶出子弟也加以训育,如《魏任城文宣王文靖太妃冯令华墓志》载:

> 抚养异官,恩同己子,故能化自闺闱,声闻邦国。神龟二年十二月,文宣王薨,朝依典礼,策拜太妃。诸子布在周行,并縻好爵。每分至纪节,内外备在,未尝不钟鼓悬庭,蝉冕满室,胥徒骆驿,轩盖成阴,文

---

① 赵超:《汉魏南北朝墓志汇编》,第360—361页。
② 同上书,第372—373页。这里的"苑县",当为宛县,见前文注释之相关说明。

物声明，此焉独盛，忠臣孝子，顿出斯门。虽先王积善余庆，抑亦太妃德教所及也。昔慈母八子，咸为卿士大夫，泰姬五男，俱登郡守牧伯。尚称荣旧史，著美前书。扬榷而言，曾何仿佛。动中典礼，言必称于先姑，修德苦身，以为子孙之法。①

冯氏"抚养异宫，恩同己子，故能化自闺闱，声闻邦国"，完全是从任城王家族整体利益出发，无分嫡庶，共同施教，以致"忠臣孝子，顿出斯门"。

嫁入元魏宗室之汉族士族女性普遍实施"母教"，以培养元魏宗室子弟，其中事迹最为突出、感人的是寡母抚育幼孤，这在墓志中颇有其例。如前揭《魏彭城武宣王妃李媛华墓志》载：

及崩城结涕，朝哭横悲，藐尔诸孤，实凭训诱。诞此三良，形兹四国，无事断机，弗劳屡徙，而日就月将，并标声价，齐名三虎，迈响八龙。②

这里说李氏在彭城王死后，独立抚养、训导诸子，"藐尔诸孤，实凭训诱"，以致"日就月将，并标声价"。又，《魏故齐郡王妃常氏墓志铭》载：

齐王徂弃，遗胤藐孤，负荷危缀。妃内抚惸弱，外穆亲宗，理物必究其诚，推心每极其恕。③

常氏在齐郡王死后，独立抚育"遗胤藐孤"。又，《魏故乐安王妃冯季华墓志》载其长乐郡信都人，太师冯熙女，文明皇太后侄女：

年廿二，归于元氏。起家而居有千乘，贞淑而作合君子。敬等如宾，和同琴瑟。及王薨徂，治服过礼，训诲诸子，成兹问望。④

可见冯氏在其夫乐安王死后，独立"训诲诸子，成兹问望"。又，北魏《元谵

---

① 赵超：《汉魏南北朝墓志汇编》，第 374—375 页。
② 同上书，第 149 页。
③ 同上书，第 133 页。
④ 同上书，第 156 页。

第十九章　墓志所见士族女性操持元魏宗室之"家政"与"家教"

远墓志》载其为元氏宗室，"父文王，才藻富丽，一代文宗"，其本人亦以才学著名，然"生五岁，遭文王忧，唯兄及弟，亦并童幼，太妃鞠育劬劳，教以义方"①。元谳远母之出身具体情况不详，其当出自士族门户，而元谳远兄弟丧父时皆童幼，其母"鞠育劬劳，教以义方"②。

这类寡母教子自是"母教"中最为典型、极端的一种类型，对于元魏宗室某一房支而言，其孤弱幼嗣之成长不仅直接关系到其血嗣之传衍及其门户地位之延续，而且关系到元魏皇族整体势力的兴衰。从以上诸例看，北魏后期元魏宗室代表人物早逝的情况并非少数，这当与当时的军政斗争等情况不无关系，而对于其家族而言，孤婴弱嗣之成长则端赖汉族士族之女性，其作用无疑具有扶危继绝之功。③

至于汉族士族女性训导元魏宗室子弟之内容，在生活养育的基础上，主要是进行儒家礼法方面的训导与学术文化方面的启蒙。前引诸墓志已多有涉及，如称齐郡王妃常氏教子，很注意言传身教，以身作则，所谓"妃内抚茕弱，外穆亲宗，理物必究其诚，推心每极其恕"，说得正是这一点。又，《魏章武王妃卢贵兰墓志》载："加以敦穆宗亲，贻训子侄，唯礼是蹈，非法不言，故能望楚宫而轶樊姬，瞻齐室而超卫女。"④ 卢氏"贻训子侄，唯礼是蹈"，完全依照儒家礼法要求训导章武王子弟。又，《魏安丰王妃冯氏墓志》载其"训诲诸子，雅有义方，恩切倚闾，俞均断织"⑤。所谓"义方"，当指以儒家道德伦理为基本内容的礼法规范。又，《魏临淮王元彧墓志》涉及其"母教"：

---

① 赵超：《汉魏南北朝墓志汇编》，第309页。
② 《魏东安王妃陆顺华墓志》载其河南洛阳人，"及东安诏赴，鱼山告窆，训抚咳幼，尅绍家业。朝旨褒其风德，物议重其高顺"（赵超：《汉魏南北朝墓志汇编》，第375—376页）。陆顺华为入洛鲜卑上层贵族之后，其抚育元魏宗室幼孤，与汉族士族寡母育子无异，显然是受到汉化风气的影响。
③ 《元郁墓志》载其景穆皇帝孙、济阴王子，死于孝文帝太和十五年，"王妃慕容氏，西河东燕昌黎人，卫大将军赵王之后矣。……龆年九岁，诏太常而礼迎，侍幄于禁帷。……太行晏驾，文明驭世，以往景穆皇帝之孙，济阴王志元子，……遂以国风赐嫔为妃，庶令贻训内外，镜德天下哉。妃德行慈明，姿器明蕙……奉姑以孝，事夫以敬。叔妹称其贤，娣姒珍其美。……妃太和十五年不幸遭夫丁，哀斩过礼，守厘十载，上悃姑耄，下恤幼稚，杞梁安能喻，女嫒莫之匹。祀祢当宾，心不妃道，课息于礼易之间，教女于孝经之里。道隆三子，礼成五孙，岂不善哉！可不美欤！天不简识，修年不演，春秋六十三"。前揭王连龙《新见北朝墓志集释》，第2—3页。慕容氏汉化程度甚深，其守寡训育子女，与汉族士族主妇基本相同，对元郁子弟之汉化不无影响。
④ 赵超：《汉魏南北朝墓志汇编》，第371页。
⑤ 赵超：《汉魏南北朝墓志汇编》，第376页。

> 孝为心基,义成行本,早违陟岵,兼丧孔怀,训育所资,实唯圣善,倚门有望,噬指悟归,母子二人,更相为气,虽家享万钟,室盈珍旨,日荐双鲤,事由感应。上敦宗族,傍穆亲姻,学海靡穷,为山不已,百家浩荡,异轸同归,万古攸缅,得门竞入。①

元彧是孝文帝迁洛后鲜卑皇族汉化人物中学养最为丰厚之代表性人物,具有典范性,其墓志载其"训育所资,实唯圣善",以儒家学说为主,而其"早违陟岵",施教者主要来自母亲,所谓"母子二人,更相为气",正说明了这一点。

北朝后期,元魏后裔汉化日深,其门第随之士族化,其与汉族士族间的联姻也成为一种常态化的现象。一些嫁入元魏贵族之门的士族女子,对于元氏子弟的教育及其门风改造依然发挥着重要的作用。隋《元英暨其妻崔麝香墓志》载元英字洪隽,河南洛阳人,魏昭成六世孙,"体道幽深,心同水镜"。其妻崔氏,父令珍,青州刺史,"年十□归于元氏,四德□然,明解庭训。年三十六卒在□城"②。本志残缺不全,其"母教"仪范叙述未周,具体情况不明。又,隋《元范妻郑令妃墓志》载:

> 夫人讳令妃,荥阳中牟人也。齐州使君郑宝之女,济北府君元范之妻。范则魏景穆皇帝之曾孙,汝阴王司空之二子。夫人家藉公卿之绪,门惟钟鼎之业,令仪孤出,绝世挺生。访史观图,明诗习礼。虽邓女六岁,而通《孝经》;甄后八年,而布仁义。了慧为拟,今古相俦。既而作合良贤,每归宁孝养,世之后裔,号泣登车。德为女师,仪成垂范,外匡从政,内训闺闱,相敬如宾,和彼琴瑟。而府君下世,一形尪毁。无夫无子,寒霜总萃。割耳截鼻,彼独何人?教诲诸侄,并登公辅。③

郑氏出自中土士族旧门,礼法严正,其嫁入元氏,不仅和睦二族,"外匡从政,内训闺闱",而且在丧夫后,笃志守节,"教诲诸侄,并登公辅",对整个元氏家族子侄之成长影响甚大。又,《大隋故太仆卿夫人姬氏墓志》载:"夫

---

① 赵超:《汉魏南北朝墓志汇编》,第 503 页。
② 韩理洲辑校:《全隋文补遗》,第 107 页。
③ 同上书,第 126 页。

第十九章　墓志所见士族女性操持元魏宗室之"家政"与"家教"

人幼挺聪慧，早标婉淑。……既闲于诗书，且留连于笔研。……年十有八，归于元氏焉。太仆弱冠登朝，盛播名德。夫人亦虔恭内职，忧在进贤。穆琴瑟之和，展如宾之敬。天和四年，册拜建宁国夫人。……于是辅佐以审官，自防以典礼。送迎未尝逾阈，保傅然后下堂。"① 墓志载其亡于周建德六年，年二十九，她才学、品德俱佳，特别在助夫为政方面甚为突出。

入嫁元魏皇族之汉族士族女性，将士族治家与教子风尚带入拓跋氏家族之中，从而在一定程度上推进鲜卑社会之汉化。对此，逯耀东先生在论述北魏孝文帝以降鲜、汉上层通婚之影响时曾指出：

但就整个文化融和而论，孝文帝强制拓跋氏宗室，与中原士族通婚的影响是不可磨灭的，因为这些出身于中原士族家庭的闺秀，不论在学养和德性方面，都比那些长在草原的子女强得多，她们下嫁到拓跋氏的家庭里去，以她们文静的气质，来调和北方草原民族的粗犷习气是非常有效的，同时将中国文化传统、生活方式、伦理观念带到拓跋氏的家庭里，感化她们的夫君，教育她们的子女，经过一段潜移默化的时间以后，拓跋氏的宗室，由"我鲜卑常马背中领上生活"（《宋书·索虏传》）的草原武夫，一变为"博极群书，兼有文藻"的儒雅之士，在高祖时已有彭城王勰、任城王澄，但他们的家室都出自中原士族大家，元勰妻陇西李氏，元澄妻也是陇西李氏，继室长乐冯氏，是冯熙的第五女（见《元澄妻冯令媛墓志》）。自迁都以后和中原士族通婚比较普遍，于是在拓跋氏宗室里"文雅从容"之士越来越多，当时最著名的有（元）延明、元彧、元熙。……其他如元晖、元洪超、元鉴、元罗、元昌、元孚、元钦、元弼、元晖业、元显和、元匡、元略、元徽、元端、元怿等人，或经学修明，或笃志孝友，都是为时所重的风流人物，如果再进一步分析，他们不是直接和中原士族家庭有婚姻关系，便是母族是汉人。经过长期的婚姻关系，到后来周齐隋唐，拓跋氏以才学德行名于世的更多了。……这些拓跋氏的后裔到北魏末年，已与中国人没有什么区别，而到隋唐以后其中杰出之士，更可驾凌汉人，如果追究其原因，家学渊源是一个重要因素，而他们的"家学"，却是嫁到拓跋氏家族去的中原士族的女儿带

---

① 韩理洲辑校：《全隋文补遗》，第339页。

去的。①

确实，北魏孝文帝迁都洛阳以后，拓跋氏宗室子弟之为人及其生活作风普遍雅化，其中杰出者在学术文化方面也积累日丰，达到了相当高的水平。②这固然与迁都后拓跋宗室所处的汉化氛围及其相关政策导向关系密切，但具体而言，与当时鲜、汉普遍通婚后汉族士族女性之"母教"存在着不可分割的紧密联系。从这一意义上可以说，入嫁元魏宗室之士族女性，其通过治理内务、训育子女等方式，逐步改良其家族的拓跋风尚，特别是通过母教，潜移默化、润物无声地重塑了元魏皇族后裔之文化气质，从而推进了鲜、汉民族间及其文化的逐步融合。

此外，从汉族士族女性之"母教"而言，不仅如上所论涉及对元魏男性子嗣之训导，而且对其女子之士族化教育也必然有深刻的影响。在北朝后期鲜、汉通婚过程中，元魏女性也多有嫁入汉族士族家庭者，她们在夫族主持家政内务，表现出了与士族女性基本一致的文化风尚。这在相关文献记载中有零星的记载，③而就出土墓志所见，相关事例颇多，如《宁陵公主墓志》载：

> 祖显宗献文皇帝。父侍中、司徒、录尚书、太师、彭城王。夫琅耶王君。……诞姿云帷，播彩椒房，爰居爰降，玉洁兰芳。七德是履，六行唯彰，与仁何昧，祚善徒声。④

---

① 逯耀东：《拓跋氏与中原士族的婚姻关系》，收入《从平城到洛阳——拓跋魏文化转变的历程》，中华书局2006年版，第238—242页。
② 关于迁洛后元魏皇族子弟之文雅化，王永平《墓志所见北魏后期迁洛鲜卑皇族集团之雅化——以学术文化积累之提升为中心的考察》（《学习与探索》2011年第3期）、《北魏后期迁洛鲜卑皇族集团之雅化——以其学术文化积累提升为中心》（《河北学刊》2012年第6期）分别利用历史文献与出土墓志资料，对这一问题进行了比较深入的专题考述，敬请参见。
③ 王肃北奔入魏，《洛阳伽蓝记》卷三"报德寺"条载："肃在江南之日，聘谢氏女为妻，及至京师，复尚公主，其后谢氏入道为尼，亦来奔肃；见肃尚主，谢作五言诗以赠之，其诗曰：'本为箔上蚕，今作机上丝；得路逐胜去，颇忆缠绵时？'公主代肃答谢云：'针是贯线物，目中恒任丝；得帛缝新去，何能纳故时？'肃甚有愧谢之色，遂造正觉寺以憩之。"由陈留公主与谢氏诗，可见其汉文化修养。又，北魏世宗景明中，南齐宗室萧宝寅入魏，《魏书·萧宝寅传》载其"寻尚南阳长公主，赐帛一千匹，并给礼具。公主有妇德，事宝寅尽肃雍之礼"。由此可见元魏皇族女性之妇德礼法。
④ 赵超：《汉魏南北朝墓志汇编》，第57页。

第十九章 墓志所见士族女性操持元魏宗室之"家政"与"家教" / 473

宁陵公主为彭城王元勰之女,与琅琊王氏联姻,表现出良好的妇德修养。

又,《王诵妻元贵妃墓志》载其祖父乃高宗文成帝,父侍中、太尉、安丰王,关于其妇德风范,墓志铭文赞曰:

> 克诞淑德,怀慈具美,如玉在荆,由珠居氾。敬慎言容,惇悦书史,爰从爰降,腾徽素里。女仪既穆,妇行必齐,智高密母,辩丽袁妻。①

元贵妃结姻汉族士族名门,其妇德与学识颇可称道。又,《魏冯邕妻元氏墓志》载:

> 夫人元氏,河南郡洛阳县崇恩里人也。昭成皇帝之曾孙、常山康王之长孙,司空、文献公之元女。……秉四德以基厥身,执贞高而为行本。体备温恭,聪慧在性,家诫女传,迳目必持,凡所闻见,入赏无漏。每览经史,睹靖女之峻节,觌伯姬之谨重,未始不留涟三覆,慕其为人也。令仪令色,风流之盛攸归,声曜闺庭,誉闻王族。年廿有一,越嫔冯氏。母义三恪,道著二王。肃穆闱闱,见重君子。乃言曰:吾少好讽诵,颇说《诗》《书》,而《诗》刺哲妇,《书》诫牝鸡,始知妇人之德,主于贞敏,不在多能。于是都捐庶业,专奉内事,酒醴自躬,组紃由己,饮膳之味,在调必珍,文绣裁缝,逮手则丽。三徙之流,莫不遵其风教;内外宗妇,于是访其容仪。是使长息向冠,台府垂辟。二女未笄,皇子双娉,虽复妫姜取贵,杞宋见珍,何以加也。②

可见元氏在出嫁之前受到了良好的儒家礼法与文化方面的教育,入嫁冯氏后,"专奉内事",其"风教""容仪"堪称士族女性之楷模。

又,《魏故金城郡君元华光墓志》载:

> 故金城郡君姓元,字华光,河南洛阳嘉平里人也。光明元皇帝第三子、乐安王范之孙,城门腾之女,瓜州荣之第二妹。……幼哲天聪,早誉休溢,及始笄缨,贞风稍远,每好靖女之句,恒恶桑中之篇。……遂

---

① 赵超:《汉魏南北朝墓志汇编》,第92页。
② 赵超:《汉魏南北朝墓志汇编》,第128—129页。

父母礼命，下适王氏。乃备六德以和亲，修害浣以归宁，内协外谐，香音镜郁。然苍灵降灾，移天早殒，靡神不幸，孤息夭没。乃枕衰荧悼，独悲标里，昔美敬姜，宁显斯乎？退想恭风，还宗自誓，持心守初，欲夺弗许。皇太后闻之为奇，恒欲慈引，未遂之间，高春賫荐，桃李霜柚。①

可见元魏宗室女性与汉族士人通婚，妇德仪范、才学艺能、节操观念等皆可称述。

又，《魏故司空渤海郡开国公高猛夫人长乐长公主元瑛墓志》载：

主讳瑛，高祖孝文皇帝之季女，世宗宣武皇帝之母妹。……虽俔天为妹，生自深宫，至于箕帚制用，醴酏程品，非唯酌言往载，而率用过人。加以披图问史，好学罔倦，该柱下之妙说，核七篇之幽旨。驰法轮于金陌，开灵光于宝树。绡縠风靡，年藻川流，所著辞诔，有闻于世。兰芝之雕篆富丽，远未相拟；曹家之謦悦淹通，将何以匹。及于姿同似月，丽等凝神。虽复邯郸庄容，易阳稚质，无能尚也。……和若埙箎，好喻琴瑟，敷政内朝，允釐中馈，恩虽被物，贵不在身。②

孝文帝女长乐公主汉文化修养甚高，日常礼法谨严，涉猎学术广泛。其与高氏结姻，治家有序，所谓"和若埙箎，好喻琴瑟，敷政内朝，允釐中馈"，颇有法度。

又，《魏故穆氏元夫人墓志》载：

夫人讳洛神，河南邑人也。……禀质岐嶷，冲神雅素，婉顺恭肃，出自天骨，教敬仁敏，声逸外著。至于麻枲丝尔之庸，织纴组绁之艺，虽复生自膏腴，故亦宿闲颜训。时年十四，言归穆氏。二族姻娅，犹兄若弟，锦缋交辉，轩冕相映。及其虔顺舅姑，抚遗接幼，居室弥谐，闺房悦睦，乃有识之所景行，达者之所希羡。③

---

① 赵超：《汉魏南北朝墓志汇编》，第165—166页。
② 罗新、叶炜：《新出魏晋南北朝墓志疏证》，第118页。
③ 赵超：《汉魏南北朝墓志汇编》，第218—219页。

第十九章　墓志所见士族女性操持元魏宗室之"家政"与"家教" / 475

元神洛作为元魏宗室之女，其家教妇德及其治家内务，与汉族士族女性基本一致。

又，《魏故车骑大将军平舒文定邢公继夫人大觉寺比丘尼元纯陀墓志》载：

> 夫人讳纯陀，法字智首，恭宗景穆皇帝之孙，任城康王之第五女也。……天情孝性，不习而知，泣血茹忧，无舍昼夜。初笄之年，言归穆氏，勤事女功，备宣妇德。良人既逝，半体云倾，慨绝三从，将循一醮，……兄太傅文宣王，违义夺情，确焉不许。文定公高门盛德，才兼将相，运属文皇，契同鱼水，名冠遂古，勋烈当时。婉然作配，来嫔君子，好如琴瑟，和若埙篪，不言客宿，自同宾敬。奉姑尽礼，克匪懈于一人；处姒唯雍，能燮谐于众列。子散骑常侍逊，爱以咳禠，圣善遽捐，恩鞠备加，慈训兼厚。大义深仁，隆于己出。故以教俾在织，言若断机，用令此子，成名克构。兼机情独悟，巧思绝伦，诗书礼辟，经目悉览，纮绖组纴，入手能工。稀言慎语，白珪无玷，敬信然诺，黄金非重。巾帨公宫，不登袨异之服，箕帚贵室，必御浣濯之衣。信可以女宗一时，母仪千载，岂直闻言识行，观色知情。及车骑谢世，思成夫德，夜不洵涕，朝哭衔悲。乃叹曰："吾一生契阔，再离辛苦，既惭靡他之操，又愧不转之心，爽德事人，不兴他族，乐从苦生，果由因起。便舍身俗累，托体法门，弃置爱津，悽迟正水，博搜经藏，广通戒律，珍宝六度，草芥千金。"①

元纯陀先后二嫁，其"勤事女功，备宣妇德"，而且才学突出，特别与士族名门邢氏联姻，治家之"奉姑尽礼"，训导邢氏前妻幼子，"恩鞠备加，慈训兼厚。大义深仁，隆于己出"。

又，《魏故仪同三司阎公之夫人乐安郡公主元氏墓志》载：

> 公主讳仲英，河南洛阳人也。显祖献文皇帝之孙，太尉咸阳王之女。禀祥星月，毓采幽闲，风德高华，光仪丽绝。年十有五，作嫔阎氏。女节茂于公宫，妇道显于邦国。永熙在运，诏除女侍中，倍凤闱壸，实谐

---

① 赵超：《汉魏南北朝墓志汇编》，第261页。

内教。①

乐安郡公主以"女节茂于公宫，妇道显于邦国"，显然自幼受到良好的儒家礼法熏陶。

又，《祖子硕妻元阿耶墓志铭》载：

夫人姓元，字阿耶，河南洛阳人也。恭宗景穆皇帝之玄孙，济阴靖王之长女。……加以留心女史，存意典图，亦既教成，言归异室。年十二，乃适范阳祖氏。肃奉慈姑，敦穆娣侄。曲尽欢心，特留顾盼。彤管有辉，白珪无玷。夫人率下行己，非礼不动。虽冀妇相敬如宾，□曜齐眉举食，不能过也。及丧祸荐臻，旻凶在疚，含酸茹痛，思□泣面。岂蓼莪之足陈□□人之无□假。鸟兽易心，水火变节，□之加也。且夫人笃于同气，孔怀特甚，惟弟及妹，倾心爱友。夫□□□男，莫不令问令望，为龙为兕。教同训□，义等成轲，故长□□志业清尚，才鉴明远，实曰瑚琏，终成栋梁。故能诞仪凤之毛羽，附神龙之鳞翼。望东阁以表道，登□朝而爱止。岂伊擅美蕃采，固以扬名显亲矣。

其中铭文赞之曰："观图践礼，陈诗问史。……妇德之宗，母仪之盛。敬事慈姑，敦穆娣侄，言告言归，有行有节。中馈尤善，女工妙绝，岂言妇人，实称明哲"②。元阿耶嫁与汉族士族旧门，其自少受到良好的儒家礼法与文化熏陶，持家有道，特别在训导子弟方面卓然有成。

又，《郑践妻元孟瑜墓志》载：

夫人讳孟瑜，河南河阴人也。……祖延明……夫人生自深宫，五奇彰于弱岁，少归夫氏，七德被于令年。下堂必咨保傅，入门无替襟绹。……家传卿相，世袭珪璋。眷言其帚，实钟娴令。既取式诸姬，亦见仪闺闱。③

---

① 赵超：《汉魏南北朝墓志汇编》，第338—339页。
② 赵超：《汉魏南北朝墓志汇编》，第339—340页。
③ 韩理洲等辑校：《全北魏东魏西魏文补遗》，三秦出版社2010年版，第401页。

第十九章　墓志所见士族女性操持元魏宗室之"家政"与"家教" / 477

元孟瑜嫁入士族旧门荥阳郑氏，以礼度著称。

又，西魏《杨保元妻元氏墓志》载：

> 夫人姓元，河南洛阳人。……夫人幼明慧，长柔顺，教自公宫，来仪君子，拥箕帚而致养，奉俎案而齐眉。二族咸休。邦家斯庆，……论德比义，绰有裕焉。既华阴伯薨徂，夫人以母仪训世。朝廷乃拜县君，以万年为夫人汤沐邑。后迁敷西县主。

元氏以"母仪训世"，甚有德望，朝廷屡加表彰，大统十五年，其卒后又册封华山郡主。①

又，北周《魏上蔡公夫人正平郡君故裴氏墓志铭》载：

> 夫人字智英，河东闻喜人也。世为著姓，家传盛德。……勤于妇道，善于母仪。将兄弟，归于拓拔公。公名荣兴，河南洛阳人也，昭成皇帝之后。……既是皇宗，又兼才德。高官上爵，无替于时。但往因离乱，遂隔在东国。夫人鞠养幼孤，并克成立长。子休，实禀慈训，以作时英。而子贵母尊，古今通典，乃封正平郡君，礼也。②

蔡智英出自士族名门，嫁元魏皇族人物，东西魏分裂之际，她"鞠养幼孤，并克成立长"，使其门户得以传承维系。

又，隋《裴子通墓志》载其"河东闻喜人也。……芝兰满室，华萼同荣。海内重其家风，人伦敬其门法。……夫人元氏，魏安定王超之女也。玉台悬镜，言归温峤之门；金缕为衣，来入桓嘉之室。芳风满于公族，淑德表于闺房"③。裴子通出自河东裴氏，门风严正，元超之女嫁入其家，以德行著称，可见其自幼所受汉族士族女教之熏染。

又，隋《齐故左丞相平原王妃墓志铭》载："大妃讳渠姨，河南洛阳人也，即魏昭成皇帝玄之孙，定州使君蒲仁之元女。……年有十七，娉于段氏。既而作合君子，和如琴瑟，苹藻成德，绮练增华。岂止女则嫔仪之间，习

---

① 赵超：《汉魏南北朝墓志汇编》，第 385 页。
② 王连龙：《新见北朝墓志集释》，中国书籍出版社 2013 年版，第 183 页。
③ 罗新、叶炜：《新出魏晋南北朝墓志疏证》，第 409 页。

《礼》闻《诗》而已。既而骥趾著美,珪璋特秀,温其诱训,教以义方。故得冠冕二京,羽仪一代,缙绅资其领袖,月旦以之标榜。……以大隋开皇十七年岁次丁巳终于长安,春秋八十有三。"① 元渠姨为昭成之玄孙,嫁入段氏,其作风与汉族士族女性无异。

又,《隋故宫人归义乡君元氏墓志铭并序》载:"归义乡君元氏,河南洛阳人也。……君,魏之宗室,世传凡蒋,载纂衣簪,氏胄攸兴,光乎史策。笄褵从礼,宿承闺则,环珮习容,动依闺训。都尉女弟,止因歌舞入宫,常从良家,或以妖妍充选。……拜为司玺。大业五年十月卒于河南郡河南县清化里,春秋六十四。"② 由隋宫人归义乡君元氏德妇德品质,可见其所受之家教于汉族士族女性无异。

特别需要指出的是,随着鲜、汉上层通婚的普遍化,出现汉族士族与元魏皇族交互通婚育女的情况。如前揭《元湛墓志》载其父元渊,"母琅邪王氏,父肃,尚书令、司空宣简公"。又,前揭《魏广阳文献王妃王令媛墓志》载其"父翊,魏侍中、司空、孝献公。母河南元氏,父澄,假黄钺、太傅、任城文宣王"。广阳王元渊、元湛父子,相继娶琅邪王氏女为妃,而王令媛母则为元澄女,元魏皇族之女教与汉族士族基本趋同,这也成为元魏上层文雅化、士族化的一个重要表征。

关于元魏女性之汉化、文雅化,史传文献也有所记载。《魏书》卷三一《于栗磾传附于忠传》载:"忠后妻中山王尼须女,微解《诗》《书》,灵太后临朝,引为女侍中,赐号范阳郡君。"又,《北史》卷二八《陆俟传附陆卬传》载其代人,其家族汉化程度较高,东魏、北齐之际,陆卬以才学知名,"少机悟,美风神,好学不倦,博览群书,《五经》多通大义。善属文,其为河间邢卲所赏。卲又与子彰交游,尝谓子彰曰:'吾以卿老蚌遂出明珠,意欲为群拜纪可乎?'由是名誉日高,雅为搢绅所推许。……自梁、魏通和,岁有交聘,卬每兼官谦接。在席赋诗,卬必先成,虽未能尽工,以敏速见美"。陆卬雅化如此,固然有多方面因素,但确实与其母教关系甚密,"卬母,魏上庸公主,初封蓝田,高明妇人也,甚有志操。卬昆季六人,并主所生。故邢卲常谓人云:'蓝田生玉,固不虚矣。'主教训诸子,皆禀义方,虽创巨痛深,

---

① 王其祎、周晓薇:《隋代墓志铭汇考》,线装书局2007年版,第2册,第278页。
② 王其祎、周晓薇:《隋代墓志铭汇考》,线装书局2007年版,第3册,第371页。王其祎先生在该墓志按语中指出:"隋宫人获赠某君封号者,此是唯一,盖以其为魏之宗室出身故。"

第十九章　墓志所见士族女性操持元魏宗室之"家政"与"家教" / 479

出于天性,然动依礼度,亦母氏之训焉"。兄弟相率庐于墓侧,负土成坟。朝廷所嗟尚,发诏褒扬,改其所居里为孝终里"。陆卬母上庸公主之教子,其形式与内容,与汉族士族无异。又,随着元魏公主群体普遍文雅化,她们在择婿时倾向汉族士族名士。《北齐书》卷一八《孙腾传》载其先后追随尔朱荣、高欢,自为武人,"及平邺,授相州刺史,改封咸阳郡公,……入为侍中。时魏京兆王愉女平原公主寡居,腾欲尚之,公主不许。侍中封隆之无妇,公主欲之,腾妒隆之,遂相间构"。平原公主拒孙腾而欲嫁封隆之,根本原因在于其门第与文化观念所决定的。①

其他鲜卑贵族女教之汉化也大体如此,墓志也有相关记载。如《魏故平州刺史巨鹿郡开国公于君和夫人墓志》载:"夫人讳丑仁,字丑仁,河南洛阳人也。祖天水侯,以英标雅量,缉熙王业。……令淑著自绮年,婉顺彰于笄岁。兼志在女工,躬存俭约,温良慈惠,慎而寡言。师氏之训,昭晰闺庭,媛德之隆,仪形邦国。既身光四善,誉流五行,言告言归,来嫔明哲。夫人恭理妇业,毕力中馈。动合规矩,言成均的。后生仰以为模,乡邑被其清猷。"②又,隋《羊烈夫人长孙氏墓志》载其河南洛阳人,"夫人祖稚,魏录尚书、上党王。父子彦,仆射、司州牧",为迁洛鲜卑之后,汉化甚深,其与羊氏通婚,"有此家室,邕密礼教,肃穆闺门。仪口内成,风犹水扇,远近人物,德口是钦"。其中铭文云:"于精家业,积叶传芳,乃祖乃父,令闻令望。四德爰备,造舟为梁,言归百两,亦显其光。叶繁蒸尝,缉谐中外,谨敬惟房。"③长孙氏进入汉族士族名门,其礼法持家如此,可见其与汉族旧族女性已无差异,其诸女皆嫁入著名士族旧门。又《隋故上柱国卢国公夫人贺拔毗沙墓志》载其河南洛阳人,"观察见机,鉴同明鉴。窥嵇康于牖里,远识贤才;辩蘧瑗于车声,预昭仁智。谏荆王之猎,不食鲜禽;矫齐后之心,讵听

---

① 在元魏皇族女性之妇德普遍士族化过程中,依然存在一些粗鄙、无礼的现象,如《魏书》卷四七《卢玄传附卢道虔传》载:"道虔字庆祖,粗闲经史,兼通算术。尚高祖女济南长公主。公主骄淫,声移遐迩,先无疹患,仓卒暴薨。时云道虔所害。世宗秘其丑恶,不苦穷治。"《魏书》《北史》有关元魏宗室人物传记也载有多例诸王宗族内通奸,如《魏书》卷一六《道武七王·京兆王继传》载元又在明帝时一度专权,"得志之后,便骄傲,耽酒好色,与夺任情。乃于禁中自作别库掌握之,宝充韧其中。又曾卧妇人于食舆,以帕覆之,令人舆入禁内,出亦如之,直卫虽知,莫敢言者。轻薄趣势之徒,以酒色事之,姑姊妇女,朋淫无别"。元又"姑姊妇女,朋淫无别",固然与其个人性情相关,但也体现出当时鲜卑上层的文化特征。这说明鲜卑上层之汉化、士族化需要经历一定的过程,不可能一蹴而就。
② 赵超:《汉魏南北朝墓志汇编》,第293—294页。
③ 罗新、叶炜:《新出魏晋南北朝墓志疏证》,第419页。

繁乐。大隋受命,授卢国太夫人。治丝教绩,克勤以励众姬;广被重茵,招贤以成诸子。戒文伯之奉剑,更事严师;反田稷之遗金,遂称廉化。以兹闺训,弘此家声"①。相关史传所载也涉及于此,《魏书》卷一八《太武五王·广阳王建传》载其子嘉之后妃乃"宜都王穆寿孙女,司空从妹也,聪明妇人。及为嘉妃,多所匡赞,光益家道"。穆氏如此,在于其品德素质之文雅化。

以上据相关墓志所载,可见迁洛之后与汉族士族联姻之元魏宗室之女性及其他拓跋贵族之女,多以妇德女仪著称,"率下行己,非礼不动",嫁入汉族士族家庭后,她们在治家理务、训导子女等方面,无不遵礼循规,表现出了优良的礼法修养,其言行与汉族旧门之女性几无差异。何以如此?究其原因,固然非止一端,但其中关键的一点则在于她们自幼受到了系统的儒家礼法教育,而具体施教之人,则当为其出自汉族士族社会之母亲。前引逯耀东先生所论,以为入嫁拓跋氏家庭的中原士族女性带去了儒家学术文化,构成了其家学的源头,而就其家族"女教"而言,这些士族女性同样带来了家教仪规,并通过其"母教"在一定程度上确立了其家门风操,而以上所述墓志所见嫁入汉族士族旧门之拓跋贵族女性之表现,正体现出了其家族之汉化、士族化之新风尚。

---

① 韩理洲辑校:《全隋文补遗》,第184页。

附录

社会史视角观照下中古佛教史研究的一部创新力作
——读尚永琪《3—6 世纪佛教传播背景下的
北方社会群体研究》有感

近日阅读尚永琪先生的新著《3—6 世纪佛教传播背景下的北方社会群体研究》（科学出版社 2008 年版），觉得该书之学术思路、学术论证别出心裁，是近年来中国中古社会史，特别是佛教社会史领域中一部不可多得的高水平优秀著作。以下就我阅读过程中感受最为强烈的方面，略抒己见，并就教于著者和学界同好。

一 "佛教社会史"研究构想的明确提出及其学术史意义

人们常说"一时代有一时代之学术"。但新的学术观念并非自然出现的，要在一个成果积累丰富的传统学术领域取得重大的突破，必须伴随着对学术史的全面梳理，以寻求研究方法等学理的新进展。梁启超曾以顾炎武为清代学术的开创之人，说："凡启蒙时代之大学者，其造诣不必极精深，但常规定研究之范围，创革研究之方法，而以新锐之精神贯注之。顾炎武之在'清学派'，即其人也。"① 可见，一种新学风的开创，必须"规定研究之范围，创革研究之方法，而以新锐之精神贯注之"。其实，一个时代总体学风的变化如此，一个具体学科、学术研究方向的更新也是如此。尚永琪先生在新著中明确提出了建构"佛教社会史"的相关理论，并以之指导其具体研究，我以为具有相当重要的学术史意义。

---

① 梁启超：《清代学术史概论》，上海古籍出版社 1998 年版，第 11 页。

自汉魏以来，佛教东传，对中国传统思想文化及其社会诸领域产生了广泛而深刻的影响，可以说，认识和理解中国中古社会的思想文化变革与社会变迁，佛教是一个无论如何都绕不过去的关键问题之一。因此，历代学者无不重视对佛教及其相关问题的探究。比如陈寅恪先生系统研究中古历史，论及玄学清谈、经学和文献著述，明确指出其受到佛学义理、佛经义疏等在形式及内容方面的深刻影响，他还考述了中国历史文化的一些具有"常识"性的问题，如"曹冲称象""竹林七贤"、华佗及其医学等问题所体现的佛教文化背景，这都拓展了中古文化与历史研究的新领域。就这一时期的佛教史研究而言，1938年汤用彤先生出版了《汉魏两晋南北朝佛教史》，系统地论述了这一时期佛教在中国传播与发展的进程及其与中国文化各方面的互动关系，特别是与中国上层统治者、士大夫群体及其思想文化的关系，其文献考证之严密、脉络梳理之清晰、学理阐述之精细、思想表达之宏富，无不令人叹为观止。毫无疑问，汤先生的著作既是中古佛教研究的奠基之作，也是不可替代的标志性的经典。自此，中古佛教史便成为一个具有严格学术规范的成熟的学术研究方向，引发了海内外学人的潜心探究，其中荷兰汉学家许里和先生的《佛教征服中国——佛教在中国中古早期的传播与适应》，在众多的相关论著中颇具特色，具有一定的学术史价值。至于日本学者借助其精擅文献与学术史的优良传统，更是独辟蹊径，多有个性化的拓展与生发。可以说，中古佛教史已成为一个国际性的学术课题，多受重视，其学术名家之众、学术名著之丰、学术积累之深、学术起点之高、所关涉问题之杂、僧俗资料之繁等，皆非一般学术领域可比拟。

探寻汤用彤等先贤的学术理路，他们叙述佛教传播之过程，是以僧史上杰出高僧的活动及佛经的译介为基本线索；他们论述佛教与中国文化结合的过程，主要重视统治者及士大夫阶层与佛教的关系，并以此为中心揭示当时思想文化界的新问题与新风尚，用许里和的话说，他们关注于"王室佛教"和"士大夫佛教"。在此基础上，人们可以就佛教与儒、道的交融及冲突、佛学与玄学、佛教与语言、文学、音韵等横切面进行拓展。这显然属于"精英佛教文化"研究。20世纪80年代以来，随着社会与学风的变化，中古佛教史研究与近代学术史重新全面接轨，语言学、文学、艺术等领域的学者不断介入，取得了诸多令人欣喜的新成果。

此外，对于中古佛教史而言，我们还有另外一个"现代"的学术史背景。自20世纪50年代以来，人们将宗教纳入了哲学学科，宗教史成为哲学史研究的一个分支，我们看到的相关学术著作，原本生动、鲜活、充满灵性和人文气息的佛教文化，被凝练、提升、概括为具体的哲学概念，其评述多显得机械、呆板、僵硬甚至牵强附会，难免令人生厌和乏味。

面对如此学术窘境，有见识的学者必然寻求变革，以期推进相关学术研究的深入发展。对于20世纪三四十年代的"近代学术史"，如何更好地继承，并在此基础上"接着说"呢？而对于20世纪50年代的所谓"现代学术史"，如何扭转和纠正其偏颇？这是当代学术工作者所必须严肃面对和正视的问题。正如许里和先生所言："佛教在中国并不仅是一种思想模式或哲学体系，而首先是一种生活方式，一种高度纪律化的行为方式。"① 这确实指出了过往佛教研究中单纯重视其哲学思想的弊端，启发人们从中古时代佛教传播对当时社会的生活方式与行为方式变化影响的角度去思考相关问题。当代的中国历史学家，特别是中古佛教史家，自应作出更为具体、切实的思考和反省。对此，尚永琪先生进行了颇富理论意义的深沉思考，他在该书绪论中明确提出了自己的学术意图：构建"佛教社会史"的新学术范式，以摆脱"哲学佛教史"的阴影。他指出：

> 中国佛教史的体系构建，在很大程度上是由研究中国古代哲学的学者来完成的，这就不可避免地会主要致力于"思想史"的建设。而中国佛教之发展，不仅仅是思想的历史，关键也在于参与其中的"人的历史"。

他以为历史学家应该与哲学史家不同，应从其他路径进入"佛教社会史"的领域，"在这个领域，历史学应该更加关注世俗的社会与制度、经济等问题，如果换句话说，当哲学史家孜孜于历代高僧和文人权贵在形而上层面'代神（佛）思考'的时候，历史学更应该关注那些在香火缭绕膜拜中求生存的僧俗群体的世俗生活。……佛教在中国历史上的真实存在，其实并不仅仅是那些上层知识精英所进行的饶舌的佛理探讨，那些在佛教的影响下身体力行地参与信仰活动的大众，也许是构筑人间佛教帝国的真正主体。他们的感受、欢乐和痛苦以及在佛教传播背景下的生活状态、行为方式和社会活动，与我们

---

① 许里和：《佛教征服中国——佛教在中国中古早期的传播与适应》，江苏人民出版社2003年版，第326页。

理解古代社会的变迁息息相关"。确实，传世的经典只能主要记载着知识精英的哲理探究，而广大下层佛教信众则难以进入正史等文献典籍，因而造成其长期整体"失声"的状态，这必然在客观上制约了人们企图探究一般佛教信徒真实生存状态的努力，从而造成了学术史上对下层民众活动有意无意的回避和遮蔽。对此，尚永琪先生明确表示，"历史学应该寻找那些没有被完全展现或者说被无意遮蔽的领域，从而在"'神（佛）的思考'这个形而上的背景下来探究'人的存在'"。①在这里，作者明确提出了构建"佛教社会史学"的理论，并以此指导其有关中古时代佛教传播背景下北方民众生存状态的研究。

对这一具有重要建设意义的学术理论的明确提出，尽管作者本人自谦为"一个尝试性的企图"和一个"不成熟的看法"，但实际上是其在当代中国前沿学术思潮的影响下，经过对相关学术史的系统梳理和对相关学术理论的长期思考，通过坚实的具体学术实践，从而获得了某种"学术自觉"。也就是说，尚永琪先生的相关学术理论的构想及其具体实践，是与当代学术思潮完全合拍的。套用陈寅恪先生的一句话说，尚永琪的学术思考是"预流"的，他时刻追踪着学术理论思潮的前沿，又有扎实的具体学术实践，从这个意义上说，他不仅是"预流"者，而且就具体研究领域而言，他还是"引流"者或"导流"者之一。

我们之所以这样说，并非出于私谊的无原则的恭维，而是基于我们对当今人文社会学科在研究方法、旨趣等方面所具有的相同看法。环顾当今中国历史学界，在"国家"与"社会"的关系问题上，学者们的思考兴趣明显下移，对以帝王将相为中心的笼统的所谓"大历史"和概念化、教条化的所谓"国家历史"及其相关政治斗争、政治制度等，其研究明显弱化，而更多地关注于"区域性问题"、社会性问题；在包括宗教在内的文化史研究中，越来越多的学者重视传世经典之外的文化现象、社会风尚的研究，并强调多学科的综合，关注历史上芸芸众生的生活状况，即所谓普遍性与日常性的问题，进而在细节中揭示出历史的某些真实。很长时间以来，文史哲各学科都表示了重写其历史的愿望，并提出了自己的理论，尽管异说纷呈，但一个明显的共同点就是思考兴趣的下移，越来越趋于"从俗"。如文学史界重视俗文学传

---

① 尚永琪：《3—6世纪佛教传播背景下的北方社会群体研究》，科学出版社2008年版，第2—4页。

统,从更广阔的民间生活的领域和历史范围内解释文学现象。

在这方面,就理论构建与学术实践而言,最具代表性的学者无疑是葛兆光先生,他积极倡导从中国古代"一般知识、思想与信仰世界的历史"角度重新观照中国古代思想史,并以一人之力,费数年之功,成就了两卷本的《中国思想史》。他的思想史的体系建构、学术理路、关注内容、材料选择等,都与传统的"精英思想史"大相径庭。为表达其学术思想,他后来特别就相关理论问题,单独写了一部《思想史的写法——中国思想史导论》。此处摘录其一段有关中古佛教史研究的理论思考的论述:

> 南北朝时期的佛教思想,在思想史上常常被描述为道安、慧远、鸠摩罗什、僧肇等天才佛教徒的一系列思想与命题的发生史,还可以被描述为民族主义、道德主义、经济利益引起的宗教冲突史,可是在当时的普通生活中,究竟有多少人可以像殷浩、谢灵运那样,在佛经中"下数百签",又学习梵文,沉浸在"佛性""本空""顿悟"以及"八不中道"之类的理论思索中?可是思想史却告诉我们,当时的佛教传入中国过程就是如此,因为人们只能根据《高僧传》《出三藏记集》《弘明集》《广弘明集》等经典记载来复原和重构历史。可是,当我们看到一些几乎无意识流传下来的史料时,我们就会对这种精英的思想史究竟在当时生活中有多少影响表示怀疑。第一是石刻,南北朝时期有关佛教的石刻题铭,第二是文书,敦煌吐鲁番出土文书中的题记,在这些石刻和文书中,没有经过有意识的整理,没有经过太多的中间解释和阐述,于是他们就把当时人们的思想——当然是普遍和一般的思想——直接地呈现在我们面前,这里并不讨论那些玄虚的"空""性",而是在种种切身的愿望中坦率地表示着信仰的意义。[①]

在这里,他指出了将中古佛教简单地归结为哲学思想式描述的窘境,主张摆脱这一传统观念遮蔽,利用一些"几乎无意识流传下来的史料",以构建相关的"普遍和一般的思想"历史面貌。这指示着一条新的学术路径。

就中古佛教史这一专业领域本身而言,伴随着近代中国"新史学"的诞生,自 20 世纪初以来,先贤们已自觉不自觉地开始摒弃旧史学专注于"精英

---

① 葛兆光:《思想史的写法——中国思想史导论》,复旦大学出版社 2004 年版,第 20—21 页。

政治史"的研究模式，而将历史研究的视野投向"普通民众史"。就中古佛教社会史而言，20世纪二三十年代，何兹全先生的佛教经济史的研究可谓发其始。特别是20世纪八九十年代以来，随着敦煌文献和大量佛教造像碑刻、写经题记的广泛利用，诸多学者比较集中地探讨了中古佛教社邑、北方村落和佛寺生活等学术问题，拓展了佛教传播背景下的中古社会史的研究领域，比如侯旭东先生的《五、六世纪北方民众佛教信仰——以造像记为中心的考察》和《北朝村民的世界——朝廷、州县与村里》、刘淑芬先生的《中古的佛教与社会》等，可谓这方面的代表性著作。有的学者明确提出将"民俗佛教"与"学理佛教"区别研究，在"精英佛教史"的背景下将"民众佛教史"的研究单列出来的。这些扎实的基础性的学术研究成果及其相关的理论思考，成为我们努力构建具有研究范式意义的中古佛教社会史框架的前提和基础。梁启超先生在《清代学术史概论》中曾说："凡'思'非皆能成'潮'；能成'潮'者，则其'思'必有相当之价值，而又适合于其时代之要求者也。"① 就中国古代历史的研究观念与视角更新而言，绝非少数人的苦思冥想，而是众多学者普遍关注并具有相当程度积累的学术实践，这无疑可称之为一种学术"思潮"，而"中古佛教社会史"的展开则是这一时代学术思潮中一个具体的有机组成部分。正是基于对当代中国学术思潮发展大势的把握，我们才可以肯定地说，永琪先生以上有关"中古佛教社会史"方向的学理思考及其学术实践，具有重要的学术史意义。

二 在"佛教社会史"理念指导下，其研究范围及其内容的拓展与深化

梁启超《中国历史研究法·自序》中曾说，史学之进步具有两方面的特征："其一，为客观的资料之整理"；"其二，为主观的观念之革新"。其实，这两个方面是相辅相成的，一般说来，社会与时代的变化，必然造成人们思想观念的更新，就学术研究而言，观念的更新又势必造成学术方法、学术思路的调整，由于视角与兴趣的转移，一些在传统意识笼罩下被遮蔽或忽视的材料便会重新被"发现"，而伴随着新材料的整理，必然有助于人们重新解读

---

① 梁启超：《清代学术史概论》，上海古籍出版社1998年版，第1页。

历史，拓展新的历史领域和范围，进而建构和完善新的历史学说。具体就尚永琪先生的中古佛教社会史研究而言，该书是在其博士学位论文的基础上发展而来的，由于学位论文特别强调"问题意识"，具有独特的学术品格，作者显然不能作一般"通史性"的面面俱到的全面叙述，而必须选择一个时段或一个横截面，以进行专题性的集中论述，并以此作为实践其学术理论的典型范例。尚永琪先生在纷繁复杂的中古时代，选择了3—6世纪这一时间段，具体内容是当时北方社会人群与佛教之关系，全书共10章，计43万余字。就社会阶层而言，关涉当时北方社会中的士、农、工、商各阶层，尤其对妇女群体给予了特别关注；以下又分别论述了佛教与民间医疗、地理观念、社会基层组织的关系；最后总论当时佛教传播对中古社会转型的深刻影响，涉及社会流动模式、文化变异和制度变迁等，从而力图为汉唐历史变迁的进程提供一个具体的剖面。尽管作者自谦由于材料等方面制约，"体系完备性"受到影响，但实际上，书中每一章节皆具有专题性，而在新的学术思路的统领下，形成了一个相对完整的研究规划。特别是作者明确地表示，他并不否认历史规律的存在，但对既往声称已掌握历史规律的言论持有限度的相信，而他更关注历史过程中的太多的偶然性和突变性，因而更重视对细节和隐性问题的讨论。这一看法其实也很具针对性，一些大而化之的泛泛而谈的论著层出不穷，实在背离了学术研究的要义。

　　由于在学术观念上的更新和自觉，并能坚守严肃的学术态度与学术立场，作者在探究佛教与士、农、工、商等社会人群关系时，其视角是非常独到的。实际上，他虽借用了传统的人群称谓，但其侧重点则明显不同。其实，如果从"佛教社会史"的角度看，汤用彤、许里和诸先贤也是很注重佛教与士人之关系的，他们深入论述了名士与佛教、帝王与佛教、后妃与佛教等问题，提出了"王室佛教""士大夫佛教"等重要概念，涉及了佛教对精英层思想文化的深刻互动关系。但尚永琪明确提出自己的研究目标："尽可能地突破由于那些在历史上闪耀着光辉的高僧或文人的形而上思想光芒的'崇高性'，而进入世俗众生琐碎而卑微的'日常性'。"[1] 因此，相对于往往使人觉得具有某种"崇高性"的士阶层，他关注的是那些北方社会中"正史中没有记载，但确实对北方佛教的传播和发展做出贡献的底层知识分子"[2]。经过作者的细

---

[1] 尚永琪：《3—6世纪佛教传播背景下的北方社会群体研究》，第3页注释。
[2] 前揭《3—6世纪佛教传播背景下的北方社会群体研究》，第5页。

致考证，我们看到了那些没有仕宦经历的底层知识分子在早期佛经翻译、佛经抄写等方面的作用；在北朝特殊的社会背景下，佛教寺院对下层经生的专业培训和佛经抄写的"家学化"，以及"佣书人"与佛经抄写等，这对佛教的传播与佛经及其相关文化的输入，都产生了深刻的影响。作者认为此后"中国知识资源格局"由此发生了变动，佛学成为一个与儒学相对的新文明体系，并直接影响对经典的解释方法，佛教伦理影响到人们的日常行为规范，新的文化内容和门类因此出现等。这都与这些底层知识分子的活动有密切的关系，这在"精英佛教史"中则少有涉及。对于当时佛教传播与小农阶层的关系，作者既着重分析了当时寺院的奢侈化现象及其对依附农民的压迫，也分析了佛教集团的奢侈风尚对当时商业、手工业发展的客观刺激作用，同时作者还分析了佛寺财物的聚敛、流动及其对小农社会的调协作用，正是因为佛寺承担起了社会慈善与救济的责任，才能保持其对信众的巨大吸引力。对于工匠阶层，作者认为他们是对佛教传播参与最多的阶层之一，佛寺建造、石窟开凿、佛像雕塑等都离不开工匠，作者不仅考察了郭兴安等杰出工匠的事迹，而且利用敦煌文献，考察了各种类型的不知名的工匠底层群体及其生存状况，正是他们的劳作和创造，才造就了北朝佛教所呈现出的繁荣局面。此外，作者还考察了北朝商人群体与佛教传播的互动关系。作者细致地考察了北朝妇女与佛教的关系，不仅论述了以北朝皇后为代表的上层妇女崇信佛教的史实，而且考察了一般妇女参与佛事的情况。妇女参与佛事成为当时一个显著的事实，究其原因，与其性别特征及其生活状况所造成的苦难相关，而参与佛事活动（甚至出家为尼），则"给予了女性一个面向整个社会表达个人意向的空间"，"赋予妇女以独立的宗教性社会人格"。一些邑义中，妇女占据了主体地位，这与儒家传统社会观念下男尊女卑的状况迥然不同，确实，"对于3—6世纪的女性而言，佛教的传播与发展为她们的生活开辟了一个新的天地"。[①] 作者甚至推论，以往人们以为北朝"专以妇女持门户"，在于鲜卑遗风的影响，但通过考察北朝妇女参与佛教的情况，发现其也给北朝妇女参与社会活动提供了组织力量。此外，作者系统考察北朝僧人医疗家群体与民间医疗问题，既介绍了佛教传播过程中借助医术等手段传教，揭示出天竺医药技艺对华夏文化的裨益，也可进一步透视中古佛教在社会救助方面的作用。就国家管理与社会组织而言，作者既考察了僧官制度与佛寺控制，更重

[①] 尚永琪：《3—6世纪佛教传播背景下的北方社会群体研究》，第131—137页。

点考察了佛教传播对国家制度的反馈，即佛教邑义的出现对中古乡村社会产生了重大影响，在传统的族缘社会结构与地缘社会结构的基础上，又构建了一种全新的社会结构。邑义的宗教性特征，在一定程度上超越了乡村行政管理体制，将不同民族、不同性别、不同家族、不同社会身份的人组织起来，对于北朝后期至隋唐时代的民族融合与社会整合，具有不可忽视的作用。以上各部分的具体研究，作者无不条分缕析、层次分明，特别征引资料丰富，除系统梳理传世的经典文献，更大量利用敦煌文献和石刻，对海内外的相关学术成果更是旁征博引，使得每一具体问题的研究都在前人基础上有所推进。

如前所言，全书的主体部分是佛教与北朝社会群体的专题研究，每一部分皆可独立成篇。这种著述方法，其好处在于专题性强，可以做到考察深入。但如果控制不力，则难免会造成各部分深浅不一，游离主题。在这方面，作者具有比较成熟的学理思考，从而比较好地把握其研究进程，力图从各个方面揭示佛教传播对中古社会与文化转变的潜在而真实的影响。尚永琪先生始终关注的核心问题是中古时代北方佛教传播与社会人群特别是下层社会群体的关系，儒家强调"人能弘道"，当然指精英人物的传道作用，而在宗教活动中，在中古特定的社会背景下，底层社会对佛教传播的影响，其作用不可小视。在佛教的传播过程中，北朝下层社会组织结构发生变化；在文化方面，佛教打破了儒家思想的垄断，赋予普通民众以"知识尊重"。汉唐之间，在极度的社会动荡的背景下，中国社会与文化都经历着深刻的转型，而底层社会对佛教的接受和传播则是佛教扩张的重要助力。我们常说，历史是人写的。但作为历史符号的代表性人物，往往不是帝王将相，就是文人学士，而芸芸众生的生活状态及其历史作用，则难以进入正统的经典文献，他们自然成为历史的"失语者"，是沉默的大多数。通过尚永琪先生对北朝底层佛教传播人群的具体研究，我们确实看到了在隋唐帝国重建及其发展过程中，社会政治组织、经济形态和文化面貌等方面的深刻变化，而这无不与当时社会下层的佛教受众及其活动密切相关。对这种来自底层社会的运动所引发的社会变化，我们无法作简单的价值评判，面对这一早已被正史淡化甚至忘却了的历史变革，我们必须向揭示这一历史事实的历史学家表示足够的敬意——这也是我在拜读尚永琪先生这部著作过程中难以克制的内心情感的涌动，并决意撰作这篇评论的最初动机。

当然，任何一项严肃的学术研究工作都是学术史建设的一个环节，尤其是致力于新的学术思路的开拓具有原创意味的论著更是如此，一部著作只能力求大体"规定研究之范围，创革研究之方法"，而绝不可能穷尽所有的相关问题。就中古"佛教社会史"研究而言，其中仅就僧人与社会学术文化一项，便所涉甚广，既有上层社会的雅文化，也有下层社会的俗文化。在俗的方面，佛教中国化过程中对谶纬迷信、道术便多有吸收，成为佛教传播、参与社会的重要方式；在雅的方面，佛教与儒学、道家、玄学结合，此外僧人多有通文学、书法、语言、音韵、算学、乐学、历法及医学等实用技能者，吕思勉先生曾说："溺于迷信，特其时沙门见信敬之一端；其又一端，则亦以是时沙门多有学艺也。"① 他还举出诸多事例。又比如，北朝"僧徒为乱"的情况十分严重，其数量之多，令人震惊②，过去以"农民起义"视之，过于简单。佛教在组织民变中发挥了那些作用呢？目前尚缺乏深入的考察。又比如佛教与社会人群的关系，北朝阉宦集团与佛教关系密切，对佛寺建设、石窟开凿等皆具影响，一些权阉甚至能直接干预国家之佛教政策，而宦官群体信佛则与其特殊的心理状态、社会地位等相关，对此，刘淑芬先生已有专文考论③。至于中古佛教传播对日常社会风尚的影响，更是内容丰富。以上仅为举例而已，诸如此类，都值得我们在"佛教社会史"的名义下展开深入的研究，也需要更多的学者关心并致力于这一课题的研究。

此外，作为一部高水准的学术著作，还有个别值得完善的地方。一是在文字校对方面，总体上是比较精细的，但仍有疏漏，比如第77页的"琅耶王诵"，"耶"当改为"邪"；第291页"杨玄之"当为"杨衒之"；第292页周振鹤的《中国历史文化区域研究》，遗漏了出版年份，而293页吕思勉《两晋南北朝史》的出版日期误为"1099"年。二是在参考文献方面，《比丘尼传》《法苑珠林》等释典，中华书局已有较好的整理本，可以参用；《洛阳伽蓝记》则有范祥雍、周祖谟、杨勇等人校注本，而列入参考文献者则非善本，可以替换。此外，第42页和第61页两处有关"魏晋南北朝是最为冷血的时代"一段及战争数量的统计，文字与材料出处重复，似无必要。以上都是一些技术性的具体问题，提出来仅供作者参考，如有可取，建议再版修订时予以改正。

---

① 吕思勉：《吕思勉读史札记》"沙门与政"条下，上海古籍出版社2005年版，第1051页。
② 参见《吕思勉读史札记》"僧徒为乱"条所罗列的具体情况。
③ 参见刘淑芬《中古的佛教与社会》，上海古籍出版社2008年版。

后　　记

　　十多年来，围绕北魏中后期鲜卑皇族之文雅化及其社会文化风尚，特别是汉族士族社会文化之变异及其对南朝文化之汲取等相关问题，笔者进行了系列化的专题研究，其中的一些成果以论文的形式提交相关学术会议交流，并陆续在《社会科学战线》《河北学刊》《学习与探索》《江海学刊》《燕赵学刊》等学术刊物上发表。最近我抽空整理相关文字，汇编成册，题曰《迁洛元魏皇族与士族社会文化史论》，交付中国社会科学出版社以论著的形式刊布。

　　中古时代，民族融合是一个鲜明的历史主题，十六国北朝时段尤为突出。在当时诸多的民族、部族及其政权中，鲜卑拓跋部所建立之北魏不仅以其崇尚武力与事功，完成了对北中国的统一，与南朝诸政权对峙，而且其统治时间长，经历了较为完整、系统的民族政权变革、民族文化交融的历史过程，与那些"其兴也勃，其亡也忽"的短暂的诸胡王朝形成了鲜明对比，可谓理解、认识中古胡人王朝的一个"范本"。因此，有关北魏史的相关研究，无论是整体建构与论述，还是具体问题的考证与分析，都相当深入，积累丰厚。在梳理相关学术史的基础上，结合自身学术旨趣，我从社会群体及其文化变异的角度，对元魏后期迁洛皇族群体与汉族士族群体之文化取向及其相关风尚进行专题考察，试图从一个侧面展示当时鲜、汉上层社会文化交融的历程。民族融合的深入演进，固然有赖于社会经济与政治制度的变革及其保障，但文化共识与认同则浸润其间，其作用如春风化雨，沾溉万物，具有无可替代的作用与意义。

　　拙著分上、中、下三编。上编主要围绕迁都洛阳前后北魏皇族宗室代表性人物文化习尚之变化，进行较为深入、细致的专题考察，其中对北魏孝文帝与宗室群体的文雅化及其表现等问题考述尤为集中。此外，对迁洛元魏宗室集团生活作风之腐化倾向及其在北朝后期历史变乱中的境遇也有专题考述。

　　中编则主要论述北魏迁洛之后及东魏北齐之际汉族士族文化风尚的变化，

其中既有对相关文化家族的个案考察，也有对士族名士群体文化风尚变化的整体研究，从特定的视角和层面论述了当时北方士族社会文化的内在变异及其对南朝文化风尚的汲取。这一问题的研究涉及最近一些年来中古史研究中的一个讨论相对集中的热点问题，即北朝的南朝化倾向。所谓"南朝化"，最早明确提出这一问题，当属陈寅恪先生在论述唐代相关经济制度与南朝制度的历史联系，至于牟润孙先生等就隋唐时代某一职官制度与南朝制度关联的考证也属其例。晚清近世以来，就隋唐时代经学、佛学、文学领域取法南朝的相关论述更是层出不穷，如皮锡瑞先生之论经学、汤用彤先生之论佛学、萧涤非先生之论辞赋。当然，全面论述自北魏迁洛后厉行汉化之后北朝、隋唐广泛汲引江左文化，则是唐长孺先生及其弟子牟发松先生。不过，最近读台湾中研院中国文哲研究所林庆彰、蒋秋华诸先生所编《李源澄著作集》(2008刊行)，由其第二册所收《李源澄学术论著初编》之《魏末北齐之清谈名理》、第三册所录《北朝南化考》诸文，可见李源澄先生以为孝文帝之后，北朝社会文化风尚日与南朝接近，经学、佛学既有改变，文学尤盛，玄学亦渐兴起，而北来南人，尤为北士所慕。他以为元魏南化之本质，"即是弃其武质而学南人之文华"，故元魏宗室与北地士族普遍效仿"南朝士大夫之生活，清谈也、文学也、书画也、声乐也、清歌也、啸咏也、围棋也、弹棋也，又美园亭，精滋味，罗声伎，下逮用具，皆求其美好。此固南士之文华，亦即南士之堕落生活"。他从北朝上层社会生活方式的变化，指出"与孝文迁洛以前迥异，此北人之南化也"。李源澄先生诸文当作于20世纪30—50年代初，从学术、思想与士风的角度，明确提出了"北朝南化"问题，值得重视。拙著中相关专论涉及北朝后期士风之南朝化问题，既多受前贤之启益，也多有与之暗合之处。

下编则以墓志资料为中心，论述北朝后期士族社会妇女群体之相关文化风尚，涉及士族女性之接受教育及其"母教"对士族文化传承的影响、士族女性之佛教信仰、士族女性与元魏皇族之汉化等问题，在辑录了相关专题文献的基础上有所分析与论述。特别需要指出的是，中古士族之家世与文化传承，在特定的时代背景下，不仅关乎其家族及相关群体，而且关乎华夏文明之承继，这在北朝尤显突出。因此，陈寅恪、钱穆诸先贤论中古历史，尤重士族及其文化传承。但论士族子弟的抚育与训导，士族社会之女性在家教过程中扮演了重要的角色，发挥了不可替代的作用。通过拙著的相关论述，对当时北朝士族女性群体应当产生更加亲切的感受，并由衷地表达崇高的敬意！

以上所叙本书形成过程，内容主旨及相关学术背景，以期与学界同人更好地沟通、交流。众所周知，传统文史的学术研究最可信、最有效的操作方式依然是个性化、书斋式的"独善其身"的"个人写作"，与理工科或应用学科的团队合作的"众筹"式、拼凑式研究根本不同。这就需要文史研究者的淡定与坚守，有效的时间与精力投入，是从事像样的学术研究的基本条件。正因为如此，好几位我熟悉的学界前辈，他们在总结自己的学术研究时，不无伤感地感叹，从事行政管理对学术研究具有致命的伤害，甚至不无懊恼地说，如果可以重新选择，连教研室主任这样的"芝麻官"也不能干，这都是过来人的切身体会。不幸的是，我原本就资质愚钝，近几年又在长期担任学院副院长之后，先后担任学校图书馆馆长和学院院长等职，从事学术研究的时间与精力难以保证，因而在专业学术领域便自然难以"预流"了。这部呈现给学界同人的小书，尽管使出了"洪荒之力"，但绝不敢期待有多少学术贡献，之所以将之结集出版，仅作为对自己过往时光的怀想，对曾经所从事的相关学术工作的一份纪念。

王永平记于扬州
2016 年 12 月 21 日冬至